W0253000

Gourmelon/Mroß/Seidel

Management im öffentlichen Sektor

Management im öffentlichen Sektor

Organisationen steuern – Strukturen schaffen – Prozesse gestalten

von

Dr. Andreas Gourmelon
Professor an der Fachhochschule für
öffentliche Verwaltung Nordrhein-Westfalen,
Abteilung Gelsenkirchen

Dr. Michael Mroß
Professor an der Technischen Hochschule Köln –
University of Technology, Arts and Sciences

und

Dr. Sabine Seidel
Direktorin des Studieninstituts Ruhr
in Nordrhein-Westfalen

2., vollständig überarbeitete und ergänzte Auflage, 2014

::rehm

Bibliografische Informationen Der Deutschen Nationalbibliothek

Die Deutsche Nationalbibliothek verzeichnet diese Publikation in der Deutschen Nationalbibliografie; detaillierte bibliografische Daten sind im Internet über http://dnb.d-nb.de abrufbar.

Bei der Herstellung des Werkes haben wir uns zukunftsbewusst für umweltverträgliche und wiederverwertbare Materialien entschieden. Der Inhalt ist auf elementar chlorfreiem Papier gedruckt.

ISBN: 978-3-8073-2387-9

::rehm, eine Marke der Verlagsgruppe Hüthig Jehle Rehm GmbH

Unsere Homepage: www.rehmnetz.de

Produktmanagement: Rita Cornmark
Satz: TypoScript GmbH, München
Druck: CPI Clausen & Bosse, Leck

::rehm

Geleitwort

Die öffentliche Verwaltung als Hort verstaubter Aktenberge – dieses Bild ist schon lange passé. Denn in einer Welt der ständig fortschreitenden Globalisierung und des technischen Fortschritts kann und darf sich der öffentliche Sektor nicht mehr auf Althergebrachtes zurückziehen.
Vielmehr muss er zunehmend ein Dienstleistungsverständnis entwickeln. Denn die Bürger erwarten zu Recht eine service- und zukunftsorientierte Verwaltung, die sich auch für aktuelle Entwicklungen offen zeigt.

Dabei vollzieht sich der Wandel sowohl im großen Rahmen, etwa bei konkreten E-Government- oder Digitalisierungsinitiativen. Das sehen wir in Bayern beispielsweise beim Breitbandausbau, bei der Etablierung von Online-Bürgerdiensten, bei der Realisierung des elektronischen Rechtsverkehrs oder der Einführung der elektronischen Akte. Zugleich fordert aber auch die voranschreitende Entwicklung der Informations- und Kommunikationstechnik von den Behörden neue Ansätze und einen „Change" in Bezug auf ihre Strukturen, Abläufe und ihr Personalmanagement.

Die öffentliche Verwaltung muss heute unterschiedliche Interessen unter einen Hut bringen. Einerseits soll sie einen möglichst umfassenden Zugang zu ihren Informationen und Verwaltungsleistungen, natürlich bevorzugt mit den „neuen Medien", ermöglichen. Andererseits sind in diesem Kontext aber auch die staatlichen Interessen – insbesondere die Anforderungen des Datenschutzes und der Datensicherheit – zu beachten. Eine Verantwortung, der sich der Staat nicht entziehen darf!

Und um solch vielfältige Herausforderungen zu bewältigen, bedarf es mehr als die reine Verwaltungslehre. Ansatz der Autoren ist es daher, Verwaltungswissenschaftlern und Praktikern neue Perspektiven und Zusammenhänge aufzuzeigen.

Mit einem Überschlag aus der Tradition in die Moderne – von etablierten Ansätzen bis hin zu den neuesten Entwicklungen – hat dieses Werk den Finger am Puls der Zeit.

Joachim Herrmann
Bayerischer Staatsminister des Innern, für Bau und Verkehr
Mitglied des Bayerischen Landtags

Vorwort zur zweiten Auflage

Seit dem Erscheinen des vorliegenden Werkes konnten wir erfreulicherweise ein reges Interesse bei Studierenden und Praktikern feststellen, sich mithilfe des Lehrbuches einen vertieften Einblick in aktuelle Management- und Organisationsthemen zu verschaffen. Unser Konzept, sowohl klassische und moderne Managementtheorien und -methoden zu erörtern als auch einen hohen Praxisbezug herzustellen, hat – so die Rückmeldungen – in besonderem Maße Anklang bei unseren Leserinnen und Lesern gefunden.

Mit der zweiten Auflage ist es unser Hauptanliegen, neue Strömungen im Bereich der Managementlehre aufzugreifen. Jedes der fünfzehn Kapitel wurde daher aktualisiert und bei Bedarf ergänzt. Weiter gehende Veränderungen und Erweiterungen wurden insbesondere zu folgenden Themen vorgenommen:

Das bisher in Kapitel 13 behandelte Konzept der *Bürgerkommune* findet sich nun an exponierter Stelle in Kapitel 1. In diesem Zusammenhang wird der zunehmende Trend der öffentlichen Verwaltung behandelt, bürgerschaftliches Engagement professionell zu fördern, sowie eine Abgrenzung zum Begriff *„Open Government"* vorgenommen. In Kapitel 2 ergänzt die Theorie des *Neo-Institutionalismus*, die für den öffentlichen Sektor ein hohes Erklärungspotenzial bietet, den Überblick über ausgewählte Organisationstheorien. Die Fortschreibung des Themas *E-Government* in Kapitel 8, die auch aktuelle Ergebnisse einer empirischen Studie behandelt, macht deutlich, dass die unterschiedlichen Zugänge des Bürgers zur öffentlichen Verwaltung (von der persönlichen Vorsprache bis zur Nutzung von Web-Portalen) wirksam aufeinander abgestimmt werden müssen. Auch das Instrument des *Risikomanagements* erlangt im öffentlichen Sektor zunehmend an Bedeutung. Ihm ist ein neu eingefügter Abschnitt in Kapitel 15 gewidmet. Rechtliche Änderungen, wie etwa die Entwicklungen im *Eingruppierungsrecht* sowie *grundlegende Regelungen zum E-Government*, wurden selbstverständlich ebenfalls in der Neuauflage berücksichtigt.

Gern haben wir bei der Erstellung der Neuauflage die Hinweise von Studierenden, Dozenten und Praktikern zur Weiterentwicklung der Inhalte aufgenommen und sind auch künftig für Anregungen dankbar.

Erlangen, Schwerte und Selm im September 2014

Prof. Dr. Andreas Gourmelon

Prof. Dr. Michael Mroß

Dr. Sabine Seidel

Vorwort zur ersten Auflage

Seit Ende des letzten Jahrhunderts fanden eine Reihe von Management-Konzepten und -theorien Eingang in die Praxis des öffentlichen Sektors. Ein wichtiger Ausgangspunkt war dabei in Deutschland das Neue Steuerungsmodell, mit dem das Denken in betriebswirtschaftlichen Kategorien forciert wurde. Eine Reihe von Management-Ansätzen folgten, wie beispielsweise der des Qualitätsmanagements. In den beiden letzten Jahrzehnten gab es zudem im Bereich der Informations- und Kommunikationstechnik erhebliche Fortschritte. Die Digitalisierung von Daten, die Vernetzung von Computern und hohe Datenübertragungsraten eröffnen den Organisationen vielfältige Möglichkeiten, Produkte und Prozesse neu zu gestalten. Des Weiteren erfordert die angespannte Haushaltssituation der öffentlichen Hand die Nutzung von Effizienzpotenzialen in den Betrieben des öffentlichen Sektors.

Führungskräfte und Spezialisten, die mit der Leitung und Steuerung von Organisationen sowie der Gestaltung von Produkten und Arbeitsabläufen betraut sind, stehen als Folge dieser Entwicklungen einerseits unter einem hohen Handlungsdruck, andererseits gibt es jedoch für sie kaum Möglichkeiten, sich sowohl neutral, umfassend als auch fundiert über aktuelle Entwicklungen im Management- und dem damit eng verbundenen Organisationsbereich zu informieren.

Mit dem vorliegenden Werk wollen wir dazu beitragen, den Interessierten im öffentlichen Sektor grundlegende und aktuelle Managementtheorien, -methoden und -erkenntnisse nahezubringen. Dabei soll die Darstellung der Themen dem wissenschaftlichen Standard genügen. Zudem ist nicht nur der „dernier cri" der Managementlehre zu berücksichtigen – auch bereits in der Praxis etablierte Ansätze und Techniken sind mit ihren Vor- und Nachteilen zu erörtern. Besonderen Wert legten wir auf einen hohen Praxisbezug. Wo immer es die begrenzte Seitenzahl erlaubte, wurden Theorien und Techniken mithilfe aktueller Praxisbeispiele aus dem öffentlichen Sektor erläutert. Diese sind überwiegend unserer eigenen beruflichen Praxis entnommen. Wichtig ist uns auch, dass die Texte in unserem Werk nicht nur für bereits Fachkundige verständlich sind. Großen Wert haben wir darauf gelegt, die Darstellungen zu einzelnen Themen nicht unvermittelt nebeneinander stehen zu lassen, sondern Bezüge und Zusammenhänge zwischen einzelnen Konzepten und Methoden aufzuzeigen. Hierdurch soll der Leser[1]) ein vertieftes Verständnis für die Gesamtthematik erlangen.

Das Lehrbuch richtet sich zum einen an diejenigen, die sich erstmalig über das Thema „Management und Organisation im öffentlichen Sektor" informieren wollen – beispielsweise Studierende an Hochschulen und Akademien. Zum anderen ist es auch an die in der Praxis Tätigen gerichtet, die sich

1) Im Interesse der besseren Lesbarkeit wird im weiteren Verlauf bei der Bezeichnung von Personengruppen ausschließlich das generische Maskulinum verwendet; gemeint sind jeweils Männer und Frauen.

z. B. zur Weiterqualifizierung oder zur Wiederauffrischung einen vertieften Einblick in aktuelle Management- und Organisationsthemen verschaffen möchten.

Das vorliegende Lehrbuch konnte in der vorliegenden Form nicht ohne Hilfe und Unterstützung Dritter gelingen. Ein großes „Danke" geht an unsere Familienmitglieder, die im Laufe des Jahres 2010 zu oft auf unsere Anwesenheit und Aufmerksamkeit verzichten mussten und uns durch ihre Geduld sowie Rücksichtnahme emotional unterstützten. Kritische Anmerkungen und Verbesserungsvorschläge zu ersten Entwürfen kamen von Studierenden der Fachhochschule für öffentliche Verwaltung NRW und von erfahrenen Berufspraktikern, die an der Akademie für öffentliche Verwaltung des Freistaates Sachsen den Aufstiegslehrgang vom gehobenen in den höheren Dienst absolvierten. Frau Dominique Bender-Jansen verrichtete zuverlässig vielfältige Korrekturarbeiten und behielt bei den vielen Manuskriptänderungen immer den Überblick! Ein Dank geht auch an die Verlagsgruppe Hüthig Jehle Rehm für die engagierte Verlagsarbeit und dort insbesondere an Frau Rita Cornmark als verantwortliche Produktmanagerin für die sehr gute Zusammenarbeit sowie Beratung bei der Erstellung und Drucklegung des Manuskripts!

Erlangen, Schwerte und Selm im September 2010

Prof. Dr. Andreas Gourmelon

Prof. Dr. Michael Mroß

Prof. Dr. Sabine Seidel

Die Autoren

Prof. Dr. Andreas Gourmelon, Diplom-Psychologe, Diplom-Kaufmann, ist an der Fachhochschule für öffentliche Verwaltung Nordrhein-Westfalen, Abteilung Gelsenkirchen, tätig. Seine Arbeitsgebiete sind Verwaltungsmanagement, Organisation und Personalmanagement. Berufspraktische Erfahrungen im öffentlichen Sektor hat er fünf Jahre lang als Referent der Bundesagentur für Arbeit erworben – dort war er unter anderem mit der Organisation des Psychologischen Dienstes befasst.

Prof. Dr. Michael Mroß, Dr. rer. pol., Diplom-Kaufmann, vertritt das Lehrgebiet Sozialmanagement an der Technischen Hochschule Köln – University of Technology, Arts and Sciences. Seine Arbeitsschwerpunkte liegen u.a. in den Bereichen Personalführung in öffentlichen und Nonprofit-Organisationen sowie den Schnittstellen von Sozialverwaltung und Sozialwirtschaft. Praktische Erfahrungen sammelte er insbesondere als Abteilungsleiter einer großen verwaltungsnahen Nonprofit-Organisation.

Dr. Sabine Seidel ist Direktorin des Studieninstitutes Ruhr in NRW. Zuvor hat sie umfassende Erfahrungen als Führungskraft im öffentlichen Dienst erworben. Sie leitete die Organisationsabteilung und später das Rechnungsprüfungsamt der Stadt Lünen. Als Professorin für Personal- und Organisationsmanagement war sie mehrere Jahre an der Fachhochschule für öffentliche Verwaltung NRW wissenschaftlich tätig. Dr. Seidel studierte Diplom-Verwaltungswissenschaften sowie Diplom-Pädagogik mit dem fachlichen Schwerpunkt Personal- und Organisationsentwicklung.

Inhaltsübersicht

Seite

1 Anforderungen an ein modernes Management im öffentlichen Sektor

1.1 Veränderungen in Gesellschaft, Wirtschaft und Verwaltung

Organisationen des öffentlichen Sektors bewegen sich heute in vielfältigen und komplexen Tätigkeitsfeldern und Beziehungsstrukturen. Als Behörden, Ämter und Regiebetriebe etc. sind sie weitgehend in ein hoheitliches Handlungsgeflecht eingebunden und als solche gefordert, ihrem Auftrag entsprechend Rechte für den Bürger und auch Ansprüche ihm gegenüber umzusetzen. Als zum Teil unternehmensähnliche Betriebe sind sie aber andererseits auch eingebunden in Wettbewerb und Konkurrenz, wobei eine Reihe von (Problem-)Schnittmengen zwischen diesen Bereichen besteht, wenn etwa Gemeinden oder Bundesländer um die Ansiedlung von Unternehmen und um den Zugang von Bevölkerung konkurrieren.

Weit mehr als früher müssen sich Organisationen des öffentlichen Sektors damit heute in einem komplexen und dynamischen Spannungsfeld zurechtfinden.

Es lassen sich Einflussfaktoren identifizieren, die als hauptsächliche Triebfedern dieser anspruchsvollen Situation angesehen werden können und als sogenannte „Megatrends" auf gesellschaftlicher, politischer und wirtschaftlicher Ebene veränderte Ansprüche an Organisationen im privaten und öffentlichen Sektor hervorrufen (siehe Abb. 1-1) (Scholz, 2014, S. 8 ff.; Hopp & Göbel, 2013, S. 32 ff.).

Abb. 1-1: Megatrends

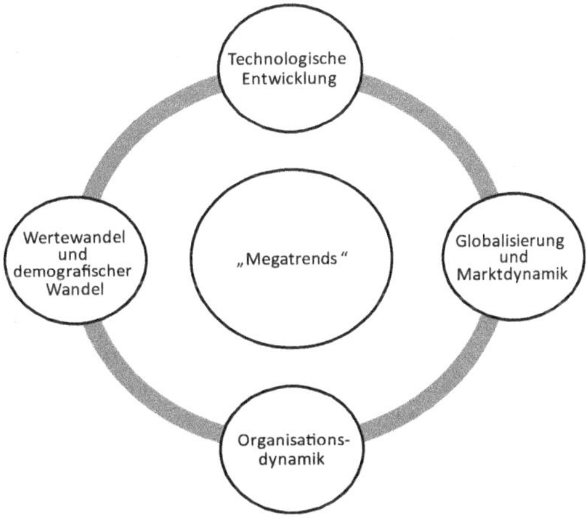

Die **technologische Entwicklung** kann dabei als die treibende Kraft für die veränderten Anforderungen angesehen werden. Die anderen Einflussfaktoren, wie etwa die Globalisierung sowie die Organisations- und Marktdynamik, wären ohne den technischen Fortschritt der letzten Jahre nicht bzw. nicht in dem gegebenen Ausmaß möglich gewesen. Der nachstehende Textauszug verdeutlicht diese Entwicklung (Scholz, 2014, S. 8 ff.):

> „Kürzere Produktlebenszyklen sowie die immer kürzer werdende Halbwertzeit des technologischen Wissens bringen laufend neue Herausforderungen für Unternehmen und Mitarbeiter. Neue Technologien durchziehen alle gesellschaftlichen und wirtschaftlichen Bereiche. So führen interaktive Multimediatechnik und die Bewegungen auf dem Datahighway zu einer völlig neuartigen Vernetzung menschlicher und maschineller Intelligenz, mit Auswirkungen auf den einzelnen Menschen und die gesamte Gesellschaft. Internet und Intranet führen durch die Verbindung von Menschen und Märkten zu einer höheren Spezialisierung von Unternehmen ..."

In vielerlei Hinsicht ist ein verschärfter Wettbewerb auf nahezu allen Märkten zu verzeichnen. Dieser ist überwiegend, aber nicht vollständig an den technischen Fortschritt gekoppelt. Diese Entwicklung strahlt zeitversetzt auch auf den öffentlichen Sektor über, wenn z. B. an diesen seitens der Wirtschaft veränderte Ansprüche an die Geschwindigkeit von Genehmigungsverfahren oder die Qualität von Service und Beratung gerichtet werden. Als Beispiel mag die EU-Dienstleistungsrichtlinie und die Forderung nach einem zentralen einheitlichen Ansprechpartner genannt werden. Mit dieser hat die Europäische Union auf die **(globalisierte) Marktdynamik** reagiert und in Ablauf und Aufbau von öffentlichen Verwaltungen damit eine Reihe von Veränderungsprozessen in Gang gesetzt.

Solche und andere Entwicklungen bringen es mit sich, dass die tradierten Organisationsstrukturen und -abläufe zunehmend als nicht mehr aufgabenadäquat angesehen werden. Der technische Fortschritt macht es hier möglich, dass neue Formen von Arbeitsabläufen und Prozessen eingeführt werden. Als Stichwort sei an dieser Stelle nur das sogenannte „E-Government" (siehe Kapitel 8) genannt, mit dem neuartige Formen einer prozessorientierten Organisation möglich werden, indem z. B. auch Kunden und Lieferanten Arbeitsschritte übernehmen, die bisher innerhalb der Verwaltung angesiedelt waren. So gesehen ist die technische Dynamik Ursache und Lösungsansatz für diese neuen Anforderungen zugleich. Es wird abzuwarten sein, inwiefern die neuen Möglichkeiten der Informationsverarbeitung mit der etablierten Aufbauorganisation bzw. der hierarchischen Gliederung zu vereinbaren ist. „Das Dienstwegprinzip scheint in diesem neuen Umfeld überholt und unangebracht." (Schedler & Proeller, 2011, S. 28).

Aus Gründen der Prozessoptimierung könnte es in Zukunft sinnvoll sein, Entscheidungskompetenzen auf eine breitere Ebene zu verlagern, da die neuen Technologien die entscheidungsrelevanten Informationen nicht nur an der Organisationsspitze verfügbar machen (Schedler & Proeller, 2011, S. 28).

Begleitend zu diesen vergleichsweise handfesten Veränderungen kann auch ein **Wandel der gesellschaftlichen Werte** festgestellt werden. Allerdings ist die Richtung dieser Änderung durchaus ambivalent. Einerseits ist etwa seit Anfang der 80er-Jahre eine Tendenz zu einer stärkeren Freizeitorientierung zu verzeichnen, andererseits existieren auch Hinweise für eine in der jüngeren Vergangenheit zunehmende Hinwendung zu traditionellen Werten, verbunden mit einem entsprechenden Management, „... das Leistung und Disziplin höher einschätzt als emotionale Intelligenz, Teamgeist und Soft Skills ... [und dem Verständnis, d. Verf.] dass mit den harten Arbeitstugenden mehr zu erreichen ist als mit ausgeklügelten Motivations- und Belohnungssystemen" (Mair zitiert nach Hopp & Göbel, 2008). Für Organisationen in Wirtschaft und Verwaltung resultiert daraus die zwiespältige Herausforderung mit diesen auf den ersten Blick widersprüchlichen Entwicklungen umzugehen, d. h., Arbeitsstrukturen so zu gestalten, dass der Spagat zwischen ökonomischer Effizienz und Wohlergehen der Mitarbeiter gemeistert werden kann.

Schließlich ist auch hier auf den viel zitierten **demografischen Wandel** hinzuweisen. In Deutschland ist der Anteil der erwerbstätigen Bevölkerung seit Jahren rückläufig. Hochrechnungen belegen, dass im Jahre 2020 bei abnehmender Bevölkerung der Anteil der 55- bis 64-Jährigen um fünf Prozent gegenüber dem Jahr 2010 angestiegen sein wird (Richter, 2005, S. 58). Bis zum Jahr 2050 wird der Anteil der Bevölkerung, der 60 Jahre und älter ist, dann auf 40 Prozent angestiegen sein. Das Statistische Bundesamt rechnet dementsprechend hoch, dass die Gesamtbevölkerung in Deutschland von 82,4 Millionen in 2005 auf rund 69 Millionen im Jahr 2050 geschrumpft sein wird.

Welche konkreten Anforderungen damit wiederum an Organisationen im privaten und öffentlichen Sektor abzuleiten sind, ist nur sehr schwierig zu prognostizieren (Mroß, 2009a, sowie Kapitel 3). So werden einige Entwicklungen in älter werdenden Organisationen eher negativ, andere wiederum eher positiv zu bewerten sein. Auf der einen Seite ist z. B. im Bereich der Nachwuchsgewinnung in der Personalwirtschaft aufgrund der unterschiedlichen Verdienstaussichten im Vergleich zur Privatwirtschaft mit Problemen zu rechnen. Auf der anderen Seite kann auch mit einem Rückgang des Personalbedarfs in Aufgabenbereichen gerechnet werden, deren Zielgruppe Kinder und Jugendliche darstellen.

Neben den beschriebenen Megatrends, mit denen sich im Grunde alle Arten von Organisationen werden auseinandersetzen müssen, können auch solche **„Trends und Perspektiven"** identifiziert werden, die nur für den öffentlichen Sektor künftige „Reformbaustellen" darstellen (siehe Abb. 1-2).

Abb. 1-2: Trends und Perspektiven für den öffentlichen Sektor (nach Mehde, 2011, S. 10 ff.)

Finanzen	• Ernsthafte Haushaltssanierung in Bezug auf einzuhaltende Verschuldungsgrenzen • Zu erwartene Neuregelung des Finanztransfers zwischen den Gebietskörperschaften und des Länderfinanzausgleichs • Ggf. Umstellungsnotwendigkeit auf die Doppik auch auf Ebene der Landesverwaltung
Personal	• In der Vergangenheit ungewohnte Unterschiede in den Landesbeamtengesetzen mit verschiedenen Laufbahnstrukturen und Besoldungshöhen • Faktische Handhabung der Abschlüsse der neuen Bachelor- und insbesondere Masterabschlüsse von Fachhochschulen und Universitäten • Verankerung und tatsächliche Anwendung von Leistungsgesichtspunkten in Beurteilungssystemen • Rückabwicklung von leistungsbezogenen Besoldungselementen im Bereich des TV-L
Organisation	• Kostenbedingte Gebietsreformen zu größeren Einheiten • Kostenbedingte Grenzen der Verlagerung von Aufgaben auf (zu kleine) kommunale Körperschaften • Zunahme von EU-Regelungen mit Einfluss auf nationale und regionale Verwaltungsabläufe (z. B. Genehmigungsfiktion nach Zeitablauf, ggf. Erweiterung europäischer Amtshilfeverfahren)

1.2 Wegmarken veränderter Anforderungen im öffentlichen Sektor

Die oben skizzierten Megatrends und weitere daraus abgeleitete Entwicklungen werden häufig unter dem Begriff des Wandels diskutiert. Auch wenn das Sprachverständnis dem Begriff des Wandels eine neutrale bis positive Bedeutung verleiht, darf dies nicht darüber hinwegtäuschen, dass solche in den betroffenen Organisationen nicht selten auch krisenartig erlebt werden. Eine Krise zeichnet sich allgemein dadurch aus, dass die bewährten, eingeübten und akzeptierten Routinen, Arbeitsweisen, Überzeugungen etc. eine nachhaltige Störung erfahren. Während es für private Unternehmen im Extremfall darum geht, dass daraus im Hinblick auf die Existenz der Gesamtunternehmung eine Gefährdung, z. B. aufgrund von Zahlungsunfähigkeit und Überschuldung, resultiert, stellt sich für öffentliche Einrichtungen die Krisenproblematik nicht ganz so elementar bzw. nicht in der gleichen Zeitspanne derart grundsätzlich dar. Gleichwohl sind auch im öffentlichen Sektor veränderungsbedingte Problemfelder zu beobachten: rückläufige öffentliche Einnahmen bzw. Steuern, Verlust der Steuerungsfähigkeit des öffentlichen Managements aufgrund nicht zeitgemäßer Instrumente (z. B. Kameralistik), Verbot weiterer Kreditaufnahmen aufgrund von Gesetzen, geringere Leistungsbereitschaft der Mitarbeiter aufgrund mangelnder Anreize, um hier nur eine exemplarische Auswahl zu nennen.

Diese häufig als krisenartig empfundenen Entwicklungen stellen an den öffentlichen Sektor Anforderungen, auf die zum Teil auch schon reagiert worden ist, z. B.:

- Outsourcing
- teilweise und vollständige Privatisierung
- Contracting out
- Public Private Partnership
- Neues Steuerungsmodell, insbes. Budgetierung und Doppik
- Unterlassung von freiwilligen Aufgaben
- Einführung neuer bzw. veränderter Vergütungssysteme

Des Weiteren waren und sind in großen Teilbereichen des öffentlichen Sektors aber noch immer vielfältige Mängel erkennbar, die – wenn auch je Bundesland und Verwaltungsebene durchaus mit unterschiedlicher Intensität – weitere, teils permanente Veränderungsaktivitäten erfordern. Die nachstehende Übersicht verdeutlicht diese Mängelerscheinungen am Beispiel der Kommunalverwaltung (siehe Abb. 1-3):

Abb. 1-3: Mängelkatalog Kommunalverwaltung (nach Hopp & Göbel, 2013, S. 32)

Mängel im Verhältnis von Verwaltung und Bürger	• geringe Kunden- bzw. Bürgerorientierung • undurchsichtiges Zuständigkeitswirrwarr • Abfertigung von „Bittstellern" • zu wenig Partizipationsmöglichkeiten • zu lange Bearbeitungszeiten im Genehmigungs- und Verwaltungsverfahren • lange Wartezeiten auf den Amtsfluren • bürgerunfreundliche Öffnungs- und Geschäftszeiten • unzureichende E-Government-Struktur

Mängel in der Zusammenarbeit zwischen Rat und Verwaltung	• Politik verzettelt sich zu sehr in Detail- und Einzelfragen. • lange Verhandlungen im Gemeinderat ohne greifbare Ergebnisse • Eine politische-strategische Steuerung der Verwaltung wird nur bedingt praktiziert. • Die Information des Gemeinderates durch die Verwaltung ist unzureichend. • Es existiert ein breites Misstrauen des Gemeinderates gegenüber der Verwaltung.
Mängel in der Organisation	• zu viele kleine Organisationseinheiten • zu viele Hierarchieebenen in den Organisationseinheiten • Ein-Linien-Organisation mit einflussreichen Querschnittseinheiten • zentrale Ressourcenverantwortung • Priorität für eine funktionsorientierte Aufgaben- und Kompetenzverteilung • zu geringe Prozessorientierung in den Verwaltungsstrukturen
Mängel im finanzwirtschaftlichen Bereich	• Unzählige haushaltsrechtliche Vorschriften erschweren eine wirtschaftliche Betriebsführung. • Kameralistische Haushaltsführung ist für die interne Betriebsführung ungeeignet. • „Dezemberfieber" als ungewollte Auswirkung der Kameralistik • Kosten- und Leistungsrechnungen fehlen weitgehend • Notwendige betriebswirtschaftliche Informationen liegen nicht vor (z. B. Kennzahlen). • Es fehlt inter- und inneradministrativer Wettbewerb.

Mängel im Personalbereich	• Das öffentliche Dienstrecht wie auch der Bundes-Angestelltentarif (BAT) sind [bzw. waren] eher leistungsfeindlich. • Die hierarchische Arbeitsteilung ist für unattraktive Arbeitsplätze auf den mittleren und unteren Ebenen verantwortlich. • Fort- und Weiterbildung werden restriktiv behandelt und relativ unabgestimmt realisiert. • Ausprägungen des autoritären Führungsstils sind noch sehr verbreitet. • Auf angemessene Umfeld- und Arbeitsbedingungen wird kaum Wert gelegt. • zum Teil unangemessen niedriges Entgelt bei höherwertigen Positionen

Auf diese Mängel ist innerhalb des öffentlichen Sektors dadurch regiert worden, dass verstärkt Anlehnungen an die Betriebswirtschaftslehre und insbesondere an die Managementlehre genommen wurden – erhoffte man sich doch von diesen ehemals eher fernen Wissenschaftsgebieten vielfältige Hilfestellungen. Der **Managementbegriff** lässt sich aus dem Lateinischen „manu agere" herleiten, was umgangssprachlich so viel heißt wie „mit den bloßen Händen steuern". Wenn auch verfremdet, so findet sich diese ursprüngliche Begriffsintention auch in dem Verständnis von Management wieder, wie es heute international übergreifend gebräuchlich ist. Es ist üblich, den Managementbegriff in zweierlei Hinsicht zu unterscheiden (Staehle, 1992, S. 66 ff.):

- Management als Funktion
- Management als Institution

Zum Erhalt und zur Steuerung einer Organisation (eines Unternehmens, einer Behörde) ist es notwendig, dass bestimmte (systembegründende bzw. systemerhaltende) Aufgaben übernommen und erfüllt werden. Dieses charakterisiert das Management im funktionalen Sinne.

Im institutionellen Sinne umfasst das Management damit alle Instanzen einer Organisation, der die Kompetenz zur Steuerung, Koordination und Überwachung der untergeordneten (ausführenden) Stellen übertragen wurde. Im Falle von privatwirtschaftlichen Unternehmen geschieht diese Übertragung durch die Eigentümer des Unternehmens. Im Falle von öffentlichen Verwaltungen vollzieht sich diese Übertragung mittelbar durch die Bevölkerung bzw. auch unmittelbar durch die jeweilige politische Mehrheit und deren beauftragte Einzelpersonen, etwa in Form des Bürgermeisters als obersten Dienstherrn der kommunalen Verwaltungsmitarbeiter. Management im institutionellen Sinne steht also für Institutionen, wie Unternehmer, „Manager",

Organisationsführer, leitende Mitarbeiter etc., soweit sie Managementfunktionen im oben beschriebenen Sinne wahrnehmen (Staehle, 1992, S. 77 ff.).

Die Managementlehre basiert konzeptionell auf dem sogenannten Managementkreislauf bzw. **Managementzyklus** (siehe Abb. 1-4) und stellt in dieser Systematik neue Anforderungen an das Denken und Handeln innerhalb des öffentlichen Sektors.

Abb. 1-4: Managementzyklus

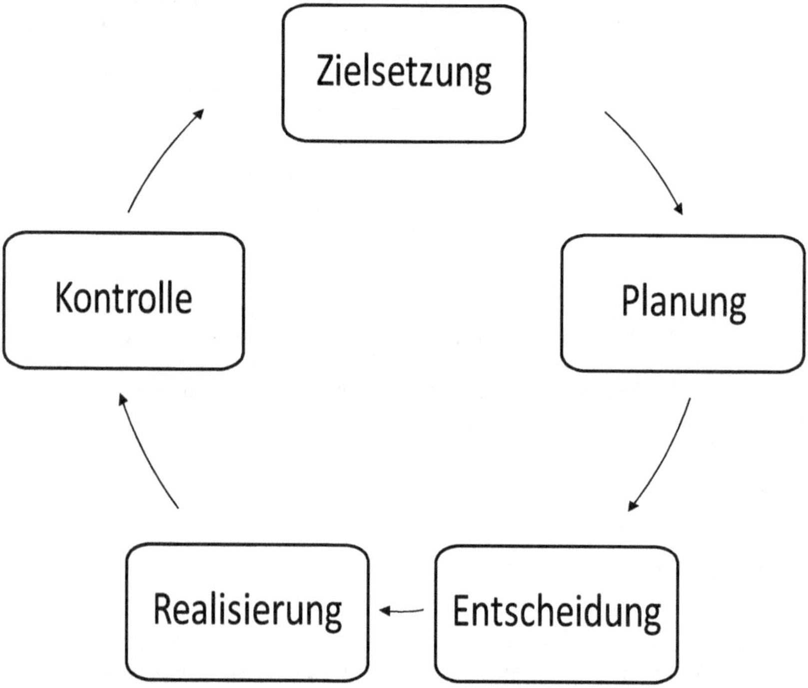

- Die **Zielsetzung** steht am Anfang des Managementzyklus, wobei hier zwischen Sachzielen und Formalzielen zu differenzieren ist. Sachziele beschreiben das „Was?“, d. h., sie bezeichnen das Leistungs- oder Handlungsprogramm einer Organisation. Im Falle eines Krankenhauses stellt es z. B. die Pflege von Kranken dar, während es für einen Automobilhersteller in der Produktion von Pkw besteht. Formalziele hingegen benennen das „Wie?“, d. h., sie grenzen ein, unter welchen Bedingungen das Sachziel angestrebt werden soll. Ein Formalziel für ein privatwirtschaftliches Unternehmen könnte etwa eine Renditevorgabe von 14 Prozent darstellen, während für eine Verwaltungsorganisation ein Formalziel die Mitarbeiterzufriedenheit (z. B. gemessen in einer Krankenquote von x Prozent) darstellen kann. In der Regel wird davon ausgegangen, dass innerhalb des öffentlichen Sektors im Zweifel Sachziele die Formalziele dominieren, während in der Privatwirtschaft Formalziele, speziell in Form von Produktivitäts- bzw. Wirtschaftlichkeitskennziffern (Gewinnziele, Produktivitätsvorgaben etc.), die Sachziele dominieren. Insbesondere wenn mehrere Entscheidungsalternativen vorhanden sind, setzt die vernünftige Wahl einer konkreten Alternative zunächst voraus, dass hinlänglich Klarheit darüber besteht, was zu welchem Zwecke erreicht werden soll.

- In der Regel existieren mehrere Handlungsmöglichkeiten, um ein Ziel zu erreichen, sodass eine entsprechende Auswahl notwendig ist. Der Prozess der Suche, der Bewertung und schließlich der Entscheidung für eine Handlungsmöglichkeit charakterisiert das Wesen der **Planung.** Gewöhnlich wird Planung daher definiert als gedankliche Vorwegnahme zukünftigen Geschehens (Hahn, 1994, S. 43). Planung stellt für den öffentlichen Sektor das zentrale Koordinations- bzw. Steuerungsinstrument dar. Von zentraler Bedeutung ist dabei zum Beispiel auf kommunaler Ebene der Haushaltsplan. Das Gesetz für ein Neues Kommunales Finanzmanagement im Land Nordrhein-Westfalen (NKFG NRW) versteht unter dem Haushaltsplan „… die nach den Vorschriften der [Gemeindeordnung] und der [Gemeindehaushaltsverordnung] festgestellte, für die Wirtschaftsführung der Gemeinde maßgebliche, produktorientierte Zusammenstellung der im Haushaltsjahr zu erbringenden Leistungen und den hierfür veranschlagten Erträgen und Aufwendungen sowie Einzahlungen und Auszahlungen …" (Bernhardt et al., 2005, S. 96 ff.).
- Der Planungsprozess schließt im eigentlichen Sinne mit der **Entscheidung** für konkret umzusetzende Alternativen ab. In dieser Sichtweise lässt sich Entscheidung definieren als die Auswahl einer (oder mehrerer) Handlungsalternativen, die dem Entscheidungsträger zur Realisierung des angestrebten Ziels zur Verfügung stehen.
- **Realisierung** meint die Umsetzung der Entscheidung in tatsächliches Handeln.
- Die Managementfunktion **„Kontrolle"** rundet den Managementkreislauf ab. Im Wesentlichen besteht die Aufgabe der Kontrolle darin, die realisierten Ergebnisse mit den vormals geplanten Ergebnissen zu vergleichen und daraus auf den Zielerfüllungsgrad zu schließen (Thommen & Achleitner, 2006, S. 892 ff.). Über die Frage, inwiefern die angestrebten Ziele erreicht wurden, liefert die Kontrolle Informationen über die Effizienz des Handelns. Die Kontrolle steht am Ende des Managementkreislaufes und mündet wieder in einen neuen Zyklus der Zielformulierung ein. Hier dienen die Ergebnisse der Kontrolle somit als Informationsgrundlage für die Planungsaktivitäten des neuen Zyklus, indem Abweichungen zwischen Planungs-Soll und Kontroll-Ist analysiert werden und die Erkenntnisse in die neue Planung einfließen.

Aufgrund eines aus verschiedenen Bereichen stammenden Anpassungsdrucks wurden im öffentlichen Sektor Veränderungsaktivitäten (Verwaltungsreform) ausgelöst. Diese Aktivitäten mündeten letztlich insbesondere in das **Neue Steuerungsmodell/New Public Management,** wie es im nachfolgenden Abschnitt in seinen Grundzügen dargestellt wird.

1.3 „New Public Management"

Was auf internationaler Ebene als **New Public Management** bezeichnet wird, wird in Deutschland auf kommunaler Ebene weitgehend synonym unter dem Terminus des sogenannten **Neuen Steuerungsmodells** diskutiert, wie es von der Kommunalen Gemeinschaftsstelle für Verwaltungsmanagement (KGSt) vorgelegt und fortentwickelt wurde (Kommunale Gemeinschaftsstelle für Verwaltungsmanagement, 1994). Auf der Bundesebene finden sich vergleichbare Konzeptionen unter der Anspruchsformulierung „Moderner Staat – Moderne Verwaltung". Das Neue Steuerungsmodell und andere Reformkonzepte können dabei als ein Versuch gesehen werden, im öffentlichen Sektor dem oben skizzierten Veränderungsdruck etwas entgegenzustellen.

> „Ausgelöst durch immense Haushaltsdefizite mit den damit verbundenen massiven Spar- und Konsolidierungszwängen, aber auch sonstigen konkreten Druckfaktoren (Globalisierungstrend, Internet etc.) sucht man in Gebietskörperschaften aller Ebenen nach neuartigen Wegen im Verwaltungsmanagement. Seinen recht bekannt gewordenen Ursprung und schwungvollen Beginn hatte der Reformprozess zur Verwaltungsorganisation und Verwaltungsführung vor [schon bald zwei Jahrzehnten] in Tilburg und anderen niederländischen Städten …" (Schmidt, 2004, S. 175).

Das Neue Steuerungsmodell (NSM) sieht für die kommunale Ebene insbesondere vor, dass

- den Organisationseinheiten (z. B. Ämtern) Ziele vorgegeben werden,
- bezogen auf die einzelnen Ziele auch die dafür notwendigen Ressourcen bereitgestellt werden,
- ein finanzwirtschaftlicher Rahmen für einen wirksamen und wirtschaftlichen Aufgabenvollzug geschaffen wird,
- die Leistungserstellung anhand von Leistungs- und Finanzzielen systematisch kontrolliert und gesteuert („Controlling") wird (Kulbach & Wohlfahrt, 1996, S. 33).

Das NSM basiert auf mehreren zentralen Konzepten, die im Weiteren in ihrer grundsätzlichen Bedeutung und ihren Zusammenhängen dargestellt werden.

Für ein Grundverständnis des NSM ist zunächst der Begriff des Produktes elementar. Nicht völlig deckungsgleich mit dem Gebrauch des Produktbegriffs in der allgemeinen Betriebswirtschaftslehre bezeichnet ein **Produkt** hier ein nach bestimmten Kriterien abgegrenztes Bündel von Leistungen. Ein mögliches Produkt stellt z. B. die Personalentwicklung dar. Die Personalentwicklung ist ein Produkt des Personalmanagements **(Produktgruppe),** welche wiederum dem Bereich der Inneren Verwaltung **(Produktbereich)** zuzuordnen ist. Das Denken in Produkten geht somit von einer begrifflichen Hierarchie aus, wie sie in der nachfolgenden Übersicht (siehe Abb. 1-5) mit einem anderen Beispiel dargestellt ist.

Abb. 1-5: Systematik eines Produktrahmens

Produktbereich A (*z. B. Sicherheit und Ordnung*)			
Produktgruppe A1 (*z. B. Gewerbewesen*)	Produktgruppe A2	Produktgruppe A3	Produktgruppe ...
Produkt A1.1 (*z. B. Führung des Gewerberegisters*) A1.2	Produkt A2.1: A2.1:	Produkt A3.1: A3.2:	Produkt ...
Leistungen (*z. B. Dokumente überprüfen*)	Leistungen	Leistungen	Leistungen

Das Produkt, z. B. die Personalentwicklung oder die Führung des Gewerberegisters, bezeichnet jedoch noch nicht, was konkret in der Praxis getan wird. Um dieses Feld wiederum näher einzugrenzen, wird im NSM auf den Begriff der **Leistung** abgestellt.

- Leistungen stellen das Ergebnis von Tätigkeiten dar, die wahrgenommen werden müssen, um eine (Teil-)Aufgabe zu erfüllen.
- Produkte sind dementsprechend Gruppen von Leistungen. Produkte ähnlicher Teilzusammenhänge bzw. ähnlicher Bereiche werden zu Produktgruppen zusammengefasst.
- Produktbereiche lassen sich als Oberbegriff für verwandte Produktgruppen beschreiben.

Die Leistungen der Verwaltung über den Produktbegriff zu charakterisieren entspricht der sogenannten **outputorientierten Perspektive** des NSM. Outputorientierung meint, dass die Produkte bzw. die Dienstleistungen der öffentlichen Verwaltung vom Kunden her definiert sind. Der Bürger (und auch der interne Abnehmer) wird als „Kunde" interpretiert, demgegenüber die Verwaltung Produkte (Produktorientierung) anbietet und absetzt. Beurteilungsgrößen, wie z. B. Qualität, sollen in der Outputorientierung aus Kundensicht beurteilt werden und nicht (mehr nur) aus der Binnenperspektive der Verwaltung, was eher für die traditionelle Perspektive im Sinne von Inputorientierung steht. Im Einzelfall können diese Betrachtungen durchaus auseinanderfallen. Während es z. B. aus der Sicht der Verwaltung als ein (ausreichendes?) Merkmal für qualitativ hochwertige Verwaltungsarbeit angesehen werden könnte, wenn ein Bescheid rechtskonform und kostendeckend erstellt wird, kommen aus der Sicht des Kunden/Bürgers mitunter weitere Kriterien, wie z. B. eine verständliche Sprache oder kurze Wartezeiten etc., hinzu, um die Verwaltungsarbeit als qualitativ hochwertig erscheinen zu lassen.

Im Zuge des NSM wird des Weiteren auch für eine andere Form der Beziehung zwischen den an der Leistungserstellung beteiligten Institutionen plädiert. An die Stelle einer hierarchiebezogenen Zusammenarbeit sollen verbindliche Vereinbarungen/Absprachen treten. Die Rede ist vom sogenannten **Kontraktmanagement.** Kontrakte (also Vereinbarungen) können auf der obersten kommunalen Ebene zwischen der Politik/dem Rat der Stadt und der Verwaltungsleitung geschlossen werden. Sie können und sollen aber auch zwischen einzelnen Fachabteilungen/Dezernaten untereinander und mit der Verwaltungsleitung sowie auch innerhalb der einzelnen Organisationseinheiten vereinbart werden. Unterstellt wird im Grunde eine „Kunden-Lieferanten-Beziehung". In dieser wird die (extern und intern) zu erbringende Leistung genauso geregelt wie die dafür zur Verfügung zu stellenden Ressourcen und die Art und Weise der Berichterstattung, wie die Ressourcen tatsächlich eingesetzt wurden.

Wesensmerkmal des Kontraktmanagements soll sein, dass sich diese „Vertragsbeziehungen" über sämtliche Hierarchieebenen erstrecken: angefangen mit einem/mehreren Kontrakt(en) zwischen der Politik (dem Rat) und der Verwaltungsspitze, über Kontrakte zwischen Verwaltungsspitze mit Dezernenten etc. bis hin zu Kontrakten zwischen Vorgesetzten und Mitarbeitern. Auf der Ebene von Vorgesetzten und Mitarbeitern erscheint der Kontrakt dann regelmäßig in Form einer sogenannten Zielvereinbarung (siehe Kapitel 15). Eine solche Zielvereinbarung kann z. B. Angaben darüber enthalten, welche Leistungen der Mitarbeiter erbringen muss, um in den Genuss einer Leistungsprämie i. S. d. Tarifvertrags für den öffentlichen Dienst (TVöD) zu kommen.

Als ein bedeutsames Instrument des NSM ist des Weiteren die **Budgetierung** zu nennen.

Sofern für einzelne Verantwortungsbereiche Leistungsziele vorgegeben oder – besser – vereinbart wurden und den Verantwortlichen auch die zur Zielerreichung notwendigen Ressourcen (i. d. R. Haushaltsmittel) zur Verfügung gestellt wurden, sind den Verantwortlichen damit zugleich auch die Kosten vorgeschrieben, die für die Leistungserbringung maximal entstehen dürfen. Unter einem Budget lässt sich demnach ein i. d. R. klar definierter Geldbetrag verstehen, der dem Budgetverantwortlichen eigenverantwortlich zur Aufgabenerledigung verbindlich zur Verfügung gestellt wird. Die Abbildung 1-6 illustriert die Grundstruktur des Budgetierungsinstrumentes. Abgeleitet von einem Gesamtbetrag von 100 GE erhält die nächste Organisationseinheit Anteile dieses Gesamtbetrages, z. B. das Dezernat B einen Anteil von 50 GE. Innerhalb des Dezernates B werden diese 50 GE in weitere (Teil-)Budgets für die Ämter B.1, B.2 und B.3 aufgeteilt. Der Teilbetrag für Amt B.2 wird schließlich noch weitergehend gesplittet auf die Sachgebiete B.2.a und B.2.b.

Abb. 1-6: Budgetierung – Grundstruktur

<table>
<tr><th colspan="6">Gesamtbudget – Gesamthaushalt (100)</th></tr>
<tr><td rowspan="3">Dezernat A (20)</td><td colspan="4">Dezernat B (50)</td><td rowspan="3">Dezernat C (30)</td></tr>
<tr><td rowspan="2">Amt B.1 (10)</td><td colspan="2">Amt B.2 (35)</td><td rowspan="2">Amt B.3 (5)</td></tr>
<tr><td>Sachgebiet B.2.a (15)</td><td>Sachgebiet B.2.b (20)</td></tr>
</table>

Gegenstand der oben beschriebenen Kontrakte sollen also auch Budgets sein, mit denen der Leiter eines Verantwortungsbereichs über Steuerungsgrößen verfügt, die weder insgesamt noch bei den verschiedenen Kosten im Einzelnen überschritten werden dürfen. Bei wirtschaftlichem Umgang kann der Verantwortliche im Regelfall etwaige Überschüsse zumindest teilweise in die nächste Abrechnungsperiode übertragen bzw. er darf bei unwirtschaftlichem Umgang mit dem Budget keine Gelder nachfordern, sondern soll eigene Überlegungen für Einsparungsmöglichkeiten anstellen (Bals, 2004).

Ein Beispiel:

Der Leiter des Jugendamtes A-Stadt verantwortet für seinen Amtsbereich einen Betrag von 10.000 Euro als Budget für die Weiterbildung des erzieherischen Personals. Es stellt sich zum Ende des Jahres heraus, dass er alle erforderlichen Weiterbildungen aufgrund geschickter Verhandlungsführung für 7.500 Euro hat durchführen können. In A-Stadt gilt die Vereinbarung, dass bei Budgetunterschreitung 60 Prozent, also 1.500 Euro, der eingesparten Summe in dem Bereich verbleiben und im nächsten Jahr genutzt werden können. Die verbleibenden 40 Prozent fließen als Mittel zurück in den Gesamthaushalt.

Mit dem Budgetierungsinstrument geht zugleich auch eine veränderte Ressourcenverantwortlichkeit einher. Ein Budget tatsächlich zu verantworten bedeutet, insbesondere selbst zu entscheiden, für welche Einsatzgüter die Mittel verwendet werden sollen. Das Neue Steuerungsmodell geht folglich von einer **dezentralen Ressourcenverantwortung** aus. Mit anderen Worten ist im obigen Beispiel der Leiter des Jugendamtes nicht nur dafür verantwortlich, dass in seinem Amtsbereich fachlich gute Arbeit geleistet wird, sondern ihm obliegt auch die Verantwortung über die Ressourcen[2]).

Genau genommen lassen sich das Kontraktmanagement, das konkrete Arbeiten mit Zielvereinbarungen und das Budgetieren auch als eine Form der **(Verwaltungs-)Steuerung** begreifen. Steuerung wird in betriebswirtschaftli-

2) Im Gegensatz zum Neuen Steuerungsmodell liegt bei dem traditionellen Ansatz die fachliche Verantwortung in den Fachbereichen, z. B. beim Jugendamt, und die Verantwortung für die Ressourcen bei der Kämmerei.

chen Zusammenhängen häufig mit dem **Controlling**-Begriff charakterisiert. Controlling, d. h. Steuerung, erfolgt aus betriebswirtschaftlicher Sicht regelmäßig aufgrund von Kennzahlen bzw. Kennzahlensystemen. Eine einfache Kennzahl könnte beispielsweise die Produktivität (mengenmäßiger Output/mengenmäßiger Input) sein.

Controlling stellt mithilfe von z. B. Kennzahlen fest, ob gegebene Ziele erreicht wurden (z. B. Produktivitätssteigerung um fünf Prozent), oder gibt über eine entsprechende Kosten- und Leistungsrechnung Auskunft darüber, welche Kosten (Kostenarten) wo (Kostenstellen) wofür (Kostenträger) entstanden sind. Zusammengefasst werden diese Informationen in der Regel mithilfe eines **Berichtswesens** („Reporting"). Durch Berichte, die z. B. quartalsweise erstellt werden, werden die Verantwortlichen systematisch darüber informiert, ob das entsprechende Leistungsziel oder auch das Budget eingehalten werden.

Angeknüpft an das obige Beispiel könnte dem Leiter des Jugendamtes seitens einer Controlling-Stelle z. B. alle drei Monate ein Bericht darüber vorgelegt werden, wie viele Mittel aus dem Weiterbildungsbudget bereits verbraucht wurden. Aus der Information, dass nach sechs Monaten bereits 70 Prozent des Budgets verbraucht sind, kann der Leiter des Jugendamtes entsprechende Maßnahmen ableiten.

Eine solche ausgefeilte Kostenrechnung und ein solch motivierendes Budgethandeln war in der öffentlichen Verwaltung im Rahmen der kameralen Rechnungslegung lange Zeit unbekannt. Erst mit Einführung der **kaufmännischen Buchführung** (syn. „Doppik", „doppelte Buchführung in Kontenform") können sämtliche Kosten, wie z. B. Abschreibungen, für den betreffenden Bereich überhaupt sichtbar gemacht werden, um hier nur einen Vorteil der kaufmännischen Buchführung zu nennen (Mroß, 2006).

1.4 „Good Governance"

Nach gut 20 Jahren (New) Public Management und über 15 Jahren des Neuen Steuerungsmodells auf der kommunalen Ebene zeigt sich an vielen Stellen, dass eine Vielzahl von Erwartungen, die mit diesem neuen Denken und Handeln verbunden waren, nicht erfüllt wurden. Mancherorts wird auch die Auffassung vertreten, dass das NSM gescheitert ist (Kuhlmann, 2006). Jedenfalls kann „Von flächendeckender und allumfassender NSM-Reform ... in Deutschland bei weitem keine Rede sein" (Kuhlmann, 2006, S. 150). In einem Bericht stellt die KGSt die Verbreitungsgrade von verschiedenen Elementen des NSM zusammen und kommt insgesamt auch zu recht unterschiedlichen Ergebnissen (Kommunale Gemeinschaftsstelle für Verwaltungsmanagement, 2007), die diese zurückhaltende Einschätzung im Grunde stützen.

Die Kritikpunkte am NSM lassen sich in ihrer Essenz in der starken, vielleicht allzu starken Binnenorientierung des Ansatzes zusammenfassen. Wenn auch die Outputorientierung im NSM ausdrücklich betont wird, so beschäftigen sich die wesentlichen Elemente des Modells doch mit nach innen gerichteten

Fragestellungen (Budgetierung, Ressourcenverantwortung, Doppik etc.) der Verwaltung. Bemängelt wird zudem, dass die Politik und die Bürger nur unzureichend beteiligt wurden. Gewissermaßen im Fahrwasser dieser Kritik beginnt sich mit „Good Governance" ein Ansatz zu entwickeln, der diese Kritikpunkte aufgreift (vgl. hierzu und folgend Damkowski & Rösener, 2004). „Der Governance-Ansatz erstrebt über die politisch-administrative Binnenreform hinaus eine ganzheitliche Steuerung politisch-gesellschaftlicher Veränderung" (Damkowski & Rösener, 2004, S. 313). Elementare Unterschiede zwischen der Public-Management-Perspektive, wie sie auch dem NSM zugrunde liegt, und der Governance-Perspektive sind in der nachfolgenden Übersicht zusammengeführt (siehe Abb. 1-7).

Abb. 1-7: Unterschiede zwischen Public Management und Public Governance (Leicht verändert nach Reichard, zitiert nach Damkowski & Rösener, 2004, S. 312)

	Public Management	**Public Governance**
Analysefokus	Binnensteuerung	Binnensteuerung und interorganisatorische (Fremd- und Selbst-) Steuerung
Art der einbezogenen Organisationen	primär einzelne öffentliche Einrichtungen (im NPM-Fall zusätzliche Unternehmen)	a) Einzelorganisationen in kooperativen und kompetitiven Beziehungen (Verwaltungen, NPOs, Unternehmungen) b) (Policy-)Netzwerke, gesellschaftliche Teilsysteme, Makrostrukturen des öffentlichen Sektors
Zugrunde gelegte Steuerungslogik	Hierarchie, Regelungen, Ziele/Ergebnisse, Wettbewerb (NPM)	wie oben + politischer Tausch + Verhandlungen (+ Solidarität, Vertrauen?)
Dominantes Rationalitätskriterium	Effizienz	Effektivität Legitimität (+ Legalität)
Beispiele für typisches Phänomen	ergebnisorientiertes Management einzelner Ämter einer Kommunalverwaltung	Politiksteuerung in lokal begrenztem Bereich, z. B. Planung, Koordination, Produktion von Dienstleistungen zur Randgruppenbetreuung im Jugendbereich durch Netzwerke von Kommune, Wohlfahrtsverband, Selbsthilfegruppe, kleine und mittlere Unternehmen

Der Begriff „governance" steht im Englischen für das Regieren oder die Regierung, aber auch für Herrschaft und Steuerung. In den vorliegenden Zusammenhang gesetzt lässt sich Good Governance entsprechend als **verantwortungsbewusste Regierungsführung** übersetzen. Häufig werden zu Good Governance die folgenden Merkmale betont hervorgehoben:

- Partizipation
- Rechtstaatlichkeit
- Transparenz
- Verantwortung gegenüber allen gesellschaftlichen Gruppen
- Konsensorientierung
- Gerechtigkeit und Integration
- Effektivität und Effizienz
- Rechenschaftslegung

Um diese noch recht abstrakten Merkmale etwas greifbarer zu machen, können gerade für die kommunale Ebene schließlich die folgenden Merkmale für einen ersten Definitionsansatz von „Good Governance" formuliert werden (Damkowski & Rösener, 2004, S. 313):

- Demokratie und Lebensqualität durch nachhaltige Partizipation aller und Verpflichtung auf eine Kultur des Gender-Mainstreamings und des Diversity Managements
- Entwicklung einer Vision und gemeinsamer Ziele für die Kommune durch strategisches Management
- Problemlösung durch Bildung von Partnerschaften im „Sechseck der aktivierenden Kommune" (Rat, Verwaltung, Wirtschaftsunternehmen, Bürgergruppen, Verbände, Vereine)
- effektive, effiziente und responsive Politik, Verwaltung und partnerschaftliche Zusammenarbeit sowie Engagement aller Partner für das Gemeinwesen
- zielgerichteter Ressourceneinsatz, Transparenz und Rechenschaftslegung
- legitimierte Regeln der Konsensbildung und Konfliktbewältigung, insbesondere abgestimmte Beteiligungs- und Entscheidungsverfahren zwischen Politik und Verwaltung
- Lernen und Innovation durch Arbeit in Netzwerken und ähnlichen Kooperationsformen

Zusammenfassend soll Good Governance als eine umfassende Strategie mit dem Ziel der Modernisierung des öffentlichen Sektors verstanden werden, die explizit alle Interessensgruppen und Akteure (sog. „Stakeholder") wie die Bürger, die Politik, Freie Wohnfahrtspflege, Wirtschaft etc. mit einbezieht. Good Governance setzt an den erkannten Mängeln des Neuen Steuerungsmodells bzw. New Public Managements an, ohne dieses aber zu ersetzen, sondern baut vielmehr auf den dort eingeführten Instrumenten und Ansätzen auf.

1.5 „Bürgerkommune" – bürgerorientierte Kommune

1.5.1 Begriff und Ziele

Begriffe wie „Open Government", Bürgerkommune bzw. bürgerorientierte Kommune lassen sich inhaltlich einem seit einigen Jahren andauernden Trend zu mehr Transparenz oder Offenheit der öffentlichen Verwaltung zuschreiben. Diese Offenheit zielt vor allem auf die Beziehungen und den Umgang der Verwaltung in Bezug auf die Bevölkerung und der Wirtschaft. „Open Government" wird dabei als technologische bzw. webgestützte Öffnung der Verwaltung begriffen und bezieht sich damit auf die Möglichkeiten von „Web 2.0", „Communities" und Plattformen (Hilgers, 2012). Eine gewisse Nähe – wenn auch mit anderem Schwerpunkt – zum E-Government springt damit ins Auge. Während das „Open Government" sowohl konzeptionell als auch in der praktischen Umsetzung noch in den Kinderschuhen steckt, lässt sich für die Bürgerkommune ein vergleichsweise fortgeschrittener Status konstatieren.

Begriffshistorisch lässt sich die ursprünglich von Banner konzipierte Idee von der Bürgerkommune als Reaktion auf die „erheblich ins Stocken" geratene Einführung des Neuen Steuerungsmodells verstehen (Holtkamp & Bogumil, o.J., S. 4 und die dort genannte Literatur). Mit der Bürgerkommune soll eine neue Perspektive in die Diskussion um die Verwaltungsmodernisierung eröffnet werden, die im Kern darin besteht, den Bürger verstärkt in alle Phasen des Entscheidungs- und Produktionsprozesses öffentlicher Dienste einzubeziehen (Holtkamp & Bogumil, o.J., S. 4).

Unter der Bezeichnung „Bürgerkommune" (auch: bürgerorientierte Kommune) wird im Grunde eine Form der Kommunalpolitik verstanden, die eine besonders starke Einbindung von bürgerschaftlichem Engagement impliziert. Mit dem Terminus wird der Tatsache Rechnung getragen, dass die Bürger der Gemeinde in verschiedenen Rollen begegnen, die in den verbreiteten Systemen der kommunalen Verwaltung kaum berücksichtigt werden. Nach dem Konzept der bürgerorientierten Kommune sind die Bürger sowohl als

- politischer Auftraggeber,
- Kunde und
- Mitgestalter der kommunalen Gemeinschaft

zu begreifen und auch ernst zu nehmen. Die Bürgerkommune betrachtet die Bürger demnach in ihren verschiedenen Rollen – sei es als Kunden, als Beteiligte bei kommunalen Planungen, als Wähler und „Abstimmer" – als *aktive* Bürger. Die Hervorhebung „aktiv" soll signalisieren, dass die Bürger sich hier nicht passiv verhalten und als bloße Empfänger oder Konsumenten öffentlicher Güter auftreten, sondern ihre Vorstellungen und ihr Engagement in das öffentliche Leben der Gemeinde einbringen.

Die Optimierung des Gemeinwohls ist in dieser Perspektive also nicht allein Aufgabe der öffentlichen Hand, sondern eine gemeinsame Aufgabe von öffentlicher Verwaltung, Wirtschaft, dem sogenannten dritten Sektor (Vereine, Verbände, Kirchen etc.) und eben des einzelnen Bürgers vor Ort (Plamper, 1998, S. 169).

Vogelsang, Lübking und Ulbrich (2005, S. 82 sowie folgend S. 350 ff.) definieren den Begriff wie folgt:

Bürgerkommune ... bedeutet, Bürgerinnen und Bürger an Entscheidungen zu beteiligen, ihnen die Übernahme von öffentlichen Aufgaben zu ermöglichen und bürgerschaftlich Engagierte zu unterstützen.

In der Bürgerkommune spielt vor allem die ernsthafte und professionelle Förderung von bürgerschaftlichem Engagement im Sinne einer tatsächlichen Mitgestaltung und Wahrnehmung öffentlicher Aufgaben eine bedeutende Rolle. Eine Folge dieser Konzeption ist es daher, dass die tatsächlichen (und nicht die vermuteten) Bedürfnisse der Bürger in den Mittelpunkt gerückt werden, womit zwangsläufig auch eine sehr viel stärkere Mitwirkung der Bürger bei der kommunalpolitischen Zielfindung einhergehen muss. Schließlich sollen die Bürger auch bei der Art und Weise der Zielerreichung stärker und qualifiziert eingebunden werden. Folgt man dieser Logik, dann entscheidet nicht mehr nur die Politik und/oder die Verwaltungsspitze über die Ziele von kommunaler Verwaltung, sondern es findet eine Form der Delegation in der Zielfindung statt.

„In der Bürgerkommune soll die Ablösung der traditionellen Innensicht, der Produzentensicht, der Herstellerperspektive zu Gunsten einer Außenorientierung, einer Nutzersicht, einer Verwendungsperspektive im Vordergrund stehen. Nicht die Frage, wie die Verwaltung am einfachsten und am korrektesten verschiedene Leistungen erstellt, sondern die Frage, welchen Nutzen öffentliche Angebote und Leistungen für Kunden und Bürgerschaft haben, soll in den Mittelpunkt der Verwaltungstätigkeit rücken" (Bogumil & Jann, 2005, S. 215). Als kommunalpolitische und kommunalwirtschaftliche **Konsequenzen** der „Bürgerkommune" folgen daraus, dass Städte und Gemeinden (Bogumil & Jann, 2005, S. 216)

- die Qualität öffentlicher Aufgaben und Leistungen unter Einbezug der Bürger gestalten,
- Planungen als Teil eines demokratischen Beteiligungsprozesses verstehen,
- Transparenz als Voraussetzung für bürgerschaftliche Einflussmöglichkeiten und Kontrollchancen über Planungs- und Entscheidungsprozesse herstellen.

Ferner gilt, dass

- Bürger neue oder nicht mehr zu finanzierende Aufgaben (mit Unterstützung der Kommune) übernehmen,
- die Formen der nicht repräsentativen Demokratie auch auf „artikulationsschwache" Bevölkerungsgruppen zugeschnitten werden,
- die Kreativität, Eigenverantwortung und Selbsthilfefähigkeit der Bürger gefördert werden.

1.5.2 Praktische Ausprägungen

Mit der Neuen Steuerung wurde durch die KGSt ein Reformprozess initiiert, der das Verwaltungshandeln hin zu einer verstärkten Dienstleistungsorientierung bewegte, die jedoch bislang eher auf die internen Prozesse und Strukturen des öffentlichen Sektors gerichtet war („Dienstleistungskommune"). Durch die bürgerorientierte Kommune soll nun auch das Außenverhältnis der Verwaltung zu den Bürgern/Kunden reformiert werden. Stand die klassische Verwaltung – vor Einführung des Neuen Steuerungsmodells – für „Behörde", d. h. für bloße Rechtsanwendung, soll nun der Weg über die „Dienstleistungskommune" hin zur „Bürgerkommune" gegangen werden (siehe Abb. 1-8) (Plamper, 1998, S. 169).

Abb. 1-8: Von der klassischen Behörde zur Bürgerkommune

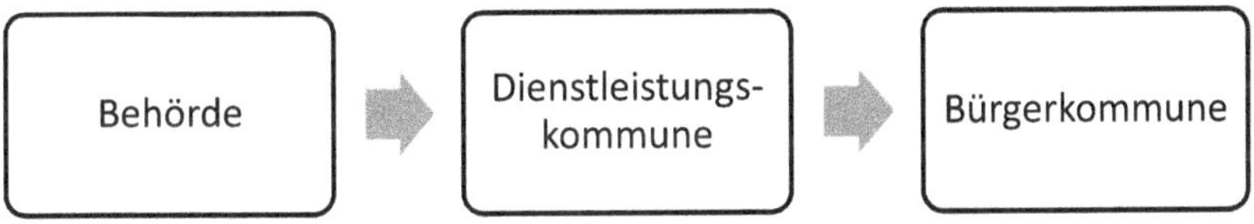

Auch wenn sich in dem Konzept der Bürgerkommune unverkennbar elementargemeinschaftliche Kernideen widerspiegeln, so spielt die Art des bürgerschaftlichen Engagements insbesondere vor den finanziellen Problemlagen der kommunalen Haushalte eine bedeutsame Rolle. „Der Staat ist mit seinem umfassenden Leistungsanspruch immer weiter expandiert und damit immer mehr an seine fiskalischen Grenzen gestoßen. Höhere Ausgaben der öffentlichen Hand sind ökonomisch und politisch nicht vertretbar. Von daher müssen sich Bund, Länder und Gemeinden wieder auf ihre Kernaufgaben besinnen" (Vogelsang et al., 2005, S. 351). Vor diesem Hintergrund gilt es zusätzlich, auch andere Aufgabenträger als die öffentliche Hand zu gewinnen, die – ggf. unter Gewährleistungsaufsicht der Gemeinde – öffentliche Aufgaben faktisch erledigen. Zum einen ist die teilweise oder komplette Verlagerung in den privaten Sektor denkbar, zum anderen auch eine stärkere Einbindung und Eigenverantwortung der Bürger. Gemeinhin sind es vier **Ziele,** die auf kommunaler Ebene mit der Bürgerkommune verfolgt werden (Vogelsang et al., 2005, S. 351):

1. sorgsamer Umgang mit den übertragenen Einrichtungen durch hohe Identifikation,
2. Schaffung gestalterischer Freiräume,
3. Aufrechterhaltung des kommunalen Leistungsspektrums,
4. Einsparung kommunaler Mittel, vornehmlich mit dem Ziel der Gewährleistung konstanter Steuer-, Gebühren- und Beitragssätze für die gesamte Bürgerschaft und Sicherung der Investitionsfähigkeit.

Richtet man den Blick auf die kommunale Praxis, dann wird schnell deutlich, dass bürgerschaftliches Engagement durchaus keine Seltenheit ist. So finden sich neue Formen der Selbstverwaltung durch Bürger und Vereine (Clubhäuser, Schwimmbäder, Sport- und Freizeitanlagen, Senioreneinrichtungen,

Sport- und Kulturveranstaltungen), Formen der Selbstorganisation und Selbsthilfe von Vereinen und Initiativen (Selbsthilfegruppen in den Bereichen Gesundheit, Drogenabhängigkeit, Behinderung, Arbeitslosigkeit), Initiativen zur Verbesserung der Wohn- und Lebensqualität (im Bereich Spielanlagen, Sauberkeit, örtliche Sicherheit, Kultur u. a., Durchführung von Sanierungsarbeiten in Schulen und Kindergärten) sowie die Förderung individuellen Engagements (Tauschbörsen nicht marktlicher Dienstleistungen, Freiwilligenzentren, Spielplatzpatenschaften, Übernahme von Straßen- und Grünflächenpflegemaßnahmen) (Bogumil & Jann, 2005, S. 215).

Das Leitbild Bürgerkommune Hamm (Auszug)

Die aktuelle Diskussion um das bürgerschaftliche Engagement und seine Stärkung ist Ausdruck tiefgreifender sozialer Wandlungsprozesse. Der wachsenden Komplexität und Anonymität demokratischer Gesellschaften setzen immer mehr Menschen den Wunsch nach persönlicher Mitwirkung, nach aktiver Gestaltung der eigenen Lebensverhältnisse entgegen. Demokratie lebt vom freiwilligen Engagement der Bürgerinnen und Bürger – dies gilt für die Gesellschaft insgesamt, dies gilt in besonderer Weise für die „Demokratie vor der Haustür", die kommunale Selbstverwaltung, in der soziale und kulturelle Entwicklungen unmittelbar erlebt und erfahren werden. (...) Unter dem Leitbild der Bürgerkommune fügt die Stadt Hamm verschiedenste Einzelprojekte zu einem Zukunfts- und Modernisierungskonzept zusammen, das als wesentliches Element die Herstellung einer örtlichen Verantwortungsgemeinschaft von Politik, Verwaltung und Bürgerschaft beinhaltet.

Die viel diskutierte Rückbesinnung auf das Lokale, die Aufwertung des Örtlichen, die Wiederbelebung der kommunalen Selbstverwaltung als soziale und politische Ressource – dies erfordert neue und unkonventionelle Kooperationsformen zwischen aktiven, engagierten Bürgerinnen und Bürgern auf der einen und einer bürgerorientierten Politik und Verwaltung auf der anderen Seite. Die Bürgergesellschaft ist keine Selbstverständlichkeit; sie bedarf im Gegenteil eines oft langwierigen, mitunter schwierigen Lernprozesses aller Beteiligten. Will die Verwaltung „Maßarbeit" im Sinne einer bürgerorientierten Kommune betreiben, dann muss einiges verändert und weiterentwickelt werden: Arbeitsmethoden, Aufgabenprofile, Sichtweisen, organisatorische Verfahren, Rollenzuweisungen usw. Ein erster, notwendiger Schritt auf diesem Wege war die Umwandlung der „klassischen Behörde" in ein modernes Dienstleistungsunternehmen, der Übergang vom Bürokratiemodell traditioneller Prägung zum Neuen Steuerungsmodell. Aber so notwendig bedarfsgerechte, „passgenaue" Verwaltungsstrukturen und -abläufe auch sind: In der weiteren Entwicklung muss es darum gehen, die Bürger als Mitgestalter, als Produzenten oder Koproduzenten der örtlichen Gemeinschaft zu akzeptieren, zu fordern und zu fördern, d. h., entsprechende Rahmenbedingungen und ein geeignetes Umfeld für bürgerschaftliches Engagement zu schaffen. (...)

Das Leitbild der Bürgerkommune Hamm berührt alle Bereiche der kommunalen Entwicklung – vor allem aber die Schnittstelle „Verwaltung/Bürgerschaft".

Zur Bündelung und Vereinheitlichung der unterschiedlichen Initiativen und Kooperationsprojekte hat die Verwaltung vor diesem Hintergrund eine Organisationsstruktur entwickelt, die die einzelnen Maßnahmen der Stadtämter und Institutionen zunächst im Rahmen themenbezogener Arbeitsgruppen aufgreift. Die Arbeitsgruppen Bürgerengagement, Bürgerbeteiligung und Bürgerservice sollen bereits bestehende Projekte zum aktuellen Leitbild der Bürgerkommune begleiten und unterstützen sowie neue Initiativen anregen und fördern. Den einzelnen Arbeitsgruppen sind dabei jeweils konkrete Handlungsbereiche und individuelle Projekte zugeordnet, wie nachfolgend (siehe Abb. 1-9) exemplarisch deutlich wird:

Abb. 1-9: Aktivitäten einer Bürgerkommune – Beispiele aus der Stadt Hamm (http://www.hamm.de)

Bürgerengagement	**Bürgerbeteiligung**	**Bürgerservice**
Freiwilligenzentrale Hamm	Ratsbürgerentscheid	Offene Sprechstunde
Schulische Fördervereine	Seniorenbeirat	Kulturreport
Landschaftswächter	Bahnhofsfest	Gewerbeanmeldung
Bodendenkmalpflege	Familienforum	Mittelstandsfreundliche Verwaltung
Ehrenamtliche Seniorenarbeit	Fußball-Weltmeisterschaft behinderter Menschen	Moontalk
Agentur für gesellschaftliches Engagement	American Football	Bürgeramt kommt nach Hause
Berufliche Integration von jungen Migranten	Mädchenzukunftstag	Neue Servicestelle für Familien

Faktisch wird die „Bürgerkommune" durch einen hohen Grad an Freiwilligenarbeit und ehrenamtlicher Tätigkeit der Bürger in der Gemeinde und für diese erfahrbar. Für die kommunale Verwaltung einer „Bürgerkommune" resultiert daraus eine in Teilen veränderte Interpretation ihres Aufgabenspektrums. Es gilt hier, die bürgerschaftlichen Potenziale einerseits zu **aktivieren** sowie andererseits auch zu **unterstützen.** Im Kern laufen diese Funktionen darauf hinaus, dass das Engagement der Bürger organisiert und kanalisiert werden muss. Dazu kann z. B. auf Bürgerstiftungen, Einrichtungen zur Selbsthilfe oder auch Vermittlungsagenturen für freiwilliges Engagement zurückgegriffen werden. Bürgerschaftliches Engagement benötigt so gesehen eine professionell arbeitende Anlaufstelle bei der Verwaltung, die diese Kräfte koordiniert.

Sollen öffentliche Aufgaben längerfristig auch durch ehrenamtliche Kräfte erfüllt werden, dann wird auch das Thema einer entsprechend konzipierten **Anreizstruktur/Wertschätzung** und **Weiterbildung** der ehrenamtlichen eine zentrale Rolle spielen. Sofern man ehrenamtliche Kräfte i. w. S. als „Personal" betrachtet, erfordert dieses ein besonderes Personalmanagement, das auf die Belange von unbezahlten, freiwilligen Mit-Arbeitern ausgerichtet ist (Mroß, 2009b, S. 114 ff.).

1.5.3 Grenzen und Probleme

Vor allzu großen Erwartungen an die Bürgerkommune muss jedoch gewarnt werden. In der praktischen Umsetzung offenbaren sich im kommunalpolitischen Dreieck von Bürger, Verwaltung und Politik eine Reihe von Konfliktbereichen (Holtkamp & Bogumil, o.J., S. 11 ff.).

- Nicht alle sozialen Gruppen von Bürgern werden durch die Bürgerkommune in gleichem Maße erreicht; insbesondere Frauen sind in der Rolle des Auftraggebers deutlich unter- und in der Rolle des Mitgestalters im sozialen Bereich deutlich überrepräsentiert.
- Die Bürgerkommune ist keine Garantie gegen Politik(er)verdrossenheit. Mitunter nimmt diese sogar noch zu, wenn bürgerschaftlich formulierte Ziele nicht umgesetzt werden (können).
- Nicht alle Maßnahmen lassen sich durch auf Konsens ausgelegte Verfahren (z. B. Mediationsverfahren) beilegen. Grundlegende Konflikte z. B. bei Standortfragen zwischen einzelnen Bürgerinitiativen oder parteipolitische Fragen entziehen sich den Lösungsmöglichkeiten der Bürgerkommune.

Neben diesen Grenzen der Erwartungen an die Bürgerkommune lassen sich darüber hinaus elementare Probleme erkennen, die die Idee der Bürgerkommune z. T. erheblich entzaubern (Holtkamp & Bogumil, o.J., S. 12 ff.).

- Außer dem direkt gewälten Bürgermeister haben die kommunalen Entscheidungsträger kein echtes *eigenes* Interesse an der Realisierung der Bürgerkommune. Für Verwaltung und Politik stellt sie „eine Konkurrenzveranstaltung" dar und muss mit erheblichem inoffiziellen Widerstand aus diesen Reihen rechnen.
- Die Übertragung von ehemals öffentlich wahrgenommenen Aufgaben an Freiwillige, i. d. R. also Laien, kann bei den betroffenen Verwaltungsmitarbeitern als Geringschätzung ihrer Arbeit angesehen werden, insbesondere wenn damit ein entsprechender Stellenabbau verbunden ist.
- Im Sinne symbolischer Politik überbieten sich politische Parteien in der Öffentlichkeit z. T. mit Partizipationsangeboten, sodass öffentlich seitens der Kommunalpolitik kein Widerstand erkennbar ist. In der konkreten

Umsetzung setzen sich jedoch die oftmals erheblichen Bedenken der Kommunalpolitik bei den Mehrheitsfraktionen durch.

- Mehrheits- und Oppositionsfraktionen verfolgen im Parteienwettbewerb vor allem kommunalpolitisch intern unterschiedliche Interessen, was ein „gemeinsames Partizipationsmanagement“ beträchtlich erschwert.

2 Grundlagen der Organisation

2.1 Grundbegriffe und Zusammenhänge

2.1.1 Grundlagen

Der Begriff der „Organisation" ist wie kaum ein anderer wissenschaftlicher Fachbegriff auch Bestandteil unseres alltäglichen Sprachgebrauchs. So ist die Rede von „Organisation", wenn wir beschreiben wollen, dass etwas ordentlich und übersichtlich ist. Organisation ist also das Gegenteil von Durcheinander oder gar Chaos. Wir sind ferner gut „organisiert", wenn klare Absprachen darüber bestehen, wer was wann zu tun hat, bzw. auch auf den Einzelnen bezogen, wenn dieser in einer komplexen und dynamischen Situation den Überblick behält. Andererseits bedeutet die Aussage, dass jemand „organisiert ist", in der Arbeitswelt gewöhnlich, dass er Mitglied einer Gewerkschaft ist.

Etwas „organisieren" kann des Weiteren bedeuten, dass etwas besorgt werden soll, wobei dabei sprachlich auch ein Hauch von illegalem Beschaffen mitschwingt. Schließlich gebrauchen wir das Substantiv „Organisation" auch, um damit größere Zusammenschlüsse, Gebilde oder Institutionen wie Unternehmen, Behörden oder Gewerkschaften zu bezeichnen.

An solchen allgemeinen Verständnissen ist zunächst einmal positiv hervorzuheben, dass wir so alle ein intuitives Grundverständnis davon besitzen, worum es bei „Organisation" im Allgemeinen geht. Im alltäglichen Sprachgebrauch ist in der Regel auch klar, in welcher Weise der Begriff zu verstehen ist.

Ungünstig ist daran jedoch, dass ein allgemeines Verständnis sich für eine präzise Kommunikation als eher hinderlich erweist. Wie unten noch einmal angesprochen wird, ist insbesondere das Verständnis verschiedener wissenschaftlicher Disziplinen von „Organisation" nicht identisch, was den interdisziplinären Gedankenaustauch zuweilen nicht unerheblich erschwert. Es wäre demnach vor jeder weiter gehenden Kommunikation zunächst festzulegen, also zu definieren, was im konkreten Fall unter Organisation verstanden bzw. wie der Terminus gebraucht wird.

Bevor Einzelheiten zum Verständnis von „Organisation" dargestellt werden, bietet es sich an, zunächst den Begriff als solchen kurz zu umreißen.

> Ein in betriebswirtschaftlich orientierten Zusammenhängen häufig verwendetes Verständnis ist, dass **Organisationen** soziale Gebilde darstellen, die dauerhaft ein Ziel verfolgen und eine formale Struktur aufweisen, mit deren Hilfe die Aktivitäten der Mitglieder auf das verfolgte Ziel ausgerichtet werden sollen.

Anders ausgedrückt steht „Organisation" für die Menge dauerhaft wirksamer genereller Regelungen einer Einrichtung, die der Unterstützung beim Verfolgen von Zielen dienen.

Diesem schließt sich unweigerlich die Frage nach den verfolgten Zielen an. Auch wenn dieser Aspekt unten noch einmal aufgegriffen werden wird, lassen sich allgemein folgende Zielgrößen festhalten:

⇒ Effektivität

⇒ Effizienz

⇒ Flexibilität

Als **effektiv** wird eine Organisation bezeichnet, der es gelingt, „die richtigen Dinge zu tun".

Hier findet folglich eine Ausrichtung auf die Wirksamkeit ihrer Maßnahmen statt und es wird danach gefragt, ob sich das von der Organisation (eigentlich) verfolgte Ergebnis einstellt. Eine Maßnahme, die darauf ausgerichtet ist, Jugendarbeitslosigkeit zu reduzieren, ist beispielsweise genau dann effektiv, wenn dieser Effekt auch eintritt.

Als **effizient** gilt eine Organisation dann, wenn sie einen produktiven und wirtschaftlichen Betrieb sicherstellt. Im Kern wird hier auf die Wirtschaftlichkeit abgestellt, d. h., Ressourcenvergeudung wird vermieden, indem etwa zur Leistungserstellung nur so viele Produktionsfaktoren eingesetzt werden, wie unbedingt nötig sind („die Dinge richtig zu tun"). Um bei dem Beispiel zu bleiben: Die Maßnahme der Reduktion der Jugendarbeitslosigkeit ist dann effizient, wenn sich dieselbe konkrete Wirkung nicht auch mit weniger Ressourceneinsatz erzielen ließe.

Als **flexibel** gilt eine Organisation schließlich dann, wenn sie in der Lage ist, durch zeitnahe Anpassung auf Umwelteinflüsse angemessen zu reagieren. In die Sprache z. B. der Systemtheorie übersetzt also, wenn das System *Organisation* in der Lage ist, angemessen und zeitnah auf Umwelteinflüsse zu reagieren

Grundsätzlich lassen sich **zwei Erscheinungsformen** des Organisationsbegriffs unterscheiden:

- institutioneller Organisationsbegriff,
- instrumentaler Organisationsbegriff.

Der **institutionelle** Organisationsbegriff lenkt den Fokus der Betrachtung auf die Organisation als Ganzes, d. h. auf das gesamte System, auf die gesamte Institution. In gewisser Weise wird hier die Frage nach dem „Wesen" eines Unternehmens, einer Hochschule, einer Verwaltung gestellt – die Antwort ist: Diese Erscheinungen sind(!) Organisationen/Institutionen.

Im Unterschied dazu betrachtet das **instrumentale** Verständnis von Organisation diese als Tätigkeit oder Teilbereich der Unternehmensführung bzgl. koordinierender Tätigkeit, in Hinblick auf die Regelung des Zusammenwirkens von:

⇒ Menschen und Menschen

⇒ Menschen und Sachen

⇒ Sachen und Sachen

Eine Behörde oder ein Unternehmen „hat" danach eine Organisation bzw. „wird" organisiert.

Zuweilen wird mit dem *funktionalen* Organisationsbegriff als dritte Variante noch eigens auf die Tatsache abgestellt, dass die betreffende Einrichtung organisiert wird.

Das instrumentale Organisationsverständnis war in der deutschsprachigen Betriebswirtschaftslehre lange Zeit vorherrschend – und in praxisnahen Publikationen ist es das noch heute. In der i. e. S. wissenschaftlichen Diskussion spielte diese Perspektive jedoch lange Zeit kaum eine Rolle. Erst in jüngerer Vergangenheit rückt dieser Ansatz über das sogenannte (Geschäfts-)-Prozessmanagement wieder etwas mehr in den Vordergrund. Im Rahmen der Ausführungen zur Ablauf- bzw. Prozessorganisation wird darauf wieder Bezug genommen werden.

2.1.2 Merkmale von „Organisation"

In der oben eingeführten Definition von „Organisation" wird eine Reihe von Teilaspekten angesprochen, die folgend noch einmal etwas näher betrachtet werden sollen.

Organisationen sind **zielgerichtet,** d. h., staatliche Stellen, kommunale Aufgabenträger bedienen sich der Verwaltungsorganisation, um gesetzliche und freiwillige Aufgaben bzw. Ziele umzusetzen.

In diesem Zusammenhang gilt es zu beachten, dass auch weitere Zielkategorien existieren: Ziele der Organisation (Wahrnehmung der öffentlichen Jugendhilfe in der Gemeinde), Individualziele der Organisationsmitglieder (Anstreben eines höher dotierten Amtes) und Ziele für die Organisation (Erreichen eines Kostendeckungsgrads von 100 Prozent) als solche. Es liegt auf der Hand, dass im Einzelfall nicht alle Zielkategorien miteinander zu vereinbaren sein werden, sodass unweigerlich sogenannte **Zielkonflikte** auftreten.

Organisationen sind **soziale Gebilde,** d. h., es wird die Tatsache betont, dass in Organisationen Menschen miteinander arbeiten und auskommen müssen. Auch an dieser Stelle kann noch einmal auf das Problem der Zielkonkurrenz hingewiesen werden, wenn etwa Individualziele (z. B. mehr Entgelt) und Ziele für die Organisation (z. B. Einsparziele des Haushalts) sowie mehrere Individualziele untereinander (z. B. zwei Personen bewerben sich um eine verfügbare Aufstiegsstelle) kaum miteinander harmonieren.

Als weiteres Merkmal wird angeführt, dass Organisationen eine **formale Struktur** aufweisen, d. h., durch organisatorische Regeln und Vorgaben wird die notwendige formale Struktur gebildet, die ein zielgerichtetes Zusammenwirken aller Mitarbeiter der betrachteten Verwaltungseinheit ermöglichen soll. Diese Regeln fungieren als sogenanntes „Führungssubstitut", indem sie es für die Führungskräfte entbehrlich machen, Anweisungen permanent neu zu erteilen. Hinterfragt man die Verbindlichkeit und Dauerhaftigkeit dieser Regel, so lassen sich weitere begriffliche Unterscheidungen treffen, wie sie im folgenden Abschnitt beschrieben werden.

2.1.3 Organisation, Disposition und Improvisation

Die Organisationslehre unterscheidet gewöhnlich drei Arten von Regeln: Organisation, Disposition und Improvisation. Diese Regeln unterscheiden sich allgemein durch ihre zeitliche Dauer und Verbindlichkeit.

➤ Organisation

„Organisation" steht hier für vorausschauende, allgemeingültige Regelungen, die von Langfristigkeit bestimmt sind, sowie für stabile Handlungsmuster, die vorhersehbar sind und Stabilität vermitteln, allerdings erlauben diese dauerhaften Regelungen wenig Flexibilität.

Beispiel: der Stundenplan der Hochschule

➤ Disposition

Dispositionen bezeichnen im Einzelfall getroffene Entscheidungen aufgrund unvollkommener bzw. nicht vorhandener genereller Regelungen. Die Möglichkeit, auf den Einzelfall mit einer Disposition reagieren zu können, kann durchaus bewusst geschaffen werden, d. h., es wird auf generelle Regelungen (Organisation) ganz bewusst verzichtet. Dieses stellt dann keinen Mangel dar, sondern ermöglicht ein flexibles Handeln, indem individuell auf den Einzelfall reagiert werden kann.

Beispiel:

Der laut Stundenplan vorgesehene Dozent erkrankt am Tag Y. Die Disposition besteht darin, dass die Studierenden an diesen Tag Y anhand von Literatur ein Eigenstudium vornehmen.

➤ Improvisation

Auf jede Organisation, z. B. auf die Verwaltung, können Ereignisse zukommen, die nicht vorauszusehen sind. Da aber in der praktischen Situation auch mit diesem Ereignis umgegangen werden muss, ist im Augenblick des Auftretens des Ereignisses eine besondere Regelung aus der Situation heraus zu treffen, wobei aber ganz bewusst die Regelung noch nicht endgültig sein soll, sondern nur für eine bestimmte Zeitspanne. Diese Regelung wird ad hoc getroffen und ist in ihrer Gültigkeit von vornherein befristet. Im Unterschied zur Organisation wird auf Dauerhaftigkeit verzichtet und im Unterschied zur Disposition soll eine Regelung nicht nur einmal gelten, sondern begrenzt länger.

Beispiel:

Der Dozent A erkrankt für zunächst zwei Wochen. Für diesen Zeitraum wird geregelt, dass der Dozent B die Vertretung übernimmt.

In der folgenden Abbildung 2-1 werden die dargestellten Zusammenhänge noch einmal verdeutlicht, wobei die horizontale Achse mit der Dimension Zeit die Dauerhaftigkeit der jeweiligen Regelung darstellt. Auf der vertikalen Achse ist hingegen erkennbar, dass mit mehr (weniger) Organisation ein Zuwachs (Verlust) von Stabilität und ein Verlust (Zuwachs) von Flexibilität verbunden ist.

Abb. 2-1: Beziehungen zwischen Organisation, Improvisation und Disposition (nach Schmidt, 2002, S. 7)

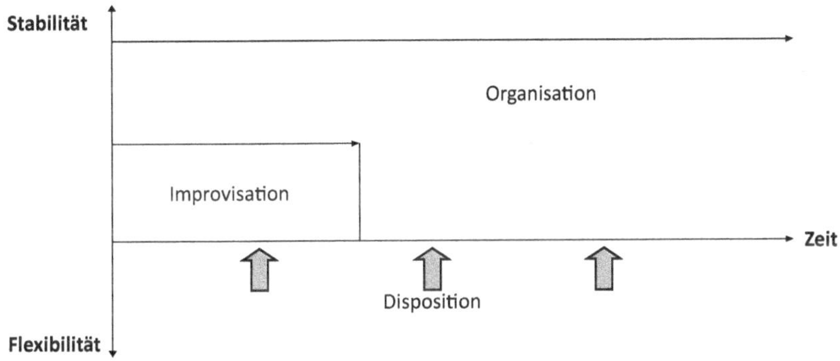

In welchem Ausmaß es sich für eine Behörde oder ein Unternehmen nun empfiehlt, eher auf dauerhafte oder weniger dauerhafte Regelungen zu bauen, lässt sich allgemein nur schwer beurteilen. Generell ist es nach dem sogenannten **Substitutionsgesetz der Organisation** nach *Erich Gutenberg* überall dort sinnvoll, Improvisationen und Dispositionen durch Organisation zu ersetzen, wo Aufgaben häufiger und in gleicher Weise zu erledigen sind. Für den öffentlichen Sektor besteht demnach prinzipiell eher eine Tendenz zur Organisation.

2.1.4 Über- und Unterorganisation

Theoretisch müsste ein Idealzustand existieren, indem auf die Formen organisatorischer Regeln in einem Verhältnis zurückgegriffen wurde, das für die betreffende Organisation ideal ist. Gelingt es, ein ausgewogenes Verhältnis von langfristigen Regeln und kurzfristiger Handlungsmöglichkeit herzustellen, befindet sich die Organisation in einem **organisatorischen Gleichgewicht,** d. h., es liegt weder Über- noch Unterorganisation vor.

Da dieser Idealzustand jedoch kaum erreichbar ist und auch schwerlich identifiziert werden kann, wird in der Praxis stets der Fall von Unter- oder Überorganisation vorherrschen.

Überorganisation liegt vor, wenn die generellen, also organisatorischen Regelungen so weit gehen, dass in der Praxis kaum mehr auf Besonderheiten eingegangen werden kann. Das heißt, es besteht zu wenig Entscheidungs- und/oder Handlungsspielraum.

Das Handeln innerhalb der Organisation ist dann starr und es kann nicht flexibel auf eintretende Besonderheiten oder Veränderungen reagiert werden. Sachverhalte und Problemstellungen, die aufgrund ihrer Dynamik und Komplexität eigentlich Einzelfall bezogen gehandhabt werden müssten, werden hier über „einen Kamm" geschoren, sodass suboptimale Ergebnisse entstehen. Das oben eingeführte Ziel der Flexibilität, also der angemessene Umgang mit Umweltveränderungen, wird folglich verfehlt.

Von **Unterorganisation** ist hingegen in solchen Fällen auszugehen, wenn in einer Organisation zu wenig allgemeingültige, dauerhafte Regelungen getroffen worden sind. Es besteht ein zu großer individueller Handlungsrahmen.

Das Handeln der Organisation wird sprunghaft und wenig vorhersehbar bzw. einschätzbar. Es liegt auf der Hand, dass eine solche Situation in der Verwaltung gerade auch aus der Sicht des Bürgers kaum akzeptabel ist. Zudem erhöht sich der interne Abstimmungsbedarf, wenn z. B. Rückfragen vorzunehmen sind. Arbeitsteiliges Handeln wird erschwert, wodurch letztlich die Produktivität der Einrichtung leidet (siehe Abb. 2-2).

Abb. 2-2: Substitutionsgesetz der Organisation nach Gutenberg (Organisatorisches Optimum) (nach Schreyögg & Koch, 2007, S. 291)

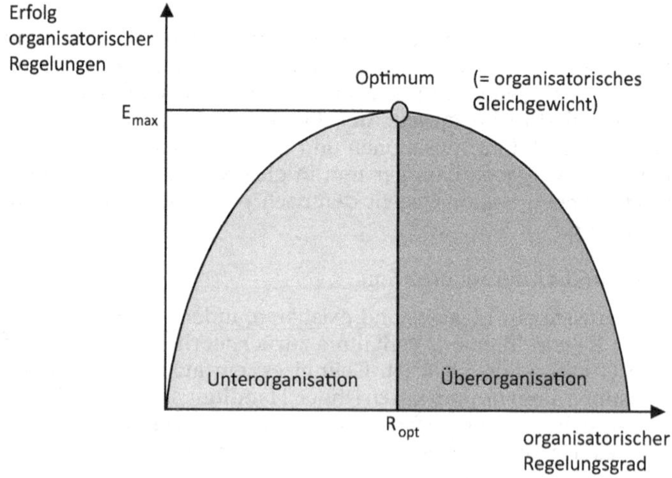

Zu viele und zu unflexible Regelungen machen die Verwaltung also unbeweglich und bürokratisch, zu viele ungeregelte Bereiche verursachen dagegen Ungleichbehandlung und mangelnde Transparenz des Verwaltungshandelns.

Die nachfolgende Auflistung stellt die Auswirkungen von Über- und Unterorganisation aus Sicht der Organisation und aus Sicht der Mitarbeiter zusammen (nach Pippke, Goumelon, Meixner & Mersmann, 2007, S. 40 f.).

➤ **Auswirkungen von Überorganisation**

... auf die *Organisation*:
- fehlende Flexibilität für Einzelfälle
- langsame Anpassung an veränderte Rahmenbedingungen
- Arbeitsvorgänge werden nicht schnell und zielgerichtet erledigt
- wachsende Instabilität durch zu viele Regelungen

... auf die *Mitarbeiter*:
- Unübersichtlichkeit
- Überforderung
- Gefahr, dass wichtige Regeln übersehen werden
- Dienst nach Vorschrift
- Erziehung zur Unreife
- Innovationen/Kreativität werden gehemmt
- Motivationsverlust
- mangelnde Arbeitsqualität

➤ **Auswirkungen von Unterorganisation:**

... auf die *Organisation*
- Uneinheitlichkeit bei Ermessensentscheidungen
- Qualitätsverlust bei Entscheidungen unter Zeitdruck
- Abstimmungsproblem zwischen den Vorgesetzten
- Gefahr von Doppeltätigkeiten bei unklaren Zuständigkeiten

... auf die *Mitarbeiter*
- Unsicherheit
- Friktionen zwischen den Mitarbeitern
- höhere Belastung durch längere Abstimmungsnotwendigkeiten

2.2 Sichtweisen und Theorien der Organisation – Überblick

Wie oben bereits deutlich geworden ist, bereitet das an sich vernünftige Unterfangen, zu Anfang eines Textes zunächst die wichtigen Begriffe zu erläutern, für den Begriff der „Organisation" einige Schwierigkeiten. Ohne eine erklärende Aussage oder Definition ist es durchaus nicht eindeutig, was eine Organisation ist. Das nachfolgende, oft zitierte Märchen von dem indischen Elefanten verdeutlicht diese Problematik (Kieser, 1995, S. 1):

„Sechs blinde Männer stoßen auf einen Elefanten. Der eine fasst den Stoßzahn und meint, die Form des Elefanten müsse die eines Speeres sein. Ein anderer ertastet den Elefanten von der Seite und behauptet, er gleiche eher einer Mauer. Der dritte fühlt ein Bein und verkündet, der Elefant habe

> große Ähnlichkeit mit einem Baum. Der vierte ergreift den Rüssel und ist der Ansicht, der Elefant gleiche einer Schlange. Der fünfte fasst an ein Ohr und vergleicht den Elefanten mit einem Fächer; und der sechste, welcher den Schwanz erwischt, widerspricht und meint, der Elefant sei eher so etwas wie ein dickes Seil."

Für die Organisationslehre stellt sich ein analoges Problem. Je nachdem, durch welche „wissenschaftliche Brille" man auf die Organisation schaut, rücken andere Aspekte in den Vordergrund. Dabei interessiert sich etwa ein Soziologe für andere Aspekte *in* oder *von* Organisationen als ein Psychologe, ein Ökonom oder ein Jurist, um nur die Vertreter einiger ausgewählter Wissenschaften zu nennen.

So könnte es z. B. für einen Soziologen interessant sein zu erkunden, wie sich Organisationen als soziale Gebilde entwickeln, ob sie Verhaltensweisen an den Tag legen, die sie von anderen Organisationen unterscheiden.

Für den Ökonomen könnten dagegen andere Fragen im Mittelpunkt stehen, etwa derart, wie Abläufe innerhalb der Organisation erfolgen müssten, wenn sie möglichst ressourcensparend ablaufen sollen. Oder aber die grundsätzliche Frage, warum es überhaupt Organisationen gibt und nicht sämtlicher ökonomischer Austausch zwischen selbstständigen Marktakteuren erfolgt. Ein Jurist hingegen könnte z. B. die vertragliche Konstruktion von Organisationen betrachten, wie sie sich etwa bei arbeits- bzw. dienstrechtlichen Fragen stellt, oder auch grundlegende Fragen der „richtigen" Rechtsformwahl.

Menschen arbeiten in und für Organisationen, sodass für einen Psychologen vielleicht eher eine motivationsbezogene Sicht von Organisation interessant wäre. Hier gelte es beispielsweise zu ergründen, wie sich bestimmte Organisationsstrukturen und Regeln auf die Motivation der Mitarbeiter auswirken oder was überhaupt Menschen zur Arbeit in Organisationen motiviert.

Eine Folge dieser unterschiedlichen Blickweisen auf Organisation führt u. a. dazu, dass es die *eine* Organisationstheorie nicht gibt und auch nicht geben kann. Die Art und Weise, wie auf Organisation geblickt wird, ist nicht nur eine Frage der wissenschaftlichen Disziplin, sondern ein Spiegelbild der gesellschaftlichen Entwicklung; nicht zuletzt ist auch gerade die Organisationslehre häufig von Modethemen beeinflusst, wie sie immer wieder insbesondere von großen Unternehmensberatungen konzipiert werden.

Die nachfolgende Abbildung vermittelt einen Überblick über das Spektrum der Organisationstheorien im Wandel der Zeit (siehe Abb. 2-3).

Abb. 2-3: Ansätze der Organisationstheorie und zeitlich-gesellschaftlicher Bedingungsrahmen (nach Hill et al., 1998, S. 417)

Allgemeine gesellschaftliche Entwicklungen	• Massenproduktion • hoher Standardisierungsgrad • Routinetätigkeiten • geringes Ausbildungsniveau • Lohnniveau auf Existenzminimum • Existenz- und Sicherheitsbedürfnisse bestimmen das Personal	• Anstieg des Lohnniveaus • administrative Bereiche in Organisationen werden größer • Prestigedenken bei Angestellten „white collar worker“	• Anstieg des Ausbildungsniveaus • Bedeutung kreativen, selbstständigen Denkens steigt • Bedeutungsanstieg sozialer Bedürfnisse	• Automation, EDV • Organisationen werden größer und komplexer • „Wohlstandsgesellschaft“ • Streben nach Selbstverwirklichung steigt	• zunehmende Technikkritik • Humanisierung der Arbeit • „Japan-Schock“ und „Erdöl-Schock“ • Wertewandel: Zunahme der Freizeitorientierung	• von der Internationalisierung zur Globalisierung • „China-Schock“ • ethische, moralische und ökologische Verantwortung von Unternehmen • Banken- und Wirtschaftskrise
Zeit	1910	1920	1930	1940 1950/60	1970/80 1990/2000	2000/2010
Ansatz	Scientific Management	bürokratischer und administrativer Ansatz	• Human-Relations-Ansatz • Human-Ressourcen-Ansatz	• entscheidungs- und verhaltenswissenschaftlich orientierte Ansätze • systemorientierte Ansätze	• Organisationskultur und Mikropolitik • Neue Institutionenökonomik	• Netzwerkdenken und Virtualisierung von Organisationen • wissensbasierter Ansatz • Strukturtheorie
(Haupt-)Vertreter	Taylor	Weber, Fayol (Kosiol für die deutsche Organisationslehre)	• Mayo • Maslow, McGregor, Likert, Agyis, Herzberg	• Marschak, Barnard, Simon, March • Etzoni, Lawrence/Lorsch	• Schein, Weick • Coase, Williamson	• Picot • Nonaka • Giddens

Im Rahmen dieser Einführung kann es nicht das Ziel sein, sämtliche Organisationstheorien zu reflektieren, wobei auch die in der vorstehenden Abbildung genannten keinen Anspruch auf Vollständigkeit erheben. Gerade in der jüngeren Vergangenheit haben weitere Teiltheorien, wie z. B. die Strukturationstheorie nach *Giddens* oder symbolische Ansätze Einzug in die wissenschaftliche Diskussion genommen, deren langfristige Bedeutung noch nicht abgesehen werden kann. Auf diese wird im Rahmen dieser Einführung nicht eingegangen.

Im Weiteren werden in Grundzügen solche ausgewählte Organisationstheorien erläutert, die heute zum Standard einer akademischen Ausbildung im Fach Organisation gezählt werden können. Für darüber hinausgehende Ansätze sei auf das Schrifttum hingewiesen (Kieser & Ebers, 2006; Schreyögg, 1999).

Folgende Organisationstheorien bzw. -ansätze werden nachfolgend behandelt (siehe Abb. 2-4):

Abb. 2-4: Ausgewählte Organisationstheorien

Klassische Ansätze	• Scientific Management • Managementlehre nach Fayol • Organisationslehre in Deutschland nach Kosiol • Bürokratiemodell nach Weber
Verhaltensorientierte Ansätze	• Human-Ressourcen-Ansatz • Human-Relations-Bewegung
Systemorientierter Ansatz	
Situativer Ansatz	
Neue Institutionenökonomik	• Theorie der Verfügungsrechte (Property-Rights-Ansatz) • Transaktionskosten-Theorie • Prinzipal-Agent-Theorie
Neo-Institutionalismus	soziologischer Prägung

2.3 Klassische Ansätze

2.3.1 Physiologisch-technischer Ansatz („Scientific Management“) nach *Taylor*

Unter den klassischen Ansätzen sticht zunächst der Ansatz von *Taylor* (1856–1915) hervor, der sich als einer der Ersten eines „wissenschaftlichen“ Zugangs für die Analyse von Arbeitsvorgängen bediente – daher auch die Bezeichnung Scientific Management. Taylors Wirken ist in die Zeit der Entstehung von ersten Großunternehmen mit tausenden von Arbeitern zu verorten. Es herrschte ein Überangebot an Arbeitskräften, dementsprechend niedrig war das Lohnniveau, welches regelmäßig gerade noch das absolute Existenzminimum abdeckte. Die Tätigkeiten waren im Regelfall sehr einfach, aber meist körperlich schwer, und sie brachten ein hohes Maß an Monotonie mit sich.

Taylors Leistung, die auch nach über hundert Jahren nichts von ihrer Einflusskraft verloren hat (Gourmelon 2013), bestand darin, die Tätigkeiten von den Arbeitern nicht länger „irgendwie" erledigen zu lassen, sondern er versuchte, den Arbeiter zu identifizieren, der auf optimale Art und Weise die Arbeit verrichtete. Seine Methode war das kontrollierte Experiment. Er wählte damit eher einen ingenieurwissenschaftlichen Zugang. Seine Aussagen zur Verbesserung der Produktivität konnten kontrolliert und die erzielten Ergebnisse wiederholt werden, womit sie einem gewissen (natur)wissenschaftlichen Standard genügten. Durch fortwährendes Probieren, Verändern und erneutes Probieren gelang es, die Effizienz der Arbeitserledigung stetig zu verbessern.

Der nachfolgende Textauszug verdeutlicht das grundsätzliche Vorgehen Taylors (Taylor, 1913, S. 68, zitiert nach Kieser, 1999a, S. 76):

> „Für einen erstklassigen Schaufler gibt es eine bestimmte Gewichtslast, die er jedesmal mit der Schaufel heben muss, um die größte Tagesleistung zu vollbringen. Welches ist nun diese Schaufellast? Wird ein Arbeiter pro Tag mehr leisten können, wenn er jedesmal zwei, drei, fünf, zehn, fünfzehn oder zwanzig kg auf seine Schaufel nimmt? Das ist eine Frage, die sich nur durch sorgfältig angestellte Versuche beantworten lässt. Deshalb suchten wir erst 2 oder 3 erstklassige Schaufler aus, denen wir einen Extralohn zahlten, damit sie zuverlässig und ehrlich arbeiteten. Nach und nach wurden die Schaufellasten verändert und alle Nebenumstände, die mit der Arbeit irgendwie zusammenhingen, sorgfältig mehrere Wochen lang von Leuten, die ans Experimentieren gewöhnt waren, beobachtet. So fanden wir, dass ein erstklassiger Arbeiter seine größte Tagesleistung mit einer Schaufellast von ungefähr 9 ½ kg vollbrachte, d. h. er leistete mit einer Schaufellast von 9 ½ kg mehr als mit einer solchen von 11 kg oder 8 ½ kg."

Aus seinen Studien leitet Taylor **Komponenten bzw. Grundsätze** ab, welche insbesondere die praxisorientierte Organisationslehre eine lange Zeit prägten und die erst mit dem Wandel von einer Industrie- hin zu einer Dienstleistungsgesellschaft an Bedeutung einbüßten.

⇒ **Trennung von Kopf- und Handarbeit:** Typische Managementaufgaben der Planung und Kontrolle von Arbeitsvorgängen sollen strikt getrennt sein von ausführender Arbeit. Die ausführende Arbeit kann so in möglichst kleine Einheiten zerlegt werden, die einer im Taylor'schen Sinne

„wissenschaftlichen" Betrachtung leichter zugänglich sind und so zu hochgradig spezialisierten (kleinteiligen) Arbeitsabläufen geführt werden. Diese Sichtweise führt z. B zu einer Spezialisierung in der Handarbeit, womit ungeahnte Produktivitätsgewinne möglich werden.

⇒ **Funktionsmeistersystem:** Hinsichtlich einer auch organisatorisch stärker betonten Trennung von Kopf- und Handarbeit sollen anstelle von universellen Meistern, i.S.v. Vorgesetzten, mehrere spezialisierte Funktionsmeister etabliert werden, die bezogen auf ihren Funktionsbereich den einfachen Arbeitern gegenüber Weisungskompetenzen wahrnehmen. Da für einzelne Funktionen jeweils ein separater Meister zuständig ist, führt dies unweigerlich zu einer Mehrfachunterstellung der Arbeiter.

⇒ **Differential-Lohnsystem:** Taylor plädiert dafür, den Arbeitern einen starken Reiz zur Überschreitung der Normalleistung i. d. R. im Rahmen eines Akkordlohnsystems zu bieten. Bis zur Normalleistung von 100 Prozent steigt die Lohnkurve nur unterproportional linear, um dann oberhalb der Normalleistung überproportional zu steigen.

⇒ **Fixierung des täglichen Arbeitspensums:** Die Normalleistung definiert sich in den Grundsätzen der Betriebsführung nach Taylor nicht an einer durchschnittlich möglichen Arbeitsleistung von allen Arbeitern, sondern an dem Leistungsvermögen der besten.

Taylor sieht den Menschen als einen Produktionsfaktor neben anderen, der sich entsprechend auch den gleichen Produktivitätsüberlegungen zu unterwerfen hat. Einen Meilenstein setzte *Henry Ford* (1863–1947), der die Erkenntnisse von Taylor in seinen Automobilwerken konsequent umsetzte. Zusammen mit der eingeführten Fließbandfertigung und einem extrem hohen Maß an Produktstandardisierung gelang es ihm, einen Produktivitätszuwachs zu erzielen, der es ermöglichte, Automobile zu fertigen, die auch für einen durchschnittlichen Haushalt bezahlbar waren.

Mit dem neuzeitlichen Einzug sogenannter humaner Arbeitsformen geriet der Ansatz von Taylor zunehmend in die Kritik, sodass der Terminus „Taylorismus" heutzutage eindeutig negativ besetzt ist. Den Kern der Kritik bildet dabei insbesondere der Vorwurf, dass mit dieser Art der Organisation von Arbeit für die Arbeiter ein extrem hohes Maß an Monotonie einhergeht.

Bei aller Kritik muss jedoch festgehalten werden, dass Taylors Überlegungen eine bis heute nicht abgerissene Rationalisierungswelle in Gang gesetzt haben, deren produktivitätssteigernder Effekt und deren mindernde Wirkung auf das Preisniveau von Massenprodukten nicht bestritten werden kann. Zum Teil wird Taylor auch als Initiator der modernen Personalwirtschaft gesehen, indem er die Personalauswahl systematisch auf der Grundlage von genau spezifizierten Anforderungsprofilen vornahm.

2.3.2 Administrations- und Managementlehre nach *Fayol*

Taylor und in der Folge auch Ford befassten sich mit ihrer Variante des Scientific Managements weitgehend mit Problemen, wie sie insbesondere im technischen, ingenieurwissenschaftlichen Bereich anzutreffen ist. Mehr oder weniger zeitgleich wählte der Franzose *Henry Fayol* (1841–1925) einen Ansatz, der sich in erster Linie mit Leitungs- bzw. Verwaltungsangelegenheiten[3]) beschäftigte. Der Ansatz von Fayol unterscheidet sich von Taylors somit bereits in der gewählten Hierarchieperspektive. Während Taylors Augenmerk der unteren bis mittleren Führungsebene gilt, steht für Fayol die oberste Leitungsebene, also das Top-Management, im Blickpunkt.

Fayol formuliert seine zentralen Aussagen, die weitgehend aus seinen praktischen Erfahrungen als Manager resultieren, insbesondere vor dem Hintergrund von stetig wachsenden und damit komplexer werdenden Großunternehmen der Massenproduktion, die seine Zeit prägten. Die entstehenden und schon entstandenen Riesenkonzerne mit tausenden von Mitarbeitern konnten nicht mehr mit der Steuerungslogik von handwerklichen Klein- oder Mittelstandsunternehmen geführt und verwaltet werden. Fayol beschreibt insgesamt vierzehn Richtlinien **(„Allgemeine Verwaltungsprinzipien")**, die er Führungskräften als flexible Orientierungshilfen zur Hand gibt. Den Hinweisen – man könnte auch sagen „Tipps" – liegt ein eher heuristischer Charakter zugrunde; sie sind nicht dem heutige Sinne nach wissenschaftlich hergeleitet oder theoretisch fundiert, sondern stellen vielmehr geronnenes Erfahrungswissen dar. So will Fayol diese Prinzipien nicht als starre Regeln, sondern als Orientierungsrahmen verstanden wissen.

Die Verwaltungsprinzipien nach Fayol (siehe Abb. 2-5) im Einzelnen:

Abb. 2-5: Verwaltungsprinzipien nach Fayol

1. *Hohes Maß an Arbeitsteilung*, um ein hohes Maß an Produktivität zu gewährleisten. Es gibt jedoch auch Grenzen der Arbeitsteilung.
2. *Übereinstimmung von Autorität und Verantwortlichkeit*: Das sogenannte „Kongruenzprinzip" Autorität i. S. v. Macht muss stets einhergehen mit Verantwortung, wobei Autorität das Recht ist, Anweisungen zu erteilen und diese – im Zweifel auch gegen Widerstand – durchzusetzen.
3. *Wahrung von Disziplin und Ordnung* als Grundlage jedes Managementhandelns: Die Führungskraft muss in der Lage (Autorität) und fähig sein, klare Weisungen zu erteilen und ggf. gerechte Bestrafungen/Sanktionen vorzunehmen.
4. *Grundsatz der Einheit der Auftragserteilung*, d. h., jeder Mitarbeiter hat genau einen weisungsberechtigten Vorgesetzten.

3) „Verwaltung" ist hier *nicht* zu verstehen im Sinne von öffentlicher Verwaltung, sondern in dem weiter gefassten Verständnis von „Administration". Fayol war Generaldirektor eines Bergbau- und Stahlkonzerns.

5. *Einheit der (Gesamt-)Leitung*
6. *Unterordnung von individuellen Interessen unter die allgemeinen Interessen*
7. Gestaltung und *Gewährleistung einer motivierenden Entlohnung,* indem Mitarbeiter nicht ausgebeutet, aber auch nicht überstark entlohnt werden.
8. *Zentralisation* als Grundprinzip, wobei das Ausmaß der möglichen Dezentralisation insbes. von der Qualifikation der Mitarbeiter abhängt.
9. *Instanzenzug und Rangordnung*: Der Dienstweg entlang der einzelnen Vorgesetzten (Instanzen) ist einzuhalten, kann aber durch die sogenannte Fayol'sche Brücke verkürzt werden.
10. *Ordnung*: Jedem Mitarbeiter und jedem Gegenstand ist im Unternehmen ein eindeutiger Platz zuzuordnen.
11. *Gleichheit*
12. *Stabilität des Personalstocks*: Die Fluktuation ist nicht zuletzt aufgrund von hohen Einarbeitungskosten möglichst gering zu halten.
13. *Initiative zeigen und erzeugen,* das heißt, die Führungskraft lebt initiatives Verhalten einerseits vor und ist andererseits auch fähig, bei ihren Mitarbeitern (Eigen-)Initiative zu entfachen.
14. *Teamgeist* („esprit de corps"): Ein innerer Zusammenhalt des Personals ist zu fordern und zu fördern. In diesem Team soll – weil klarer und schneller – eher mündlich/persönlich als schriftlich kommuniziert werden.

In weiterer Abgrenzung zu Taylor springt vor allem die vierte Regel ins Auge. Während Taylor mit dem Funktionsmeisterprinzip für Mehrfachunterstellung plädiert, empfiehlt Fayol die Einheit der Auftragserteilung.

Wie oben bereits angesprochen, argumentiert Fayol aus der Perspektive der obersten Unternehmensführung, sodass es naheliegend ist, dem Führungsprozess besondere Aufmerksamkeit zu widmen. Fayol unterscheidet hierzu fünf **Grundelemente guter Betriebsführung:**

1. Planung
2. Organisation
3. Befehl
4. Koordination
5. Kontrolle

Diese Elemente haben – leicht modifiziert – auch Eingang in die heutige Managementlehre gefunden („Management-Zyklus").

2.3.3 Betriebswirtschaftliche Organisationslehre nach *Kosiol*

Die Organisationslehre in Deutschland wurde insbesondere von *Erich Kosiol* nachhaltig geprägt, der als einer der wenigen ein in sich geschlossenes Theoriegebäude entwirft.

An dieser Stelle soll darauf hingewiesen werden, dass diese deutsche Organisationslehre durchaus in der Denk- und Forschungstradition von Taylor und Fayol zu sehen ist, weil auch hier soziologische oder psychologische Bezugspunkte der Organisation weitgehend ausgeblendet werden (Schreyögg, 1999, S. 38).

Im Kern läuft dieser Ansatz auf die Konzeption der Aufbau- und Ablauforganisation durch Differenzierung und Integration der Aufgaben einer Unternehmung hinaus. Organisatorische Maßnahmen sind hier stets vor dem Hintergrund der Eignung zur Aufgabenerledigung zu beurteilen. Ausführlich wird die betriebswirtschaftliche Organisationslehre nach Kosiol in Kapitel 4 beschrieben.

2.3.4 Bürokratiemodell nach *Weber*

Nur wenige Wissenschaftler – und im deutschen Sprachraum vermutlich niemand – können für sich in Anspruch nehmen, das Organisationsthema auch international so intensiv und bis heute so anhaltend geprägt zu haben wie *Max Weber* (1864–1920). Vielfach wird er auch zu Recht als Begründer der Organisationtheorie angesehen.

Sein Hauptwerk „Wirtschaft und Gesellschaft" erschien 1921 und befasst sich u. a. mit der sogenannten „bürokratischen Herrschaft" und legt damit Grundlagen zum tieferen Verständnis und zur Analyse von Großorganisationen.

Um Webers Leistung einordnen zu können, ist es zunächst wichtig, den **Begriff der Bürokratie** zu klären und ihn insbesondere von modernen Negativ-Assoziationen wie schwerfällig, langsam, unflexibel, altmodisch etc. zu lösen. Bürokratie ist nach Weber eine Ausdrucksweise von „legaler Herrschaft", die abzugrenzen ist von Formen von „traditioneller und charismatischer Herrschaft". Bürokratie als Form legaler Herrschaft steht somit für die Legitimität erlassener Ordnungen und das Recht der zur Amtsausübung berufener Amtsträger, Anweisungen zu erteilen.

Der Bürokratiebegriff wird dabei sowohl auf öffentliche Verwaltungen als auch auf Unternehmen bezogen. Große Unternehmen werden geradezu als Musterbeispiele für eine straff bürokratisch strukturierte Organisation angesehen (Weber, 1972, S. 562). Weber zufolge bietet Bürokratie „das Optimum an Möglichkeiten für die Durchführung des Prinzips der Arbeitszerlegung in der Verwaltung nach rein sachlichen Gesichtspunkten, unter Verteilung der einzelnen Arbeiten auf spezialistisch abgerichtete und in fortwährender [Ü]bung immer weiter sich einschulende Funktionäre" (Weber, 1972, S. 562).

Bekannt geworden ist in diesem Zusammenhang die Rede vom **„stahlharten Gehäuse"**, in dem Sachlichkeit, Berechenbarkeit und formale Gleichbehandlung ohne Ansehen der Person vorherrschen. Für Ausprägungen individueller Leistungserstellung bietet die Bürokratie kaum Raum, sodass die Amtsführung[4]) sich nur an der Aufgabe bzw. der Sache ausrichten soll und von der Person des Amts- bzw. Stelleninhabers zu trennen ist.

4) Der Begriff wird nicht i. S. v. öffentliches Amt gebraucht, sondern i. S. v. Aufgabe.

Die Bürokratie charakterisiert sich hauptsächlich durch folgende **Merkmale:**

⇒ Arbeitsteilung und Befehlsgewalt

⇒ Amtshierarchie

⇒ Regelgebundenheit der Aufgaben- bzw. Amtsführung

⇒ Aktenmäßigkeit der Verwaltung

Arbeitsteilung und Befehlsgewalt manifestiert sich vor allem darin, dass den Organisationsmitgliedern ein feststehender, eindeutiger Aufgabenbereich zugeordnet wird. Dieser Aufgabenbereich entspricht den „amtlichen Pflichten" des Stelleninhabers, dessen Stelle mit den notwendigen Kompetenzen („Befehlsgewalt") ausgestattet wird. Da die Zuordnung von Aufgaben und Pflichten unabhängig von konkreten Personen erfolgt, können Personen ausgetauscht werden, ohne dass sich damit die Struktur der Organisation ändern muss.

Amtshierarchie beschreibt einen streng hierarchischen Aufbau der Organisation. Die jeweils höhere Stelle besitzt gegenüber der unterstellten Stelle sowohl Weisungs- als auch Kontrollrechte, ohne dass die höhere Stelle aber den Aufgabenbereich der unterstellten Position gänzlich bestimmen dürfte. Kommt es zwischen Aufgabenbereichen/Stellen zu Konflikten, so entscheidet im Rahmen der Amtshierarchie die jeweils nächsthöhere Stelle (Stichwort: Dienstweg, Instanzenzug).

Die Erledigung der Aufgaben erfolgt nach vorherbestimmten **Verfahrensregeln und Normen,** d. h., der Dienstweg ist festgelegt, sodass genau bestimmt ist, wer wie welche Aufgaben erfüllt und welche Kommunikationsbeziehungen bestehen. Im theoretischen Idealfall soll jede Handlung durch Regeln so vorherbestimmt sein, dass für individuelle oder fallbezogene Überlegungen keine Notwendigkeit besteht.

Schließlich arbeiten Bürokratien nach dem Prinzip der **Aktenmäßigkeit,** d. h., sämtliche Vorgänge werden schriftlich in Aktenform festgehalten und bleiben somit nachvollziehbar. Diese Aktenmäßigkeit soll sich im Ideal sowohl auf Entscheidungen und Anweisungen als auch auf individuelle Überlegungen beziehen. Das heißt, der Einzelne notiert, wie seine Entscheidung zustande kam. Nur solche Informationen, die Eingang in die Akten gefunden haben, sind entscheidungsrelevant. Kenntnisse aus informellen Kanälen bleiben entsprechend unberücksichtigt.

Es liegt auf der Hand, dass Weber mit seinem Ansatz keine Beschreibung der Realität vor Augen hatte, sondern einen **Idealzustand** skizziert hat. Gleichwohl ist es erstaunlich, wie viele der oben genannten Prinzipien heute für die meisten privaten Großorganisationen und die öffentliche Verwaltung quasi eine Selbstverständlichkeit darstellen.

2.4 Human-Relations-Ansatz

Die Überlegungen, die später in den sogenannten Human-Relations-Ansatz mündeten, waren ursprünglich gar nicht darauf gerichtet, die Bedeutung von menschlichen Beziehungen für den Arbeitsprozess herauszuarbeiten. Es ging vielmehr darum, ganz in der Tradition der arbeitswissenschaftlichen Studien Taylors, durch experimentelle Versuche herauszufinden, wie sich bestimmte Umgebungsvariablen (Lichtverhältnisse, Farbgestaltung, Pausenregeln, Belüftung etc.) des Arbeitsplatzes auf das Arbeitsergebnis bzw. die Produktivität auswirken.

Es lag damit zunächst wiederum ein ingenieurwissenschaftliches Verständnis von menschlichem Arbeitsverhalten zugrunde, das im Kern darauf hinauslief, welches „Rädchen im Uhrwerk" – in diesem Fall die Lichtverhältnisse etc. – wie einzustellen ist, damit sich ein optimales Arbeitsergebnis einstellt.

Diese Versuche gingen in die Literatur als **„Hawthorne-Experimente"** ein. Die Hawthorne-Werke, ein Tochterunternehmen der amerikanischen Telefongesellschaft AT&T, wurden von einer Forschergruppe um den Soziologen *Georg E. Mayo* mit dem Ziel aufgesucht, diese Studien vor Ort und unter wissenschaftlicher Begleitung durchzuführen. Die Experimente wurden in der Zeit von 1924–1932 im Rahmen von sechs Untersuchungsreihen im Bereich der Glühbirnenfertigung durchgeführt.

Das Experiment bestand darin, dass zwei Arbeitsgruppen gebildet wurden, wobei eine Gruppe die Versuchsgruppe und die andere die Kontrollgruppe darstellte, und im Anschluss daran bestimmte Umgebungsvariablen des Arbeitsortes verändert wurden.

Zunächst wurden die Lichtverhältnisse verändert, d. h., die Lichtintensität wurde erhöht. Das Ergebnis war, dass die Produktivität in der Folge anstieg. Während dieses Ergebnis noch nicht sonderlich überraschend war, war das Erstaunen der Forschergruppe umso größer, als bei anschließender Reduktion der Lichtstärke die Produktivität abermals anstieg. Auch als die ursprüngliche Lichtintensität wieder eingestellt war, stieg die Produktivität. Sogar als die Beleuchtung schließlich auf ein gerade noch erträgliches Maß reduziert wurde, stieg die Produktivität immer weiter.

Waren diese Ergebnisse im Grunde schon völlig unerklärlich, so steigerte sich die Verwirrung der Forscher schließlich endgültig, als festgestellt wurde, dass bei der Kontrollgruppe, also bei der Gruppe, an deren Lichtverhältnissen überhaupt nichts geändert wurde, die Produktivität ebenfalls anstieg!

Der gleiche unerklärliche Effekt, d. h. der permanente Anstieg der Produktivität, stellte sich überdies auch bei der Änderung anderer Variablen, wie etwa der Länge des Arbeitstages etc., ein.

Nach weiteren Experimenten und Kontrollstudien kam die Forschergruppe schließlich zu der Erklärung, dass der Grund für die Produktivitätssteigerungen eben nicht in den geänderten Arbeitsbedingungen zu sehen sei, sondern in den „human-relations", also im sozio-emotionalen Bereich. Die Arbeiter waren stolz darauf, Teil einer so wichtigen Gruppe zu sein, die ihre Arbeitsbedingungen selbst mitbestimmen konnten und der die wohlgesinnte Aufmerksamkeit von Forschern und Führungskräften galt (Schreyögg, 1999, S. 43 ff.). Hält man sich vor Augen, dass die Experimente um das Jahr 1925 herum stattfanden, so wird klar, dass diese Art der Erfahrung für Arbeiter bei Weitem keine Selbstverständlichkeit darstellte.

Mit diesen Überlegungen war im Grunde die Abkehr der bis dahin vorherrschenden Sicht des Scientific Managements eingeleitet. Der Mensch konnte nicht länger als (wenn auch komplizierte) Maschine gesehen werden, die durch Feinjustierung zur Höchstleistung gebracht werden konnte. Die **Schlussfolgerung** aus den Hawthorne-Experimenten lautete, dass wertschätzendes kooperatives Führungsverhalten und vertrauensvolle Zusammenarbeit sich positiv auf die Arbeitsproduktivität auswirkten. Für Führungskräfte folgte daraus eine veränderte Rollenwahrnehmung. Diese mussten gerade auch aus betriebswirtschaftlichen Gründen über soziale Fähigkeiten verfügen.

2.5 Human-Ressourcen-Ansatz

Die Ergebnisse der Hawthorne-Experimente und die daraus gezogenen Schlussfolgerungen bildeten die Grundlage für eine viel stärkere sozialwissenschaftliche Forschungsausrichtung der Organisationslehre. Das menschliche Verhalten im Kontext von *Organisation* rückte in den Vordergrund der Betrachtung.

Insbesondere die Feststellung, dass zwischen Arbeitszufriedenheit und Arbeitsproduktivität *kein* automatischer Zusammenhang in dem Sinne besteht, dass Personal umso produktiver arbeitet, desto höher die Zufriedenheit ist, löste eine Reihe von Forschungsaktivitäten aus. Diese Forschung besaß regelmäßig einen motivationstheoretischen Hintergrund. Die daraus hervorgegangenen Arbeiten werden oftmals unter die Bezeichnung Human-Ressourcen-Ansatz subsumiert.

Einen hohen Bekanntheitsgrad konnten dabei die motivationstheoretischen Ansätze von *Maslow* **(„Bedürfnispyramide")** und die sogenannte **„Zweifaktorentheorie"** nach *Herzberg* erwerben. Diese Ansätze werden in Kapitel 3 in einem anderen Zusammenhang dargestellt, sodass an dieser Stelle darauf verwiesen werden kann.

Den Ansätzen ist gemeinsam, dass sie die Fähigkeiten des arbeitenden Personals als Potenzial interpretieren, das es – wie andere betriebliche Ressourcen auch – zu fördern und zu entwickeln gilt. Arbeit soll danach die Fähigkeiten der Menschen fördern und ihnen Raum für die eigene Entwicklung und Entfaltung geben, wobei z. B. ein Ansatzpunkt im Einräumen von Selbstverantwortung liegen könnte.

Der Human-Ressourcen-Ansatz unterscheidet sich damit insofern vom Human-Relations-Ansatz, dass hier die Bedeutung der formalen Organisationsstrukturen als eine Variable erkannt wird, die Einfluss auf die Leistungsbereitschaft des Personals nimmt. Die Human-Relations-Bewegung betrachtete diese noch als weitgehend fixiert. Gemeinsam ist diesen beiden Ansätzen, dass sie ihren Ursprung in der Auffassung haben, dass traditionelle industrielle Fertigung den arbeitenden Menschen keinen Sinn vermittle. Während der Human-Relations-Ansatz dieses vorrangig auf die soziale Isolierung der Arbeiter zurückführt, geht der Human-Ressourcen-Ansatz noch einen Schritt weiter:

Es wird angenommen, dass Menschen in diesen traditionellen Arbeitssituationen nur ein geringer Teil ihrer Interessen, Fertigkeiten und Fähigkeiten abverlangt werde – sie also nur einen Teil ihrer „Ressourcen" zum Einsatz bringen können. Die Folge ist, dass betrieblich wünschenswertes Engagement, Eigeninitiative und Kreativität am Arbeitsplatz nicht eingesetzt werden und die Mitarbeiter so weder Identifikation mit ihrer konkreten Arbeit noch mit dem Betrieb entwickeln können.

Um aber genau diese Ressourcen der Mitarbeiter zur Entfaltung kommen zu lassen, können verschiedene Anforderungen an den Arbeitsinhalt formuliert werden, die auch heute und auch für die öffentliche Verwaltung beachtenswert sind (Wunderer & Grunwald, 1980, S. 101 f.):

a) Der Arbeitsinhalt soll in einem vernünftigen Maße Anforderungen an den Mitarbeiter stellen, die über das Ertragen einer Dauerbelastung hinausgehen und die ein Minimum an Variabilität – nicht notwendig Neuerungen – enthalten.
b) Der Mitarbeiter soll während der Arbeit lernen können. Dazu muss er die Leistungsstandards und das Arbeitsergebnis kennen und seine Arbeitsleistung im Gesamtzusammenhang wahrnehmen können.
c) Der Mitarbeiter braucht ein zumindest kleines Gebiet, in dem er selbst und eigenverantwortlich entscheiden kann, das er also als sein eigenes betrachten kann.
d) Er braucht ein Mindestmaß an sozialer Unterstützung und Anerkennung am Arbeitsplatz.
e) Er will die eigene Tätigkeit und ihr Ergebnis zu seinem sozialen Leben außerhalb der Organisation in Beziehung setzen können.
f) Der Mitarbeiter braucht das Gefühl, dass seine Arbeit ihn zu einer akzeptablen Zukunft führt.

Es ist offensichtlich, dass sich das Bild von Arbeit und den arbeitenden Menschen im Human-Ressourcen-Ansatz deutlich insbesondere von der Sichtweise Taylors und Fayols unterscheidet. Während die beiden Letztgenannten den Menschen quasi als intelligente Maschine betrachten, die richtig einzustellen und deren Arbeit zu überwachen sei, sieht der Human-Ressourcen-Ansatz den Menschen als einen Pool von Ressourcen (i. S. v. Fähigkeiten, Wissen, Kreativität etc.), den es für die Organisation zu erschließen gilt. Die verschiedenen Ansätze gehen offensichtlich von unterschiedlichen Annahmen über das Wesen des Menschen aus.

Auffassungen und Meinungen, die insbesondere Vorgesetzte über die Persönlichkeit ihrer Mitarbeiter besitzen, bezeichnet man gemeinhin als ihr **Menschenbild**. Es geht dabei um Grundüberzeugungen darüber, wie Menschen im Allgemeinen und Personal im Besonderen gesehen bzw. eingeschätzt werden. Dem Human-Ressourcen-Ansatz liegt im Vergleich zur Sichtweise von Taylor und Fayol offenkundig ein recht positives Menschenbild zugrunde.

McGregor stellte bereits 1960 die beiden Menschenbilder in seiner sogenannten **X-Y-Theorie** vergleichend und idealtypisch gegenüber.

Das Menschenbild der X-Theorie soll dabei den Annahmen des Taylorismus entsprechen, während die Y-Theorie den arbeitenden Menschen im Ideal als nach Selbstverwirklichung strebend betrachtet. Die folgende Abbildung 2-6 stellt die Kernaussagen der X-Y-Theorie vergleichend gegenüber.

Abb. 2-6: Die X-Y-Theorie nach McGregor

Theorie X	Theorie Y
• Abscheu vor Arbeit ist Menschen angeboren. • Arbeit ist ein notwendiges Übel. • Folge: Menschen müssen gesteuert und kontrolliert werden. „Zwang" zu produktiver Arbeit • Menschen wollen geführt werden, da sie eigene Verantwortung vermeiden. • Menschen streben vorwiegend materielle Sicherheit an.	• Menschen haben keine angeborene Abneigung vor Arbeit. Arbeit als mögliche Zufriedenheitsquelle • Identifikation mit den betrieblichen Zielen führt zur Entfaltung von Eigeninitiative. • Folge: Externe Kontrolle ist überflüssig. • Menschen streben vorwiegend Selbstverwirklichung an. • Im gegebenen Rahmen werden eigene Verantwortungsbereiche angestrebt.

Folgt man der diesen beiden Menschenbildern immanenten Logik, so wird schnell ersichtlich, dass sowohl die X- als auch die Y-Theorie jeweils ihre eigenen Annahmen und Vorhersagen bestätigen.

Der Theorie X zufolge sind Mitarbeiter grundsätzlich zunächst einmal arbeitsunwillig bzw. faul. Ausnahmen widerlegen diese Regel nicht, sondern bestätigen sie vielmehr. Mitarbeiter neigen danach zu Passivität und interessieren sich für die Inhalte und näheren Zusammenhänge ihrer Arbeit nicht bzw. nur so weit es unbedingt zur unmittelbaren Aufgabenerledigung erforderlich ist. Diese Passivität und das Desinteresse führen wiederum bei den Mitarbeitern zu einem Gefühl der Monotonie. Sie erleben ihre tagtägliche Arbeit als zusammenhanglos und enttäuschend. Für die Organisationsleitung ist es angesichts solcher Mitarbeiter durchaus sinnvoll, sich für eine traditionelle Organisationsgestaltung im Sinne z. B. von Taylor zu entscheiden, um die Auswirkungen von Fehlern möglichst gering und die Möglichkeit zur Detailkontrolle der (faulen) Mitarbeiter möglichst hoch zu halten. Diese Arbeit der Organisation werden die Mitarbeiter wiederum als demotivierend empfinden und ihre Leistungsbereitschaft auf ein gerade noch akzeptiertes Mindestmaß reduzieren, wodurch an dieser Stelle der Kreislauf i. S. d. Theorie X wieder von Neuem beginnt.

Eine andere Logik ergibt sich für die Theorie Y. Hier wird grundsätzlich davon ausgegangen, dass Mitarbeiter freiwillig bereit sind, Leistung zu zeigen. Die Mitarbeiter entfalten danach auch eigene Aktivität, sie sind engagiert und interessieren sich für die Zusammenhänge ihres Arbeitsfeldes. Es ist hier naheliegend, den Mitarbeitern innerhalb der Organisation Entfaltungsmöglichkeiten zu bieten und sich folglich bei der Gestaltung der Organisation (auch) an den Bedürfnissen der Mitarbeiter auszurichten. So wird es hier die Aufgabe von Vorgesetzten sein, dem Personal motivierende und auch fachlich anregende Arbeitsumstände (z. B. „Job enrichment", „Job enlargement") anzubieten. Die Arbeit in einem solchermaßen strukturierten Umfeld werden die Mitarbeiter wiederum als positiv erleben und ihrerseits Leistungswillen an den Tag legen, wodurch der Kreislauf auch hier von Neuem beginnt.

Beide Theorien zeigen damit Züge einer sich selbst erfüllenden Prophezeiung, die sich in ihrem „Wahrheitsgehalt" fortwährend neu bestärken. Die nachfolgenden Abbildungen (2-7, 2-8) fassen die oben beschriebenen Zusammenhänge noch einmal zusammen.

Abb. 2-7: Organisatorische Schlussfolgerungen nach „Theorie X“

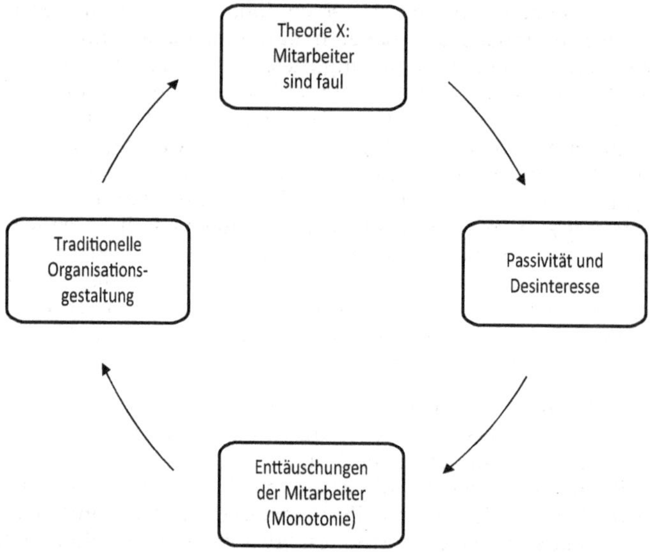

Abb. 2-8: Organisatorische Schlussfolgerungen nach „Theorie Y“

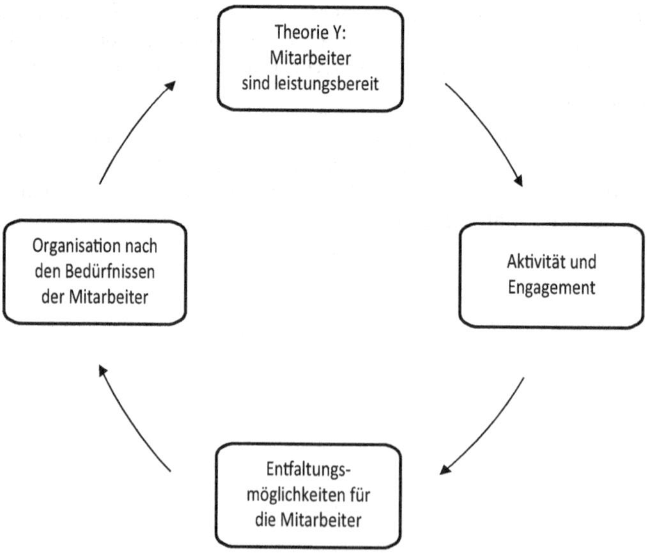

2.6 Systemtheoretische Ansätze

Bei den systemtheoretischen Ansätzen handelt es sich um eine Theorierichtung mit verschiedenen Ursprüngen und Facetten, deren Gemeinsamkeiten erst durch ein sehr viel intensiveres Studium dieses Themas deutlich werden (Staehle, 1999). Einfach formuliert kann die Gemeinsamkeit in dem Versuch gesehen werden, komplexe Phänomene und Beziehungen im Gesamtzusammenhang zu erklären.

Systemtheoretisches Denken ist dabei allenfalls am Rande als ein betriebswirtschaftlicher Zugang zum Verständnis der Organisation anzusehen. Die systemtheoretischen Ansätze, die für die Managementlehre relevant sind, lassen sich nach *Staehle* (1999) grob in zwei Gruppen aufteilen:

- naturwissenschaftliche Modelle,
- sozialwissenschaftliche Modelle.

Der naturwissenschaftliche Zweig ist eng verbunden mit der Kybernetik. Kybernetik ist die Wissenschaft von der Steuerung und Regelung von Systemen. Die Kernaussage besteht darin, dass in beliebigen Systemen (also biologischen, mechanischen, natürlichen, sozialen etc.) den Systemstrukturen und dem Systemverhalten bestimmte Mechanismen zugrunde liegen, die allgemeine Gültigkeit besitzen sollen.

Sozialwissenschaftliche Modelle (soziotechnischer Ansatz) betrachten Organisationen als offene Systeme, deren hauptsächliche Aufgabe darin besteht, Input in Output zu transformieren. Menschen, Technik, Aufgaben, Organisation werden dabei als grundsätzlich gleichwertig angesehen (Vahs, 2009, S. 40). Die Rede ist dann von sogenannten Arbeitssystemen.

Was das **Verständnis von Organisation** angeht, wird in der Systemtheorie ein zunächst recht abstraktes Gebilde skizziert, wie der nachfolgende Text verdeutlicht (Vahs, 2009, S. 40):

> In der Terminologie der Systemtheorie werden „**Organisationen als zweckorientierte, offene, dynamische, soziotechnische Systeme** verstanden, die mit ihrer Umwelt (oder: dem Übersystem) in materiellen, sozialen und kulturellen Wechselbeziehungen stehen und über die Fähigkeit zur Selbstorganisation verfügen. Dabei entwickeln sie bestimmte Verhaltensnormen oder passen vorhandene Regeln den veränderten Bedingungen an, ohne dass diese bewusst aufgestellt und in Kraft gesetzt worden sein müssen".

Zum Verständnis ist es hilfreich, die spezifischen Begriffe und Interpretationen des Denkens in Systemkategorien einzuführen. Dabei wird es ratsam sein, ein etwas handhabbareres Systemverständnis zu verwenden (Ulrich, 2001, S. 105):

> Ein System ist eine geordnete Gesamtheit von Elementen, zwischen denen Beziehungen bestehen.

Als ein System in diesem Sinne kann folglich z. B. eine Stadtverwaltung oder ein Unternehmen angesehen werden.

Wie mit der nachfolgenden Abbildung verdeutlicht wird, kann ein System weiter unterteilt werden in sogenannte **Teil- oder Subsysteme,** während das betrachtete System selbst wiederum eingebettet ist in eine (System-)Umwelt. Als ein Teilsystem innerhalb der gesamten Stadtverwaltung kann etwa ein konkretes Amt oder ein Dezernat interpretiert werden (siehe Abb. 2-9).

Abb.: 2-9: Systemtheorie – Grundstruktur (nach Vahs, 2009, S. 38)

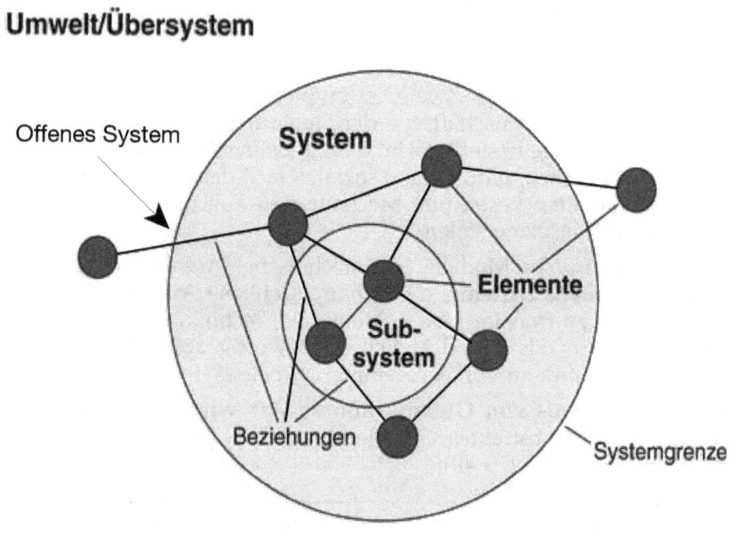

Als **Umwelt** wird all das bezeichnet, was nicht zum System gehört. Für eine konkrete öffentliche Verwaltung könnten z. B. Bürger, die Politik, andere Verwaltungen oder Unternehmen als zur Umwelt gehörig angesehen werden.

Das System und seine Subsysteme setzen sich zusammen aus **Systemelementen.** Sie bilden die kleinsten Bestandteile des Systems. Die Systemelemente stehen in einer bestimmten Ordnung und in bestimmten Beziehungen zueinander. Für die öffentliche Verwaltung bietet es sich z. B. an, die Elemente **Aufgaben** (kommunale Aufgaben, Aufgaben eines Dezernates etc.), **Sachmittel** (EDV, Büroausstattung, Dienstwagen etc.), **Menschen** und **Informationen** zu unterscheiden. Die Systemelemente verfolgen einen gemeinsamen Zweck bzw. werden im Hinblick auf einen gemeinsamen Zweck eingesetzt. Abstrakt kann dieser Zweck in der Erledigung öffentlicher Aufgaben gesehen werden oder auch konkreter in der jeweiligen Aufgabe des Amtes, des Dezernates etc.

Das System ist von seiner Umwelt schließlich abgegrenzt durch eine Systemgrenze. Die **Systemgrenze** stellt eine (imaginäre) Trennlinie von System und Umwelt dar, sodass alle Bestandteile, die innerhalb der Linie liegen, zum System gehören; was außerhalb liegt, ist Umwelt. Es ist eine Frage der gewählten Perspektive, wo die Trennlinie zwischen System und Umwelt verläuft und damit auch was zum System gehört und was nicht. Während man, um ein Beispiel zu geben, sicherlich Konsens darüber erzielt, dass die Beschäftigten einer Stadtverwaltung zum System gehören, wäre diese Frage für sogenannte Leihbeschäftigte schon nicht mehr so eindeutig zu betrachten.

Des Weiteren kann differenziert werden nach

- offenen und
- geschlossenen Systemen.

Bei **offenen Systemen** steht das System – also die Organisation – in einem fortwährenden Austausch zu seinen Umweltvariablen. In Form von Impulsen (z. B. politische Vorgaben, Bürgerwünsche etc.) wirkt die Umwelt auf das System ein, worauf sich das System einstellen bzw. auch anpassen muss. Genauso wirkt aber auch umgekehrt das System (z. B. Erteilen von Bescheiden) auf seine Umwelt ein, sodass insgesamt ein dynamisches Gefüge entsteht.

Geschlossene Systeme hingegen erfahren in letzter Konsequenz keinerlei Input und Information aus bzw. von der Umwelt und geben ihrerseits auch keine Wirkung in die Umwelt hinein.

An Systeme wird gemeinhin die Anforderung zu stellen sein, dass es für sie „existenznotwendig" ist, im Verhältnis zur Umwelt selbst hinreichend **komplex** zu sein. Diese Eigenkomplexität des Systems dient dazu, die Komplexität der Umwelt auf ein zu bewältigendes Maß zu **reduzieren.**

Eine Analogie zur öffentlichen Verwaltung lässt sich zum Beispiel darin sehen, dass die Anforderungen, die aus der Umwelt (von den Bürgern, von Unternehmen, seitens der Politik etc.) an sie gerichtet werden, äußerst verschiedenartig, teils widersprüchlich und speziell sind.

Es wäre nun problematisch, wenn die Verwaltung nicht ihrerseits auch mit einer hinreichend komplexen eigenen Struktur auf diese Herausforderungen reagieren würde. Ein einziges „Super"-Dezernat könnte den vielfältigen Anforderungen sicherlich nicht gerecht werden, sodass die Verwaltung selbst ebenfalls spezialisierte Bereiche/Dezernate (Subsysteme) bildet, in denen der Umweltkomplexität besser – weil spezialisierter – begegnet werden kann.

2.7 Situativer Ansatz

Unter situativen Ansätzen der Organisationstheorie sind solche Ansätze zusammengefasst, deren Ziel darin besteht, durch (empirische) Forschung Unterschiede zwischen den formalen Strukturen von verschiedenen Organisationen durch Unterschiede in deren Kontext (Situation) zu erklären.

Unter **Situation** sind dabei sowohl interne (Größe der Organisation, Rechtsform, Aufgabe/Ziel etc.) als auch externe (gesamtwirtschaftliche Konjunktur, Intensität des Wettbewerbs, gesellschaftliche/kulturelle Variablen etc.) Determinanten gemeint.

Die Ansätze entstanden insbesondere aus der Kritik am Bürokratiemodell und an den klassischen Ansätzen, die, wie oben beschrieben wurde, von recht konkreten allgemeingültigen Empfehlungen ausgehen. Die Kernaussage situativer Ansätze lässt sich dagegen wie folgt zusammenfassen:

> Situative Ansätze stellen die These auf, dass es nicht eine beste Organisationsstruktur oder optimale Organisationsprinzipien gibt, sondern, je nachdem in welcher „Situation" sich das Unternehmen/die Organisation befindet, unterschiedliche Lösungen eine höchstmögliche Effizienz der Organisation ermöglichen.

Eine Gruppe von analytisch ausgerichteten Ansätzen verfolgt dabei den Ansatz, nach dem Grund für Unterschiede in den Organisationsstrukturen von Organisationen (z. B.: Weshalb ist Siemens anders organisiert als Mercedes?) zu fragen. Eine andere, eher pragmatisch orientierte Forschungsausrichtung wiederum geht verstärkt der Frage nach, wie Organisationsstrukturen beschaffen sein sollten, um den Anforderungen der „Situation" gerecht werden zu können (z. B.: Mit welcher Organisationsstruktur kann die Stadtverwaltung geänderten Bürgerwünschen oder einer veränderten Rechtslage gerecht werden?).

Gemeinsam ist den situativen Ansätzen, dass sie einen institutionellen Organisationsbegriff verwenden und die Organisation entsprechend als ein soziales Gebilde betrachten, das sich den Erfordernissen der Situation anpasst.

Zwischen der Situation der Organisation, der formalen Struktur, dem Verhalten der Organisationsmitglieder und der Effizienz der Organisation wird dabei eine Ursache-Wirkungs-Beziehung angenommen. Während die Situation mit ihren internen und externen Variablen (s. o.) als unabhängige Größe gesehen wird, gelten die formale Organisationsstruktur und das Verhalten der Organisationsmitglieder als abhängige Größen, die sich anpassen bzw. anzupassen haben. Je besser diese Anpassung gelingt, desto effizienter wird die Organisation. Die folgende Abbildung 2-10 verdeutlicht diesen Zusammenhang.

Abb. 2-10: Erweitertes Grundmodell der analytischen Variante des situativen Ansatzes (nach Kieser & Kubicek, 1992, S. 57; zitiert nach Vahs, 2009, S. 45)

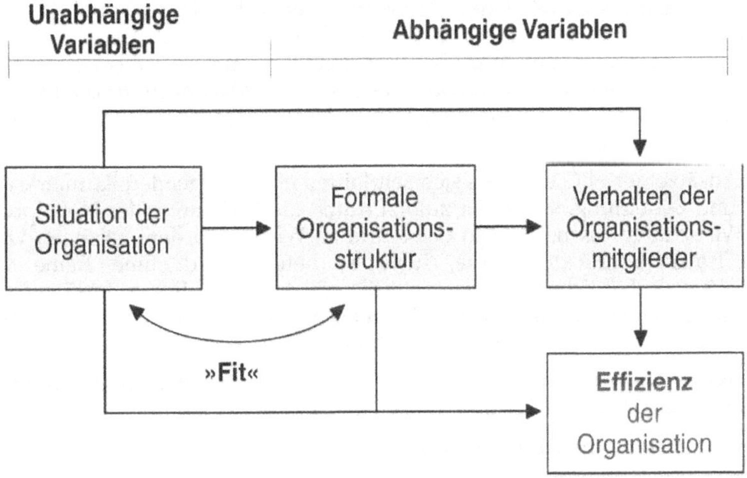

Auch die situativen Ansätze kommen letztlich nicht umhin, ebenfalls **Empfehlungen** für die Gestaltung von Organisationsstrukturen abzugeben. Organisationen, die sich in dynamischen Umwelten/Situationen bewegen, wird z. B. zu flachen Hierarchien und stark dezentralen Entscheidungsbefugnissen und breit qualifizierten Mitarbeitern geraten. Die Logik dieser Empfehlung ist insofern leicht nachvollziehbar, als dass derartige Organisationen schon allein aufgrund der flachen Hierarchie schneller auf veränderte, dynamische Situationsveränderungen reagieren können, als dieses bei umgekehrten Vorzeichen möglich wäre.

Überträgt man diese – exemplarisch ausgewählte Empfehlung – auf die **öffentliche Verwaltung,** dann kann z. B. die mit dem Neuen Steuerungsmodell einhergehende Dezentralisierung und Verantwortungsdelegation als ein Zeichen dafür interpretiert werden, dass auch die „Situation" der öffentlichen Verwaltung, die lange Zeit durch ein hohes Maß an Stabilität gekennzeichnet war, offenkundig an Dynamik zugenommen hat. Hält man sich hier allein nur die Entwicklungen der Globalisierung, die demografische Herausforderung oder den Einfluss der europäischen Rechtsprechung vor Augen, so erscheint diese Interpretation zumindest nachvollziehbar. Gleichwohl kann für den öffentlichen Sektor auch heute noch ein sehr viel stärkeres Maß an Umweltstabilität attestiert werden als für die Privatwirtschaft, sodass ein bestimmtes Niveau an Bürokratie im Sinne von Weber zu rechtfertigen ist.

2.8 Neue Institutionenökonomik

Die sogenannte Neue Institutionenökonomik (syn. Neue institutionelle Mikroökonomik, Neue Organisationsökonomik) ist zu den neueren organisationstheoretischen Ansätzen zu zählen und weist eine ausdrücklich ökonomische Ausrichtung auf. Aus der Perspektive der Betriebswirtschaftslehre, verstanden als eine Lehre der Unternehmensführung, können die Ansätze der Neuen Institutionenökonomik (NIÖ) als eine Unternehmenstheorie interpretiert werden. Unternehmenstheorien versuchen, Erklärungen für die Existenz und die funktionalen Abläufe von bzw. in Unternehmen und Organisationen anzubieten (Mroß, 2002).

Die Ansätze der NIÖ erfreuen sich seit Jahren einer steigenden Aufmerksamkeit und Bedeutung, was nicht zuletzt durch die Verleihung der Nobelpreise für Wirtschaftswissenschaft an *Coase* und an *Williamson*, dem geistigen Vater der Transaktionskostentheorie, handfest betont wird. Eine Reihe von betriebswirtschaftlichen Fachvertretern verbindet mit diesen Ansätzen die Hoffnung, einen allumfassenden theoretischen Ansatzpunkt für die *gesamte* Betriebswirtschaftslehre gefunden zu haben.

Die NIÖ setzt sich aus drei Theoriezweigen zusammen, deren zentraler gemeinsamer Kern der Bezug auf den Terminus der Institution darstellt.

Abb. 2-11: Neue Institutionenökonomik

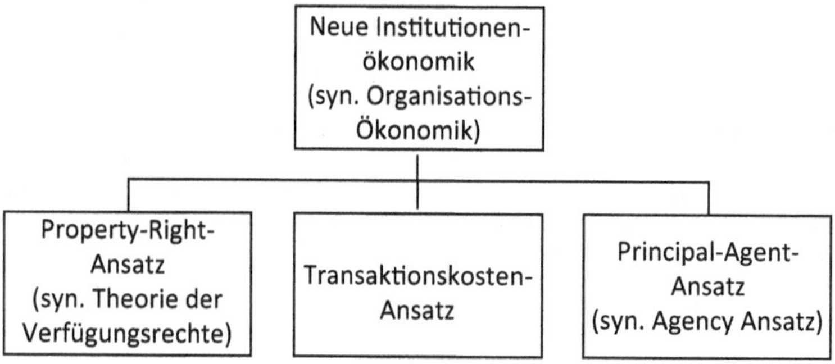

Der Begriff **„Institution"** kann dabei auf verschiedene Weise definiert werden. Innerhalb der NIÖ hat sich die folgende Definition als zweckmäßig erwiesen, auf die im Weiteren auch Bezug genommen wird (Richter, 1996, S. 325):

> „Eine Institution ist ein System von formalen und informellen Regeln (Normen) einschließlich ihrer Garantieinstrumente, welches den Zweck verfolgt, individuelles Verhalten auf ein bestimmtes Zielbündel auszurichten."

Bei einer Institution geht es folglich um erwartete Verhaltens- oder Handlungsweisen von einem oder mehreren Individuen, die durch verschiedene

Regeln insofern geschützt sind, dass ein Zuwiderhandeln sanktioniert wird. Das heißt, ein Individuum, das gegen Institutionen, also Regelsysteme (Gesetz, Brauchtum, Sitten etc.), verstößt, muss mit rechtlichen Folgen oder sozialer Ausgrenzung rechnen. Einprägsam ist hier der Hinweis, dass Regeln, die nicht durchgesetzt werden können, auch nichts wert sind.

Eine Organisation einschließlich der diese Organisation nutzenden Individuen ist eine Institution, d. h., auch die Organisation kann formal oder informell sein (Richter & Furubotn, 1999, S. 43). Verschiedene Regeln in Organisationen sind schriftlich, verbindlich und justiziabel gegeben, andere wiederum gelten „nur" unausgesprochen und können nicht rechtlich durchgesetzt werden, ohne dass damit aber gesagt ist, dass diese Regeln einfach ignoriert werden könnten. So kann die Gefahr von sozialer Ausgrenzung im Zweifel stärker disziplinieren als ein rechtlicher Verweis.

Die NIÖ beschäftigt sich insbesondere mit den Auswirkungen von Institutionen auf menschliches Verhalten und geht diesbezüglich der Frage nach, wie Institutionen im ökonomischen Sinne optimal gestaltet werden können (Picot et al., 2005, S. 45 f.). Die drei Teiltheorien der NIÖ befassen sich jeweils mit speziellen Problemen und Fragestellungen, die mit Institutionen verbunden sein können. Jeder dieser Ansätze legt dabei andere Schwerpunkte, wobei alle drei Ansätze von folgenden **Prämissen** ausgehen:

- Menschen handeln als individuelle **Nutzenmaximierer**, d. h., Menschen verhalten sich nicht bewusst so, dass es zu ihrem eigenen Nachteil ist. Worin dieser Nutzen zu sehen ist, wird individuell und je nach Situation verschieden sein. So verstanden kann sowohl die Vermehrung von Geldvermögen als auch das gute Gefühl, jemand anderem geholfen zu haben, gemeint sein.
- Annahme des sogenannten **methodologischen Individualismus**, d. h., es wird davon ausgegangen, dass es (letztlich) immer Individuen sind, die handeln. In diesem Sinne gibt es also kein Verhalten von Gruppen oder Organisationen, sondern nur solches von Einzelpersonen.

2.8.1 Theorie der Verfügungsrechte (Property-Rights-Ansatz)

Der Property-Rights-Ansatz bzw. die Theorie der Verfügungsrechte befasst sich mit der Frage, welche (ökonomischen) Auswirkungen unterschiedliche Verteilungen von Verfügungsrechten an einer Ressource auf das Verhalten der jeweiligen Rechtsinhaber haben. Die Theorie der Verfügungsrechte basiert auf der Beobachtung, dass die Verfügungsrechte (syn. Nutzungs-, Handlungs-, Dispositionsrechte etc.) an einem Gut oder einer Ressource nicht nur bei einer Person liegen.

So sind beispielsweise die Verfügungsrechte an einem vermieteten Haus aufgeteilt. Der Mieter hat das Recht, das Haus zu nutzen. Der Eigentümer hat hingegen das Recht auf Aneignung der Erträge, die dieses Gut/das Haus abwirft, also der Miete. Weiter besitzt der Eigentümer das Recht, bestimmte oder alle Rechte an dem Haus an andere zu übertragen, insbesondere zu verkaufen. Handelt es sich um ein denkmalgeschütztes Haus, dann liegt das Recht, das Haus in seiner Substanz zu ändern, nicht beim Eigentümer, sondern bei der öffentlichen Hand.

Diese Differenzierung entspricht einer Aufteilung von Teilrechten an einem Gut nach dem antiken römischen Recht:

- das Recht auf Gebrauch der Sache (usus), z. B. ein Haus zu bewohnen
- das Recht auf Aneignung der Erträge aus der Nutzung der Sache (usus fructus), z. B. Aneignung von Mieteinkünften
- das Recht auf Veränderung der Substanz (abusus), z. B. Umbauarbeiten an dem Haus vornehmen zu dürfen
- das Recht auf Übertragung (d. h. Verkauf des Hauses) aller oben genannten Rechte an andere

Die zentrale Annahme ist: Je mehr Verfügungsrechte eine Person an einer Ressource besitzt, desto wirtschaftlicher wird sie mit dieser Ressource umgehen. Und auch umgekehrt!

So hat etwa der Mieter des Hauses weniger Anreiz zum sorgsamen, langfristig wirtschaftlichen Erhalt des Hauses als der Eigentümer.

Übertragen auf eine privatwirtschaftliche Unternehmung liegt die Logik dieser Theorien auf der Hand. So hat der Allein-Eigentümer ein großes (Eigen-)Interesse daran, die Ressourcen des/seines Unternehmens möglichst wirtschaftlich zu verwenden. Bei zwei Eigentümern ist dieses Interesse schon halbiert und bei einer Aktiengesellschaft mit hunderten oder gar zehntausenden von Aktionären/Eigentümern wird dieses Interesse je nach Aktienanteil marginalisiert.

Für den **öffentlichen Sektor** resultiert daraus die interessante Frage, wie es um die Wirtschaftlichkeit der Ressourcenverwendung bestellt ist, wenn ökonomisch betrachtet faktisch niemand oder jedermann als „Eigentümer" angesehen werden kann und folglich ein Eigeninteresse an wirtschaftlicher Ressourcenverwendung nicht vorliegt.

Aus der Perspektive der Theorie der Verfügungsrechte präsentiert sich die Organisation als ein Netzwerk von i. w. S. „Verträgen" (nexus of treaties). Überträgt man diese Sichtweise beispielsweise auf Beschäftigungsverhältnisse, wobei es an dieser Stelle irrelevant ist, um welche Art (Arbeitsvertrag, Verbeamtung) von Beschäftigungsverhältnis es sich handelt, so lässt sich wie folgt argumentieren: Mitarbeiter übertragen einer Organisation Verfügungsrechte auf Nutzung ihrer Arbeitskraft und erhalten im Gegenzug dafür ein entsprechendes Entgelt.

Diese „Vertragspartner" stehen in unterschiedlichen intensiven Beziehungen zueinander, sodass sich an verschiedenen Stellen ggf. das Problem stellt, (eigentlich) vorhandene Rechte oder Ansprüche auch durchzusetzen.

Ein besonderes Augenmerk legt die Theorie, wie bereits angedeutet wurde, auf die Auswirkungen, die bestimmte Strukturen von Verfügungsrechten in

Organisationen auf das Verhalten von Individuen ausüben. Um darüber genauere Aussagen treffen zu können, wird zunächst auf die Frage abgestellt, in welchem Umfang die Verfügungsrechte an einer Ressource auf verschiedene Individuen verteilt sind. Je verteilter die Rechte sind, je eingeschränkter demnach also der Einzelne in der Nutzung der Ressource ist, als desto „verdünnter" gelten die Verfügungsrechte. Um bei dem obigen Beispiel des Hauses zu bleiben: Bewohnt der Eigentümer des Hauses das Haus selbst und steht das Haus nicht unter Denkmalschutz, dann gelten die Verfügungsrechte an dem Haus als vollständig bzw. nicht verdünnt.

Folgende Aussagen trifft die Verfügungsrechte-Theorie über die Verteilung und Durchsetzung der Rechte (Ebers & Gotsch, 1999, S. 202):

- „Je verdünnter die Verfügungsrechte an einer Ressource, desto geringer ist c. p. der aus der Verfügung über die Ressource erzielbare Nettonutzen.
- Je höher die Transaktionskosten der Bestimmung, Übertragung und Durchsetzung der Verfügungsrechte an einer Ressource ausfallen, desto geringer ist c. p. der aus der Verfügung über die Ressource erzielbare Nettonutzen."

Was die Anwendung der Theorie der Verfügungsrechte auf den **öffentlichen Sektor** angeht, so lässt sich z. B. zeigen, dass die Entscheidungsträger in öffentlichen Unternehmen im Vergleich zu öffentlich regulierten und privatwirtschaftlichen Unternehmen geringere Anreize haben, die Ressourcen, über die sie verfügen, möglichst effizient einzusetzen (Coase, 1937).

Die Begründung wird u. a. darin gesehen, dass es für die „Eigentümer" dieser Unternehmen – also die Bürger – aufgrund zu hoher Transaktionskosten außerordentlich schwierig bis unmöglich ist, hinreichend Druck auf eine effiziente Ressourcenverwendung auszuüben. Insbesondere die Durchsetzung von Verfügungsrechten verursacht Transaktionskosten. Mit dem Aufwand, der Mühe und den Kosten, gegebene Ansprüche und Rechte auch wahrnehmen bzw. durchsetzen zu können, befasst sich konkreter die Transaktionskosten-Theorie (siehe Abb. 2-12).

Abb. 2-12: Zusammenhang von Verfügungsrechten und Transaktionskosten

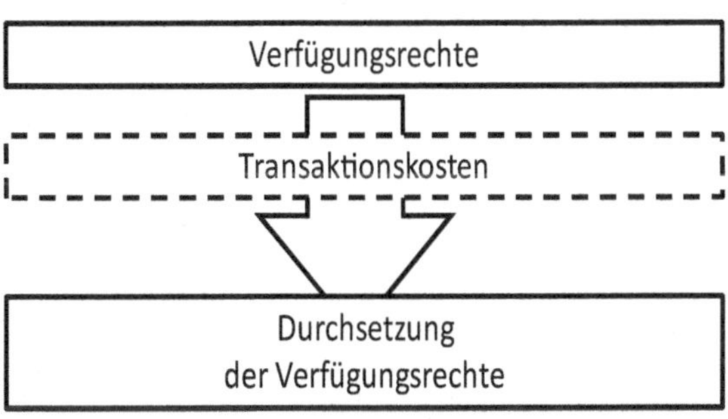

2.8.2 Transaktionskosten-Theorie

Das Hauptanliegen der Transaktionskosten-Theorie kann darin gesehen werden, Erklärungsbeiträge zu liefern, weshalb Transaktionen in bestimmten institutionellen Arrangements effizienter durchgeführt werden können als in anderen.

Unter einer **Transaktion** wird im Rahmen dieser Theorie der Austausch von Leistungen verstanden. Eingebettet in die Begrifflichkeiten der NIÖ bezeichnet eine Transaktion die Übertragung von Verfügungsrechten. Als einfache **Beispiele** für Transaktionen lassen sich aufführen:

- Kauf eines Brotes,
- Abschluss eines Arbeitsvertrages,
- Abschluss eines Miet- oder Darlehnsvertrages
- Schenkung einer Goldmünze,
- Vererbung eines Hauses.

Ihren Ursprung hat die Transaktionskosten-Theorie in einem Aufsatz des späteren Nobelpreisträgers *Ronald H. Coase*, der die ungewöhnliche Frage stellte, weshalb es überhaupt Unternehmen – verstanden als hierarchische Systeme von Über- und Unterordnung – gibt und nicht vielmehr alle wirtschaftlichen Aktivitäten von selbstständigen Marktteilnehmern abgewickelt werden (Coase, 1937).

Zusammenfassend lautete die Antwort auf diese Frage, dass die Marktlösung nicht kostenlos erfolgt, dass also für die Nutzung des Marktes i. w. S. „Kosten" (costs) anfallen – die sogenannten Transaktionskosten.

Die oben bereits angesprochenen **institutionellen Arrangements** stellen daher im Wesentlichen die Alternativen **Markt oder Hierarchie** dar. Die Transaktionskosten-Theorie betrachtet also – einfach formuliert – insbesondere die Frage, wann ein Leistungsaustausch innerhalb einer Organisation (Hierarchie), z. B. durch den Abschluss von Arbeitsverträgen oder extern über den Markt, z. B. durch die Vergabe von Werk- bzw. Honorarverträgen, erfolgen sollte.

Für den **öffentlichen Sektor** sind diese Fragestellungen an vielen Stellen relevant, z. B.:

- Sollen eigene Reinigungskräfte eingestellt werden (Hierarchie) oder soll eine Reinigungsfirma beauftragt werden (Markt)?
- Soll das Klärwerk selbst betrieben werden (Hierarchie) oder soll eine sogenannte Public-Private-Partnership-Lösung (Markt) gesucht werden?

Zur Beantwortung dieser und vergleichbarer Fragen können Transaktionskosten als Vorteilhaftigkeitskriterium hinzugenommen werden. Andere Kriterien, wie Produktions- oder Transportkosten etc., müssen zur Entscheidungsfindung zusätzlich beachtet werden.

Allgemein lässt sich die Transaktionskosten-Theorie auf alle Sachlagen anwenden, die sich im weitesten Sinne als ein Vertragsproblem formulieren lassen, also auf Kauf-, Miet-, Arbeits- oder auch Eheverträge. Alle Vertragssituationen weisen vor und nach Vertragsschluss Transaktionskosten auf. Entsprechend wird differenziert (siehe Abb. 2-13) nach:

- Ex-ante Transaktionskosten,
- Ex-post Transaktionskosten.

Abb. 2-13: Ex-ante und Ex-post Transaktionskosten – Beispiele

Ex-ante Transaktionskosten	Ex-post Transaktionskosten
Suche (z. B. Geld, Zeit, Mühe, um einen potenziell geeigneten Vertragspartner zu finden)	Abwicklung (z. B. Managementkosten der Führung und Koordination)
Informationsbeschaffung (z. B. über den konkreten Partner oder den Leistungsgegenstand)	Kontrolle (z. B. Qualitäts- und Terminüberwachung)
Anbahnung (z. B. Reise- und Beratungskosten, Fertigungsvorbereitung)	Anpassung (z. B. Kosten zur nachträglichen Anpassung von Preisen, Qualität etc.)
Vereinbarung (z. B. Verhandlungskosten, Kosten für Rechtsberatung)	Beendigung (z. B. Gerichtskosten, Abfindungen)

Am **Beispiel** der Personalbeschaffung, also des Abschlusses von Arbeitsverträgen, kann die Relevanz des Denkens in Transaktionskostenkategorien verdeutlicht werden:

Die Personalsuche kann als die Suche nach geeigneten Vertragspartnern interpretiert werden. Mögliche Transaktionskosten umfassen z. B. das Schalten von Stellenanzeigen, die Beauftragung eines Personalberaters etc. oder auch diejenigen Kosten, die im Zuge von Auswahlverfahren (z. B. Assessment-Center) entstehen. Ist der richtige Kandidat schließlich gefunden, ist es denkbar, dass vertragliche Details vereinbart werden müssen. Ist hier etwa juristischer Sachverstand hinzuzuziehen, dann stellen die Kosten der Rechtsberatung ebenfalls Transaktionskosten während der Verhandlungsphase dar. Im Laufe eines Arbeitslebens könnte die Frage auftauchen, ob der Eingestellte seine vertraglichen Pflichten eigentlich erfüllt, sodass entsprechende Überwachungs- oder Kontrollregeln etabliert werden müssen. Gelangt man zu dem Schluss, dass vertragliche Pflichten schwerwiegend verletzt wurden, können z. B. mit Anwaltskosten oder der Zahlung von Abfindungen Kosten für die Beendigung des Vertragsverhältnisses entstehen.

Die Beurteilung der Höhe der Transaktionskosten und damit die Beantwortung der Frage, ob Markt oder Hierarchie vorzuziehen ist, hängen von folgenden Faktoren ab:

⇒ transaktionsspezifische Investition

⇒ Häufigkeit der Transaktion

⇒ Unsicherheit

Eine **transaktionsspezifische Investition** liegt dann vor, wenn ein Vertragspartner i. w. S. Investitionen tätigt, die nur innerhalb der einen Vertragsbeziehung gänzlich sinnvoll eingesetzt werden können. Investiert zum Beispiel eine Stadtverwaltung im Rahmen einer Public Private Partnership (PPP) in Maschinen, die speziell auf die Anforderungen des privaten Partners zugeschnitten sind, so liegt eine transaktionsspezifische Investition vor.

Eine Investition in transaktionsspezifisches Humankapital liegt z. B. vor, wenn die im Rahmen der Stadtinspektoren-Ausbildung erworbenen Kenntnisse nur in der Kommunalverwaltung eingesetzt werden können. Insbesondere derjenige Partner, der die transaktionsspezifische Investition bzw. der mehr spezifische Investitionen getätigt hat (hier die Stadtinspektoren-Anwärter), gerät in eine Abhängigkeitsposition und müsste Transaktionskosten aufwenden, um sich abzusichern.

Die **Häufigkeit** der Transaktion beeinflusst die Transaktionskosten insofern, dass bei Vertragspartnern, die bereits mehrfach miteinander kooperiert haben und auch künftig noch zusammenarbeiten wollen, ein gemeinsames Interesse an der Fortsetzung der Beziehung gegeben ist. Aufgrund vorangegangener Kooperation ist Vertrauen darüber entstanden, dass der Partner sich an Vereinbarungen hält.

Des Weiteren mindert das Interesse an künftiger Zusammenarbeit den Anreiz, sich unkooperativ oder unfair zu verhalten. Beide Aspekte führen zu reduzierten Transaktionskosten, insbesondere solchen für die Suche nach Vertragspartnern und Kontrolle der empfangenen Leistung. Entsprechend höher sind die Transaktionskosten bei erstmaliger oder gar einmaliger Kooperation.

Um bei dem Beispiel der PPP zu bleiben: Es entsteht für beide Parteien das Interesse an langfristig stabilen Vertragsbeziehungen.

Menschen sind regelmäßig nicht in der Lage, alle Eventualitäten, die im Rahmen einer hinreichend komplexen Vertrags- bzw. Kooperationsbeziehung entstehen können, im Vorfeld bereits in einem perfekten Vertrag zu regeln. Eine Ursache dafür ist, dass Menschen nur über eine sogenannte begrenzte Rationalität verfügen.

Es entsteht folglich **Unsicherheit** über den Grad und die Anzahl der nach Vertragsschluss ggf. vorzunehmenden Anpassungen der ursprünglichen Leistungsvereinbarung. Solche Änderungen können sich beispielsweise auf die Qualität, auf Termine, Mengen, Preise etc. beziehen.

Je komplexer der Leistungsaustausch ist, desto mehr Einzelheiten sich demnach nicht vorher regeln lassen, je größer also die Unsicherheit ist, desto höher werden die Transaktionskosten für Anbahnung, Vereinbarung, Durchführung, Kontrolle und Anpassung sein.

2.8.3 Prinzipal-Agent-Theorie

Die Prinzipal-Agent-Theorie (syn. Agentur-Theorie) richtet ihr Augenmerk auf die Beziehung, die zwischen einem Auftraggeber **(Prinzipal)** und einem Auftragnehmer **(Agent)** besteht.

Eine Prinzipal-Agent-Beziehung ist immer dann gegeben, wenn ein Partner (der Agent) beauftragt wird, Ressourcen des Auftraggebers (Prinzipal) zu nutzen. Der Prinzipal überträgt dem Agenten folglich bestimmte Entscheidungs- und Handlungskompetenzen bzgl. der Nutzung seiner Ressourcen und erwartet, dass der Agent diese in seinem Sinne einsetzt. Im Regelfall erhält der Agent für seine Leistung eine Vergütung, wobei aber auch kompliziertere Prinzipal-Agent-Beziehungen wie etwa zwischen Versicherung und Versichertem denkbar sind.

Prinzipal-Agent-Beziehungen liegen folglich häufig vor, wie die folgenden *Beispiele* verdeutlichen:

- Käufer (Prinzipal) – Verkäufer (Agent)
- Eigentümer/Aktionäre (Prinzipal) – Manager (Agent)
- Arbeitgeber (Prinzipal) – Mitarbeiter (Agent)
- Bürger (Prinzipal) – öffentliche Verwaltung (Agent)
- Stadtverwaltung (Prinzipal) – privatwirtschaftlicher Partner (Agent)

Der Grund dafür, dass der Prinzipal den Agenten beauftragt, liegt oftmals darin, dass er sich dessen Wissen, dessen Erfahrungen, dessen Arbeitskraft etc. bedienen will, wobei davon ausgegangen wird, dass der Agent hier z. B. gegenüber dem Prinzipal einen Vorsprung besitzt, und somit die Kooperation für den Prinzipal überhaupt erst interessant wird. Verfügt ein gut ausgebildeter Bewerber über spezielle Kenntnisse, so erhofft sich der Arbeitgeber (Prinzipal) durch dessen Einstellung, Produktionsvorteile zu erhalten, die ohne die besonderen Kenntnisse des Bewerbers kaum möglich wären.

Die Prinzipal-Agent-Theorie ist für Analysezwecke interessant, weil davon ausgegangen wird, dass beide Parteien versuchen, ihren eigenen Nutzen zu steigern, und auch – wie reale Menschen nun einmal manchmal sind – auch vor **opportunistischen Verhaltensweisen** wie List, Betrug, Täuschung, Verschleierung etc. im Zweifel nicht zurückschrecken.

Opportunismus ist also möglich und daraus erwächst insbesondere für den Prinzipal ein Problem. Dieser kann sich nicht sicher sein kann, dass oder ob der Agent sich auch in seinem Sinne verhalten wird. Während dieses Wissen bei dem Agenten selbstverständlich vorhanden ist, kann sich der Prinzipal dieses Wissen nur äußerst mühsam, kostenintensiv oder auch gar nicht beschaffen. Der Agent besitzt dem Prinzipal gegenüber folglich einen Informationsvorsprung bzw. man spricht von **asymmetrischer Informationsverteilung.**

Um bei dem obigen Beispiel zu bleiben: Der Arbeitgeber kann nicht sicher beurteilen, ob der Bewerber sich nach erfolgter Einstellung wirklich fleißig und motiviert in die Verwaltung einbringen wird oder auch ob er für die entsprechende Tätigkeit tatsächlich geeignet ist.

Während der Bewerber dieses sehr wohl weiß und seine Eignung und Leistungsfähigkeit aufgrund von Vorerfahrungen auch einschätzen kann, muss der Arbeitgeber versuchen, dieses z. B. durch aufwendige Test- und Kontrollverfahren herauszufinden.

Wie die nachstehende Abbildung 2-14 verdeutlicht, entstehen aus der Situation der asymmetrischen Informationsverteilung für den Prinzipal unterschiedliche Typen von Risiken.

Abb. 2-14: Typen von Prinzipal-Agent-Problemen

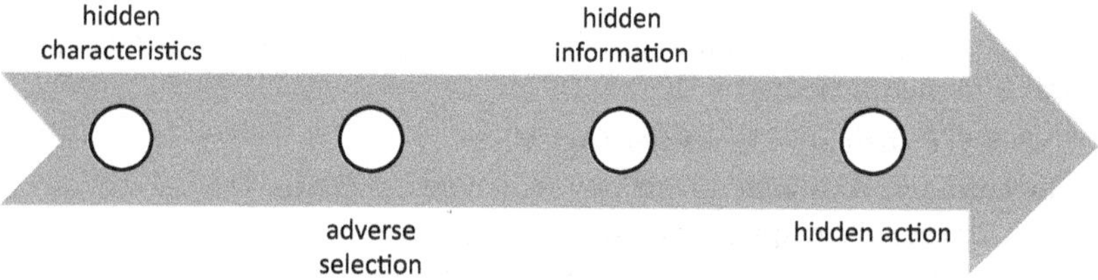

Verborgene Eigenschaften (hidden characteristics) stellen ein Risiko dar, da nicht bekannt ist, welche Eigenschaften der Vertragspartner tatsächlich aufweist.

Aus diesem Risiko resultiert die Gefahr der **falschen Auswahl (adverse selection)** des Vertragspartners. Nach Vertragsschluss besteht das Problem, dass der Agent im Besitz von Informationen ist, die das Wohlergehen des Prinzipals beeinflussen und die der Agent für seine Entscheidungen auch nutzt. Da der Prinzipal über diese Informationen nicht verfügt, kann er letztlich nicht wissen, ob der Agent sich in seinem Sinne verhalten hat **(hidden information).**

Das Problem der **verborgenen Handlung (hidden action)** beschreibt schließlich den Umstand, dass der Prinzipal die Aktivitäten des Agenten nicht ohne Weiteres qualifiziert beobachten und somit auch nicht beurteilen kann, ob dieser sich in ausreichendem Maße in seinem Sinne eingesetzt hat. Was vielfach nur registriert wird, ist das entstandene Ergebnis, nicht aber wie und weshalb dieses gerade so eingetreten ist. So kann bekanntlich durch Fleiß und Pech das gleiche Ergebnis entstehen wie durch Faulheit und Glück.

Die Prinzipal-Agent-Theorie bietet die Möglichkeit, hier spezifische Problemlagen klar erkennbar herauszustellen.

2.9 Neo-Institutionalismus

2.9.1 Zentrale Fragestellung

In den vergangenen Jahren ist mit dem organisationssoziologisch ausgerichteten Neo-Institutionalismus eine Theorie in den Vordergrund gerückt, die für den öffentlichen Sektor ein hohes Maß an Erklärungspotenzial bietet.

Zunächst ist darauf hinzuweisen, dass sich der Neo-Institutionalismus trotz der Namensähnlichkeit in Grundannahmen und Erklärungsansatz vom ökonomischen Institutionalismus, wie er oben als Neue Institutionenökonomik eingeführt wurde, grundlegend unterscheidet.

Im Rahmen des Neo-Institutionalismus, wie er im Wesentlichen durch die Arbeiten von *Scott/Meyer* (z. B. 1994) und *DiMaggio/Powell* (z. B. 1991) geprägt wurde, wird insbesondere der Frage nachgegangen, weshalb Organisationen sich bestimmte Strukturen (Aufbauorganisation) geben oder konkrete Verfahrensweisen bzw. Methoden zur Bewältigung von Anforderungen wählen – und nicht etwa andere.

Beispielsweise ließen sich die Fragen aufwerfen, weshalb richten sich die meisten Kommunalverwaltungen an dem Vorschlag zur Verwaltungsgliederung der KGSt? Weshalb erfolgte überwiegend eine Umstellung auf die kaufmännische Buchhaltung (Doppik)? Weshalb gab es vor einiger Zeit eine starke Tendenz zur Privatisierung kommunaler Aufgaben bzw. weshalb ist derzeit z. T. ein gegenläufiger Effekt zu beobachten? Weshalb werden bestimmte Sonderstellen, wie z. B. Gleichstellungsbeauftrage, eingerichtet? Weshalb wird versucht, Mitarbeiter mit einem Management by Objectives und leistungsorientierter Bezahlung zu motivieren?

Dieser beispielhafte Fragenkatalog ließe sich nahezu beliebig fortsetzen. Immer stellt sich die Frage nach dem Grund, den Zusammenhängen und den Einflussfaktoren für die jeweilige Wahl.

Die Antwort klassischer und vor allem im engeren Sinne ökonomischer Organisationstheorien darauf lautet, dass Strukturen, Regeln und Abläufe etc. dann in Organisationen etabliert werden bzw. zum Einsatz kommen, wenn sie einer effizienten und effektiven Leistungserstellung dienen. Jedoch kann diese Erklärung empirisch einen Großteil der etablierten Strukturen und Abläufe nicht erklären. Das heißt, in Organisationen haben auch solche Strukturen, Abläufe etc. Bestand, deren Beitrag zur Optimierung der Leistungserstellung nicht eindeutig, ungeklärt oder zum Teil sogar offenkundig kontraproduktiv ist. So existieren beispielsweise eine Reihe von Zweifeln an der Sinnhaftigkeit der leistungsorientierten Entlohnung im öffentlichen Sektor, gleichwohl sind diese Ansätze zunehmend verbreitet. Im Rahmen neo-institutionalistischer Forschung wird angestrebt, für dieses scheinbar widersprüchliche Organisationsverhalten eine Erklärung bereitzustellen.

2.9.2 Grundlegende Annahmen

Unter Institutionalismus werden Erwartungen und Vorstellungen der Umwelt (i.w.S. der Gesellschaft) verstanden, die an die Strukturen und Abläufe bzw. das Verhalten von Organisationen gerichtet sind. Solche Erwartungen kommen etwa durch Gesetze, die öffentliche Meinung etc. zum Ausdruck (Scott & Meyer, 1994, S. 3). Diese Erwartungen entfalten im Rahmen einer Institutionalisierung eine enorme Durchsetzungskraft, in dem sie als gesellschaftliche Zwänge den Status von grundlegenden Regeln im Handeln und Denken einer Gesellschaft einnehmen (Walgenbach, 2001, S. 323).

Diese Art von Regeln werden hier als **„Rationalitätsmythen"** bezeichnet. Die Rede ist von Mythen, weil die Wirksamkeit oder der Nutzen dieser Regeln sich einer objektiven Überprüfung entzieht. Die Regeln sind gültig und einzuhalten, weil die Gesellschaft von ihrer Wirksamkeit überzeugt ist, auch wenn es dafür an *objektiven* Beweisen mangelt oder sogar rational nachvollziehbare Gegenbeweise existieren:

- Führt die leistungsorientierte Entlohnung zu höherer Motivation?
- Werden Abläufe und Entscheidungen durch die Einbindung von Behinderten- und Gleichstellungsbeauftragten effektiver?
- Hat das Neue Steuerungsmodell zu einer effizienteren Aufgabenwahrnehmung geführt?
- Führt e-government zu zufriedeneren Bürgern und einer wirtschaftlicheren Verwaltung?
- Werden privatisierte öffentliche Aufgaben effizienter erledigt?

Die objektive Beantwortung dieser und ähnlicher Fragen ist in gewisser Hinsicht im Grunde irrelevant. Die maßgebliche Gesellschaft ist im Sinne der Rationalitätsmythen von der Wirksamkeit überzeugt und macht den Zuspruch von Legitimität davon abhängig. Organisationen wird sogenannte **„Legitimität"** zugesprochen, wenn sie diese von der Gesellschaft als sinnvoll angesehenen Strukturen etablieren bzw. das geforderte Verhalten zeigen.

Abweichendes Verhalten und nicht erwartungskonforme Strukturen werden bestraft. Die Bestrafung erfolgt dabei durch den Entzug von Legitimität, an welcher wiederum bestimmte Ressourcen geknüpft sind, die für die Organisation von (existentieller) Bedeutung sind.

2.9.3 Ausgewählte Schlussfolgerungen

Organisationen allgemein und damit auch die öffentliche Verwaltung kann sich dem Zwang, der aus gesellschaftlichen Überzeugungen und Erwartungen resultiert, nicht entziehen. So kann etwa die Einführung leistungsorientierter Entlohnung als Reaktion darauf interpretiert werden, das Personal im öffentlichen Sektor ein Stückweit dem permanenten Vorwurf des Tätigseins in einem leistungsfreien Schonraum zu entziehen. Die erkennbare Öffnung oder Lockerung des Zugangs zum höheren Verwaltungsdienst auch für Absolventen ohne Universitätsabschluss und Vorbereitungsdienst kann als eine Reaktion darauf angesehen werden, dass ein weitgehender gesellschaftlicher Konsens über die Vorteilhaftigkeit von durchlässigen Strukturen besteht. Ob diese und andere Maßnahmen für die Verwaltung als *Organisation* aber im engeren Sinne objektiv nachweisbar nützlich sind, bleibt unbekannt.

Vergleichbare Organisationen sehen sich einerseits ähnlichen Erwartungen ausgesetzt, andererseits sind die Erwartungen der verschiedenen Bezugsgruppen aber höchst unterschiedlich. Zum Beispiel richten Kunden, Bürger, Kreditgeber, Politiker, Lieferanten (Stakeholder) etc. zuweilen ganz unterschiedliche Erwartungen an die Organisation, die sich zum Teil auch gegenseitig ausschließen. Hinzu kommt, dass sich Organisationen – öffentliche Verwaltungen mit Abstrichen – auch nicht gänzlich der Notwendigkeit von Effizienz und Effektivität entziehen können. Der Umgang mit diesem Dilemma besteht daher oftmals darin, dass die erwarteten Strukturen und Abläufe nur pro forma übernommen werden, um nach außen hin den Schein des erwartungskonformen Verhaltens zu wahren. So lässt sich bei der (regelmäßig von der Bevölkerung kaum zur Kenntnis genommenen) Verwendung des „Gießkannen-Prinzips" oder einem nur sehr geringen Anteil an variablen Vergütungsanteilen der Schein der Anwendung einer leistungsorientierten Bezahlung und damit der Praktizierung eines modernen Personalmanagements aufrechterhalten. Ähnlich verhält es sich, wenn nur sehr ausgewählte Inhalte des Neuen Steuerungsmodells tatsächlich auch praktiziert werden, die Verwaltung sich aber in der Öffentlichkeit zum Neuen Steuerungsmodell bekennt bzw. sich jedenfalls nicht klar distanziert.

Insgesamt wird im Neo-Institutionalismus davon ausgegangen, dass sich Organisationen durch den Prozess der Institutionalisierung permanent einander angleichen und sich immer ähnlicher werden. Diese Entwicklung wird als **Isomorphismus** bezeichnet. Isomorphismus kann durch Zwang (z. B. ökonomischer Druck, Gesetze), durch Nachahmung (z. B. imitieren von erfolgreichen Organisationen, Benchmarking) oder durch normativen Druck (z. B. homogene Denkhaltungen, Überzeugungen von Berufsgruppen) geschehen. Die Folge ist, dass konkrete Organisationen damit ihre Einzigartigkeit verlieren, da sie sich zunehmend solche Strukturen und Abläufe aneignen, die ihre Legitimität und damit den Zugang zu Ressourcen nicht gefährden.

3 Der Mensch und sein Handeln in Organisationen

„Zweck und Ziel der Organisation ist es, die Stärken der Menschen produktiv zu machen und ihre Schwächen unwesentlich" (Drucker zitiert nach Bleicher, 1991, S. 37).

3.1 Leistungsverhalten und Wohlergehen der Mitarbeiter

In Organisationen des öffentlichen Sektors ist das Personal die wichtigste Ressource. Ob Ministerien, Landesbehörden oder Kommunalverwaltungen die ihnen gestellten Aufgaben wirksam erledigen oder die ihnen gesetzten Ziele erreichen, hängt wesentlich vom Leistungsverhalten der Führungskräfte und Mitarbeiter ab. Unter Leistungsverhalten werden hierbei alle aktiven Beiträge einer Führungskraft oder eines Mitarbeiters zur Bewältigung einer Aufgabe verstanden.

Die Beiträge können ...

- physischer – z. B. Fällen eines Baumes durch einen Waldarbeiter,
- kognitiver – z. B. rechtliche Würdigung eines Sachverhalts durch einen Justiziar,
- emotionaler – z. B. Trösten eines unter Schock stehenden Unfallopfers durch Mitarbeiter des Rettungsdienstes – Art sein.

Leistungsverhalten kann unmittelbar oder mit Zeitverzögerung zu einem Ergebnis führen (z. B. Beschäftigter eines Entsorgungsbetriebes leert Mülltonnen), muss es aber nicht (z. B. Fallmanager stellt fest, dass die Beratung eines Arbeitslosen fruchtlos blieb).

Für diejenigen, die die Arbeit und die Arbeitsbedingungen anderer gestalten, ist es wichtig zu wissen,

- was ein Mensch üblicherweise zu leisten imstande ist,
- welche Faktoren einen Einfluss auf das Leistungsverhalten eines Menschen haben und
- unter welchen Bedingungen die Arbeit das Wohlergehen nicht beeinträchtigt oder gar fördert.

Die allgemeine Bestimmung des unter normalen Bedingungen zu erwartenden Leistungsverhaltens ist bei einfachen körperlichen Tätigkeiten (z. B. wie schwer Gegenstände sein dürfen, damit sie von Mitarbeitern mit durchschnittlicher körperlicher Konstitution ohne Gesundheitsgefährdung ständig gehoben werden können) unter Verwendung arbeitswissenschaftlicher Erkenntnisse möglich, bei komplexeren körperlichen Tätigkeiten, bei kognitiven oder emotionalen Beiträgen in der Regel jedoch nicht. Hier ist die

Heranziehung von im Einzelfall systematisch erhobenen Erfahrungswerten erforderlich (z. B. im Rahmen von Organisationsuntersuchungen – siehe Kapitel 11).

Die das Leistungsverhalten beeinflussenden Faktoren können innerhalb des Menschen oder in dessen Umfeld verortet werden (vgl. die Feldtheorie von *Kurt Lewin* [Lück, 1996, S. 2 ff.]). Gerade das betriebliche Umfeld wird durch den Organisator und die Führungskraft gestaltet – sie bestimmen in hohem Maße, wie die Erledigung einer Aufgabe organisiert wird, wie der Arbeitsplatz ausgestattet wird, auf welche Weise die Zusammenarbeit erfolgt. Die Art und Weise der Gestaltung der Aufgaben und der Aufgabendurchführungsbedingungen beeinflussen das Leistungsverhalten der Mitarbeiter. Die innerhalb des Menschen zu verortenden Faktoren sind zumeist sowohl durch Vererbung als auch durch Erfahrung bestimmt (z. B. körperliche Leistungsfähigkeit, Intelligenz). Durch die Erfahrungssensitivität der innerhalb des Menschen zu verortenden Faktoren ergibt sich ebenfalls ein Einfluss der organisatorischen Maßnahmen auf das Leistungsverhalten.

Eine andersartige Klassifikation der das Leistungsverhalten bestimmenden Faktoren ist die Unterscheidung in **Leistungsbereitschaft** (Leistungswille) und **Leistungsvermögen** (Leistungsfähigkeit) (Wöhe, 1996, S. 255 f.). Unter Leistungsvermögen ist das Potenzial zu verstehen, physische, kognitive oder emotionale Arbeitsbeiträge zu leisten. Mit Leistungsbereitschaft wird der Wille bezeichnet, dieses Leistungsvermögen im Arbeitsalltag in die Tat umzusetzen.

So ist beispielsweise eine Mathematikstudentin aufgrund ihrer Fähigkeiten und ihres Wissens in der Lage (sie hat das Leistungsvermögen), eine mathematische Gleichung mit zwei Unbekannten zu lösen. Ein Grundschüler ist hierzu i. d. R. nicht in der Lage. Ob die Studentin allerdings tatsächlich die Gleichung löst, hängt auch von ihrer Leistungsbereitschaft ab. Wenn die Studentin gerade gemeinsam mit dem Freund ihre Lieblingssendung im TV ansieht, wird sie – ohne besonderen Anreiz – nicht bereit sein, ihr mathematisches Leistungsvermögen umzusetzen. Der Grundschüler wird sich hingegen in der Schule voll Eifer in die Arbeit stürzen, wenn er sich hierfür der Anerkennung seiner Lieblingslehrerin gewiss ist. Im Endergebnis wird jedoch von beiden – aus verschiedenen Gründen – die Leistung nicht erbracht.

Für Leistungsverhalten ist stets ein Mindestmaß von Leistungsvermögen und zugleich -bereitschaft erforderlich (Klimecki & Gmür, 2001); in engen Grenzen können sich Leistungsvermögen und -bereitschaft gegenseitig kompensieren. Insofern wird Leistungsverhalten auch als Funktion des Leistungsvermögens und der -bereitschaft aufgefasst, bei der diese beiden Größen multiplikativ miteinander verknüpft sind (siehe Abb. 3-1).

Abb. 3-1: Leistungsbereitschaft, Leistungsvermögen, Leistungsverhalten

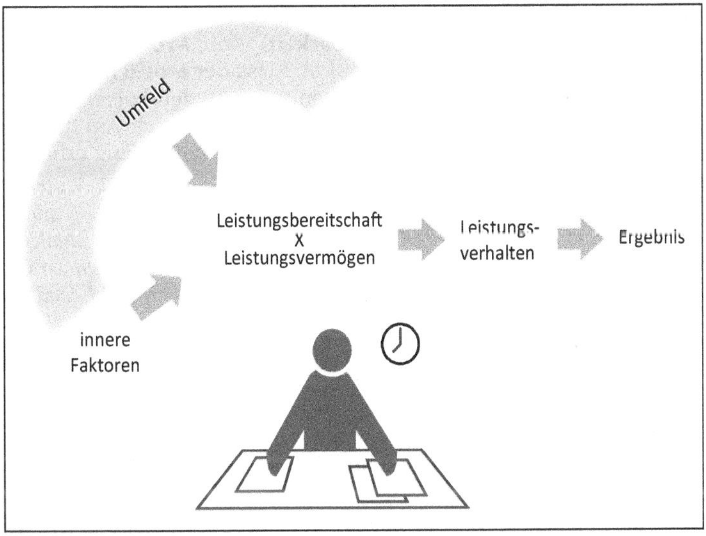

Ein Ziel des Managements und des organisatorischen Handelns ist es, dass die einer Organisation obliegenden Aufgaben möglichst effizient bearbeitet werden. Um dieses Ziel zu erreichen, sollen Bedingungen geschaffen werden, die beim Personal zu möglichst hohen Leistungen führen. Orientierte man sich ausschließlich an dem Effizienzziel, so könnten Arbeitsbedingungen entstehen, die sich nicht mit dem Wohlergehen oder der Würde des Personals in Einklang bringen ließen. In einer Gesellschaft, deren Kernwerte humanistisch geprägt sind, wäre dies nicht akzeptabel. Deshalb muss das Ziel einer höchstmöglichen Effizienz durch das Ziel des Wohlergehens des arbeitenden Menschen ergänzt werden. Auch die Fürsorgepflicht des Dienstherren begründet die Berücksichtigung des Ziels „Wohlergehen".

Der Begriff „Wohlergehen" umfasst dabei folgende Gesichtspunkte (Hacker & Richter, 1980, S. 30 ff.; siehe auch die [ähnlichen] Kriterien menschengerechter Arbeitsgestaltung der Gesellschaft für Arbeitswissenschaft, Luczak, Volpert, Raeithel & Schwier, 1987, S. 58):

- **Ausführbarkeit der Arbeit:** Die vom Menschen abgeforderte Arbeit darf auch kurzfristig die individuelle Leistungsvermögen nicht überschreiten. *Beispiel: Von einer körperlich schmächtigen Frau darf nicht erwartet werden, dass sie eine 100 kg schwere bewegungsunfähige Person alleine ohne technische Hilfsmittel vom Boden in ein Bett hebt.*
- **Schädigungslosigkeit der Arbeit:** Die dauerhafte Durchführung der Arbeit führt nicht zu gesundheitlichen Beeinträchtigungen. *Negativbeispiel:*

Durch den durch die Schüler verursachten Lärm in Kombination mit den schlechten akustischen Eigenschaften eines Unterrichtsraumes wird eine Lehrkraft nach einigen Jahren schwerhörig.

- **Beeinträchtigungsfreiheit (Zumutbarkeit) der Arbeit:** Das Kriterium Beeinträchtigungsfreiheit zielt darauf ab, dass der arbeitende Mensch keinen unangenehmen Beeinträchtigungen wie z. B. den Folgen körperlicher Belastungen, Stress, Ekel u. Ä. m. ausgesetzt ist oder sich von diesen durch angemessene Arbeitszeit- und Pausengestaltung regelmäßig erholen kann.

  Beispiele: Die Mitarbeiter des Bauhofes schachten ohne maschinelle Unterstützung einen Graben aus und können immer wieder eine kurze Pause einlegen, um sich kurz auszuruhen und etwas zu trinken. Beim Inspizieren von Abwasserkanälen können die Mitarbeiter kurze Pausen einlegen, um sich von den unangenehmen Gerüchen zu erholen. Die Auffassung davon, was in der Arbeit als beeinträchtigend gilt, wird durch das gesellschaftliche Bezugssystem/durch die Kultur bestimmt.
- **Persönlichkeitsförderlichkeit (Persönlichkeitsentfaltung) der Arbeit:** Eine Arbeit ist dann als persönlichkeitsförderlich zu bezeichnen, wenn der Mensch durch die Ausführung der Arbeit seine Persönlichkeit erhalten oder gar weiterentwickeln kann. Bestandteile der Persönlichkeit sind beispielsweise Fähigkeiten, Fertigkeiten, Wissen und Einstellungen. Möglichkeiten sozialer Kooperation, Anerkennung sowie die Einbeziehung von Planungs- und Kontrolltätigkeiten in die Arbeitsaufgabe erhöhen die Persönlichkeitsförderlichkeit der Arbeit.

Lassen sich durch arbeitsorganisatorische Maßnahmen das Effizienzziel und das Ziel des Wohlergehens stets gleichermaßen realisieren? Die laienhafte Antwort zu dieser Frage lautet: „Glückliche Kühe geben mehr Milch" – es sei aus wirtschaftlichen Erwägungen heraus immer sinnvoll, die Arbeit so zu organisieren, dass es den Mitarbeitern wohlergeht. Die Verfasser wissen zwar nicht, ob diese Aussage für Kühe zutrifft – auf Menschen bezogen ist sie in dieser Allgemeinheit nicht passend. So kann es bei der Organisation von Arbeit durchaus Zielkonflikte geben – dergestalt, dass eine höhere Effizienz zu Lasten des Wohlergehens der Mitarbeiter geht. Zu denken ist hier beispielsweise an stark arbeitsteilige Arbeitsprozesse an Fließbändern.

Beispiel: Arbeitsbedingungen bei der Produktion des iPhone

Ein chinesisches Team, das die Fabrik in der vergangenen Woche untersucht hat, ist zu dem Ergebnis gekommen, „dass die Einrichtungen zwar in Ordnung sind, das Management jedoch zu hart durchgreift". So fasst Zhu Guangbing, der Chef des Untersuchungskomitees, die Lage zusammen. „Die Arbeiter dürfen während der Arbeit nicht miteinander reden. Wenn sie es doch tun, wird das in ihrer Akte vermerkt und mit Lohnabzug bestraft." … „Weil Foxconn so viele Aufträge hat", erklärt Zhu, sei es zu zeitaufwendig, die Arbeiter regelmäßig die Positionen wechseln zu lassen, weil sie sich dann neu einarbeiten müssen. „Sie sind deshalb gezwungen, monatelang die gleiche Handbewegung zu machen." Manche Hände zucken nachts im Schlaf noch im gleichen Rhythmus (Sieren, 2010, S. 22).

Des Weiteren steht die effektive Bewältigung von speziellen Aufgaben im öffentlichen Sektor (z. B. Retten von Personen aus brennenden Häusern durch die Feuerwehr, Einsatz der Bereitschaftspolizei bei gewalttätigen Demonstrationen) dem Wohlergehen der ausführenden Mitarbeiter manchmal diametral entgegen. Obwohl es in der praktischen Organisationsarbeit faktisch nicht immer möglich sein wird, beide Ziele in gleichem Maße zu realisieren, bleibt die Forderung an die die Arbeit anderer Gestaltenden berechtigt, stets sowohl das Effizienz-Ziel als auch das Ziel des Wohlergehens mit gleicher Hingabe anzustreben (siehe Abb. 3-2).

Abb. 3-2: Folgen der Realisierung der beiden Zielkriterien „Effizienz der Aufgabenerledigung" und „Wohlergehen der Mitarbeiter" auf Seiten der Mitarbeiter

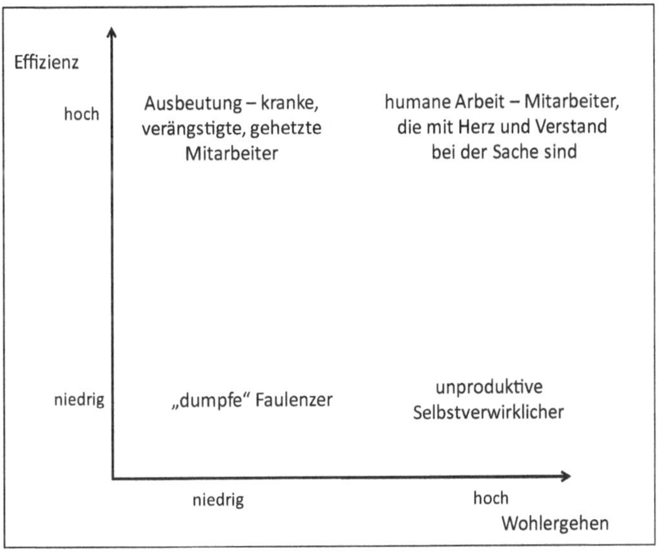

In den folgenden Ausführungen werden Hinweise gegeben, durch welche Faktoren das Leistungsvermögen und die Leistungsfähigkeit – letztlich also das Leistungsverhalten – sowie das Wohlergehen der Mitarbeiter beeinflusst werden. Dabei werden diejenigen Faktoren dargestellt, die für die praktische Tätigkeit des Organisierens von Arbeit für den Manager oder Organisator im öffentlichen Sektor von besonderer Bedeutung sind. Das Leistungsverhalten der Mitarbeiter kann bei gegebenen organisationalen Rahmenbedingungen durch weitere Faktoren und Maßnahmen – z. B. Führungstechniken, Personalentwicklung, Entlohnung – beeinflusst werden. Diese Maßnahmen sind wesentlicher Gegenstand der Fachdisziplin „Personalmanagement" und werden hier nicht behandelt.

3.2 Leistungsvermögen

3.2.1 Arbeitsbezogenes Wissen

Insbesondere in Verwaltungsberufen ist das Leistungsvermögen von den **beruflichen Erfahrungen** und dem **arbeitsbezogenen Wissen** (Schmidt, Hunter & Outerbridge, 1986, S. 432 ff.) abhängig. Ohne Kenntnisse im Haushaltsrecht kann ein Sachbearbeiter in der Kämmerei oder im Haushaltsreferat keine hohen Leistungen erbringen. Üblicherweise wird das Wissen erstmalig während des Studiums oder der Ausbildung erworben. Da jedoch das Fachwissen in vielen Bereichen des öffentlichen Sektors schnell veraltet (z. B. Änderungen in der Sozialgesetzgebung), ist vom Arbeitgeber oder Dienstherren darauf hinzuwirken, dass das Fachwissen laufend ergänzt, erweitert oder erneuert wird. Hierfür gibt es verschiedene Möglichkeiten der Personalentwicklung: Bedeutsam sind beispielsweise Fortbildungsveranstaltungen, die von Studieninstituten oder anderen Fortbildungsträgern angeboten und durchgeführt werden. Weiterhin kann das kontinuierliche Lernen am Arbeitsplatz gefördert werden. Berufliche Erfahrung geht über die reine Anhäufung von Fachwissen hinaus: Mitarbeiter, die verschiedene Aufgabenbereiche und Dienststellen kennengelernt haben, konnten ihre sozialen Kompetenzen entwickeln und kollegiale Netzwerke knüpfen. Sie sind besser in der Lage, Sachverhalte aus verschiedenen Blickwinkeln zu betrachten und ganzheitliche Lösungsansätze zu finden. Organisatorische Maßnahmen sollten dazu beitragen, dass das Personal fortlaufend neues Wissen und Erfahrungen erwerben kann.

3.2.2 Intelligenz

Intelligenz, verstanden als die „... allgemeine Fähigkeit eines Individuums, sein Denken bewusst auf neue Forderungen einzustellen" (Stern, 1912, S. 3), oder als die Qualität und Geschwindigkeit der Lösung neuartiger, nicht routinebestimmter Aufgaben (Schuler & Höft, 2006, S. 105), ist ein über weite Bereiche der Lebenszeit hinweg stabiles Personenmerkmal, welches einen hohen statistischen Zusammenhang mit dem Leistungsverhalten aufweist (Salgado, Anderson, Moscoso, Bertua, De Fruyt & Rolland, 2003, S. 1068 ff.). Je komplexer die berufliche Tätigkeit ist, desto höher ist dieser Zusammenhang. Dementsprechend spielt die Intelligenz bei geistig wenig anspruchsvollen Tätigkeiten, wie z. B. dem Objektschutz,eine geringe, bei anspruchsvollen Sachbearbeitungs- oder Führungstätigkeiten eine bedeutsame Rolle bei der Aufgabenerledigung (siehe auch Abb. 3-3).

Abb. 3-3: Nach dem durchschnittlichen allgemeinen Intelligenzniveau ihrer Vertreter geordnete Ausbildungsberufe (Beispiele). Einige Berufe wurden durch Experten-Ratings den Berufsgruppen zugeordnet, hierzu zählt auch „Beamter (mittlerer Dienst)" (nach Engelbrecht, Schröder, Elgert & Reichert, 1991)

Durchschnittliches allgemeines Intelligenzniveau	**Berufsbereich**		
(bezogen auf Haupt- und Realschüler)	Handwerk/ Technik	Ernährung, Natur, Maschinenbedienung	Büro, Verwaltung, Verkauf
Leicht überdurchschnittlich	Kommunikationselektroniker Vermessungstechniker		Bankkaufmann Datenverarbeitungskaufmann
Gut durchschnittlich	Werkzeugmechaniker Bauzeichner		Beamter (mittl. Dienst) Industriekaufmann Versicherungskaufmann
Durchschnittlich	Industriemechaniker Elektroinstallateur	Gärtner Landwirt Ver- und Entsorger	Drogist Kaufmann im Einzelhandel
Knapp durchschnittlich	Kfz-Mechaniker Gas- und Wasserinstallateur Metallbauer	Bäcker Fleischer Handelsfachpacker	Verkäufer
Leicht unterdurchschnittlich		Maler und Lackierer Gleisbauer Bekleidungsnäher	

Es werden unterschiedliche Bereiche der Intelligenz unterschieden, wie z. B.:

- das räumliche Vorstellungsvermögen,
- sprachliche Fähigkeiten,
- mathematisch-rechnerisches Schlussfolgern,
- Wahrnehmungsgeschwindigkeit,
- Einfallsreichtum.

Da der Begriff „Intelligenz" auf dem Buch- und Unternehmensberatungsmarkt eine große Aufmerksamkeit bei den Käufern bewirkt, werden viele Konzepte mit „Intelligenz" bezeichnet, die mit dem oben beschriebenen Intelligenzkonzept nichts gemein haben. Ein Beispiel hierfür ist das Modell „Emotionale Intelligenz" des Journalisten *Goleman* (Goleman, 1995). Elemente der Emotionalen Intelligenz sind:

- Selbstwahrnehmung,
- Selbstbeherrschung,
- Leidenschaft,
- Einfühlungsvermögen,
- soziale Kompetenzen.

Aus der Aufzählung wird bereits deutlich, dass dieses Modell nicht mit den oben aufgeführten Definitionen von Intelligenz in Einklang gebracht werden kann. *Schuler* führt aus: „Die einzige wichtige Kompetenz, die EI [Emotionale Intelligenz, d. Verf.] nicht inkludiert, ist die, worauf die Bezeichnung hinweist – die Intelligenz" (Schuler, 2002, S. 139). Mit Intelligenztests kann die Intelligenz fair, objektiv, zuverlässig und genau gemessen werden. Es zeigt sich, dass jeweils nur eine Minderheit über eine sehr hohe oder sehr niedrig ausgeprägte Intelligenz verfügt, die Mehrheit weist eine mehr oder weniger durchschnittliche Intelligenz auf. Die Intelligenz ist zum einen in nicht unbeträchtlichem Maße erblich (Bouchard, Lykken, McGue, Segal & Tellegen, 1990, S. 223 ff.) bedingt, zum anderen wird sie durch die Umwelt positiv oder negativ beeinflusst. Positive Umwelteinflüsse sind: ein langjähriger und anspruchsvoller Schulunterricht, eine kulturell vielfältige und stimulierende Umwelt und berufliche Tätigkeiten, die ständig hohe Anforderungen an das Denkvermögen stellen (Neisser, 1996, S. 77 f.). Im Verlauf der Kindheit und Jugend nimmt die Intelligenz üblicherweise stark zu und erreicht im jungen Erwachsenenalter das maximale Ausmaß – dieses kann unter günstigen Bedingungen bis in das hohe Alter aufrechterhalten oder sogar leicht gesteigert werden. Erlebt ein Mensch in seinem Leben wenig intellektuell anregende Umwelten (auch berufliche), ist mit einem Nachlassen des Intelligenzniveaus zu rechnen.

Menschen mit hoher Intelligenz können berufliche Probleme besser lösen. „Besser" bedeutet hierbei:

- Probleme werden überhaupt als solche erkannt.
- Die Lösung von Problemen erfolgt in kürzerer Zeit.
- Die Qualität der Problemlösungen ist besser (z. B. geringe Kosten, dauerhaft verwendbare Problemlösungen).
- Auch sehr schwierige Probleme werden gelöst.

Die Wirkung der Intelligenz auf das Leistungsverhalten erfolgt indirekt über den Erwerb des erforderlichen Fachwissens (Gourmelon, 2003, S. 327 ff.)

(siehe Abb. 3-4). Ohne Fachwissen kann nämlich auch ein hoch intelligenter Mitarbeiter erstmal keine fachlichen Probleme lösen.

So wird es beispielsweise auch einem hoch intelligenten Physiker kaum gelingen, an seinem ersten Arbeitstag im Ordnungsamt einen fehlerfreien Rechtsbescheid zu erstellen – ihm fehlt noch das notwendige Fachwissen. Intelligente Personen sind allerdings schnell in der Lage, sich das erforderliche arbeitsbezogene Wissen anzueignen und damit wirksam berufliche Probleme zu lösen.

Abb. 3-4: Wirkungszusammenhang zwischen Intelligenz, arbeitsbezogenem Wissen und Leistungsverhalten. Die Pfeilstärke deutet das Ausmaß des Einflusses an.

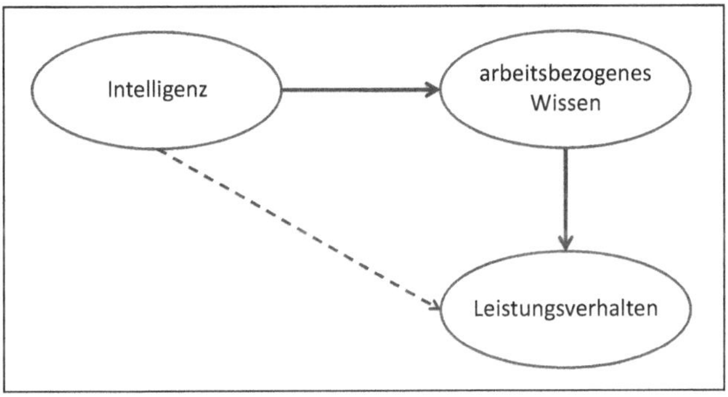

Bei Aufgaben, die wenig anspruchsvoll sind oder die sich im Zeitverlauf kaum ändern, wirkt sich die Intelligenz kaum auf die Leistungshöhe aus. Der Grund hierfür ist: Es gibt dann kaum etwas Neues zu lernen, keine neuen Probleme zu lösen. In einer organisatorischen Umwelt jedoch, die hohe Anforderungen an die Mitarbeiter stellt oder in der sich in kurzer Zeit vieles ändert, wird das vorhandene Wissen nutzlos. Dann gewinnt die grundsätzliche Fähigkeit, sich schnell und erfolgreich neue Kompetenzen aneignen zu können, einen großen Einfluss auf das Leistungsverhalten. Für das Management ist das Merkmal Intelligenz zum einen selbstverständlich bei der Personalauswahl und dem Personaleinsatz bedeutsam: Freie Stellen sollen mit Mitarbeitern besetzt werden, deren intellektuelle Kapazitäten den Anforderungen der Stellen entsprechen. Zum anderen sind aber die einzelnen Teilaufgaben und die Arbeit so zu organisieren, dass der Stelleninhaber hinsichtlich der Intelligenz weder über- noch unterfordert wird.

3.2.3 Persönlichkeitsmerkmale im engeren Sinne

Mit dem Fünf-Faktoren-Modell werden fünf grundlegende Persönlichkeitsdimensionen beschrieben. Diese Persönlichkeitsdimensionen zeichnen sich dadurch aus, dass sie über die Zeit hinweg weitgehend stabil, unabhängig voneinander und auch in verschiedenen Kulturen auffindbar sind (Asendorpf, 2007). Es gibt gesicherte Erkenntnisse, welchen Einfluss diese Persönlichkeitsdimensionen auf das Leistungsverhalten haben (Barrick, Mount & Judge, 2001, S. 9). Für das Leistungsverhalten scheinen die Dimensionen Extraversion, Neurotizismus/emotionale Stabilität und Gewissenhaftigkeit besonders bedeutsam zu sein. **Extravertierte Menschen** (Borkenau & Ostendorf, 2008, S. 40 f.) bezeichnen sich als gesellig, selbstsicher, aktiv, gesprächig, energisch, heiter und optimistisch. Sie fühlen sich in Gesellschaft anderer Menschen schnell wohl und lieben Aufregungen. **Introvertierte** – als der Gegenpol von extravertierten – beschreiben sich als eher zurückhaltend, still, sie sind lieber alleine. Eine hohe Ausprägung des Merkmals Extraversion ist in Berufen und Tätigkeiten bedeutsam, in denen der Umgang mit Kunden oder Bürgern im Vordergrund steht. Auch erfolgreiche Führungskräfte nehmen sich eher als extravertiert wahr. **Emotional stabile Personen** bezeichnen sich als ruhig, ausgeglichen und sorgenfrei. Sie geraten auch in Stresssituationen nicht schnell aus der Fassung. **Emotional labile Menschen** erleben schnell und häufig negative Gefühlszustände, sie sind oftmals erschüttert, betroffen, nervös, ängstlich. Sie sind weniger in der Lage, ihre Bedürfnisse zu kontrollieren. Emotionale Stabilität ist in Berufen und Tätigkeiten bedeutsam, die mit hohen psychischen Belastungen einhergehen (z. B. Polizei, Feuerwehr, Rettungsdienst). **Gewissenhaftigkeit** äußert sich im beruflichen Kontext in einem zielstrebigen, ehrgeizigen, fleißigen, systematischen, zuverlässigen, pünktlichen und ordentlichen Arbeitsverhalten. Diese Verhaltenstendenzen sind generell in allen Tätigkeitsbereichen des öffentlichen Sektors für das Leistungsverhalten bedeutsam.

3.2.4 Lebensalter

Von vielen wird das zunehmende Lebensalter der Mitarbeiter als beeinträchtigender Faktor für das Leistungsvermögen angesehen (Filip & Mayer, 2002). Diese Auffassung ist in dieser Allgemeinheit nicht zutreffend: Im körperlichen Bereich ist zwar bei einigen Körperfunktionen bis zum Renten- oder Pensionsalter mit einer Verschlechterung zu rechnen (Kilbom & Torgen, 2001, S. 104 ff.) – so nimmt z. B. die Muskelkraft, die Sehschärfe oder die Beweglichkeit ab –, diese Verschlechterung körperlicher Funktionen kann jedoch in vielen Fällen durch technische Hilfsmittel oder spezielle Arbeitstechniken ausgeglichen werden. Das Nachlassen körperlicher Kräfte wird oftmals durch die Art und Weise des Einsatzes der vorhandenen Kräfte kompensiert. Auch im Hinblick auf das geistige Leistungsvermögen ist das diskriminierende **Altersstereotyp** durch systematisch erhobene Fakten nicht zu bestätigen. Erst etwa ab dem 70. Lebensjahr muss durchschnittlich mit deutlichen Beeinträchtigungen des Kurzzeitgedächtnisses gerechnet werden (Fleischmann, 1989, S. 295). Ab diesem Alter ist auch mit einer spürbaren Verlangsamung der Informationsverarbeitungsgeschwindigkeit zu rechnen. Insgesamt führt dies zu einer Verlangsamung (nicht Verhinderung!) des Lernens völlig neuartiger Informationen bei älteren Personen.

Es ist darauf hinzuweisen, dass das physische und psychische Leistungsvermögen älterer Mitarbeiter sehr unterschiedlich ist. Während es auf der einen Seite 65-Jährige gibt, die vor Schaffenskraft und Verstandesschärfe strotzen, weisen manche 55-Jährigen auffällige Defizite im körperlichen und geistigen Bereich auf. Die Ursachen für diese Unterschiede sind vielfältig – zu denken ist beispielsweise an Krankheiten oder dauerhafte Überforderungen im Beruf. Dem gängigen Altersstereotyp, dass Älter-Werden stets mit einem Rückgang der persönlichen Kompetenzen verbunden ist, sollten die Stärken älterer Mitarbeiter entgegengehalten werden. So weisen ältere einen größeren Wissensschatz und mehr Berufserfahrung auf. Zudem nehmen mit dem Alter Sozial- und Selbstmanagementkompetenzen zu (Knabe-Gourmelon & Gourmelon, 2004, S. 29). Dass viele ältere Mitarbeiter weiterhin ehrgeizig sind und etwas erreichen wollen, belegen die Ergebnisse einer Befragung (Knabe-Gourmelon & Gourmelon, 2004, S. 30) von 152 Mitarbeitern ab 55 Jahren, die in verschiedenen Tätigkeiten in Einrichtungen der Alten-, Behinderten- und Jugendhilfe sowie in Krankenhäusern arbeiteten. Anhand der Befragungsergebnisse ließen sich drei Gruppen identifizieren: Die „Ehrgeizigen" (28 Prozent der Befragten) wollen sich weiterqualifizieren, gerne etwas Neues machen und mehr Verantwortung übernehmen; die „Status-quo-Bewahrer" (31 Prozent) wünschen sich, dass sie in den letzten Jahren ihrer beruflichen Tätigkeit ihren Status halten können –, es soll so weitergehen, wie es ist; die „Geplagten" (41 Prozent) schließlich sind auf dem Sprung in den Ruhestand – sie würden gerne Aufgaben abgeben und zeitlich gesehen weniger arbeiten. Auffällig ist, dass die „Geplagten" diejenigen sind, die am meisten von gesundheitlichen Problemen, körperlichen Beschwerden und Stress berichten.

Der Arbeitgeber/Dienstherr sollte den älteren Mitarbeitern Handlungsspielraum bei der Bewältigung dienstlicher Aufgaben einräumen – ein genaues Vorschreiben, wie die Arbeit zu erledigen ist, ist zu vermeiden. Verfügen ältere Mitarbeiter nämlich über Freiheitsgrade in der Aufgabenerledigung, können sie die für sie optimalen Kompensationstechniken für gegebenenfalls nachlassende Kräfte einsetzen. Des Weiteren haben Führungskräfte die Pflicht, ältere Mitarbeiter vor Zuschreibungen jüngerer Kollegen, wie z. B. „in seinem Alter kann der doch gar nicht mehr innovativ sein", zu schützen. Durch derartig diskriminierende Äußerungen wird das Leistungsvermögen Älterer in stärkerem Maße beeinträchtigt als durch das Nachlassen körperlicher und geistiger Kräfte. Es gibt Hinweise (Knabe-Gourmelon & Gourmelon, 2004, S. 30), dass in einigen Bereichen des öffentlichen Sektors ältere Mitarbeiter erfreulicherweise kaum altersspezifische Diskriminierungen erleben.

3.2.5 Gesundheit

Dass die Gesundheit ein bedeutsamer Faktor für das Leistungsvermögen der Mitarbeiter ist, muss nicht erläutert werden, da wohl nahezu jeder die Auswirkungen von Erkrankungen auf das Leistungsvermögen aus eigenem

Erleben kennt. Für den Dienstherrn/Arbeitgeber und die Gesellschaft ist die gesundheitliche Verfassung des Personals deswegen wichtig, weil die Gestaltung der Arbeit und die Arbeitsbedingungen einen erheblichen Einfluss auf die Gesundheit der Mitarbeiter und damit wiederum auf die Leistungsfähigkeit haben. Dementsprechend lautet § 4 Arbeitsschutzgesetz: „Die Arbeit ist so zu gestalten, dass eine Gefährdung für das Leben sowie die physische und die psychische Gesundheit möglichst vermieden und die verbleibende Gefährdung möglichst gering gehalten wird". Die Kosten, die in Deutschland durch krankheitsbedingte Fehlzeiten, Unfälle und Produktionsausfälle entstehen, werden auf drei bis vier Prozent des Bruttonationaleinkommens geschätzt (Ulich & Wülser, 2004, S. 18 ff.). Im Vordergrund stehen dabei **stressbedingte Gesundheitsstörungen**: So hat die EU-Kommission mit der Richtlinie zur Verbesserung der Sicherheit und des Gesundheitschutzes der Arbeitnehmer" von 1989 (89/391/EEC) die psychischen Belastungsfaktoren als eine der zentralen Gesundheitsgefahren in der Arbeitswelt hervorgehoben. Die Schätzungen, wie viele Erwerbstätige von arbeitsbedingtem Stress betroffen sind, sind sehr unterschiedlich: während die European Agency for Safety and Health von 20 Prozent ausgeht, stellt die Techniker-Krankenkasse fest, dass 70 Prozent der Erwerbstätigen manchmal oder häufig Stress erleben (European Agency for Safety and Health at Work, 2009, S. 9; Techniker Krankenkasse, 2013, S. 7). Methodisch ist es schwierig, arbeitsbedingten von durch das Privatleben bedingten Stress zu unterscheiden.

Stress ist zu verstehen als „... ein unangenehmer Spannungszustand, der aus der Befürchtung entsteht, eine aversive Situation nicht ausreichend bewältigen zu können" (Zapf & Semmer, 2004, S. 1011). In Anlehnung an das Stress-Modell von *Lazarus* (Lazarus & Folkman, 1984) entsteht Stress durch das Zusammenspiel zwischen Anforderungen der Situation und der individuellen Beurteilung der eigenen Ressourcen und Fähigkeiten, mit diesen Anforderungen klarzukommen. In einer primären Bewertungsreaktion entscheidet ein Betroffener, ob eine Situation oder ein Ereignis stressend ist, ob also ein Stressor auf ihn einwirkt. Im Rahmen der sekundären Bewertungsreaktion wird geprüft, ob es mit den zur Verfügung stehenden Ressourcen gelingen kann, den Stressor zu bewältigen. In Abhängigkeit von den Bewertungsmechanismen kommt es zu einem Bewältigungshandeln. Dies setzt zum einen am Stressor bzw. Problem, zum anderen an den entstandenen Stressemotionen an. Nach der – hoffentlich erfolgreichen Bewältigung – kann es zu einer Neubewertung der Situation kommen (siehe Abb. 3-5).

Abb. 3-5: Stressmodell in Anlehnung an Lazarus

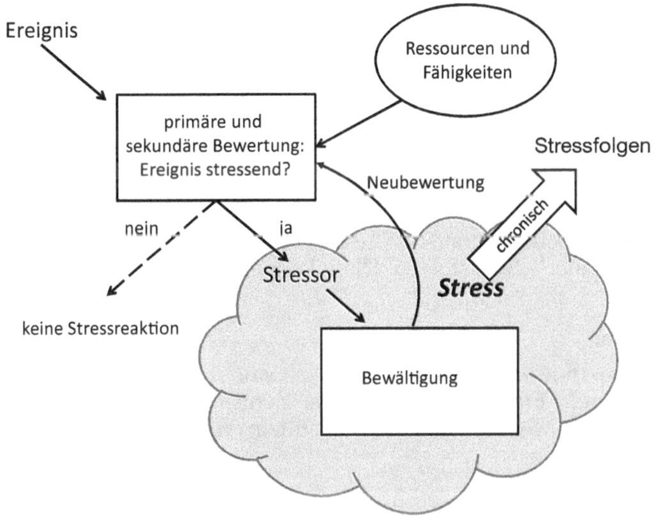

Beispiel:

Der Chef betritt das Büro des Sachbearbeiters Müller, überreicht ihm einen Vorgang und sagt: „Das Antwortschreiben muss in einer Stunde raus. Ich verlasse mich auf Sie." Herr Müller bewertet die Situation so, dass sie weder irrelevant noch günstig, sondern potenziell bedrohlich und folglich stressend für ihn ist („Demnächst steht die dienstliche Beurteilung an – was würde das für einen Eindruck machen, wenn ich den Auftrag nicht fristgerecht bearbeiten würde."). Der Arbeitsauftrag wird durch die Bewertung zum Stressor. Sofort liest sich der Sachbearbeiter den Vorgang durch und überlegt, wie er den Fall wohl lösen könnte, welche ähnlichen Vorgänge er schon einmal bearbeitet hat, ob ein Kollege ihm wohl einen Rat geben könnte (Bewertung der eigenen Ressourcen). Herr Müller merkt, wie seine Achselhöhlen feucht werden, sein Herz schneller klopft und sich sein Hals wie eingeschnürt anfühlt, er kann im Augenblick keinen klaren Gedanken fassen (Stress bzw. Stressreaktion). Er entschließt sich, zuerst einmal eine Zigarette zu rauchen, um wieder einen klaren Kopf zu bekommen, und spricht sich gut zu (Bewältigung der Stressemotion). Dann sucht und findet er einen ähnlichen Vorgang und nimmt das damalige Antwortschreiben als Vorlage (Bewältigung des Stressors). Als er den Entwurf des Antwortschreibens eine Viertelstunde vor Fristende seinem Chef überreicht, denkt Herr Müller bei sich: „War doch halb so schlimm!" (Neubewertung der Situation).

Obwohl Stress die Reaktion eines Organismus infolge einer *individuellen* Bewertung ist, zeigt es sich, dass es eine Reihe von Situationen und Ereignissen gibt, die für eine Vielzahl von Menschen Stressoren darstellen (Lohmann-

Haislah, 2012, S. 35). Hierzu zählen z. B. starker Termin- und Leistungsdruck, die gleichzeitige Betreuung verschiedenartiger Aufgaben, Störungen bei der Arbeit, unklare Arbeitsaufträge, Lärm, nicht klar geregelte Kompetenzen, Informationsflut, Rollenkonflikte, häufige Arbeitsunterbrechungen durch fehlerhafte Informations- und Kommunikationstechnik, widersprüchliche Ziele, schwierige Aufgaben (z. B. verbal aggressive und/oder sehr anspruchsvolle Kunden). Auch hinsichtlich der Ressourcen gibt es für viele Beschäftigte einige Umstände, die entlastend wirken (Lohmann-Haislah, 2012, S. 70 ff.): z. B. Handlungsspielräume bei der Einteilung der Arbeit, gute Zusammenarbeit mit Kollegen, Unterstützung durch den Vorgesetzten.

Erlebt ein Mitarbeiter chronisch Stress, so zeigen sich – je nach Konstitution früher oder später – Stressfolgen. Diese können psychischer oder physischer Art sein:

- **psychisch:**

  z. B. dauernde Gereiztheit und Anspannung, Schlafschwierigkeiten, Depressionen, Erschöpfungszustände, Zynismus, nervöse Tics, nachlassende Libido, Missbrauch von Suchtmitteln, suizidales Verhalten
- **physisch:**

  z. B. starke Verspannungen in der Rücken-/Nackenmuskulatur, Erkrankungen des Magen-Darm-Traktes (u. a. Übelkeit, Magengeschwüre), Erkrankungen des Herz-Kreislaufsystems (u. a. Bluthochdruck, Herzrhythmusstörungen), Migräne

Burnout kann ebenfalls als eine Stressfolge verstanden werden (Burisch, 2009). Hiervon Betroffene[5]) berichten unter anderem von:

- einem starken Gefühl, von der Arbeit ausgelaugt zu werden und emotional erschöpft zu sein,
- von einer inneren Distanz und/oder zynischen Einstellung gegenüber Kunden, Bürgern, Mitarbeitern, Kollegen,
- dem Eindruck, den Arbeitsanforderungen nicht mehr gerecht werden zu können.

Der Dienstherr hat beim Thema Stress vielfältige Möglichkeiten, durch entsprechende Gestaltung der Arbeitsbedingungen die Gesundheit der Mitarbeiter zu bewahren/Krankheiten vorzubeugen. Ansatzpunkte und Beispiele für Maßnahmen sind in Abbildung 3-6 aufgelistet.

5) Nach Bundesinstitut für Berufsbildung/Bundesanstalt für Arbeitsschutz und Arbeitsmedizin (2006) sind rund sieben Prozent der Beschäftigten von Burnout betroffen. In der Grundauswertung 2012 dieser beiden Institutionen (Wittig, Nöllenheidt & Brenscheidt, 2013, S. 57) wurde nicht mehr nach „Burnout", sondern nach „emotionaler Erschöpfung" gefragt. Rund 5 % der Erwerbstätigen geben an, emotional erschöpft und deswegen in Behandlung zu sein.

Abb. 3-6: Beispiele für Maßnahmen zur Bekämpfung von Stress im betrieblichen Kontext

Ansatzpunkt	**Beispiele für Maßnahmen des Arbeitgebers/Dienstherren**
Stressoren	• Vermeidung von übermäßigem Zeit- und Arbeitsdruck • optimaler Schwierigkeitsgrad der Aufgaben • Festlegung von eindeutigen Kompetenz- und Verantwortungsbereichen • widerspruchsfreie Zielvorgaben • ergonomisch gestaltete Arbeitsplätze und -mittel
Bewertung der eigenen Ressourcen	• Training der Selbstsicherheit • fehlertolerante Unternehmenskultur
Bewältigung der Stressoren	• Bereitstellung von angemessenen Arbeitsmitteln • Gewährung von Handlungsspielräumen • Fortbildungsseminare/Erwerb arbeitsbezogenen Wissens • Angebot der fachlichen Unterstützung
Bewältigung der Stressemotionen	• Entspannungstrainings • Kampagnen gegen Suchtmittelmissbrauch • soziale Unterstützung durch Kollegen, angenehmes Betriebsklima
Stressfolgen	• Urlaub, Kuren, Sabbatical • Betriebssport

Vorrangig sind solche Maßnahmen durchzuführen, die die Entstehung von Stressoren soweit wie möglich vermeiden. Hierzu besteht eine gesetzliche Verpflichtung – hinzuweisen ist auf die Bestimmungen des Arbeitsschutzgesetzes (ArbSchG): Nach § 5 hat der Arbeitgeber die psychischen Belastungen bei der Arbeit zu ermitteln. Zudem ist er verpflichtet, „... Maßnahmen des Arbeitsschutzes unter Berücksichtigung der Umstände zu treffen, die Sicherheit und Gesundheit der Beschäftigten bei der Arbeit beeinflussen" (§ 3, Abs. 1, Satz 1 Arbeitsschutzgesetz). Dabei hat der Arbeitgeber den Grundsatz zu beachten, dass eine Gefährdung der psychischen Gesundheit möglichst vermieden wird (§ 4 ArbSchG).

Unter dem Schlagwort **„Work-Life-Balance"** werden Überlegungen zusammengefasst, die sich mit den Wechselwirkungen zwischen Berufs- und Privatleben befassen. „Work-Life-Balance ist ein ausgewogenes Gleichgewicht zwischen Berufs- und Privatleben, zwischen Arbeit und Freizeit" (Bröckermann, 2009, S. 21). Im Vordergrund dieser Überlegungen steht die Erkenntnis

(Zapf & Semmer, 2004, S. 1067), dass Belastungen wie auch Ressourcen aus dem Arbeits- und Privatbereich Auswirkungen im jeweils anderen Bereich haben können. Findet ein Mitarbeiter beispielsweise Rückhalt und Unterstützung in seiner Familie, ist er im Beruf widerstandsfähiger gegenüber Stress. Führt die berufliche Tätigkeit jedoch dazu, dass der Mitarbeiter familiäre Beziehungen nicht aufrechterhalten kann, wird damit eine wichtige Ressource zur Bewältigung von beruflich bedingtem Stress zerstört und das Wohlergehen sowie auch die Leistungsfähigkeit des Mitarbeiters beeinträchtigt. Im Interesse des Dienstherren liegt es, Arbeitsbedingungen zu schaffen, die es den Mitarbeitern erlauben, sich neben der Arbeit weiteren Lebensbereichen zu widmen. Hierzu gehören beispielsweise betriebliche Initiativen zur Förderung der Vereinbarkeit von Familie und Beruf.

Gesundheitsmanagement ist als „… das systematische und nachhaltige Bemühen um die gesundheitsförderliche Gestaltung von Strukturen und Prozessen und um die gesundheitsförderliche Befähigung der Beschäftigten" (Badura & Hehlmann, 2003, S. 6) zu verstehen. Maßnahmen des Gesundheitsmanagements können sich rentieren – so berichtet *Udris* (2007, S. 672 f.), dass ein Euro, der in betriebliche Gesundheitsprogramme investiert wird, zur Ersparnis von drei Euro bei Krankheitskosten führt. Krankheitsbedingte Abwesenheitszeiten können um 25 bis 30 Prozent verringert werden (Treier, 2013, S. 47). Im Rahmen des Gesundheitsmanagments wird zwischen Verhaltens- und Verhältnisprävention unterschieden. Ersteres zielt darauf ab, das Gesundheitshandeln der Beschäftigten zu beeinflussen. Mitarbeiter sollen beispielsweise dazu bewogen werden, sich gesund zu ernähren, sich im Alltag mehr zu bewegen, Vorsorgeuntersuchungen wahrzunehmen oder den Nikotinkonsum einzuschränken. Mit der Verhältnisprävention werden die organisatorischen Rahmenbedingungen der Arbeit in den Mittelpunkt der Maßnahmen gerückt, hier geht es beispielsweise um ergonomisch gestaltete Arbeitsplätze, die Erweiterung des Handlungsspielraums oder die Verbesserung der Zusammenarbeit. Die Arbeit soll insgesamt so gestaltet werden, dass die Gesundheit der Beschäftigten nicht beeinträchtigt wird. Damit Maßnahmen des Gesundheitsmanagements auch langfristig greifen können, sollten sie aus klar definierten (Gesundheits-)Zielen abgeleitet und regelmäßig hinsichtlich der Zielangemessenheit überprüft werden. Zudem sollte das betroffene Personal an der Planung der Maßnahmen beteiligt sein. Insgesamt muss sich das Gesundheitsmanagement zu einem wesentlichen Bestandteil der Führungs- und Organisationskultur entwickeln. Dementsprechend ist es folgerichtig, wenn beispielsweise das Bundesministerium des Innern das Thema Gesundheitsmanagement zum Bestandteil der Aus- und Fortbildung der Führungskräfte macht (Raab & Kranz, 2010, S. 30).

3.2.6 Umweltbedingungen am Arbeitsplatz

Die Umweltbedingungen am Arbeitsplatz nehmen Einfluss auf das Leistungsvermögen und das Wohlergehen von Mitarbeitern. Bei der Gestaltung der Umwelt von Arbeitsplätzen sind insbesondere die Faktoren Beleuchtung, Lärm und Klima zu beachten.

Die wichtigste Lichtquelle ist das Tageslicht. Dessen Helligkeit variiert mit der Tages- und Jahreszeit, an wolkenlosen Sommertagen kann die **Beleuchtungsstärke** im Freien bis zu 120.000 Lux betragen. Licht hat – neben den Auswirkungen auf die Arbeitsleistung – einen großen Einfluss auf das Wohlergehen.

In der Psychiatrie ist beispielsweise die SAD-Krankheit (seasonal affective disorder) bekannt (Tölle, 1999, S. 243). Dies ist eine besondere Form der Depression, die in den Herbst- und Wintermonaten auftritt. Die SAD-Krankheit zeichnet sich neben Symptomen wie depressive Verstimmung und verminderte Aktivitäten zudem durch Symptome wie erhöhte Kälteempfindlichkeit, vermehrter Appetit, Heißhunger auf Süßes und andere Kohlenhydrate, Gewichtszunahme, vermehrter Schlaf aus. Erfolgreich behandelt wird die SAD-Krankheit mit der sog. Lichttherapie. Dabei werden die Patienten ein- bis zweimal täglich sehr hellen Lichtquellen ausgesetzt (etwa 2.500 Lux).

Da überwiegend in Büroräumen gearbeitet wird, ist die natürliche Beleuchtung zumeist durch künstliche Beleuchtung zu ergänzen. Manche Arbeiten können bei niedrigem Beleuchtungsniveau gar nicht oder sehr schlecht durchgeführt werden (z. B. Lesen, Nähen, Montagearbeiten). Selbst bei einem für die Tätigkeit günstigen Beleuchtungsniveau kann durch eine Steigerung desselben die Arbeitsleistung erhöht und die Ermüdung gesenkt werden. Dabei gilt: Je höher die Anforderungen an die Sehleistung sind, desto höher ist die Zunahme der Arbeitsleistung durch ein gesteigertes Beleuchtungsniveau (Hartmann, 1993, S. 208). In Büroräumen, in denen gelesen und geschrieben wird sowie Besprechungen durchgeführt werden, soll gemäß der DIN EN 12464-1 (Deutsches Institut für Normung, 2009a, S. 8) eine Beleuchtungsstärke von 500 Lux herrschen. Neben dem Beleuchtungsniveau müssen noch andere Parameter der Beleuchtung beachtet werden:

- Vermeidung von Blendung – durch eine ungünstige Anordnung von Leuchten oder durch die Sonne kann es zu einer Absolutblendung kommen. Dabei sieht der Arbeitende direkt in die Lichtquelle und überfordert das Adaptionsvermögen des Auges. Bei einer Sukzessivblendung kann sich das Auge nicht rasch genug an das neue Beleuchtungsniveau anpassen (Arbeitender fährt aus sehr dunkler Lagerhalle oder Tiefgarage in das helle Tageslicht).
- Auch Reflexionen und Glanz sollten vermieden werden. Probleme dieser Art können z. B. bei Arbeiten an Bildschirmen, Nutzung bestimmter Papiersorten oder sehr glattflächigen Möbeln auftreten.
- Zu hohe Kontrastunterschiede sind ebenfalls zu vermeiden. So darf sich das Beleuchtungsniveau einzelner Sehobjekte nicht zu stark von dem anderer Sehobjekte unterscheiden.
- Eine eher direkte Beleuchtung ist zu wählen, wenn es auf das Erkennen der Körperlichkeit von Gegenständen ankommt; indirekte Beleuchtung hingegen z. B. bei Büroarbeit, wo Schatten nur störend wirken.

- Farben beeinflussen die Stimmung von Menschen (Hahne, 2000). Für ruhige und monotone Arbeiten werden psychisch anregende Farben wie rot, orange, braun oder gelb empfohlen, blau und grün wirken beruhigend (Kubitscheck & Kirchner, 2005, S. 68) (günstig beispielsweise bei häufigen konfliktträchtigen Kundengesprächen).

Unabhängig von der Einstellung zur Lärmquelle und der Beurteilung der Lautstärke treten bei extrem hohen Schallintensitäten (etwa 120 dB(A)) oder langanhaltender Beschallung ab 85 dB(A) nicht reversible Hörschäden auf. Bereits ab einem Umgebungsgeräuschpegel von 50 dB(A) kann es bei Sachbearbeitungstätigkeiten zu einer Verdoppelung der Fehlerquote kommen (Ising, Sust & Plath, 2004, S. 43 ff.). **Lärm** beeinträchtigt das Konzentrationsvermögen, behindert die Kommunikation, erhöht die Unfallgefahr und führt zu höheren Krankheitszeiten. Bei überwiegend geistigen Tätigkeiten wird ein Umgebungsgeräuschpegel von 35 bis 45 dB(A) empfohlen. Maßnahmen zur Lärmreduzierung können sein:

- Vermeidung des unerwünschten Schalles durch Einsatz anderer Techniken, wie z. B. Elektro- statt Verbrennungsmotoren bei Fahrzeugen und Rasenmähern,
- Abkapselung von Lärmquellen (z. B. Kopierer in ein gesondertes Zimmer),
- Ausbreitung des Lärms verhindern (z. B. Zwischenwände, Teppichböden, Schallschutzfenster),
- Einwirkung des Lärms verhindern (individueller Lärmschutz).

Das **Klima** am Arbeitsplatz umfasst die Kombination der Klimafaktoren Lufttemperatur, Windgeschwindigkeit, Wärmestrahlung und Luftfeuchtigkeit; diese Kombination der Klimafaktoren wird in Klimasummenmaßen zusammengefasst – z. B. der Effektivtemperatur (in der Alltagssprache „gefühlte Temperatur" genannt). Bei zu hohen Effektivtemperaturen lässt sowohl die körperliche als auch die geistige Leistungsfähigkeit (z. B. Reaktionsgeschwindigkeit) nach (Wenzel, 2000). Ist die Effektivtemperatur zu niedrig, kommt es zu Beeinträchtigungen der manuellen Geschicklichkeit, der Wachsamkeit, zu verminderten Reaktionszeiten, zu muskulären Verspannungen und zu Kälteschmerzen. Sind Arbeitende extremen Klimabedingungen ausgesetzt (z. B. in Kühlhallen, bei Tätigkeiten im Freien während der Winter- oder Sommermonate), muss durch entsprechende Pausengestaltung ein Ausgleich geschaffen werden. Vorzuziehen ist aber stets eine Anpassung der Klimafaktoren an die menschlichen Bedürfnisse (z. B. Verlagerung von Wartungs- und Reparaturarbeiten an Fahrzeugen in beheizte Hallen). Auch in Büroräumen kann es zu extremen Klimabedingungen kommen, z. B. während der Sommermonate in Dachgeschossen platzierten oder bei zur Südseite gelegenen, mit großen Fensterflächen versehenen Räumen. Für Büroarbeit werden folgende Klimawerte empfohlen (Lange & Windel, 2009, S. 117):

- max. Windgeschwindigkeit: 0,1 m/sec.,
- relative Luftfeuchtigkeit: 30 bis 70 Prozent, optimal: 50 Prozent,
- Lufttemperatur: 18 bis 24 Grad Celsius, optimal: 21 Grad Celsius.

Die vom **Sick-Building-Syndrom** Betroffenen berichten über gesundheitliche Beschwerden wie Nasenreizung und -verstopfung, Jucken und Brennen der Augen, trockene Haut, Kopfschmerzen, häufigen Infektionskrankheiten, Konzentrationsschwächen und verminderter Leistungsfähigkeit (Gebbers & Glück, 2003, S. 109 f.). Als Ursache für das Sick-Building-Syndrom werden Schadstoffe in der Luft angenommen. Quellen der Ausdünstung dieser Schadstoffe sind beispielsweise synthetische Materialien in den Büroräumen (z. B. Wandfarben, Teppichkleber, Korrekturflüssigkeiten, Reinigungsmittel). Das Sick-Building-Syndrom kann zudem durch Nikotin, Bakterien und Schimmelpilze (verursacht durch schlecht gewartete Klimaanlagen) in der Atemluft ausgelöst werden. Als Maßnahmen gegen das Syndrom werden ein angemessenes Klima in den Büroräumen, häufiges Lüften, die Verwendung schadstoffarmer Büromöbel sowie das Aufstellen von Zimmerpflanzen empfohlen (Bundesanstalt für Arbeitsschutz und Arbeitsmedizin, 2009, S. 19).

3.2.7 Ergonomische Gestaltung von Arbeitsmitteln

Bereits *Taylor* nutzte die Erkenntnis, dass an die Bedürfnisse des Menschen angepasste Arbeitsmittel das Leistungsvermögen erhöhen. Im gewerblichen und produzierenden Bereich geht es dabei um die Gestaltung von Werkzeugen und von Menschen zu bedienenden Maschinen. Im Büro steht die Gestaltung der Büroeinrichtung und der Hard- und Software im Vordergrund. Arbeitswissenschaftliche Gestaltungsempfehlungen haben Eingang in Regelwerke, wie das Arbeitsschutzgesetz, die Arbeitsstättenverordnung oder die Bildschirmarbeitsverordnung, gefunden.

Bei der Gestaltung von Schreibtischen, Stühlen und der Anordnung von Büromobiliar liegt ein Schwerpunkt der arbeitswissenschaftlichen Empfehlungen darauf, dem Mitarbeiter ein größtmögliches Maß an Bewegungsfreiheit zu ermöglichen und Zwangshaltungen zu vermeiden. Beispielsweise wird empfohlen, in der Tischhöhe verstellbare Schreibtische zu verwenden oder Schreibtische durch Stehpulte zu ergänzen.

Bildschirme sollten flimmerfrei funktionieren, die Bildaufbauzeit sollte weniger als 55 Millisekunden betragen (sofern Videos dargestellt werden: weniger als 10 Millisekunden) (Martin, Prümper & von Harten, 2008, S. 115 ff.). Die Bildschirmgröße muss der Arbeitsaufgabe angemessen sein. Weitere Gestaltungsempfehlungen betreffen die Auflösung, Helligkeit, den Kontrast des Bildes sowie die Zeichendarstellung. Bildschirmgeräte sind nicht unmittelbar an einem Fenster aufzustellen, um Reflexionen zu vermeiden; sie sollten in der Höhe, Neigung und im Drehwinkel verstellbar sein. Die Tastatur muss vom Bildschirm getrennt und neigbar sein, sie hat eine reflexionsarme Oberfläche aufzuweisen. Die Beschriftung ihrer Tasten muss bei normaler Arbeitshaltung lesbar sein. Tragbare Rechner (z. B. Laptops) sollen am Arbeitsplatz mit externen Eingabegeräten versehen werden können.

Plötzliche Systemabstürze, unabsichtlich gelöschte Dateien, Menüs, in denen die gesuchte Funktion nicht gefunden wird –, diese und ähnliche Folgen einer nicht ergonomisch gestalteten Software können zu Stress führen und dadurch das Leistungsvermögen des Personals beeinträchtigen. Im Rahmen der **Software-Ergonomie** wurden sieben Leitlinien für die Gebrauchstauglichkeit von Software entwickelt (Deutsches Institut für Normung, 2002, S. 12), die bei der Beschaffung oder Entwicklung von Programmen berücksichtigt werden sollten:

- Aufgabenangemessenheit: Software ist aufgabenangemessen, wenn sie den Benutzer direkt und einfach zum Ziel führt. Funktionalität und Dialogstruktur der Software sollen auf den charakteristischen Eigenschaften der Arbeitsaufgabe basieren.
- Selbstbeschreibungsfähigkeit: Für den Benutzer soll zu jedem Zeitpunkt offensichtlich sein, an welcher Stelle im Dialog er sich befindet und welche Handlungen dort ausgeführt werden können. Bei Bedarf kann sich der Benutzer Hilfestellung geben lassen.
- Erwartungskonformität: Die Software ist dann erwartungskonform, wenn die Bedienungslogik den Erwartungen des Benutzers entspricht.
- Lernförderlichkeit: Ein lernförderliches Programm unterstützt den Benutzer beim Erlernen des Programms derart, dass der Lernaufwand möglichst gering ist.
- Steuerbarkeit: Der Benutzer ist in der Lage, Start, Richtung und Tempo des Programmablaufs zu bestimmen. Beispielsweise kann der Benutzer bestimmen, wann er die Bearbeitung unterbricht; zudem kann er Bearbeitungsschritte in ihrer Abfolge abändern.
- Fehlertoleranz: Fehlerhafte Eingaben des Benutzers haben keine gravierenden Folgen, Fehler können mit geringem Aufwand korrigiert werden. Fehlermeldungen sind verständlich formuliert und geben Korrekturhinweise.
- Individualisierbarkeit: Der Benutzer kann die Programmoberfläche sowie die Darstellung von Informationen an seine Anforderungen und Vorlieben anpassen.

3.2.8 Arbeitszeit

Für das Leistungsvermögen sind des Weiteren die Dauer und die Lage der Arbeitszeit bedeutsam.

Bezüglich der **Dauer der Arbeitszeit** ist festzustellen, dass nach einer Phase des Rückgangs der durchschnittlichen wöchentlichen Arbeitsdauer in den letzten Jahren in Deutschland wieder ein Trend zu längeren Arbeitszeiten zu verzeichnen ist (Seifert & Jung, 2007). Rund 42 Stunden arbeiten vollzeitbeschäftigte Erwerbstätigen pro Woche; Abbildung 3-7 gibt die Verteilung der tatsächlichen wöchtenlichen Arbeitszeit von Erwerbstätigen in Deutschland wieder.

Abb. 3-7: Verteilung der tatsächlichen wöchentlichen Arbeitszeit in Deutschland (nach Wittig, Nöllenheidt & Brenscheidt, 2013, S. 16)

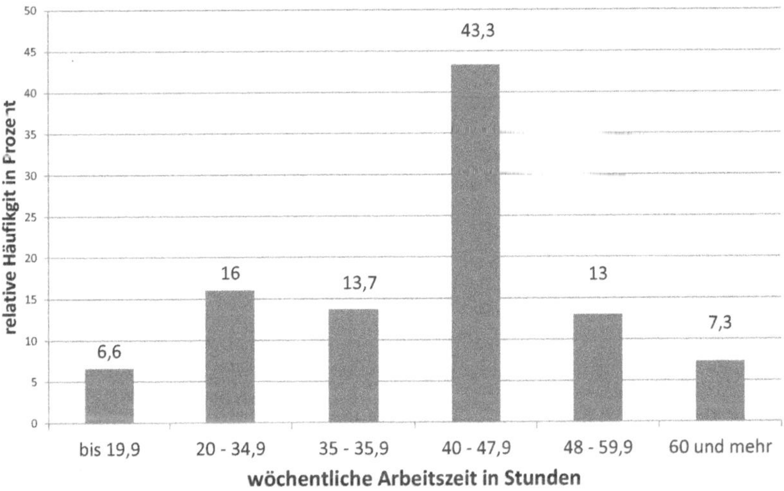

Mit steigender wöchentlicher Arbeitszeit nehmen gesundheitliche Beeinträchtigungen wie Schlafstörungen, Rückenschmerzen, Herzbeschwerden, Magenbeschwerden zu (Wirtz, Nachreiner, Beermann, Brenscheidt & Siefer, 2009, S. 2 ff.). Dieser Umstand kann dadurch erklärt werden, dass durch eine längere Arbeitszeit das Personal höheren Arbeitsbelastungen ausgesetzt ist und über weniger Zeit zur Erholung verfügt.

Viele Beschäftige im öffentlichen Sektor, wie beispielsweise das medizinische Personal in Krankenhäusern, Polizisten, Busfahrer, müssen zu unüblichen Zeiten arbeiten. Nach Daten des Statistischen Bundesamtes arbeiten in der öffentlichen Verwaltung rund 7,5 Prozent der Erwerbstätigen während der Nacht, 13,4 Prozent am Abend, im Gesundheits- und Sozialwesen sind 14,7 Prozent von Nachtarbeit betroffen, 36,2 Prozent der Erwerbstätigen dieser Branche arbeiten in den Abendstunden (Statistisches Bundesamt, 2010). Von den Beamten arbeiten rund 60 Prozent gelegentlich bis ständig an Samstagen, Sonntagen, Feiertagen, in den Abend- oder Nachtstunden oder in Wechselschicht (Statistisches Bundesamt, 2013, S. 105 f.). Während der **Sonderarbeitszeiten** Abend- und Nachtstunden sowie Wechselschicht ist mit einem Rückgang der Arbeitsquantität und -qualität zu rechnen, vor allem bei anspruchsvollen Tätigkeiten. Das Wohlergehen wird deutlich beeinträchtigt. Bekannt sind gesundheitliche Beeinträchtigungen wie Schlafstörungen, Appetitlosigkeit, Magen-Darm-Beschwerden. Zudem ist bei einer ungünstigen Lage der Arbeitszeit mit erheblichen Störungen des Familienlebens sowie mit dem

Rückzug aus weiten Bereichen des gesellschaftlichen und politischen Lebens zu rechnen.

Ursache für die Abnahme des Leistungsvermögens und die gesundheitlichen Beschwerden ist die Störung des 24-Stunden-Rhythmus **(Circadianrhythmik).** Viele Körperfunktionen weisen einen derartigen Rhythmus auf: So sinkt beispielsweise die Körpertemperatur stets in der Nacht und am frühen Nachmittag ab – der Körper ist dann auf Erholung und Entspannung eingerichtet. „Der Mensch ist ein tagaktives Lebewesen, dessen Körperfunktionen am Tag auf Aktivität und in der Nacht auf Erholung eingestellt ist" (Beermann, 2008, S. 4). Abend- und Nachtarbeit stehen dieser natürlichen Anlage entgegen. Die Circadianrhythmik ist zwar im Prinzip umkehrbar (z. B. bei Fernreisen), notwendig ist dabei jedoch, dass sich auch das soziale Umfeld – die sozialen Zeitgeber – ändert. Bei Mitarbeitern, die Nacht- und Schichtdienst leisten, ändern sich die sozialen Zeitgeber regelmäßig nicht, so ist folglich bei diesen Mitarbeitern eine gestörte Circadianrhythmik zu unterstellen. Nachtarbeit sollte deswegen vermieden werden. Ist sie unvermeidbar, sollte Nachtarbeit derart organisiert werden, dass anspruchsvollere Tätigkeiten weitestmöglich tagsüber durchführt werden. Um die gesundheitlichen und sozialen Folgen der Nachtarbeit zu minimieren, sind bei der Gestaltung der Arbeitszeiten (z. B. Schichtpläne) folgende Grundsätze (Rutenfranz, Knauth & Nachreiner, 1993, S. 585 ff.) zu beachten:

- Die Anzahl hintereinanderliegender Nachtschichten sollte möglichst klein sein und drei Nachtschichten nicht überschreiten (Änderung der Circadianrhythmik nicht möglich, Schlafdefizite vermeiden).
- Geblockte Wochenendfreizeiten sind günstiger als einzelne freie Tage am Wochenende.
- Vorwärtswechsel der Schichten (1. Früh-, 2. Spät-, 3. Nachtschicht) sind Rückwärtswechseln vorzuziehen.
- Frühschichten sollten nicht vor 6.00 Uhr beginnen (ansonsten zu kurze Schlafdauer).
- Freizeit sollte so weit wie möglich planbar sein.
- Massierungen der Arbeitszeit müssen vermieden werden (Erschöpfung, insbesondere bei älteren Arbeitnehmern).
- Schichtdauer sollte von der Arbeitsschwere abhängig sein, die Nachtschicht sollte am kürzesten sein.

3.3 Leistungsbereitschaft

Als Leistungsbereitschaft wird der Wille bezeichnet, das Leistungsvermögen im Arbeitsalltag in die Tat umzusetzen. Es gibt eine Reihe von Vorstellungen und Modellen, welche Faktoren innerhalb der Person und in deren Umwelt die Leistungsbereitschaft beeinflussen. Im Folgenden wird eine Auswahl kurz dargestellt.

3.3.1 Persönlichkeitsmerkmal Leistungsmotivation

Leistungsmotivation wird als ein Persönlichkeitsmerkmal (Persönlichkeitsdisposition) verstanden, welches zur Steuerung des menschlichen Handelns beiträgt. Außer der Leistungsmotivation tragen selbstverständlich noch weitere innere Faktoren des Menschen und Umfeldbedingungen zur Ausprägung der Leistungsbereitschaft bei. Leistungsmotivation ist nicht mit Leistungsbereitschaft gleichzusetzen. Nach *Schmalt* offenbart sich das Persönlichkeitsmerkmal Leistungsmotivation „... in dem Bestreben, die eigene Tüchtigkeit zu steigern oder möglichst hoch zu halten" (Schmalt, 1995, S. 267). *Schuler* und *Prochaska* (2001) fassen Leistungsmotivation als globale Verhaltensorientierung auf, an der vielfältige Aspekte der Persönlichkeit beteiligt sind. In ihrem Zwiebelmodell der Leistungsmotivation werden eine Reihe von Persönlichkeitsmerkmalen aufgelistet, die in unterschiedlicher Weise – als Hintergrundmerkmale, als Rand- oder Kernfacetten – zu einer Ausrichtung der Gesamtperson auf die Leistungsthematik beitragen (siehe Abb. 3-8).

Abb. 3-8: Zwiebelmodell der Leistungsmotivation (nach Schuler & Prochaska, 2001)

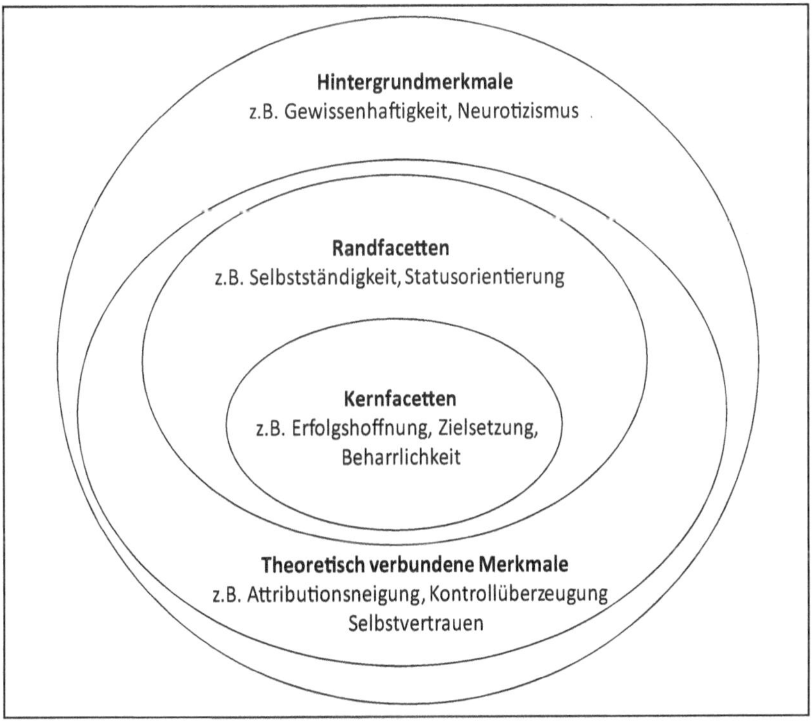

Zu den Kernfacetten der Leistungsmotivation zählen:

- hohes Anspruchsniveau an die eigene Leistung (Zielsetzung),
- Beharrlichkeit bei der Überwindung von Widerständen,
- Hoffnung auf Erfolg im Gegensatz zu Befürchtung von Misserfolg,
- Antriebsstärke.

Die Leistungsmotivation äußert sich vor allem dann im Leistungsverhalten, wenn es in der Arbeitssituation wenig äußere Handlungszwänge gibt (in Form von konkreten Leistungsvorgaben, wie z. B.: „durchschnittlich sind pro Tag zwanzig Fälle zu bearbeiten"), wenn die Tätigkeit eher gering strukturiert ist und vor allem Eigeninitiative erfordert. Menschen unterscheiden sich in der Ausprägung ihrer Leistungsmotivation. So ist bei wenigen dieses Merkmal sehr niedrig, bei vielen in mittlerem Maße und wiederum bei wenigen Menschen sehr hoch ausgeprägt. Die Leistungsmotivation wird als stabiles Merkmal angesehen, das heißt, es ändert sich über die Lebensjahre hinweg nur geringfügig. Für das praktische Handeln des Managements ist die Schlussfolgerung bedeutsam, dass nicht bei allen Mitarbeitern ohne weitere Maßnahmen mit einer hohen Leistungsbereitschaft gerechnet werden kann. Bei Mitarbeitern mit niedriger oder mittlerer Leistungsmotivation sind Umweltbedingungen zu schaffen, die die Leistungsbereitschaft steigern, die motivierend wirken. Anders ausgedrückt: Die niedrige intrinsische Motivation muss durch extrinsische Motivation ergänzt werden.

3.3.2 Bedürfnisse des Mitarbeiters

Der US-amerikanische Psychologe *Abraham Maslow* (1954) postulierte fünf Grundbedürfnisse, die allen Menschen innewohnen:

- physiologische Bedürfnisse oder körperliche Existenzbedürfnisse, wie z. B. Schlaf, Nahrung, Wärme, Bewegung,
- Sicherheitsbedürfnisse – Freiheit von Bedrohung und Existenznot, wie z. B. Recht und Ordnung, festes Einkommen,
- soziale Bedürfnisse – diese umfassen das Streben nach Zugehörigkeit und Gemeinschaft, wie z. B. Kommunikation, Familie, Freunde, Partnerschaft,
- Wertschätzungsbedürfnisse – Wunsch nach Anerkennung und Akzeptanz, nach Status und Selbstachtung,
- Selbstverwirklichung – das Streben nach Entfaltung der eigenen Potenziale.

Maslow ordnete die fünf Grundbedürfnisse hierarchisch an, die grafische Darstellung dieser Hierarchie der Grundbedürfnisse wird Maslow'sche Bedürfnispyramide genannt (siehe Abb. 3-9).

Abb. 3-9: Die Bedürfnispyramide nach Maslow

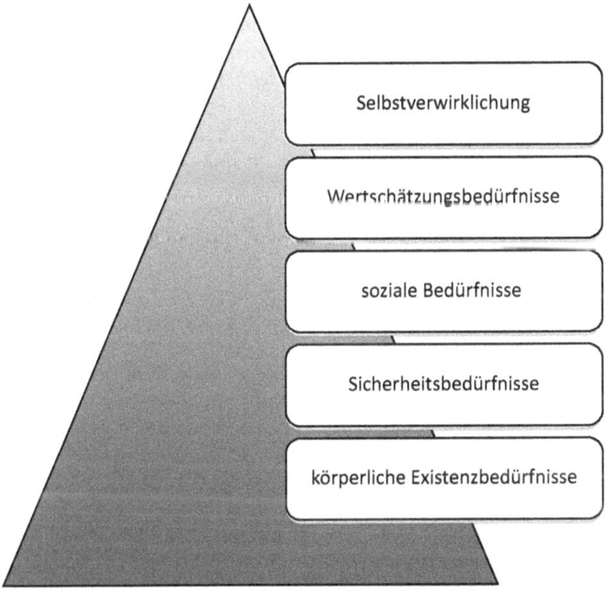

Gemäß der Vorstellung einer hierarchischen Anordnung der Grundbedürfnisse müssen zuerst die unteren Bedürfnisse der Pyramide befriedigt werden, bevor die oberen Bedürfnisse den Menschen motivieren. Alle Bedürfnisse – mit Ausnahme der Selbstverwirklichung – sind Defizitbedürfnisse. Dies bedeutet, sie können befriedigt werden. Ein Defizit oder ein Mangel kann beseitigt werden; nach der Befriedigung ist das Bedürfnis nicht mehr handlungsleitend und höherrangige, unbefriedigte Bedürfnisse werden handlungsleitend. Das Bedürfnis nach Selbstverwirklichung hingegen wird als Wachstumsbedürfnis angesehen, alle möglichen Handlungen führen nicht dazu, dass dieses Bedürfnis befriedigt werden kann – es ist „unstillbar". Sobald ein niederrangiges Bedürfnis erneut akut wird, ist dieses wieder handlungsleitend.

Beispiel:

Hat ein Mensch Hunger, wird sich sein Denken und Handeln darauf richten, wie er etwas zu essen bekommt. Nach dem dritten Döner im Imbiss um die Ecke ist sein Hunger gestillt. Er lehnt weitere Essensangebote des Imbissbetreibers höflichst ab („Wat? Noch so,n Döner? Bin ich wahnsinnig?") und verlässt den Imbiss. Draußen sieht er eine Gruppe grölender Fußballfans, die mit schwarz-gelben Trikots bekleidet sind. Um seine körperliche Unversehrtheit bangend (Sicherheitsbedürfnis), verbirgt er hastig sein blaues Trikot unter einem Pullover und stimmt in die hymnischen Freudengesänge der Gruppe ein („OleOleOle"). Zu Hause ange-

kommen, fühlt er sich allein und zur Befriedigung seines sozialen Bedürfnisses ruft er seinen Kumpel an. Um Anerkennung heischend erzählt er die Begebenheiten des Tages („Ey – hab die voll angemacht, die Schwarz-Gelben."). Nachdem er ein angemessenes Feedback erhalten hat („Voll krass, Alter."), ist sein Wunsch nach Anerkennung befriedigt und er beendet das Telefonat. Er widmet sich nun seinem Talent, dem Einkleben von Abziehbildern in sein Fußball-Sammelalbum (Selbstverwirklichung). In sein Tun vertieft, bemerkt er plötzlich, wie Durst ihn übermannt (physiologisches Bedürfnis). Er lässt das Album links liegen und begibt sich auf die Suche nach Bier.

Obzwar die Maslow'sche Bedürfnispyramide vielfältiger Kritik (Weinert, 1998, S. 145 ff.) ausgesetzt ist, bietet sie der Praxis doch wichtige Anregungen. Sie lenkt die Aufmerksamkeit des Managements darauf, dass Mitarbeiter in unterschiedlichen Lebenslagen unterschiedliche Bedürfnisse haben. Sofern es gelingt, mit der Arbeitsaufgabe oder den Rahmenbedingungen der Arbeit Situationen zu schaffen, in denen Mitarbeiter durch hohes Leistungsverhalten seine individuellen Bedürfnisse befriedigen kann, wird sich hohe Leistungsbereitschaft einstellen. So wird ein junger Mensch während oder kurz nach der beruflichen Ausbildung wohl vor allem darauf bedacht sein, einen sicheren Job und ein sicheres Einkommen zu erhalten. In dieser Situation wird dann hohe Leistungsbereitschaft induziert, wenn z. B. das Personalamt ankündigt, dass diejenigen eine unbefristete Stelle erhalten, die gute Abschlussnoten oder gute dienstliche Beurteilungen nachweisen können. Einen älteren Beamten, der materiell abgesichert ist, wird eine Ankündigung, wie „durch hohe Leistung sichern Sie den Erhalt Ihres Arbeitsplatzes", wohl nicht motivieren. Seine Leistungsbereitschaft kann nach dem Modell von Maslow gesteigert werden, falls ihm z. B. eine Aufgabe übertragen wird, die seinen Interessen und Talenten entspricht (z. B. Leitung einer Projektgruppe zur Organisation des Kirchentages). Die Leistungsbereitschaft des Personals kann jedoch auch deutlich abnehmen, beispielsweise dann, wenn es den Mitarbeitern nach Kürzung der Bezüge oder Gehälter nicht gelingt, durch das Leistungsverhalten in der Organisation niederrangige Bedürfnisse, z. B. nach angemessenem Wohnraum für die Familie, zu befriedigen. Die Gefahr besteht, dass dann die Leistungsfähigkeit für lukrativere Tätigkeiten (z. B. Nebentätigkeiten) außerhalb der Organisation eingesetzt wird. Die Bedürfnispyramide von Maslow weist auch auf die Bedeutung der Wertschätzungsbedürfnisse hin – Führungskräfte können in vielen Fällen die Leistungsbereitschaft der Mitarbeiter durch Lob, Anerkennung und Wertschätzung steigern.

3.3.3 Motivatoren und Hygienefaktoren

Gemäß der Zweifaktorentheorie von *Herzberg, Mausner* und *Snyderman* (1967) weisen Mitarbeiter in Organisationen zwei Klassen von Grundbedürfnissen auf: Hygienebedürfnisse und Motivationsbedürfnisse. Erstere werden durch Hygienefaktoren (Rosenstiel, 2000, S. 72 ff.) wie z. B. Arbeitsplatzsicherheit, ergonomische Gestaltung der Arbeitsumgebung, Bezahlung, Führungsstil,

Unternehmenspolitik, Beziehungen zu Vorgesetzten, Kollegen und Mitarbeitern befriedigt. Durch die Befriedigung der Hygienebedürfnisse wird jedoch keine Zufriedenheit erzeugt, sondern Unzufriedenheit beseitigt. Zufriedenheit stellt sich durch die Befriedigung der Motivationsbedürfnisse ein. Dies geschieht durch die Motivationsfaktoren (syn. Motivatoren), wie beispielsweise interessante Arbeitsinhalte, Anerkennung der Leistung, Verantwortung, Beförderung, Möglichkeiten zur Persönlichkeitsentwicklung durch die Arbeit. Die Hygienefaktoren werden auch als extrinsische, die Motivationsfaktoren als intrinsische Faktoren bezeichnet (siehe Abb. 3-10).

Abb. 3-10: Materielle Leistungsanreize im öffentlichen Sektor im Überblick (nach Busse, 2006, S. 83)

Materielle Leistungsanreize im öffentlichen Sektor				
Leistungsbezogene Grundbesoldung/ -vergütung	Beruflicher Aufstieg	Finanzielle Zuwendungen	Sachzuwendungen	Beteiligung am Erfolg der Verwaltung
Entsprechung zwischen Leistungsanforderungen und Stellenbewertung	*Auswahl, Höhergruppierung, Beförderung nach Leistungskriterien*	*Leistungszulagen*	*Private Nutzung von dienstlichen Einrichtungen*	*Ausschüttung des finanziellen Erfolges an die Beschäftigten*
Gerechte Arbeitsmengenverteilung	*Bessere Aufstiegsmöglichkeiten*	*Leistungsprämien*	*Sachprämien (z. B. Bücher, Theaterkarten)*	
Leistungsstufen (vorzeitiger Aufstieg in den Stufen)	*Keine Stellenobergrenzen*	*Einmalige Prämien (Belohnungen)*	*Zusatzversicherungen*	
	Keine laufbahnrechtlichen Wartefristen			

Hohe Zufriedenheit kann im Rahmen der Zweifaktorentheorie mit hoher Leistungsbereitschaft gleichgesetzt werden. Wesentlich ist nun, dass durch Hygienefaktoren keine Zufriedenheit, also Leistungsbereitschaft, erzeugt werden kann. Zufriedenheit kann nach der Zweifaktorentheorie nicht als eindimensional aufgefasst, sondern muss zweidimensional verstanden werden (siehe Abb. 3-11).

Abb. 3-11: Wirkung von Motivatoren und Hygienefaktoren

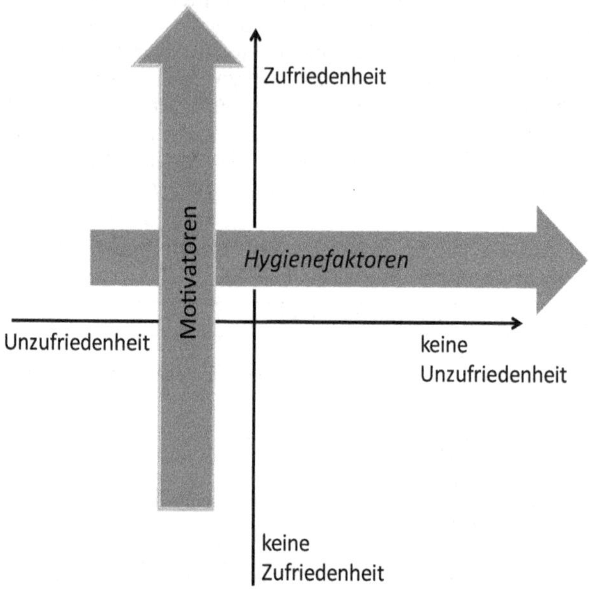

Ein Mitarbeiter kann hochzufrieden mit seinen Arbeitsinhalten und zugleich unzufrieden mit seinen Arbeitsbedingungen sein. Und umgekehrt kann ein Mitarbeiter mit seiner Bezahlung nicht unzufrieden, aber mit dem Ausmaß der Verantwortung überhaupt nicht zufrieden sein. Für das Management und den Organisator im öffentlichen Sektor sind zwei Folgerungen der Zweifaktorentheorie bedeutsam:

- Um Unzufriedenheit zu beseitigen oder gar nicht erst entstehen zu lassen, muss auf die Hygienefaktoren geachtet werden. Für die Mitarbeiter sind zum Beispiel optimale Umweltbedingungen am Arbeitsplatz zu schaffen.
- Zufriedenheit – und damit hohe Leistungsbereitschaft – wird nur durch eine angemessene Gestaltung der Arbeit selbst erreicht. Dazu gehört beispielsweise das Übertragen von Verantwortung (durch Delegation, durch Beförderung) oder das Einräumen von Handlungsspielräumen.

Bestätigt wird die theoretisch angenommene Bedeutung der Motivatoren durch die empirisch erhobenen Wünsche, die die Beschäftigten an ihre Arbeit haben (Braun & Scholz, 2008, S. 140). Neben der Arbeitsplatzsicherheit wünschen sich die Mitarbeiter vor allem eine interessante und unabhängige Arbeit; ein hohes Einkommen ist ihnen deutlich weniger wichtig.

Im Jahre 2005 wurde für die Beschäftigten des Bundes und der Kommunen der Tarifvertrag für den öffentlichen Dienst (TVöD) abgeschlossen. Eine wesentliche Neuerung des TVöD gegenüber dem bisherigen Tarifvertrag ist die Einführung leistungsorientierter Bezahlungselemente[6]), mit der die Motivation der Beschäftigten gesteigert werden soll (Collisi, 2006, S. 27 f.).

Kritisch wird diskutiert, ob die leistungsorientierten Bezahlungselemente des TVöD tatsächlich zu einer höheren Leistungsbereitschaft der Mitarbeiter führen und welche weiteren Effekte zu erwarten sind. Personalexperten (Gourmelon, Mühlenkamp & Bogner, 2007, S. 187 f.) erwarten durch die leistungsorientierten Bezahlungselemente des TVöD durchschnittlich keine Steigerung der Leistungsbereitschaft der Mitarbeiter. Sie sehen aber auch nicht die Gefahr, dass durch extrinsische Motivatoren die intrinsische Motivation der Beschäftigten beeinträchtigt werden könnte. Risiken der TVöD-Leistungsanreize sind aus Sicht der Personalexperten vor allem die Zunahme des Verwaltungsaufwands sowie die Zunahme von Konkurrenzdenken, Misstrauen und Neid innerhalb der Belegschaften. Skepsis gegenüber der leistungsförderlichen Wirkung von leistungsorientierter Bezahlung äußert z. B. auch die Organisation for Economic Cooperation and Development (OECD, 2005).

3.3.4 Merkmale motivierender Arbeit

An der Frage, wie die Arbeit genau gestaltet sein muss, damit sie motivierend wirkt und zu einem hohen Leistungsverhalten führt, setzt das Job-Characteristics-Modell von *Hackman* und *Oldham* an (Brandstätter & Frey, 2004, S. 306; Hackman & Oldham, 1976, S. 251 ff.). Nach deren Auffassung sollte die Arbeit fünf Kernmerkmale aufweisen:

- Anforderungsvielfalt: Für die Bewältigung der Aufgabe sind unterschiedliche Fähigkeiten und Fertigkeiten erforderlich. Negativbeispiel: An Fließbändern in Produktionsbetrieben sind zur Bewältigung der Aufgabe oftmals nur wenige Handgriffe erforderlich. *Positivbeispiel: Die Aufgabe Arbeitsvermittlung erfordert von einer Mitarbeiterin Kenntnisse im Sozialrecht, hohe soziale Kompetenzen im Umgang mit Arbeitslosen, EDV-Fertigkeiten, Kenntnis der Verhältnisse am örtlichen Arbeitsmarkt u. v. m.*
- Ganzheitlichkeit: „Grad, zu dem die Person ein zusammenhängendes Stück der Arbeit/Aufgabe – anstelle von Teilen oder Facetten – fertigstellt" (Weinert, 2000, S. 190); Umfang der Arbeitsaufgabe. *Positivbeispiel: Ein Dozent bestimmt die Zielsetzungen und Inhalte eines Fortbildungsseminars, plant den Ablauf und bereitet die Veranstaltung vor, führt das Seminar selbst durch und evaluiert schließlich den Lernerfolg der Teilnehmer.*
- Bedeutsamkeit: Die eigene Arbeit hat Auswirkungen auf die Arbeit und das Leben anderer. Negativbeispiel: Ein Referent fertigt den Entwurf einer Dienstvereinbarung, der anschließend – weil die Behördenleitung nicht die Notwendigkeit einer Dienstvereinbarung erkennt – in der Schublade verschwindet. *Positivbeispiele: Eine Richterin entscheidet, ob ein Kind in einer Familie verbleiben kann oder nicht; eine Pflegekraft versorgt eine bettlägerige Patientin.*

6) Eine Beschreibung dieser Bezahlungselemente findet sich z. B. in Gourmelon, Seidel und Treier (2014, S. 33 ff.)

- Autonomie: Freiheitsgrad bei der Aufgabenerledigung/Ausmaß an Entscheidungsverantwortung. Negativbeispiel: Einem Sachbearbeiter wird bis ins Detail vorgeschrieben, welche Formulierungen er in einem Bescheid zu verwenden hat. *Positivbeispiel: Nach einer Vorlesung entscheidet sich eine Professorin, ob sie zuerst einen Fachartikel schreibt oder Klausuren korrigiert oder ein Seminar vorbereitet oder die E-Mails der Kollegen beantwortet.*
- Rückmeldung: Inwieweit erhält der Mitarbeiter Rückmeldung aus der Tätigkeit über die Wirksamkeit und Qualität seiner Leistungsbeiträge? Negativbeispiel: Ein Amtsarzt erstellt ein Gutachten über die gesundheitliche Eignung eines Bewerbers. Ob seine (positive) Prognose zutrifft oder nicht, erfährt er womöglich nie, da er zukünftig keine Informationen mehr über den Bewerber erhalten wird. *Positivbeispiele: Ein Maler sieht, dass an manchen Wänden die Farbe von ihm noch nicht deckend aufgetragen worden ist; eine Erzieherin im Kindergarten bemerkt, wie ein Kind – nachdem es von ihr gelobt wurde – sich viel Mühe beim Basteln gibt.*

Abb. 3-12: Kernmerkmale der Arbeit und daraus resultierende Erlebniszustände und Folgen seitens der Mitarbeiter

<table>
<tr><th>Kernmerkmale der Arbeit ➡</th><th>Erlebniszustände ➡</th><th>Folgen</th></tr>
<tr><td>Anforderungsvielfalt
Ganzheitlichkeit
Bedeutsamkeit</td><td>Sinnhaftigkeit</td><td rowspan="3">hohe intrinsische Motivation
hohes Leistungsverhalten
hohe Zufriedenheit
geringe Fehlzeiten
geringe Fluktuation</td></tr>
<tr><td>Autonomie</td><td>Verantwortlichkeit</td></tr>
<tr><td>Rückmeldung</td><td>Kenntnis der eigenen Arbeitsergebnisse</td></tr>
</table>

Je ausgeprägter diese Kernmerkmale bei der Organisation von Arbeit realisiert werden, desto höher ist die intrinsische Motivation und Zufriedenheit sowie die Leistung der Mitarbeiter (siehe Abb. 3-12). Diese Hauptaussage des Job-Characteristics-Modells konnte mehrfach empirisch belegt werden (Brandstätter & Frey, 2004, S. 306 f.).

3.3.5 Entscheidungsprozesse der Mitarbeiter (VIE-Theorie nach *Vroom*)

Vroom beschreibt mit seiner Motivationstheorie (Weinert, 2000, S. 158 ff.) (Valenz-Instrumentalität-Erwartungs-Theorie, abgekürzt VIE-Theorie) nicht wie Maslow einzelne Bedürfnisse, die den Menschen zu Handlungen bewegen. Mit der VIE-Theorie wird erklärt, für welche Handlungsalternative sich ein Mitarbeiter in einer gegebenen Situation entscheidet. Dabei wird von einem rationalen Entscheidungsverhalten des Menschen ausgegangen – er versucht, seinen individuellen Nutzen zu maximieren. Impulsives Entscheidungsverhalten wird durch die VIE-Theorie nicht erklärt.

Beispiel:

Nikolas ist Beschäftigter in einer Kommune. Er sitzt an seinem Schreibtisch und überlegt, ob er weiterhin pro Tag durchschnittlich 40 Bescheide oder ob er besonders fleißig sein und pro Tag 60 Bescheide erstellen soll. In seinem Berufsleben sind ihm drei Ziele wichtig: erstens eine Prämie zu verdienen, zweitens befördert zu werden und drittens mit den Kollegen gut auszukommen.

Für die Entscheidung eines Mitarbeiters zwischen mehreren Handlungsalternativen sind nach Vroom folgende Größen bedeutsam:

- Die Erwartung, ob das Ergebnis der Handlungen auch tatsächlich erreicht werden kann (ausgedrückt als Wahrscheinlichkeit im Wertebereich zwischen 0 und 1). *Nikolas schätzt die Wahrscheinlichkeit, dass er weiterhin 40 Bescheide pro Tag erstellen kann auf 90 Prozent (0,9). Sechzig Bescheide pro Tag zu schaffen, ist nicht so wahrscheinlich, er kalkuliert mit 50 Prozent Wahrscheinlichkeit (0,5).*
- Die Instrumentalitätserwartung, mit den jeweiligen Handlungen die individuellen Ziele erreichen zu können (dabei kann die Instrumentalität Werte zwischen -1 und +1 annehmen; ein negativer Wert bedeutet, dass die Handlung hinderlich, ein positiver Wert, dass die Handlung förderlich für die Erreichung eines Ziels ist). *Nach seiner Einschätzung wird Nikolas keine Geldprämie erhalten (I = 0), falls er 40 Bescheide pro Tag erstellt. Bei 60 Bescheiden pro Tag sieht er gute Chancen (I = 0,8), vom Chef eine Prämie zu bekommen, weil er dann zu den Besten der Abteilung gehören würde. Bei Beförderungen ist nach seiner Auffassung ausschließlich das Dienstalter entscheidend, sodass es keinen Einfluss auf die Beförderung hat, ob Nikolas nun 40 oder 60 Bescheide am Tag erstellt (I = 0). Die Kollegen, so vermutet Nikolas, würden ziemlich sicher sauer auf ihn werden, wenn er plötzlich mehr leisten würde als sie (das käme seinem Ziel, mit ihnen gut auszukommen, überhaupt nicht entgegen, I = –0,7). Würde er wie bisher 40 Bescheide erstellen, käme er aller Wahrscheinlichkeit nach weiterhin gut mit den Kollegen aus (I = 1).*
- Die Valenz oder Wertigkeit der individuellen Ziele – die Valenz nimmt dabei ganzzahlige Werte zwischen 1 (sehr niedrige Valenz) bis 5 (sehr hohe Valenz) ein. *Für Nikolas ist die Geldprämie sehr wichtig, weil er damit seine neue Freundin in einen Kurzurlaub einladen will ($V_1 = 5$). Die Beförderung wäre toll, aber immerhin wäre mit der Führungsaufgabe auch gehöriger Stress verbunden ($V_2 = 3$). Auch mit den Kollegen will er wirklich gut auskommen, allerdings ist ihm die Geldprämie doch noch etwas wichtiger ($V_3 = 4$).*

Es sei darauf hingewiesen, dass die Anzahl der Handlungsalternativen und die Anzahl der persönlichen Ziele in der VIE-Theorie nicht beschränkt sind. Die Schätzung der Zahlenwerte erfolgt durch das Individuum selbst; es sind subjektive Werte – ausschlaggebend ist stets die Wahrnehmung der Situation durch den einzelnen Mitarbeiter. In Abbildung 3-13 ist die Entscheidungssituation von Nikolas dargestellt.

Abb. 3-13: Elemente der VIE-Theorie am Beispiel Nikolas

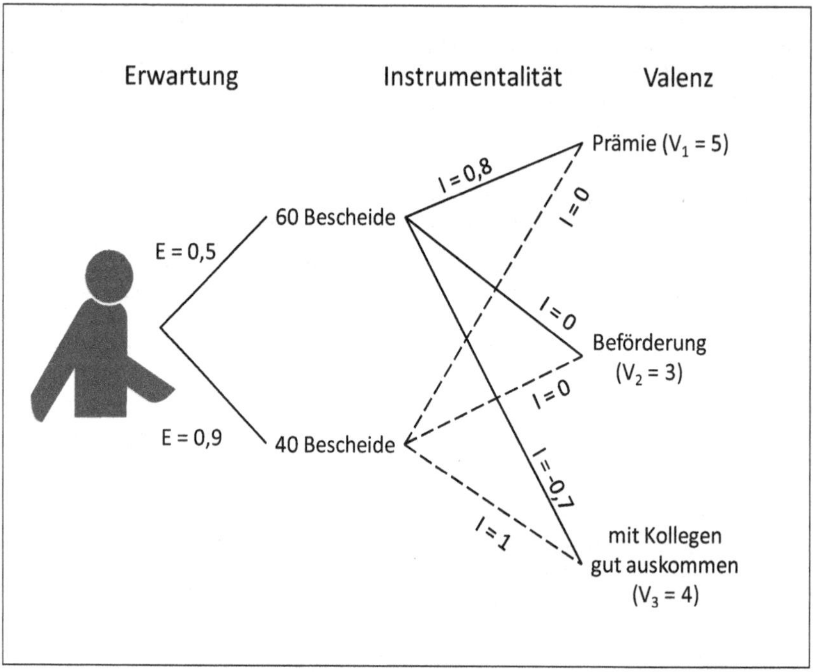

Für welche Handlungsalternative sich ein Mitarbeiter letztlich entscheidet, ist Ergebnis einer Berechnung, in der die Größen Valenz, Instrumentalität und Erwartung eingehen. In einem ersten Rechenschritt wird für jede Handlungsalternative die Summe A gebildet (A kann als Attraktivität der Handlungsalternative verstanden werden). Die Summanden von A bestehen jeweils aus dem Produkt von Instrumentalität und Valenz; dabei ist die Anzahl der Summanden gleich der Anzahl der persönlichen Ziele.

$$A = \sum_{k=1}^{n} V_n \times I \text{ (}n\text{ entspricht der Anzahl persönlicher Ziele)}$$

Beispiel:

Die beiden Handlungsalternativen von Nikolas weisen folgende Attraktivität auf:

Alternative „60 Bescheide pro Tag": A = 5 × 0,8 + 3 × 0 + 4 × –0,7 = 1,2

Alternative „40 Bescheide pro Tag": A = 5 × 0 + 3 × 0 + 4 × 1 = 4

In einem zweiten Rechenschritt wird die Attraktivität jeder Handlungsalternative mit ihrer Erwartung multipliziert. Ergebnis der Multiplikation ist M;

diese Größe stellt die treibende Kraft oder Motivation dar, eine Handlungsalternative auszuführen.

$$M = E \times A$$

Beispiel:

Die beiden Handlungsalternativen von Nikolas weisen folgende treibende Kraft auf:

Alternative „60 Bescheide pro Tag":

$$M = 0{,}5 \times 1{,}2 = 0{,}6$$

Alternative „40 Bescheide pro Tag":

$$M = 0{,}9 \times 4 = 3{,}6$$

Ein Mitarbeiter wird sich für diejenige Handlungsalternative entscheiden, die die größte treibende Kraft aufweist.

Beispiel:

Nikolas wird sich für die Alternative „40 Bescheide pro Tag" entscheiden.

Für das Management ist die VIE-Theorie deswegen interessant, weil sie Ansatzpunkte aufzeigt (Steinmann & Schreyögg, 1997, S. 480 f.), wie die Motivation von Mitarbeitern beeinflusst werden kann (siehe Abb. 3-14).

Abb. 3-14: Anwendung der VIE-Theorie am Beispiel Nikolas

Ansatzpunkt	Maßnahmen am Beispiel von Nikolas
Erwartung	Maßnahmen, um Erwartung der Alternative „60 Bescheide" zu steigern: • Nikolas besucht ein Fortbildungsseminar, in dem er lernt, wie er seine Arbeitsweise optimieren kann. • Er nimmt an einem Erfahrungsaustausch mit Kollegen anderer Kommunen teil. • Er erhält einen leistungsfähigeren PC. • Seinem Vorschlag, einen unnötigen Verfahrensschritt zu streichen, wird zugestimmt.
Instrumentalität	• Mit Erreichung des Leistungsziels „60 Bescheide" erhält Nikolas eine vorab vereinbarte Prämie. • Die Chefin erläutert ihm, dass Leistungsverhalten ein wichtiges Beförderungskriterium ist. • Die Organisationskultur und die Gruppennormen werden derart beeinflusst, dass „Streber" nicht mehr ausgegrenzt werden.

Ansatzpunkt	Maßnahmen am Beispiel von Nikolas
Valenz	• Die Beförderungsstelle wird mit höherer Entgeltgruppe entlohnt; zudem wird eine Assistenzstelle zur Unterstützung der Führungsstelle eingerichtet.
Handlungsalternativen	• Die Chefin vereinbart ein neues Ziel (40 Bescheide und zusätzlich Übernahme eines Sonderprojekts), welches höhere Attraktivität und Erwartung aufweist.
Persönliche Ziele	• Nikolas bildet ein neues persönliches Ziel („Sicherung Arbeitsplatz"), nachdem er erfährt, dass nur von denjenigen Mitarbeitern die Zeitverträge verlängert werden sollen, die überdurchschnittliches Leistungsverhalten zeigen.

Voraussetzung für die Beeinflussung der Motivation ist jedoch, dass das Management die individuellen Ziele der Mitarbeiter kennt oder zumindest treffsichere Vermutungen hierüber vorliegen. Die Grenzen der VIE-Theorie liegen in der Nicht-Berücksichtigung der intrinsischen Motivation sowie der Vernachlässigung von Gewohnheiten *(Um 16.00 Uhr lässt Nikolas immer den Stift fallen, weil seine Mutter für 17.00 Uhr das Abendessen zubereitet.)* und impulsiven Handlungsweisen *(Als seine Freundin unangekündigt im Büro erscheint, beschließt Nikolas den sonnigen Nachmittag mit ihr im Freibad zu verbringen.)*.

3.3.6 Merkmale von Zielen

Die Zielsetzungstheorie von *Locke* und *Latham* (1990) setzt sich mit der Frage auseinander, welche Merkmale ein Aufgabenziel haben muss, um die Leistungsbereitschaft zu steigern. Mit „Aufgabenziel" ist in der Zielsetzungstheorie in etwa das gemeint, was in der VIE-Theorie als „Handlungsalternative" bezeichnet wird (im Beispiel: 60 Bescheide pro Tag). „Die zentrale Annahme ist, dass hohe, spezifische Ziele im Vergleich zu anspruchslosen oder wenig konkreten Zielvorgaben („Tun Sie Ihr Bestes") zu höherer Leistung führen, wobei sich das Leistungskriterium nach Locke und Latham auf ganz unterschiedliche Aspekte beziehen kann (z. B. Menge, Qualität, Zeit, monetäre Größen)" (Brandstätter & Frey, 1990, S. 328). Dieser empirisch nachgewiesene Effekt setzt besonders dann ein, wenn …

- der Mitarbeiter das Ziel als für sich verbindlich erachtet. Dies ist dann der Fall, wenn sich der Mitarbeiter die Zielerreichung zutraut und das Ziel attraktiv ist. Die Attraktivität eines Ziels wird wiederum durch den Umstand beeinflusst, ob der Mitarbeiter dieses (Arbeits-)Ziel mit persönlichen Zielen in Einklang bringen kann (Brunstein, Schultheiss & Maier, 1999, S. 169 ff.); kritisch wird diskutiert, ob die Zuweisung von Zielen (durch den Vorgesetzten) oder die partizipative Aushandlung von Zielen (zwischen Vorgesetzten und Mitarbeiter) einen Einfluss auf die Zielverbindlichkeit hat;

- die handelnde Person Rückmeldung über den Stand der Zielerreichung erhält;
- die Aufgabenstellung wenig komplex ist;
- keine Zielkonflikte mit anderen beruflichen („Es sind 20 Prozent mehr Fälle zu bearbeiten und gleichzeitig ist die Fehlerquote um 35 Prozent zu senken.") oder persönlichen (während der Arbeitszeit wird das Finale der Fußball-Weltmeisterschaft übertragen) Zielen bestehen.

Die Zielsetzungstheorie findet ihre Anwendung in der Managementtechnik „Management by objectives" (siehe Kapitel 15).

3.3.7 Arbeitszufriedenheit

Das Konzept Arbeitszufriedenheit erfasst die Einstellung des Mitarbeiters gegenüber seiner Arbeit insgesamt oder gegenüber einzelnen Aspekten seiner Arbeit (Six & Felfe, 2004, S. 605). Verschiedene Datenerhebungen zeigen, dass die Erwerbstätigen in Deutschland mit ihrer Arbeit überwiegend zufrieden sind (Braun & Scholz, 2005, S. 143; Wittig, Nöllenheidt & Brenscheidt, 2013, S. 43; Bohulskyy, Erlinghaus & Scheller, 2011, S. 2, siehe Abb. 3-15). Im Laufe der Jahre scheint die Arbeitszufriedenheit in Deutschland etwas abgenommen zu haben (siehe Abb. 3-16). *Kaiser* (Kaiser, 2013, S. 55) berichtet von Untersuchungsergebnissen aus einer Kommunalverwaltung in NRW – hier sind nur rund 5,3 Prozent der Beschäftigten mit ihrer Arbeit unzufrieden.

Abb. 3-15: Allgemeine Arbeitsunzufriedenheit von Beschäftigten in Deutschland (nach Wittig, Nöllenheidt & Brenscheidt, 2013, S. 43)

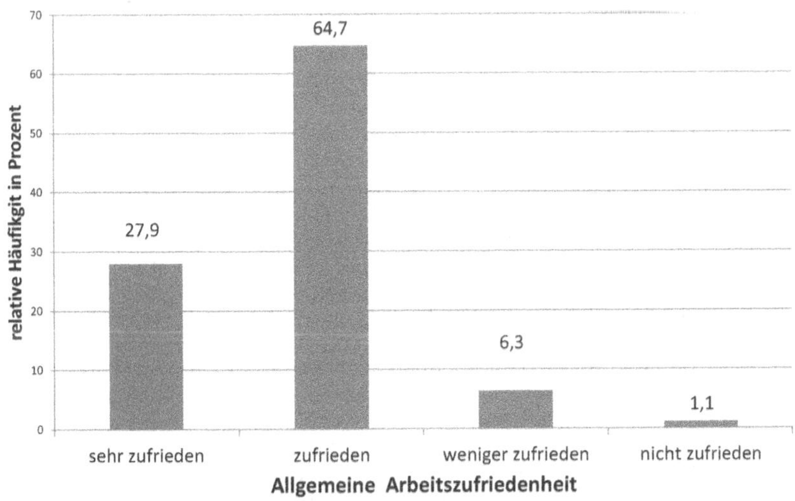

Abb. 3-16: Entwicklung der Arbeitszufriedenheit in Deutschland. Die verwendete Skala reichte von 0 = „ganz und gar unzufrieden" bis 10 = „ganz und gar zufrieden" (aus Bohulskyy, Erlinghaus & Scheller, 2011, S. 2)

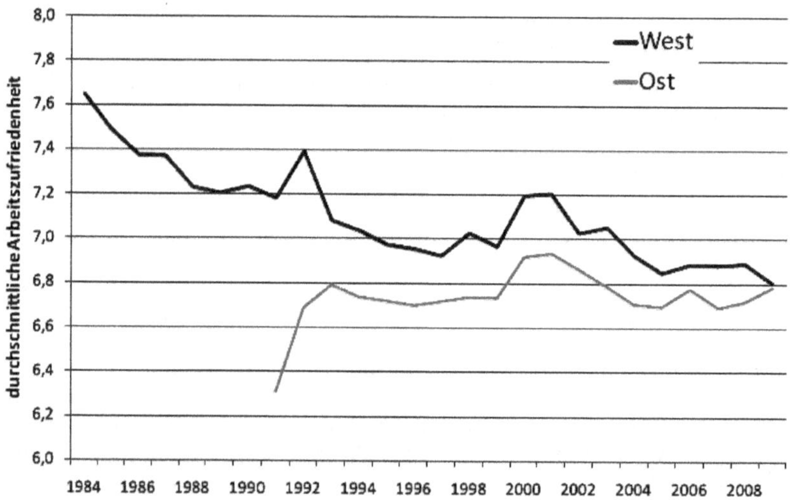

Dabei ist die Arbeitszufriedenheit davon abhängig, inwieweit man die eigene Arbeit als interessant erlebt. Weitere Merkmale der Arbeit, die in einem nachgewiesenen statistischen Zusammenhang mit der Arbeitszufriedenheit stehen, sind der Arbeitsinhalt, die Autonomie bei der Aufgabenerledigung und weitere Kernmerkmale der Arbeit nach dem Job-Characteristics-Modell, Motivatoren im Sinne von *Herzberg*, klare und transparente Ziele; daneben ist die Art der Mitarbeiterführung (insbesondere auch das Informationsverhalten des Vorgesetzten) und – in geringem Maße – die Höhe der Bezahlung bedeutsam (Six & Felfe, 2004, S. 610 ff.; Kaiser, 2013, S. 61). Neben den Merkmalen der Arbeit sind für die Arbeitszufriedenheit auch Merkmale der Person wichtig: So scheinen emotional labile Personen eher unzufrieden, extravertierte und gewissenhafte Menschen eher zufrieden mit ihrer Arbeit zu sein. Die Arbeitszufriedenheit wird beeinträchtigt, wenn Arbeit und Familie nicht in Einklang gebracht werden können.

Strittig ist, ob hohe Arbeitszufriedenheit zu einer hohen Leistungsbereitschaft und damit zu einem hohen Leistungsverhalten führt („Glückliche Kühe geben mehr Milch."). Es zeigt sich zwar ein mäßig hoher statistischer Zusammenhang (r = 0,30) zwischen Arbeitszufriedenheit und Leistungsverhalten (Schmidt, 2006, S. 189 ff.), unklar ist jedoch, ob die Arbeitszufriedenheit das Leistungsverhalten oder das (erfolgreiche) Leistungsverhalten die Arbeitszufriedenheit beeinflusst. Wahrscheinlich ist eine wechselseitige Beeinflussung und Verstärkung: Je mehr ein Mitarbeiter geleistet hat, desto zufriedener wird er mit sich sein, höhere Zufriedenheit führt dann zu höherer Leistungsbereitschaft sowie Leistungsverhalten usw. (siehe Abb. 3-17).

Abb. 3-17: Wechselseitige Beeinflussung von Arbeitszufriedenheit und Leistungsverhalten

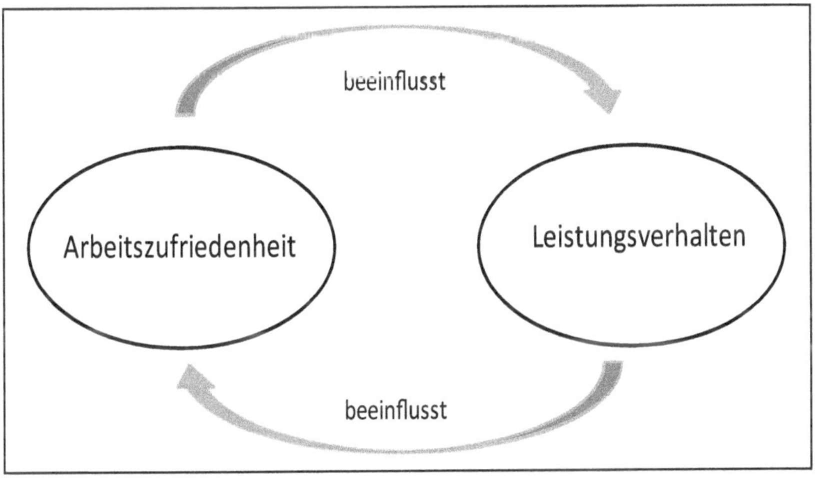

Bereits *Herzberg* machte darauf aufmerksam, dass Arbeitszufriedenheit nicht eindimensional aufgefasst werden kann: Die Annahme verschiedener Dimensionen oder Formen von Arbeitszufriedenheit ist sinnvoll. Nach *Bruggemann, Großkurth* und *Ulich* (Bruggemann, Groskurth & Ulich, 1975, S. 132 ff.; auch Ulich, 1998, S. 133 f.) lassen sich insgesamt sechs verschiedene Formen der Arbeitszufriedenheit unterscheiden. Die verschiedenen Formen sind Folge eines Vergleichsprozesses von Bedürfnissen und Erwartungen an die Arbeit einerseits und die Möglichkeiten ihrer Realisierung in der Arbeitssituation andererseits. Fällt der Vergleichsprozess zugunsten der Befriedigung von Bedürfnissen und der Realisierung von Erwartungen aus, kann dies zu folgenden Formen der Arbeitszufriedenheit führen:

- Die stabilisierte Arbeitszufriedenheit ist gekennzeichnet durch eine Aufrechterhaltung der Ansprüche an die Arbeit. Der Mitarbeiter ist mit der Arbeit so, wie sie ist, zufrieden (weiter gehende Bedürfnisse werden außerhalb der Arbeitswelt befriedigt) und wird bemüht sein, die aktuelle Arbeitssituation zu wahren. Es ist anzunehmen, dass die gewohnten und üblichen Arbeiten weiterhin angemessen erledigt werden. Für neue oder ungewohnte Tätigkeiten wird jedoch eher eine niedrige Leistungsbereitschaft vorliegen.

- Progressive Arbeits(un)zufriedenheit zeichnet sich durch eine Erhöhung der Erwartungen und Ansprüche an die Arbeit aus. Es wurden positive Erfahrungen mit der Befriedigung arbeitsbezogener Bedürfnisse gemacht und nun sollen weitere Bedürfnisse in der/durch die Arbeit befriedigt werden („Jetzt ist es an der Zeit, mal was anderes zu machen. Vielleicht wird mir ja eine Projektleitung oder gar eine Führungsstelle übertragen."). Die Leistungsbereitschaft für neue Aufgaben dürfte hoch, die für gewohnte Tätigkeiten mäßig ausgeprägt sein.

Stellt der Mitarbeiter fest, dass seine Erwartungen an die Arbeit nicht erfüllt wurden, können sich folgende Formen der Arbeitszufriedenheit einstellen:

- Resignative Arbeitszufriedenheit entsteht, wenn der Mitarbeiter im Anschluss an den Vergleichsprozess seine Ansprüche an die Arbeit senkt („Die Arbeit ist zwar ziemlich langweilig, aber immerhin ist mein Arbeitsplatz sicher."). Es wird zwar Zufriedenheit mit der Arbeit geäußert, vermutlich kann das Management aber keine hohe Leistungsbereitschaft erwarten.
- Konstruktive Arbeitsunzufriedenheit zeichnet sich dadurch aus, dass die Erwartungen und Ansprüche an die Arbeit aufrechterhalten bleiben und der Mitarbeiter nach neuen Lösungen sucht, wie er seine Bedürfnisse durch die Arbeit befriedigen kann („Das kann doch nicht sein, dass meine Kreativität ungenutzt bleibt. Da rede ich mal mit dem Chef darüber."). Die Leistungsbereitschaft dürfte in diesem Fall eher hoch sein.
- Bei der fixierten Arbeitsunzufriedenheit werden die Erwartungen und die Ansprüche an die Arbeit ebenfalls beibehalten – allerdings sucht der Mitarbeiter im Gegensatz zur konstruktiven Arbeitsunzufriedenheit nicht nach Lösungen, seine Arbeitssituation zu verbessern. Vor allem im öffentlichen Sektor können innere Kündigung (verbunden mit einem Rückzug ins Private) oder – weniger häufig – ein Wechsel des Arbeitgebers („Ich suche mir einen anderen Job.") die Folge sein; die Leistungsbereitschaft ist niedrig.
- Auch bei der Pseudo-Arbeitszufriedenheit werden die Ansprüche an die Arbeit beibehalten. „Diese Form der AZ [Arbeitszufriedenheit, d. Verf.] ist Ergebnis einer unbefriedigenden Arbeitssituation, deren nicht lösbare, frustrierende Bedingungen die gegebene Frustrationstoleranz übersteigen, *wenn* gleichzeitig eine Senkung des Anspruchsniveaus nicht stattfinden kann – z. B. wegen individuell gegebener Widerstände, die aus der biographischen Entwicklung einer speziellen Leistungsmotivation oder aus situativen sozialem Normendruck verständlich sein mögen" (Bruggemann, Groskurth & Ulich, 1975, S. 136). Aus diesem Dilemma befreit sich der Mitarbeiter durch psychologische Mechanismen wie Problemverdrängungen und verfälschte Wahrnehmung der Situation („Ich weiß gar nicht, was die Kolleginnen haben. Ich finde, die Autofahrer sind eigentlich freundlich und doch recht einsichtig, wenn sie von uns ein Knöllchen wegen falschen Parkens erhalten."). Die Leistungsbereitschaft wird bei dieser Form der Arbeitszufriedenheit eher hoch sein.

Organisatorische Maßnahmen des Managements müssen sich sowohl am Kriterium „Effizienz der Aufgabenerledigung" als auch am Kriterium „Wohlergehen der Mitarbeiter" orientieren. Da Arbeitszufriedenheit ein Element des Wohlergehens von Mitarbeitern darstellt, verbietet es sich, Maßnahmen zur Steigerung der Leistungsbereitschaft einzusetzen, die zu einem Absinken der Arbeitszufriedenheit oder gar zu Unzufriedenheit führen.

3.4 Leistungsvermögen und -bereitschaft von Gruppen und in Gruppen

Gruppenarbeit (syn. Teamarbeit) ist ein wichtiges Element zur Strukturierung von Organisationen (siehe Kapitel 6). In der Praxis wird vielfach angenommen, dass die Arbeit in Gruppen zu einem besseren Leistungsverhalten der Mitarbeiter führt (Rosenstiel, 2000, S. 251). Zudem bietet die Arbeit in der Gruppe die Möglichkeit zur Befriedigung sozialer Bedürfnisse im Sinne Maslows. Gruppen fördern die Identifikation der Mitarbeiter mit den Zielen der Organisation und führen beim Erreichen der Ziele zu einer höheren Zufriedenheit. Des Weiteren wird der Einsatz von Gruppen als Maßnahme angesehen, die Flexibilität von Organisationen zu steigern. Organisationen können durch den Einsatz von Gruppen schneller und wirksamer auf sich verändernde Rahmenbedingungen in Politik, Gesellschaft und Wirtschaft reagieren. In diesem Abschnitt sollen Erkenntnisse zur Leistungsfähigkeit und die Leistungsbereitschaft von Gruppen und von einzelnen Mitarbeitern in der Gruppe dargestellt werden.

Eine Gruppe wird dabei als soziales Gebilde aufgefasst, welches aus mehreren Personen besteht, die miteinander für längere Zeit im Austausch (Interaktion) stehen (keine Einweg-, sondern „Zweiweg"-Kommunikation); dabei nehmen sich die Personen als Gruppe wahr, sie entwickeln ein „Wir"-Gefühl[7]). Formale Gruppen werden von der Organisationsleitung geplant und gebildet (z. B. eine Projektgruppe). Informale Gruppen entstehen durch „natürliche" Gruppierungen von Organisationsmitgliedern z. B. aufgrund von Sympathie. Gruppen sind keine statischen Gebilde, sondern sind immer wieder inneren Veränderungen und Verwerfungsprozessen ausgesetzt (Gruppendynamik).

Bei der Entwicklung von formalen Gruppen können vier Phasen unterschieden werden (Tuckman, 1965, S. 384 ff.):

1. Phase des „Forming": Formaler Gründungsprozess; diese Phase ist durch Unsicherheit der Gruppenmitglieder gekennzeichnet. Sie sind sich nicht sicher über Ziel, Zweck und Struktur der Gruppe („Was machen wir hier eigentlich? Und wer hat hier was zu sagen?").

7) Vgl. Wiendieck (2004, S. 390); Weinert (1998, S. 350); Rosenstiel (2000, S. 252). Auf die konstituierenden Elemente „Rollendifferenzierung" und „gemeinsame Ziele" wurde verzichtet, da sie nach Ansicht der Verfasser zur Charakterisierung einer Gruppe im Arbeitskontext nicht notwendig sind.

2. Phase des „Storming": Jetzt prallen unterschiedliche Auffassungen und Interessen aufeinander. Es wird um Einfluss und Positionen gerungen. Untergruppen können sich herausbilden und es entsteht eine Führungshierarchie (Alternative: Die Gruppe löst sich auf.).
3. Phase des „Norming": Es bildet sich ein Grundverständnis über Werte und Umgangsformen. Zusammenhalt, Gruppenidentität, Kameradschaft und enge Beziehungen entstehen.
4. Phase des „Performing": Die Energie der Gruppe richtet sich auf die Erreichung der Leistungsziele; die Gruppe ist voll leistungsfähig.

Aus der Phase des „Performing" können Gruppen wieder in frühere Entwicklungsphasen zurückfallen, wenn z. B. neue Mitglieder hinzukommen oder neue Aufgaben übernommen werden müssen.

Grundsätzlich scheint die Arbeit in Gegenwart anderer die Ausführung gewohnter Arbeitstätigkeiten zu erleichtern, den Erwerb neuer Kompetenzen oder kreative Prozesse beim Einzelnen eher zu behindern (Rosenstiel, 1995, S. 328). Diese Aussage bezieht sich jedoch auf Arbeitstätigkeiten, die auch alleine – also ohne Abstimmung mit anderen Gruppenmitgliedern – möglich sind. Wichtig ist diese Erkenntnis beispielsweise bei der Frage, ob Bürotätigkeiten eher in Großraumbüros oder in Einzelbüros ausgeübt werden sollten.

Die Anzahl der Gruppenmitglieder hat Einfluss auf die Gruppenleistung (Weinert, 1998, S. 360): So sind kleine Gruppen (fünf bis sechs Personen) besser in der Lage, eine Aufgabe rasch zum Abschluss zu bringen als große Gruppen (zehn bis zwölf Personen). Kleine Gruppen eignen sich gut für Koordinationsaufgaben und zur operativen Umsetzung von Entscheidungen. Große Gruppen sind besser bei Aufgaben, bei denen die Lösung von Problemen im Vordergrund steht. Die Dauer der Gruppenzugehörigkeit wirkt sich ebenfalls auf die Leistung der Gruppe aus (Rosenstiel, 2000, S. 263). Projektgruppen im Aufgabenfeld „Forschung und Entwicklung" erreichen nach etwa 1,5 Jahren ihre höchste Leistung, nach mehr als fünf Jahren Teamarbeit nimmt die Leistung deutlich ab.

In Gruppen bilden sich informelle[8]) Normen heraus. Darunter versteht man eine „… von allen Gruppenmitgliedern geteilte Erwartung, wie die Mitglieder der Gruppe in bestimmten Situationen denken und handeln sollten" (Rosenstiel, 2000, S. 258). Informelle Normen beziehen sich auf die Art der Arbeitsdurchführung und die Höhe der Arbeitsleistung („Wir sind in dieser Behörde die Besten."), das Auftreten und das äußere Erscheinungsbild der Gruppenmitglieder („Krawatte ist Pflicht."), den Umgang mit anderen Organisationsmitgliedern („Sich in der Kantine mit den Kollegen vom Controlling sehen zu lassen kommt nicht gut an.") und auf die Zuweisung von Ressourcen und Aufgaben („Um die PCs kümmert sich der Meier."). Bereits im Laufe

8) Formelle Normen sind Normen, die von der Organisation gesetzt oder mit deren Zustimmung erarbeitet wurden. Die formelle Norm in einer Hochschule bestimmt beispielsweise, dass eine Vorlesung durchgehend von 9.00 bis 10.30 Uhr dauert. Informell hat sich die Gewohnheit herausgebildet, dass in diesem Zeitraum eine Pause von fünf Minuten gemacht wird.

der Hawthorne-Experimente (siehe Kapitel 2) wurde erkannt, dass die informellen Gruppennormen einen wesentlichen Einfluss auf die Leistungsbereitschaft haben. Gruppen setzen ihre informellen Normen mit Nachdruck gegenüber einzelnen Abweichlern durch. Diese werden argumentativ, emotional oder in sehr seltenen Fällen auch physisch zur Anpassung an die Gruppennorm gedrängt. Im schlimmsten Fall droht die Ausgrenzung aus der Gruppe und/oder das dauerhafte Schikanieren des Abweichlers **(Mobbing).**

Beispiel:

Die junge Verwaltungsinspektorin M. hat nach dem Studium die lang ersehnte Stelle erhalten. Nun möchte sie dem Chef beweisen, dass es richtig war, ihr die Stelle zu geben, und ist äußerst fleißig. Sie arbeitet regelmäßig von 8 Uhr morgens bis 18 Uhr abends, macht wenig Kaffeepausen und bearbeitet überdurchschnittlich viele Fälle. Eines Tages kommt der Kollege T. zu ihr ins Büro, schließt die Tür und fängt an, sich mit ihr zu unterhalten. Im Laufe des Gesprächs erläutert T. ihr, dass die Kollegin U. schon ganz verzweifelt sei, weil M. so viele Fälle schaffe. U. könne – weil durch Schwierigkeiten in der Familie beeinträchtigt – nicht so viele Fälle wie M. schaffen und befürchte, beim Vorgesetzten in Misskredit zu geraten. M. solle doch daran denken, so T., dass man irgendwann nicht mehr in der Lage sei, so eifrig zu arbeiten. Und wenn man jetzt so fleißig arbeite, erwarte das der Vorgesetzte auch in Zukunft, und zwar von allen. M. wolle sicherlich der Kollegin U. keine Schwierigkeiten machen. Anschließend verlässt T. das Büro.

Informelle Gruppennormen sind dann besonders wirksam, wenn die Kohäsion – also die Attraktivität der Gruppe bzw. der Zusammenhalt der Gruppe – hoch ist (siehe Abb. 3-18). Hohe Kohäsion bewirkt einen effektiveren Gruppendruck.

Abb. 3-18: Auswirkung der Gruppenkohäsion und informeller Gruppennormen auf das Leistungsverhalten von Gruppen (nach Rosenstiel, 2000, S. 261)

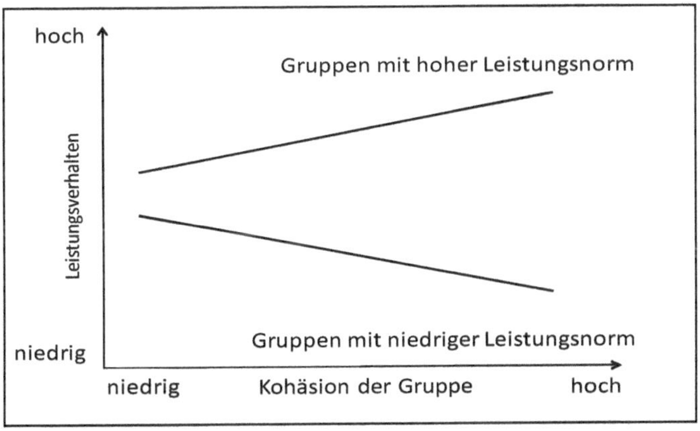

Bei hoher informeller Leistungsnorm ist dem Management zu empfehlen, Maßnahmen zu ergreifen, die die Gruppenkohäsion steigern. Die Kohäsion steigt beispielsweise, wenn die Gruppenmitglieder häufiger und länger im Arbeitskontext miteinander kommunizieren (Weinert, 1998, S. 368). Dies spricht für die Bildung kleinerer Arbeitsgruppen, deren Mitglieder räumlich möglichst nah zusammenarbeiten.

Weitere Effekte von Gruppen, die die Leistungsbereitschaft Einzelner beeinflussen sind (Schulz-Hardt, Hertel & Brodbeck, 2007, S. 700 f.):

- Soziales Faulenzen: Gruppenmitglieder mindern ihre Leistungsbereitschaft, weil sie glauben, dass ihr individueller Beitrag zur Gruppenleistung nicht identifizierbar ist.
- Soziales Trittbrettfahren: Gruppenmitglieder senken ihre Anstrengungen, da sie meinen, dass ihr individueller Leistungsbeitrag bedeutungslos ist.
- Gimpel-Effekt: Gruppenmitglieder haben den Eindruck, dass die Kollegen mit verminderter Anstrengung arbeiten. Um selbst nicht ausgenutzt zu werden, senken sie ihre Anstrengung.
- Sozialer Wettbewerb: Leistungsähnliche Gruppenmitglieder versuchen, einander hinsichtlich der Anstrengung zu übertreffen.
- Soziale Kompensation: Gruppenmitglieder mit hohem Leistungsverhalten strengen sich zusätzlich an, um die Minderleistung von schwächeren Gruppenmitgliedern zu kompensieren.
- Köhler-Effekt: Schwächere Gruppenmitglieder strengen sich zusätzlich an, um nicht für schlechte Ergebnisse der Gruppe verantwortlich gemacht werden zu können.

Hohe Kohäsion einer Gruppe kann zu einem hohen Konformitätsdruck führen. Dieser kann sich negativ auf Entscheidungsprozesse in Gruppen auswirken. In Kombination mit einer hohen Ähnlichkeit der Gruppenmitglieder untereinander hinsichtlich Herkunft, Einstellungen, Werthaltungen und einer dominanten Führung führt Konformität zu Entscheidungsprozessen, die sich durch folgende Merkmale auszeichnen („group think" [Janis, 1982, S. 174 f.]):

- Selbstüberschätzung der Gruppe und übertriebener Optimismus verleiten zu einer Unterschätzung von Risiken.
- Abweichende Meinungen werden als moralisch verwerflich angesehen.
- Es werden nur diejenigen Informationen wahrgenommen, die die eigene Meinung unterstützen.
- Außenstehende werden abgewertet, der Kontakt zu ihnen erschwert oder unterbunden.
- Offene Diskussionen unterbleiben, einzelne Gruppenmitglieder unterlassen es, abweichende Meinungen zu äußern.
- Es entsteht die Illusion, dass alle Gruppenmitglieder der gleichen Meinung seien.

- Gruppenmitglieder mit abweichender Meinung werden diffamiert.
- Es etablieren sich „Gesinnungswächter".

Ein weiterer Umstand, der die Leistungsfähigkeit von Gruppen bei Entscheidungsprozessen beeinträchtigt, ist die Tendenz von Gruppen, hinsichtlich des Risikoverhaltens extremere Entscheidungen zu treffen als Einzelpersonen (Risikoschub/Konservatismusschub) (Wiendieck, 2004, S. 394). Gruppenentscheidungen sind denen von Einzelpersonen überlegen, wenn ... (Weinert, 1998, S. 375 f.)

- möglichst viele verschiedene Ideen entwickelt werden sollen,
- für die Entscheidung eine große Fülle von Informationen beschafft oder abgerufen werden müssen,
- es sich um die Bewertung unklarer, ungewisser und unsicherer Situationen handelt,
- die Qualität und nicht die Schnelligkeit der Entscheidung im Vordergrund steht.

Einzelpersonen fällen bessere Entscheidungen, wenn ein tiefes, geistiges Durchdringen eines Problems erforderlich ist (z. B. Erstellen von Anweisungen, Regeln, Bestimmungen). Zudem treffen Einzelpersonen schneller Entscheidungen (bedeutsam ist diese Erkenntnis beispielsweise, wenn festgelegt werden soll, wer in Notfällen Entscheidungen trifft).

Die Leistungsfähigkeit Einzelner wird in Gruppen dadurch gestärkt, indem die Gruppe für den Einzelnen sozialen Rückhalt und Unterstützung bietet. Dies verbessert die Fähigkeit des einzelnen Mitarbeiters, mit Stressoren und Stress umzugehen.

4 Aufgabenanalyse

4.1 Klassifizierungen von Aufgaben im öffentlichen Sektor

Um öffentliche Aufgaben einer systematischen Betrachtung zuzuführen, werden verschiedene **Typologien** oder **Klassifizierungen** von (staatlichen bzw. kommunalen) Aufgaben genutzt. Die Wahl der Systematik ist dabei keine Frage von richtig oder falsch, sondern vom Ziel der Analyse oder der Argumentation abhängig.

Ein möglicher Zugang stellt zunächst die Kernfrage, welche Aufgabe öffentlich wahrgenommen werden soll. Es kann unterschieden werden zwischen **originären** („geborenen") öffentlichen Aufgaben und **nicht originären,** die zu öffentlichen erklärt wurden. Zu den originären Aufgaben werden traditionell die innere (Polizei) und äußere Sicherheit (Militär) sowie die Rechtsprechung (Justiz) gezählt. Als *originär* werden diese Aufgabenbereiche insbesondere deshalb angesehen, weil es sich um Aufgaben handelt, die auch historisch betrachtet schon immer durch Repräsentanten des i. w. S. Staates bzw. die öffentliche Hand wahrgenommen wurden. Führt man sich vor Augen, wie viele andere Bereiche heute durch öffentliche bzw. staatliche Aufgabenträger wahrgenommen werden, so erhält man einen Eindruck von der Expansion des öffentlichen Sektors in den vergangenen Dekaden.

Im aktuellen Zeitgeschehen wird auf die Unterscheidung zwischen originären und nicht originären Aufgaben besonders dann Bezug genommen, wenn es darum geht, die Spannweite der öffentlich wahrgenommenen Aufgaben (kritisch) zu hinterfragen oder ggf. auch Privatisierungsüberlegungen argumentativ einzuleiten.

Eine andere Möglichkeit der Ordnung unterscheidet nach der Handlungsform. Die öffentliche Hand kann hoheitlich oder fiskalisch tätig sein. **Hoheitliches Handeln** liegt vor, wenn der Aufgabenträger in Formen des öffentlichen Rechts tätig wird. Fiskalisches Handeln ist entsprechend dann gegeben, wenn der öffentliche Aufgabenträger sich des Privatrechts bedient, indem etwa Büromaterial oder Dienstwagen bestellt und gekauft werden (Kaufvertrag).

Eine andere Klassifizierung unterscheidet wiederum zwischen Aufgaben der **Ordnungsverwaltung,** wenn es um die Aufrechterhaltung der Ordnung geht (z. B. Polizei, Gesundheitsamt, Ordnungsamt), und Aufgaben der **Leistungsverwaltung,** wenn es um die Bereiche der sogenannten Daseinsvorsorge geht (z. B. die Sozialverwaltung).

Setzt man die Logik dieser zweiseitigen Betrachtungsweise auf der Ebene der i. w. S. staatlichen Aufgaben fort, dann kann mit Bezug auf die kommunale

Ebene weiter unterschieden werden in **landesstaatliche** (z. B. Bewilligung von Wohngeld) und originär **gemeindliche** Aufgaben (z. B. Durchführung der Jugendhilfe). Die landesstaatlichen Aufgaben werden den Gemeinden durch die Bundesebene bzw. das Bundesland übertragen, während originär gemeindliche Aufgaben kraft Gesetz im Zuständigkeitsbereich der Kommune liegen.

Insbesondere in Zeiten angespannter Haushaltslagen wird häufig auf eine Systematisierung nach **Pflichtaufgaben** und **freiwilligen** Aufgaben zurückgegriffen, um so gerade im Bereich der freiwilligen Aufgaben ggf. Einsparungspotenziale herausstellen zu können. Pflichtaufgaben (z. B. Kfz-Zulassung) stellen Aufgaben dar, die die kommunale Verwaltung kraft Rechtsvorschrift wahrnehmen muss. Die Option, diese Aufgaben künftig nicht mehr wahrzunehmen, besteht nicht. Demgegenüber zählen zu den freiwilligen Aufgaben (z. B. Kultur, Sport) solche Aufgaben, zu deren Wahrnehmung die Gemeinde nicht kraft Gesetz oder anderer Rechtsquellen verpflichtet ist, sodass es der Gemeinde grundsätzlich freisteht, das Angebot solcher Leistungen einzuschränken oder auch ganz aufzugeben.

Auf die innerorganisatorische Ordnung von Aufgaben zielt die Differenzierung nach der Nähe der Aufgabe zum Kunden/Bürger. Neben den ***unmittelbaren*** Aufgaben, wie z. B. Personalausweise auszustellen oder Straßen zu reinigen, die sich regelmäßig durch direkten Kundenkontakt auszeichnen, sind auch mittelbare Aufgaben zu erfüllen, also Aufgaben, die keinem sofortigen nach außen gerichteten Zweck dienen. Mittelbare Aufgaben (sog. Querschnittsaufgaben) fallen beim Vollzug aller unmittelbaren Aufgaben an, wenn es z. B. darum geht, Personal einzustellen, finanzielle Ressourcen zu verteilen, EDV-Anlagen einzurichten etc. In diesem Sinne sind mittelbare Aufgaben Voraussetzung dafür, dass unmittelbare Aufgaben (überhaupt) wahrgenommen werden können. Mittelbare Aufgaben sind in einem bestimmten Umfang ausgegliedert und in besonderen Gruppen gebündelt zusammengefasst. Man denke hier etwa an organisatorische Bereiche wie die Allgemeine Verwaltung, die Kämmerei, das Personal- und Organisationsamt etc.

Eine entsprechende Strukturierung von Aufgabenfeldern ist von der **KGSt** vorgeschlagen worden (siehe Abb. 4-1). Diese ordnet Aufgaben von Gemeinden nach dem Kriterium der Artverwandtschaft und schlägt eine Gliederung in acht Aufgabenhauptgruppen vor, die wiederum jeweils durch besondere Aufgabengruppen näher zu spezifizieren sind.

Regelmäßig sind die Gemeinden dieser Strukturierung gefolgt, sodass der innerorganisatorische Aufbau (das Organigramm) vieler Stadtverwaltungen heute mehr oder weniger dieser Ordnung entspricht. Andere Verwaltungen haben sich in ihrer Organisation an dem Produktplan orientiert, wie er sich im Zusammenhang mit dem neuen kommunalen Finanzmanagement ergibt.

Abb. 4-1: Acht Aufgabenhauptgruppen nach KGSt

1. Allgemeine Verwaltung	5. Soziales, Jugend, Gesundheit
2. Finanzen	6. Bauwesen
3. Recht, Sicherheit, Ordnung	7. Öffentliche Einrichtungen
4. Schule und Kultur	8. Wirtschaft, Verkehr

Die Leitlinien des **Neuen Steuerungsmodells** finden sich auch in der Ordnung der kommunalen Aufgabenfelder wieder und sind Grundlage einer weiteren Klassifizierung.

Bricht man diese Überlegungen auf kleinere Teilbereiche herunter, so gilt es zunächst ein Verständnis darüber zu gewinnen, was (tatsächlich) die Teilaufgabe der betreffenden Organisationseinheit ist. So stellt sich z. B. die Frage, was konkret die Aufgabe „Allgemeine Verwaltung" umfasst. Kommt man hier etwa zu der Feststellung, dass in diesem Bereich u. a. Personalangelegenheiten erledigt werden, so kann sich wiederum die Frage anschließen, was damit konkret gemeint ist usw.

Die nur scheinbar von selbst verständliche Aussage dazu, was *konkret* die Aufgabe einer Organisationseinheit darstellt, ist in der Praxis oft nicht so leicht zu beantworten. Insbesondere die trennscharfe Abgrenzung von einzelnen Teilbereichen zueinander bereitet häufig in der analytischen Betrachtung einige Schwierigkeiten. Diese konkreten Fragestellungen sind Inhalt einer Aufgabenanalyse.

4.2 Grundlegende Zusammenhänge der Aufgabenanalyse

Am Ende von organisatorischen Bemühungen entsteht in der Praxis regelmäßig die Struktur des Betriebes (der Verwaltung, der Unternehmung etc.). Diese Struktur gibt den inneren Aufbau des Betriebes wieder. Innerhalb dieser Struktur ist zum Beispiel festgelegt, welche Stelle für welchen Aufgabenbereich vorgesehen ist und welche hierarchischen Beziehungen zwischen den einzelnen Stellen herrschen oder auch welche Stellen zu größeren Bereichen, d. h. Abteilungen, Dezernaten etc., zusammengefasst wurden. Man spricht hier von der **Aufbauorganisation** eines Betriebes. Sie steht für die statische Dimension von Organisation.

Daneben ist auch die dynamische Struktur des Betriebes zu beschreiben. Das heißt, es geht um die Frage, aufgrund welcher Abläufe, also *wie* die Arbeitsvorgänge innerhalb des Betriebes erledigt werden. Diesen Teilaspekt der Organisation bezeichnet man als **Ablauforganisation.**

Um sowohl die Struktur als auch die Prozesse bzw. die Abläufe in einem Betrieb verstehen und ggf. verändern und verbessern zu können, ist es zwingend erforderlich, sich ein realistisches Bild der konkreten Aufgaben des Betriebes zu verschaffen.

Im Kapitel 2 ist auf die sogenannte betriebswirtschaftliche Organisationslehre nach *Kosiol* bereits hingewiesen worden. Wie unten noch deutlich werden wird, steht diese Perspektive von Organisation in der Tradition von *Taylor* und *Fayol* und ist insofern nicht von Einflüssen psychologischer und soziologischer Forschung beeinflusst. Mit Kosiol ist festzuhalten, dass am Anfang aller Überlegungen und Betätigungen zum Thema Organisation zunächst die Aufgabe steht, die die Organisation zu erledigen hat; diese gilt es analytisch zu durchdringen. In diesem Sinne kann Organisationsanalyse auch als die Analyse von Aufgaben (Aufgabenanalyse) verstanden werden (Kosiol, 1962, S. 41).

Der Terminus **„Aufgabe"** meint in diesem Zusammenhang das Folgende (Kosiol, 1962, S. 43):

> „Unter Aufgaben sind Zielsetzungen für zweckbezogene menschliche Handlungen – Handlungsziele – zu verstehen. Sie stellen ein gesetztes (aufgegebenes) Soll dar, das zu verwirklichen ist. Jede Aufgabe ist daher als Aufforderung, als zu erfüllender Anspruch an Menschen gerichtet."

Während die Aufgaben eines privatwirtschaftlichen Unternehmens durch den Unternehmensgegenstand bzw. durch die Entscheidung der Eigentümer bestimmt sind, werden die Aufgaben im öffentlichen Sektor durch die Gesetzgebung determiniert.

Es gilt jedoch zu beachten, dass sich hinter dieser allgemeinen Feststellung der Aufgabenerfüllung eine breite Palette von zum Teil hochspezialisierten Teilaufgaben verbirgt. Dezernate erbringen zum Beispiel innerhalb des Gesamtkomplexes Stadtverwaltung besondere Teilaufgaben und innerhalb eines einzelnen Dezernates übernehmen – etwa in größeren Kommunalverwaltungen – einzelne Ämter weitere Teilaufgaben, innerhalb derer wiederum Sachgebiete etc. spezielle Teilaufgaben des jeweiligen Amtes erbringen. Schließlich lassen sich in jedem Sachgebiet den einzelnen Stellen besondere Aufgaben zuordnen. Ersichtlich wird, dass sich der gesamte Aufgabenkomplex einer öffentlichen Verwaltung quasi kaskadenartig aus verschiedenen Teilaufgaben zusammenfügt.

Um jedem Beschäftigten eines Betriebes/einer Verwaltungseinheit seine konkreten Aufgaben zuweisen zu können, ist von der Gesamtaufgabe des Betriebes auszugehen. Es stellt sich also die Frage: Was ist Gegenstand des Betriebs?

Handelt es sich bei dem Betrieb etwa um die Kfz-Anmeldestelle einer Gemeinde, so ließe sich vereinfacht formulieren, dass die Gesamtaufgabe dieses Betriebs darin besteht, eine rechtmäßige An-, Um- und Abmeldung von Kraftfahrzeugen zu gewährleisten.

Im Rahmen der **Aufgabenanalyse** ist diese Gesamtaufgabe, wie oben angesprochen wurde, gedanklich in verschiedene Teilaufgaben zu zergliedern. Dazu können verschiedene Kriterien herangezogen werden. Im Falle der Kfz-

Anmeldestelle könnte ein erster Gliederungsaspekt sein, die Gesamtaufgabe z. B. nach Pkw, Lkw, Motorrädern aufzuteilen. Ein anderer Ansatzpunkt könnte auch darin bestehen, zunächst nach An-, Ummeldung und Abmeldung zu unterscheiden. Je komplexer die Gesamtaufgabe ist, desto tiefer und differenzierter wird dabei die Aufgabenanalyse zu erfolgen haben.

Im Rahmen der sich dann anschließenden **Aufgabensynthese** werden die zergliederten Teilaufgaben zu sinnvollen Bündeln von mehreren Teilaufgaben zusammengefasst. Eine solche Zusammenfassung bezeichnet man schließlich auch als Stelle.

> Die Stelle ist also ein Bündel von (Teil-)Aufgaben und die kleinste Einheit innerhalb der Aufbauorganisation.

Die in Kapitel 5 noch ausführlich zu besprechende Stellenbildung umfasst das Zusammenstellen von sinnvollen Aufgabenbündeln. Der Gegenstand der Stellenbildung besteht darin, aufzuzeigen, nach welchen Gesichtspunkten die Zusammenlegung von Aufgaben und Teilaufgaben erfolgt.

Die Stelle ist demnach ein Resultat einer Aufgabensynthese aufgrund einer vorangegangenen Aufgabenanalyse. In diesem Sinne steht die Aufgabensynthese am Beginn der aufbauorganisatorischen *Gestaltung,* nicht aber am Beginn aufbauorganisatorischer *Überlegungen.* Dabei ist im Regelfall darauf zu achten, dass diese Zusammenlegung unabhängig von einer konkreten Person erfolgt, sodass auch bei einem Wechsel des Stelleninhabers die Stelle ohne Veränderung der Aufgabenstellung neu besetzt werden kann. Man stellt die Stelle folglich im Hinblick auf einen anonymen Aufgabenträger zusammen.

Die Besetzung der Stellen mit konkreten Personen stellt schließlich keine organisatorische Angelegenheit mehr dar, sondern ist eine Aufgabe der **Personalwirtschaft** bzw. des **Personalmanagements.**

Wie oben bereits angesprochen wurde, wird im Rahmen dieser aufbauorganisatorischen Überlegungen unter einer Aufgabe eine Sollgröße für menschliche Aktionsmöglichkeiten verstanden. **Aktionen** stellen in diesem Zusammenhang Handlungen von Menschen oder auch Operationen von Sachmitteln dar. Diese Aktionen/Handlungen verfolgen das Ziel, eine definierte Aufgabe zu erfüllen. Für administrative Tätigkeiten können Aufgaben daher auch als Handlungserwartungen verstanden werden.

Noch einmal mit Verweis auf *Kosiol* wird unter einer **Aufgabe** die Zielsetzung für menschliche Aktionsmöglichkeiten als solche verstanden (Kosiol, 1962, S. 45). Der Mensch wird in der Organisation dann zum Bezugspunkt, wenn ihm als **Aufgabenträger** aufgrund der wahrgenommenen Stelle bestimmte Aufgaben zugeordnet werden können. So finden sich in **Stellenbeschreibungen** neben anderen Informationen auch Angaben darüber, welche Aufgaben ein potenzieller Stelleninhaber zu erfüllen hat. Wird diese

Stelle besetzt, dann findet die Stellenbeschreibung auf den Stelleninhaber Anwendung und dieser wird zum Träger der dort definierten Aufgaben.

Aufgaben belegen also, welche zielgerichteten Aktionen durch Menschen (oder Sachmittel) ausgeführt werden sollen.

Um Aufgaben möglichst genau zu bestimmen, können bestimmte Merkmale herangezogen werden. Dabei ist davon auszugehen, dass eine Aufgabe mindestens durch das **Objekt** und die **Verrichtung** näher beschrieben werden kann.

Das Objekt beschreibt, woran eine Handlung vollzogen werden soll. Die Verrichtung beschreibt hingegen, worin diese Handlung konkret besteht, also *was* getan werden soll. Fasst man beide Merkmale zusammen, so lässt sich im Einzelfall sagen, welche Handlung der Aufgabenträger an welchem Objekt durchzuführen hat, um die Aufgabe zu erledigen.

Häufig wird es sich als hilfreich erweisen, ergänzend zu diesen beiden Kernmerkmalen weitere Merkmale zur näheren Bestimmung von Aufgaben hinzuzuziehen. Eine **Aufgabe** lässt sich danach erweitert anhand von **fünf Komponenten** charakterisieren (Kosiol, 1962, S. 43):

primär / sekundär

1. Jede Aufgabe enthält (1) einen **Verrichtungsvorgang**, der als Arbeitsprozess, der durchzuführen ist, auftritt; er ist entweder rein (überwiegend) geistiger Natur oder (meist) eine Kombination von geistiger und körperlicher Tätigkeit.
2. Jede Aufgabe erstreckt sich (2) auf einen Gegenstand **(Objekt),** an dem sich die geforderte Tätigkeit (Arbeit) vollziehen soll; er ist entweder persönlicher oder sachlicher Natur.
3. Jede Aufgabe erfordert in der Regel den Einsatz von (3) **sachlichen Hilfsmitteln** (Sach- oder Arbeitsmitteln); diese dienen der Durchführung des Arbeitsprozesses.
4. Jede Aufgabe ordnet sich in **Raum** und
5. **Zeit** als den Grundkategorien ein, in denen sich für die menschliche Erfahrungswelt alles Geschehen abspielt.

In Frageform ausgedrückt stellen sich diese Komponenten wie folgt dar:

1. **Wie**, durch welche Art von Tätigkeit (Verrichtung), soll die Aufgabe gelöst werden?
2. **Woran**, an welchem Gegenstand (Objekt), soll die Verrichtung vollzogen werden?
3. **Womit**, mit welchen sachlichen Hilfsmitteln (Arbeitsmitteln), soll die Aufgabenerledigung erfolgen?
4. **Wo**, an welchem Ort (Raum), soll die geforderte Tätigkeit stattfinden?
5. **Wann**, zu welcher Zeit, soll die gestellte Aufgabe erfüllt werden?

4.3 Durchführung der Aufgabenanalyse

Die Aufgabenanalyse bezeichnet die systematische Zerlegung und Gliederung einer Gesamtaufgabe in Aufgaben bzw. Teil-Aufgaben[9]). Das **Ziel** einer Aufgabenanalyse ist darin zu sehen, dass

- eine vollständige Erfassung der Aufgaben der Organisationseinheit gelingt,
- eine systematische Gliederung der Aufgaben der Organisationseinheit erstellt werden kann,
- eine übersichtliche Darstellung der zu erledigenden Aufgaben vorliegt,
- eine vom Groben ins Konkrete reichende Darstellung der Aufgaben möglich wird,
- eine Grundlage für eine erleichterte Kommunikation und Arbeitsteilung geschaffen wird.

In der klassischen deutschsprachigen betriebswirtschaftlichen Organisationslehre besitzt das „Analyse-Synthese-Konzept" einen hohen Stellenwert. In dieser Sichtweise von *Organisation* steht die Aufgabe im Mittelpunkt:

Die Aufgabe der Unternehmung als Ausgangspunkt

Wer das Gefüge oder Geschehen einer Unternehmung oder eines ihrer Bestandteile oder Teilbereiche organisatorisch erfassen, prüfen oder gestalten will, muss von der jeweils vorliegenden Zwecksetzung ausgehen. Am Anfang aller organisatorischen Betätigung steht daher die Aufgabe, die gelöst werden soll und auf die sich, um ihre Erfüllung zu gewährleisten, alle organisatorischen Maßnahmen erstrecken. Die analytische Durchdringung der Aufgabe stellt den Ansatzpunkt jeder organisatorischen Bemühung dar. Organisationsanalyse ist daher in erster Linie Aufgabenanalyse als Grundlage aller weiteren Überlegungen (Kosiol 1962, S. 41).

Die Aufgabenanalyse dient im Wesentlichen dazu, einen Überblick über die Teilaufgaben zu gewinnen. Um diesem Überblick eine gewisse Systematik zu verleihen, wird in Anlehnung an die o. g. Bestandteile von Aufgaben die Aufgabenanalyse üblicherweise anhand folgender **Gesichtspunkte einer Aufgabe** durchgeführt:

1. Nach den Verrichtungen
2. Nach den Objekten
3. Nach dem Rang
4. Nach der Phase
5. Nach der Zweckbeziehung

9) Der Begriff der „*Arbeits*-Analyse" wird im Rahmen dieser Einführung nicht weiter behandelt. Die Arbeitsanalyse geht weiter in die Tiefe und bezeichnet die systematische Zergliederung einer Aufgabe bis auf die Ebene von Tätigkeiten (z. B. Handgriffen).

Ob sämtliche oder nur einige Kriterien für eine konkret durchzuführende Aufgabenanalyse zur Anwendung kommen, lässt sich nicht allgemein sagen. Letztlich wird es auch eine Frage des Ziels der Analyse sein, welche und wie viele Kriterien herangezogen werden sollten. Die nachstehende Abbildung 4-2 gibt ein Beispiel für eine durchgeführte Aufgabenanalyse, die durch ein sogenanntes **Aufgabenstrukturbild** (Krüger, 1992) illustriert wird.

Zum Teil wird für das Aufgabenstrukturbild auch auf bestimmte **Symbole** zurückgegriffen, um Aussagen zur Aufgabenanalyse zu unterstreichen. So stehen die unausgefüllten „Kreise" für Bereiche, denen in der konkreten Analyse nicht weiter nachgegangen wurde, wohingegen die ausgefüllten „Punkte" endgültig abgeschlossene Analyseschritte darstellen. „Eingerahmte" Teilaufgaben stehen für solche, die im Verlauf der Aufgabenanalyse noch weiter untersucht werden.

Abb. 4-2: Struktur und Symbolik für ein Aufgabenstrukturbild

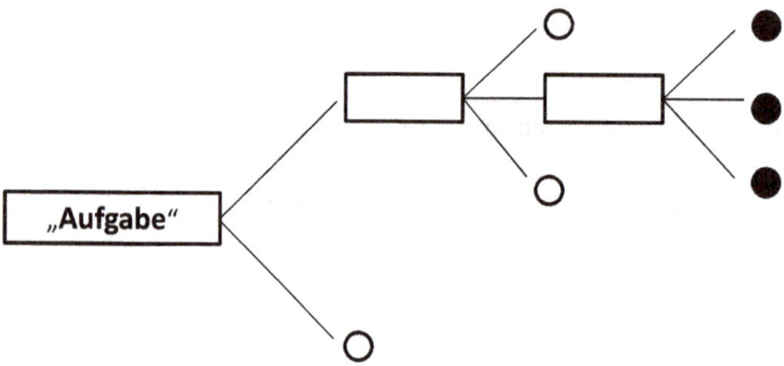

Nachfolgend werden einzelne Analysekriterien noch einmal einer gesonderten Betrachtung unterzogen.

- Das Gliederungskriterium **Verrichtung** bezeichnet die Art (Tätigkeit bzw. Aktivität) der Leistung, die erbracht werden soll. Es handelt sich dabei um die Tätigkeit, die an oder mit einem Arbeitsobjekt erledigt wird. Verrichtung und (Arbeits-)Objekt gehören demnach immer zusammen und die Trennung der Verrichtung vom Objekt dient dabei vor allem analytischen Zwecken.

  Bezogen auf das *Beispiel* einer Kfz-Meldestelle könnte die Gliederung hier nach „Anmeldungen", „Ummeldungen" und „Abmeldungen" differenzieren, wobei selbstredend klar ist, dass sich diese Tätigkeiten immer nur auf ein Objekt – in diesem Fall ein Fahrzeug – beziehen können und für sich allein genommen keinen Sinn ergeben.

  Die Frage danach, wie weit eine Untergliederung erfolgen sollte, kann nicht allgemeingültig beantwortet werden. Dennoch lässt sich festhalten, dass die Untergliederung dort sinnvollerweise enden sollte, wo eine Aufgabe auf jeden Fall nur von einer einzigen Person durchgeführt wird. Es kann zwingende Aufgaben geben, die nicht weiterdelegiert werden können oder dürfen, in diesen Fällen ist eine weitere Untergliederung wenig sinnvoll. In den meisten Fällen werden Aufgaben auf verschiedene Aufgabenträger verteilt, so eine differenzierte Betrachtung hilfreich ist.

Die nachstehende Abbildung 4-3 zeigt ein weiteres Beispiel zur Verrichtungsanalyse.

Abb. 4-3: Beispiel: Aufgabenanalyse nach Verrichtungen

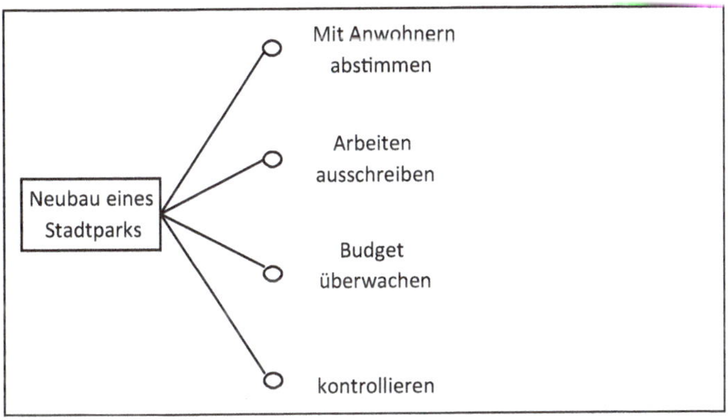

- So wie oben die Verrichtung vom Objekt gedanklich getrennt wurde, lässt sich aus Analysezwecken auch mit dem Objekt verfahren. Das Kriterium **Objekt**, auf das sich die Verrichtungen beziehen bzw. mit dem diese durchgeführt werden, kann sowohl materieller Natur (ein Gegenstand, eine Person) als auch immaterieller Natur (Informationen, Rechte etc.) sein.

  In dem Beispiel der Kfz-Meldestelle wäre eine Differenzierung nach „Pkw" und „Lkw", „Zweiräder" oder auch nach „privat", „gewerblich" denkbar. Im Rahmen der Objektanalyse werden in diesen Fällen folglich aus einem Oberbegriff mögliche (Teil-)Objekte abgeleitet. Die folgende Abbildung 4-4 zeigt wiederum ein weiteres Beispiel.

Abb. 4-4: Beispiel: Aufgabenanalyse nach Objekten

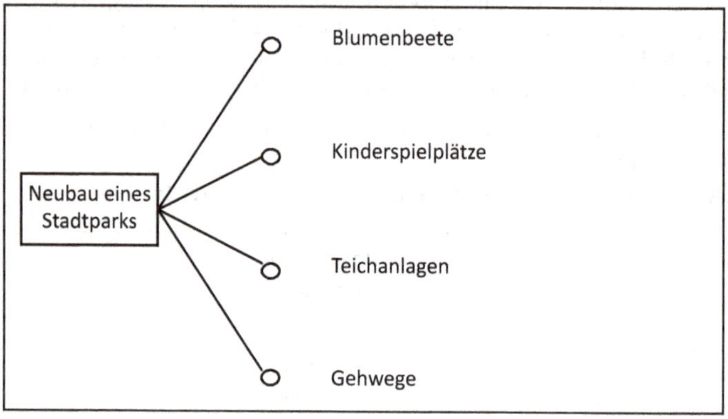

- Das Gliederungskriterium **„Rang"** stellt auf die Tatsache ab, dass die Teilaufgaben innerhalb der Gesamtaufgabe eine unterschiedliche Bedeutung und auch Wertigkeit/Wichtigkeit besitzen. Ihr Rang ist also unterschiedlich. Die Ranganalyse unterscheidet zwischen Entscheidungs- und Ausführungsaufgaben und ist insbesondere im Hinblick auf die spätere Herausbildung von Leistungs-/Entscheidungsstellen und Ausführungsstellen bedeutsam. In gewisser Weise wird demnach bereits hier der hierarchischen Gliederung der Organisation der Weg bereitet.

  Als Beispiele wären wiederum Verrichtungen zu nennen, die aber qualitativ differenziert nach Entscheidung oder Ausführung zu sortieren wären. In dem einen Fall geht es etwa um die Entscheidung zur Durchführung von Kfz- oder Lkw-Anmeldungen, in dem anderen Fall um die eigentliche Durchführung, z. B. der Kfz-Anmeldung.

Abb. 4-5: Beispiel: Aufgabenanalyse nach Objekt, dann nach Rang

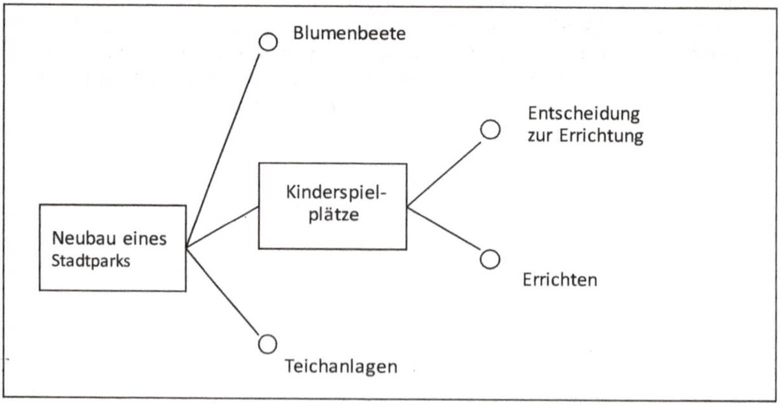

- Bei der Gliederung nach den **Phasen** erfolgt die Differenzierung nach den Teilaufgaben Planung, Umsetzung, Kontrolle.

  Es gilt bei diesem Kriterium die Annahme, dass jede Aufgabenerledigung in einen Prozess eingebunden ist, der sich aus den Abschnitten Planung der (Teil-)Aufgabe, Umsetzung des Geplanten und Kontrolle des Geplanten zusammensetzt. Jede Form der Umsetzung muss zuvor geplant werden, wobei unter Planung hier die gedankliche Vorwegnahme der Umsetzung zu verstehen ist. Um diese geistige Aktivität erbringen zu können, vollzieht sich beim Planer ein (Planungs-)Prozess, der sich aus der zielgerichteten Beschaffung und Verarbeitung von Informationen zusammensetzt.

  Auf die Planung erfolgt die Umsetzung, in der das zuvor gedanklich Durchgespielte dann in die Tat umgesetzt wird. Es folgt schließlich die Kontrolle. Hier gilt es, einen Abgleich zwischen den geplanten und den realisierten Werten (Soll-Ist-Abgleich) vorzunehmen.

  Bezogen auf das Beispiel muss zunächst geplant werden, wie die Anmeldung von Kfz erfolgen soll. Die geplante Art und Weise der Anmeldung wird praktiziert und schließlich ist zu prüfen, ob die Anmeldungen tatsächlich in der geplanten Weise umgesetzt wurden. Die nächste Abbildung 4-6 zeigt ein neues Beispiel.

Abb. 4-6: Beispiel: Aufgabenanalyse nach Objekt, dann nach Phase und Verrichtung

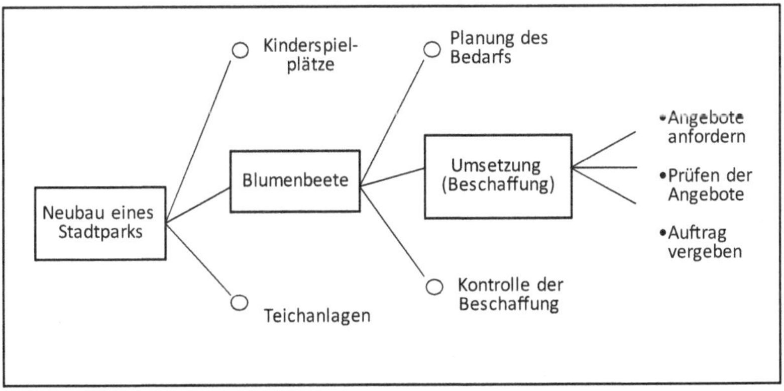

- Unter dem Gesichtspunkt der **Zweckbeziehung** schließlich wird nach primären (unmittelbaren) und sekundären (mittelbaren) Teilaufgaben differenziert. So nehmen alle Organisationen und Organisationseinheiten neben ihrer eigentlichen bzw. Hauptaufgabe auch weitere Aufgaben quasi „nebenher" wahr. Je größer und komplexer Organisationen werden, desto schwieriger wird es häufig zu sagen, welchem primären Zweck sie dienen oder dienen sollten. Es kann mitunter die Situation eintreten, dass die sekundären Aufgaben mehr Ressourcen in Form von Zeit, Arbeitsstunden, Geld etc. binden als die primären. Eine Analyse nach dem Kriterium Zweck kann hier helfen, Klarheit zu schaffen.

Primäre Aufgabe der Kfz-Meldestelle ist das An-, Um- und Abmelden von Kfz, während die statistische Erfassung der Häufigkeit von privaten und gewerblichen Kunden zu den sekundären (Neben-)Tätigkeiten zu rechnen ist. Die nachstehende Abbildung 4-7 zeigt ein anderes Beispiel.

Abb. 4-7: Beispiel: Aufgabenanalyse nach dem Zweck

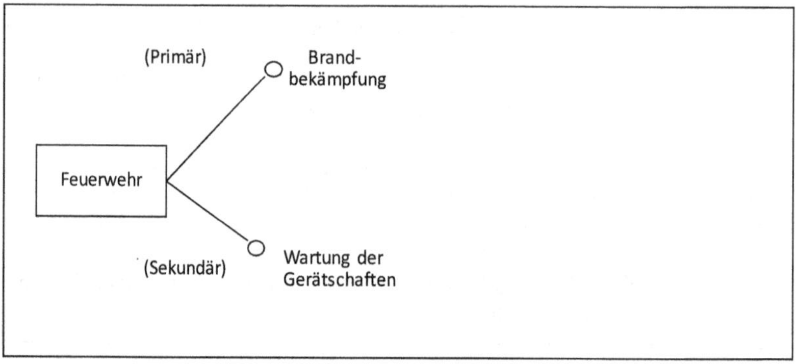

Die Gliederung von Aufgaben kann nach „Und-Gliederung" und „Oder-Gliederung" vorgenommen werden.

Kombiniert man diese mit der Sichtweise Verrichtung oder Objekt, dann folgen daraus **vier Arten** der Aufgabengliederung:

a) Und-Verrichtungsgliederung,

b) Und-Objektgliederung,

c) Oder-Verrichtungsgliederung,

d) Oder-Objektgliederung.

Zu a) Und-Verrichtungsgliederung

Die Ursprungsaufgabe ist dann vollständig erledigt, wenn *alle* Teilaufgaben erfüllt sind. So setzt die Aufgabe „Personalbeschaffung" voraus, dass der Personalbedarf festgestellt wird *und* die Stelle ausgeschrieben wird *und* die Bewerberauswahl erfolgt *und* vertragliche Angelegenheiten geregelt sind.

Abb. 4-8: Und-Verrichtungsgliederung

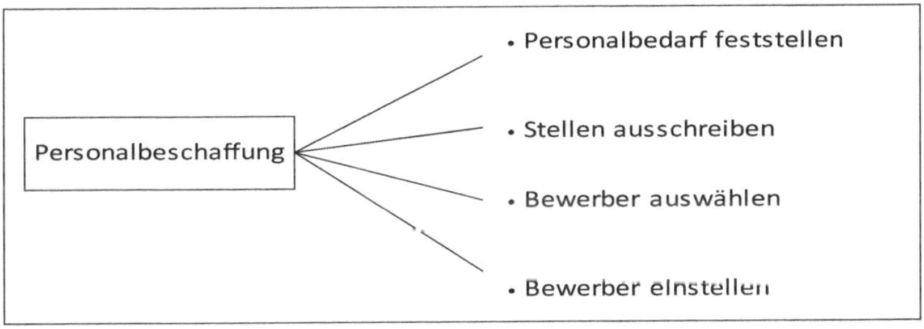

Zu b) Und-Objektgliederung

Analog zum vorgenannten Beispiel ist hier die Ursprungsaufgabe dann erledigt, wenn alle Teilobjekte berücksichtigt wurden.

Abb. 4-9: Und-Objektgliederung

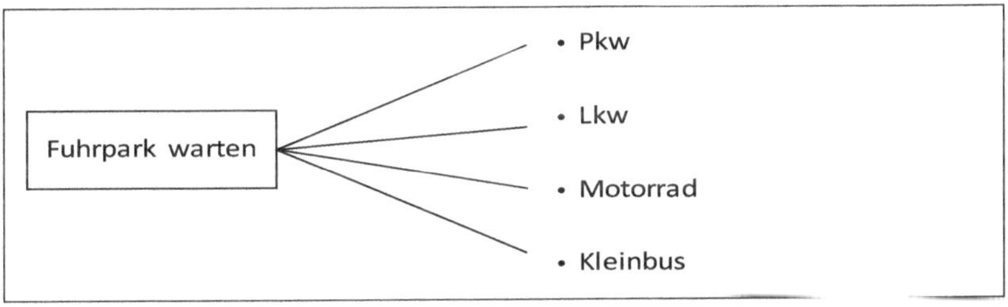

Zu c) Oder-Verrichtungsgliederung

Die aus der Ursprungsaufgabe abgeleiteten Teilverrichtungen sind alternativ (also nicht alle) zu erledigen, da sich die Alternativen ausschließen. Man bezeichnet dieses auch als „exklusiv-oder".

Abb. 4-10: Oder-Verrichtungsgliederung (exklusiv-oder)

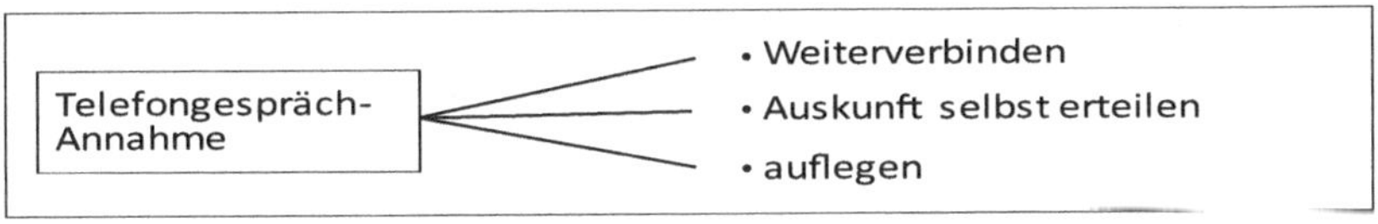

Zu d) Oder-Objektgliederung

Ähnlich wie bei c) ist es hier ausreichend, wenn von den möglichen Teil-Objekten eine Alternative berücksichtigt wurde oder auch die Möglichkeit besteht, alle Alternativen zu wählen. Diese Variante wird auch als „inklusiv-oder" bezeichnet.

Abb. 4-11: Oder-Objektgliederung (inklusiv-oder)

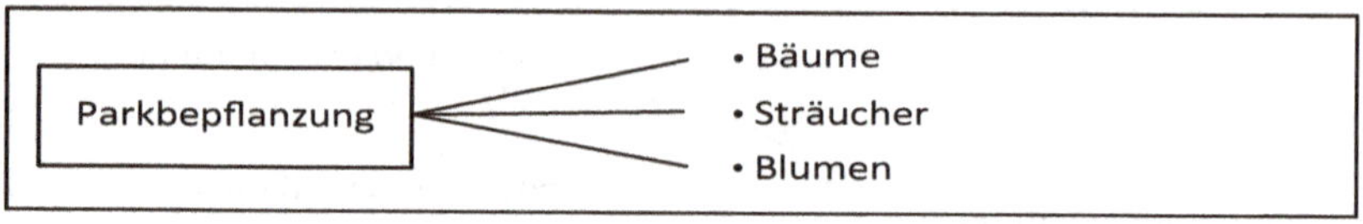

Neben diesen eher logischen Ordnungsmerkmalen zugehörigen Aspekten gelten für eine Aufgabenanalyse weitere **Grundsätze**, die in einer konkreten Anwendung einer Aufgabenanalyse zu beachten sind:

- **Vollständigkeit**
- **Inhaltsgleichheit**
- **Einheitlichkeit**
- **Gliederungstiefe vor Gliederungsbreite**

1) Vollständigkeit

Die Gliederung muss sämtliche möglichen Alternativen des vorherigen Gliederungspunktes enthalten. Das heißt, dass dieser Analyseschritt erst dann korrekt abgehandelt wurde, wenn tatsächlich alle Teilalternativen berücksichtigt wurden. Gerade – aber nicht nur – im Falle der Verrichtungsanalyse können hier sehr viele Alternativen prinzipiell denkbar sein, sodass sich die Analyse im Einzelfall sehr umfangreich gestalten würde. In diesen Fällen empfiehlt es sich, subsumierende Begriffe zu gebrauchen, die eine vollständige Erfassung aller Teilalternativen ermöglichen.

Abb. 4-12: Analysegrundsatz: Vollständigkeit

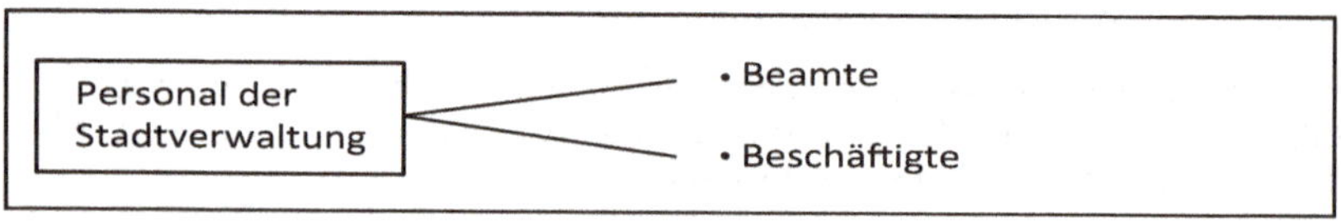

2) Inhaltsgleichheit

Die Gliederungsbestandteile müssen inhaltlich einander entsprechen. In dem folgenden Beispiel in der Abbildung 4-13 wäre z. B. ein weiterer Gesichtspunkt „mit Computer" fehlerhaft.

Abb. 4-13: Analysegrundsatz: Inhaltsgleichheit

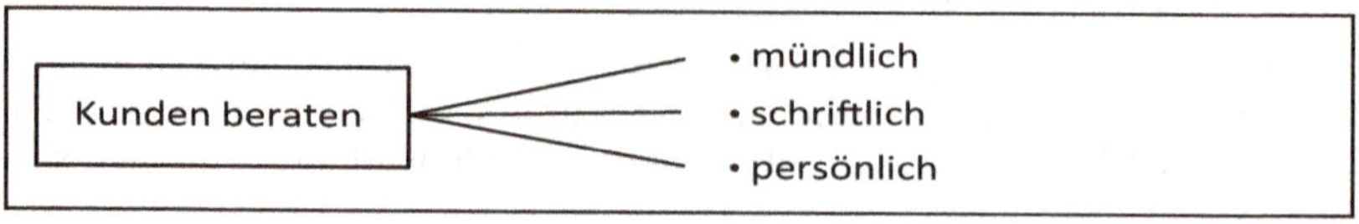

3) Einheitlichkeit

Jede einzelne Gliederung darf nur nach einem Kriterium erfolgen, z. B. nach Objekten. Ein Wechsel oder die Kombination von Gliederungsarten innerhalb eines Gliederungspunktes ist also nicht zulässig. *Falsch* wäre in dem folgenden Beispiel z. B., als weitere Punkte „kaufen", „mieten" aufzuführen, da es sich bei diesen um Tätigkeiten – also Verrichtungen – handelt und insofern der Grundsatz des einheitlichen Gliederungskriteriums verletzt wäre.

Abb. 4-14: Analysegrundsatz: Einheitlichkeit

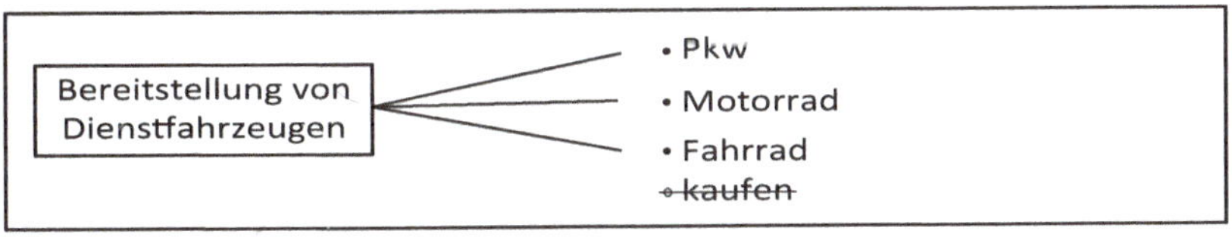

4) Gliederungstiefe geht vor Gliederungsbreite

Ein Ursprungselement soll jeweils nicht zu viele (möglichst nicht mehr als ca. sechs bis sieben) Teilelemente umfassen. In der konkreten Anwendung wird dieses nicht immer möglich sein, weil ansonsten der Grundsatz der Vollständigkeit verletzt würde. In solchen und ähnlichen Fällen bietet es sich aus Gründen der Übersichtlichkeit häufig an, eine Zwischenstufe einzufügen, wie dieses auch in der nachstehenden Abbildung 4-15 verdeutlich wird.

Abb. 4-15: Analysegrundsatz: Gliederungstiefe vor Gliederungsbreite

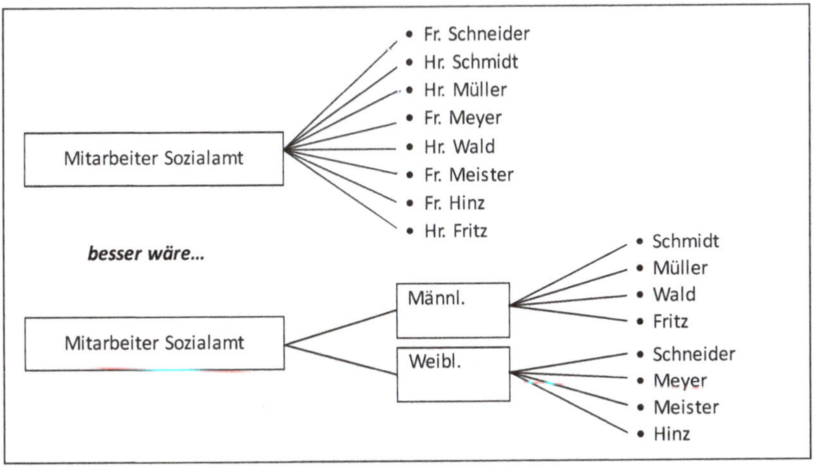

Nach durchgeführter Aufgabenanalyse entsteht ein **Aufgabenstrukturbild** als Übersicht aller (Teil-) Aufgaben innerhalb eines bestimmten Bereiches. Ein solches wurde oben bereits in Abbildung 4-2 exemplarisch vorstellt. Es dient

z. B. der Prüfung, ob alle Aufgaben für eine anstehende organisatorische Entscheidung berücksichtigt wurden und/oder ob alle erfassten Aufgaben notwendig sind, sowie zur Erhöhung der Klarheit der Aufgabenstellung.

4.4 Diskussion der Aufgabenanalyse

Die Aufgabenanalyse eignet sich wie kaum eine andere Organisationstechnik dazu, Aufgaben vollständig und systematisch zu erfassen. Insbesondere das Aufgabenstrukturbild macht letztlich auch allgemeinere Zusammenhänge von Detailaufgaben ersichtlich. Von nicht zu unterschätzendem Vorteil ist zudem die intuitiv verständliche Lesbarkeit der Darstellung.

Gleichwohl besitzt natürlich – wie andere Techniken auch – die Aufgabenanalyse gewisse Schranken, was ihre Anwendungstauglichkeit für organisatorische Fragestellungen angeht (Schmidt, 1991, S. 190):

Auf Grenzen stößt die Aufgabenanalysetechnik etwa dann, wenn im Zuge eines organisationalen Gestaltungsvorhabens Informationen über die zur Aufgabenerfüllung zur Verfügung stehenden Ressourcen (insbesondere Aufgabenträger, Sachmittel) notwendig sind. So verschafft die Aufgabenanalyse zwar Information über die notwendigen Sachmittel, nicht jedoch über deren tatsächliche Verfügbarkeit.

Daneben bietet die Aufgabenanalyse auch keine Informationen über die Dauer von einzelnen Aufgaben oder deren Häufigkeit sowie die verwendeten Hilfsmittel, wie z. B. bestimmte Unterlagen oder Formulare, sodass sie insgesamt für ablauforganisatorische Überlegungen nur begrenzt nützlich ist.

Problematisch erweist sich die Technik darüber hinaus im Hinblick auf dynamische Fragestellungen. Die Aufgabenstellung erfasst immer nur solche Aspekte, die zum Zeitpunkt der Erfassung auch zu erfüllen waren. Bestimmte Aufgaben kommen jedoch in Abhängigkeit von der aktuell gewählten organisatorischen Gestaltung hinzu. Fallen durch strukturelle Maßnahmen neue Aufgaben an, die im Rahmen der Analyse der vorhandenen Aufgaben noch nicht zu erfüllen waren, so können diese auch nicht Gegenstand der Aufgabenanalyse gewesen sein. Die Aufgabenanalyse erfasst also (nur) den Status quo – zwischenzeitliche Änderungen bleiben unberücksichtigt.

4.5 Aufgabensynthese als Zweck der Aufgabenanalyse

Vor dem Hintergrund des übergreifenden Themas der Stellenbildung dient die Aufgabenanalyse vor allem der **Aufgabensynthese**, d. h. der Zusammenführung von Teilaufgaben zu Stellen und im Weiteren dann zur Bildung von größeren Organisationseinheiten, wie Abteilungen, Dezernaten etc.

Die nachstehende Abbildung 4-16 illustriert den Zusammenhang von Aufgabenanalyse und Aufgabensynthese.

Abb. 4-16: Aufgabenanalyse und Aufgabensynthese (nach Bleicher, 1991, S. 9)

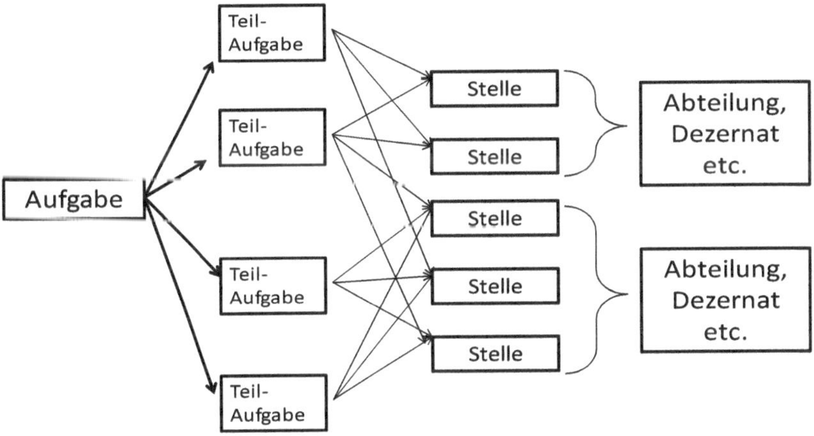

Bei der Aufgabensynthese wird es im Regelfall darum gehen, ähnliche Teilaufgaben zusammenzufassen, um etwa die wirtschaftlichen Vorteile der Spezialisierung zu nutzen.

Dieses wird insbesondere im Falle der Synthese nach dem **Verrichtungsprinzip** evident, wenn man bedenkt, dass Mitarbeiter ähnliche Verrichtungen stets schneller und i. w. S. aufgrund des Übungseffektes *besser* durchführen können.

Bei der Aufgabensynthese nach dem **Objektprinzip**, d. h., wenn Teilaufgaben nach bestimmten Arbeitsgegenständen, Gebieten oder Kundengruppen zusammengeführt werden, stehen weniger Spezialisierungsvorteile im Vordergrund als vielmehr der das Objekt betreffende Wissenszuwachs.

Der Sozialarbeiter, der sich z. B. speziell der „Kundengruppe" suchtkranker Jugendlicher annimmt, wird sich ein spezielles Wissen aneignen, das auf die Besonderheiten angewendet werden kann.

Eine Spezialisierung nach dem Kriterium des **Ranges** ist schließlich in solchen Fällen ratsam, wenn es für die Aufgabenerledigung bedeutsam ist, dass Klarheit über die Leitungsverhältnisse herrscht. Effizienzmindernde Reibungsverluste aufgrund von Kompetenzstreitigkeiten lassen sich so begrenzen.

5 Die Stelle als kleinste aufbauorganisatorische Einheit

5.1 Überblick

Die **Stelle** ist die kleinste Organisationseinheit der Verwaltung und somit das Grundelement der Aufbauorganisation. Sie umfasst sämtliche von einem gedachten Aufgabenträger, aber unabhängig von einer bestimmten Person, dauerhaft wahrzunehmenden Arbeiten (Tätigkeiten) und Befugnisse (Vahs, 2012, S. 63; Kosiol, 1962, S. 89). Die einzelnen Stellen unterscheiden sich inhaltlich nach den übertragenen Arbeiten und funktionell nach dem Maß ihrer Befugnisse. Der Inhaber einer Stelle kann zur Aufgabenerledigung mit einem oder mehreren sachlichen Hilfsmitteln (auch Arbeitsmittel genannt) ausgestattet sein. Dabei kann auch der Fall eintreten, dass mehrere Stellen durch ein gemeinsames oder mehrere Arbeitsmittel verbunden sind. Stelleninhaber können organisatorisch zu Personenmehrheiten (z. B. Abteilungen) zusammengefasst sein (Kosiol, 1962, S. 89).

Die folgende Abbildung 5-1 gibt einen Überblick über alle wesentlichen Aspekte, die im Zusammenhang mit der Einrichtung und Bewirtschaftung von Stellen von Bedeutung sind. Sie werden in der Folge näher betrachtet.

Abb. 5-1: Wesentliche Aspekte der Stelle

5.2 Stellenbildung

5.2.1 Merkmale von Stellen

Im Rahmen der Aufgabenanalyse werden die Aufgaben in einzelne Teilaufgaben zerlegt. Die Aufgabensynthese bündelt diese Teilaufgaben zu sinnvollen und verteilungsfähigen Aufgabenkomplexen, die anschließend einzelnen oder mehreren Stellen (z. B. Abteilungen) zugeordnet werden (Schulte-Zurhausen, 2010, S. 209 ff.; Vahs, 2012, S. 68 ff.).

Eine Stelle wird im Wesentlichen durch vier Merkmale charakterisiert (Schulte-Zurhausen, 2010, S. 163 ff.; Vahs, 2012, S. 64 ff.; Krüger, 1994, S. 45 ff.):

1. Dauerhafte Aufgabenbündelung

Einer Stelle sind bestimmte Teilaufgaben dauerhaft zugeordnet. Die Stelle grenzt demnach den Zuständigkeitsbereich eines Aufgabenbereiches auf längere Sicht von anderen Aufgabenbereichen ab.

2. Versachlichter Personenbezug

Bei der Bündelung von Aufgaben zu Stellen wird die Normalleistung einer gedachten Person zugrunde gelegt. Für die Aufgabenerfüllung wird sowohl in Bezug auf den Umfang der Arbeitsleistung als auch hinsichtlich des Anspruchsniveaus ein Mitarbeiter mit einem Leistungsvermögen, das im Normalfall erwartet werden kann, unterstellt. Künftige Personalwechsel haben so keinen Einfluss auf die Organisation.

Mit der Stellenbildung wird der sachliche Stelleninhalt, zugleich aber auch der personale Zuständigkeitsbereich festgelegt (Kosiol, 1962, S. 89 f.). Dies lenkt den Blick darauf, dass Aufgaben durch Organisationsmitglieder wahrgenommen werden. Die Interessen des Systemelements „Mensch" sollten daher bei der Stellenbildung angemessen berücksichtigt werden (Bleicher, 1991, S. 37 f.). Hierzu bestehen diverse Möglichkeiten, z. B. sollten sich humane und soziale Ziele der Organisation auch bei der Stellenbildung widerspiegeln. Die einzelne Stelle sollte so zugeschnitten sein, dass ausreichende Gestaltungsspielräume für den Mitarbeiter bestehen, um kreatives Denken und eigenverantwortliches Handeln zu fördern. Auch die Einbeziehung von betroffenen Mitarbeitern in die organisatorische Gestaltung des eigenen Arbeitsumfeldes ist in diesem Zusammenhang zu nennen.

Hinsichtlich der Personenanzahl einer Stelle lassen sich folgende Möglichkeiten unterscheiden:

- Die Stelle ist mit genau einer Person besetzt.
- Zwei oder mehr Personen teilen sich eine Stelle und arbeiten gleichzeitig (Job-Sharing).
- Die Stelle ist mit zwei oder mehr Personen besetzt, die zeitlich nacheinander tätig werden. Beispielsweise regeln Dienstpläne bei der Feuerwehr, der Polizei oder auch in Krankenhäusern die Arbeitszeit zu unterschiedlichen Dienstzeiten.

3. Übertragene Kompetenzen

Der Begriff „Kompetenz" steht zum einen für die Fähigkeiten und Fertigkeiten einer Person, zum anderen bezeichnet er bestimmte Berechtigungen, die mit der Durchführung einer Aufgabe verbunden sind. Der zweite Bedeutungsinhalt soll in diesem Zusammenhang interessieren: Organisatorische Kompetenzen beziehen sich auf die einem Stelleninhaber übertragenen formalen Rechte und Befugnisse. Angemessene Kompetenzen sind Voraussetzung dafür, dass der Stelleninhaber seine Aufgaben ordnungsgemäß erledigen kann. Gleichzeitig stecken sie den Handlungsspielraum des Stelleninhabers ab. Beispiele für organisatorische Kompetenzen sind:

- die mit der Durchführung einer Aufgabe verbundenen Berechtigungen (Ausführungskompetenz), z. B. bei Auftragsvergaben Angebote bis zu einer bestimmten Auftragssumme einzuholen,
- das Recht, Sachverhalte zu entscheiden (Entscheidungskompetenz), z. B. Aufträge bis zu einer bestimmten Auftragshöhe zu vergeben,
- Rechte und Befugnisse, die mit einer Leitungsfunktion verbunden sind (wie etwa Weisungs- und Kontrollkompetenzen), z. B. sich alle Auftragsvergaben zur Mitzeichnung vorlegen zu lassen.

Bei der Zuweisung von Kompetenzen ist der **Grundsatz der Ausschließlichkeit** zu beachten. Dieser Grundsatz stellt sicher, dass die einer Stelle zugeordneten Kompetenzen nicht gleichzeitig einer anderen Stelle übertragen werden. Ein Verstoß gegen den Grundsatz der Ausschließlichkeit führt zu Kompetenzüberschneidungen, die wiederum Störungen im Arbeitsablauf zur Folge haben können.

4. Verantwortung

Für den mit der Zuordnung von Kompetenzen übertragenen Handlungsspielraum übernimmt der Stelleninhaber als spiegelbildliches Gegengewicht gleichzeitig Verantwortung. Unter Verantwortung wird „... die Pflicht einer Person verstanden, für die Folgen ihrer Entscheidungen und Handlungen persönlich Rechenschaft abzulegen" (Schulte-Zurhausen, 2010, S. 165). Das heißt, dass der Stelleninhaber für Misserfolge und Fehler, die in seinen Verantwortungsbereich fallen, einzustehen hat, wobei die Sanktionierung im öffentlichen Sektor innerhalb der Grenzen des öffentlichen Dienstrechts stattzufinden hat. In der Organisationslehre unterscheidet man die Rechenschaftspflicht hinsichtlich der wahrzunehmenden Führungsaufgaben (Führungsverantwortung), in Bezug auf die Art und Weise der Aufgabenerfüllung (Handlungsverantwortung) und hinsichtlich der Zielerreichung (Ergebnisverantwortung).

Das **organisatorische Kongruenzprinzip** (AKV-Prinzip) besagt, dass Aufgabe, Kompetenz und Verantwortung übereinstimmen sollten (vgl. Abb. 5-2). Nur wenn der Stelleninhaber die zur Aufgabenerfüllung notwendigen Kompetenzen besitzt, kann er auch für die Folgen seiner Handlungen und Entscheidungen zur Verantwortung gezogen werden.

Abb. 5-2: Das organisatorische Kongruenzprinzip

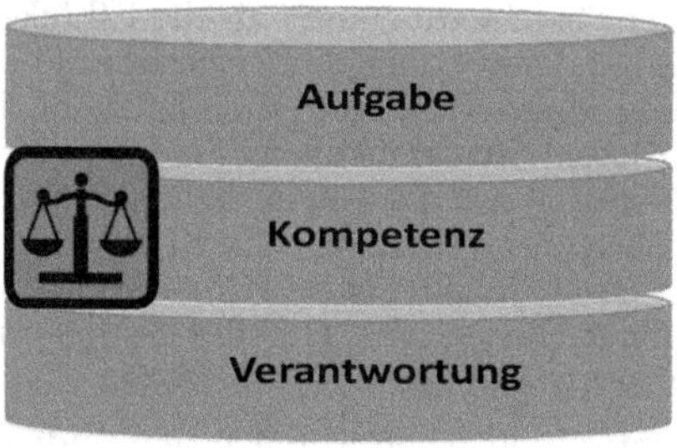

5.2.2 Kriterien für die Stellenbildung

Die Stellenbildung erfolgt im Wesentlichen anhand der Sache bzw. Aufgabe (ad rem), einer bestimmten Person (ad personam), der Sachmittel (ad instrumentum) oder auf der Grundlage gesetzlicher Vorschriften (Schulte-Zurhausen, 2010, S. 166 ff.; Krüger, 1994, S. 47):

- Üblicherweise spielen bei der Bildung von Stellen das Leistungsvermögen und die Eigenschaften der späteren Stelleninhaber keine Rolle. Im Mittelpunkt steht die Aufgabe, die übertragen werden soll, nicht der Stelleninhaber. Dies hat eine Versachlichung der Stellenbildung zur Folge **(Stellenbildung ad rem)**.
- Der Nachteil einer personenunabhängigen Stellenbildung besteht darin, dass spezielle Eigenschaften einer bestimmten Person unberücksichtigt bleiben. Eine auf einen konkreten Stelleninhaber zugeschnittene Stellenbildung **(Stellenbildung ad personam)** kann hingegen in Einzelfällen durchaus nutzbringend für die Organisation sein. Dies gilt insbesondere für den Einsatz hochqualifizierter Spezialisten (z. B. Museumspädagoge) oder mit Blick auf Stellen im oberen Leitungsbereich (z. B. Dezernent). Bedacht werden muss, dass bei einem Wechsel des Stelleninhabers ggf. eine Reorganisation des Aufgabenbereiches vorgenommen werden muss. Eine verstärkte Personenorientierung kann auch erreicht werden, indem Bedürfnisse der Mitarbeiter nach größeren Gestaltungsspielräumen und Motivationsaspekte bei der Stellenbildung stärker in den Mittelpunkt rücken. Dem Menschen als sogenannte wertvollste Ressource im Unternehmen wird so Rechnung getragen.
- Kommt der Sachmittelausstattung eine besondere Bedeutung zu, so bestimmt dieser Aspekt den Stellenzuschnitt **(Stellenbildung ad instrumentum)**. Die Zuordnung von Aufgaben zu Stellen erfolgt ausschließlich nach den technischen Gegebenheiten eines bestimmten Sachmittels, wie z. B. einer Druckmaschine. Ziel ist vor allem, das Leistungspotenzial des Sachmittels auszuschöpfen. So können insbesondere kostenintensive Anlagen möglichst voll ausgelastet werden. Die Belange des Menschen treten eher zurück. Im privaten Sektor werden z. B. durch die Anwendung

von Fertigungsrobotern die Abläufe weitgehend durch das Sachmittel bestimmt. Die Mitarbeiter werden überwiegend zur Überwachung und Störfallbeseitigung eingesetzt (Schulte-Zurhausen, 2010, S. 170).

- Die Einrichtung bestimmter Stellen kann durch **rechtliche Normen** vorgegeben sein. Wesentliche durch Gesetze oder Verordnungen vorgeschriebene Stellen sind z. B. die Stellen der Gleichstellungsbeauftragten, des Datenschutzbeauftragten oder des Beauftragten für Arbeitssicherheit. Für diese Funktionen sind dann geeignete Personen auszuwählen. Die Stellen können in Vollzeit oder Teilzeit besetzt werden.

Die Stellenbildung orientiert sich in der Praxis häufig an der zu erbringenden Funktion. Mit ansteigender Arbeitsmenge, -vielfalt und -komplexität erwächst die Notwendigkeit, Arbeitspensen unterschiedlicher Art auf spezialisierte Personen zu übertragen. Diese Form der funktionalen Arbeitsteilung wird auch als **Spezialisierung** bezeichnet. Es kann zwischen horizontaler und vertikaler Spezialisierung unterschieden werden (Vahs, 2012, S. 69 ff.; Hopp & Göbel, 2013, S. 140 f.). Die **horizontale Spezialisierung** bezieht sich auf den Aufgabenumfang, der einer Person übertragen wird. Generalisten führen eine Vielzahl unterschiedlicher Aufgaben aus (z. B. Melde-, Pass- und Fundangelegenheiten im Bürgerbüro). Diese Stellen weisen eine niedrige horizontale Spezialisierung auf. Spezialisten sind dagegen im Extremfall lediglich für eine einzige Aufgabe zuständig (z. B. Passangelegenheiten im Bürgerbüro). Ihren Arbeitsplatz kennzeichnet eine hohe horizontale Spezialisierung; sie sind somit Experten in ihrem Aufgabengebiet. Die Grundidee der horizontalen Spezialisierung geht auf *Taylor* zurück, der in einer stärker betonten Arbeitsteilung die wesentliche Komponente für organisatorische Effizienz sah (siehe auch Kapitel 2). Insbesondere aufgrund der zu befürchtenden Monotonie und Sinnentleerung bei der Aufgabenwahrnehmung sind moderne Verwaltungen in den letzten Jahrzehnten jedoch verstärkt dazu übergegangen, hochgradig spezialisierte Arbeitsplätze bei Routinetätigkeiten zu vermeiden.

Mit **vertikaler Spezialisierung** ist die qualitative Trennung der Aufgaben in Planung und Kontrolle einerseits und in die Durchführung der Aufgaben andererseits gemeint („Trennung von Kopf- und Handarbeit" nach *Taylor*, siehe hierzu Kapitel 2). Die Folge ist, dass die verantwortliche Leitungskraft über die Art und Weise der Aufgabenausführung entscheidet, nicht der Verrichtende selbst. Je größer der Entscheidungs- und Kontrollspielraum einer Stelle ist, umso weniger ist sie vertikal spezialisiert. Der Stelleninhaber benötigt in diesem Fall für die Erledigung seiner Aufgaben einen weitreichenden Entscheidungsspielraum, wie dies beispielsweise bei Leitungsstellen der Fall ist. Als Gegenbeispiel kann im öffentlichen Sektor die Stelle eines Boten genannt werden. Dieser hat überschaubare und relativ einfache Tätigkeiten zu erledigen, für die er nur Ausführungskompetenzen besitzt. Seine Stelle ist mit einer hohen vertikalen Spezialisierung verbunden. Der Umfang der vertikalen Spezialisierung hängt demnach insbesondere von der Aufgabenkomplexität ab.

5.2.3 Stellenarten

Stellen werden nach der Art und dem Umfang der ihnen zugewiesenen Aufgaben und Kompetenzen in Linienstellen und unterstützende Stellen unterschieden (Hopp & Göbel, 2013, S. 142 ff.; Bühner, 1991, S. 69 f.). Linienstellen lassen sich weiter in Leitungsstellen und Ausführungsstellen gliedern, während unterstützende Stellen im Wesentlichen Stabsstellen oder Assistenzstellen sein können. Abbildung 5-3 gibt einen Überblick über die Stellenarten.

Abb. 5-3: Stellenarten

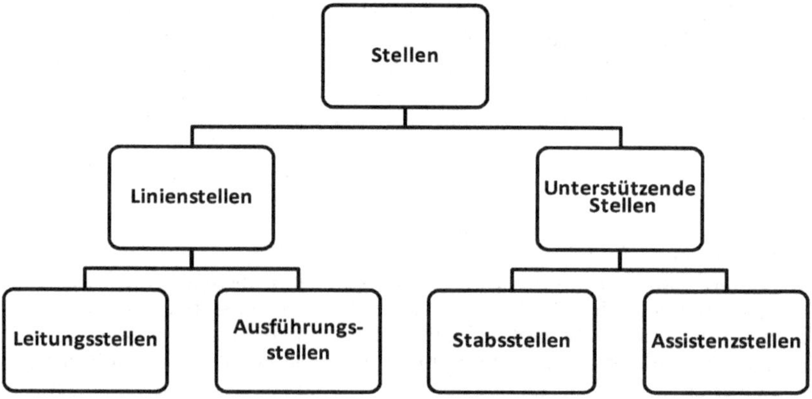

Linienstellen

Linienstellen sind unmittelbar mit der Durchführung der Aufgaben betraut. Sie lassen sich in Leitungsstellen und Ausführungsstellen differenzieren:

- **Leitungsstellen** werden auch als **Instanzen** bezeichnet. Instanzen treffen für andere Stellen verbindliche Entscheidungen, setzen diese in Weisungen um, überwachen die Durchführung der Weisungen durch untergeordnete Stellen und greifen gegebenenfalls steuernd ein. Leitungsstellen sind demzufolge mit einer *Vollkompetenz* (Leitungs- und Durchführungskompetenz) ausgestattet, während Ausführungsstellen überwiegend die Ausführung der von den Instanzen getroffenen Entscheidungen obliegt. Ein weiteres Merkmal, das die beiden Stellenarten voneinander abgrenzt, sind die *Weisungsbefugnisse*, die ausschließlich für Leitungsstellen kennzeichnend sind. Instanzen verfügen über fachliche Weisungsbefugnisse (beziehen sich auf die Art und Weise der Aufgabenerfüllung) und disziplinarische Weisungsbefugnisse (umfassen personalrechtliche Maßnahmen bzw. Verhaltensnormen). Bezogen auf die *Verantwortung* für das Aufgabengebiet ist zwischen Eigen- und Fremdverantwortung zu differenzieren. Eigenverantwortung bringt die Verpflichtung mit sich, für das eigene Handeln und die getroffenen Entscheidungen Rechenschaft abzulegen. Dieser Aspekt der Verantwortung unterscheidet sich grundsätzlich nicht

von dem der untergeordneten Stellen. Fremdverantwortu
dass die Leitung einer Organisationseinheit auch für das
Mitarbeiter einzustehen hat. Als Ausfluss aus der hierarchis
von Organisationen können unterschiedliche *Instanzebenen* (o[illegible], mittlere und untere Instanzen) unterschieden werden. Obere Instanzen handeln und entscheiden für die gesamte Organisation (Strategisches Management). Im öffentlichen Sektor wird diese Ebene durch die Verwaltungsführung vertreten. Mittlere Instanzen (Taktisches Management) sind den oberen Instanzen unterstellt und haben Weisungsbefugnisse gegenüber den unteren Instanzen. Mittlere Instanzen sind etwa Amtsleiter und Abteilungsleiter. Die unteren Instanzen (Operatives Management) besitzen lediglich gegenüber den ihnen unterstellten Mitarbeitern Weisungsbefugnisse und sind selbst oftmals ausführend tätig. Beispiele für untere Instanzen sind Sachgebietsleiter und Gruppenleiter.

Als **Pluralinstanzen** werden Leitungsstellen bezeichnet, die aus mehreren Personen bestehen (z. B. Verwaltungsvorstand). Nähere Ausführungen hierzu finden sich in Kapitel 6.

- **Ausführungsstellen** sind Stellen ohne Leitungsfunktionen. Sie besitzen demnach lediglich Durchführungskompetenzen. Die Entscheidungskompetenzen der Ausführungsstellen beziehen sich ausschließlich auf den eigenen Verantwortungsbereich, weshalb sie mit einer *Teilkompetenz* ausgestattet sind. Im hierarchischen Aufbau sind sie auf der untersten Ebene *(Ausführungsebene)* anzusiedeln.

Unterstützende Stellen

Unterstützende Stellen dienen nur mittelbar der Aufgabenerfüllung. Sie sind üblicherweise bestimmten Instanzen zugeordnet und entlasten diese von ihren Führungsaufgaben. Unterstützende Stellen lassen sich im Wesentlichen in **Stabsstellen** sowie **Assistenzstellen** unterscheiden. Wegen ihrer besonderen Bedeutung im aufbauorganisatorischen Gefüge sind die Aufgaben dieser Stellen in Kapitel 6 näher ausgeführt.

5.2.4 Dokumentation der Stellenbildung

Stellenplan

Der Stellenplan ist ein personalwirtschaftliches Instrument zur Darstellung aller Stellen einer Organisation. Für den öffentlichen Sektor ist die Form der Ausweisung in der Bundeshaushaltsordnung bzw. den Landeshaushaltsordnungen geregelt. Weiter gehende Bestimmungen für die Gemeinden sind in den jeweiligen Gemeindeordnungen und Gemeindehaushaltsverordnungen enthalten. So ist der Stellenplan Teil oder Anlage des Haushaltsplans[10]). Die Gemeinden sind bei Stellenbesetzungen und Beförderungen an den erlassenen und genehmigten Plan gebunden. Der Inhalt des Stellenplans ist im Fol-

10) Vgl. z. B. §79 Abs. 2 GO NRW; §96 Abs. 4 GemO Rheinland-Pfalz; §80 Abs. 1 GemO Baden-Württemberg.

genden exemplarisch für Nordrhein-Westfalen aufgezeigt und wird zusätzlich durch Muster (Vordrucke) zur Gemeindeordnung und Gemeindehaushaltsverordnung festgelegt[11]):

§ 8
GemHVO Nordrhein-Westfalen (Stellenplan)

(1) Der Stellenplan hat die im Haushaltsjahr erforderlichen Stellen der Beamtinnen und Beamten und der nicht nur vorübergehend beschäftigten Angestellten und Arbeiterinnen und Arbeiter auszuweisen. Stellen von Beamtinnen und Beamten in Einrichtungen von Sondervermögen, für die Sonderrechnungen geführt werden, sind gesondert aufzuführen.

(2) Im Stellenplan ist ferner für jede Besoldungs-, Vergütungs- und Lohngruppe die Gesamtzahl der Stellen für das Vorjahr sowie der am 30. Juni des Vorjahres besetzten Stellen anzugeben. Wesentliche Abweichungen vom Stellenplan des Vorjahres sowie geplante zukünftige Veränderungen sind zu erläutern.

(3) Dem Stellenplan ist

1. eine Übersicht über die vorgesehene Aufteilung der Stellen des Stellenplans auf die Produktbereiche, soweit diese nicht auszugsweise den einzelnen Teilplänen beigefügt sind,
2. eine Übersicht über die vorgesehene Zahl der Nachwuchskräfte und der informatorisch beschäftigten Dienstkräfte beizufügen.

Abbildung 5-4 zeigt die Grundstruktur des Stellenplans auf.

Abb. 5-4: Grundstruktur des Stellenplans

Teil A: Beamte				
Wahlbeamte Laufbahn-gruppe/ Besoldungs-gruppe	Zahl der Stellen im Haushaltsjahr	Zahl der Stellen im Vorjahr	Zahl der besetzten Stellen am 30.06. des Vorjahres	Erläute-rungen
Gesamtzahl:				

11) Vgl. z. B. auch § 5 GemHVO Rheinland-Pfalz; § 57 GemO und § 5 GemHVO Baden-Württemberg.

Teil B: Tariflich Beschäftigte				
Entgelt-gruppe/ Sondertarif	Zahl der Stellen im Haushaltsjahr	Zahl der Stellen im Vorjahr	Zahl der besetzten Stellen am 30.06. des Vorjahres	Erläuterungen
Gesamtzahl:				

Der Stellenplan wird in vielen Behörden um weiter gehende Informationen ergänzt wie etwa Aufgabenkurzbeschreibungen für jede Stelle und den Namen sowie die jeweilige Besoldungs- oder Entgeltgruppe der Stelleninhaber.

Stellenbeschreibung

Stellenbeschreibungen werden auch als Arbeitsplatzbeschreibung (Zielgruppe: Tarifbeschäftigte) oder Dienstpostenbeschreibung (Zielgruppe: Beamte) bezeichnet. Sie sind ein Instrument der Aufbauorganisation. In der Stellenbeschreibung sind alle wesentlichen, stellenbezogenen Informationen formularmäßig, verbindlich, personenunabhängig und nach behördeneinheitlichen Kriterien ausgewiesen. Ihre Inhalte sind kontinuierlich (mindestens alle zwei Jahre) zu aktualisieren (Vahs, 2012, S. 123).

In der Stellenbeschreibung werden im Wesentlichen folgende Aspekte dargestellt (vgl. Richter & Gamisch, 2014, S. 133 f.):

- Bezeichnung der Stelle,
- organisatorische Einordnung in den Gesamtaufbau der Verwaltung,
- Bewertungsergebnis,
- Arbeitszeit/Beschäftigungsumfang der Stelle (Vollzeit, Teilzeit),
- Ziele (Sollvorgaben zum Aufgabenprofil der Stelle im Rahmen der Organisationsziele),
- Auflistung der Tätigkeiten (einschließlich Arbeitszeitanteil in Prozent für jede Tätigkeit),
- besondere Befugnisse, Vollmachten,
- erforderliche berufliche Qualifikationen und Erfahrungen,
- Leitungsverantwortung,
- Vertretungsregelungen,
- derzeitiger Stelleninhaber.

Für die Gruppe der Beamten sind abhängig vom Bewertungsmodell (vgl. Abb. 5-5) weitere Angaben erforderlich (z. B. dienstliche Beziehungen). Die kommunale Gemeinschaftsstelle für Verwaltungsmanagement (KGSt) empfiehlt für die Stellen der Beamten folgenden Vordruck (siehe Abb. 5-5 und Abschnitt 5.4.3) (Kommunale Gemeinschaftsstelle für Verwaltungsmanagement, 2009a, S. 128 ff.):

Abb. 5-5: Vordruck Stellenbeschreibung

Stellenbeschreibung

Name, Vorname		
Besoldungsgruppe	Die Stelle wird wahrgenommen seit	Telefon/Mail
Amt	Abteilung	Sachgebiet
Stellennummer	Stellenwert	Funktion (z. B. Abt.-Leiter/in, Sachbearbeiter/in)
Vorgesetzte Stelle		
Vertretung von (Funktionsbezeichnung)		
Wird vertreten von (Funktionsbezeichnung)		

1. Arbeitsbeschreibung

Lfd. Nr.	1.1 Zugeordnete Produkte	
Lfd. Nr.	1.2 Beschreibung der wesentlichen Tätigkeiten	Zeitanteil in %

2. Dienstliche Beziehungen

Nr. der Tätigkeiten/Produkte	Darstellung der wesentlichen dienstlichen Beziehungen unter Angabe von Zielsetzungen, von erläuterungsbedürftigen oder strittigen Themen und von Gesprächspartnern

3. Handlungsspielraum

Nr. der Tätigkeiten/Produkte	Bei welchen Tätigkeiten/Produkten besteht Handlungsspielraum und wo ist er wie groß?

4a. Ausführungsverantwortung

Nr. der Tätigkeiten/Produkte	Aufzählung der Bereiche oder Personenkreise, auf die sich das Arbeitsverhalten in der Regel auswirkt

4b. Leitungsverantwortung

Erläuterungen zu: 1. Bedeutung der Produkte für die Zielgruppe 2. Größe der Zielgruppe 3. Anforderungen an Personalführung und Organisationsgestaltung 4. Anforderungen an Gestaltung und Bewirtschaftung des Budgets

5. Stellungnahme des Dienststellenleiters/der Dienststellenleiterin

Datum	Unterschrift

Bei der Erstellung von Stellenbeschreibungen besteht einerseits der Wunsch, möglichst viele Informationen in die Beschreibung aufzunehmen, andererseits hat eine detaillierte Dokumentation einen beträchtlichen Aufwand zur Folge. Dies gilt insbesondere auch für die kontinuierliche Anpassung der Stellenbeschreibung an veränderte Bedingungen. Hier gilt es, einen handhabbaren Mittelweg zu finden. *Richter und Gamisch* empfehlen ein einheitliches

Formular für die Gruppen der Tarifbeschäftigten und der Beamten (Richter & Gamisch, 2014, S. 134).

Die Stellenbeschreibung ist vielseitig verwendbar und ein wichtiges Organisations- und Führungsinstrument. Wesentliche Funktionen sind (Hopp & Göbel, 2013, S. 340; Knebel & Schneider, 2006, S. 13):

- **Organisationsmanagement:**
  Die Stellenbeschreibung stellt die Grundlage für die Stellenbewertung dar. In der laufenden Organisationsarbeit und bei der Durchführung von Organisationsuntersuchungen gibt sie Hinweise zur Aufgabenverteilung im untersuchten Bereich.
- **Personalbedarfsdeckung:**
  Die Stellenbeschreibung ist eine wichtige Hilfe beim Erstellen von Anforderungsprofilen und Stellenausschreibungen. Nach der Besetzung einer Stelle gibt sie dem Stelleninhaber grundlegende Informationen zu seinem neuen Aufgabenfeld.
- **Personalführung:**
  Führungskräfte können die Stellenbeschreibung für Beurteilungen und Mitarbeitergespräche nutzen, da mit ihr die Stellenanforderungen dokumentiert werden können und ein Vergleich zur tatsächlichen Leistung des Mitarbeiters hergestellt werden kann. So gesehen, kann die Stellenbeschreibung zu engagiertem Handeln motivieren.
- **Personalentwicklung:**
  Im Rahmen der Personalentwicklung gibt die Stellenbeschreibung Information über Stellenanforderungen und kann so auch einen geplanten Stellenwechsel erleichtern. Bei der Anwendung leistungsorientierter Bezahlung kann sie als Grundlage dienen.

5.3 Stellenbemessung

5.3.1 Inhalt und Bedeutung

Im Rahmen der Stellenbedarfsermittlung werden die erforderlichen Stellen nach Anforderung (qualitativer Stellenbedarf) und Anzahl (quantitativer Stellenbedarf) ermittelt (Schulte-Zurhausen, 2010, S. 178).

Grundlage des **qualitativen Stellenbedarfs** sind in erster Linie die inhaltlichen Anforderungen, die sich aus den Aufgaben einer Stelle ergeben und in die Feststellung der Wertigkeit einer Stelle münden. Das heißt, dass mit der qualitativen Stellenbedarfsermittlung oder auch Stellenbewertung die Besoldungs- bzw. Entgeltgruppen der Mitarbeiter festgelegt werden. Bedeutung und Methoden der Stellenbewertung sind in Abschnitt 5.4 näher beschrieben.

Der quantitative Stellenbedarf betrachtet die mengenmäßigen und zeitlichen Merkmale der Aufgabenerfüllung. Vor dem Hintergrund des Formalzieles „Wirtschaftlichkeit" sind nur die für die Aufgabenerfüllung notwendigen

Mitarbeiter einzusetzen; die Mitarbeiter sollen ausgelastet sein. Gleichzeitig ist darauf zu achten, dass die Mitarbeiter nicht so viele Aufgaben übertragen bekommen, dass sie den Arbeitsanfall nicht mehr bewältigen können. Sie sind demzufolge nicht zu überlasten. Mit der quantitativen Stellenbedarfsermittlung oder auch Stellenbemessung werden die für einen abgegrenzten Aufgabenbereich erforderlichen Mitarbeiter ermittelt.

Der **quantitative Stellenbedarf** kann sich aus der Gegenüberstellung von Arbeitsaufwand und der zur Verfügung stehenden Arbeitszeit einer Arbeitskraft ergeben oder wird durch Vorgaben, z. B. aus dem politischen Raum, festgelegt. Auf diese Weise lässt sich für ein bestimmtes Aufgabengebiet die notwendige Summe an Stellen insgesamt ermitteln. Im Zusammenhang mit Personalbedarfsplanungen geht der quantitative Stellenbedarf auch als Brutto-Personalbedarf in die Berechnungen ein. Die Summe der erforderlichen Stellen für ein Sachgebiet wird dem Personal-Istbestand gegenübergestellt. Im Ergebnis wird der Netto-Personalbedarf ausgewiesen, der je nach Situation eine Unterdeckung oder eine Überdeckung ergeben kann.

5.3.2 Methoden der Stellenbemessung

Grundsätzlich sind drei Methoden der Stellenbemessung zu unterscheiden:

1. die analytische Stellenbemessung
2. die empirische Stellenbemessung
3. das konzeptionelle Verfahren (politisches Verfahren)

zu 1. Analytische Stellenbemessung

Bei der analytischen Stellenbemessung handelt es sich um eine analytische, d. h. detaillierte Betrachtung der Faktoren, die sich auf die Stellenausstattung auswirken (Kommunale Gemeinschaftsstelle für Verwaltungsmanagement, 1999a, S. 12). Dabei wird die Arbeitsmenge der Arbeitszeit einer Arbeitskraft gegenübergestellt. Die Grundformel zur analytischen Stellenbemessung lautet daher:

$$Stellenbedarf = \frac{AV}{AK}$$

AV = Arbeitsvolumen

AK = Arbeitskapazität (Nettoarbeitszeit einer Normalarbeitskraft pro Jahr in Minuten)

Die Stellenbemessung umfasst folgende Arbeitsschritte:

a. Bestimmung des Arbeitsvolumens einer vorgegebenen Tätigkeit für einen bestimmten Zeitraum
b. Feststellung der Arbeitszeit einer Arbeitskraft
c. Berechnung der erforderlichen Stellen (Division)

zu a. Bestimmung des Arbeitsvolumens einer vorgegebenen Tätigkeit für einen bestimmten Zeitraum

Häufig ist das Arbeitsvolumen durch die Art der Tätigkeit vorgegeben. So ist etwa das Touristikbüro des Kulturamtes während der Öffnungszeiten oder die Einsatzleitzentrale der städtischen Feuerwehr rund um die Uhr zu besetzen. Die Arbeitsmenge errechnet sich in diesen Fällen auf der Basis der für eine bestimmte Zeitdauer vorzuhaltenden Kräfte.

Beispiel:

Die Informationsloge eines städtischen Krankenhauses muss rund um die Uhr das ganze Jahr hindurch durch einen Beschäftigten besetzt sein.

Das Arbeitsvolumen wird wie folgt berechnet:

AV = Arbeitsminuten pro Jahr

= 24 Stunden pro Tag × 60 Minuten × 365 Tage = 525.600 Minuten

Der Berechnung liegt die Annahme zugrunde, dass die Einrichtung eines solchen Arbeitsplatzes mengenunabhängig ist, da für die Stelle eine Anwesenheitspflicht besteht und ggf. nicht ausgelastete Zeiten unberücksichtigt bleiben. In der Literatur wird diese Art der Stellenbedarfsermittlung zuweilen auch als Arbeitsplatzmethode bezeichnet (Bundesministerium des Innern/Bundesverwaltungsamt, 2013, S. 142 f.).

zu b. Feststellung der Arbeitszeit einer Arbeitskraft

Die Arbeitszeit einer Arbeitskraft errechnet sich aus der Zahl der Arbeitstage (abzüglich Urlaub und Ausfalltage) und der durchschnittlichen täglichen Arbeitszeit. Sie kann für jeden Mitarbeiter einzeln ermittelt werden. In der Praxis ist es aber üblich, auf einen Pauschalwert, die „Arbeitszeit einer Normalarbeitskraft", zurückzugreifen. Dies ist die in Minuten angegebene Zeit, die ein Mitarbeiter im Normalfall im Zeitraum eines Jahres für die Leistungserbringung zur Verfügung steht (Siepmann & Siepmann, 2004, S. 99 f.; Kommunale Gemeinschaftsstelle für Verwaltungsmanagement,1999a, S. 24). Für den öffentlichen Sektor hat die KGSt auf der Basis von Erhebungen bei Kommunal- und Kreisverwaltungen entsprechende Berechnungen angestellt (siehe Abb. 5-6).

Berechnung der Arbeitszeit einer Normalarbeitskraft (5-Tage-Woche)

1. *Arbeitstage pro Jahr* (Kommunale Gemeinschaftsstelle für Verwaltungsmanagement, 2003, S. 22; 2011, S. 35)

Abb. 5-6: Arbeitstage pro Jahr

Zu berücksichtigende Faktoren		Berechnung der Arbeitszeit in Tagen	
Jahr			365 Tage
abzüglich	Sonntage	52 Tage	
	Samstage	52 Tage	
	Feiertage	11 Tage	115 Tage

Zu berücksichtigende Faktoren	Berechnung der Arbeitszeit in Tagen	
Bruttoarbeitstage		250 Tage
abzüglich Ausfälle durch Erkrankungen, Kur-, Heilverfahren, Sanatoriumsaufenthalte	15,86 Tage	
Erholungsurlaub, Sonderurlaub, sonstige ganztägige Dienstbefreiungen, Bildungsurlaub, Mutterschutz, Wehrübungen	32,23 Tage	48,09 Tage
Nettoarbeitstage		201,91 Tage

2. Arbeitszeit einer Normalarbeitskraft

Beamte mit einer Arbeitszeit von 41 Wochenstunden:

201,91 Nettoarbeitstage × 41 Stunden × 60 Minuten pro Stunde : 5 Tage pro Woche

= (aufgerundet) 99.340 Jahresarbeitsminuten (JAM)

Beschäftigte mit einer Arbeitszeit von 39 Wochenstunden:

201,91 Nettoarbeitstage × 39 Stunden × 60 Minuten pro Stunde : 5 Tage pro Woche

= (aufgerundet) 94.494 Jahresarbeitsminuten (JAM)

Für **personenbezogene Verlust- und Erholungszeiten,** häufig auch als persönlich bedingte Ausfallzeiten bezeichnet (Rüstarbeiten zur Vor- und Nachbereitung des Arbeitsplatzes, Materialbeschaffung für den eigenen Arbeitsplatz, Arbeitspausen, Kaffee kochen, Toilettengänge etc.), ist je Mitarbeiter ein besonderer Abschlag von der Arbeitszeit erforderlich. Der Abschlag kann durch Aufzeichnungen ermittelt oder für alle Mitarbeiter einheitlich festgelegt werden. Die KGSt empfiehlt für den öffentlichen Sektor einen Pauschalwert von zehn Prozent der Nettoarbeitszeit.

Bei der Stellenbemessung ist bei Anwendung der KGSt-Werte für die Mitarbeiter von folgender Normalarbeitszeit auszugehen:

Beamte: 99.340 JAM – 10 % = 89.406 JAM

Beschäftigte: 94.494 JAM – 10 % = 85.045 JAM

Beispiel Informationsloge

Die Informationsloge des städtischen Krankenhauses ist mit Beschäftigten, die eine Wochenarbeitszeit von 39 Wochenstunden haben, zu besetzen. In diesem Fall ist der Pauschalwert für personenbezogene Verlust- und Erholungszeiten grundsätzlich nicht abzusetzen. Für die Stelle existiert eine Anwesenheitspflicht. Für kurze Abwesenheitszeiten wie Toilettengänge wird i. d. R. keine Vertretungskraft zur Verfügung gestellt. Allenfalls ergeben sich entsprechende Wartezeiten für Besucher.

Demzufolge geht folgender Wert in die Berechnung ein: AK = 94.494 JAM

zu c. Berechnung der erforderlichen Stellen (Division)

Der Stellenbedarf für den betrachteten Aufgabenbereich ergibt sich, wenn man die ermittelten Gesamtarbeitsminuten pro Jahr zur jährlichen Arbeitszeit einer Normalarbeitskraft in Beziehung setzt.

Beispiel Informationsloge:

$$Stellenbedarf = \frac{AV}{AK} = \frac{525.600}{94.494} = 5{,}56 \ Stellen$$

Für die Informationsloge des städtischen Krankenhauses sind rund 5,5 Stellen vorzuhalten.

Differenziertere Berechnung des Stellenbedarfs

Sind zur Ermittlung des Stellenbedarfs nicht allein abzudeckende Öffnungszeiten etc. maßgebend, sondern fallen in einem Aufgabengebiet verschiedene Tätigkeiten in unterschiedlicher Häufigkeit an, wird die Berechnung differenzierter. In diesen Fällen sind zunächst gleichartige Tätigkeiten zu erfassen, anschließend ist die jeweilige Häufigkeit und Zeitdauer zu ermitteln und dann der Arbeitszeit einer Arbeitskraft gegenüberzustellen. Diese Art der analytischen Stellenbemessung eignet sich insbesondere für Organisationseinheiten mit überschaubaren Ablaufstrukturen und Tätigkeiten, die klar voneinander abzugrenzen sind und sich häufig wiederholen (Hopp & Göbel, 2013, S. 270).

Die Berechnung erfolgt auf der Grundlage folgender mathematischer Formel (nach Pippke, Gourmelon, Meixner & Mersmann, 2007, S. 101):

$$Stellenbedarf = \frac{\sum_{i=1}^{n} EF_i * mBz_i \quad + \quad Z}{AK}$$

EF_i = Anzahl der Einzelfälle bei der Tätigkeit i

mBz_i = mittlere Bearbeitungszeit pro Einzelfall bei der Tätigkeit i

Z = Zuschlagsgröße für nicht einzelfallbezogene Tätigkeiten

AK = Arbeitskapazität (Nettoarbeitszeit einer Normalarbeitskraft pro Jahr in Minuten)

Die Stellenbemessung umfasst folgende Arbeitsschritte (Siepmann & Siepmann, 2004, S. 91 f.):

Schritt 1: Auflistung der Tätigkeiten, die für die Erledigung einer bestimmten (Teil-)Aufgabe oder einer Mehrheit von Aufgaben erforderlich sind,

Schritt 2: Feststellung der Arbeitsmenge für einen bestimmten Zeitraum,

Schritt 3: Ermittlung der durchschnittlichen (mittleren) Arbeitszeit pro Einzelfall,

Schritt 4: Berechnung der Gesamtarbeitszeit für die Summe aller Einzelfälle,

Schritt 5: Feststellung der Arbeitszeit einer Arbeitskraft,

Schritt 6: Berechnung der erforderlichen Stellen als Resultat aus den vorgenannten Arbeitsschritten.

Die differenzierte Berechnung des Stellenbedarfs im Einzelnen:

Zu Schritt 1: Auflistung der Tätigkeiten, die für die Erledigung einer bestimmten (Teil-)Aufgabe oder einer Mehrheit von Aufgaben erforderlich sind

Die Tätigkeitskataloge enthalten alle Arbeiten, die erforderlich sind, um die anfallenden Aufgaben sachgerecht zu erledigen. Dabei wird nach einzelfallbezogenen und einzelfallübergreifenden Tätigkeiten unterschieden. Die **einzelfallbezogenen Tätigkeiten** beziehen sich auf eine Folge von (Teil-)Aufgaben zur Herstellung eines bestimmten Arbeitsergebnisses.

Beispiel:

Zur Aufgabe „Eheschließungen" gehören folgende einzelfallbezogene Tätigkeiten, die bei jeder Eheschließung durchzuführen sind (verkürzte Darstellung):

- *Informationsgespräch führen,*
- *Entgegennahme und Prüfung der Unterlagen,*
- *Beurkundung und Anlegen des Familienbuches,*
- *Terminvergabe,*
- *Trauung.*

Die auf einer Stelle anfallenden Arbeiten zur Aufgabenerfüllung können weiter untergliedert werden. Man unterscheidet im Wesentlichen

- Haupttätigkeiten, die planmäßig anfallen und unmittelbar der Aufgabenerledigung dienen (z. B. Trauung),
- Nebentätigkeiten, die planmäßig anfallen, aber nur mittelbar zur Aufgabenerfüllung gehören (z. B. Führen einer Statistik zur Anzahl der Trauungen),
- zusätzliche Tätigkeiten, die nicht planmäßig anfallen (z. B. auf Anforderung der Politik Vorschläge zu alternativen Räumlichkeiten für Trauungen erarbeiten).

Die **einzelfallübergreifenden Tätigkeiten** beziehen sich auf Arbeiten, die zwar im Zusammenhang mit den einer Stelle zugewiesenen (Teil-)Aufgaben zu erledigen sind, aber nicht einem konkreten Fall zugeordnet werden können. Hierzu gehören beispielsweise Dienstbesprechungen, das Lesen von Eingängen und Umläufen, das Fachliteraturstudium, das Ausbilden von Nachwuchskräften sowie Weiterbildungsmaßnahmen (Kommunale Gemeinschaftsstelle für Verwaltungsmanagement, 1999a, S. 15 ff. und 2003, S. 16 f.). Die einzelfallübergreifenden Tätigkeiten werden üblicherweise zu den einzelfallbezogenen Tätigkeiten als **Zuschlagsgröße Z** hinzuaddiert.

Zu Schritt 2: Feststellung der Arbeitsmenge für einen bestimmten Zeitraum

In einem nächsten Schritt ist für jede Tätigkeit die Fallzahl zu ermitteln, d. h., es ist für jede Tätigkeit festzustellen, wie häufig diese auf den Zeitraum eines Jahres bezogen zu erledigen ist. Informationen hierzu können, falls vorhanden, Statistiken oder Akten entnommen werden. Falls keine Dokumentationen vorliegen, sind die Werte mithilfe entsprechender Organisationstechniken wie beispielsweise täglicher Arbeitsaufzeichnungen zu erheben. Die Methoden sind im Einzelnen in Kapitel 11 dargestellt.

Schwankungen der Arbeitsmenge im Jahresverlauf sind ggf. gesondert zu berücksichtigen. Für Zeiten mit überdurchschnittlichem Arbeitsanfall sind besondere Überlegungen anzustellen. Arbeiten ohne Terminbindung (sog. Stapelarbeit) kann in den Monaten mit weniger Arbeitsaufkommen nachgeholt werden. Der Stellenbemessung ist die durchschnittliche Arbeitsmenge zugrunde zu legen. Als Beispiel hierfür kann ein zusätzlicher Prüfauftrag des Bürgermeisters an die Rechnungsprüfung genannt werden. Die planmäßig vorgesehenen Prüfungen müssen in diesem Fall zeitlich nach hinten verschoben werden. Ein Beispiel für Arbeiten mit Terminbindung sind die bereits erwähnten Eheschließungen. Es ist davon auszugehen, dass die Fallzahlen für Eheschließungen in den Frühjahrs- und Sommermonaten als bevorzugte Zeiträume für Hochzeiten höher liegen als in den restlichen Monaten des Jahres. In diesem Fall sind ggf. zusätzliche Maßnahmen erforderlich.

Je nach Aufgabengebiet innerhalb der Verwaltung sind in diesen Fällen überwiegend folgende Lösungen in Betracht zu ziehen:

- Einsatz von Aushilfskräften (Springer, vorübergehend Beschäftigte)
- vorübergehende ganztägige Beschäftigung von Teilzeitkräften
- Anordnung von Überstunden
- Urlaubssperre
- Einführung von flexiblen Arbeitszeiten

Zu Schritt 3: Ermittlung der durchschnittlichen (mittleren) Arbeitszeit pro Einzelfall

Als Durchschnittswert gibt die mittlere Bearbeitungszeit (mBZ) an, wie viel Zeit erforderlich ist, um die jeweilige Tätigkeit auszuführen. Die mittlere

Bearbeitungszeit wird in Minuten oder in Teilen von Minuten ausgewiesen, z. B. mittlere Bearbeitungszeit für eine Trauung: 27 Minuten. Auch die mittlere Bearbeitungszeit muss, wie die Arbeitsmenge, mithilfe von Organisationstechniken ermittelt werden. Im Wesentlichen kommen in Betracht (Siepmann & Siepmann 2004, S. 95 f.):

- *Aufzeichnen:*

  Aufzeichnungen sind überwiegend als tägliche Arbeitsaufzeichnungen, Laufzettelverfahren und Multimomentverfahren möglich. Auf das Kapitel 11 wird verwiesen.
- *Vergleichen:*

  Ähnliche Arbeitsabläufe oder einzelne Tätigkeiten werden nebeneinandergestellt, um Unterschiede und Gemeinsamkeiten zu ermitteln (z. B. „Personalausweis ausstellen" und „Reisepass ausstellen"). Bekannte Zeitwerte der einen Tätigkeit können dann mit entsprechenden Zu- oder Abschlägen auch für die andere Tätigkeit zugrunde gelegt werden.
- *Messen:*

  Dieses Verfahren kommt insbesondere bei körperlicher Arbeit in Betracht (z. B. Rasen mähen, Fußbodenbelag der Büroräume reinigen). Die Messung wird mit einem Zeitmessgerät durchgeführt.
- *Schätzen:*

  In Bereichen, in denen mit den zuvor genannten Verfahren keine brauchbaren Ergebnisse erzielt werden können (z. B. bei konzeptioneller oder planerischer Tätigkeit), muss auf Zeitschätzungen durch die Mitarbeiter zurückgegriffen werden. Auch die *Zuschlagsgröße* Z wird oftmals aus Vereinfachungsgründen geschätzt und beispielsweise mit einem Wert von zehn Prozent der insgesamt auf die einzelfallbezogenen Tätigkeiten entfallenden Arbeitszeit berücksichtigt.

Zu Schritt 4: Berechnung der Gesamtarbeitszeit für die Summe aller Einzelfälle

Die Fallzahl jeder Tätigkeit wird mit der mittleren Bearbeitungszeit multipliziert. Der Bezugszeitraum für die Berechnung ist i. d. R. ein Jahr. Das Ergebnis sind die Jahresarbeitsminuten (JAM) für diese Tätigkeit. Anschließend addiert man die Jahresarbeitsminuten aller Teilaufgaben des untersuchten Aufgabenbereiches und erhält so die Gesamtarbeitsminuten dieses Bereiches.

Zu Schritt 5: Feststellung der Arbeitszeit einer Arbeitskraft und

Zu Schritt 6: Berechnung der erforderlichen Stellen als Resultat aus den vorgenannten Arbeitsschritten

Die beiden letzten Schritte der Stellenbemessung sind identisch mit den Schritten b. und c., die in diesem Abschnitt bereits im Zusammenhang mit den Ausführungen zur Grundformel erläutert wurden.

*Die differenzierte analytische Stellenbemessung soll zusammenfasssend anhand eines **Beispiels** verdeutlicht werden:*

In dem Sachgebiet „Eheschließungen" des Standesamtes einer Großstadt fallen folgende einzelfallbezogene Tätigkeiten an:

Nr.	*Tätigkeit*	*Anzahl pro Monat*[12]	*mbZ in Minuten*
1	*Informationsgespräch*	900	10
2	*Entgegennahme und Prüfung der Unterlagen*	800	35
3	*Beurkundung und Anlegen des Familienbuches*	750	8
4	*Terminvergabe*	750	2
5	*Trauung*	750	27

Zusätzlich sind einzelfallübergreifende Tätigkeiten im Umfang von 6.250 Minuten pro Monat für Dienstbesprechungen, Weiterbildungsmaßnahmen und das Lesen von Umläufen zu berücksichtigen.

Ermittlung des Arbeitsvolumens AV (Gesamtarbeitsminuten)

AV = Summe der Einzelfälle (EF_i) × mittlere Bearbeitungszeit (mbZ_i) + Zuschlagsgröße (Z)

Nr.	*Tätigkeit*	*Anzahl pro Monat*	*mbZ in Minuten*	*AV pro Monat (EF_i pro Mon. × mbZ_i)*	*AV im Jahr (AV pro Monat × 12)*
1	*Informationsgespräch*	900	10	9.000	108.000
2	*Entgegennahme und Prüfung der Unterlagen*	800	35	28.000	336.000
3	*Beurkundung und Anlegen des Familienbuches*	750	8	6.000	72.000
4	*Terminvergabe*	750	2	1.500	18.000
5	*Trauung*	750	27	20.250	243.000
	Einzelfallübergreifende Tätigkeiten (Z)			6.250	75.000
	Arbeitsvolumen pro Monat			***71.750***	
	Arbeitsvolumen im Jahr				***852.000***

12) Angegeben sind Durchschnittswerte. Bei dem gewählten Beispiel ist davon auszugehen, dass die Arbeitsmenge über das Jahr verteilt variiert und insbesondere im Frühjahr und Sommer höhere Fallzahlen zu erwarten sind.

Ermittlung der Arbeitszeit einer Normalarbeitskraft

Berechnung der Arbeitskapazität (AK) auf der Basis einer 41-Stunden-Woche:

41 Stunden × 60 Min. : 5 Tage pro Woche = 492 Min. tägliche Arbeitszeit

× 201,91 Nettoarbeitstage = 99.340 JAM

– 10 % = 89.406 JAM

Berechnung des Stellenbedarfs:

Stellenbedarf = 852.000 : 89 406 = rund 9,5 Stellen

Vereinfachte Methoden der analytischen Stellenbemessung

Die analytische Stellenbemessung ist grundsätzlich zeitaufwendig. Viele Verwaltungen suchen daher nach Möglichkeiten einer vereinfachten Stellenbemessung. Hier bietet es sich insbesondere an, auf die detaillierte Ermittlung von mittleren Bearbeitungszeiten zu verzichten und bereits vorhandene mittlere Bearbeitungszeiten in die Berechnung einzubeziehen (Joerger & Geppert, 1983, S. 182 ff.; Hopp & Göbel, 2013, S. 270). Greift man auf bereits früher erhobene mittlere Bearbeitungszeiten zurück, spricht man auch von der sogenannten **analytischen Schlüsselzahlmethode.** Treten an die Stelle exakt festgestellter, eigener mittlerer Bearbeitungszeiten (analytisch bemessene) Werte aus anderen Quellen, bezeichnet man dies als **Richtwertemethode.** Richtwertesammlungen liegen von Einrichtungen wie Gemeindeprüfungsanstalten oder der KGSt vor. Zu beachten ist, dass Arbeitsablauf und -methode der betrachteten Tätigkeiten vergleichbar sein müssen.

zu 2. Empirische Stellenbemessung

Die empirische Stellenbemessung erlaubt Aussagen zur Stellenausstattung, ohne ein formales, analytisches Verfahren zugrunde zu legen. Sie wird überwiegend angewandt, wenn zur Stellenbedarfsermittlung keine ausreichenden Zeit- oder Personalressourcen zur Verfügung stehen oder die analytische Methode aufgrund des Tätigkeitsspektrums im untersuchten Aufgabenbereich schwierig ist (z. B. geistig-schöpferische oder ständig wechselnde Aufgaben) (Kommunale Gemeinschaftsstelle für Verwaltungsmanagement, 1999a, S. 27). In diesen Fällen werden keine exakt ermittelten Werte herangezogen, sondern die Verwaltung greift auf eigene Erfahrungen oder Erfahrungen anderer zurück. Die Vergleichbarkeit dieser Werte muss in jedem Fall geprüft werden. Die Ergebnisse können immer nur Orientierungshilfen sein.

In der Praxis werden insbesondere folgende Methoden der empirischen Stellenbemessung angewandt (Joerger & Geppert, 1983, S. 184 ff.; Hopp & Göbel, 2013, S. 271 f.).

Empirische Schlüsselzahlen

An die Stelle analytisch ermittelter Werte treten Erfahrungswerte, die in langjähriger Praxis gewonnen wurden. Auch können Gegebenheiten anderer

Behörden als Grundlage dienen, eine Relation zwischen der Arbeitsbelastung und dem Stellenbedarf herzustellen. Beispiele sind:

- X Fälle pro Jahr je Wohngeldsachbearbeiter
- X Quadratmeter Grünflächenpflege pro Tag je Mitarbeiter

Behördenvergleiche (Kennzahlenvergleiche)

Die Gegebenheiten zweier oder mehrerer Behörden werden auf der Basis von Kennzahlen miteinander verglichen. Übliche Kennzahlen sind etwa:

- das Verhältnis von Stellenzahlen zu Einwohnerzahlen
- das Verhältnis von Personalkosten zu Einwohnerzahlen

zu 3. Konzeptionelles Verfahren (politisches Verfahren)

Beim konzeptionellen Verfahren wird der Stellenbedarf aus den Zielvorstellungen der für den Stellenplan verantwortlichen Gremien hergeleitet. Da entsprechende Konzepte vorwiegend von den politischen Entscheidungsträgern beschlossen und verantwortet werden, spricht man auch vom politischen Verfahren. Die Entscheidungsträger legen fest, wie umfangreich oder qualitativ gut die Aufgaben erfüllt werden sollen oder können. Maßgebend sind bestimmte Zielvorstellungen, aber auch Überlegungen zur Finanzierbarkeit. Das konzeptionelle Verfahren wird größtenteils in den Bereichen angewandt, in denen unmittelbar Dienst am Menschen zu leisten ist (Krankenhäuser, Polizei, Kindertageseinrichtungen, Schulen, soziale Betreuung, Bewährungshilfe etc.).

Beispiele sind:

- die Relation zwischen Schülern und Lehrern (1 Lehrer für X Schüler)
- die Relation zwischen Streetworkern und der problembelasteten Zielgruppe (1 Streetworker für X Obdachlose, Drogenabhängige und delinquente Jugendliche)

5.3.3 Grenzen der Stellenbemessung

Die entwickelten Verfahren zur Stellenbemessung führen ausschließlich zu quantitativen Ergebnissen. So können weder die bereits erwähnten qualitativen Anforderungen der betrachteten Stellen noch die Effizienz und Effektivität des Handelns beurteilt werden. Ebenso werden beispielsweise keine Aussagen zur erforderlichen Sachmittelausstattung, zu den Betriebskosten für die genutzten Räumlichkeiten, zu den Mitteln für bauliche Unterhaltung und Investitionen oder ggf. anfallenden Entgelten für die Leistungen Dritter getroffen. Sind diese Kostenarten für den betrachteten Bereich von Bedeutung, sollten sie in die Berechnung einbezogen werden.

Den Leitgedanken von „Outputorientierter Steuerung" und „Qualitätsmanagement" folgend, wird in vielen Verwaltungen eine ganzheitliche Bewertung des Verwaltungshandelns angestrebt (Kommunale Gemeinschaftsstelle für Verwaltungsmanagement, 1999a, S. 5). Die Betrachtung von Arbeitsmenge und erforderlicher Arbeitsleistung geht über eine bloße Stellenbemessung hinaus. Im Fokus stehen produktbezogene Leistungsvergleiche, die den gesamten Ressourcenverbrauch bei der Erstellung eines Produktes[13]) berücksichtigen und diesem die Qualität von Arbeitsprozessen sowie die Ergebnisse und Wirkungen des Verwaltungshandelns gegenüberstellen.

5.4 Stellenbewertung

5.4.1 Begriffsklärung und rechtliche Grundlagen

Unter **Stellenbewertung** (qualitative Stellenbedarfsermittlung) versteht man die Ermittlung des Wertes aller einer Stelle durch Aufgabenverteilung zugeordneten Tätigkeiten und Funktionen. Die einzelnen Aufgaben, die ein Stelleninhaber wahrzunehmen hat, stellen bestimmte Anforderungen an seine Kompetenzen und Fähigkeiten. Da diese Anforderungen je nach Schwierigkeitsgrad der zu verrichtenden Arbeiten unterschiedlich sind, erfolgt eine entsprechende Differenzierung in der Bezahlung der jeweiligen Stelleninhaber. Mit der Stellenbewertung wird also die notwendige Qualität der Arbeitsleistung festgestellt. Je nachdem, ob es sich um die Tätigkeiten von Beamten oder Beschäftigten handelt, erfolgt eine Zuweisung zu Besoldungs- oder Entgeltgruppen.

Die Bezahlung der **Beschäftigten** im öffentlichen Dienst ist tarifvertraglich geregelt (TVöD-VKA – Tarifvertrag für den öffentlichen Dienst-Vereinigung der kommunalen Arbeitgeberverbände, TVöD-Bund – Tarifvertrag für den öffentlichen Dienst des Bundes oder TV-L – Tarifvertrag für den öffentlichen Dienst der Länder). Tarifverträge sind das Ergebnis von Verhandlungen zwischen den Vertragsparteien (Arbeitgebervertreter und Gewerkschaften). Die Eingruppierung ist mit der sogenannten Tarifautomatik verbunden: Wenn die tarifvertraglichen Voraussetzungen für eine höhere Entgeltgruppe vorliegen, begründet dies einen Rechtsanspruch auf Höhergruppierung (für den Bereich der Länder in § 12 Abs. 1 TV-L geregelt). Im Streitfall kann eine Eingruppierungsfeststellungsklage durch den Arbeitnehmer erhoben werden.

Die Bewertung der Tätigkeiten von **Beamten** richtet sich nach dem BBesG (Bundesbesoldungsgesetz). Nach § 18 BBesG sind die Funktionen der Beamten nach den mit ihnen verbundenen Anforderungen sachgerecht zu bewerten und Ämtern zuzuordnen. Damit manifestiert das BBesG die Verpflichtung von Bund, Ländern und Kommunen zur funktionsgerechten Bewertung der Beamtenstellen ihres Zuständigkeitsbereiches (Oberverwaltungsgericht Münster, 1979). Das BBesG enthält allerdings keinerlei Ausführungen zum anzuwendenden Bewertungsverfahren. Bund, Länder und Kommunen können im Rahmen ihrer Personal- und Organisationshoheit das „richtige" Bewertungsverfahren selbst bestimmen. Die praktische Umsetzung erfolgt in vielen Behörden des Bundes und der Länder, aber auch in der Kommunal-

13) Beispiele für Produkte sind: Bereitstellung von Grundschulen, Hilfen für Aussiedler, Flüchtlinge und Asylbewerber, Organisation von Kinder- und Jugendferienmaßnahmen.

verwaltung, durch Übereinkünfte, die sich im Laufe der Zeit etabliert haben. Solche Konventionen sind z. B. die hierarchische Bedeutung der Stelle innerhalb der Behörde oder der Vergleich mit anderen Stellen innerhalb der Verwaltung bzw. mit anderen Behörden. Die in der Kommunalverwaltung überwiegend angewandte Methode zur Bewertung der Beamtenstellen ist das Stufenwertzahlverfahren der KGSt.

Für einzelne Bereiche hat der Gesetzgeber allerdings die Bewertung von Stellen selbst vorgenommen. Die Funktionen dieser Stellen sind in der Bundesbesoldungsordnung durch die Amtsbezeichnung eindeutig festgelegt, z. B. Lehrer als Leiter einer Grundschule, Hauptschule oder Grund- und Hauptschule mit bis zu 80 Schülern, Oberstaatsanwalt beim Bundesverwaltungsgericht, Direktor bei der Bundesagentur für Arbeit als Leiter der Familienkasse, Erster Direktor im Bundeskriminalamt, Präsident der Fachhochschule für öffentliche Verwaltung (in NRW).

Ob die Bewertung einer Beamtenstelle objektiv und sachgerecht durchgeführt wurde, unterliegt der verwaltungsgerichtlichen und aufsichtsbehördlichen Kontrolle. Das heißt, Gegenstand der rechtlichen Überprüfung ist nicht die Stellenbewertung selbst, sondern eine aus der Fürsorgepflicht und dem Gebot der Gleichbehandlung abgeleitete Pflicht des Dienstherrn zur richtliniengemäßen Stellenbewertung (Siepmann, 2010, S. 25). Auch hat der Beamte keinen Rechtsanspruch auf Beförderung. Maßgebend ist das übertragene statusrechtliche Amt, nicht die übertragenen Tätigkeiten, die ggf. auch höherwertig sein können.

Nähere Ausführungen zur Stellenbewertung nach TVöD und dem Bewertungsmodell der KGSt finden sich weiter unten in diesem Kapitel.

5.4.2 Zielsetzung und Bedeutung

Die Stellenbewertung ist mit folgenden Zielsetzungen verbunden:

- **Bezahlung der Mitarbeiter nach der Schwierigkeit der von ihnen zu leistenden Arbeit und den mit der Arbeit jeweils verbundenen Anforderungen an den Stelleninhaber**

  Sind die Anforderungen bekannt, kann anschließend auch die fachliche Leistung, die entscheidend für das berufliche Fortkommen ist, beurteilt werden.

- **Transparente und damit nachprüfbare Bewertungen für alle Beteiligten**

  Das Bewertungsverfahren wird versachlicht. Nur so können die Betroffenen das Verfahren als objektiv und gerecht empfinden und letztendlich akzeptieren.

- **Sicherung des Leistungsprinzips**

  Voraussetzung für die Sicherung des Leistungsprinzips ist eine anforderungsgerechte Bewertung. Die Anforderungen der Stellen sind als Ergebnis der Stellenbewertung bekannt; alle Stellen können demnach mit Mitarbeitern besetzt werden, die diese Anforderungen auch tatsächlich erfüllen (Siepmann 2010, S. 8 ff.).

Die Stelle und nicht die Person, die Anforderung und nicht die erbrachte Leistung werden bewertet. Das heißt, bei der Stellenbewertung geht es darum, die Anforderungen an eine Stelle zu beurteilen, unabhängig von der Arbeitsleistung, die ein bestimmter Mitarbeiter zeigt. Grundlage der Bewertung ist die auf der Stelle zu erbringende Normalleistung. Das ist die Leistung, die von einem bezogen auf die Stelle ausreichend befähigten Mitarbeiter nach Einarbeitung auf Dauer und ohne Gesundheitsschädigung erbracht werden kann.

Von der Stellenbewertung abzugrenzen ist die leistungsorientierte Bezahlung, die leistungsbezogene Elemente wie Leistungszulagen und Leistungsprämien für alle Mitarbeitergruppen ermöglicht. Rechtliche Grundlagen für die Beamten sind das Gesetz zur Reform des öffentlichen Dienstrechts (Dienstrechtsreformgesetz) und das Gesetz zur Modernisierung der Besoldungsstruktur (Besoldungsstrukturgesetz), für die Beschäftigten kommt der TVöD zum Tragen. *Siepmann* (Siepmann 2010, S. 15) führt hierzu aus: „Ein System der Leistungsbewertung, das von der Normalleistung abweichende überdurchschnittliche Leistungen bewertet und belohnt, sollte auf einem System der Stellenbewertung aufbauen. Der leistungs- und ergebnisabhängige Gehaltsanteil wird immer nur ein verhältnismäßig geringerer Teil der Gesamtbezahlung sein, so dass zunächst der Hauptanteil anforderungsgerecht festzulegen ist."

Anlässe für die Durchführung von Stellenbewertungen können insbesondere sein:

- Eine Stelle wird neu eingerichtet (z. B. im Zusammenhang mit einer Organisationsuntersuchung).
- Der Aufgabenbestand einer vorhandenen Stelle ändert sich wesentlich.
- Einzelne Anforderungen an die Aufgabenerfüllung einer vorhandenen Stelle ändern sich maßgeblich.
- Eine bereits eingerichtete Stelle wurde bisher noch nicht bewertet.

5.4.3 Methoden der Stellenbewertung

➤ Überblick über die Verfahren

Bei der Einstufung von Stellen wird in summarische und analytische Verfahren unterschieden. Bei den summarischen Verfahren erfolgt eine Einschätzung der Stellenanforderungen insgesamt, während analytische Verfahren die verschiedenen Anforderungen einer Stelle (wie den Grad der Verantwortung oder den Schwierigkeitsgrad der dienstlichen Beziehungen) einzeln bewerten und anschließend aus den Teilbewertungen eine Gesamtbewertung entwickeln.

Darüber hinaus unterscheidet man zwei Prinzipien der Bewertungsverfahren: die Reihung und die Stufung. Das Prinzip der Reihung vergleicht die Stellen insgesamt oder je Bewertungsmerkmal miteinander und ordnet sie nach ihrer Wertigkeit. Beim Prinzip der Stufung wird die Qualität der

Arbeitsleistung festgestellt, indem bestimmte einzelne Anforderungen bzw. Anforderungskombinationen einer Stelle (z. B. selbstständige Leistungen, gründliche und umfassende Fachkenntnisse) beschrieben und bewertet werden oder gar unterschiedliche Ausprägungen der Anforderungen durch Stufen beschrieben werden. Abbildung 5-7 zeigt die Methoden der Stellenbewertung im Überblick.

Abb. 5-7: Methoden der Stellenbewertung

Prinzip der Zuordnung	**Verfahren**	
	a. Summarisch (Einschätzung insgesamt)	**b. Analytisch** (Bewertung einzelner Anforderungen)
Reihung	*Rangfolgeverfahren* (Rangfolge der Stellen insgesamt)	*Rangreihenverfahren* (Rangreihe der Stellen je Anforderung)
Stufung	*Gruppierungsverfahren* (Beschreibung von Anforderungskombinationen)	*Wertzahlverfahren* (Beschreibung der Anforderungshöhe – Stufe – je Anforderung)

a. Summarische Verfahren

Beim **Rangfolgeverfahren** werden die zu bewertenden Stellen unter dem Aspekt der mit ihrer Wahrnehmung verbundenen Anforderungen in ihrer Gesamtheit verglichen und nach ihrer Wertigkeit in eine Rangfolge gebracht. Das heißt, das Verfahren führt zu einer Rangfolge der Stellen, nicht zu Bezahlungsgruppen. Das Rangfolgeverfahren liefert bei der Vergabe von Zulagen (z. B. A 9 gD/Z) oder der Ermittlung von Spitzenämtern einer Laufbahngruppe (z. B. Stellen mit den höchsten Anforderungen in A 13 gD) akzeptable Ergebnisse. Abbildung 5-8 zeigt ein Beispiel für ausgewählte Stellen einer Kämmerei.

Abb. 5-8: Beispiel Rangfolgeverfahren

Stelle		**L**	**SB-H**	**SB-G**
L	Leiterin Kämmerei		+	+
SB-H	Sachbearbeiterin Haushalt	–		+
SB-G	Sachbearbeiter Geschäftsbuchhaltung	–	–	

Das Beispiel führt zu folgender Rangfolge:

1. Leiterin Personalabteilung (2 × im Vergleich zu den anderen Stellen höher bewertet)
2. Sachbearbeiterin Personalangelegenheiten (1 × höher bewertet)
3. Sachbearbeiter Beihilfe (nie höher bewertet)

Das **Gruppierungsverfahren** fasst Stellen von annähernd gleicher Schwierigkeit in einer Gruppe zusammen. Den Gruppen werden jeweils bestimmte Entgeltgruppen zugeordnet. Mit der Stellenbewertung erfolgt die Einordnung in eine Gruppe.

Ein Beispiel für ein Gruppierungsverfahren ist die Stellenbewertung nach TVöD/BAT (Bundesangestelltentarifvertrag), die hier näher dargestellt werden soll.

Stellenbewertung nach TVöD/BAT

Bei der Tarifreform im öffentlichen Dienst im Jahre 2005 wurde das Eingruppierungsrecht zunächst ausgeklammert. Die Eingruppierungsmerkmale des BAT/BMT-G (Bundesmanteltarifvertrag für Gemeindearbeiter) gelten auch heute noch für den Bereich der kommunalen Arbeitgeberverbände vorerst weiter. Die Vereinigung der kommunalen Arbeitgeberverbände und die Gewerkschaften haben auf dem Weg zu einer neuen Entgeltordnung für den kommunalen Bereich im Oktober 2013 einen Zwischenstand erreicht. Im „gemeinsamen Papier zum Verhandlungsstand zur neuen Entgeltordnung zum TVöD" haben sie sich u. a. darauf verständigt, dass die Eingruppierungsvorschriften (§§ 12, 13 TVöD) redaktionell angepasst den (früheren) §§ 22, 23 BAT entsprechen sollen (Vereinigung der kommunalen Arbeitgeberverbände, 2013, S. 3). Neue Eingruppierungsvorschriften bestehen lediglich für den TV-L (seit dem 01.01.2012) und den TVöD-Bund (seit dem 01.01.2014), für Beschäftigte mit einfachsten Tätigkeiten (z. B. Garderobenpersonal, Essens- und Getränkeausgeber) und für Ärzte. Zudem existieren seit 2009 Neuregelungen zur Eingruppierung im Sozial- und Erziehungsdienst, die jedoch nur vorläufigen Charakter haben und bis zum Inkrafttreten der neuen Entgeltordnung zum TVöD-VkA gelten. „Für alle anderen Beschäftigten im TVöD-VkA sind die Eingruppierungsregelungen des BAT-VkA weiterhin anzuwenden. Es besteht Einigkeit, dass im Grunde die Systematik des § 22 BAT fortgeführt wird" (Richter & Gamisch, 2014, S. 20).

Die Entgeltordnung wird auch künftig auf dem System unterschiedlicher Qualifikationsebenen basieren:

- Entgeltgruppen 1–4 für An- und Ungelernte,
- Entgeltgruppen 5–8 für mindestens 2- oder 3-jährige Ausbildung,
- Entgeltgruppen 9–12 Bachelorabschluss bzw. Fachhochschulabschluss,
- Entgeltgruppen 13–15 Masterabschluss bzw. wissenschaftlicher Hochschulabschluss.

Die Eingruppierungsvorschriften werden in der Folge am Beispiel des TV-L erläutert: § 12 Abs. 1 S. 1 TV-L bestimmt, dass die Eingruppierung der Beschäftigten sich nach den Tätigkeitsmerkmalen der Entgeltordnung (Anlage A) richtet. Die Entgeltordnung (EGO) gliedert sich in vier Teile:

- Teil I Allgemeine Tätigkeitsmerkmale für den Verwaltungsdienst,
- Teil II Tätigkeitsmerkmale für bestimmte Beschäftigtengruppen (z. B. Beschäftigte in Archiven, Bibliotheken, Büchereien und Museen, Beschäftigte in Bäderbetrieben, Beschäftigte in der IT-Organisation),
- Teil III Beschäftigte mit körperlich/handwerklich geprägten Tätigkeiten (ehemals Arbeitertätigkeiten),
- Teil IV Beschäftigte im Pflegedienst.

Dabei kommt Teil I der Entgeltordnung eine Auffangfunktion zu. Kann die Tätigkeit des Beschäftigten nicht den Teilen II und IV zugeordnet werden, liegt gem. Vorbemerkung Nr. 1 Abs. 1 zu allen Teilen der Entgeltordnung TV-L grundsätzlich eine Eingruppierung in Teil I vor (zu weitergehenden Ausführungen siehe beispielsweise *Richter* und *Gamisch* 2013, S. 48).

In der Entgeltordnung, Teil I sind einzelne Entgeltgruppen beschrieben (EG 1 bis 15). Bei der Bestimmung der Anforderungen wird bei einigen Entgeltgruppen (z. B. EG 9) nochmals nach unterschiedlichen Fallgruppen (FG) differenziert (im Folgenden nicht näher ausgeführt). Die Eingruppierung in eine bestimmte Entgeltgruppe setzt die Erfüllung von Tätigkeitsmerkmalen voraus. Hierbei handelt es sich um abstrakte, auslegungsbedürftige Umschreibungen der anfallenden Tätigkeiten (z. B. gründliche und umfassende Fachkenntnisse, selbstständige Leistungen, besonders verantwortungsvolle Tätigkeit). Ihre Anwendung unterliegt der uneingeschränkten Nachprüfbarkeit durch die Arbeitsgerichte. Die Eingruppierung in eine bestimmte Entgeltgruppe setzt bestimmte Mindestzeitanteile voraus. § 12 Abs. 1 S. 4 TV-L regelt hierzu, dass die gesamte auszuübende Tätigkeit zeitlich mindestens zur Hälfte dem Tätigkeitsmerkmal entsprechen muss, es sei denn, ein geringerer zeitlicher Anteil wird gefordert (z. B. EG 8: mindestens 50 Prozent gründliche und vielseitige Fachkenntnisse sowie mindestens zu einem Drittel selbstständige Leistungen).

Nachfolgend sind auszugsweise Entgeltgruppen der EGO, Teil I beschrieben (siehe Abb. 5-9). Die Stelle der Sachbearbeiterin Haushalt aus dem oben aufgeführten Beispiel ist der Entgeltgruppe 9, FG 1 zuzuordnen.

Abb. 5-9: Entgeltordnung zum TV-L/Teil I

Entgeltgruppe	Anforderungen/ Tätigkeitsmerkmale	Mindestzeitanteile
...		
8	a) gründliche und vielseitige Fachkenntnisse und b) selbstständige Leistungen	a) 50 % b) 33 1/3 %
9 FG 3	Tätigkeiten, die gründliche und vielseitige Fachkenntnisse und selbstständige Leistungen erfordern	50 %
9 FG 2	Tätigkeiten, die gründliche und umfassende Fachkenntnisse und selbstständige Leistungen erfordern	50 %
9 FG 1	Tätigkeiten, die sich aus der EG 9 FG 2 dadurch herausheben, dass sie besonders verantwortungsvoll sind	50 %
EG 10	Tätigkeiten, die sich aus der EG 9 FG 1 dadurch herausheben, dass sie von besonderer Schwierigkeit und Bedeutung sind	33 1/3 %
...		

Maßgebend für die Eingruppierung ist die gesamte auszuübende Tätigkeit, die auf Dauer übertragen ist (§ 12 Abs. 1 S. 3 TV-L). Die gesamte Tätigkeit des Beschäftigten ist in einen oder mehrere Arbeitsvorgänge aufzuteilen. Arbeitsvorgänge sind Arbeitsleistungen, die zu einem abgrenzbaren Ergebnis führen (z. B. unterschriftsreife Bearbeitung eines Aktenvorgangs, eines Widerspruchs oder eines Antrags, Betreuung bzw. Pflege einer Person oder Personengruppe, Fertigung einer Bauzeichnung).

Die Stellenbewertung erfolgt kurzgefasst nach folgendem Schema[14]):

- erforderliche fachliche Qualifikationen (Abschlüsse, praktische Erfahrungen) feststellen,
- Arbeitsvorgänge bilden,
- zeitliche Anteile für alle Arbeitsvorgänge feststellen,

14) Zur Vereinfachung wird auf die zusammenfassende Betrachtung gem. § 12 Abs. 1 S. 1 TV-L nicht näher eingegangen.

- Arbeitsvorgänge einzeln prüfen und den Tätigkeitsmerkmalen der EGO zuordnen,
- Zeitanteile für die festgestellten Tätigkeitsmerkmale addieren und eine Entgeltgruppe festsetzen. Dabei muss die gesamte auszuübende Tätigkeit mindestens zur Hälfte den Tätigkeitsmerkmalen dieser Entgeltgruppe entsprechen, es sei denn, ein geringerer Zeitanteil wird gefordert.
- Vergütungsgruppe in die Entgeltgruppe nach TVöD überleiten.

Zu den einzelnen Entgeltgruppen sind Bewertungsbeispiele entwickelt worden, die Stellen aus verschiedenen Verwaltungsbereichen beschreiben und die Bewertung von tatsächlichen Stellen erleichtern sollen. Das Bewertungsverfahren wird in diesem Fall zum **Katalogverfahren.** Ist in einer Behörde eine Stelle vorhanden, die im Katalog aufgeführt ist, entfällt eine umfassende Bewertung. Es gilt der im Katalog ausgewiesene Stellenwert. Das Katalogverfahren ist kein eigenständiges Gruppierungsverfahren, es enthält Ergebnisse von zuvor summarisch (wie im Falle der Bewertung nach TVöD/BAT) oder auch analytisch vorgenommenen Bewertungen.

b. Analytische Verfahren

In der kommunalen Praxis hat sich die Anwendung analytischer Bewertungsmodelle ganz überwiegend durchgesetzt. Bereits 1973 ist von der Studienkommission zur Reform des öffentlichen Dienstrechts die Entwicklung eines analytischen Bewertungsverfahrens empfohlen worden.

Grundlage für die analytische Stellenbewertung ist das **Genfer Schema.** Es wurde 1950 auf einer internationalen Tagung über Arbeitsbewertung in Genf erarbeitet. Das Genfer Schema sieht vier Anforderungsfelder vor (vgl. Abb. 5-10), von denen zwei (geistige und körperliche Anforderungen) zusätzlich nach der möglichen Beanspruchung unter den Aspekten Können und Belastung unterschieden werden.

Abb. 5-10: Genfer Schema

Anforderungsfelder	Beanspruchung	
	Können	Belastung
1. Geistige Anforderungen	Aus- und Fortbildung, Berufserfahrung, Denkfähigkeit	Denktätigkeit, Aufmerksamkeit, Art und Vielseitigkeit der dienstlichen Beziehungen, Termindruck
2. Körperliche Anforderungen	Geschicklichkeit, körperliche Konstitution	Muskelbelastung (statisch, dynamisch, einseitig)

Anforderungsfelder	Beanspruchung	
	Können	Belastung
3. Verantwortung		Verantwortung für die eigene Arbeit und die Arbeit anderer sowie die Sachmittel
4. Arbeitsbedingungen		Beanspruchung durch Lärm, Luftverunreinigung, Temperatur etc.

Können und Belastung unterscheiden sich insofern, als es beim Können darauf ankommt, ob und in welchem höchsten Grad Können erforderlich ist, nicht aber, wie oft und wie lange es in Anspruch genommen wird. Bei der Belastung kommt es hingegen auf die durchschnittliche Höhe, die Dauer der ununterbrochenen Tätigkeit bei gleicher Belastungshöhe und den Arbeitswechsel an. Verantwortung und Arbeitsbedingungen sind keine Ausprägungen eines Fachkönnens; sie zeigen die mit einer Tätigkeit verbundenen psychischen und physischen Belastungen auf.

Die Anforderungsfelder des Genfer Schemas kennzeichnen lediglich die für eine Stellenbewertung wesentlichen Aspekte. Sie müssen noch hinsichtlich von Bewertungsmerkmalen, wie z. B. „dienstliche Beziehungen" oder „Führungsverantwortung", konkreter beschrieben werden.

Ein Beispiel für ein analytisches Verfahren ist das **Rangreihenverfahren.** Beim Rangreihenverfahren werden Einzelkriterien (Bewertungsmerkmale) verglichen. Für jedes Merkmal wird eine Rangreihe gebildet, auf der einzelne Rangplätze unterschieden werden. Die Rangplätze werden i. d. R. durch Zahlen gekennzeichnet (z. B. von 0 bis 100 in Fünferschritten oder von 0 bis 10). Den Merkmalen werden bei der Bewertung Punktwerte zugeordnet. Anschließend werden die Merkmale entsprechend ihrer Relevanz gewichtet und zum Abschluss die erreichten Punktzahlen addiert.

Das Verfahren soll am Beispiel der Kämmerei-Mitarbeiter erläutert werden (siehe Abb. 5-11).

Abb. 5-11: Beispiel Rangreihenverfahren

Merkmal: dienstliche Beziehungen (Schwierigkeitsgrad, Häufigkeit und Vielseitigkeit von Gesprächen und Verhandlungen)	
Stelle	**Rangplatz**
	10
Leiterin Kämmerei	9
	8

Merkmal: dienstliche Beziehungen (Schwierigkeitsgrad, Häufigkeit und Vielseitigkeit von Gesprächen und Verhandlungen)	
Stelle	**Rangplatz**
	7
Sachbearbeiterin Haushalt	6
	5
	4
	3
Sachbearbeiter Geschäftsbuchhaltung	2
	1
	0

1. Bildung einer Rangreihe je Merkmal

Die zu bewertenden Stellen werden zunächst hinsichtlich des zu bewertenden Merkmals (hier „dienstliche Beziehungen") in eine Rangreihe gebracht. Zur Vereinfachung ist eine Rangreihe von eins bis zehn gewählt. Das Beispiel geht davon aus, dass der Anwendungsbereich sich auf weitere Stellen bezieht, die im Vergleich zu den ausgewählten Stellen der Kämmerei höher oder niedriger bewertet werden. Die Stelle der Kämmerei-Leitung erhält daher nicht den höchsten Rangplatz, sondern ist auf Rang 9 einzuordnen Die Stelle der Sachbearbeiterin Haushalt ist in der Folge Rangplatz 6 zuzuordnen, die Stelle des Sachbearbeiters Geschäftsbuchhaltung ist im Vergleich nochmals niedriger zu bewerten (Rang 2). Im Ergebnis erhält man eine Rangfolge für das betreffende Bewertungsmerkmal, nicht aber – wie beim Rangfolgeverfahren – für die Stelle insgesamt.

Die Einordnung der einzelnen Stellen wird bei weiteren Bewertungsmerkmalen (z. B. Verantwortung, Berufserfahrung) häufig verschieden sein. So ist der Geschäftsbuchhalter bei der Anforderungsart „Verantwortung" eher auf einem mittleren Rangplatz einzuordnen, da die Verbuchung der einzelnen Geschäftsvorfälle Zuverlässigkeit und Sorgfalt erfordert. Die Aufgabenwahrnehmung verlangt jedoch keine „Berufserfahrung", da der Sachbearbeiter direkt nach einer Einarbeitungszeit die an ihn gestellten Anforderungen erfüllen kann.

2. Gewichtung der Merkmale

Nicht alle Bewertungsmerkmale sind gleich bedeutsam, sie müssen daher zueinander ins Verhältnis gesetzt, also „gewichtet" werden. Mit der Gewichtung wird festgelegt, welchen Einfluss die einzelnen Merkmale auf den Stellenwert haben. So wird der Schwierigkeitsgrad der dienstlichen Beziehungen im Allgemeinen weniger bedeutsam eingeschätzt als der Schwierigkeitsgrad der Informationsverarbeitung (Siepmann, 2010, S. 37).

Entsprechend seiner Bedeutung wird dem betrachteten Merkmal zunächst eine Wertzahl für die höchste Ausprägung zugewiesen. Bei einer Gesamtwertzahl aller Bewertungsmerkmale von 1.200 und einer Gewichtung der im Beispiel genannten „dienstlichen Beziehungen" im Umfang von zehn Prozent ist die maximale Wertzahl für dieses Merkmal zehn Prozent von 1.200, also 120.

In einem zweiten Schritt wird jedem Rangplatz (im Beispiel zehn Rangplätze für das Merkmal „dienstliche Beziehungen") ein Punktwert zugewiesen (1,2 – 2,4 – 3,6 – 4,8 ... 12). Der Punktwert errechnet sich aus dem Produkt von Rangplatz und maximaler Wertzahl in Prozent.

Für das Beispiel der Kämmerei-Mitarbeiter ergeben sich folgende Punktwerte:

Leiterin Kämmerei (Rangplatz 9)	9 × 120 : 100 = 10,8
Sachbearbeiterin Haushalt (Rangplatz 6)	6 × 120 : 100 = 7,2
Sachbearbeiter Geschäftsbuchhaltung (Rangplatz 2)	2 × 120 : 100 = 2,4

Die Wertzahlen werden neben der Rangreihe notiert. Das gleiche Verfahren wird nun für alle anderen Bewertungsmerkmale – bei voraussichtlich unterschiedlicher Gewichtung der Merkmale – wiederholt. Am Schluss ergibt sich eine Gesamtwertzahl für jede Stelle.

Ein weiteres analytisches Stellenbewertungsverfahren ist das **Wertzahlverfahren.** Beim Wertzahlverfahren erfolgt die Gewichtung der Anforderungsmerkmale im Gegensatz zum Rangreihenverfahren im ersten Schritt. Erst danach werden die Punktwerte zugeordnet.

Das **Stufenwertzahlverfahren der KGSt** zur Bewertung der Beamtenstellen ist allgemein anerkannt. Das zugrunde liegende Gutachten „Stellenplan – Stellenbewertung" ist 1953 in der ersten Auflage und zuletzt 2009 in der 7. Auflage erschienen. Die wesentlichen Aktualisierungen der letzten Auflage sind:

- Anpassung der Funktions- und Aufgabenbeschreibungen an die veränderten Produkte und Leistungen einer modernen Verwaltung,
- kein Abstellen der Leitungsverantwortung mehr auf die Zahl und Qualifikation der unterstellten Mitarbeiter sowie die Einwohnerzahlen, sondern eine sehr differenzierte Bewertung nach der Bedeutung der Produkte, der Größe der Zielgruppe, den Anforderungen an Personalführung und Organisationsgestaltung und den Anforderungen an die Gestaltung und Bewirtschaftung des Budgets[15]),
- höhere Gewichtung des Bewertungsmerkmals „Grad der Verantwortung",
- Wegfall des Merkmals „Grad des Kraftaufwands", das für die kommunale Praxis ganz überwiegend lediglich für die Feuerwehrbeamten Bedeutung hatte.

15) Bereits im KGSt-Bericht „Bewertung von Beamtenstellen im Neuen Steuerungsmodell" aus 2/1998 wurde das Bewertungsmerkmal der Leitungsverantwortung neu gefasst, die dort vorgenommenen Modifizierungen wurden jedoch so nicht in das aktuelle Gutachten übernommen.

Im Gutachten sind für jedes Bewertungsmerkmal unterschiedliche Ausprägungen des Anforderungsniveaus (Bewertungsstufen) beschrieben. Die jeweiligen Stufen kennzeichnen unterschiedlich hohe Anforderungen, denen jeweils ein Punktwert zugeordnet ist.

Das Bewertungssystem der KGSt umfasst sechs Bewertungsmerkmale, die den Anforderungsfeldern des Genfer Schemas zugeordnet werden können. Sie werden entsprechend ihrer Bedeutung unterschiedlich gewichtet. Ihr Inhalt wird durch Bestimmungsgrößen festgelegt. Bei jedem Bewertungsmerkmal werden vier, sechs oder zehn Schwierigkeitsgrade (Bewertungsstufen) unterschieden. Abbildung 5-12 veranschaulicht das Bewertungssystem.

Abb. 5-12: Übersicht zum Bewertungssystem der KGSt (nach Kommunale Gemeinschaftsstelle für Verwaltungsmanagement, 2009, S. 29 f.)

Bewertungs-merkmal	Gewicht	Zahl der Bewertungs-Stufen	Bestimmungsgrößen
Informations-verarbeitung	25 %	10	Breite des Informationsfeldes Umfang und Methodik von Analysen Neuartigkeit zu entwickelnder Informationen
Dienstliche Beziehungen	10 %	6	Erläuterungsbedürftigkeit der Informationen Anforderungen an Argumentation Konfliktmöglichkeiten Häufigkeit und Vielseitigkeit der Kontakte
Selbstständigkeit	10 %	6	Umfang des Handlungsspielraums Häufigkeit der Entscheidungen mit Handlungsspielraum
Grad der Verantwortung: **Ausführungs-verantwortung** **Leitungs-verantwortung**	25 %	10	 Auswirkungen des Arbeitsverhaltens Bedeutung der Produkte für die Zielgruppe Größe der Zielgruppe Anforderungen an Personalführung und Organisationsgestaltung Anforderungen an Gestaltung und Bewirtschaftung des Budgets
Vor- und Ausbildung	22 %	4	notwendige Laufbahnbefähigung
Erfahrung	8 %	4	Breite und Tiefe zusätzlicher Kenntnisse und Fertigkeiten

Die Bewertungsstufen sind unter Berücksichtigung der Bestimmungsgrößen durch Stufenbeschreibungen konkretisiert und mit Stufenwertzahlen verbunden. An die Gesamtbewertungspunkte sind die Besoldungsgruppen gekoppelt.

Abbildung 5-14 gibt den Bewertungsbogen mit den Stufenbeschreibungen für jedes Bewertungsmerkmal einschließlich der zugewiesenen Wertzahlen wieder. Mithilfe der beigefügten Dienstpostentabelle kann die Gesamtsumme der Wertzahlen den Besoldungsgruppen zugeordnet werden.

Die Bewertung der einzelnen Stelle geschieht durch Subsumtion von Tätigkeiten unter die einzelnen Stufen, und zwar nacheinander für jedes Bewertungsmerkmal. Auch beim Stufenwertzahlverfahren gelangt man durch den Vergleich der unterschiedlichen Anforderungen, die für das jeweilige Merkmal an die zu bewertenden Dienstposten zu stellen sind, zu einem Ergebnis. Abbildung 5-13[16]) zeigt das Bewertungsergebnis für das Merkmal „dienstliche Beziehungen" – wiederum am Beispiel der Kämmerei-Mitarbeiter.

Abb. 5-13: Beispiel Stufenwertzahlverfahren der KGSt

Schwierigkeitsgrad der dienstlichen Beziehungen		Wertzahl	L	SB-H	SB-G
1	Informationen zu einfachen Sachverhalten sind zu erläutern; bei unterschiedlichen Standpunkten kann auf eindeutige Vorschriften oder Tatsachen verwiesen werden.	10			10
2	Informationen zu schwierigen Sachverhalten sind zu erläutern; bei unterschiedlichen Standpunkten kann in der Regel auf eindeutige Vorschriften oder Tatsachen verwiesen werden.	22			
3	Gespräche sind zu führen; bei unterschiedlicher Interessenlage soll durch werbende oder verteidigende Darlegungen Verständnis für den eigenen Standpunkt erzielt werden.	37		37	
4	Konfliktträchtige Gespräche sind zu führen; bei gegensätzlichen Vorstellungen und schwieriger Argumentation soll der Gesprächspartner vom eigenen Standpunkt überzeugt werden.	55	55		
5	Konfliktträchtige Verhandlungen sind zu führen; trotz gegensätzlicher Positionen und schwieriger Argumentation soll ein Ausgleich herbeigeführt werden.	76			
6	In Stufe 5 beschriebene Verhandlungen kommen häufig vor und unterscheiden sich dabei nach Inhalt und Gesprächspartnern wesentlich.	100			

16) Merkmal „dienstliche Beziehungen" für die Stellen Leitung Kämmerei, Sachbearbeitung Haushalt und Sachbearbeitung Geschäftsbuchhaltung einer Gemeinde der Größenklasse 4 (50.000 bis 100.000 Einwohner).

Kernstück des KGSt-Gutachtens ist die Anwendung dieser vorbeschriebenen Systematik auf eine Vielzahl von (sog. typischen) Beamtenstellen – untergliedert nach Kreisen und Kommunen und hier wiederum nach einzelnen Einwohnergrößenklassen. Die im Gutachten bewerteten typischen Stellen sollen die Bewertung möglichst vieler örtlich vorhandener Stellen erleichtern. Zugleich sind sie Markierungspunkte für die Bewertung anderer, nicht im Gutachten abgebildeter Stellen.

Das Gutachten wird in der kommunalen Bewertungspraxis weitgehend der örtlichen Stellenbewertung zugrunde gelegt. Die Anwendung ist jedoch im gesamten öffentlichen Sektor möglich, da das System auch ohne die speziell auf Gemeinden und Kreise bezogenen Bewertungsbeispiele „vollstandig und praktikabel" ist (Kommunale Gemeinschaftsstelle für Verwaltungsmanagement, 2009a, S. 3).

Abb. 5-14: Bewertungsbogen und Dienstpostentabelle des Stufenwertzahlverfahrens der KGSt

KGSt®-Bewertungsbogen zur Dienstpostenbewertung für Beamte (nach dem KGSt®-Gutachten G1/2009 Stellenplan – Stellenbewertung 7. Auflage 2009)

Stelleninhaber (Name, Vorname	Dienststelle	Stellen-Nr.
Bisherige BGr.	Funktion	

Bew.-Stufe	**Stufenbeschreibung**	**Wert-Zahl**	**Er-gebnis**
1:	**Schwierigkeitsgrad der Informationsverarbeitung**		
1	Die zu verarbeitenden Informationen sind leicht überschaubar und eindeutig. Es ist überwiegend mechanisch vorzugehen.	25	
2	Zwischenstufe	40	
3	Die zu verarbeitenden Informationen sind überschaubar. Es ist aufgrund eigener Überlegungen in verschiedenen Informationsverarbeitungsschritten nach einem sich wiederholenden Arbeitsablauf (Arbeitsprozess) vorzugehen. Die Verarbeitung ist fast immer aus gleichen Sachverhalten ableitbar.	58	
4	Zwischenstufe	78	
5	Die zu verarbeitenden Informationen sind umfangreich. Es sind Zusammenhänge zu analysieren und viele Gesichtspunkte zu einem Ergebnis zu verarbeiten. Ähnliche Sachverhalte können herangezogen werden.	100	
6	Zwischenstufe	125	
7	Die zu verarbeitenden Informationen sind sehr umfangreich. Es sind Überlegungen zum methodischen Vorgehen anzustellen, Zusammenhänge zu analysieren und viele Gesichtspunkte zu einem Ergebnis zu verarbeiten. Ähnliche Sachverhalte können nur begrenzt herangezogen werden.	153	
8	Zwischenstufe	183	

9	Die zu verarbeitenden Informationen sind sehr umfangreich und komplex. Es sind Zusammenhänge von teilweise hohem Abstraktionsgrad zu analysieren und neue Lösungen zu finden oder maßgeblich mitzugestalten.	215	
10	Anforderungen nach Stufe 9 zu mehr als 75 % der Arbeitszeit	250	

2:	**Schwierigkeitsgrad der dienstlichen Beziehungen**		
1	Informationen zu einfachen Sachverhalten sind zu erläutern; bei unterschiedlichen Standpunkten kann auf eindeutige Vorschriften oder Tatsachen verwiesen werden.	10	
2	Informationen zu schwierigen Sachverhalten sind zu erläutern; bei unterschiedlichen Standpunkten kann in der Regel auf eindeutige Vorschriften oder Tatsachen verwiesen werden.	22	
3	Gespräche sind zu führen; bei unterschiedlicher Interessenlage soll durch werbende oder verteidigende Darlegungen Verständnis für den eigenen Standpunkt erzielt werden.	37	
4	Konfliktträchtige Gespräche sind zu führen; bei gegensätzlichen Vorstellungen und schwieriger Argumentation soll der Gesprächspartner vom eigenen Standpunkt überzeugt werden.	55	
5	Konfliktträchtige Verhandlungen sind zu führen; trotz gegensätzlicher Positionen und schwieriger Argumentation soll ein Ausgleich herbeigeführt werden.	76	
6	In Stufe 5 beschriebene Verhandlungen kommen häufig vor und unterscheiden sich dabei nach Inhalt und Gesprächspartnern wesentlich.	100	

3:	**Grad der Selbständigkeit – Ermessen –**		
1	Leistungserstellung und Organisation der Arbeit sind bis ins Einzelne durch Vorgaben bestimmt; es besteht allenfalls die Möglichkeit der zeitlichen Einteilung.	10	
2	Die Leistungserstellung ist vollständig durch Vorgaben bestimmt; es besteht jedoch ein Handlungsspielraum hinsichtlich der Organisation der eigenen Arbeit.	22	
3	Die Leistungserstellung ist noch überwiegend durch Vorgaben bestimmt; es besteht jedoch ein Handlungsspielraum hinsichtlich des Ergebnisses der Arbeit.	37	
4	Die Leistungserstellung ist teilweise durch Vorgaben bestimmt; es ist über den Handlungsspielraum nach Stufe 3 hinaus der Inhalt der Arbeit häufig nicht festgelegt.	55	
5	Die Leistungserstellung ist zu einem erheblichen Teil nur durch allgemeine Vorgaben bestimmt, die durch eigene Entscheidungen auszufüllen sind. Teilweise sind Maßnahmen oder Leistungen aus eigenem Antrieb zu entwickeln.	76	
6	Im Rahmen der in Stufe 5 beschriebenen Selbständigkeit sind häufig Maßnahmen oder Leistungen aus eigenem Antrieb zu entwickeln.	100	

4. a:	**Grad der Verantwortung – Alternative für Stellen mit Ausführungsverantwortung –**		
1	Das Arbeitsverhalten im Einzelfall hat geringe Auswirkungen.	25	
2	Zwischenstufe	40	
3	Das Arbeitsverhalten im Einzelfall hat mittlere Auswirkungen; es bezieht sich in der Regel auf einen kleineren Personenkreis, ein kleineres Objekt oder wirkt sich innerhalb einer Organisationseinheit aus.	58	
4	Zwischenstufe	78	
5	Das Arbeitsverhalten im Einzelfall hat große Auswirkungen; es bezieht sich in der Regel auf einen größeren Personenkreis, ein größeres Objekt oder wirkt sich auf mehrere Organisationseinheiten aus.	100	
6	Zwischenstufe	125	
7	Das Arbeitsverhalten im Einzelfall hat sehr große Auswirkungen; es wirkt sich auf einen sehr großen Personenkreis, ein sehr großes Objekt oder zahlreiche Organisationseinheiten aus.	153	
8	Das Arbeitsverhalten insgesamt wirkt sich auf die Belange einer großen Bevölkerungsgruppe oder einer sehr großen Verwaltung aus.	183	

4. b:	**Grad der Verantwortung – Alternative für Stellen mit Leitungsverantwortung –** (Wertzahl ergibt sich aus der Summe der Faktoren 1.1-3, s. u.)					
5	niedrig	Faktor 10 – 12			100	
6	erhöht	Faktor 14 – 18			125	
7	mittel	Faktor 20 – 24			153	
8	groß	Faktor 26 – 28			183	
9	sehr groß	Faktor 30 – 34			215	
10	umfassend	Faktor 36 – 40			250	
1	**Bedeutung der Aufgaben und Größe der Zielgruppe (Gewichtung 40 %)**					
1.1	**Bedeutung der Aufgaben für die Zielgruppe (Gewichtung 20 %)**					
	– wichtig	Faktor 2			2	
	– sehr wichtig	Faktor 4			4	
	– von großer Bedeutung	Faktor 6			6	
	– von sehr großer Bedeutung	Faktor 8			8	
1.2	**Größe der Zielgruppe (Gewichtung 20 %)**		**extern**	**intern**		
	– klein	Faktor 2	bis 50.000	bis 1.000 MA	2	
	– mittel	Faktor 4	50.000–200.000	1.001–2.500 MA	4	
	– groß	Faktor 6	200.000 – 400.000	2.501 – 6.000 MA	6	
	– sehr groß	Faktor 8	mehr als 400.000	mehr als 6.000 MA	8	

2	**Anforderungen an Personalführung und Organisationsgestaltung (Gewichtung 40 %)**					
	– groß	Faktor 4			4	
	– größer	Faktor 8			8	
	– sehr groß	Faktor 12			12	
	– außerordentlich groß	Faktor 16			16	
3	**Anforderungen an Gestaltung und Bewirtschaftung des Budgets (Gewichtung 20 %)**					
	– niedrig	Faktor 2			2	
	– mittel	Faktor 4			4	
	– hoch	Faktor 6			6	
	– sehr hoch	Faktor 8			8	
Summe der Faktoren						

5:	**Grad der Vor- und Ausbildung**			
1	Die mit der Wahrnehmung der Stelle verbundenen Funktionen erfordern die Laufbahnbefähigung	für den einfachen Dienst	22	
2		für den mittleren Dienst	68	
3		für den gehobenen Dienst	134	
4		für den höheren Dienst	220	

6:	**Grad der Erfahrung**			
1	Die mit der Wahrnehmung der Stelle verbundenen Funktionen erfordern den Erwerb von Kenntnissen und Fertigkeiten, wie sie in der praktischen Auseinandersetzung mit dienstlichen Aufgaben erworben werden können, und zwar	zusätzliche Kenntnisse und Fertigkeiten auf einer anderen Stelle	8	
2		in erhöhtem Maße zusätzliche Kenntnisse und Fertigkeiten auf mehreren anderen Stellen	25	
3		umfangreiche zusätzliche Kenntnisse und Fertigkeiten auf mehreren anderen Stellen in verschiedenen Aufgabenbereichen	49	
4		besonders umfassende und vielseitige zusätzliche Kenntnisse und Fertigkeiten auf mehreren anderen Stellen in verschiedenen Aufgabenbereichen	80	
		BGr.	**Summe:**	

Unterschrift

____

KGSt®-Dienstpostentabelle

Summe der Wertzahlen	Besoldungsgruppe
82–91	A 1
92–106	A 2
107–126	A 3
127–151	A 4
152–181	A 5
182–216	A 6
217–256	A 7
257–301	A 8
302–351	A 9
352–406	A 10
407–466	A 11
467–531	A 12
532–601	A 13
602–676	A 14
677–756	A 15
757–841	A 16
842–931	B 2
ab 932	B 3

Beurteilung der Verfahren

Sowohl summarische als auch analytische Bewertungsverfahren können nicht zu wissenschaftlich abgesicherten Ergebnissen führen. Es geht vielmehr darum, Verfahren zu entwickeln bzw. weiterzuentwickeln, die ein hohes Maß an Objektivität und Transparenz aufweisen. Folgende Vor- und Nachteile der beiden Verfahren sind zu nennen (Siepmann 2010, S. 33 f.; S. 41; Janosch & Lange, 1984) (siehe Abb. 5-15):

Abb. 5-15: Vor- und Nachteile der Stellenbewertungsverfahren

Summarische Verfahren	Analytische Verfahren
Vorteile	
• Summarische Verfahren sind einfacher zu handhaben und schneller durchzuführen als analytische Verfahren.	• Die Ergebnisse sind transparent und nachvollziehbar, da das System einheitlich für alle Stellen angewandt wird und die Ergebnisse schrittweise ermittelt werden. • Die Nachvollziehbarkeit der Ergebnisse sorgt für eine größere Akzeptanz bei den Betroffenen.
Nachteile	
• Die Anforderungen werden oft nur unvollständig erfasst (keine oder nur wenige Merkmale) und das Gewicht der einzelnen Anforderungen im Verhältnis zueinander wird nicht bestimmt. • Die Ergebnisse sind nicht transparent, da nicht erkennbar ist, in welchem Umfang bestimmte Merkmale bestimmend bei der Bewertung waren. Ein Vergleich der Stellen untereinander ist daher schwierig. • Summarische Verfahren lassen subjektiven Einflüssen folglich mehr Raum.	• Analytische Verfahren sind schwieriger zu handhaben und aufwendiger als summarische Verfahren. • Die Beurteilungsspielräume sind stärker eingeschränkt als beim summarischen Verfahren, allerdings ist auch bei den analytischen Methoden die Gewichtung bzw. Einstufung von Anforderungen subjektiven Einflüssen ausgesetzt.

5.5 Stellenbesetzung

Nach Festlegung des Stelleninhaltes ist die Frage der Besetzung einer Stelle zu klären. Grundlage für die Stellenbesetzung ist u. a. die Stellenbeschreibung. Im Ergebnis soll diejenige Person identifiziert werden, deren Befähigungsprofil die höchste Übereinstimmung mit dem Anforderungsprofil der zu besetzenden Stelle aufweist. Im Anforderungsprofil werden die Personenmerkmale (z. B. Abitur, Kenntnisse im Sozialrecht, Konfliktfähigkeit) aufgelistet, die ein zu einer bestimmten Position passender Mitarbeiter aufweisen sollte (Gourmelon, Seidel & Treier, 2014, S. 64). Das Befähigungsprofil spiegelt dann die erworbenen persönlichen Fähigkeiten, Kenntnisse und beruflichen Erfahrungen eines bestimmten Mitarbeiters wider.

Die Stellenbesetzung ist keine organisatorische Fragestellung, sondern fällt in den Wirkungsbereich des Personalmanagements. Organisatorisch interessieren beispielsweise folgende Gesichtspunkte (Kosiol, 1962, S. 65 ff.):

- Anstreben einer dauerhaften Besetzung der Stelle – ist dieses Ziel nicht zu erreichen, z. B. weil ein Stelleninhaber langfristig erkrankt, gilt es, die Stelle vorübergehend zu besetzen.
- Regelung der Stellvertretung, um sicherzustellen, dass die Aufgaben des Stelleninhabers bei dessen Abwesenheit jederzeit übernommen werden können. Die Stellvertretung wird als zusätzliche Aufgabe von einer anderen Person, i. d. R. mit vergleichbarem Aufgabengebiet, ausgeführt.
- Entscheidung darüber, ob die Stelle mit einer Vollzeitkraft besetzt werden muss, oder ob die Möglichkeit besteht, die Aufgaben Teilzeitkräften (z. B. zwei Halbtagskräften) zu übertragen.

6 Aufbauorganisation

Nachdem sie im Lotto gewonnen haben, gründen die ehemaligen Studierenden Johannes, Birte und Valentin ein Unternehmen zur Herstellung von Mountain-Bikes. Johannes kümmert sich um den Einkauf der Materialien, Birte um die Produktion und Valentin um den Vertrieb. Johannes beschafft, weil ein besonders günstiges Angebot vorliegt, einhundert Felgenbremsen. Birte stellt derweil zehn silberfarbene Bikes her, um die beiden Angestellten auszulasten. Und Valentin schließt am selben Tag mit einem großen Fahrradhändler einen Vertrag über die Lieferung von zwanzig roten Bikes mit Scheibenbremsen ab. Was wäre den Dreien zu raten?

6.1 Arbeitsteilung und Koordination

Unter Verwendung der Aufgabenanalyse werden die Aufgaben einer Behörde oder Kommunalverwaltung in Teilaufgaben gegliedert. Diese Teilaufgaben können dann den kleinsten organisatorischen Einheiten – den Stellen – zugeordnet werden. Die einzelnen Stelleninhaber können sich somit auf die Bewältigung von kleinen Teilaufgaben spezialisieren. Je ausgeprägter die Arbeitsteilung dabei ist, desto größer ist der Spezialisierungsgewinn. In der Folge entsteht jedoch das Problem, wie die Arbeit der Einzelnen aufeinander abgestimmt und auf das Organisationsziel ausgerichtet werden kann. Und dabei gilt: Je ausgeprägter die Arbeitsteilung, desto höher ist der Abstimmungsaufwand.

Grundsätzlich gibt es folgende Formen der Abstimmung (Koordination, siehe auch Abb. 6-1):

- Abstimmung durch persönliche Weisungen/Hierarchie („heilige Ordnung") – diese Form der Abstimmung setzt voraus, dass bestimmte Stellen (Instanzen, Leitungsstellen) die Befugnis bzw. Kompetenz erhalten, anderen Stellen (den Ausführungsstellen) Anweisungen geben zu dürfen. Diese Befugnis kann sich darauf beziehen, Informationen zu erhalten (z. B. fordert die Chefin die Mitarbeiterin auf zu berichten, welche Arbeitsergebnisse bislang erzielt worden sind), Entscheidungen zu treffen (z. B. Chef behält sich vor, über einen Antrag letztendlich zu entscheiden), Anordnungen zu geben (z. B. Chef bestimmt, welcher Antrag zuerst bearbeitet werden soll), über Ressourcen anderer Stellen zu verfügen (z. B. Vorgesetzter weist Mitarbeiter anderes Büro zu), die Verwaltung im Außenverhältnis zu vertreten. Einerseits erweist sich die Abstimmung via Hierarchie als ein unter zahlreichen organisatorischen Bedingungen wirksames Mittel zur Abstimmung (Laux & Liermann, 1997, S. 99 f.), andererseits setzt sie ein Beziehungsbild (im Extrem: „Befehl und Gehorsam") zwischen Menschen voraus, dessen Strahlkraft unter dem Eindruck zunehmender Demokratisierung der Gesellschaft schwindet (Klages, 1990).

- Selbstabstimmung – hierbei stimmen sich die Einzelnen nach eigenem Ermessen ab (Schreyögg, 2010, S. 143). Dabei kann es zu spontaner Selbstabstimmung oder zu geplanten Formen der Selbstabstimmung kommen. Insbesondere die spontane Selbstabstimmung kann durch ein gemeinsames, z. B. von der Organisationskultur bestimmtes Wertesystem ausgelöst und getragen werden (Kieser & Walgenbach, 2010, S. 120). Auch die in der Berufsausbildung oder im Studium erlernten Berufsrollen oder -normen können die spontane Selbstabstimmung beeinflussen (Kieser & Walgenbach, 2010, S. 126). Treffen beispielsweise Polizisten, Feuerwehrmänner und -frauen sowie Sanitäter zur gleichen Zeit an einem Brandort ein, werden sie sich aufgrund ihrer Berufsausbildung auf bestimmte Tätigkeiten konzentrieren: die Polizei wird den Brandort absperren und Fluchtwege freihalten, die Feuerwehr wird Menschen bergen und Löschmaßnahmen einleiten, der Rettungsdienst wird ihm zugeleitete Verletzte versorgen.
- Abstimmung durch Programme (bzw. Standardisierung/Regelungen) und Pläne (Schreyögg, 2008, S. 139 f.; Hopp & Göbel, 2004, S. 168): Bei Programmen wird im Vorhinein festgelegt, wie die einzelnen Mitarbeiter zu handeln haben. Für bestimmte Situationen und Fallkonstellationen werden Handlungsregeln oder Verhaltensvorschriften festgelegt, die auch die Zusammenarbeit mit anderen Stellen regeln können. Beispielsweise wird das Vorgehen bei Beschaffungen in Abhängigkeit von den Beschaffungssummen festgelegt. Pläne im Sinne der Abstimmung sind verbindliche Vorgaben für ausführende Stellen, die sich auf einen bestimmten Zeitraum beziehen. Beispiel: eine Lehrkraft erhält ihren Einsatzplan für das kommende Schulhalbjahr.
- Abstimmung durch interne Märkte – die Mitglieder einer Organisation erhalten von anderen Organisationsmitgliedern Handlungsanreize, die durch Marktmechanismen (Angebot und Nachfrage) vermittelt werden. Diese Art der Abstimmung wird in modern gestalteten öffentlichen Verwaltungen häufiger praktiziert.

Abb. 6-1: Formen der organisatorischen Abstimmung

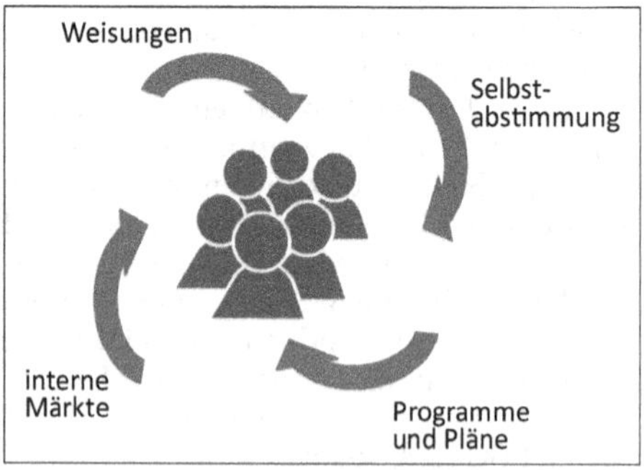

Unter **Aufbauorganisation** werden nun absichtsvolle Bemühungen verstanden, durch die Bildung von organisatorischen Einheiten[17]) und durch die Verwaltungsstrukturierung zur Koordination der Tätigkeiten von einzelnen Organisationsmitgliedern beizutragen[18]). Dabei liegt der Schwerpunkt der aufbauorganisatorischen Maßnahmen auf der Abstimmung mittels Hierarchie und geplanter Selbstabstimmung. Die Ablauforganisation (bzw. das Prozessmanagement) hingegen beinhaltet die Regelung von Tätigkeiten zur Erreichung der Organisationsziele – hier steht die Abstimmung mit Programmen und Plänen im Vordergrund. Im Rahmen der Aufbauorganisation können nun verschiedene Strukturelemente verwendet werden, die jeweils ihnen eigene Vor- und Nachteile aufweisen. Im Abschnitt 6.2 werden diejenigen Strukturelemente erläutert, die für den öffentlichen Sektor bedeutsam sind oder in Zukunft bedeutsam werden könnten.

Bei der Anwendung der verschiedenen Strukturelemente haben die Behörden und Kommunalverwaltungen weitgehend freie Hand (Einschränkungen siehe Abschnitt 6.3). Für die Gemeinden und Kreise leitet sich die **Organisationshoheit,** also das Recht auf eigenverantwortliche Gestaltung ihrer Organisation, aus Artikel 28, Absatz 2 des Grundgesetzes ab. *Siepmann* und *Siepmann* (2004, S. 42) führen aus: „Sie [die Gemeinden und Kreise; d. Verf.] können die von ihnen wahrzunehmenden Aufgaben grundsätzlich nach örtlichen Zweckmäßigkeitserwägungen zusammenfassen und den Aufgabenvollzug den von ihnen zu bestimmenden Organisationseinheiten und Stellen übertragen …". Modellpläne für die Verwaltungsstrukturierung in den Kommunen hat die KGSt (Kommunale Gemeinschaftsstelle für Verwaltungsmanagement, 1978, 2002) veröffentlicht.

6.2 Strukturelemente der Aufbauorganisation

6.2.1 Verrichtungs- und objektorientierte Bildung von Organisationseinheiten

Die Stellen einer Organisation können verrichtungs- oder objektorientiert zu Organisationseinheiten zusammengefasst werden. Von einer verrichtungsorientierten Bildung von Organisationseinheiten spricht man dann, wenn Stellen mit ähnlichen Tätigkeiten in einer Einheit zusammengefasst werden. Beispielsweise könnte ein Amt die Abteilungen „Antragsannahme", „Antragsbearbeitung", „Versand", „Widerspruchsbearbeitung" oder die Finanzkasse eines Finanzamtes die Stellen „Girostelle", „Buchführung" und „Verwahrbuchhaltung" (Hopp & Göbel, 2013, S. 148) bilden. Bei der objektorientierten Bildung von Organisationseinheiten werden die Stellen nach Objekten zusammengefasst; Objekte können dabei Produkte, Aufgaben, Kun-

17) Steinbuch (1997, S. 30) bezieht den Begriff Aufbauorganisation auch auf die Bildung von Stellen. Hier wird der Begriff auf solche organisatorische Einheiten bezogen, die unter Verwendung von Stellen gebildet werden.

18) Vgl. Frost (2004, S. 46): „Die Aufbauorganisation umfasst die Gebildestrukturierung" und „Die Aufbauorganisation befasst sich mit der Bildung organisatorischer Einheiten".

dengruppen oder Regionen sein. Beispiel für die Bildung von Organisationseinheiten nach Aufgaben ist die Einrichtung von Dezernaten wie „Rechts-, Sicherheits- und Ordnungsverwaltung", „Schul- und Kulturverwaltung", „Sozial-, Jugend- und Gesundheitsverwaltung", „Bauverwaltung" in einer Kommunalverwaltung. Kundenorientiert ist beispielsweise die Gliederung der Arbeitsagenturen in die Teams „arbeitnehmerorientierte Vermittlung" und „arbeitgeberorientierte Vermittlung". Die Fachhochschule für öffentliche Verwaltung Nordrhein-Westfalen weist eine Bildung von Organisationseinheiten nach regionalen Kriterien auf – so wurden die Abteilungen „Duisburg", „Gelsenkirchen", „Köln" und „Münster" eingerichtet.

Vorzug der verrichtungsorientierten – im Vergleich zur objektorientierten – Gliederung ist die hohe Spezialisierung der Stellen und die daraus resultierenden positiven Folgen hinsichtlich der Wirtschaftlichkeit der Aufgabenerledigung. Sie bietet sich dort an, wo nur ein Produkt oder wenige homogene Produkte in hohen Stückzahlen/Fallzahlen erstellt werden müssen. Die objektorientierte hat im Vergleich zur verrichtungsorientierten Gliederung eine höhere Bürger-/Kundenorientierung zur Folge, da die Angelegenheiten der Bürger ganzheitlich bearbeitet werden können. Zudem sind die Arbeitsbedingungen für die Mitarbeiter aufgrund des größeren Aufgabenspektrums motivierender (Schreyögg, 1999, S. 143).

Von besonderer Bedeutung ist die Gliederung auf der zweitobersten Hierarchieebene einer Organisation. Ist sie verrichtungsorientiert gegliedert, spricht man von einer **funktionalen Gliederung** der Organisation, andernfalls von einer **divisionalen Organisation** bzw. von einer Geschäftsbereichs- oder Fachbereichsorganisation. Die Divisionen oder Fachbereiche werden dabei zumeist produktorientiert gebildet. Im privaten Sektor wird von einer Holding-Organisation gesprochen, sofern die einzelnen Divisionen rechtlich selbstständig sind (z. B. in Form von Aktiengesellschaften). Hierbei werden die Divisionen faktisch (vermittelt durch die Eigentumsverhältnisse) durch eine Obergesellschaft (Holding) beherrscht und geleitet. Mit der Bildung von Divisionen oder Fachbereichen wird häufig auch die Vorstellung verbunden, dass diese weitestgehend selbstständig die Produkte erstellen. Im Rahmen des Neuen Steuerungsmodells (siehe Kapitel 1) wird deshalb unter anderem vorgeschlagen, den Fachbereichen die Verfügungskompetenz und die Verantwortung über finanzielle und personelle Ressourcen zuzuordnen. Dies hat jedoch eine Entmachtung der sog. **Querschnittsämter** bzw. Zentralabteilungen zur Folge. In diesen werden Aufgaben konzentriert, die in allen Organisationseinheiten durchzuführen sind. Beispiele für derartige Aufgaben sind das Personalmanagement oder die Beschaffung und Verwaltung von Liegenschaften (diese Aufgaben sind oftmals den Querschnittsämtern Personalamt und Liegenschaftsamt zugeordnet). Aufgaben, die bislang zentral für die gesamte Organisation in Querschnittsämtern bearbeitet wurden, sollen also gemäß dem Neuen Steuerungsmodell dezentral in den Fachbereichen durchgeführt werden. Diese Empfehlung verursachte Diskussionen, inwieweit diese Dezentralisierung sinnvoll sei. So müssten einerseits nach der Empfehlung in jedem einzelnen Fachbereich einer Kommune beispielsweise Kompetenzen im Hinblick auf die Personalauswahl, -beurteilung und -entwicklung aufgebaut werden. Der Aufwand für den Kompetenzaufbau würde sich im Vergleich zur zentralen Ansiedlung des Personalmanagements im Querschnittsamt vervielfachen; zudem würden beim dezentralen Personalmanagement die Belange der Kommunalverwaltung insgesamt zu wenig berücksichtigt (z. B. Rotation[19]) der Mitarbeiter zwischen den Fachbereichen, einheitliche Gestaltung von Beurteilungsrichtlinien). Andererseits wird mit der Verlagerung der Aufgabe „Personalmanagement" auf die Fachbereiche die Hoffnung verbunden, dass dann die Belange des jeweiligen Fachbereichs besser berücksichtigt würden. An diesem Beispiel werden einzelne Vor- und Nachteile der Zentralisierung und Dezentralisierung von Aufgaben und Tätigkeiten deutlich.

Fragen der Zentralisierung/Dezentralisierung von Tätigkeiten ergeben sich nicht nur in der Kommunal-, sondern auch in der staatlichen Verwaltung und auf der Bundesebene. Dabei geht es nicht nur um die Zentralisierung/Dezentralisierung von Tätigkeiten innerhalb einer Organisation oder Behörde, sondern auch um die Zentralisierung/Dezentralisierung von Tätigkeiten mehrerer Organisationen/Behörden. Gegenstand von Diskussionen und Maßnahmen zur Zentralisierung von Tätigkeiten auch über Behörden hinweg waren in den letzten Jahren beispielsweise das Reisemanagement (Planen und Abrechnen von Dienstreisen) oder die Gewährung von Beihilfen im Krankheitsfall.

Eine kritische Folge der Zusammenfassung von Stellen in Organisationseinheiten – insbesondere auch bei der divisionalen Organisation – ist in der Herausbildung von **„Bereichsegoismen"** zu sehen. Hiernach achtet jede Organisationseinheit verstärkt auf die Realisierung der eigenen Ziele und vernachlässigt die Ziele der Gesamtorganisation. Dies soll an einem Beispiel erläutert werden: Eine durchsetzungsstarke Fachbereichsleiterin erreicht in den Budgetverhandlungen mit den anderen Fachbereichsleitern, dass die Personalausstattung ihres – bereits effektiv arbeitenden – Fachbereichs nochmals erhöht wird. Bei der Verteilung des Personals beachtet sie jedoch nicht, dass mit dem zusätzlichen Personal in dem von einem durchsetzungsschwachen Leiter geführten, nicht optimal funktionierenden Fachbereich ein größerer Nutzen für die Stadtverwaltung insgesamt erzielt werden könnte. Es obliegt der obersten Instanz, ein „Auseinanderdriften" der einzelnen Organisationseinheiten zu vermeiden und sie in eine Gesamtstrategie einzubinden (Rau, 2007, S. 484).

6.2.2 Ein-Linienorganisation

Die Ein-Linienorganisation ist ein häufig anzutreffendes Strukturelement der Aufbauorganisation im öffentlichen als auch im privaten Sektor (Steinbuch, 1997, S. 172). Mit der Ein-Linienorganisation wird innerhalb einer Organisation eine eindeutige Hierarchie oder Rangordnung etabliert, die unabhängig von der persönlichen Autorität des jeweiligen Inhabers einer Leitungsstelle ist.

19) Hierunter wird im Personalmanagement des öffentlichen Sektors der systematische Wechsel der Stelle verstanden.

Kennzeichnend für die Ein-Linienorganisation ist dabei, dass jede Stelle nur einer Instanz untergeordnet ist. Nur von dieser Instanz erhält die untergeordnete Stelle Anweisungen, wie Aufgaben durchzuführen sind („one man, one boss") (Schreyögg, 2010, S. 132). Umgekehrt berichtet der Mitarbeiter nur einem einzigen Vorgesetzten über Begebenheiten in seinem Aufgabengebiet. Das Kompetenzausmaß der Instanz kann in der Ein-Linienorganisation variieren. Der Vorgesetzte übernimmt in der Ein-Linienorganisation die Koordination der verschiedenen Aktivitäten seiner unterstellten Mitarbeiter. Eine Ein-Linienorganisation kann mehrere Hierarchieebenen aufweisen (siehe Abb. 6-2).

Abb. 6-2: Beispiel für eine Ein-Linienorganisation. SB steht für eine Sachbearbeitungsstelle

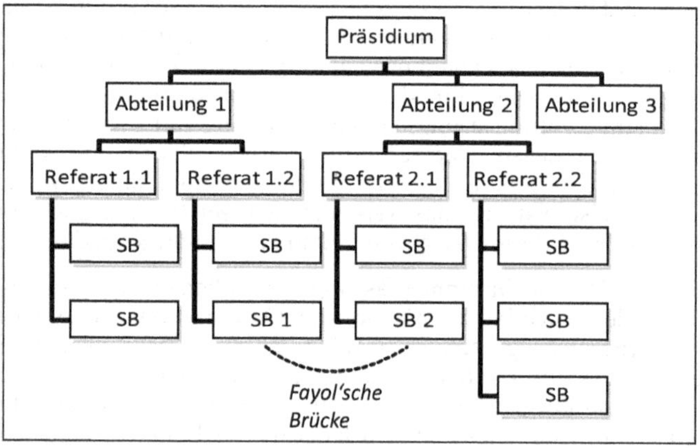

Die Benennung der einzelnen Hierarchieebenen bzw. Organisationseinheiten ist in den Organisationen des öffentlichen Sektors unterschiedlich, in der Abbildung 6-3 sind Beispiele aufgelistet:

Abb. 6-3: Hierarchieebenen in verschiedenen Organisationen

Kommune (traditionell)	Kommune (NSM)	Bezirkreg. NRW	Ministerium (Land)	Bundesbehörde	Privater Konzern
(Ober-)Bürgermeister	Verwaltungsvorstand	Regierungspräsident	Minister Staatssekretär	Präsident/-in	Vorstand
Dezernat	Fachdienst	Abteilung	Abteilung	Abteilung	Bereich
Amt	Bereich	Dezernat	Referat	Gruppe	Gebiet
Abteilung				Referat	Zweig/ Segment
Stelle	Stelle	Stelle	Stelle	Stelle	Stelle

Vorteil der Ein-Linienorganisation ist, dass sie für alle Organisationsmitglieder und Außenstehende einfach zu verstehen ist. Zudem sind Zuständigkeiten und Verantwortlichkeiten eindeutig zu erkennen, für den Konfliktfall gibt es einen klaren Regelungsmechanismus: Die Instanz entscheidet („Der Ober sticht den Unter"). Für Weisungen und Berichte gibt es von der Leitung zu den ausführenden Stellen klare Kommunikationswege. Inhaber von hochrangigen Instanzenstellen haben einen hohen Handlungsspielraum, was im Regelfall für diesen motivierend wirkt. Die Funktionsfähigkeit der Ein-Linienorganisation hängt in bedeutender Weise von der Leistungsfähigkeit und -bereitschaft derjenigen Personen ab, die die Instanzenstellen an der Spitze der hierarchischen Pyramide innehaben: „Insbesondere bei sehr großen Organisationseinheiten mit der Tendenz der Vorgesetzten, ihren Mitarbeitern wenig zu vertrauen, über jeden Vorgang en detail informiert sein und jede Entscheidung selbst treffen zu wollen, kommt es zu Beeinträchtigungen der Organisationsleistung. Symptome dieser Beeinträchtigungen sind: langwierige Entscheidungsprozesse, Entscheidungen, die von geringer Sachkenntnis geprägt sind, arbeitsintensive Absicherungsaktivitäten, Demotivation der Mitarbeiter" (Pippke et al., 2007, S. 115). Ein weiterer Nachteil der Ein-Linienorganisation besteht darin, dass es zu Informationsverzerrungen bei der Kommunikation über mehrere Stellen kommen kann. Beispielsweise gelangen nicht alle wichtigen Informationen von den ausführenden Stellen an die Spitze der Hierarchie, da Zwischeninstanzen Informationen, die für sie negativ zu werten sind, nicht an die Spitze weiterleiten. Andererseits ist es ebenso möglich (z. B. durch das Stille-Post-Phänomen oder durch Manipulationen der Zwischeninstanzen), dass Nachrichten der hierarchischen Spitze nicht vollständig oder nur verzerrt an die Basis weitergeleitet werden. Bei einem großen Koordinationsbedarf (z. B. durch eine große Anzahl unterstellter Mitarbeiter, Vielzahl unterschiedlicher Aufgaben) kann es zu einer Überlastung der Instanzen kommen.

In der Ein-Linienorganisation hat die Abstimmung zwischen zwei Ausführungsstellen (in der Abbildung 6-2 z. B. zwischen SB 1 und SB 2) auf dem Dienstweg, d. h. über den nächsten gemeinsamen Vorgesetzten, zu erfolgen. Im Beispiel der Abbildung 6-2 bedeutete dies, dass sich SB 1 über Referat 1.1, Abteilung 1, das Präsidium, Abteilung 2 und Referat 2.1 mit SB 2 abstimmen müsste. Dies wäre aufwendig und dauerte lange, deshalb gibt es in der Praxis üblicherweise eine direkte Koordination zwischen diesen Stellen, welche **„Fayol'sche Brücke"** (oder in der Praxis „Obergefreiten-Dienstweg") genannt wird.

Ein Problem bei der Einrichtung der Ein-Linienorganisation ist die Bestimmung einer optimalen Leitungs- bzw. Kontrollspanne. Unter **Leitungsspanne** wird die Zahl der Stellen verstanden, die einer Instanz unterstellt sind (Kieser & Walgenbach, 2010, S. 149). Je kleiner die Leitungsspanne ist, desto besser kann der oder die Vorgesetzte die Arbeit der Mitarbeiter koordinieren. Allerdings bedingt eine kleinere Leitungsspanne auch eine größere Anzahl von Instanzen und ggf. auch zusätzliche Hierarchieebenen. Dies kann wiederum zu einem zusätzlichen Koordinationsaufwand auf den höheren Hierarchieebenen („der Chef-Chef muss die Arbeit der Chefs koordinieren") und zu höheren Personalkosten führen, da Instanzenstellen in der Regel höher bewertet sind als Ausführungsstellen. Mit Abbildung 6-4 wird der Zusammenhang von Leitungsspanne einerseits und Anzahl der Hierarchieebenen sowie Anzahl der Instanzen andererseits veranschaulicht.

Abb. 6-4: Auswirkungen unterschiedlicher Leitungsspannen auf die Anzahl der Instanzen und die Anzahl der hierarchischen Ebenen. Bei derselben Anzahl von Ausführungsstellen (16) werden bei einer Leitungsspanne von LS = 4 (im Bild links) fünf Instanzenstellen und zwei Hierarchieebenen, bei einer Leitungsspanne von LS = 2 (im Bild rechts) 15 Instanzenstellen und vier Hierarchieebenen zur Koordination benötigt. Bei einer Leitungsspanne von LS = 16 würde nur eine einzige Instanzenstelle benötigt.

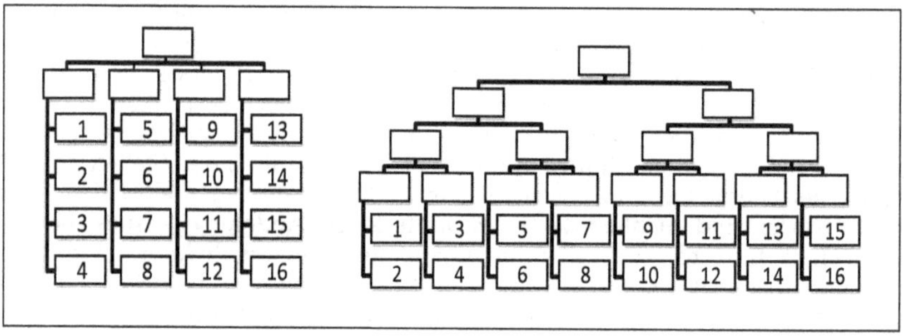

Mit **Leitungsintensität** LI wird das Verhältnis (ähnlich: Kieser & Walgenbach, 2010, S. 295)

$$LI = \frac{\text{(Anzahl der Instanzen + Anzahl der unterstützenden Stellen)}}{\text{(Anzahl der ausführenden Stellen)}}$$

bezeichnet. Im obigen Beispiel betrüge LI = 0,31 (Leitungsspanne gleich 4) bzw. LI = 0,94 (Leitungsspanne gleich 2).

Welche Leitungsspanne im Einzelfall angemessen ist, hängt von einer Reihe von Variablen (vgl. Siepmann & Siepmann, 2004, S. 62 f.) ab:

- Anzahl, Schwierigkeit und Standardisierbarkeit der Aufgaben,
- Ausmaß der Abstimmungserfordernisse mit anderen Organisationseinheiten,
- Leistungsfähigkeit und -bereitschaft der Mitarbeiter,
- Ausmaß der Führungskompetenz der Vorgesetzten, Delegation von Entscheidungskompetenz an die Mitarbeiter.

Da sich die Ausprägung dieser veränderlichen Größen in den einzelnen Organisationseinheiten der Verwaltung stark voneinander unterscheidet, ist es nicht möglich, eine allgemeingültige Empfehlung für die Leitungsspanne zu geben. In der Praxis beobachtet man oftmals Leitungsspannen von fünf bis 15 Mitarbeiter pro Instanz.

In den letzten Jahrzehnten gab es auch im öffentlichen Sektor die Tendenz, die Leitungsintensität zu verringern (Peters, 1993) und ganze Leitungsebenen zu streichen (Thom & Ritz, 2008). Dies war vielleicht auch eine Reaktion auf die Beobachtung des englischen Historikers und Soziologen *Parkinson* (Parkinson, 1966, S. 12 ff., zitiert nach Vahs, 2012, S. 108 f.), nach der die Leitungsintensität im öffentlichen Sektor ständig zunehme, unabhängig davon, ob die Arbeit zu- oder abnimmt (Parkinsons Gesetz). Parkinson nimmt zwei Ursachen für dieses Phänomen an: Erstens wünsche sich jeder Beamter die Zahl seiner Untergegebenen, nicht aber die Zahl der Rivalen zu vergrößern, zweitens würden sich Beamte gegenseitig Arbeit schaffen.

Der Einsatz des Strukturelements Ein-Linienorganisation erscheint vor allem dann sinnvoll, wenn die Organisation eine geringe Anzahl homogener Produkte erstellt, die Ausführungsbedingungen über längere Zeit unverändert bleiben und die Mitarbeiter eher ein niedriges Niveau der Leistungsfähigkeit und -bereitschaft aufweisen.

6.2.3 Mehr-Linienorganisation

Im Gegensatz zur Ein-Linienorganisation erhält in der Mehr-Linienorganisation eine Stelle von zwei (oder mehr) Instanzen Anweisungen (Schreyögg, 2008, S. 132). In der Praxis hat folglich ein Mitarbeiter also zwei (oder mehr) Vorgesetzte, von denen jeder sich auf eine spezielle Leitungsaufgabe spezialisiert (siehe Abb. 6-5). Ihren Ursprung findet die Mehr-Linienorganisation im Funktionsmeistersystem von *Taylor*. Die Grundidee der Mehr-Linienorganisation ist, dass die Leistung von Führungskräften verbessert wird, wenn sich diese auf Teilaufgaben der Führung verrichtungsorientiert spezialisieren.

Abb. 6-5: Struktur einer Mehr-Linienorganisation

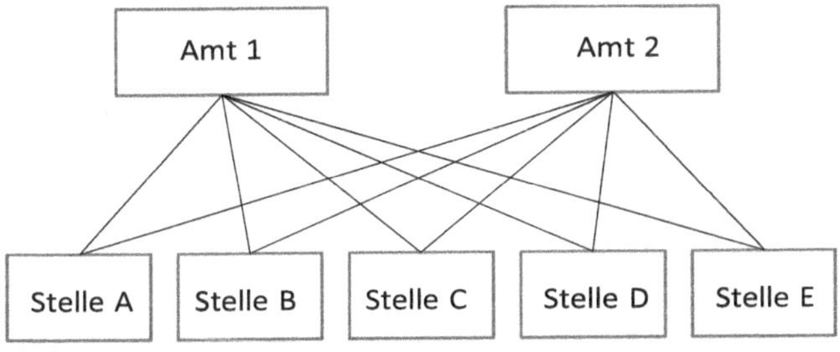

Aufgegeben wird in der Mehr-Linienorganisation die Einheit der Leitung, was zur Folge haben kann, dass sich die Anweisungen der Instanzen an eine

Stelle widersprechen. Hervorgehoben (Vahs, 2012, S. 116) wird zudem, dass durch die Mehr-Linienorganisation die Leitungsspitze entlastet wird. Allerdings werden in der Mehr-Linienorganisation mehr Instanzenstellen benötigt, zudem ist die Abgrenzung von Aufgaben, Verantwortung und Kompetenzen zwischen den verschiedenen Instanzen schwierig.

Ein Beispiel für die Wirkungsweise dieses Strukturelements im öffentlichen Sektor ist die Organisation von Bürgerbüros/Bezirksverwaltungsstellen. Diese werden von manchen Stadtverwaltungen zusätzlich zu den zentral gelegenen Fachämtern dezentral in einzelnen Stadtvierteln eingerichtet. In den Bürgerbüros haben die Bürger die Möglichkeit, verschiedene Leistungen der Stadtverwaltung in Anspruch zu nehmen, wie z. B. einen Personalausweis zu beantragen. Dabei ist in den Bürgerbüros die Arbeit der Mitarbeiter meist so organisiert, dass jeder Mitarbeiter eine große Anzahl von Aufgaben bearbeitet, also ein geringer Spezialisierungsgrad vorherrscht. In fachlichen Angelegenheiten (z. B.: Welche Unterlagen sind vom Bürger bei der Beantragung eines Personalausweises vorzulegen?) ist der Leiter des jeweiligen Fachamtes (oder ein anderer Mitarbeiter des Fachamtes) Vorgesetzter des Mitarbeiters (Fachvorgesetzter). In Fragen der Personalführung ist der Leiter des Bürgerbüros zuständig (Dienstvorgesetzter). Hier geht es beispielsweise um die Genehmigung von Urlaub oder die Abmahnung eines Mitarbeiters, der ständig zu spät kommt. In schwierigen fachlichen Angelegenheiten erhält der Mitarbeiter Anweisungen vom Fachvorgesetzten, in dienstlichen Angelegenheiten Anweisungen vom Dienstvorgesetzten (siehe Abb. 6-6).

Abb. 6-6: Mehr-Linienorganisation am Beispiel Bürgerbüro

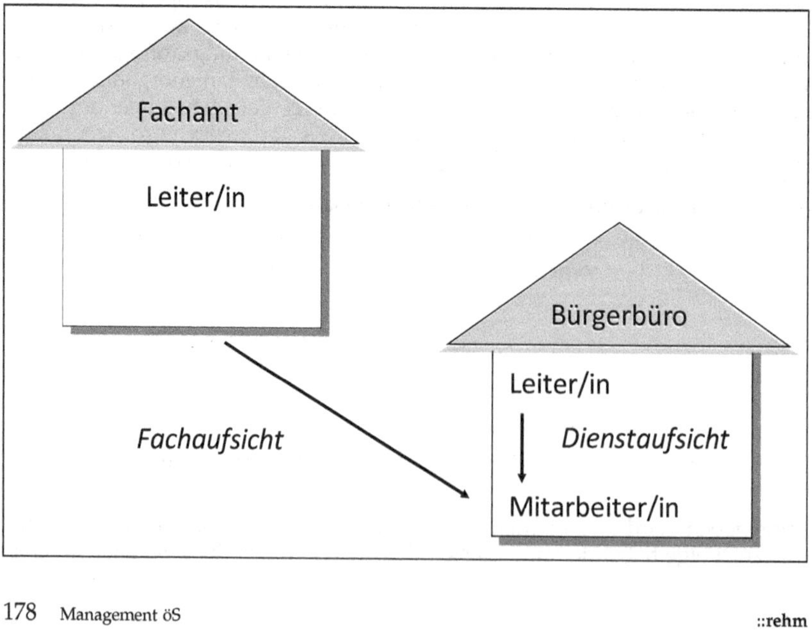

In der staatlichen Verwaltung gibt es ebenfalls Beispiele für die Mehr-Linienorganisation: So erhalten Mitarbeiter der Bezirksregierungen Nordrhein-Westfalens als staatliche Mittelbehörde fachliche Anweisungen von den Fachministerien; im Hinblick auf die Dienstaufsicht unterstehen sie dem Regierungspräsidenten/dem Regierungsvizepräsidenten.

Als Realisierung der Mehr-Linienorganisation kann zudem die Einrichtung von Querschnittsämtern aufgefasst werden. Gegenüber den Fachämtern haben Querschnittsämter faktisch in bestimmten Fragen des Aufgabenvollzugs Weisungsrecht. Beispielsweise kann das Personalamt einen Sachbearbeiter des Sozialamtes, welcher als Ausbilder tätig ist, anweisen, in welcher Form die Beurteilung des zugewiesenen Auszubildenden zu erfolgen hat. Auch die Kämmerei – genauer: der Kämmerer – gibt Weisungen in Bezug auf finanzielle Ausgaben, z. B. wenn es darum geht, überplanmäßige Ausgaben zu genehmigen.

Als Vorteil (Vahs, 2012, S. 116) wirkt sich bei der Mehr-Linienorganisation die höhere Fachkompetenz der Führungskräfte aus, welche sich durch die Spezialisierung auf bestimmte Führungsaspekte ergibt. Hierdurch werden – im Gegensatz zur Ein-Linienorganisation – Entscheidungen gefällt, die sich im höheren Grade mit den Zielen der Gesamtorganisation decken und oftmals fachlich als besser zu beurteilen sind. Zudem werden Informations-, Kommunikations- und Weisungswege verkürzt sowie die Leitungsspitze entlastet. Nachteil der Mehr-Linienorganisation ist der hohe Abstimmungsaufwand zwischen den verschiedenen Führungskräften und die Gefahr, dass an ausführende Stellen widersprüchliche Weisungen ergehen. Nicht immer lassen sich die Regelungsbereiche der Instanzen klar voneinander trennen und dann können Konflikte entstehen. Diese Konflikte sind durch die involvierten Vorgesetzten zu lösen. Durch die Konfliktbearbeitung werden regelmäßig Probleme aus unterschiedlichen Perspektiven betrachtet und unterschiedliche Standpunkte bei der Problemlösung berücksichtigt. Entscheidend bei der Auflösung von Konflikten sind in der Praxis die verwendeten Konfliktregelungsmechanismen und das persönliche Verhältnis zwischen den beteiligten Vorgesetzten.

Beispiel:

Die Fachvorgesetzte aus dem Sozialamt hält es aus Gründen des Datenschutzes für erforderlich, dass ein Sachbearbeiter im Bürgerbüro ein Einzelbüro erhält, da dieser vertrauliche Beratungsgespräche führen müsse. Der Leiter des Bürgerbüros hält dies nicht für sinnvoll, da dies den Arbeitsablauf im Bürgerbüro beeinträchtige und der Neid der Kollegen geschürt werde. Die Fach- und der Dienstvorgesetzte einigen sich in einem persönlichen Gespräch darauf, dass der Sachbearbeiter ein Besprechungszimmer nutzen kann, falls ein Bürger eine vertrauliche Beratung wünscht.

Die Mehr-Linienorganisation bietet sich überall dort an, wo Vorgesetzte Entscheidungen treffen müssen, die Kenntnisse aus stark unterschiedlichen Wissensbereichen erfordern, und Fehlentscheidungen gravierende Auswirkungen haben können.

6.2.4 Matrix- und Tensororganisation

Diese beiden Strukurelemente der Aufbauorganisation können als spezielle Formen der Mehr-Linienorganisation angesehen werden. Ausgangspunkt der Entwicklung der Matrixorganisation waren Bereichsegoismen und Koordinationsprobleme bei Unternehmen des privaten Sektors. Diese Bereichsegoismen traten anscheinend sowohl in funktional (Schreyögg, 2008, S. 107) als auch divisional (Steinbuch, 1997, S. 185) gegliederten Unternehmen auf. Von besonderer Bedeutung war auch die Marktsituation, die in der Mitte des 20. Jahrhunderts durch Wachstum, zunehmende Internationalisierung von Unternehmen, schnellen technologischen Wandel und wachsende Verflechtung von Teilbereichen der Wirtschaft gekennzeichnet war (Thommen & Richter, 2004, S. 830). Als Lösung der organisatorischen Schwierigkeiten wurde in Ein-Linienorganisationen eine zweite, gleichberechtigte Autoritätslinie eingezogen.

Beispielsweise wird eine verrichtungsorientierte Linie durch eine produktorientierte Linie ergänzt, diese beiden Linien werden dann üblicherweise Dimensionen genannt (siehe Abb. 6-7). Die einzelnen Stellen oder Organisationseinheiten erhalten dann regelmäßig Anweisungen von mehreren Instanzen.

Abb. 6-7: Beispiel für eine Matrixorganisation in einem Unternehmen des privaten Sektors mit einer verrichtungs- und einer produktorientierten Dimension. Die Kreise stehen für einzelne Organisationseinheiten.

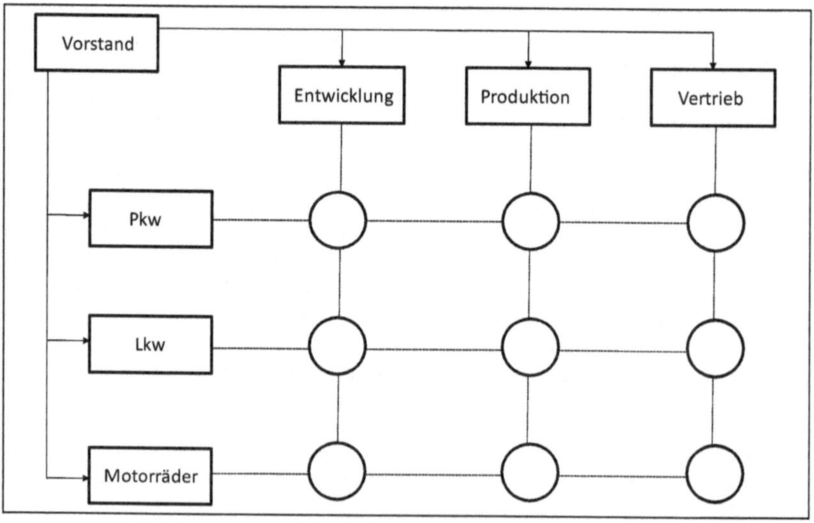

Bei der Tensororganisation wird eine Matrixorganisation, die eine verrichtungs- und eine produktorientierte Dimension aufweist, durch eine regionalorientierte Dimension ergänzt. In einer Tensororganisation erhält eine ausführende Stelle Anweisungen von Instanzen aus drei gleichberechtigten Linien.

Die Vorzüge und Nachteile (Schreyögg, 2008, S. 156 f.) der Matrix- und Tensororganisation sind denen der Mehr-Linienorganisation ähnlich: Im Kern stehen Spezialisierungsvorteile bei den Führungskräften und eine ganzheitlichere Betrachtung und Lösung von betrieblichen Problemen auf der einen, aufwendige Abstimmungsprozesse, eine unübersichtliche Organisationsstruktur und ein hoher Bedarf an Führungskompetenzen auf der anderen Seite gegenüber. Die Anwendung (Schreyögg, 2008, S. 157) der Strukturelemente Matrixorganisation und Tensororganisation ist dann erwägenswert, sofern

- an die Organisation unterschiedliche und zugleich bestandskritische Anforderungen gestellt werden (z. B. muss die FHöV Anforderungen der verschiedenen Kundengruppen erfüllen, das Studien- und Prüfungswesen rechtssicher gestalten, die Lehre hat wissenschaftlichen Ansprüchen zu genügen),
- zur Bewältigung der Aufgaben eine hohe Informationsverarbeitungskapazität erforderlich ist (z. B. ist an der FHöV der wissenschaftliche Fortschritt in den Rechts-, Wirtschafts- und Sozialwissenschaften zu beachten),
- und zur Zielerreichung ein gemeinsamer Ressourcenpool verwendet werden muss (z. B. müssen an der FHöV eine begrenzte Anzahl von Lehrenden Studierende verschiedener Fachrichtungen an unterschiedlichen Studienorten ausbilden)

bewältigt werden müssen. Allerdings muss zum erfolgreichen Einsatz dieser Strukturelemente ein großes Führungskräftepotenzial vorhanden sein. Die Matrixorganisation wird gelegentlich bei der Bearbeitung von Projekten verwendet (siehe Kapitel 9).

6.2.5 Stäbe und Assistenzstellen

In der Linienorganisation besteht die Möglichkeit, dass die Inhaber von Instanzenstellen mit ihren Führungsaufgaben überfordert oder -lastet sind. Um die Führungskräfte zu unterstützen, wird unter Beibehaltung der Charakteristika der Linienorganisation diese durch die Strukturelemente Stäbe (Vahs, 2012, S. 115 ff.) und Assistenzstellen ergänzt. **Stäbe** lassen sich unterscheiden in Stabsstellen (in der Regel mit einem Mitarbeiter besetzt; z. B. persönlicher Referent des Oberbürgermeisters) und Stabsabteilungen (mehrere Stabsstellen in einer Organisationseinheit zusammengefasst). Stäbe sowie Assistenzstellen (insgesamt auch Stab-Linienorganisation genannt) sind einer einzelnen Instanz zugeordnet und werden i. d. R. nur für diese tätig (siehe Abb. 6-9). Sofern ein Stab auch für nachgeordnete Instanzen tätig ist, wird von „Zentralstab“ gesprochen (Vahs, 2012, S. 115). Sie haben keine Weisungsbefugnis gegenüber Stellen, die der Instanz untergeordnet sind. Ein funktionales Weisungsrecht können Stäbe gegenüber solchen Stäben haben, die auf niedrigeren Hierarchieebenen angesiedelt sind (Stabshierarchie).

Abb. 6-8: Durch Stäbe und Assistenzstelle ergänzte Linienorganisation

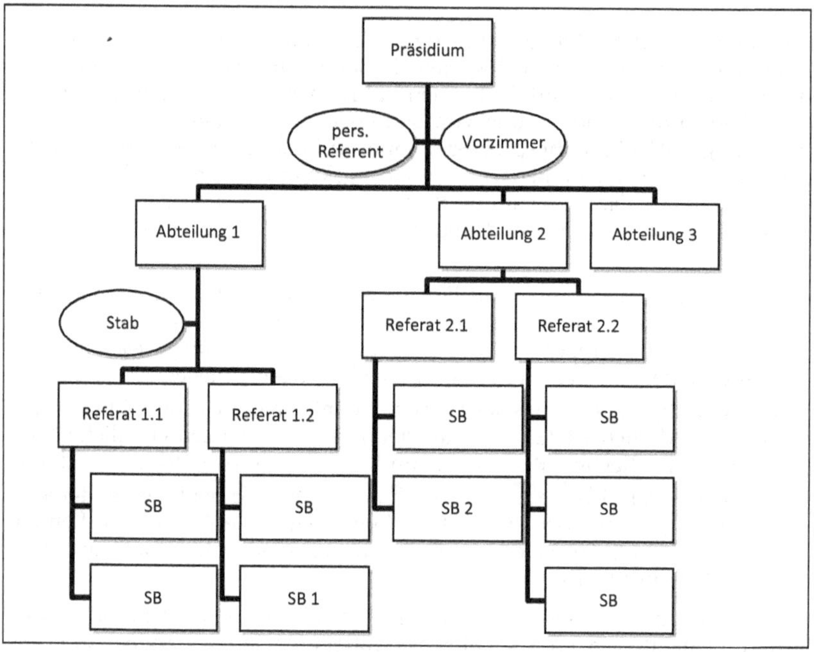

Zu den Aufgaben von Stäben zählen die Vor- und Nachbereitung von Managemententscheidungen – u. a. die Sammlung und Bewertung von Informationen, die Ausarbeitung von Entscheidungsalternativen. Stäbe sind beratend tätig, die Entscheidung selbst verbleibt bei der Instanz. Die Grundstruktur der Weisungsbefugnis wird nicht verändert; durch den Stab wird die Problemlösungsfähigkeit der Führungskraft verbessert. Stäbe sind üblicherweise mit hochqualifizierten Mitarbeitern besetzt.

Assistenten entlasten Führungskräfte bei weniger anspruchsvollen Aufgaben und Routineaufgaben. Typische Tätigkeiten sind: Vereinbarung von Gesprächsterminen, Erstellen von Text- und Präsentationsdokumenten, Aufbereitung der Eingangspost. In der Praxis verschwimmen die Grenzen zwischen Stäben einerseits und Assistenzstellen andererseits. So gibt es Assistenzstellen, die mit akademisch ausgebildetem Personal besetzt werden und Controlling-Aufgaben übernehmen, sowie hochqualifizierte Stabsmitarbeiter, deren Tätigkeit sich auch auf die äußere Gestaltung von Präsentationen und Texten bezieht.

Die Einrichtung von Stäben sowie Assistenzstellen ist in der Praxis mit folgenden Problemen behaftet:

- Linienmitarbeiter reagieren mit Misstrauen auf Stabsmitarbeiter. Dies resultiert zum einen aus der zumeist unterschiedlichen Berufsbiografie. So haben sich Linienmitarbeiter oftmals von „unten" hochgedient; Stabsmitarbeiter sind nicht selten Quereinsteiger aus Universitäten oder Beratungsgesellschaften. Bedeutsam ist auch der Altersunterschied: Stabsmitarbeiter sind meist jünger als Linienmitarbeiter (Neuwirth, 2004, S. 1354). Folge dieses Misstrauens können die mangelhafte Versorgung des Stabes mit Informationen sowie die generelle Ablehnung von Lösungsvorschlägen der Stabsmitarbeiter sein („In der Theorie mag das ja stimmen, aber in der Praxis ...").
- Die Stabsmitarbeiter arbeiten eng mit den Führungskräften zusammen. Von den Linienmitarbeitern wird angesichts dieser engen Zusammenarbeit unterstellt, die Stabsmitarbeiter erhielten besondere Begünstigungen, z. B. bei Leistungszulagen oder bei Beförderungen.
- Bei leistungsstarken Stabsmitarbeitern besteht die Möglichkeit, dass zunehmend interessante Aufgaben der Linie entzogen und dem Stab zugeordnet werden. Dies kann die Motivation der Linienmitarbeiter beeinträchtigen.
- Bei schwachen oder bei Führungskräften, die wenig präsent sind, können sich Stabsmitarbeiter zu „grauen Eminenzen" entwickeln. Diese entwickeln dann einen übermäßigen Einfluss auf Führungsentscheidungen und trotz fehlender formaler Weisungsbefugnis faktische Einflussmöglichkeiten auf die Linienmitarbeiter (Irle, 1971, S. 25).
- Stabsmitarbeiter und Assistenten werden oftmals als Statussymbole angesehen, auf die eine Führungskraft ungern verzichtet. Entsprechende Stellen werden dann eingerichtet oder beibehalten, obwohl diesen Stellen keine in Art und Umfang angemessenen Aufgaben zugeordnet werden können. Hierdurch werden hohe Personalausgaben verursacht, denen nur ein geringer Nutzen gegenübersteht.
- Für sehr ehrgeizige oder machtorientierte Mitarbeiter ist Stabsarbeit auf Dauer unbefriedigend, da eigene Entscheidungen mit Auswirkungen auf die Organisation nicht getroffen werden können (Grundei, 1999, S. 367). Es besteht die Gefahr, dass unbewusst ein unproduktives Konkurrenzverhältnis zwischen Stabsmitarbeiter und Vorgesetztem entsteht.
- Assistenten erhalten oder maßen sich gelegentlich „Torwächter"-Funktion an. Mitarbeiter können sich dabei nur dann telefonisch oder persönlich mit dem Vorgesetzten abstimmen oder beraten, wenn dies vorab z. B. mit dem Sekretariat vereinbart wurde. Die Wichtigkeit oder Dringlichkeit des Abstimmungsbedarfs können die Sekretariatsmitarbeiter aufgrund fehlender Sachkenntnis jedoch nicht immer zutreffend beurteilen.

Es ist empfehlenswert, die beschriebenen Strukturelemente umsichtig einzusetzen. Grundsätzlich sollten Führungskräfte Aufgaben vorrangig an die

Linienmitarbeiter delegieren. Zudem kann es wirtschaftlicher sein, wenn sich eine Führungskraft bei speziellen betrieblichen Problemen Spezialwissen und Entscheidungshilfen von externen Beratern erwirbt. Sofern im Einzelfall nicht auf die Einrichtung von Stäben verzichtet werden kann, ist durch geeignete Personaleinsatzmaßnahmen das Konfliktpotenzial zwischen Stab und Linie zu minimieren; beispielsweise könnten Stabsstellen rotierend mit Linienmitarbeitern besetzt werden, sofern sich diese das erforderliche Spezialwissen in kurzer Zeit aneignen können. Zu prüfen ist, ob die Beibehaltung oder gar Einrichtung von Assistenzstellen erforderlich ist, wenn vieles, was von Assistenten getan wird, mithilfe der modernen Informations- und Kommunikationstechnik ebenso effektiv von der Führungskraft selbst erledigt werden könnte.

6.2.6 Singular- und Pluralinstanzen

Instanzen sind Stellen mit Leitungsaufgaben. Singularinstanzen werden mit einer Person besetzt, Pluralinstanzen sind Instanzen, die aus mehreren Personen bestehen (Blum, 2000, S. 136). Die Singularinstanz ist „... in nahezu allen hiesigen Administrationszweigen und -ebenen mit dem jeweiligen Dienststellenleiter als alleinigem Spitzenorgan ..." (Schmidt, 2004, S. 140) anzutreffen. Vorteile (Schmidt, 2004, S. 140) der Singularinstanz können sein:

- straffe und klare Führung mit schnellen Entscheidungs- und Reaktionsmöglichkeiten
- Einheitlichkeit und Entscheidungskontinuität der Leitung
- letztendliche Verantwortung ist einem Stelleninhaber zugeordnet

Mögliche Nachteile sind:

- Überlastung einer einzelnen Führungsperson
- minderwertige Entscheidungen, die aus der begrenzten Sachkompetenz einer einzelnen Person resultieren
- hohe Machtkonzentration und damit Möglichkeit zum Machtmissbrauch

In Pluralinstanzen werden die einer Stelle zugeordneten Aufgaben von einer Gruppe von Personen bearbeitet, insbesondere werden Entscheidungen von der Gruppe getroffen. Unterschieden wird in reine und unreine Pluralinstanzen: Bei einer reinen Pluralinstanz haben die Mitglieder keine Einzelentscheidungsbefugnis, auch nicht für eine untergeordnete Organisationseinheit. Eine unreine Pluralinstanz liegt dann vor, wenn einzelne Mitglieder der Pluralinstanz alleine Entscheidungen für untergeordnete Organisationseinheiten (z. B. ihnen zugeordnete Dezernate oder Abteilungen) treffen können (siehe Abb. 6-9).

Abb. 6-9: Beispiel für eine reine (oben) und eine unreine (unten) Pluralinstanz

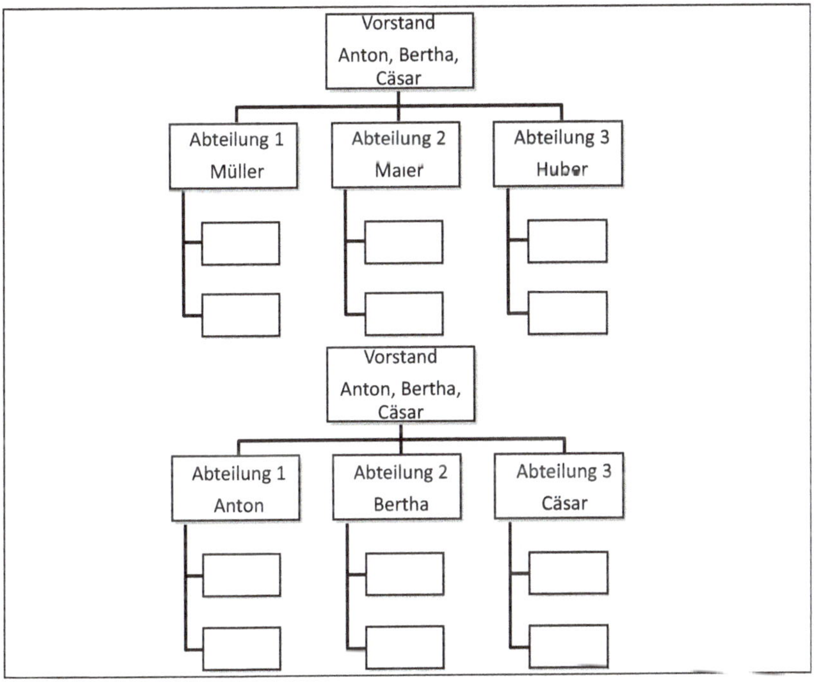

Beispiele für Pluralinstanzen sind die Gesellschafter einer offenen Handelsgesellschaft (OHG) oder der Vorstand einer großen Aktiengesellschaft. Nach §76 Absatz 1 des Aktiengesetzes hat der Vorstand unter eigener Verantwortung die Gesellschaft zu leiten; §76 Absatz 2 bestimmt, dass der Vorstand aus einer oder mehreren Personen bestehen kann. Die Idee der Pluralinstanz wird für den öffentlichen Sektor z. B. von der KGSt aufgegriffen – im Bericht „Führungsstrukturen im Neuen Steuerungsmodell" (Kommunale Gemeinschaftsstelle für Verwaltungsmanagement, 1998a) werden Modelle für eine reine und eine unreine Pluralinstanz auf der obersten Hierarchieebene von Kommunalverwaltungen vorgestellt. In einem der KGSt-Modelle wird vorgeschlagen (Klümper, Möllers & Zimmermann, 2008, S. 127), dass der (Ober) Bürgermeister gemeinsam mit den Dezernenten/Wahlbeamten eine kollegiale Verwaltungsführung bildet (siehe Abb. 6-10).

Abb. 6-10: Pluralinstanz im Rahmen des Neuen Steuerungsmodells der KGSt

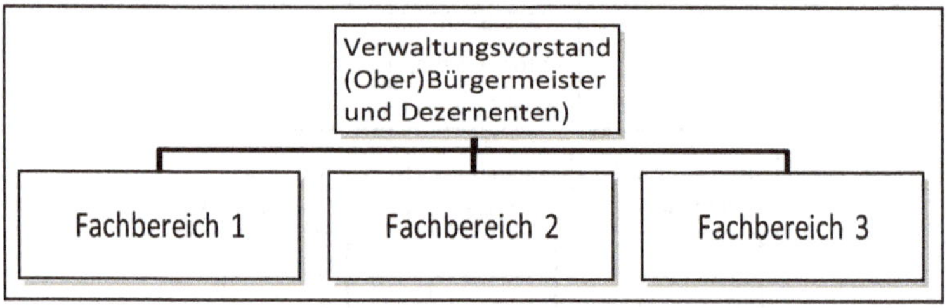

Dabei sollen die Dezernenten keine Linienverantwortung haben. Gemeinsam mit dem (Ober)Bürgermeister treffen sie strategische Entscheidungen, die operative Umsetzung dieser strategischen Entscheidungen obliegt den Fachbereichen. Diese werden als eigenständige Organisationseinheiten mit Fach- und Ressourcenverantwortung verstanden und von Fachbereichsleitern geführt. Entscheidungen in Pluralinstanzen werden z. B. einstimmig im Konsens (Kassationskollegialität) oder durch eine Mehrheit (einfach; qualifiziert) getroffen; einzelne Mitglieder der Pluralinstanz können beim Mehrheitsentscheid über ein besonderes Stimmrecht verfügen (z. B. Vetorecht).

6.2.7 Arbeitsgruppen, Leitungsbesprechungen, Koordinatoren

Es gibt in der öffentlichen Verwaltung Aufgaben, die die Belange mehrerer Organisationseinheiten betreffen. Die Koordination der Organisationseinheiten ist Aufgabe der niedrigsten gemeinsamen Instanz der betroffenen Organisationseinheiten – im Zweifelsfall die höchste Instanz der Organisation. Gerade bei Aufgaben, die eine intensive Abstimmung zwischen den Abteilungen, Ämtern, Dezernaten erfordern, ist der gemeinsame Vorgesetzte schnell überfordert, weil er nur über eine begrenzte Arbeitskapazität verfügt und sich nicht um jedes Detailproblem kümmern kann und will.

Ein aufbauorganisatorisches Strukturelement, mit dem die Abstimmung verschiedener Organisationseinheiten unterstützt wird, ist die **Arbeitsgruppe.** Diese stellt eine Form der geplanten Selbstabstimmung dar. Arbeitsgruppen dienen dazu, bei sich wiederholenden Aufgaben die Koordination der verschiedenen Ämter sicherzustellen (Siepmann & Siepmann, 2004, S. 54 f.). Solch eine sich wiederholende Aufgabe kann beispielsweise in der Kommunalverwaltung die alljährliche Planung und Durchführung eines Stadt- oder Volksfestes sein. Diese Aufgabe kann eine Reihe von Organisationseinheiten der Kommunalverwaltung betreffen, wie z. B. das Straßenverkehrsamt (welches Straßen für den Durchgangsverkehr sperren und Umleitungen ausschildern lassen muss), die Stadtreinigung (Säubern der Gehwege und Straßen), die Müllabfuhr (Abtransport des Mülls), das Ordnungsamt, die Öffentlichkeitsarbeit u. v. m. Die Arbeitsgruppe setzt sich nun aus verschiedenen Vertretern der betroffenen Bereiche zusammen. Sie können, müssen aber nicht, derselben hierarchischen Ebene angehören. Ihre Aufgabe ist es, die verschiedenen Anliegen der Organisationseinheiten bei den Maßnahmen zur Bewältigung der Aufgabe einzubringen und diese aufeinander abzustimmen. Da die Mitglieder der Arbeitsgruppe als Vertreter ihres Bereichs in die Arbeitsgruppe entsandt werden, unterliegen sie den Weisungen ihrer jeweiligen Vorgesetzten. Je nach Art der Aufgabe und der zugebilligten Kompetenzen obliegt der Arbeitsgruppe die Entscheidungsvorbereitung oder sogar die Entscheidung selbst. Die Mitglieder der Arbeitsgruppe sind nur zeitweise in der Arbeitsgruppe und für diese tätig; sie tagt in regelmäßigen Abständen oder zu besonderen Anlässen. Ansonsten bearbeiten die Mitglieder der Arbeitsgruppe weiterhin ihre ursprünglichen Aufgaben in ihrer jeweiligen Organisationseinheit.

Abteilungs-, Amts-, Dezernats- oder Bereichsleiterkonferenzen/-besprechungen sind ebenfalls Maßnahmen der geplanten Selbstabstimmung (Schreyögg, 2008, S. 146 f.). Im Gegensatz zur Arbeitsgruppe gehören die Mitglieder derselben hierarchischen Ebene an. Die **Leitungskonferenzen** dienen zur laufenden Abstimmung der Organisationseinheiten.

Koordinatoren sind Einzelpersonen, welche für eine kontinuierliche Abstimmung zwischen zwei oder mehr Organisationseinheiten sorgen sollen, die im Leistungserstellungsprozess Schnittstellen zueinander aufweisen. Sie gehören weiterhin ihrer Organisationseinheit an und unterliegen den Weisungen ihrer Instanz. Zusätzlich zu ihren üblichen Aufgaben übernehmen sie die Aufgabe der Koordination und sind Ansprechpartner für die andere Organisationseinheit in Detailfragen.

Beispiel:

In einem sozialräumlich organisierten Jugendamt (hier sind für die verschiedenen Stadtteile unterschiedliche Regionalteams für die meisten Aufgaben des Jugendamtes, wie z. B. Sozialdienst, Pflegekinderdienst und Adoptionsvermittlung, Jugendgerichtshilfe, Kindertageseinrichtungen, zuständig) ist ein Koordinator in einem der Regionalteams als Sozialarbeiter tätig, übernimmt aber zusätzlich die fachliche Abstimmung in Bezug auf die Sozialarbeit für alle Regionalteams.

Eine dem Koordinator ähnliche Funktion übernimmt im militärischen Bereich der Verbindungsoffizier.

6.2.8 Projektgruppen und Projektmanager

Projektgruppen und Projektmanager bearbeiten neuartige, zeitlich befristete Aufgaben, sogenannte Projekte (Kieser & Walgenbach, 2010, S. 138). Ähnlich wie die Arbeitsgruppe setzt sich die Projektgruppe i. d. R. aus Mitgliedern unterschiedlicher Organisationseinheiten zusammen. Nach Erledigung der Aufgabe wird die Projektgruppe wieder aufgelöst. Die Tätigkeit für eine Projektgruppe kann die ganze oder nur einen Teil der Arbeitszeit der Projektgruppenmitglieder in Anspruch nehmen. In Projektgruppen werden meist Mitarbeiter berufen, die sich durch besondere Kompetenzen auszeichnen und/oder die im Rahmen der Personalentwicklung besonders gefördert werden sollen (z. B. erste Führungserfahrung erwerben). Projektmanager sind Einzelpersonen, die durch ständigen persönlichen Kontakt mit den Linienvorgesetzten die Bewältigung einer neuartigen Aufgabe voranbringen sollen. Sie versuchen dabei, einen Ausgleich zwischen den Interessen einzelner Organisationseinheiten herbeizuführen. Der Projektmanager kann als Verantwortlicher für das Projekt mit Weisungsbefugnis ausgestattet sein. Weitere Ausführungen zu Projekten und Projektgruppen finden sich in Kapitel 9.

Arbeits- und Projektgruppen sind häufig verwendete Strukturelemente der Aufbauorganisation im öffentlichen Sektor. Obzwar die Anwendung dieser Strukturelemente im Hinblick auf die Koordination unterschiedlicher Organisationseinheiten wirksam ist und zu einem flexibleren Handeln führt, sollte der Einsatz dieser Elemente sparsam dosiert werden. Es besteht die Gefahr, dass sich bei einer größeren Anzahl von Arbeits- und Projektgruppen die Organisationsstruktur auflöst und die Orientierung für die Mitarbeiter verloren geht. Es ist die Balance zwischen Stetigkeit und Berechenbarkeit der Organisation einerseits sowie Flexibilität und Innovationskraft andererseits zu wahren.

6.2.9 Produktmanager

Produktmanager wurden erstmals in solchen Betrieben des privaten Sektors eingesetzt, die möglichst schnell ein neues Produkt am Markt etablieren wollten (Steinbuch, 1997, S. 176). Die Idee war dabei, dass alle planenden Aktivitäten rund um das neue Produkt in einer Stelle zentralisiert werden sollten. Später wurde auch die Betreuung des Produkts über den gesamten Produktlebenszyklus[20]) dem Produktmanager übertragen. Bei der Planung der Belange des Produkts hat eine Abstimmung mit der verrichtungsorientierten Linie zu erfolgen, beispielsweise muss bestimmt werden, wann welches Produkt mit welcher Maschine hergestellt, wie und wann die Werbemaßnahmen gestaltet werden usw. Das Ausmaß der Kompetenz des Produktmanagers kann unterschiedlich ausgeprägt sein. Produktmanager benötigen in der Praxis eine langjährige Berufserfahrung und hohe soziale Kompetenzen, zudem müssen sie zuverlässig und persönlich integer wirken, damit sie bei den Organisationsmitgliedern eine hohe Akzeptanz für ihre Ideen erfahren. Der Unterschied zum Projektmanager liegt darin, dass dieser eine neuartige und vor allem zeitlich befristete Aufgabe bearbeitet, während der Produktmanager mit einer dauerhaften Aufgabe betraut ist. Als nicht trennscharf, fließend muss der Übergang zur Matrixorganisation beschrieben werden. Im öffentlichen Sektor werden die Aufgaben meist objektbezogen zentralisiert – deshalb scheint die Einsetzung eines Produktmanagers derzeit nur im Ausnahmefall sinnvoll zu sein.

20) Mit dem Konzept des Produktlebenszyklus wird die Vorstellung verbunden, dass ein Produkt ein „Marktleben" hat, welches sich in vier Phasen unterteilen lässt: Entwicklung und Einführung, Wachstum, Reife/Sättigung und Schrumpfung/Degeneration. Jede Phase ist nach dem Produktlebenszykluskonzept mit speziellen Aktivitäten des Produzenten verknüpft.

6.2.10 Autonome Arbeitsgruppen und Teamorganisation

Autonome Arbeitsgruppen (Weinert, 1998, S. 401) (syn. Teilautonome Arbeitsgruppen; nicht zu verwechseln mit der Arbeitsgruppe wie unter 6.2.7 beschrieben) zeichnen sich dadurch aus, dass hier die Abstimmung zwischen Stellen mittels Hierarchie durch Selbstabstimmung ersetzt wird. Durch Delegation erhalten die Mitglieder der Autonomen Arbeitsgruppe die Möglichkeit, ihren Leistungserstellungsprozess selbst zu planen, durchzuführen und zu kontrollieren. Die Kompetenz der Gruppe kann beinhalten, eigenständig über die Besetzung von Stellen, den Personaleinsatz, die Aufgabenverteilung oder die Einrichtung besonderer Funktionen (z. B. Sprecher) innerhalb der Gruppe zu entscheiden. Wesentliches Charakteristikum der Autonomen Arbeitsgruppe ist also die Aufhebung der tayloristischen Trennung von Kopf- und Handarbeit. Ihren Ursprung hat die Autonome Arbeitsgruppe in der Privatwirtschaft, insbesondere in der Automobilindustrie (z. B. das Volvo-Werk in Kalmar, Schweden, oder das VW-Werk in Salzgitter) (Schuler, 1995, S. 394). Autonome Arbeitsgruppen weisen eine hohe Arbeitsproduktivität auf; die Arbeitszufriedenheit der Mitarbeiter scheint sich jedoch – so die Ergebnisse empirischer Studien – in Autonomen Arbeitsgruppen nicht zu verbessern (Goodman, Devadas & Hughson, 1988). Konzeptionell ist die Teamorganisation mit der Autonomen Arbeitsgruppe eng verwandt. So ist nach *Jung* (2009, S. 288) ein Team „... eine Stelle, deren Aufgabenbereich von einer Gruppe von Personen gemeinsam und weitgehend autonom bearbeitet wird".

6.2.11 Weitere Strukturelemente

Im öffentlichen Sektor gibt es eine Reihe von Organisationseinheiten, die hinsichtlich ihrer Stellung in der Organisationsstruktur oder hinsichtlich ihrer Aufgabenerledigung bedeutsam sind. Nachfolgend eine kurze Charakterisierung (Siepmann & Siepmann, 2004, S. 58 ff.; Pippke et al., 2007, S. 123 ff.).

Beauftragte sind in der Regel Mitglieder einer Organisation, die meist aufgrund einer Rechtsvorschrift mit der Wahrnehmung besonderer Aufgaben betraut sind. Beispiele sind:

- Datenschutzbeauftragter nach dem Bundesdatenschutzgesetz und entsprechender landesrechtlicher Vorschriften – dieser kümmert sich um die Belange des Datenschutzes, z. B. darum, ob die Erhebung und Speicherung von Daten in einer Behörde zulässig ist.
- Brandschutzbeauftragter (Bestellung ggf. nach dem jeweiligen Landes-Baurecht erforderlich) – dieser ist im vorbeugenden Brandschutz tätig.
- Gleichstellungsbeauftragte (maßgebend sind das Bundesgleichstellungsgesetz und die Landesgleichstellungsgesetze) – diese befasst sich mit der Förderung und Durchsetzung der Gleichberechtigung und Gleichstellung von Frauen und Männern in öffentlichen Organisationen. In Städten, Gemeinden und Kreisverwaltungen ist die Gleichstellungsbeauftragte auch für Belange der Bürgerinnen aktiv.

Das Ausmaß der Rechte der verschiedenen Beauftragten ist unterschiedlich: Teilweise haben sie nur eine beratende Funktion (dann am ehesten mit einer Stabsstelle vergleichbar), teilweise können sie in intensiver Weise in Entscheidungsprozesse einwirken.

Mit **„Zentrale Steuerungsunterstützung"** (Steuerungsdienst) wird zumeist eine Stabsabteilung benannt, deren Aufgabe es ist, die Leitung der Kommunalverwaltung bei der strategischen Planung der Produkte und bei der Kontrolle der Fachbereiche zu unterstützen. Die Steuerungsunterstützung sammelt und bereitet entscheidungsrelevante Informationen auf, erstellt Entwürfe für Anweisungen, Vereinbarungen sowie Richtlinien und wertet Berichte von Fachbereichen aus. Diese Stabsabteilung ist meist dem Verwaltungsvorstand unterstellt.

Mit **„Zentralem Controlling"** werden Stabsstellen oder -abteilungen bezeichnet, deren Hauptaufgaben die Informationssammlung, der Soll-Ist-Abgleich sowie die Erarbeitung von Vorschlägen für eingreifende Maßnahmen im Rahmen des Controlling-Prozesses sind (siehe Kapitel 15). Damit unterstützen sie Leitungsstellen.

Servicestellen oder Serviceeinheiten erstellen interne Produkte für andere Organisationseinheiten. Die Kosten für diese internen Produkte werden den abnehmenden Organisationseinheiten in Rechnung gestellt. Beispiele für interne Produkte sind:

- Organisationsberatungen und Organisationsuntersuchungen,
- Fortbildungsmaßnahmen,
- Bereitstellung von Räumen und Liegenschaften,
- Bereitstellung und Wartung von Kommunikations- und Informationstechnik,
- Druckerzeugnisse.

Von der Grundidee her konkurrieren Servicestellen mit externen Anbietern, d. h., das Amt für Öffentlichkeitsarbeit könnte beispielsweise frei entscheiden, ob es eine Broschüre von einer privaten Druckerei oder der Hausdruckerei erstellen lässt. Die abnehmenden Organisationseinheiten sollen sich in ihrer Entscheidung, wessen Leistungen sie in Anspruch nehmen, ausschließlich am Preis und an der Qualität des Produkts orientieren, aber nicht daran, ob die erstellende Einheit der Organisation angehörig ist oder nicht. In der Praxis zeigen sich allerdings oftmals deutliche Einschränkungen dieser Entscheidungsfreiheit. Dadurch, dass die Servicestellen den Marktkräften von Angebot und Nachfrage ausgesetzt werden, sollen sie angehalten werden, Produkte zu erstellen, die besser auf die Bedarfe der Abnehmer abgestimmt sind. Mit Servicestellen wird die Idee der Abstimmung von organisatorischen Einheiten mittels interner Märkte in die Tat umgesetzt.

Nach *Siepmann* und *Siepmann* (2004, S. 61) sind **„Zentrale Dienste"** Organisationseinheiten, die Hilfsfunktionen für die einzelnen Fachbereiche wahrnehmen. Beispiele für Hilfsfunktionen sind die Posteingangs- und -ausgangsbearbeitung, die Telefonzentrale, Kopierdienste. In der Praxis der Kommunalverwaltung werden oftmals auch Querschnittsämter und Servicestellen als Zentrale Dienste bezeichnet.

Pippke et al. (2007, S. 124) führen aus, dass **Fallmanager** Verwaltungsmitarbeiter sind, die ganzheitliche Leistungen für den Bürger oder den Kunden erbringen. Zieht beispielsweise eine Familie in eine andere Stadt, muss sie sich üblicherweise mit dem „Behördendschungel" auseinandersetzen: Man muss beim Einwohnermeldeamt den Zuzug melden, die Personalausweise ändern, Anwohner-Parkberechtigungsscheine anfordern, das Auto ummelden, die Kinder im Kindergarten oder der Schule anmelden usw. Hierfür muss sich die Familie über Zuständigkeiten und Öffnungszeiten informieren sowie oftmals mehrere Ämter und Mitarbeiter aufsuchen. Dies bedeutet einen nicht unbeträchtlichen Aufwand für die Familie. Der Fallmanager soll in solchen Lebenslagen die verschiedenen Ansprechpartner für die Bürger ersetzen. Einfachere Leistungen wird er ganzheitlich selbst erstellen, bei schwierigeren und umfangreicheren Leistungen (z. B. Bauantrag) wird er für den Bürger koordinierend tätig; der Bürger erhält die für ihn wichtigsten Leistungen aus einer Hand und erspart sich viel Mühe. Der Begriff „Fallmanager" ist auch bei der Betreuung von arbeitslosen Bürgern in Gebrauch (Sozialgesetzbuch II). In diesem Kontext ist unter „Fallmanager" ein besonders qualifizierter Mitarbeiter der Arbeitsagentur, der ARGE oder des Jobcenters zu verstehen, der nicht nur auf freie Arbeitsstellen hinweist, sondern den Arbeitslosen umfassend auch bei sozialen und persönlichen Problemen (z. B. Schulden, Sucht, Sprachprobleme) unterstützt, die seine Vermittlung in den Arbeitsmarkt beeinträchtigen (ausführlich Krems, 2009).

Qualitätszirkel bestehen in der Regel aus fünf bis zehn Mitarbeitern der ausführenden Ebene, die sich regelmäßig (ca. zweimal pro Monat) auf freiwilliger Basis treffen, um Probleme aus ihrem Aufgabenbereich zu bearbeiten und zu lösen. „Der Grundgedanke der [Qualitätszirkel] besteht in dem Ziel, das geistige, praktische und Erfahrungspotential der Mitarbeiter auszuschöpfen, ihre Ideen und Erfahrungen in höherem Maße zu nutzen" (Weinert, 1998, S. 399). Die Identifikation der Mitarbeiter mit ihrer Arbeit und den von ihnen hergestellten Produkten soll gesteigert werden. Oftmals werden die Qualitätszirkel bei ihrer Tätigkeit durch Moderatoren unterstützt.

Ein **Gremium** ist eine Gruppe von Personen, denen eine bestimmte Aufgabe zur gemeinsamen Bearbeitung übertragen wurde (Vahs, 2012, S. 83 ff.). Es wird zwischen haupt- und nebenamtlichen Gremien unterschieden. Bei hauptamtlichen Gremien nimmt der Umfang der Mitarbeit die gesamte, bei nebenamtlichen Gremien nur einen Teil der Arbeitszeit der Personen in Anspruch. Beispiele für hauptamtliche Gremien sind die Pluralinstanz (siehe Abschnitt 6.2.6) und Autonome Arbeitsgruppen (siehe Abschnitt 6.2.10), Beispiele für nebenamtliche Gremien sind die Arbeitsgruppe (siehe Abschnitt 6.2.7), der Qualitätszirkel oder auch Ausschüsse, Kommissionen und Kommitees.

6.3 Bestimmungsgrößen für die Strukturierung einer Organisation

6.3.1 Organisatorische Gestaltungprinzipien

Rau weist darauf hin, dass die Aufbauorganisation oder das Gefüge einer bestimmten Stadtverwaltung ein „... historisch gewachsenes Gebilde ...“ (Rau, 2007, S. 477) sei. Für das Zustandekommen eines konkreten Gebildes ist nun eine Vielzahl von Faktoren bedeutsam. Dabei hängt es vom Einzelfall ab, welche Faktoren die ausschlaggebenden waren. Es lassen sich zwei verschiedene Klassen von Faktoren für die Strukturierung einer Organisation unterscheiden. Zum einen gibt es organisatorische Gestaltungsprinzipien oder Organisationsgrundsätze. Diese stellen für den Organisator aus der Organisationslehre abgeleitete Handlungsempfehlungen dar, die er bei seiner Tätigkeit beachten sollte. Zum anderen gibt es eine Reihe von gesetzlichen Vorgaben, Alltagszwängen und Modeströmungen, denen sich diejenigen ausgesetzt sehen, die mit der Strukturierung einer Organisation betraut sind. Die Darstellung beginnt mit den organisatorischen Gestaltungsprinzipien.

Gemäß dem **Minimalebenenprinzip** (vertikales Minimum) soll eine Organisationstruktur möglichst wenige hierarchische Ebenen aufweisen, die „Hierarchie-Pyramide“ soll möglichst flach sein (Gliederungstiefe). Auswirkungen hat das Minimalebenenprinzip auf die Leitungsspanne. Der Wegfall von hierarchischen Ebenen hat zwangsläufig zur Folge, dass die Führungskräfte mehr Mitarbeiter anleiten und koordinieren müssen – es besteht die Gefahr der Überforderung der Führungskräfte. Zudem stehen für die Mitarbeiter beim Wegfall hierarchischer Ebenen weniger Möglichkeiten des hierarchischen Aufstiegs zur Verfügung. Da im öffentlichen Sektor ein höheres Entgelt oftmals nur durch die Übernahme von Führungstätigkeiten erzielt werden kann, kann dieser Umstand zu einer Demotivierung der Mitarbeiter führen. Diesen Nachteilen steht der Vorteil der Einsparung von Personalkosten für Führungskräfte gegenüber. Des Weiteren verkürzt sich der Dienstweg, was zu einer schnelleren und besseren Kommunikation führen kann. Zudem können Arbeitsmengenschwankungen und Personalausfälle innerhalb einer Organisationseinheit leichter ausgeglichen werden.

Mit dem **Prinzip des organisatorischen Minimums** (horizontales Minimum) wird die Forderung verbunden, die Anzahl der Organisationseinheiten auf einer hierarchischen Ebene möglichst gering zu halten (Gliederungsbreite). Folge der Umsetzung dieses Prinzips sind größere Organisationseinheiten. Weiters sind auch größere Leitungsspannen möglich. Das Minimalebenenprinzip und das Prinzip des organisatorischen Minimums sind bei gleichbleibender Leitungsspanne gegenläufig. Mit dem Prinzip des organisatorischen Minimums wird der Vorteil verbunden, dass die Koordination zwischen Organisationseinheiten weniger aufwendig ist, wenn die Anzahl der Organisationseinheiten auf einer Ebene sinkt. Nachteile resultieren aus dem Wegfall von Instanzenstellen – diese wurden beim Minimalebenenprinzip erläutert.

Entscheidungskompetenzen sollen so weit als möglich an die unterstellten Mitarbeiter übertragen werden – dies ist die Kernforderung des **Delegationsprinzips.** Durch die Umsetzung dieses Prinzips werden die Führungskräfte von Routine- und Sachbearbeitungstätigkeiten entlastet und können sich ihrer eigentlichen Aufgabe – der Führung – besser widmen. Zudem kann die Leitungsspanne erhöht werden und damit können Personalkosten eingespart werden. Auf Seiten der Mitarbeiter wird bei Verwirklichung dieses Prinzips mit einer höheren Leistungsmotivation und mit einer größeren Identifizierung mit der Arbeit gerechnet. Im Rahmen des Delegationsprinzips muss die Abstimmung per Hierarchie durch andere Abstimmungsformen ergänzt werden. Bei sich kaum ändernden Aufgaben bietet sich die Abstimmung durch Programme und Pläne an, prinzipiell sind auch die Abstimmungsformen Selbstabstimmung und interne Märkte möglich.

Die **Erweiterung des Handlungsspielraums** der Mitarbeiter erhöht deren Produktivität sowie die Arbeitszufriedenheit und trägt insgesamt zur Humanisierung der Arbeitswelt bei (Rosenstiel, 2000, S. 96 ff.). Der Handlungsspielraum eines Mitarbeiters wird erhöht, wenn sowohl der Tätigkeitsspielraum als auch der Entscheidungs- und Kontrollspielraum erweitert wird. Mit dem Begriff „Tätigkeitsspielraum" wird die Vielfalt der Tätigkeiten auf der ausführenden Ebene bezeichnet, mit „Entscheidungs- und Kontrollspielraum" die Möglichkeit, auch planend und kontrollierend tätig zu sein. „Job enlargement" und „Job rotation" stellen zwei Formen des flexiblen Arbeitseinsatzes dar, die zu einer Erweiterung des Tätigkeitsspielraums führen. Beim „Job enlargement" werden in einem Produktionsprozess mehrere kleinteilige Produktionsschritte zu einem größeren Produktionsschritt zusammengefasst, beim Konzept „Job rotation" wechseln die Mitarbeiter systematisch zwischen den weiterhin kleinteiligen Produktionsschritten. Erst beim „Job enrichment" werden die ausführenden Tätigkeiten durch Planungs- und Kontrolltätigkeiten angereichert (siehe Abb. 6-11).

Abb. 6-11: Job rotation, Job enlargement, Job enrichment

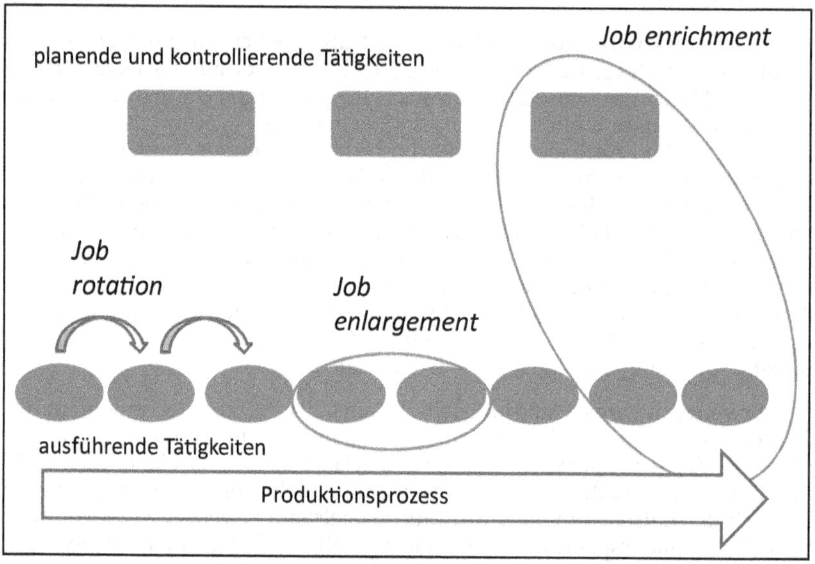

Mit der Erweiterung des Handlungsspielraums wird eine Abkehr vom tayloristischen Konzept der möglichst hohen Spezialisierung der Tätigkeiten und der Trennung von Kopf- und Handarbeit bezweckt, das Konzept entspringt dem Human-Ressourcen-Ansatz der Organisationslehre.

Das **Kongruenz- oder AKV-Prinzip** (Vahs, 2012, S. 67; Hopp & Göbel, 2013, S. 41) betont die Übereinstimmung von Aufgabe, Kompetenz und Verantwortung. Wer eine Aufgabe erhält und für die Zielerreichung verantwortlich gemacht wird, sollte folglich auch über die Kompetenzen verfügen, die zur Bewältigung der Aufgabe bzw. zur Zielerreichung erforderlich sind. Dabei wird unter Kompetenz in diesem Zusammenhang die Befugnis verstanden, Anweisungen zur Art und Weise der Aufgabenerledigung geben zu dürfen (siehe auch Abschnitt 5.2).

Nach dem **situativen Ansatz der Organisationslehre** ist die Struktur einer Organisation an die Erfordernisse der Organisationsumwelt anzupassen. Eine wichtige Rolle nimmt dabei beispielsweise die Dynamik der Umwelt ein. Eine dynamische Umwelt zeichnet sich dadurch aus, dass sich wichtige Rahmenbedingungen schnell verändern. Zu diesen Rahmenbedingungen zählen Kundenerwartungen, Gesetze, Verordnungen und Beschlüsse, die zur Produkterstellung erforderliche Technik u. v. m. Ist eine Organisation in einer dynamischen Umwelt tätig, hat sie Strukturen zu etablieren, die schnelle und flexible Reaktionen auf die Umweltänderungen erlauben. Solche Strukturen sind beispielsweise Projektgruppen, die Matrixorganisation oder Autonome

Arbeitsgruppen. Agiert die Organisation hingegen in einer stabilen Umwelt, bleiben die Rahmenbedingungen also über längere Zeit unverändert, sind mechanistische Strukturen effizienter (z. B. hoher Spezialisierungsgrad, Koordination über Programme und Pläne).

6.3.2 Weitere Bestimmungsgrößen für die Strukturierung einer Organisation

Für die Strukturierung einer Organisation sind auch gesetzliche Normen maßgeblich. Beispielsweise ist nach § 102 der Gemeindeordnung Nordrhein-Westfalen in kreisfreien sowie in großen und mittleren kreisangehörigen Städten eine örtliche Rechnungsprüfung einzurichten. Dieses ist dem Rat unmittelbar verantwortlich, in seiner sachlichen Tätigkeit dem Rat unmittelbar unterstellt (§ 104 Abs. 1 Satz 1 Gemeindeordnung Nordrhein-Westfalen). Die örtliche Rechnungsprüfung ist deshalb organisatorisch ohne Zwischenschaltung anderer Dienststellen einzugliedern.

Ein weiterer wichtiger Faktor für die Strukturierung einer Organisation sind die Kompetenzen der Führungskräfte und Mitarbeiter. Kann eine Organisation am Arbeitsmarkt nur wenig umfassend ausgebildete Mitarbeiter anwerben, ist ein hoher Spezialisierungsgrad bei ausführenden Tätigkeiten empfehlenswert. Dann können die Mitarbeiter einfacher in ihre Aufgaben eingewiesen werden. Bei Mitarbeitern, deren Motivation zur Arbeit sich nur in geringem Maße aus materiellen Anreizen nährt, sind Strukturen zu bevorzugen, die einen hohen Handlungsspielraum ermöglichen, da auf diese Weise die intrinsische Motivation weniger beeinträchtigt wird. Gut ausgebildete Führungskräfte sind in der Lage, mit großen Leitungsspannen zurechtzukommen.

Insbesondere im kommunalen Bereich ist der Organisator politischen Handlungszwängen ausgesetzt. Abhängig von der politischen Zusammensetzung der Legislative kann es erforderlich werden, die Anzahl der Organisationseinheiten auf der obersten Ebene so zu variieren, dass ein parteipolitischer Proporz ermöglicht wird. Auch der Aufgabenbereich von Organisationseinheiten kann von parteipolitischem Kalkül abhängig sein. So spiegelt dann der Zuständigkeitsbereich von Beigeordneten das programmatische Profil ihrer jeweiligen Partei wider.

Im öffentlichen Sektor ist auch der Aspekt der Stellenbewertung bei der Strukturierung von Organisationen bedeutsam. So wird beispielsweise der Aufgabenbereich oder die Leitungsspanne einer Führungskraft derart ausgeweitet, dass die Stelle besser bewertet und so eine höhere Entlohnung ermöglicht wird. Hier erfolgt dann die Strukturierung der Organisation weniger nach den Erfordernissen der Zielerreichung, sondern mehr nach der Maximierung der Entlohnung einzelner Mitglieder der Organisation.

Erfordernisse des Personalmanagements können sich ebenfalls auf die Strukturbildung auswirken, so beispielsweise, wenn Projektgruppen auch deswegen eingerichtet werden, damit der Führungsnachwuchs erste Führungserfahrung erwerben kann. Die Einrichtung von Stäben kann ein Mittel sein, um wenig erfolgreiche oder unbeliebte Führungskräfte mit begrenztem Gesichtsverlust für die Betroffenen „aus der Schusslinie" zu bringen.

Hinzuweisen ist auf die Folgen der EU-Dienstleistungsrichtlinie, die in Kapitel 8 beschrieben werden.

Schließlich spielen Modetrends in der Arbeit des Organisators eine nicht unerhebliche Rolle (Kieser, 1996, S. 21 ff.). Ein Bonmot, welches diese Aussage unterstreicht, lautet: „structure follows fashion". So gab es in den letzten Jahren Strömungen in der Organisations- und Managementlehre, die es nahelegten, Aufgaben und Organisationseinheiten auszugliedern (Outsourcing), Hierarchieebenen abzubauen, Querschnittsaufgaben zu dezentralisieren, Kooperationen mit privaten Unternehmen einzugehen. Oftmals wurde diesen – im Grundsatz durchaus wertvollen – Organisationskonzepten unreflektiert und unüberlegt gefolgt. Damit wurden vielerorts Organisationsstrukturen geschaffen, die sich als nicht zweckmäßig erwiesen und zu unwirtschaftlichen Leistungserstellungsprozessen führten. Beispielsweise hat sich die formale Privatisierung von Aufgaben (Überführung einer Organisationseinheit in eine privatrechtliche Rechtsform wie z. B. der GmbH) angesichts hoher Transaktionskosten oftmals nicht als sinnvoll erwiesen.

6.4 Dokumentation der Organisationsstruktur

Insbesondere in großen Organisationen kann das organisatorische Gefüge komplex sein. Um den Organisationsmitgliedern, aber auch Außenstehenden (z. B. den Bürgern) einen Einblick in die Organisationsstruktur zu vermitteln, wird die Organisationsstruktur regelmäßig dokumentiert (Blum, 2000, S. 162 ff.). Es lassen sich vier Dokumentationsarten unterscheiden:

- das Organigramm (auch Organisationsplan, Organisationsschaubild, Strukturplan genannt),
- die Stellenbeschreibung (siehe hierzu die Ausführungen in Kapitel 5),
- der Stellenbesetzungsplan (damit wird ausgewiesen, mit welchen Personen die Stellen besetzt sind),
- das Funktionendiagramm.

Ein **Organigramm** ist die Darstellung der Organisationsstruktur in Form einer Grafik oder einer Tabelle. Üblicherweise werden mit dem Organigramm

- die hierarchische Ordnung der Instanzen,
- die Existenz von Strukturelementen wie Stäben, Projekt- und Arbeitsgruppen,
- die Zuordnung von Strukturelementen zu Instanzen,
- die Zuordnung von Aufgaben oder Produkten zu Organisationseinheiten,
- die Zuordnung von Stellen zu Organisationseinheiten

veranschaulicht. Weitere Informationen, die Organigramme enthalten können, sind beispielsweise:

- Stellenbezeichnung, Bezeichnung der Organisationseinheit,
- Stellenkurzzeichen,
- Informationen zum Stelleninhaber, wie Name, Amtsbezeichnung, Telefonnummer.

Einheitliche Regeln für die Erstellung eines Organigramms gibt es nicht. So werden unterschiedliche grafische Symbole für die Darstellung von Instanzen, Stäben, Stellen u. Ä. m. verwendet. Organigramme können für die gesamte Organisation, aber auch für einzelne Organisationseinheiten erstellt werden (siehe Abb. 6-12). Je nach Informationszweck werden Organigramme erstellt, die sich auf bestimmte Aspekte der Organisationsstruktur beschränken. Beispielsweise werden im kommunalen Bereich oftmals die Zuständigkeiten/Aufgabenbereiche des Oberbürgermeisters sowie der Beigeordneten/Dezernenten dargestellt. Das Organigramm wird auch als Dezernatsverteilungsplan bezeichnet. Mit dem Verwaltungsgliederungsplan werden die Aufgabenhauptgruppen, die Aufgabengruppen und die Aufgaben den Organisationseinheiten zugeordnet.

Abb. 6-12: Beispiel für ein Organigramm (Stadt Münster)

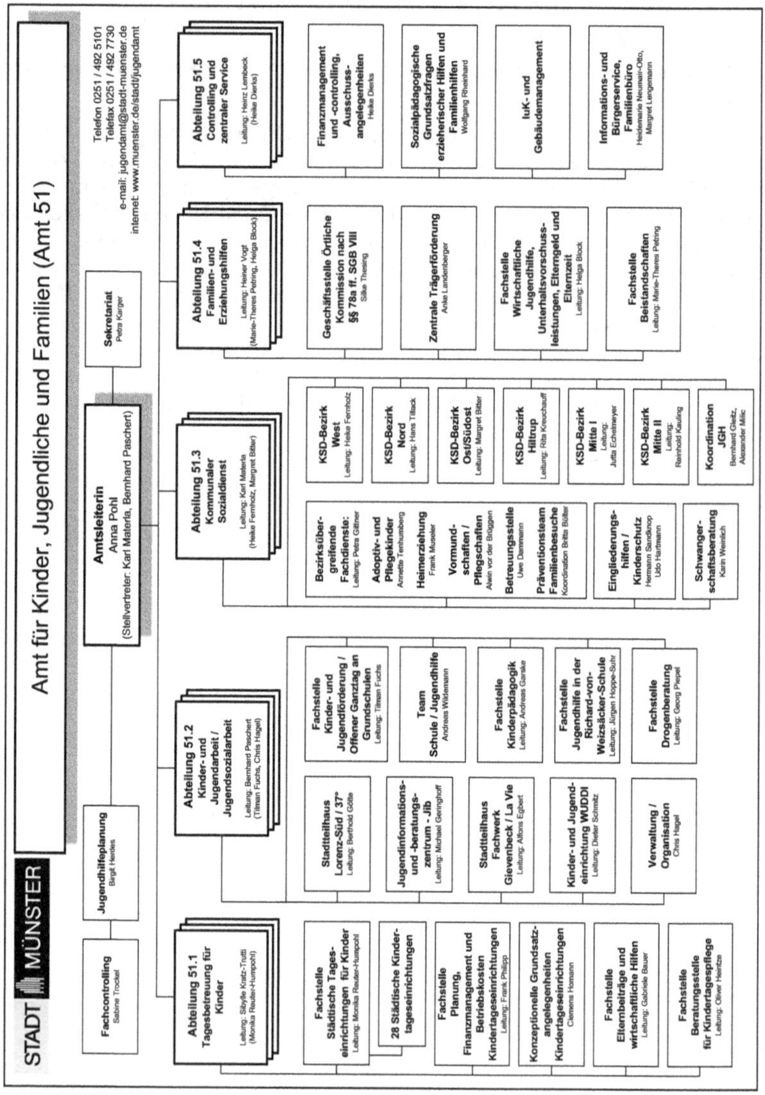

Das **Funktionendiagramm** ist eine Matrix oder Tabelle, mit deren Hilfe die Zuordnung von (Teil-)Aufgaben zu Stellen dokumentiert werden kann. Zudem können die Kompetenzen der Stellen bei der jeweiligen Aufgabe wiedergegeben werden. Abbildung 6-13 enthält ein Beispiel. Letztlich gibt das Funktionendiagramm Auskunft darüber, wer in einer Organisationseinheit was macht.

Abb. 6-13: Beispiel für ein Funktionendiagramm. „A" steht für Ausführung, „Z" steht für Zeichnungsbefugnis

	Stelle 1	Stelle 2	Stelle 3	Stelle 4	Stelle 5
Antrags-annahme			A	A	
Bescheid-erstellung	Z, A	A			A
Bescheid-versand				A	

6.5 Jenseits des Offiziellen: Informelle Organisation

Gegenstand der bisherigen Ausführungen zum Thema Organisationsstruktur war überwiegend die bewusste, planvolle und zweckgerichtete Gestaltung der Organisation. So wie ein Architekt ein Haus plant, z. B. die Dachkonstruktion auswählt oder die Anzahl der Geschosse und die Größe der Fenster festlegt, sollte das Management und der Organisator – entsprechend dem Grundgedanken der Ausführungen in diesem Kapitel – die Organisation entwerfen, also beispielsweise die Anzahl der Hierarchieebenen bestimmen oder den Einsatz von Stäben beschließen. Während der Architekt die Gestaltung von leblosem Material wie Beton, Glas, Ziegelsteinen plant, hat es das Management und der Organisator aber mit lebenden Menschen (oftmals auch noch lebhaften) zu tun. Mit großer Wahrscheinlichkeit wird eher das Verhalten der Ziegelsteine den Plänen des Architekten entsprechen als das Handeln der Menschen den Vorstellungen des Managements. Spätestens seit den Hawthorne-Experimenten (siehe Kapitel 2) besteht in der Organisationslehre die Gewissheit, dass das Handeln der Menschen in Organisationen nicht nur von objektiven, vorab gestaltbaren Faktoren, sondern auch von individuellen, subjektiven Bedürfnissen und Erwartungen der Menschen abhängig ist. Neben den offiziellen, formalen, von „oben gegebenen" Regeln der Organisation bilden sich bei den Mitarbeitern weitere Regeln und Strukturen aus, die nicht durch Weisungen o. Ä. legalisiert und schon gar nicht dokumentiert sind. Derartige Regeln und Strukturen werden unter dem Begriff „Informelle Organisation" zusammengefasst. Die Handlungswirksamkeit dieser informellen Regeln oder der informellen Organisation wird aus dem folgenden Zitat eines Praktikers deutlich, dessen Behörde schon zum wiederholten Male reorganisiert wurde: „Wir arbeiten nicht wegen unserer Organisationstruktur gut zusammen, sondern trotz unserer Organisationsstruktur". Informelle Organisation zeichnet sich durch folgende Merkmale aus:

- Für die Entstehung und Ausprägung der Regeln sind vor allem einzelne Personen und deren persönliche Ziele und Bedürfnisse bedeutsam.
- Die informellen Regeln weichen von den offiziellen Regeln ab.
- Die Strukturen und Regeln entstehen spontan, ungeplant.
- Für Außenstehende ist die informelle Organisation kaum wahrnehmbar.

Beispiele für Elemente informeller Organisation (Lang, 2004, S. 500 f.) sind:

- Informelle Gruppen – diese bilden sich innerhalb und neben den offiziellen Organisationseinheiten. Ausschlaggebend für die Bildung dieser Gruppen ist die gegenseitige Sympathie der Gruppenmitglieder, die sich auf Basis gemeinsamer Werte, Erfahrungen (gemeinsames Studium an einer Verwaltungsfachhochschule) und Ziele entwickeln kann. Innerhalb dieser informellen Gruppen können sich besondere Rollen herausbilden, wie z. B. die des informellen Führers. Dessen Autorität beruht auf zugeschriebenen Personenmerkmalen, nicht auf formaler Positionsmacht. Konflikte können sich dann ergeben, wenn der informelle Führer nicht gleichzeitig der offizielle Vorgesetzte ist. Informelle Gruppen haben Einfluss auf den Leistungserstellungsprozess und die Ressourcenverteilung. Erstreckt sich eine informelle Gruppe auch über mehrere Hierarchieebenen hinweg, können Beziehungsnetzwerke („Seilschaften") entstehen, die maßgeblichen Einfluss auf das berufliche Fortkommen der Organisationsmitglieder haben.
- Informelle Normen sind Verhaltenserwartungen an die Organisationsmitglieder. Diese Verhaltenserwartungen können das Leistungsverhalten betreffen: So wird darauf geachtet, dass von niemandem ein bestimmtes Leistungsmaß deutlich über- oder unterschritten wird. Das Leistungsmaß kann dabei eher niedrig („Wir sind hier bei der Arbeit, nicht auf der Flucht!") oder eher hoch sein. Verhaltenserwartungen können sich auch auf Verhaltensweisen eher privater Natur beziehen, so beispielsweise, wenn erwartet wird, dass man sich in der Mittagspause mit den Kollegen in der Kantine trifft. Die informelle Organisation verfügt nun über wirksame Mittel, um das Abweichen von informellen Normen zu sanktionieren: So verlieren Abweichler die Anerkennung der Gruppe, sie werden „geschnitten" oder im Extremfall sogar schikaniert.
- Informelle Kommunikation: Abseits der Dienstwege und der offiziellen Kommunikationskanäle werden Informationen ausgetauscht. Diesen Informationen wird oftmals von den Mitarbeitern eine hohe Aktualität und Gültigkeit zugesprochen. Informelle Kommunikation kann auch ein Mittel zur Durchsetzung von Interessen sein, so z. B., wenn Gerüchte über einen Konkurrenten um eine Beförderungsstelle gestreut werden.

Abb. 6-14: Mit der Metapher des Eisbergs wird die Bedeutung der informellen Organisation für das System Organisation insgesamt skizziert: Unsichtbar unter der Wasseroberfläche liegen bedeutsame und das organisatorische Handeln stark bestimmende Anteile der Organisation.

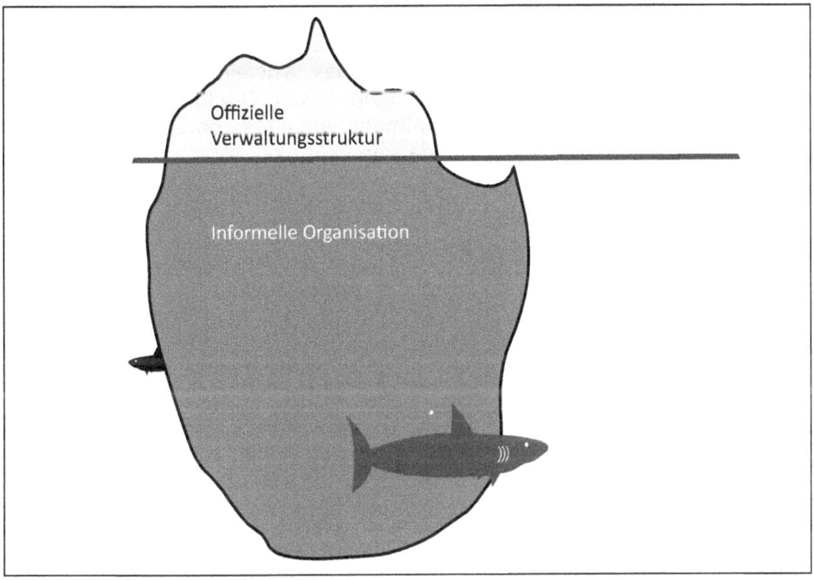

Einen Erklärungsansatz für die Entstehung informeller Organisation bietet *Luhmann* (1995, S. 284 f.): Die informelle Organisation ergänzt die formelle Organisation; sie erfüllt Zwecke, die für den Systemerfolg bedeutsam sind. Informelle Gruppen beispielsweise bieten den Gruppenmitgliedern Gefühle der Zugehörigkeit, Geborgenheit und Anerkennung. Die Gruppenmitglieder profitieren durch vielfältige soziale Kontakte. „Die Arbeit ist zwar nicht so spannend, aber wir Kollegen halten zusammen, das Betriebsklima stimmt" – aus solchen Äußerungen wird der Wert informeller Gruppen für den Einzelnen deutlich. Im Rahmen des Personalmanagements können informelle Gruppen und der damit verbundene „Kuschelfaktor" ein bedeutsames Mittel sein, um leistungsstarke und wechselbereite Mitarbeiter trotz niedriger Entlohnung zum Verbleib in der Organisation zu bewegen. Obwohl die informelle Kommunikation auch zum Zwecke der Mikropolitik ge- und missbraucht werden kann, bietet sie vielen Organisationen wichtige Vorteile: So werden Informationen auf diese Weise oftmals schneller weitergereicht als auf offiziellen Informationskanälen und können dadurch schneller handlungsleitend werden. Hintergründe für Entscheidungen und Entwicklungen können gelegentlich gar nicht offiziell kommuniziert werden, da die offiziellen Kommunikationskanäle (z. B. Weisungen, Protokolle) unliebsamen Dritten, wie z. B. der Presse oder der Aufsichtsbehörde, zugespielt oder von diesen eingesehen werden können. Mit informellen Normen kann schneller und flexibler auf kritische Ereignisse reagiert werden: Die spontane Selbstabstimmung ist eine wichtige Ergänzung zu den anderen Koordinationsinstrumenten wie Koordination durch Anweisung oder durch Programme und Pläne. Nicht umsonst ist eine der wirksamsten Drohungen von Verwaltungsmitarbeitern die folgende Äußerung: „Dann machen wir eben Dienst nach Vorschrift." Gelegentlich scheint erst durch das Abweichen von offiziellen Regeln ein effektives und effizientes Handeln der Organisationsmitglieder möglich zu sein, insofern kann mit Luhmann von einer „brauchbaren Illegalität" informeller Organisation die Rede sein.

7 Prozessmanagement

7.1 Grundlagen und Begriffsklärungen

7.1.1 Gründe für eine Prozessorientierung der Organisationen des öffentlichen Sektors

Die **Aufbauorganisation** befasst sich mit der Verwaltungsstrukturierung. Es wird festgelegt, welche Aufgaben von wem und womit durchgeführt werden. So wird eine stabile Organisationsstruktur geschaffen, die sich in Organigrammen, Stellenplänen und Stellenbeschreibungen niederschlägt (vgl. Kapitel 5 und 6). Aufgabe der **Ablauforganisation** ist es, **Prozesse** in der Weise zu organisieren, dass diese wirtschaftlich und effektiv ablaufen. Dabei wird konkretisiert, welcher räumlichen und zeitlichen Struktur die einzelnen Arbeitsschritte folgen sollen (Kosiol, 1962, S. 32 f.).

Die räumliche Komponente betrachtet,

- an welchem Ort die Arbeitsverrichtung stattfindet (räumliche Anordnung der Arbeitsplätze; Arbeitsleistung ausschließlich am eigenen Arbeitsplatz oder Mehrplatzarbeit, d. h. Arbeitsplatzwechsel),
- welchen Weg ein Prozess durchläuft (Sachbearbeiterwechsel, Wechsel der Organisationseinheit).

Im Hinblick auf die zeitliche Komponente wird das Augenmerk darauf gerichtet,

- in welcher Reihenfolge die Arbeitsschritte zu erledigen sind,
- welche Zeitdauer für die Arbeitsgänge benötigt wird,
- in welcher Reihenfolge unterschiedliche Personen an dem Vorgang bzw. dem Arbeitsobjekt arbeiten sollen (Leistungsabstimmung). Ziel ist, die Anzahl der Übergänge von einer zur anderen Arbeitsstelle (Schnittstellen) möglichst gering zu halten.

Das klassische Aufgabenanalyse-Aufgabensynthese-Konzept der betriebswirtschaftlichen Organisationslehre stellt die Gestaltung der Aufbauorganisation in den Mittelpunkt. Die Ablauforganisation richtet sich dann an der Aufbauorganisation aus: Nach der Verteilung der Aufgaben wird der konkrete Aufgabenvollzug geregelt. Die leitende Idee ist eine separate Optimierung der beiden Bereiche „Aufbau- und Ablauforganisation" mit je einer speziellen Logik und Methodik[21]).

In der Praxis greifen Aufbau- und Ablauforganisation ineinander. Ein Denken nur in Strukturen oder nur in Abläufen ist schlechthin gar nicht möglich.

Konzepte, die darauf abzielen, die Abläufe bereits bei der Gestaltung der Aufbauorganisation zu berücksichtigen, gewinnen auch im öffentlichen Sektor

21) Prominenteste Vertreter dieser klassischen Sichtweise sind beispielsweise Nordsieck (1934), Henning (1934), Ulrich (1949) und Kosiol (1962).

immer mehr an Bedeutung. Viele Prozesse der Verwaltung, wie z. B. die Bearbeitung von Bauanträgen oder andere komplexe Genehmigungsverfahren, verlaufen quer durch die unterschiedlichsten Fachbereiche bzw. Ämter oder Dezernate. Die Arbeitsabläufe (-prozesse) finden demnach häufig stellen- und organisationsübergreifend statt (vgl. Abbildung 7-1). Längere Liegezeiten, lange Informations- und Verfahrenswege sind die Folge. So entstehen zusätzliche ungewollte Schnittstellen und damit ggf. Doppelarbeiten, die eine effiziente Aufgabenwahrnehmung beeinträchtigen und die Durchlaufzeit unnötig verlängern (vgl. Becker et al., 2007, S. 29). Damit kommt es zwangsläufig zu einem Qualitätsverlust für die Bürger. Die prozessorientierte Sicht betrachtet die öffentlichen Leistungen daher aus noch stärkerer Kundensicht z. B. nach bestimmten Zielgruppen oder Lebenslagen. Zieht z. B. eine Familie in eine neue Gemeinde um, wäre es aus ihrer Sicht wünschenswert, im Idealfall nur einen Ansprechpartner bei der Stadtverwaltung zu haben. Dieser wäre dann zuständig für Einwohnermeldeangelegenheiten, Kindergarten- und Schulangelegenheiten, Kfz-Angelegenheiten usw. Eine ganzheitliche Gestaltung von Gesamtaufgabenkomplexen über Organisationsgrenzen hinweg bietet die Möglichkeit, schnell und kostengünstig auf Bürger- bzw. Kundenwünsche einzugehen (vgl. Kommunale Gemeinschaftsstelle für Verwaltungsmanagement, 1998b, S. 11 f.). Den Prozessen wird auf diesem Wege bei der organisatorischen Gestaltung der Vorrang eingeräumt. Man spricht in diesem Zusammenhang auch von Prozessmanagement. Die Optimierung der Ablauforganisation kann durchaus dazu führen, anschließend den Verwaltungsaufbau neu zu strukturieren. Aufbau- und Ablauforganisation bedingen sich also gegenseitig.

Abb. 7-1: Funktions- und hierarchieübergreifende Prozessabwicklung

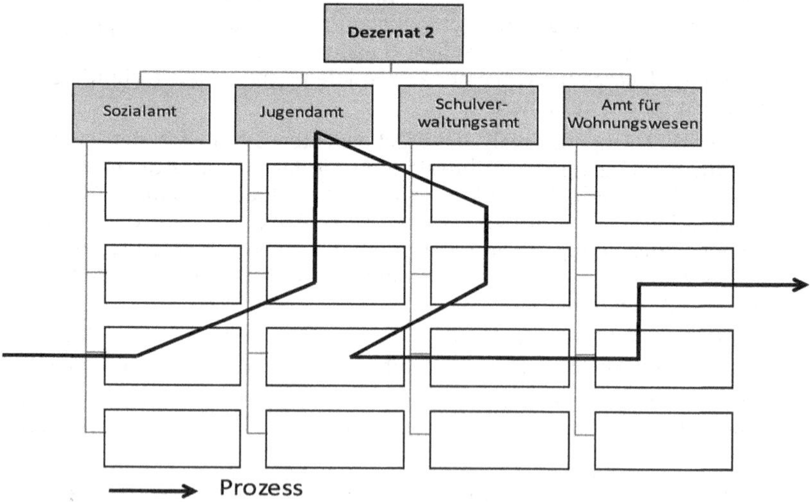

7.1.2 Begriffsklärungen

Zur begrifflichen Klärung werden die eingeführten Begriffe im Folgenden näher erläutert. Der Begriff **„Prozess"** ist abgeleitet aus dem lateinischen „procedere" und kann mit „fortschreiten" übersetzt werden. Die Definition kennzeichnet den dynamischen Charakter eines Prozesses. Unter einem Prozess wird die zielgerichtete Erstellung einer Leistung durch eine Folge von zusammenhängenden Aktivitäten verstanden, die innerhalb einer Zeitspanne nach bestimmten Regeln durchgeführt wird (Schulte-Zurhausen, 2010, S. 51; Vahs, 2009, S. 226). Im Zusammenhang mit dem Prozessbegriff werden in der Literatur eine Reihe von Begriffen verwendet, wie beispielsweise Geschäftsprozess, Unternehmensprozess, Business Process, Workflow, Vorgang, Ablauf (Stapf, 2000, S. 28 ff.). Der inhaltliche Umfang eines Prozesses kann ganz unterschiedliche Ausmaße annehmen. Ein Prozess gilt als inhaltlich abgeschlossen, wenn er isoliert von vor- oder nachgeordneten Vorgängen betrachtet werden kann (Vahs, 2012, S. 233). Beispielsweise kann ein inhaltlich überschaubarer Vorgang wie die Gewährung von Wohngeld als Prozess bezeichnet werden, aber ebenso die komplexe und schnittstellenübergreifende Erstellung des Jahresabschlusses einer kommunalen Verwaltung oder das Prozedere im Rahmen eines Neueinzugs in eine Einrichtung der stationären Erziehungshilfe.

Unter einem **Prozessmanagement** sind alle planerischen, organisatorischen und kontrollierenden Maßnahmen zu verstehen, welche die Arbeitsprozesse einer Organisation zielorientiert hinsichtlich Qualität, Zeit, Kosten und Kundenzufriedenheit gestalten und laufend verbessern (Gaitanides et al., 1994, S. 3). Begriffe wie Business Process Reengineering, Process Redesign, Geschäftsprozessmanagement oder Wertkettenansatz werden häufig synonym verwendet (Hammer & Champy, 1995).

7.2 Ziele des Prozessmanagements

Die nachfolgend genannten Ziele sind als Ausfluss der Formalziele einer Organisation zu betrachten und stellen Richtgrößen für die Prozessabwicklung dar (zu den Formalzielen vgl. Kapitel 14) (Bea & Göbel, 2010, S. 330 ff.; Rau, 2007, S. 442 ff.):

- **Senkung der Prozesskosten**
  Jeder einzelne Arbeitsschritt verursacht Kosten, die durch eine gezielte Betrachtung der Arbeitsabläufe transparent werden und so mit dem Ziel der Einsparung besser gesteuert werden können. Dies ist z. B. möglich, wenn lange Liege- und Transportzeiten vermieden werden. Auch eine Maximierung der Mitarbeiterauslastung trägt zu einer wirtschaftlichen Ressourcennutzung bei. In diesem Zusammenhang sind z. B. die gleichmäßige Auslastung während der Arbeitszeit sowie die Reduzierung von Rüstarbeitszeiten zur Vor- und Nachbereitung des Arbeitsplatzes zu nennen (vgl. Kapitel 5). Im Hinblick auf die Sachmittel äußert sich eine hohe

Kapazitätsauslastung im Wesentlichen durch eine gleichmäßige Auslastung von Fahrzeugen und Maschinen während der Nutzungszeiten sowie geringe Stillstandzeiten. Auch die Auslastung von Räumen (z. B. Schulräume) ist in diesem Zusammenhang zu nennen.

- **Verkürzung der Durchlaufzeiten**
  Der Faktor Zeit ist ein wesentliches Kriterium zur Beurteilung eines Prozesses. Es gilt, die gesamte Durchlaufzeit eines Prozesses, die sich aus Bearbeitungszeiten und weiterhin aus Liege- und Transportzeiten zusammensetzt, zu verkürzen (vgl. hierzu Abschnitt 7.3.3).
- **Erhöhung der Prozessqualität**
  Im Rahmen des Qualitätsmanagements spielen die Bürger bzw. Leistungsadressaten als Kunden der öffentlichen Verwaltung die zentrale Rolle. Wenn es um organisatorische Überlegungen zur Gestaltung von Prozessen geht, müssen daher die Kundenanforderungen Maßstab sein. Beispielhafte Qualitätskriterien sind geringe Fehlerquoten, das Vermeiden von Terminüberschreitungen und geringe Durchlaufzeiten.
- **Ausschöpfen der Mitarbeiterpotenziale**
  Durch die aktive Einbindung der Mitarbeiter bei der Prozessgestaltung werden deren Kreativitätspotenziale zur Ideenfindung gezielt genutzt. Notwendige Bedingung ist die Erweiterung von Handlungs- und Entscheidungsspielräumen. Dies kann im Wesentlichen durch folgende Maßnahmen erreicht werden: systematischer Arbeitsplatzwechsel (Job rotation), Aufgabenerweiterung (Job enlargement) und Aufgabenbereicherung (Job enrichment) sowie die Übertragung von Aufgabenkomplexen auf Teams (siehe hierzu Kapitel 6). „Die damit verbundene Autonomie schafft eine Atmosphäre des ‚Unternehmertums im Unternehmen, welche die Innovations- und Lernfähigkeit der Mitarbeiter fördert“ (Bea & Göbel, 2010, S. 210, S. 332). Zudem beinhalten attraktivere Tätigkeitsinhalte und höhere Gestaltungsspielräume motivationsfördernde Aspekte.

Bei der Prozessgestaltung ist insbesondere der Prozesseffizienz und der Prozesseffektivität Aufmerksamkeit zu schenken. Eine hohe Prozesseffizienz ist gegeben, wenn die Ziele möglichst wirtschaftlich erreicht werden. Hier spielen die Faktoren Kosten und Zeit die entscheidende Rolle. Ein Prozess ist effektiv, wenn er den Anforderungen des jeweiligen Bürgers bzw. Kunden entspricht und gleichzeitig zur Erfüllung der übergeordneten Organisationsziele beiträgt. Wie die beiden Ziele zueinander stehen, hängt ganz entscheidend von einer gelungenen Koordination ab, denn die Ziele können sich ergänzen (z. B. Kostenminimierung und Maximierung der Auslastung von Mitarbeitern und Sachmitteln), sie können aber auch konkurrieren (z. B. Kostensenkung und Erhöhung der Beratungszeiten für den einzelnen Bürger im Rahmen der Kundenzufriedenheit). Diese Zielkonflikte lassen sich i. d. R. nur durch eine entsprechende Zielgewichtung lösen. In der jeweiligen Entscheidungssituation ist also zu überlegen, welchem Ziel der Vorrang einzuräumen ist (z. B. der Kostensenkung in einer kommunalen Verwaltung mit Haushaltskonsolidierungskonzept).

7.3 Prozessanalyse

7.3.1 Prozessmerkmale

Ein Arbeitsprozess kann durch die folgenden Merkmale näher beschrieben werden (vgl. Abbildung 7-2):

Abb. 7-2: Merkmale eines Prozesses (in Anlehnung an Schulte-Zurhausen, 2010, S. 52; Scholz & Vrohlings, 1994a, S. 23)

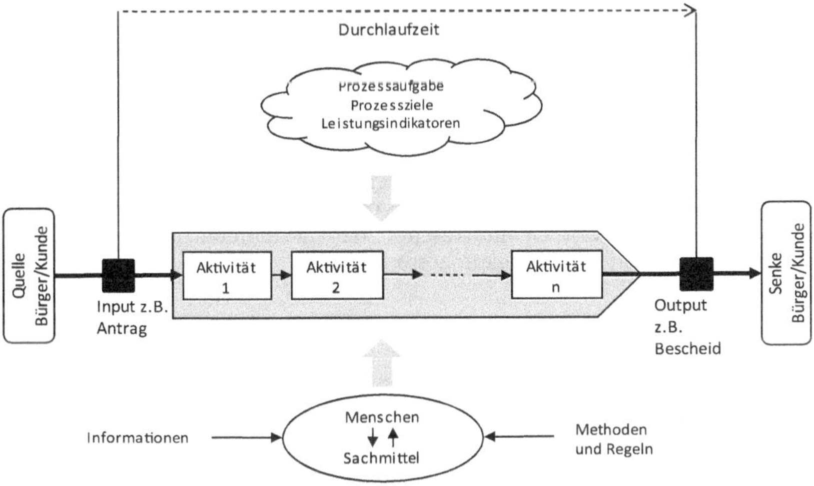

Zunächst wird für jeden Prozess bereits im Vorfeld ein *Ziel* benannt, das anzustreben ist (ergebnisorientierte Betrachtungsweise). Erklärtes Ziel könnte z. B. sein, über einen vom Bürger gestellten Wohngeldantrag rechtmäßig zu entscheiden. Die *Aufgabe* lässt sich dann aus dem Ziel ableiten und beschreibt die notwendigen Arbeitsschritte (tätigkeitsorientierte Betrachtungsweise). Bezogen auf den Wohngeldantrag könnte die Aufgabe lauten: Bearbeitung des Antrages und Erstellung eines Wohngeldbescheides. Der Beginn des Prozesses wird von einem äußeren Anstoß markiert, hier der eingereichte Wohngeldantrag. Dieser *Input* (Einsatzgut) geht von mindestens einer *Quelle* (Sender, Lieferant) aus. Der *Output* (Ausbringungsgut), hier in Form des Wohngeldbescheides, wird mindestens an eine *Senke* (Empfänger, Kunde) weitergereicht. Bezogen auf den öffentlichen Sektor wird der Prozess überwiegend von Bürgern oder internen Kunden angestoßen und die abschließende Leistung auch an diese ausgegeben. Die Bürger/Kunden sind demnach zugleich Quelle und Senke. Input und Output können sowohl materieller als auch immaterieller Natur sein. Durch die Transformation eines Inputs in einen Output erfährt der Prozess einen Wertezuwachs, der auch als Wertschöpfung (Porter, 1999a) bezeichnet wird (vgl. hierzu Kapitel 14). Im gewählten Beispiel besteht der Wertezuwachs in der ordnungsgemäßen Bearbeitung des Wohngeldantrages. Dabei ist eine Sequenz von *Aktivitäten* (Tätigkeiten, Verrichtungen), die inhaltlich miteinander verknüpft sind, zu erledigen. Bezogen auf den Wohngeldantrag lauten diese Aktivitäten verkürzt: Antrag entgegennehmen, Antrag prüfen, Genehmigung oder Ablehnung erteilen und begründen, Bescheid zustellen. Zur Erfüllung der Prozessaufgabe kommen die Ressourcen *Menschen* (Aktionsträger) und/oder *Sachmittel* (materielle Hilfsmittel) zum Einsatz. Die Aktionsträger benötigen zur Abwicklung der Aktivitäten *Informationen*. Vorgegebene *Methoden* (z. B. Prüfschemata) und *Regeln* (z. B. Gesetze, Dienstanweisungen) geben die Art und Weise der Aufgabenerledigung vor. Prozesse starten und enden zu einem bestimmten Zeitpunkt. Die so entstehende Zeitspanne, beginnend mit dem Input und endend mit dem Output, bestimmt die *Durchlaufzeit* des Prozesses.

7.3.2 Prozessarten

In der Literatur und auch in der betrieblichen Praxis ist eine ganze Reihe von Begriffen zu finden, mit denen Prozesse voneinander abgegrenzt werden. Für den öffentlichen Sektor ist im Wesentlichen die Differenzierung in Kern-, Unterstützungs- und Führungsprozesse relevant:

- **Kernprozesse**
  Kernprozesse werden auch als Primär- oder Schlüsselprozesse bezeichnet. Sie umfassen alle Aktivitäten, die der direkten Erfüllung der Kundenbedürfnisse dienen. Die Aufgaben des öffentlichen Sektors sind ihm durch demokratische Willensbildung zur Erfüllung des Gemeinwohls übertragen worden. Die Kernprozesse haben einen direkten Bezug zu diesem Leistungsauftrag und sind damit unmittelbar an der Wertschöpfung beteiligt. Ein wesentliches Merkmal ist das Vorhandensein von Schnittstellen zu externen Anspruchsgruppen. Hierzu zählen in erster Linie Bürger, andere Behörden, Unternehmen, politische Vertreter sowie interne Kunden und Adressaten (z. B. interne Dienstleister).
- **Unterstützungsprozesse**
  Unterstützungsprozesse (Sekundärprozesse) sichern die Erstellung der Kernprozesse, sind aber aus Kundensicht nicht wertschöpfend. Sie stellen sozusagen die Betriebsbereitschaft sicher. Bezogen auf die Gesamtverwaltung erbringen beispielsweise alle internen Dienstleister (z. B. EDV-Abteilung, Haupt- und Personalamt, Archiv) und die zentrale steuerungsunterstützende Organisationseinheit (Steuerungsdienst, Bürgermeisteramt) Unterstützungsprozesse.
- **Führungsprozesse**
  Führungsprozesse (Managementprozesse) umfassen Planungs-, Steuerungs- und Kontrollaufgaben. Sie beziehen sich auf die Mitarbeiterführung, aber auch auf Tätigkeitsbereiche wie das Controlling (siehe Kapitel 15) oder die Organisationsgestaltung.

Die unterschiedlichen Prozessarten und ihr Zusammenwirken werden in Abbildung 7-3 noch einmal veranschaulicht.

Abb. 7-3: Prozessarten (nach Vahs, 2012, S. 242)

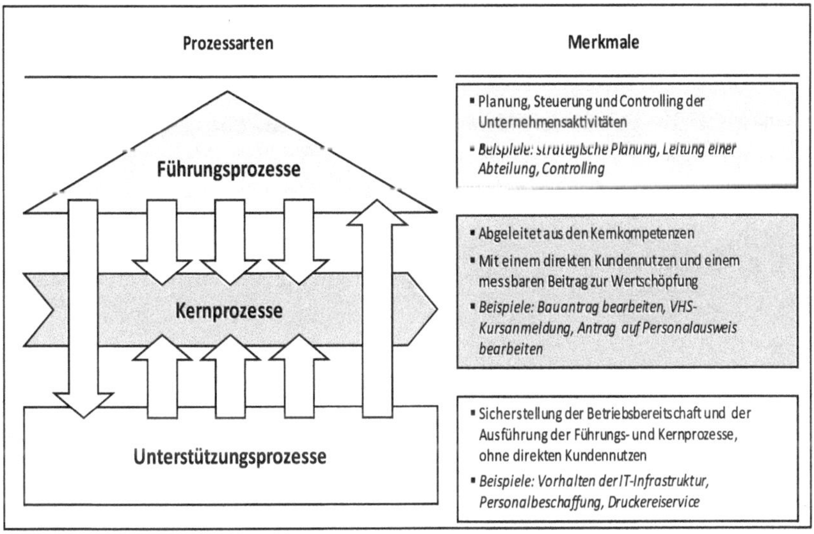

Sogenannte **Prozesslandkarten** erlauben, die Geschäftsprozesse einer Organiation in ihrer Gesamtheit zu visualisieren. Sie stellen die Besonderheiten und Zusammenhänge in einer bestimmten Organisation dar und werden deshalb organisationsspezifisch gestaltet. Für die Prozessorganisation hat die Prozesslandkarte eine vergleichbare Bedeutung wie das Organigramm für die Aufbauorganisation (vgl. Schulte-Zurhausen, 2010, S. 92). Auf der Grundlage dieser prozessbezogenen Übersicht können z.B. Abhängigkeiten und Wechselwirkungen zwischen den einzelnen Prozessen analysiert, Schnittstellen ermittelt oder der Untersuchungsbereich einer Organisationsuntersuchung besser abgegrenzt werden.

Die folgende Abbildung 7-4 zeigt ein Beispiel für die Darstellung einer Prozesslandkarte (Rechnungsprüfungsamt).

Abb. 7-4: Prozesslandkarte am Beispiel eines Rechnungsprüfungsamtes

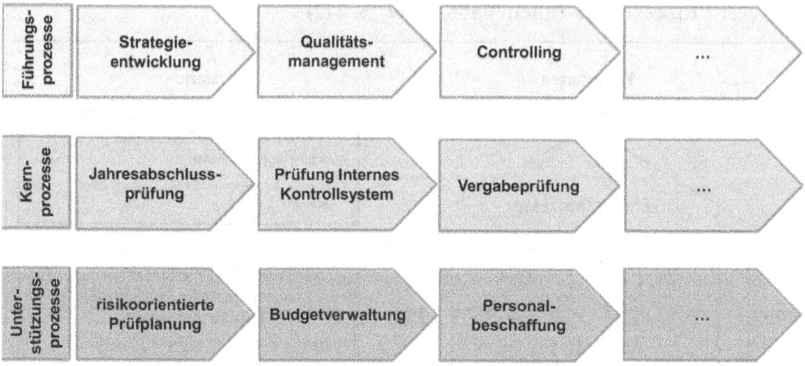

7.3.3 Bestimmung der Durchlaufzeit

Die Reduzierung der Durchlaufzeit ist das häufigste Ziel bei einer Reorganisation von Arbeitsprozessen, da hier in der Regel deutliche Verkürzungen zu erzielen sind (vgl. Rau, 2007, S. 451). Insbesondere das Verhältnis von Bearbeitungszeiten zu Liegezeiten gilt als problematisch. Nach *Eversheim* (1995, S. 29) beträgt die Liegezeit innerhalb der Durchlaufzeit i. d. R. etwa 90 Prozent. Der Bestimmung der Durchlaufzeit bei der Analyse von Abläufen wird daher an dieser Stelle besondere Aufmerksamkeit geschenkt.

Die Durchlaufzeit setzt sich aus folgenden Faktoren zusammen:

Bearbeitungszeit		Übergangszeit	
Ausführungszeit Einzelfallbezogene Tätigkeiten einschließlich Zuschlagsgröße für einzelfallübergreifende Tätigkeiten	**Personenbezogene Verlust- und Erholungszeiten** (z. B. Rüstzeiten)	**Liegezeit** Wartezeit vor und nach Bearbeitung	**Transportzeit** Wegezeiten, Transport von einer Stelle zur folgenden

Durch eine umfassende Abstimmung aller Teilprozesse können vor allem Liege- und Transportzeiten deutlich reduziert oder sogar vermieden werden. Dazu trägt zudem eine Zusammenfassung von Teilprozessen und damit Vermeidung von Schnittstellen bei (vgl. hierzu Abb. 7-5). Die Reduzierung der Durchlaufzeiten führt zu einer Erhöhung der Prozessqualität sowie zu einer Senkung der Prozesskosten.

Abb. 7-5: Durchlaufzeitverkürzung durch Prozessoptimierung (nach Vahs, 2012, S. 245)

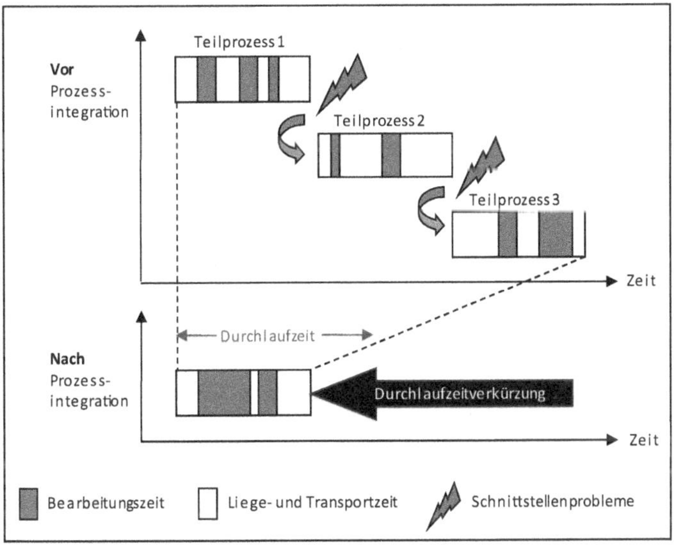

Beispiel zur Berechnung der Durchlaufzeit:

Sachverhalt: In einem Landkreis mit zehn Gemeinden kooperieren die Kommunen auf dem Gebiet der Rechnungsprüfung miteinander. Die zuständige Prüferin einer der Gemeinden prüft regelmäßig die Wochenmarkt-Gebührenkalkulationen aller Kommunen der Kooperationsgemeinschaft. Die Händler der Wochenmärkte müssen für das Anbieten ihrer Waren eine Gebühr bezahlen (sog. Standgeld). Die zu entrichtenden Gebühren sind in einer Gebührensatzung festgelegt, die vom jeweiligen Ordnungsamt vorbereitet und über den Hauptausschuss dem Rat zur Beschlussfassung vorgelegt wird. Die örtliche Rechnungsprüfung prüft, ob die den politischen Entscheidungsgremien vorzulegenden Gebührenkalkulationen für die Wochenmärkte den gesetzlichen Anforderungen genügen und ggf. weiter gehende Ratsvorgaben eingehalten werden.

Prozessbeschreibung:

Die zuständige Prüferin stellt zunächst fest, ob die vom jeweiligen Ordnungsamt übermittelten Unterlagen (Vorlage für den Hauptausschuss, Excel-Datei mit der Gebührenkalkulation) so umfassend sind, dass sie eine ordnungsgemäße Prüfung durchführen kann (fünf Minuten). Erfahrungswerte zeigen, dass 50 Prozent der Dokumente unvollständig sind. In diesem Fall wird das zuständige Ordnungsamt darüber per E-Mail informiert und um

Übermittlung der fehlenden Informationen innerhalb von drei Arbeitstagen gebeten (20 Minuten). Es kann davon ausgegangen werden, dass die Unterlagen nach der einmaligen Nachforderung innerhalb von exakt drei Arbeitstagen (pro Arbeitstag sind acht Stunden anzusetzen) bei der Rechnungsprüfung eingehen und vollständig sind. Auch dies wird noch einmal überprüft. Sie durchlaufen dann die gleichen Stufen wie die von vornherein komplett zugeleiteten Ausschussvorlagen und Dateien:

Die Prüferin prüft die Einhaltung aller gesetzlichen Vorschriften und weiter gehenden Ratsvorgaben (240 Minuten). In 70 Prozent der Fälle entspricht die Gebührenkalkulation den Vorgaben. Die Prüferin versieht die Vorlage für den Hauptausschuss mit dem grünen Stempel, der bestätigt, dass die Gebührenkalkulation ordnungsmäßig erstellt wurde (zwei Minuten), und schickt die Vorlage an das Ordnungsamt zurück (zwei Minuten).

Sind die Vorschriften nicht beachtet worden (30 Prozent der Fälle), erstellt die Prüferin einen Bericht mit der Bitte um Nachbesserungen innerhalb eines Zeitraumes von einer Arbeitswoche (30 Minuten) und versendet diesen an das betreffende Ordnungsamt (zwei Minuten). Erfahrungsgemäß liegt die Antwort nach genau fünf Arbeitstagen (pro Arbeitstag sind acht Stunden anzusetzen) bei der Rechnungsprüfung vor. Nach Eingang der Antwort prüft die Mitarbeiterin der Rechnungsprüfung, ob die Nachbesserungen vorgenommen wurden (40 Minuten). Ist dies nicht der Fall (20 Prozent der Gesamtfälle), leitet die Prüferin die Unterlagen ihrem Vorgesetzten weiter, der sich mit dem Vorgang vertraut macht (20 Minuten). Für die Übergangszeit zum Vorgesetzten muss ein Zeitaufwand von einem Arbeitstag (acht Stunden) eingerechnet werden. Daraufhin vereinbaren die Prüferin und der Leiter ein Gespräch mit Vertretern des betreffenden Ordnungsamtes, das i.d.R. nach zwei Arbeitstagen stattfinden kann (pro Arbeitstag sind acht Stunden anzusetzen) und 60 Minuten dauert. Wird in dem Gespräch Konsens erzielt, versieht die Prüferin die (ggf. nachgebesserte) Vorlage für den Hauptausschuss mit dem grünen Stempel (zwei Minuten) und versendet diese an das Ordnungsamt (zwei Minuten). Können sich die Gesprächspartner nicht einigen (10 Prozent der Gesamtfälle), erstellt die Prüferin einen abschließenden Bericht und fügt diesen der Ausschussvorlage bei (30 Minuten). Abschließend erfolgt auch in diesem Fall der Versand an das Ordnungsamt (zwei Minuten).

Berechnung der Durchlaufzeit für den Prozess „Prüfung der Gebührenkalkulation":

Tätigkeiten	**mBz[22]) in Minuten**	**Berechnung**
Unterlagen auf Vollständigkeit prüfen	5	5
Gebührenkalkulation prüfen	240	240
Grüner Stempel (90 %)	2	1,8
Versand an das Ordnungsamt	2	2
Schleife unvollständige Unterlagen (50 %):		
Fehlende Unterlagen nachfordern	20	10
Vervollständigung der Unterlagen durch das Ordnungsamt	1.440	720
Unterlagen auf Vollständigkeit prüfen	5	2,5
Schleife Nachbesserungen (30 %):		
Bericht erstellen	30	9
Versand an das Ordnungsamt	2	0,6
Nachbesserung durch das Ordnungsamt	2.400	720
Nachbesserungen prüfen	40	12
Schleife Nachbesserungen nicht umgesetzt (20 %)		
Übergangszeit	480	96
Vorgang studieren	20	4
Übergangszeit	960	192
Gespräch führen	60	12
Schleife Konsens nicht erzielt (10 %)		
Abschlussbericht erstellen	30	3
Summe nach Berechnung:		**2.029,90**

22) Mittlere Bearbeitungszeit.

Die Durchlaufzeit des Prozesses „Prüfung der Gebührenkalkulation" beträgt pro Fall durchschnittlich 2.029,9 Minuten oder 33,83 Stunden[23]).

Zur Berechnung der Durchlaufzeit werden alle Aktivitäten eines Prozesses aufgelistet und die durchschnittliche Zeitdauer für die jeweilige Aktivität in Minuten (mBz) ergänzt. Anschließend wird überprüft, ob die jeweilige Tätigkeit in allen Fällen (hier die Prüfung von zehn Gebührenkalkulationen) zum Tragen kommt (in diesem Fall geht die mBz in vollem Umfang in die Berechnung ein) oder ob die betreffende Tätigkeit nur für einen Prozentanteil X der Fälle zu berechnen ist. Dann wird nur der maßgebliche Prozentanteil der mBz berechnet. Beispiel: 50 Prozent unvollständige Unterlagen bedeutet, dass die mBz aller zuzuordnenden Tätigkeiten (fehlende Unterlagen nachfordern, Unterlagen auf Vollständigkeit prüfen) ebenfalls nur zu 50 Prozent in die Berechnung eingehen. Diese Tätigkeiten durchlaufen zunächst eine „Schleife", um anschließend wieder in den Hauptprozessstrang einzugehen (zur Veranschaulichung siehe auch Abb. 7-7).

Arbeiten mehrere Stellen gleichzeitig an einem Prozess, spricht man von Parallelarbeit. In diesem Fall wird nur der länger dauernde Teilprozess in die Berechnung der Durchlaufzeit einbezogen.

7.4 Techniken der Prozessdarstellung

7.4.1 Einführung

Darstellungstechniken der Ablauforganisation dienen dazu, Verknüpfungen, Abhängigkeiten und wechselseitige Einflüsse von Arbeitsschritten zu veranschaulichen und zu analysieren. Auf diese Weise können wesentliche Kenngrößen transparent gemacht werden, wie beispielsweise Durchlaufzeiten, Bearbeitungszeiten, Schnittstellen zu anderen Organisationseinheiten, Bearbeiterwechsel, Redundanzen, Kapazitätsauslastung und Kosten. Es lässt sich sowohl der (bestehende) Ist-Zustand als auch der (optimierte) Soll-Zustand darstellen. Darüber hinaus können Gestaltungsalternativen verdeutlicht werden.

Die Auswahl der Darstellungstechnik orientiert sich an der Zielrichtung. Zur **Prozesserhebung,** d. h. zur Erfassung der einzelnen Tätigkeiten des Prozesses, dienen Techniken wie die Selbstaufschreibung, das Interview, die Beobachtung, das Dokumentenstudium und das Laufzettelverfahren. Diese Erhebungsmethoden sind Gegenstand des Kapitels 11.

23) Wie weiter oben ausgeführt, kann der inhaltliche Umfang eines Prozesses unterschiedliche Ausmaße annehmen und ist demzufolge je nach Zielrichtung auch unterschiedlich zu definieren. Der Beispielfall beschreibt die *Prüfung* der Gebührenkalkulation. In die Berechnung der Durchlaufzeit werden alle in diesem Zusammenhang durchzuführenden Tätigkeiten der Rechnungsprüfung einbezogen sowie ggf. erforderliche Aktivitäten des Ordnungsamtes (Komplettierung der unvollständigen Unterlagen, Nachbesserungen). Würde man die Betrachtungsweise verändern und die Erstellung der Gebührenkalkulation durch das Ordnungsamt einschließlich der Prüfung durch die örtliche Rechnungsprüfung sowie die Zuleitung an den Hauptausschuss als Prozess definieren, wären sämtliche Aktivitäten (angefangen von der Ermittlung der Grundlagen zur Kalkulation der Gebühren bis zum Versand der Vorlage durch die Poststelle an den Hauptausschuss) dem Prozess hinzuzurechnen.

Zur **Veranschaulichung der Arbeitsprozesse** werden vorzugsweise grafische Darstellungsformen genutzt, da diese Techniken gute Ansätze für Analysen bieten und strukturelle Verknüpfungen herausgearbeitet werden können. Eine häufig angewandte Arbeitsablaufdarstellung, das Flussdiagramm, wird in Abschnitt 7.4.2 detailliert beschrieben.

Weitere Methoden können genutzt werden, um Prozesse genauer zu **analysieren.** In diesem Zusammenhang zu nennen sind z. B. die Kommunikationsanalyse, um Schnittstellen zu verdeutlichen (siehe Kapitel 11), oder die Netzplantechnik, um zeitliche Zwänge sichtbar zu machen (siehe Kapitel 9).

Zur grafischen Darstellung und Analyse von Prozessen können die entsprechenden Funktionen der gängigen Standardsoftware (i. d. R. Microsoft Office) genutzt werden. Möglich ist aber auch der Einsatz spezieller Softwareprodukte (z. B. ARIS Toolset, ibo Process-Designer und -Analyser, promol.NET). Für die grafische Veranschaulichung von Prozessen ergeben sich hier insbesondere Vorteile bei der Darstellung von Prozessänderungen oder der Entwicklung verschiedener Prozessvarianten. Dies liegt darin begründet, dass Veränderungen sehr einfach möglich sind, ohne den Prozess weitgehend neu grafisch darstellen zu müssen.

7.4.2 Flussdiagramm

Die Prozessdarstellung als Flussdiagramm, das auch als Blockdiagramm oder Arbeitsablaufplan bezeichnet wird, beruht auf der DIN 66 001 „Sinnbilder für Datenfluß- und Programmablaufpläne" (1966) (Deutsches Institut für Normung, 1966, S. 2 ff.). Die Norm dient dazu, die Symbole für Ablaufpläne im Bereich der Datenverarbeitung zu vereinheitlichen, und ist daher speziell auf diese Anforderungen ausgerichtet. Die DIN 66 001 lässt sich aber auch zur Veranschaulichung von Prozessen außerhalb der Datenverarbeitung nutzen (Siepmann & Siepmann, 2004, S. 154).

Die für das Flussdiagramm üblicherweise aus der DIN 66 001 verwendeten Symbole sind:

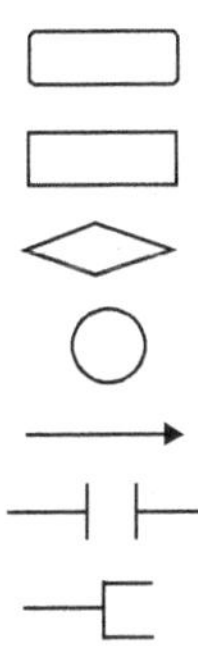

Grenzstelle (Start, Ende, Zwischenhalt)

Bearbeiten (Tätigkeiten aller Art, ohne Entscheidung)

Verzweigung (Zwischenentscheidung, mit ja oder nein zu beantworten)

Übergangsstelle / Konnektoren bei mehrseitigen Prozessen

Ablauflinie (Flusslinie)

zeitliche Unterbrechung

Bemerkung

Das Flussdiagramm veranschaulicht die Tätigkeiten, die bei der Durchführung eines Prozesses relevant sind, in ihrer Abfolge, und zwar in jedem gewünschten Detaillierungsgrad. Um komplexe Arbeitsabläufe darzustellen, werden ggf. mehrere Seiten benötigt. In diesen Fällen kommt das Kreissymbol der Übergangsstelle (Konnektor) zur Anwendung (vgl. Abb. 7-6):

Abb. 7-6: Übergangsstelle

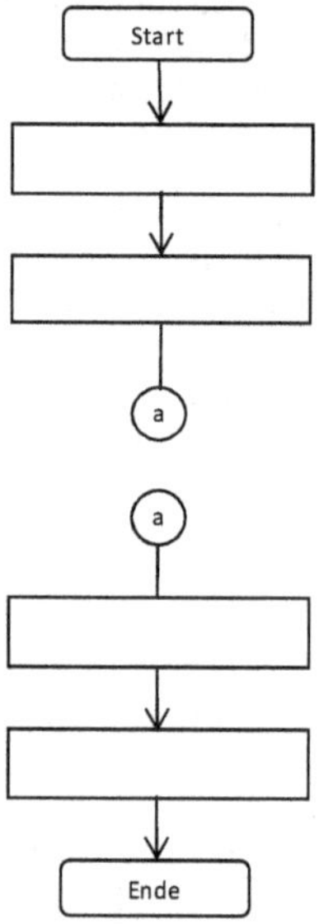

Abbildung 7-7 stellt das in Abschnitt 7.3.4 verbal beschriebene Beispiel der Prüfung einer Gebührenkalkulation bezogen auf die Arbeitsschritte in der örtlichen Rechnungsprüfung als Flussdiagramm dar. Mithilfe des Verzweigungssymbols werden sogenannte „Oder-Rückkopplungen" verdeutlicht. Unter bestimmten Bedingungen (z. B. falls die Unterlagen nicht vollständig sind) müssen die in dem Prozess bis dahin auszuführenden Tätigkeiten für einen Teil der Vorgänge ab einem bestimmten Schritt wiederholt werden. Für die restlichen Vorgänge geht der Prozess alternativ weiter.

Bei der Erstellung des Flussdiagramms kommen die für Datenfluss- und Programmablaufpläne nach DIN 66 001 geltenden Regeln zur Anwendung (Olfert, 2012, S. 297 f.):

- Die Richtung ist vorzugsweise von oben nach unten oder von links nach rechts anzuordnen.
- Die Ablauflinie ist mit einer Pfeilspitze zu ergänzen.
- Anfang und Ende der Bearbeitung sind stets mit dem Symbol der Grenzstelle auszuweisen.

- Die Darstellung sollte so einfach wie möglich, aber so komplex wie nötig sein.
- Die Übergangsstellen sollten insbesondere bei umfangreichen Prozessen häufig genutzt werden, um eine bessere Übersichtlichkeit zu gewährleisten.

Die Technik des Flussdiagramms wird vorzugsweise angewandt, da nur wenige Symbole zu erlernen sind und das Flussdiagramm auch für den ungeübten Leser gut verständlich ist. Weiterhin ist diese Arbeitsablaufdarstellung übersichtlich und anschaulich und bietet gute Ansätze für eine Analyse. Nachteilig kann sich auswirken, dass umfassende Prozessdarstellungen zu mehrseitigen Darstellungen führen und längere Erläuterungen der Tätigkeiten ein zusätzliches Verzeichnis erfordern.

Bei der Darstellung des Beispielprozesses wurden die Erläuterungstexte in die Symbole geschrieben. Alternativ kann aber auch mit Ziffern innerhalb der Symbole gearbeitet werden. Die Erläuterungen werden in diesem Fall in einer Legende oder Anlage aufgeführt. Vorteilhaft ist, dass auch umfangreiche Beschreibungen möglich sind. Nachteilig wirkt sich aus, dass die Grafik wenig anschaulich ist, da eine inhaltliche Erfassung nur unter Hinzuziehen der Anlage möglich ist.

Die Darstellung ist in unterschiedlichen Detaillierungsgraden denkbar. So können, z. B. durch farbliche Kennzeichnungen oder unter Verwendung verschiedener Schraffuren, die anschließend erläutert werden, noch weitere Informationen in das Flussdiagramm aufgenommen werden. Das Flussdiagramm kann beispielsweise ergänzt werden um Aufgabenträger oder Arbeitsmengen, aber auch um Wegezeiten oder die verwendeten Daten. Die zusätzlichen Informationen sind abhängig vom jeweiligen Informationsbedarf und Untersuchungsgegenstand und werden im erweiterten Flussdiagramm visualisiert.

Abb. 7-7: Flussdiagramm (Beispiel)

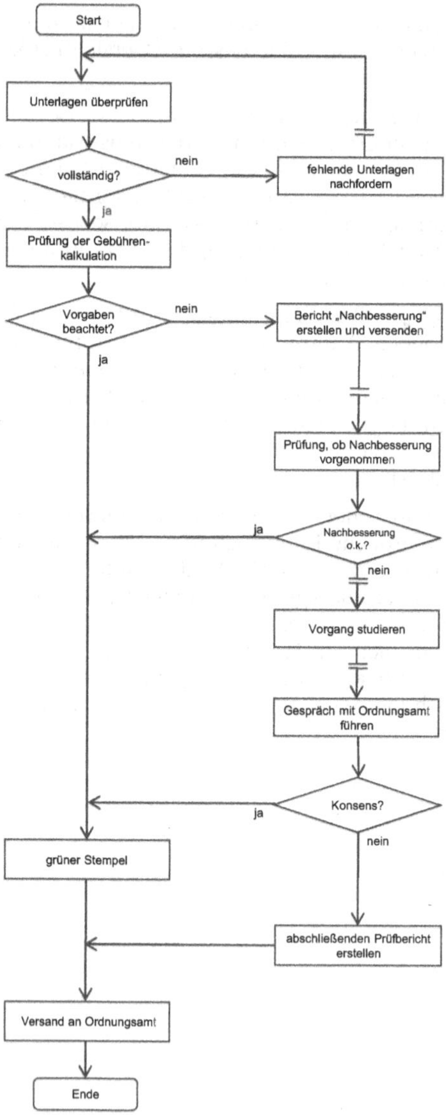

Erweitertes Flussdiagramm

Das Beispiel „Prüfung der Gebührenkalkulation" ist in Abbildung 7-8 in einen Vordruck für ein erweitertes Flussdiagramm eingebunden. Das erweiterte Flussdiagramm unterscheidet zunächst folgende Sichten (Fischermanns, 2010, S. 189 ff.):

- Die Prozesssicht modelliert die Aufgabenfolge bzw. die Prozessschritte sowie Teilprozessschritte, Entscheidungssituationen und auch Parallelabläufe.
- Die Datensicht liefert Informationen zu den benutzten Schriftstücken und elektronischen Daten. Zusätzliche Symbole, die über die für das Flussdiagramm bereits verwendeten Symbole der DIN 66 001 hinausgehen, sind (vereinfachte Darstellung) (ISO 5807, 1985; Fischermanns, 2010, S. 211; Siepmann & Siepmann, 2004, S. 155):

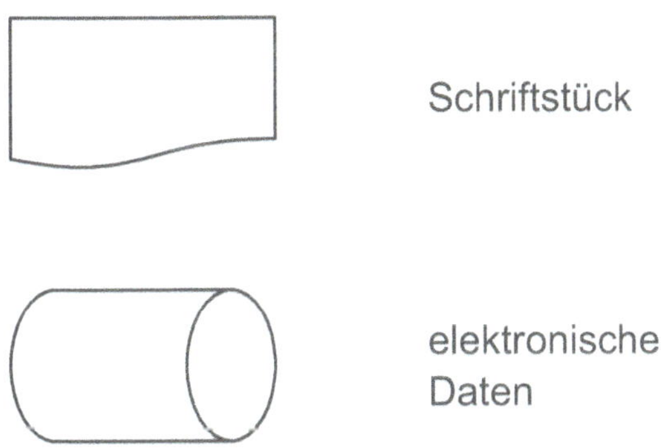

- Im Rahmen der Organisationssicht werden die Aufgaben bzw. Prozessschritte den Aufgabenträgern zugewiesen. Die Angaben erfolgen auf der Ebene der Organisationseinheiten oder der beteiligten Stellen, diese ggf. weiter differenziert nach Leitungs- und Sachbearbeitungsstellen. Zusätzliche Symbole kommen nicht zum Einsatz.

Weitere Informationen können hinzugefügt werden. Im Falle des Beispiels „Prüfung der Gebührenkalkulation" sind dies die Fallzahlen sowie die mittleren Bearbeitungszeiten pro Fall.

Das erweiterte Flussdiagramm erlaubt neben der Modellierung des Prozesses umfangreiche zusätzliche Analysen, ohne die Anschaulichkeit wesentlich zu beeinträchtigen. Da mit der Erhebung der einzelnen Angaben ggf. ein beträchtlicher Zeitaufwand erforderlich ist, sollte im Einzelfall geprüft werden, welche Informationen für die jeweilige Fragestellung relevant sind.

(4) Ressourcensicht:
- Durchlaufzeit

Abb. 7-8: Erweitertes Flussdiagramm (Beispiel)

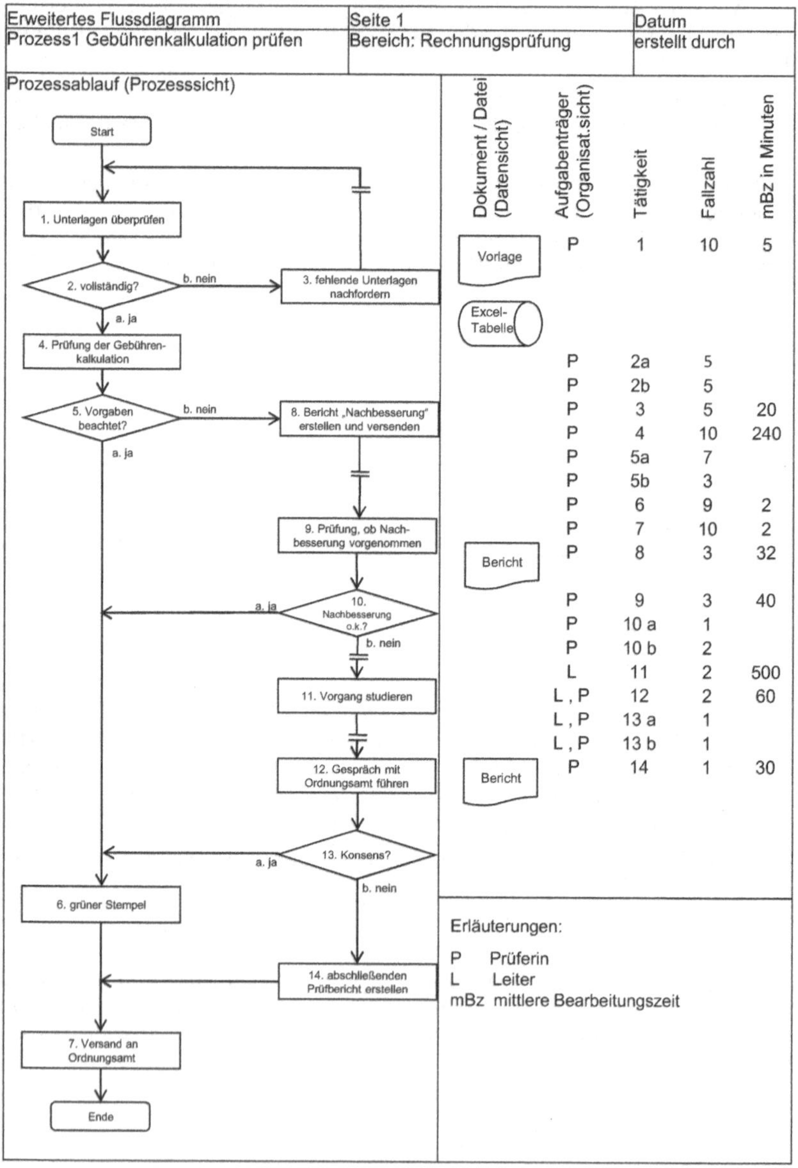

7.4.3 Prozessmodellierung als Kooperationsprojekt im öffentlichen Sektor – der Fachmodellierungsstandard

Der Fachmodellierungsstandard (FaMoS) (Kompetenzzentrum Digitale Verwaltung NRW, 2010; Kommunale Gemeinschaftsstelle für Verwaltungsmanagement, 3/2011, S. 72 ff.) wurde im Auftrag des Kompetenzzentrums Digitale Verwaltung NRW (KDV NRW) als gemeinsame Einrichtung von Land und Kommunen entwickelt. Das KDV NRW hat es sich zur Aufgabe gemacht, den Kommunen in leicht verständlicher Prozessbeschreibungssprache kommunale Geschäftsprozesse zur Verfügung zu stellen, um sie zur Realisierung von E-Government-Angeboten zu standardisieren. Hierzu wurden unter Anwendung des Microsoft Office-Programms Visio Musterprozesse modelliert (z. B. Gewerbeanmeldung, -abmeldung und -ummeldung, Gaststättenkonzession). Die Prozesse werden in interkommunaler Arbeit modelliert und in ein landesweites Prozessregister eingestellt.

Als Beispiel für die Fachmodellierung ist in Abbildung 7-9 ein Auszug der Teilprozessdarstellung „Bewilligung von Elterngeld" wiedergegeben.

Abb. 7-9: Fachmodellierung von Geschäftsprozessen (Beispiel)

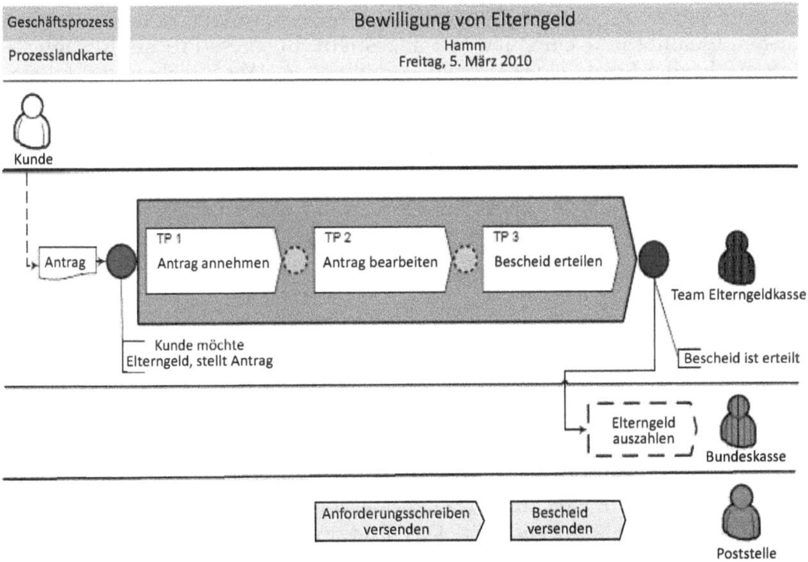

Beschreibungen klassischer Methoden zur Prozessmodellierung wie die Ereignisgesteuerte Prozesskette (EPK) oder die Business Process Model and Notation (BPMN) finden sich etwa bei *Becker, Algermissen und Falk* oder im

Methodenhandbuch Prozessmanagement des Landes Mecklenburg-Vorpommern (Becker, Algermissen & Falk, 2009, S. 65 ff.; Innenministerium Mecklenburg-Vorpommern, 2012, S. 7 ff.).

7.5 Prozessgestaltung

7.5.1 Optimierungskonzepte

Um Prozesse zu optimieren, kommen zwei grundlegende Ansätze in Betracht:

1. der revolutionäre Ansatz im Sinne einer umfassenden Neustrukturierung der bestehenden Prozesse oder
2. der evolutionäre Ansatz, der auf eine kontinuierliche Prozessverbesserung abzielt.

zu 1. Business Process Reengineering (BPR)

Dieser Ansatz zielt auf eine radikale Neugestaltung (Redesign) von Organisationen bzw. wesentlichen Organisationsprozessen ab. Es wird also nicht die Frage nach einer Verbesserung bestehender Prozesse gestellt, sondern überlegt, ob der betrachtete Prozess überhaupt erforderlich ist und wie er idealerweise gestaltet sein müsste. Dabei werden Verbesserungen in den Bereichen Kosten, Qualität und Durchlaufzeit angestrebt. Business Process Reengineering macht den Erfolg eines solchen Vorhabens im Wesentlichen von folgenden Faktoren abhängig (Hammer & Champy, 2003):

- radikales Redesign statt Optimierung bestehender Prozesse,
- Fokussierung auf maßgebliche Geschäftsprozesse,
- Konzentration auf die Kernkompetenzen des Unternehmens,
- Ausrichtung der Geschäftsprozesse an den Kundenanforderungen,
- Top-down-Ansatz (Managementauftrag und Bereitstellung entsprechender Ressourcen),
- Beachtung von Wertvorstellungen und Überzeugungen der Mitarbeiter,
- intensive Nutzung der Informationstechnik zur Prozessunterstützung.

zu 2. Kontinuierlicher Verbesserungsprozess (KVP)

Das Prinzip des kontinuierlichen Verbesserungsprozesses bzw. der ständigen Verbesserung geht auf den Mathematiker und Physiker *Deming* zurück, der in den 1950er-Jahren eine auf die Schaffung von Qualität ausgerichtete Unternehmensphilosophie entwickelte. Das Prinzip der ständigen Verbesserung wird in einem der 14 Punkte seines Managementprogramms beschrieben: „Suche ständig nach den Ursachen von Problemen, um alle Systeme von Produkten und Dienstleistung sowie alle anderen Aktivitäten im Unternehmen beständig und immer wieder zu verbessern" (Kamiske & Brauer, 2006, S. 287; Deming, 1986). Die prozessorientierte Denkweise ist als eine Geisteshaltung zu verstehen, auf die alle grundlegenden Verhaltensweisen des täglichen Arbeitslebens auszurichten sind. Die kontinuierliche Verbesserung wird durch einen Prozess stetiger kleiner Verbesserungsschritte (im Gegensatz zu großen, einschneidenden Veränderungen) umgesetzt. Dabei werden die Arbeitsprozesse in Arbeitsgruppen innerhalb der betroffenen Organisationseinheiten von ihrem Auftragseingang bzw. vom Beginn der Planung an bis zur Abgabe des Produktes an den Kunden bzw. bis zur Fertigstellung untersucht und optimiert. Sind die Veränderungen implementiert, beginnen die Bewertung und die Reflexion der Umsetzung. Alle Abläufe werden demnach einem kontinuierlichen Verbesserungsprozess unterzogen. Die ständige Verbesserung wird mit gleicher inhaltlicher Bedeutung in Japan als Kaizen bezeichnet.

Unter den Stichworten „Aufgabenkritik" oder „Produktkritik" (siehe auch Kapitel 14) ist auch die öffentliche Verwaltung damit vertraut, ihre Leistungen grundsätzlich infrage zu stellen. Allerdings muss bedacht werden, dass die öffentliche Hand unter anderen Rahmenbedingungen handelt als private Wirtschaftsunternehmen. Sie ist dem Gemeinwohl und dem Gesetz verpflichtet. Zudem ist sie einer externen Steuerung durch die Politik unterworfen. Sie kann nicht beliebig alle geltenden Regeln hinterfragen. Eine radikale Neustrukturierung erscheint wenig zielführend. Dem Weg der kontinuierlichen Verbesserung ist daher grundsätzlich der Vorzug zu geben. Dies schließt nicht aus, dass auch im öffentlichen Sektor partiell Raum für grundlegende Prozess-Neugestaltungen besteht bzw. ganz auf Prozesse verzichtet werden kann, wenn es sich um gestaltbare Leistungen/Produkte handelt.

Folgende Indikatoren können zur Einschätzung herangezogen werden, ob die Prozesse einer Organisation optimiert werden sollten (Broekmate et al., 2001, S. 94 f.; Siepmann & Siepmann, 2004, S. 76):

- Die Prozesse sind für die Adressaten schwer durchschaubar, wie beispielsweise Ergebnisse aus Kundenbefragungen oder -gesprächen zeigen.
- Die Zeitdauer der Prozesse erscheint zu lang.
- Die Zusammenarbeit mit Dritten, z. B. mit anderen Facheinheiten, gestaltet sich als schwierig, etwa wegen unklarer Kommunikationswege.
- Die Nacharbeiten, z. B. zur Behebung von Fehlern, sind hoch.
- Die Prozesse erscheinen komplex und kompliziert.

Aber nicht nur, wenn Mängel in häufig wiederkehrenden Arbeitsabläufen vermutet werden, sollten die Prozesse neu gestaltet werden. Auch folgende Umstände geben Veranlassung dazu:

- Es sind neue Aufgaben zu erfüllen oder Aufgaben fallen weg.
- Es stehen neue Techniken zur Verfügung.

7.5.2 Auswahl der Prozesse

Wie aus typischen Produktkatalogen hervorgeht, umfasst das Dienstleistungsangebot von kommunalen Verwaltungen zwischen 1.000 und 3.000 Prozesse (Becker et al., 2007, S. 40). Die in Unternehmen durchaus übliche Vorgehensweise, im Rahmen von Reorganisationsprojekten alle Prozesse übersichtsmäßig in einer Prozesslandkarte abzubilden und anschließend die gesamte Produktpalette zu bewerten und ggf. neu zu strukturieren, stößt im öffentlichen Sektor schnell an Grenzen. Viele Untersuchungsprojekte sind daher darauf ausgerichtet, aus der Gesamtmenge der durchgeführten Prozesse die relevanten Prozesse (dies sind in der Regel die Kernprozesse) auszuwählen und zu optimieren.

Folgende Fragestellungen können bei der Auswahl der Prozesse hilfreich sein (Kommunale Gemeinschaftsstelle für Verwaltungsmanagement, 1998b, S. 24 f.):

- Welchen Anteil hat der Prozess am Gesamtbudget?
- Welche Prozesse haben die stärksten Auswirkungen auf die Kunden? Handelt es sich um einen Prozess mit häufigen Bürgerkontakten?
- Trägt der Prozess zur nachhaltigen Entwicklung der Organisation bei?
- Trägt der Prozess zur nachhaltigen Entwicklung der Stadt oder des Landes bei?

Eine systematische Methode zur Ermittlung der relevanten Prozesse ist die ABC-Analyse als universelle Technik zur Ermittlung von Schwerpunkten des Ressourcenverbrauchs. Sie teilt eine Menge von z. B. Prozessen, Produkten, Gütern in die Klassen A, B und C ein und ordnet sie nach absteigender Bedeutung (Wädt, 2008). Oftmals binden wenige Produkte einen Großteil bestimmter Ressourcen einer Organisation. In Betracht kommen hier insbesondere quantitativ zu bemessende Sachverhalte wie

- das Arbeitsvolumen,
- die Kosten (z. B. für Personal und Sachmittel),
- die Anzahl der Bürgerkontakte.

Mithilfe der ABC-Analyse werden die Prozesse nach Häufigkeit, Kosten etc. geordnet und daraus Prioritäten für deren Behandlung festgelegt. Welches dieser Kriterien für die Gruppierung maßgebend ist, ist je nach Zielsetzung zu entscheiden. Bei der Bemessung der Arbeitszeit, der Arbeitsmengen etc. reichen anstelle von exakten Messungen oder anderen Erhebungsverfahren Schätzungen meist aus.

Zur Vorgehensweise: Zunächst sind alle Prozesse aufzulisten. Dann ist das zu untersuchende Kriterium, beispielsweise die Personal- und Sachkosten, festzulegen. Die Gesamtmenge der Prozesse wird nun auf 100 Prozent gesetzt.

Die einzelnen Prozesse werden anschließend zu Klassen zusammengefasst (A-B-C), die den jeweiligen (Kosten-)Anteil abbilden. In der Regel werden folgende Klassen gebildet:

A-Anteil = 80 % (der Kosten)

B-Anteil = 15 % (der Kosten)

C-Anteil = 5 % (der Kosten)

In einem nächsten Schritt wird der (Kosten-)Anteil jedes Prozesses am Gesamtverbrauch von 100 Prozent ermittelt. Die Rangfolge der Prozesse wird bestimmt, indem der Prozess mit dem größten Prozentanteil Rang 1 erhält, derjenige mit dem zweitgrößten Anteil Rang 2 usw. Nun können die ABC-Gruppen festgelegt werden. Abschließend ist zu entscheiden, bis zu welchem Rangplatz die Prozesse als relevante Prozesse beschrieben werden können.

7.5.3 Vorgehensweise bei der Prozessgestaltung

Eine optimale Zielerreichung im Hinblick auf Kosten, Qualität und Zeit ist nur durch eine ganzheitliche Betrachtung der Prozesse einschließlich ihrer Verbindung zu anderen Prozessen sinnvoll, mit denen eine zeitliche und inhaltliche Verknüpfung besteht. Die Aneinanderreihung zusammenhängender Prozesse wird auch als Prozesskette bezeichnet.

Für die erstmalige Gestaltung von Prozessen und Prozessketten sowie ihre kontinuierliche Verbesserung wurde eine Vielfalt an Vorschlägen entwickelt, die überwiegend aus der Unternehmens- und Beratungspraxis kommen. Diese beinhalten im Wesentlichen vier Grundschritte: Definition, Design, Realisation und Optimierung (vgl. hierzu auch Abb. 7-10) (Vahs, 2012, S. 253; Ellringmann, 2007; Scholz & Vrohlings, 1994b; Striening, 1988).

Werden alle vier Phasen durchlaufen, spricht man von einem Prozess-Redesign. Hier wird der gesamte Prozessablauf infrage gestellt mit dem Ziel, losgelöst von bestehenden Abläufen einen optimierten Alternativprozess zu entwickeln (vgl. auch den Abschnitt zum Business Process Reengineering). Dieser Ansatz bildet in der Realität eher die Ausnahme, weil die bestehende Situation i. d. R. nicht außer Acht gelassen werden kann. Die Vorgehensweise des Prozess-Redesigns wird ebenfalls angewandt, wenn ein Prozess erstmalig implementiert wird. Bei der Prozessoptimierung ist die gängige Vorgehensweise eine kontinuierliche Verbesserung, die auf die Schritte „Realisation“ und „Optimierung“ ausgerichtet ist.

Abb. 7-10: Vorgehensschritte zur Prozessgestaltung

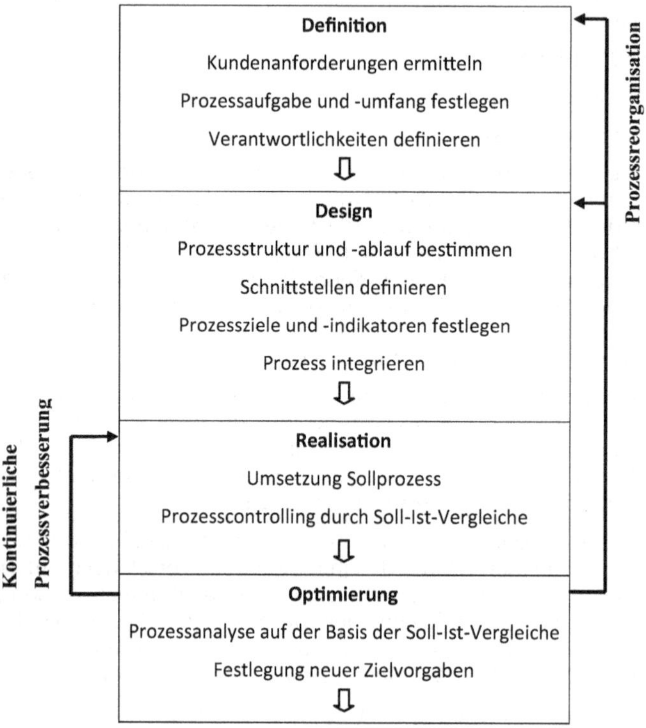

Für die **Definition** der Prozesse einer Organisationseinheit (z. B. eines Amtes) bzw. der Gesamtverwaltung sind die Bürger bzw. Kunden mit ihren Wünschen und Anforderungen maßgebend. Auf der Basis der Kundenanforderungen werden die Prozesse definiert, die die Kernaufgaben der Gesamtverwaltung bzw. der betrachteten Organisationseinheit ausmachen[24]). In der Folge können die Kern-, Unterstützungs- und Führungsprozesse identifiziert werden. Weiterer Bestandteil der Phase „Definition" ist die Beschreibung der Prozessaufgabe (z. B. Wohngeldantrag prüfen und darüber entscheiden). Der Prozessumfang wird im Anschluss durch die Summe der Teilprozesse und Aktivitäten festgelegt. Wichtig in dieser Phase ist weiterhin die Zuweisung der Verantwortlichkeiten an Personen, denen klar definierte Aufgaben und Kompetenzen in einem Prozess übertragen wurden. Die entsprechenden Personen werden im Vokabular des Prozessmanagements als Aktionsträger bezeichnet.

24) Die Definition der Kernaufgaben und Ableitung der betreffenden Prozesse wird auch als strategische Geschäftsfeldanalyse bezeichnet.

Im Zuge der Neukonzeption wird auch die Aufbauorganisation infrage gestellt und ggf. eine neue Stellen- und Abteilungsbildung erarbeitet.

Gegenstand der Phase **„Design"** ist die Überarbeitung bzw. Neuerstellung der Prozessstruktur und des Prozessablaufs. Dabei werden die prozessspezifischen Merkmale beschrieben (vgl. hierzu Abschnitt 7.3.1): Aufgabe (Zweck) des Prozesses, Zielsetzungen, Erwartungen der Kunden, Anstoß für den Prozess, Output, Anfangs- und Endaktivität, Hauptaktivitäten, Schnittstellen zu angrenzenden Prozessen sowie Prozesskennzahlen.

Prozesskennzahlen sind beispielsweise:

Kostenorientiert	• Anteil am Personalkostenbudget in % • Anteil am Sachkostenbudget in %
Kundenorientiert	• durchschnittliche Wartezeit in Minuten • Öffnungszeiten pro Woche in Std. • Anteil Widersprüche je 1.000 Vorgänge
Mitarbeiterorientiert	• Anteil der Fortbildungs- an den Budgetkosten in % • Mitarbeiterzufriedenheit (Note gemäß Umfrage)
Führungsorientiert	• Fluktuationsrate • Krankenausfallquote
Organisationsorientiert	• durchschnittliche Anzahl beteiligter Stellen je Vorgang • durchschnittlicher Anteil der unproduktiven Zeiten (Liege- und Transportzeiten) an der Durchlaufzeit • Anzahl unerledigter Anträge (Prozentanteil an den Gesamtanträgen)

Anschließend wird der so (neu) definierte Soll-Prozess in die vorhandene Prozesslandschaft integriert.

Die Phase **„Realisation"** beinhaltet die Umsetzung bzw. Anwendung des Prozesses. Dabei werden die Zielvorgaben einschließlich der zur Zielerreichung entwickelten quantitativen und qualitativen Faktoren (wie Kosten, Durchlaufzeit, Fehler und Kundenzufriedenheit) regelmäßig durch Soll-Ist-Vergleiche überprüft.

Die Phase **„Optimierung"** ist Grundlage für die Prozesssteuerung. Auf der Basis der Soll-Ist-Vergleiche erfolgt eine Analyse des Prozesses. So werden Schwachstellen identifiziert, die Auswirkungen festgestellt und Handlungsempfehlungen für die Optimierung abgeleitet. Der Vergleich der eigenen Praxis mit besonders herausragenden Lösungen anderer Behörden mit ähnlichen

Aufgabenstellungen (Benchmarking, siehe hierzu auch Kapitel 14 und 15) kann einen zusätzlichen Erkenntnisgewinn bringen, der wiederum in Verbesserungsmaßnahmen einfließt. Auch Anstöße von außen wie der Erlass neuer Gesetze, eine geänderte politische Situation oder veränderte Bürgeranforderungen, die z. B. durch Einführung eines Beschwerdemanagements systematisiert erfasst werden können, führen dazu, die Ablauforganisation wiederkehrend zu überdenken und neu zu strukturieren.

Ziel der Optimierungsbestrebungen ist es, eine Ablaufstruktur zu entwickeln, die zeit-, kosten- und qualitätsoptimal ist und einen möglichst geringen Ressourceneinsatz erfordert. Die Möglichkeiten für eine Prozessoptimierung sind im Wesentlichen in Abbildung 7-11 dargestellt (Vahs, 2012, S. 270; Schmelzer & Sesselmann, 2007, S. 137). Die verbesserte Ablaufstruktur führt u. a. zu einer Reduzierung der Schnittstellen und der Durchlaufzeiten, zu einer besseren Kapazitätsauslastung (Mitarbeiter, Sachmittel), zu Kostenreduktionen und einer Verringerung der Fehlerquoten. Aber auch Maßnahmen wie die Bildung neuer Arbeitsformen (z. B. Teamarbeit), der Einsatz neuer Hard- und Software sowie eine andere Form der Aufgabenwahrnehmung (z. B. ganzheitliche Sachbearbeitung im Bürgerbüro statt einer Bearbeitung der einzelnen Vorgänge durch unterschiedliche Sachbearbeiter) können die Folge der optimierten Abläufe sein.

Abb. 7-11: Möglichkeiten der Prozessoptimierung

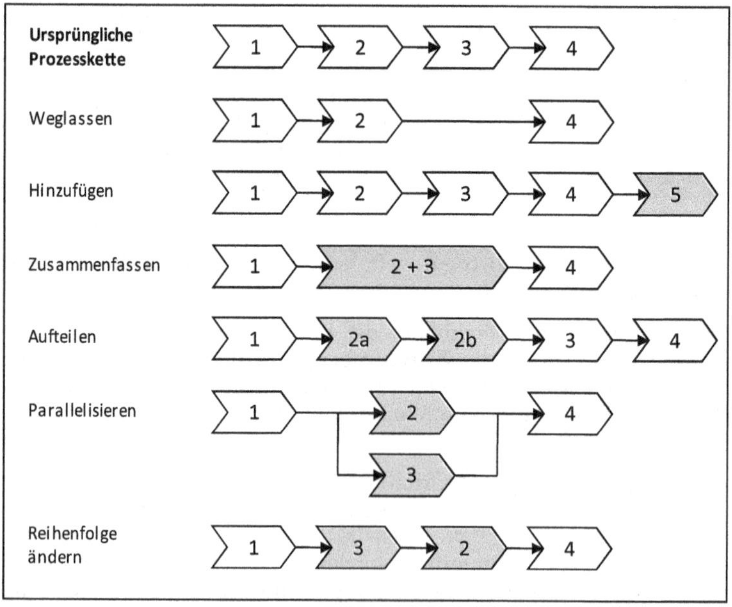

Beispiel zur Prozessoptimierung:

Der Prozess „Prüfung der Gebührenkalkulation" (Prozessbeschreibung siehe Abschnitt 7.3.4) misst dem Ziel „Kundenorientierung" ein sehr hohes Gewicht bei. Dies ist daran ersichtlich, dass der Prüfadressat „Ordnungsamt" in besonderem Maße eingebunden ist: Zunächst werden beim Ordnungsamt fehlende Unterlagen nachgefordert, dann wird dem Amt Gelegenheit zur Nachbesserung gegeben und schließlich ein gemeinsames Gespräch geführt, wenn die Nachbesserungen nicht im gesetzlich erforderlichen Maße erfolgt sind. Bei einer Zielgewichtung zugunsten der Kostenoptimierung sollten insbesondere die dadurch entstehenden hohen Durchlaufzeiten ins Blickfeld genommen werden. Es ist davon auszugehen, dass der Prozess ohne wesentlichen Qualitätsverlust abgewickelt werden kann, wenn auf das gemeinsame Gespräch verzichtet wird. Dem Ordnungsamt wurde durch die Möglichkeit der Nachbesserung ausreichend Gelegenheit gegeben, sich einzubinden und die eigene Position darzustellen. Die Verkürzung der Durchlaufzeit einschließlich der Liegezeiten beträgt 304 Minuten. Gegebenenfalls ist der Vorgang abschließend dem Rechnungsprüfungsleiter vorzulegen. Dies ist insbesondere abhängig vom Umfang der auf die Prüferin übertragenen Kompetenz, in der Sache selbst zu entscheiden. Der ggf. zusätzlich anfallende Zeitbedarf für die Kontrolle und Unterzeichnung des Berichts durch den Leiter ist gegenzurechnen. Eine weitere Durchlaufzeitverkürzung ergibt sich, wenn die fehlenden Unterlagen per Vordruck angefordert werden. Das Formulieren des Anforderungsschreibens erfordert einen Zeitaufwand von 20 Minuten, während davon auszugehen ist, dass die Verwendung eines Vordruckes, der durch Ankreuzen auszufüllen ist, erheblich weniger Zeit in Anspruch nimmt.

Der verbesserte Ablauf ist in Abbildung 7-12 mittels eines Flussdiagramms dargestellt.

Abb. 7-12: Prozessoptimierung (Beispiel)

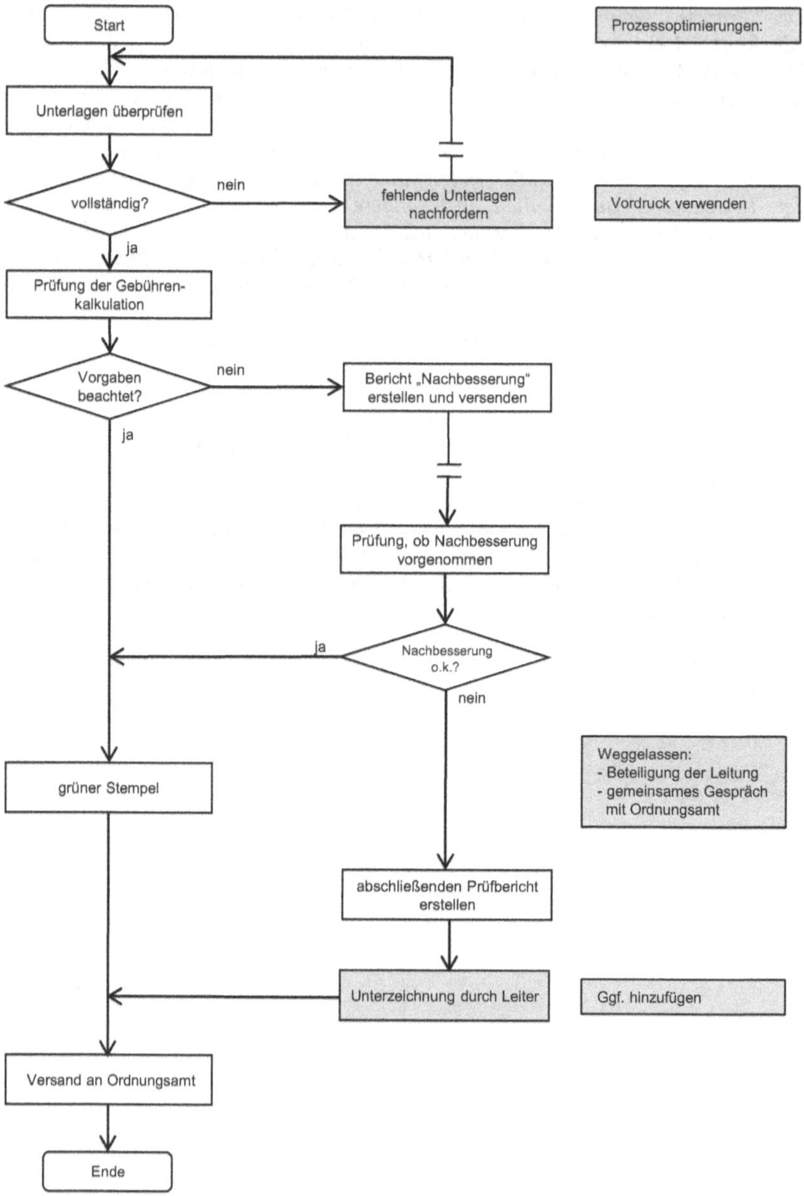

Die kontinuierliche Prozessverbesserung kann auch als Regelkreis (Prozessmanagementzyklus) dargestellt werden, in dem folgende Schritte aufeinanderfolgen und am Ende einen erneuten Durchlauf des Regelkreises anstoßen (auch Scholz & Vrohlings, 1994, S. 117): Zielvorgaben definieren – Prozessdatenvergleich von Soll und Ist anhand definierter Vorgaben, wie beispielsweise interne Kennzahlen und Kundenanforderungen (Kontrolle der Wirksamkeit mithilfe eines etablierten Kennzahlensystems) – Ursachenanalyse – Konzeption von Lösungsalternativen – Auswählen der besten Lösung und Implementieren des neuen Soll-Prozesses. Um den Regelkreis immer wieder in Gang zu setzen, sind bei Erreichen der Zielvorgaben neue herausfordernde Ziele festzulegen. Abbildung 7-13 stellt den Regelkreis im Überblick dar.

Abb. 7-13: Regelkreis der kontinuierlichen Verbesserung

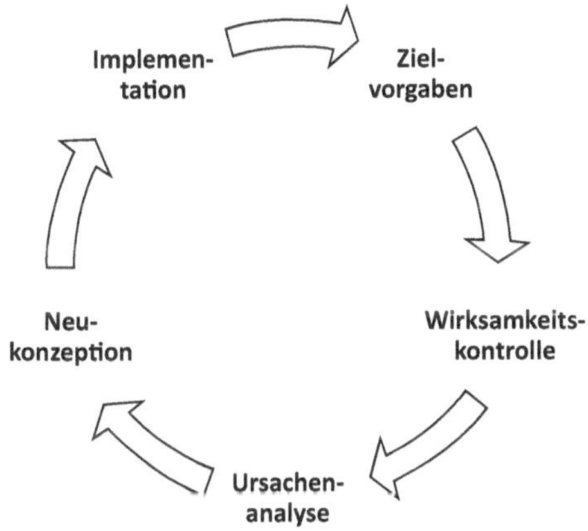

8 Informationsmanagement/E-Government

Organisationen des öffentlichen Sektors sind bei der Verwirklichung ihrer Ziele auf Informationen angewiesen – auch dann, wenn Informationsverarbeitung nicht der alleinige oder vorrangige Inhalt des Handelns ist (Engel, 2008, S. 18). Informationen müssen erhoben, verarbeitet, gespeichert und weitergegeben werden. Diese Tätigkeiten können durch den Einsatz von speziellen Sachmitteln, den Informations- und Kommunikationstechniken (IKT), unterstützt werden. In diesem Kapitel finden sich Ausführungen zu den Besonderheiten des Umgangs mit Informationen im öffentlichen Sektor. Dabei wird besonders auf den Aspekt der Kommunikation von Informationen eingegangen. Des Weiteren enthält dieses Kapitel Erläuterungen zu den Themen „E-Government", „Open Data" und zur EU-Dienstleistungsrichtlinie.

8.1 Organisationen als informationsverarbeitende Systeme

Informationen sind Bedeutungseindrücke eines Empfängers, die aus einer Abfolge sensorisch vermittelter Reize entstehen. Die Weitergabe von Informationen an Dritte wird hier als Kommunikation bezeichnet. Liegen Informationen in maschinenlesbarer Form vor, wird der Begriff „Daten" verwendet. Informationen und deren Weitergabe spielen in Behörden und Kommunalverwaltungen in mehrerer Hinsicht eine Rolle. Herausgegriffen werden hier zwei Aspekte: Informationen und deren Weitergabe im Verhältnis zwischen Bürger und Organisation sowie im Verhältnis zwischen Organisation und Mitarbeiter.

In beiden Fällen lässt sich die Bedeutung von Informationen mithilfe des 3iV-Modells (dreistufiges informationsbasiertes Verwaltungshandeln) erläutern (siehe Abb. 8-1).

Abb. 8-1: Veranschaulichung des 3iV-Modells

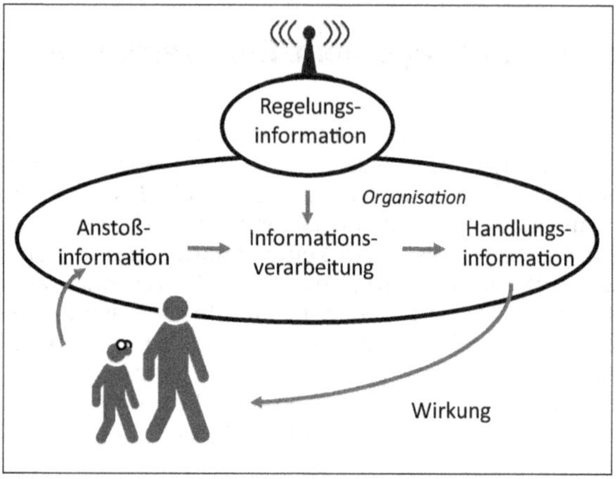

Hiernach gehen aus dem Verantwortungsbereich eines Bürgers/einer Gruppe von Bürgern Informationen aus, die von einer Organisation als Anstoß zum Handeln aufgefasst werden. Beispiele für Anstoßinformationen sind der schriftliche Antrag eines Bürgers auf Wohngeld, die telefonische Nachfrage im Bürgerbüro nach dem Termin der nächsten Sperrmüllabfuhr oder das Parken eines Autos in einer Feuerwehranfahrtszone. Ohne Anstoßinformation würde die Organisation nicht tätig werden. In der nächsten Phase werden die Anstoßinformationen unter Berücksichtigung von Regelungsinformationen verarbeitet. Die Regelungsinformationen resultieren organisationsextern aus Gesetzen, Verordnungen usw. und organisationsintern aus Weisungen u. Ä. m. Beispielsweise prüft ein Sachbearbeiter, ob die rechtlichen Voraussetzungen für den Bezug von Wohngeld gegeben sind. Im Anschluss an die Verarbeitung der Informationen setzt die Handlungsphase ein. Auch die Handlungen werden durch Informationen vermittelt. Beispielsweise verfasst und versendet der Sachbearbeiter einen Wohngeldbescheid oder der Polizist ordnet die Entfernung des geparkten Autos an. Die Handlungen sollen dabei eine Wirkung für den Bürger und/oder die Allgemeinheit entfalten. Regelmäßig beinhaltet das Verwaltungshandeln die drei Stufen Anstoß, Verarbeitung und Handeln. Für die Wirkung der Handlung ist die Art und Weise der Kommunikation ausschlaggebend.

Die Kommunikation kann durch verschiedene **Fehlerquellen** gestört werden. Diese Fehlerquellen können anhand eines Sender-Empfänger-Modells der Kommunikation systematisiert werden (siehe Abb. 8-2). Ausgangspunkt der Kommunikation ist die Absicht eines Senders, der Organisation eine Information (Information 1) zukommen zu lassen, um damit eine Wirkung zu erzielen. Diese Information wird über einen Kommunikationskanal an den Empfänger übertragen. Üblicherweise können im öffentlichen Sektor drei bedeutsame Kommunikationskanäle unterschieden werden:

- schriftsprachlicher Kanal (auch in elektronischer Form): z. B. Brief, Papierformular, Telefax, E-Mail, Amtsblatt, Bescheid, SMS
- fernmündlicher Kanal: z. B. Festnetztelefonat, Handytelefonat
- persönlicher Kanal: z. B. Aufsuchen des Sachbearbeiters im Amt

Bevor jedoch über einen Kanal eine Information übertragen werden kann, muss der Sender diese Information codieren, dies bedeutet, er muss diese Informationen in Zeichen übersetzen, die durch den jeweiligen Kanal übertragen werden können. Der Empfänger muss diese Zeichen decodieren und erhält auf diese Weise eine Information (Information 2). Dabei ist es nicht sicher, ob das Ergebnis der Decodierung (Information 2) der vom Sender codierten Information (Information 1) entspricht.

Abb. 8-2: Sender-Empfänger-Modell der Kommunikation (nach Gelléri & Kanning, 2007, S. 331 f.)

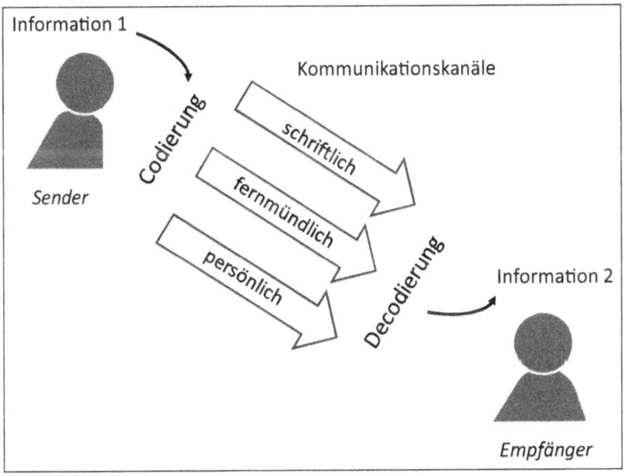

Beispiel:

Auf dem Grundstück von Norbert steht ein großer Baum, der das Wohnzimmerfenster verschattet. Norbert hatte schon die Axt am Stamm angesetzt, hörte aber in letzter Minute von seinem Nachbarn, dass er die Erlaubnis der Gemeindeverwaltung brauche. Also entschließt sich Norbert in seinem Ärger, die Gemeindeverwaltung um Erlaubnis zu fragen (Information 1). Erbost schickt er eine E-Mail (schriftsprachlicher Kanal) an die Gemeindeverwaltung mit dem Inhalt (Codierung): „Hallo, ich tu gleich das Mistding umhauen. Ich mag nimma. Mit der Sanne ist das Lebn schön!" Eine Mitarbeiterin der Gemeindeverwaltung liest (decodiert) die E-Mail und erschrickt sich: „Er will wegen einer Susanne seiner Frau ein Leid antun." (Information 2).

In Abbildung 8-3 sind Beispiele für Fehlerquellen aufgelistet.

Abb. 8-3: Fehlerquellen der Kommunikation

Element des Sender-Empfänger-Modells	Beispiele für Fehlerquellen	Fehlerquellen am Beispiel Norbert
Absicht des Senders	• Sender ist sich über seine Absicht nicht genau im Klaren. • Sender will nur bestimmte Informationen preisgeben.	Norbert will sich einerseits in seinem Vorhaben nicht stören und nicht von einem Dritten reinreden lassen, andererseits will er seine Pflicht erfüllen; im Endergebnis fragt er nicht um Erlaubnis, sondern gibt sein Vorhaben nur bekannt.
Codierung	• Bürger kann sich schriftsprachlich nicht angemessen ausdrücken. • Bürger ist aufgeregt und vergreift sich im „Ton". • Bürger verfügt nur über geringfügige Deutschkenntnisse. • Mitarbeiter des Amtes drückt sich kompliziert aus, Bescheide werden im „Amtsdeutsch" geschrieben.	Norbert ist verärgert und hat Schwierigkeiten, sich orthografisch korrekt auszudrücken. Zudem verkürzt er die Darstellung in extremer Weise, weil er seine orthografische Schwäche nicht offenbaren will.
Kanal	• Störungen durch laute Umgebungsgeräusche • Technische Geräte sind defekt. • Bürger/Mitarbeiter mangelt es an Fertigkeiten zur Bedienung von Geräten. • zu schnelles Sprechen, undeutliche Sprache • Schriftstück geht verloren.	Entfällt
Decodierung	• Unaufmerksamkeit, abgelenkt sein • Vorurteile, Stereotypen • Voreingenommenheit • „etwas in den falschen Hals bekommen"	Mitarbeiterin hatte in der Mittagspause einen Kriminalroman gelesen und interpretiert die E-Mail unter kriminalistischen Gesichtspunkten.

Im Verhältnis Organisation und Mitarbeiter geht es im Wesentlichen um die Anleitung oder Führung des einzelnen Mitarbeiters sowie um die Koordinierung der Aktivitäten aller Mitarbeiter. Nach dem 3iV-Modell hat die Organisation dafür Sorge zu tragen, dass den Mitarbeitern die Regelungsinformationen in einer für sie verständlichen und nutzbaren Form zur Verfügung stehen. Beispielsweise müssen die Mitarbeiter Zugriff auf aktuelle Gesetzestexte oder Erlasse/Verfügungen haben. Schriftsprachliche Texte müssen der Qualifikation der Mitarbeiter entsprechen. Des Weiteren sind bei der Führung von Mitarbeitern auch Weisungen über den persönlichen Kommunikationskanal zu geben. Zudem ist auch der tätigkeitsbezogene Kommunikationsfluss zwischen einzelnen Mitarbeitern zu beachten. Auch im Informationsverhältnis Organisation zu Mitarbeiter können Kommunikationsfehler auftreten, deren Fehlerquellen sich ebenfalls mit dem oben verwendeten Sender-Empfänger-Modell beschreiben lassen. Treten im Kommunikationsprozess gehäuft Fehler auf, kann die Organisation mit ihrem Handeln nicht die beabsichtigten Wirkungen realisieren. Auf Seiten des Bürgers entsteht zudem Unzufriedenheit.

Die Organisation muss ihren Informationsbedarf feststellen und befriedigen, sie hat für sachgerechte Informationsverarbeitungsprozesse zu sorgen. Tätigkeitsbezogene Kommunikationsvorgänge sind zu erleichtern, Fehlerquellen der Kommunikation sind zu minimieren. Diese Anliegen erfordern einen systematischen Umgang mit Informationen, der Aktivitäten wie Planen, Organisieren und Kontrollieren der Kommunikation beinhaltet – insofern ist es gerechtfertigt, von einem Informationsmanagement (Reese, 2004, S. 482) zu sprechen.

8.2 Informations- und Kommunikationstechnik

Seit Langem werden im öffentlichen Sektor verschiedene technische Geräte zur Erhebung, Verarbeitung und Speicherung von Informationen sowie zur Unterstützung der Kommunikation eingesetzt. In Abbildung 8-4 sind einige Sachmittel (viele dieser Sachmittel werden in Kreuser & Friedrich, 1993, S. 133 ff. beschrieben) aufgelistet, die vor der Einführung der elektronischen Datenverarbeitung (EDV) üblicherweise verwendet wurden.

Abb. 8-4: Traditionelle Informations- und Kommunikationsmittel

Unterstützung bei der …	Sachmittel (Beispiele)
Informationserhebung	Papiervordrucke und -formulare, Brieföffnungsmaschinen, Telefon
Informationsverarbeitung	Rechenmaschinen, Rechenschieber, Stempel
Informationsspeicherung	Karteien, Aktenordner, Mikroform (häufig: Mikrofiche)
Informationsweitergabe	Schreibmaschinen, Fernkopierer, Fernschreiber, Rohrpost, Kuvertier- und Frankiermaschinen, Telefon

Mit dem zunehmenden Einsatz von Computern und insbesondere der Arbeitsplatzrechner ab den Achtzigerjahren des letzten Jahrhunderts wurden viele der oben genannten Sachmittel nahezu vollständig ersetzt. Der Einsatz der Computertechnik führte in Teilbereichen der Behörden und Kommunalverwaltungen zu veränderten Arbeitsabläufen und -prozessen, da häufig einfache Formen der Informationsverarbeitung nun besser und kostengünstiger mit Unterstützung von Computern erledigt werden konnten. Für die Mitarbeiter hatte die Verwendung von Computern höhere Anforderungen an die technischen Kompetenzen zur Folge, da die Bedienung dieser Computer gerade in den Anfangszeiten der Computertechnik deutlich schwieriger als die herkömmlicher Sachmittel war. Im Verhältnis zum Bürger hatte sich durch den Einsatz von Computern vorerst wenig geändert.

Radikal neue Möglichkeiten, Leistungen und Produkte für den Bürger zu erstellen, aber auch interne Arbeitsprozesse zu gestalten, eröffneten zwei neue Trends in der Informations- und Kommunikationstechnik: **Digitalisierung und Vernetzung** (Franz, 2007, S. 133 f.). Zum einen wurden analoge Daten zunehmend digitalisiert. Digitalisierung hat zur Folge, dass diese Daten nun von Computern verarbeitet werden können. Zum anderen wurde durch die Vernetzung von Computern untereinander die Informationsweitergabe deutlich vereinfacht. Mit dem Internet (Interconnected Networks) wurden nicht nur die Computer innerhalb einer Organisation, sondern die Computer weltweit miteinander vernetzt. Im Jahr 1993 wurde das World Wide Web (www) eingeführt; damit stand für Organisationen und Privatpersonen ein relativ preisgünstiges Instrument zur Verfügung, in einfacher Weise nahezu unbegrenzt Informationen zu erheben und weiterzugeben. Mit dem Internet haben sich neue Formen der Kommunikation etabliert (z. B. E-Mail, Bloggen, Twittern), die sich durch geringe Kosten, Unmittelbarkeit und hohe Interaktivität auszeichnen. Produkte, die bislang ein Nischendasein fristeten, wurden durch das Internet populär (z. B. Auktionen – Fa. Ebay), zudem eröffnete sich für viele Produkte ein neuer Vertriebskanal (z. B. Fa. Amazon). Es kann davon ausgegangen werden, dass mehr als 80 % der Bürger in Deutschland Zugriff auf das World Wide Web haben und es nutzen (Franke, 2012, S. 30). Auch der öffentliche Sektor hat für sich die Möglichkeiten des Internets erkannt und mit dem Schlagwort „E-Government" zusammengefasst.

8.3 E-Government

Gemäß der klassischen Speyerer Definition von **E-Government** (Electronic Government) ist darunter „... die Abwicklung geschäftlicher Prozesse im Zusammenhang mit Regieren und Verwalten (Government) mit Hilfe von Informations- und Kommunikationstechniken über elektronische Medien" (Lucke & Reinermann, 2002, S. 1) zu verstehen. Nach einer Beschreibung der Beauftragten der Bundesregierung für Informationstechnik (Die Beauftragte der Bundesregierung für Informationstechnik, 2010) umfasst E-Government

„... alle Prozesse der öffentlichen Willensbildung, der Entscheidungsfindung und Leistungserstellung im öffentlichen Sektor, soweit diese unter weitestgehender Nutzung von Informations- und Kommunikationstechniken stattfinden". Prozesse der öffentlichen Willensbildung und der Entscheidungsfindung, die durch IKT unterstützt werden, können auch unter den Begriff der „E-Democracy" subsumiert werden. Bei „E-Democracy" geht es darum, den Bürgern zusätzliche demokratische Mitbestimmungs- und Gestaltungsmöglichkeiten einzuräumen. Beispielsweise können über das Internet Diskussionsforen angeboten werden, zudem wird überlegt, Online-Wahlen durchzuführen. Im Hinblick auf die Leistungserstellung können durch E Government die Prozesse innerhalb einer einzelnen Organisation betroffen sein (z. B. wird die schriftliche Kommunikation mittels E-Mail durchgeführt; Dienstanweisungen werden im Intranet zur Verfügung gestellt), aber auch Prozesse zu (Lucke & Reinermann, 2002, S. 2 ff.)

- anderen Organisationen im öffentlichen Sektor (Government to Government, G2G), Beispiele: elektronischer Austausch von Daten zwischen einzelnen Behörden (z. B. Verwaltungsgerichte und Bundesamt für Migration und Flüchtlinge), Bereitstellung von internetgestützten Dienstleistungen für andere Organisationen (z. B. Travel Management System des Bundesverwaltungsamtes zur Optimierung der Reisekosten; z. B. Online-Seminare der Fortbildungsakademie des Innenministeriums des Landes Nordrhein-Westfalen),
- den Bürgern (Government to Citizen, G2C); die Palette der Beispiele reicht hier von der internetgestützten Anmeldung in Volkshochschulkursen (z. B. Stadt Lünen), der Reservierung von Wunschkennzeichen (z. B. Stadt Erlangen), dem Recherchieren in Bibliothekskatalogen und Datenbanken (z. B. Hochschulbibliothekszentrum des Landes NRW), der Übermittlung von Einkommensteuererklärungen an das Finanzamt (ELSTER), bis hin zur Antragsstellung für Flaggenzertifikate beim Bundesamt für Seeschifffahrt und Hydrograhie,
- Unternehmen der Privatwirtschaft (Government to Business, G2B); Beispiele von E-Government-Leistungen sind hier die Anzeige von Ausschreibungen im Internet (www.bund.de), das Außenwirtschafts-Portal NRW der NRW.International GmbH, „Emissions-Erklärung Online" des Landesumweltamtes NRW oder „Bestätigung von ausländischen Umsatzsteuer-Identifikationsnummern" des Bundeszentralamtes für Steuern.

Die angebotenen E-Government-Leistungen lassen sich in vier Interaktionsstufen (teilweise auch als Entwicklungsstufen bezeichnet) unterscheiden: Information, Kommunikation, Transaktion und Integration (siehe Abb. 8-5).

Abb. 8-5: Interaktions- bzw. Entwicklungsstufen von E-Government-Leistungen (nach Mehlich & Postler, 2007, S. 27)

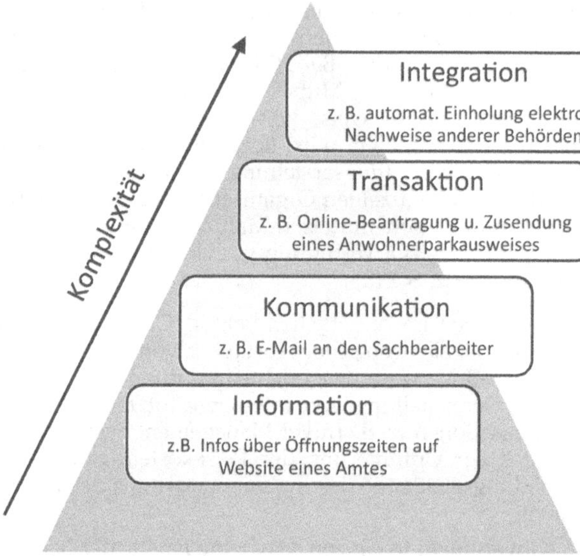

Eine Informationsweitergabe von der Organisation zum Bürger oder zu einer anderen Organisation im öffentlichen oder privaten Sektor findet auf der Interaktionsebene „Information" statt. Typisches Beispiel für solche Leistungen ist die Bereitstellung von allgemeinen Informationen zu Öffnungszeiten, Zuständigkeiten oder Ansprechpartnern auf der Website einer Behörde. Ein wechselseitiger Austausch von Informationen zwischen Organisation und deren Partner findet bei der Interaktionsstufe „Kommunikation" statt. Beispiele sind der E-Mail-Verkehr und webbasierte Diskussionsforen. Bei der Interaktionsstufe „Transaktion" geht es um die internetbasierte Einbindung des Partners in die Prozessabwicklung bzw. Leistungsdurchführung. Beispielsweise kann der Bürger einen rechtswirksamen Antrag via Internet stellen. Bei assistierten Transaktionen erhält der Transaktionspartner Hilfestellungen, z. B. indem er auf falsch ausgefüllte Formularfelder aufmerksam gemacht wird oder indem er über E-Mail oder Telefon eine Beratung erhält. Die drei Entwicklungsstufen Information, Kommunikation und Transaktion werden von *Wirtz* und *Piehler* (2010, S. 12 f.) durch „Partizipation" und vor allem „Integration" ergänzt. Bei der „Partizipation" kann sich der Bürger in die Gestaltung von Verwaltungsprozessen einbringen, beispielsweise kann er bei der Namensfindung für eine Straße interaktiv mitwirken. Grundidee der Interaktionsstufe „Integration" ist es, nicht nur den Kunden in einen elektronischen Prozessablauf einzubinden, sondern auch alle nachgelagerten Behörden medienbruchfrei in den Dienstleistungsprozess zu integrieren (Fischer,

2012, S. 301). Dies setzt aus technischer Sicht voraus, dass die Daten verschiedener Organisationen problemlos ausgetauscht und verarbeitet werden können. Die technische und organisatorische Komplexität nimmt über die vier Interaktionsstufen Information, Kommunikation, Transaktion und Integration zu.

Für den Bürger oder Kunden ist E-Government mit Chancen verbunden:

- Die E-Government-Leistungen stehen „rund um die Uhr" zur Verfügung, der Bürger oder Kunde muss sich nicht mehr an Öffnungszeiten halten, um sein Anliegen zu klären.
- Im Idealfall muss der Bürger oder Kunde nicht mehr „ins Amt", es entfallen zeit- und kostenaufwendige Wege. Für Menschen mit Gehbehinderungen kann E-Government eine erhebliche Erleichterung bedeuten.
- Die Bearbeitungszeiten für Dienstleistungen können sich verkürzen, weil z. B. bei der Kommunikation per E-Mail Postlaufzeiten eingespart werden. Allgemeine Informationen sind via Internet direkt erhältlich und müssen beispielsweise nicht langwierig per Telefon erfragt werden.
- Im Idealfall – z. B. wenn die Organisation ein Workflow-System verwendet – kann der Bürger oder Kunde sich jederzeit über den Bearbeitungsstand seines Anliegens informieren.
- Da E-Government-Leistungen einer Institution üblicherweise über eine einzige Plattform (bzw. Website) angeboten werden, ist es für den Bürger oder Kunden erheblich einfacher, sich über die angebotenen Dienstleistungen zu informieren und sein Anliegen an der richtigen Stelle zu platzieren. E-Government kann als Realisierung des Konzepts des „One-Stop-Government" angesehen werden.
- Für Unternehmen der Privatwirtschaft kann es eine Kostenersparnis zur Folge haben, wenn Informationen via Internet an Behörden übermittelt werden.
- Durch E-Democracy kann sich der Bürger intensiver an den politischen Willensbildungsprozessen beteiligen. Das Internet „... eröffnet neue Wege der Kommunikation zwischen Bürgern, Politik und Verwaltung und ist somit ein wichtiges Medium auf dem Weg zur aktiven Bürgergesellschaft" (Landsberg, 2010, S. 407).

Obwohl E-Government erhebliche Chancen für den Bürger bietet, ist es fraglich, ob Dienstleistungen des öffentlichen Sektors – sofern vom Inhalt der Dienstleistung her überhaupt möglich – ausschließlich über das Internet angeboten werden sollten. Beispielsweise konnten die Bürger ab dem 30. März 2009 die Umweltprämie (auch „Abwrackprämie" genannt) nur noch via Internet beim Bundesamt für Wirtschaft und Ausfuhrkontrolle beantragen (Bundesamt für Wirtschaft und Ausfuhrkontrolle, 2009, S. 5). Bei der Nutzung des Internets offenbaren sich Unterschiede zwischen verschiedenen Gruppen von Bürgern (Innenministerium des Landes Nordrhein-Westfalen, o. J., S. 12 f.):

- So gibt es derzeit ländliche Regionen in Deutschland, in denen die technische Infrastruktur für das Internet nicht optimal ausgebaut ist (Landsberg, 2010, S. 408). E-Government-Leistungen, die mit dem Versand hoher Datenmengen einhergehen, können in diesen Gebieten nicht oder nur suboptimal genutzt werden. Konsequenterweise wird versucht, die technischen Voraussetzungen gerade in ländlichen Regionen zu verbessern. So wird der Freistaat Bayern bis 2018 flächendeckend Hochgeschwindigkeitsnetze für Bürger und Unternehmen schaffen (Pschierer, 2012, S. 12, Bayerisches Staatsministerium der Finanzen, für Landesentwicklung und Heimat, 2014).
- Für Menschen mit bestimmten Behinderungen ist die Nutzung des Internets nur schwer möglich. Der Gesetzgeber hat dies bereits im Gesetz zur Gleichstellung behinderter Menschen (Behindertengleichstellungsgesetz, BBG) berücksichtigt, so soll IKT barrierefrei gestaltet werden.
- Problematisch ist die Nutzung von E-Government-Angeboten für die rund 10 Millionen Analphabeten und funktionalen Analphabeten in Deutschland (Hollenstein, 2013, S. 19).
- Älteren Mitbürgern oder Mitbürgern mit Migrationshintergrund mangelt es gelegentlich an Medienkompetenz, welche für eine erfolgreiche Nutzung des Internets Voraussetzung ist.
- Zudem gibt es Bürger, die aus wirtschaftlichen Gründen das Internet nicht nutzen können.
- Und schließlich gibt es Bürger, die das Internet aus persönlichen Gründen oder aus Sorge um den Datenschutz nicht nutzen wollen.

Bürger und E-Government: Ergebnisse einer empirischen Studie (Eickelkamp, Eismann, Hummel & von Oppenkowski, 2014)

Im Mai 2014 wurde eine repräsentative Stichprobe aus Herne (n = 139) zum Thema E-Government persönlich befragt. Ergebnisse der Befragung sind:

- *Die Nutzung des Internets ist stark abhängig vom Lebensalter. Während alle jüngeren Bürger (bis 40 Jahre) das Internet verwenden, nutzen 21 % der über 60-jährigen und 71 % der über 75-jährigen das Internet nie.*
- *Der Internetzugang erfolgt in hohem Maße über tragbare Geräte wie Smartphones, Tablet-PCs oder Laptops. In Herne sind 88 % der Bürger mit einer ausreichenden Netzgeschwindigkeit versorgt.*
- *Antragsleistungen der Stadtverwaltung Herne werden von 80 % der Bürger weniger als einmal pro Monat in Anspruch genommen. Anliegen werden überwiegend durch persönliche Vorsprache oder fernmündlich geklärt.*
- *12 % der Befragten nutzen regelmäßig das Internet-Angebot der Stadtverwaltung, 47 % gelegentlich, 39 % überhaupt nicht.*
- *Als Vorteile des E-Government (Antworten auf eine offene Interviewfrage, Mehrfachantworten möglich) erkennen 47 % die Zeitersparnis, 26 % eine höhere zeitliche Flexibilität, 17 % eine schnellere Bearbeitung und 9 % eine Kostenersparnis für Bürger und Verwaltung. Knapp 40 % können keine Vorteile für sich erkennen.*

- *52 % der Herner gaben an, keine Nachteile mit E-Government zu verbinden. Rund 22 % sorgten sich um den Datenschutz, 16 % sehen den möglichen Entfall der persönlichen Beratung als Nachteil an, 9 % befürchten Personalreduzierungen bei der Stadtverwaltung Herne, 3 % fürchten technische Fehler oder überforderte Sachbearbeiter (Antworten auf eine offene Interviewfrage, Mehrfachantworten möglich).*
- *Als Probleme bei der Nutzung von E-Government-Angeboten wurden der Datenschutz (19 %), der mangelnde oder schlechte Zugang zum Internet (13 %), technische Probleme (14 %), zu schwierige/komplizierte Antragstellung (14 %), Sprachprobleme und Vorlieben für die persönliche Kommunikation (11 %) genannt (in Klammern die prozentuale Häufigkeit der Herner, die das entsprechende Problem bei offenen Frage angaben; Mehrfachnennungen möglich). 45 % der befragten Herner gaben keine Probleme an.*

Angesichts dieser unterschiedlichen Nutzungsmöglichkeiten und -gewohnheiten des Internets sollte E-Government derzeit nicht als einziger, sondern als ergänzender Vertriebskanal von Leistungen und Produkten des öffentlichen Sektors konzipiert werden. Die unterschiedlichen Zugänge zur Verwaltung (z. B. persönliche Vorsprache im Bürgerbüro, fernmündlicher Kontakt mit Call Centern, Web-Portale ...) müssen sinnvoll miteinander kombiniert und – vor allem hinsichtlich der Prozesse – wirksam aufeinander abgestimmt werden (Multi-Channel-Management).

Für die Organisationen des öffentlichen Sektors bietet E-Government ebenfalls eine Reihe von Vorteilen:

- So können Mitarbeiter von Routinetätigkeiten (z. B. Auskunftserteilung, einfach zu bearbeitende Anträge) entlastet werden.
- Einzelne Prozessschritte können an den Bürger oder Kunden übertragen werden (Landsberg, 2004, S. 17) (z. B. Selbsttests von Bewerbern zur Eignungsüberprüfung im Rahmen der Personalauswahl bei der Stadt Köln [Gros, 2009, S. 333]).
- Die Informationsweitergabe wird deutlich kostengünstiger (z. B. E-Mail, Download von Dateien) und qualitativ hochwertiger (z. B. Videoclips im Rahmen der Personalwerbung und der Darstellung von touristischen Angeboten), mit den Informationsangeboten können bei gleichem Ressourceneinsatz deutlich mehr Interessenten angesprochen werden.
- Aufgaben können angesichts leistungsfähiger Kommunikationstechniken einfacher zentralisiert oder in Kooperationsverbünden durchgeführt werden, dadurch sind Kosteneinsparungen in erheblichem Umfang möglich.
- Die Zusammenarbeit mit anderen Organisationen des öffentlichen Sektors wird deutlich vereinfacht und kostengünstiger.
- Organisationen erfahren durch E-Government einen Imagegewinn.
- Bearbeitungszeiten können deutlich verkürzt und damit Wettbewerbsvorteile, z. B. bei der Anwerbung von Industriebetrieben, erzielt werden.

Die Nutzung aller genannten Chancen setzt jedoch die Überwindung einiger Hürden voraus: So sind bei einigen Verwaltungsverfahren Formvorschriften zu beachten (z. B. persönliches Erscheinen des Antragstellers, Vorlage von Original-Dokumenten), die sich bislang mit E-Government schwer in Einklang bringen ließen. In jüngster Zeit wurden Gesetze beschlossen, die diese Hürden mindern und den Weg zu einer zügigen Umsetzung des E-Government ebnen (Klinger, 2013, S. 205 ff.):

- Personalausweisgesetz: seit 2010 ist der neue Personalausweis erhältlich. Auf dessen Chip sind die Daten des Personalausweises digital gespeichert. Mit dem neuen Personalausweis kann der Identitätsnachweis auch online erfolgen (eID). Des Weiteren ist eine elektronische Unterschrift bzw. Signatur möglich (Die Beauftragte der Bundesregierung für Informationstechnik, 2014a).
- De-Mail-Gesetz: Zertifizierte Unternehmen können ihren Kunden die Nutzung von De-Mails anbieten. Bei De-Mails „... können die Identität der Kommunikationspartner als auch der Versand und der Eingang von De-Mails jederzeit zweifelsfrei nachgewiesen werden. Die Inhalte einer De-Mail können auf ihrem Weg durch das Internet nicht mitgelesen oder verändert werden" (Die Beauftragte der Bundesregierung für Informationstechnik, 2014b. Hier bleibt der Kommentar der NSA abzuwarten).
- Gesetz zur Fortentwicklung des Meldewesens (Bundesmeldegesetz), „... das fast alle Prozesse im Melderecht für die elektronische Abwicklung zulässt, soweit bei Schriftformerfordernissen die eID bzw. eine ‚absenderbestätigte De-Mail', genutzt wird" (Klinger, 2013, S. 205).
- Gesetz zur Förderung des elektronischen Rechtsverkehrs mit den Gerichten, Gesetz zur Änderung des Bundeszentralregistergesetzes: diese Gesetze erlauben die elektronische Kommunikation und Antragstellung in bestimmten Anwendungsbereichen.

Von besonderer Bedeutung ist das Gesetz zur Förderung der elektronischen Verwaltung (**E-Government-Gesetz** – EGovG) vom 25.7.2013. Dieses Gesetz gilt für Bundesbehörden sowie für Landesbehörden und Kommunen, sofern sie Bundesrecht ausführen. Komponenten des EGovG sind:

- Behörden müssen einen Zugang für die Übermittlung elektronischer Dokumente schaffen. Unter bestimmten Bedingungen ist eine De-Mail-Adresse einzuführen, zudem ist ein elektronischer Identitätsnachweis anzubieten (§ 2 EGovG).
- Behörden informieren via Internet über ihre Tätigkeiten, Ansprechpartner und die für die Leistungserstellung erforderlichen Unterlagen. Formulare werden im Internet bereitgestellt (§ 3 EGovG).
- Gebühren oder sonstige Forderungen der Behörde können mit einem elektronischen Zahlungsverfahren beglichen werden (§ 4 EGovG). Elektronische Zahlungsverfahren bieten derzeit beispielsweise das Hessische Ministerium für Justiz, Integration und Europa oder die Stadt Düren an.

- Erforderliche Nachweise können von der Behörde mit Einwilligung des Verfahrensbeteiligten elektronisch von anderen deutschen öffentlichen Stellen eingeholt werden (§ 5 EGovG).
- Bundesbehörden sollen ihre Akten elektronisch führen (eAkte; § 6 EGovG). Nach den Daten des Zukunftspanels Staat & Verwaltung 2014 (Wegweiser, 2014, S. 129) haben 13 % der Behörden und Kommunen die eAkte bereits vollständig eingeführt, 70 % planen deren Einführung.
- Verwaltungsprozesse sollen im Hinblick auf die Bürgerfreundlichkeit optimiert werden (§ 9 EGovG).
- Stellt eine Behörde im Internet Daten zur Verfügung, an denen ein Nutzungsinteresse besteht, sind diese in maschinenlesbarer Form bereitzustellen (§ 12 EGovG).

Das Programm „Digitale Verwaltung 2020" der Bundesregierung dient der Umsetzung des EGovG. Es enthält technische Inhalte, setzt aber auch an der Personalentwicklung der Beschäftigten der Bundesverwaltung an.

E-Government ist für die Organisationen des öffentlichen Sektors mit dem Risiko verbunden, dass – angesichts der hohen Anforderungen an die technischen Kompetenzen – Abhängigkeiten zu Lieferanten von Hard- und Softwarelösungen entstehen können. Zudem bleibt zu klären, inwieweit durch E-Government die Flexibilität der Organisationen beeinträchtigt wird. Eine Aufgabendurchführung, die in „bits und bytes" gegossen wurde, ist mit höheren Investitionskosten verbunden, als eine, die auf „Papier und Bleistift" gründet. Hieraus könnte eine geringere Bereitschaft folgen, Prozessabläufe zu ändern. Des Weiteren ist nicht klar, inwieweit E-Government-Leistungen vom Bürger oder Kunden auch tatsächlich akzeptiert und genutzt werden (können). Zudem sind Fragen des Datenschutzes und der Datensicherheit zu klären. Schließlich müssen bei der Einführung von E-Government Verfahrensabläufe und Arbeitsprozesse in den Organisationen oftmals neu gestaltet und in Software-Systemen abgebildet werden – dies ist mit nicht unerheblichen Kosten verbunden.

8.4 Open Data

Für das Informationsmanagement im öffentlichen Sektor ist die „Open Data"-Bewegung von großer Bedeutung. Mit dem Begriff „Open Data" verbindet sich die Vorstellung, dass grundsätzlich alle von den Behörden und Kommunen gespeicherten Daten der Allgemeinheit aktiv zur Verfügung gestellt werden und von jedermann ohne jedwede Einschränkung genutzt werden können (von Bose, 2014, S. 1). Grenzen in Bezug auf die Bereitstellung können sich beispielsweise aus dem Urheberrecht, dem informationellen Selbstbestimmungsrecht, dem Staatswohl (Geheimhaltungsbedürftigkeit) oder aus Datenschutzgründen ergeben. „Offene Daten" sind solche, die für jedermann frei zugänglich sind, lizenz- und kostenfrei genutzt werden können und in maschinenlesbarer Form vorliegen (von Bose, 2014, S. 1; Klessmann, Denker, Schieferdecker & Schulz, 2012, S. 2).

Der Bund hat sich im Zusammenhang mit „Open Data" gemeinsam mit weiteren führenden Industrienationen (G 8) zu fünf Handlungsprinzipien verpflichtet (Prinzipien der G 8 Open Data Charter [G 8 Open Data Charter, 2013, S. 3 ff.; Heise, 2013], siehe Abbildung 8-6):

- Offene Daten als Standard: im Grundsatz sollen alle Daten der Regierungen und Verwaltungen der Allgemeinheit zur Verfügung gestellt werden. Ausnahmen sind aus gerechtfertigten Gründen möglich.
- Qualität und Quantität der offenen Daten: Die der Allgemeinheit zur Verfügung gestellten Daten zeichnen sich dadurch aus, dass sie aktuell, umfassend und zutreffend/korrekt sind. Texte werden in leicht verständlicher Sprache geschrieben. Den Daten wird eine Beschreibung beigefügt, aus der Eigenarten und Beschränkungen der Daten hervorgehen. Daten werden so schnell wie möglich der Allgemeinheit zur Verfügung gestellt.
- Nutzbar für jedermann: Daten werden in allgemein zugänglichen, kostenfreien Software-Formaten (open formats) veröffentlicht.
- Offene Daten für besseres Regierungs- und Verwaltungshandeln: die G 8-Staaten tauschen untereinander und mit anderen Staaten technische Expertise und Erfahrungen aus, sodass jeder die Vorzüge von Open Data erlangen kann. Datenbanken, technische Standards und Publikationsprozesse werden im Internet dokumentiert.
- Offene Daten für Innovationen: die Fähigkeit und Bereitschaft unterschiedlicher Personen und Institutionen, offene Daten zu nutzen, soll gefördert werden. Hier liegt die Annahme zugrunde, dass bei intensiver Nutzung von offenen Daten ein Mehr – vermittelt über Innovationen – an sozialen und ökonomischen Vorteilen resultiert.

Abb. 8-6: Prinzipien der G 8 Open Data Charter

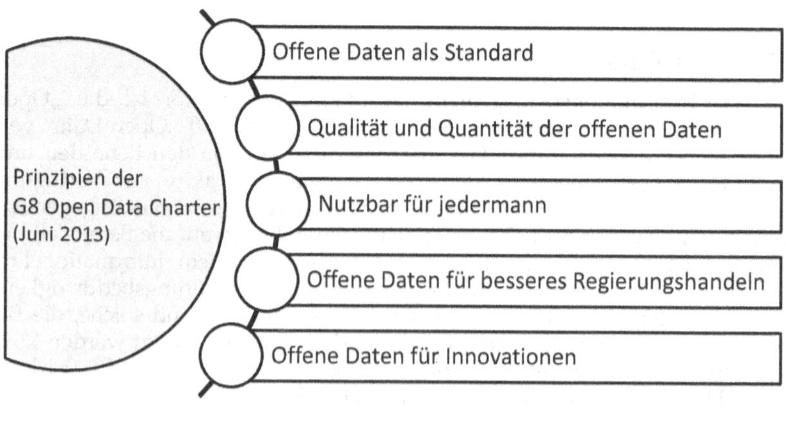

Mit Open Data werden unter anderen folgende Chancen verbunden (von Bose, 2014, S. 5 ff.):

- Offene Daten werden als ein Wirtschaftsfaktor angesehen, der zu einer beträchtlichen Steigerung des Wirtschaftswachstums führen kann.
- Handlungen der Behörden und Kommunen können besser durch die Öffentlichkeit kontrolliert werden. Dies dient zum Beispiel der Korruptionsbekämpfung.
- Offene Daten ermöglichen mehr Partizipation und Bürgerbeteiligung. „Insbesondere Web-2.0-Dienste und Social Media eröffnen vielfältige Ansätze, um Politik und Wirtschaft transparent und nachvollziehbar zu machen, um Bürger stärker in Meinungsbildungs- und Entscheidungsprozesse einzubinden und um neue Formen der Zusammenarbeit zu ermöglichen" (von Lucke, 2013, S. 1).
- Behörden erfahren einen Imagegewinn und ihre Entscheidungen erfahren eine höhere Akzeptanz.

Diesen Chancen von Open Data stehen Risiken gegenüber:

- Es besteht die Gefahr, dass Daten von Bürgern deanonymisiert werden; damit wäre der Schutz personenbezogener Daten ausgehebelt.
- Durch die (kostenfreie) Bereitstellung von Daten könnten kostenpflichtige Angebote von kommerziellen Datenanbietern ersetzt werden. Dies wäre für die kommerziellen Datenanbieter insofern ärgerlich, als die Datenverarbeitung und -bereitstellung von Behörden überwiegend mit Steuergeldern finanziert wird. Bereits heutzutage stellt die kostenfreie Bereitstellung von Informationsmaterialien und pdf-Drucksachen durch Behörden für viele Fachverlage eine erhebliche Beeinträchtigung dar.
- Offene Daten können durch Privatunternehmen für Zwecke verwendet werden, für die sie ursprünglich nicht erhoben wurden. So ist es denkbar, dass mit Hilfe der kombinierten Auswertung verschiedener offener Daten (Big Data) neue Marketing- bzw. Werbestrategien entwickelt werden. Obzwar auch neue Marketingstrategien als Innovationen angesehen werden können, läge dies nicht unbedingt im Interesse der Bürger.

Beispiele für Open Data-Aktivitäten auf kommunaler Ebene sind OpenRuhr (http://openruhr.de) sowie Offenes Köln (http://offeneskoeln.de). Letzteres ermöglicht den Zugriff auf Dokumente, die aus den Gremien der Stadt Köln stammen. Auf Landesebene ist z. B. auf das Open Data Portal Bayerns hinzuweisen (www.opendata.bayern.de), welches in systematischer Weise den Zugriff auf eine Vielzahl von Verwaltungsdaten erlaubt.

8.5 EU-Dienstleistungsrichtlinie

Durch die Umsetzung der **EU-Dienstleistungsrichtlinie** (Richtlinie 2006/123/EG des Europäischen Parlamentes und des Rates vom 12. Dezember 2006 über Dienstleistungen am Binnenmarkt) gewinnt E-Government in der Praxis an Bedeutung. So bestimmt Artikel 8, Absatz 1 der Richtlinie, „... dass alle Verfahren und Formalitäten, die die Aufnahme oder die Ausübung einer Dienstleistung betreffen, problemlos aus der Ferne und elektronisch über den betreffenden einheitlichen Ansprechpartner oder bei der betreffenden zuständigen Behörde abgewickelt werden können". Die Leistungen der Behörden sollen dabei über öffentlich zugängliche Netzwerke wie dem Internet verfügbar sein (Kommission der Europäischen Gemeinschaften, 2007, S. 32). Die EU-Dienstleistungsrichtlinie betrifft Leistungen der Behörden an eine bestimmte Gruppe von Kunden, nämlich (gewerbliche) Dienstleister – meist kleine und mittlere Unternehmen (KMU) – aus einem Mitgliedsland der EU, die eine Dienstleistungstätigkeit aufnehmen, fortführen oder einstellen wollen (Kommunale Gemeinschaftsstelle für Verwaltungsmanagement, 2010, S. 11). Diesen Dienstleistern müssen über das Internet Informationen bereitgestellt werden, sie müssen beraten (Artikel 7 Absatz 2 Satz 2 der EU-Dienstleistungsrichtlinie) werden und ihnen müssen Transaktionen über das Internet möglich sein (jeweils bezogen auf Verfahren, die die Aufnahme oder Ausübung einer Dienstleistung betreffen). Eine weitere für die Organisation von Behörden bedeutsame Regelung der EU-Dienstleistungsrichtlinie ist die Verpflichtung zur Einrichtung **„Einheitlicher Ansprechpartner"** (EA). Diese „... sollen die institutionellen Gesprächspartner aus Sicht des Dienstleistungserbringers [Dienstleisters, d. Verf.] sein, so dass dieser nicht Kontakt mit verschiedenen zuständigen Behörden und Körperschaften aufnehmen muss, um alle notwendigen Informationen zu sammeln und alle notwendigen Schritte im Hinblick auf seine Dienstleistungen abzuwickeln" (Kommission der Europäischen Gemeinschaften, 2007, S. 26). Damit wird eine bestimmte Organisationsform – das One-Stop-Government bzw. die „Front- und Backoffice-Struktur" (Kommunale Gemeinschaftsstelle für Verwaltungsmanagement, 2010, S. 14) – festgeschrieben. Der EA dient als „Frontoffice", die zuständigen Behörden als „Backoffice" (siehe Abb. 8-7). Dem Dienstleister wird durch den EA erspart, mit einer Vielzahl von zuständigen Behörden in Kontakt zu treten. Seine Anliegen kann der Dienstleister ausschließlich mit dem EA klären.

Abb. 8-7: Der Einheitliche Ansprechpartner in seiner Funktion als Frontoffice

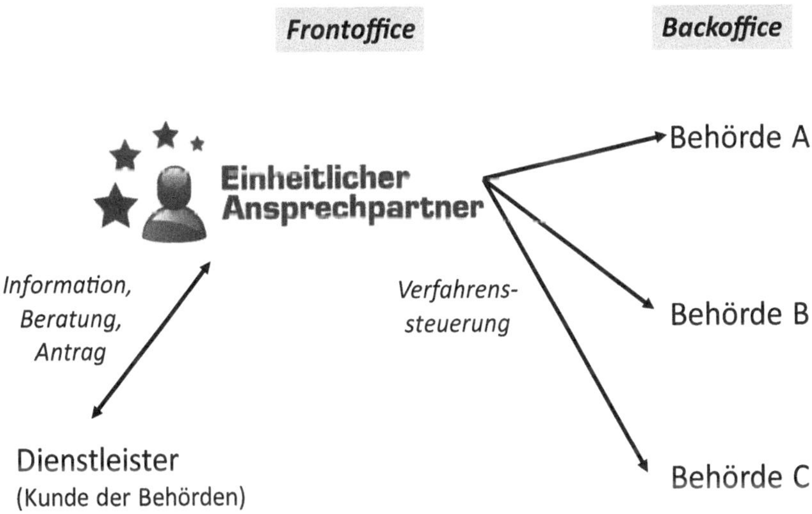

In Deutschland ist der EA hinsichtlich der Trägerschaft unterschiedlich verortet. So sind die EA bei Landesbehörden (z. B. Sachsen), bei Kammern (z. B. Hamburg, Thüringen), bei Kammern oder optional Kommunen (z. B. Bayern) oder bei Kommunen (z. B. Nordrhein-Westfalen, Niedersachsen) angesiedelt (Deutscher Bundestag, 2010, S. 2). Die KGSt empfiehlt den Kommunen für den Fall, dass sie nicht mit der Trägerschaft des EA betraut sind, „Interne Einheitliche Ansprechpartner" zu benennen (Kommunale Gemeinschaftsstelle für Verwaltungsmanagement, 2010, S. 8). Zu berücksichtigen ist, dass der Dienstleister das Angebot des EA nicht nutzen muss, er darf auch direkt mit den zuständigen Behörden Kontakt aufnehmen (Kommission der Europäischen Gemeinschaften, 2007, S. 29). Für die Ablauforganisation/das Prozessmanagement ist des Weiteren die Genehmigungsfiktion von Bedeutung: Wird ein Antrag nicht innerhalb „ … einer festgelegten oder verlängerten Frist beantwortet, so gilt die Genehmigung als erteilt" (Artikel 13 Absatz 4 Satz 1 der EU-Dienstleistungsrichtlinie). In § 42a Absatz 2 des Verwaltungsverfahrensgesetzes ist festgelegt, dass diese Frist im Regelfall drei Monate nach Eingang der vollständigen Unterlagen beträgt, soweit durch Rechtsvorschrift nichts Abweichendes bestimmt worden ist. Die Genehmigungsfiktion setzt der Durchlaufzeit eine obere Grenze. Dieser Umstand kann zu einer Reorganisation von Prozessen mit dem Ziel der beschleunigten Prozessabwicklung führen.

9 Projektmanagement

9.1 Begriffsklärung: Projekt und Projektmanagement

Der Leiter einer Volkshochschule hat festgestellt, dass in den letzten Jahren die Zahl der Kursteilnehmer leicht rückläufig war. Als Ursache hierfür wurde erkannt, dass das Kursangebot nicht optimal den Bedürfnissen der Bürger entsprach. Bevor nun das neue Kursprogramm geplant wird, soll eine Marktstudie durchgeführt werden. Mit deren Hilfe sollen die Wünsche der Bürger für die nächsten Jahre erhoben werden. Erfahrungen mit der Durchführung von Marktstudien gibt es innerhalb der VHS nicht. Der Leiter fragt sich, wie er dieses Vorhaben verwirklichen soll.

In den vorangehenden Kapiteln wurde beschrieben, wie die Bewältigung von Aufgaben organisiert werden kann. Im Rahmen der Aufgabenanalyse werden Aufgaben in Teilaufgaben zerlegt, diese werden Stellen zugeordnet, welche dann im Rahmen der Aufbauorganisation zu größeren Einheiten, wie z. B. Abteilungen, zusammengefasst werden. Das Bemühen der Ablauforganisation ist es, die Geschäftsprozesse hinsichtlich verschiedener Kriterien, wie z. B. der Durchlaufzeit oder der Kosten, zu optimieren. Sowohl bei der Behandlung der Aufbau- als auch der Ablauforganisation wurde davon ausgegangen, dass die Aufgaben dauerhaft bewältigt werden müssen. Im obigen Beispiel wird jedoch eine neuartige Situation beschrieben: Die Durchführung einer Marktstudie gehört nicht zu den dauerhaften Aufgaben dieser Volkshochschule; sie ist ein einmaliges, neuartiges Vorhaben. Zur erfolgreichen Bewältigung derartiger Vorhaben können organisatorische Erkenntnisse und Erfahrungen herangezogen werden, die unter dem Begriff „Projektmanagement" zusammengefasst werden.

Gemäß der Deutschen Industrie Norm (DIN) 69 901-5 ist ein **Projekt** ein „Vorhaben, das im Wesentlichen durch Einmaligkeit der Bedingungen in ihrer Gesamtheit gekennzeichnet ist" (Deutsches Institut für Normung, 2009b, S. 11). Gemeinhin zeichnen sich Projekte durch folgende Eigenschaften aus (Corsten, Corsten & Gössinger, 2008, S. 1 f., Litke, 2007, S. 19):

- zeitliche Abgeschlossenheit oder Befristung, d. h., es gibt einen Anfang und ein Ende des Vorhabens – beides vorab bestimmbar.
- Neuartigkeit des Vorhabens im Sinne von erstmalig; ausschlaggebend ist dabei die subjektive Sicht der Organisation.

Projekte zeichnen sich zudem häufig durch Komplexität aus, d. h., zur Bearbeitung der Aufgabe werden Kompetenzen in verschiedenen Fach- und Wissensgebieten benötigt. Projekte werden auch als Sonderaufgaben bezeichnet – in Abgrenzung zu Routineaufgaben. *Bolay* (2004) grenzt Projekte von (Verwaltungs-)Produkten ab: Produkte sind durch Standardisierbarkeit und Massenfertigung, Projekte durch Einmaligkeit oder Wiederholung mit erheblichen Abweichungen in Zielen, Qualitätsstandards, Aufwand, Laufzeit und Beteiligten gekennzeichnet.

Im öffentlichen Sektor hat die Häufigkeit von Projekten zugenommen. Beispiele für große Projekte im öffentlichen Sektor sind: Umstellung des Rechnungswesens auf die doppelte Buchführung, Bewerbung als Kulturhauptstadt, Bau einer U-Bahn-Strecke; Beispiele für kleinere Projekte sind: Umzug einer Abteilung in eine neue Liegenschaft, Einführung eines Qualitätsmanagementsystems in einem Amt.

Projekte lassen sich in die Phasen Projektdefinition, Projektplanung, Projektorganisation, Projektdurchführung und Projektabschluss unterteilen (siehe Abb. 9-1).

Abb. 9-1: Projektphasen

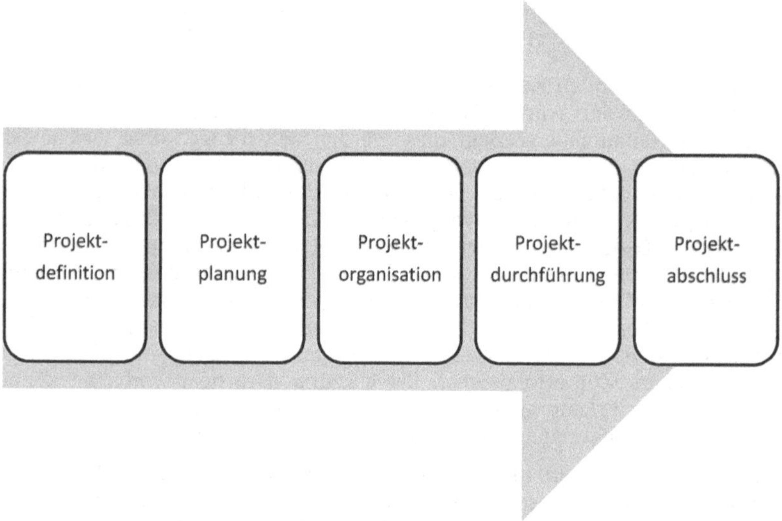

Unter **„Projektmanagement"** wird nach DIN 69 901-5 die „Gesamtheit von Führungsaufgaben, -organisation, -techniken, und -mitteln für die Initiierung, Definition, Planung, Steuerung und den Abschluss von Projekten" (Deutsches Institut für Normung, 2009b, S. 14) verstanden. *Marr* und *Steiner* verstehen Projektmanagement als „... Oberbegriff für alle willensbildenden und -durchsetzenden Aktivitäten im Zusammenhang mit der Bearbeitung von Projekten" (Marr & Steiner, 2004, S. 1198). In der funktionalen Perspektive des Projektmanagementbegriffs steht die Prozessgestaltung des Projekts im Vordergrund. Hierbei werden verschiedene Phasen eines Projekts unterschieden. In institutionaler Hinsicht werden die beteiligten Personen sowie die aufbauorganisatorische Einbindung und Gestaltung des Projekts berücksichtigt. Instrumental betrachtet verweist Projektmanagement auf die Techniken und Methoden zur Planung und Durchführung von Projekten.

Empirische Studien (Engel, Tandjidi & Quadejacob, 2008, S. 8) belegen, dass der Erfolg von Projekten wesentlich von der Art und Weise des Projektmanagements abhängig ist. Bedeutsam sind beispielsweise Faktoren wie die Benennung von klaren Projektzielen, die sorgfältige Planung unter Verwendung angemessener Methoden, die gute Kommunikation innerhalb des Projektteams und mit dem Auftraggeber oder die Einbindung kompetenter Mitarbeiter in das Projektteam und die Projektleitung.

Die folgende Darstellung des Projektmanagements gliedert sich nach den Projektphasen.

9.2 Projektdefinition

Während der Phase der Projektdefinition sind die Ziele des Projekts und die Projektbeteiligten zu bestimmen.

Der VHS-Leiter veranlasst bei der Ausbildungsleiterin der Stadtverwaltung, dass der VHS drei Studierende für die Bearbeitung des Projekts zugeordnet werden. Diesen erläutert er seinen Plan, eine Marktstudie durchzuführen. Die Studierenden sind sofort vom Projekt begeistert, merken aber nach der anfänglichen Euphorie, dass ihnen eigentlich nicht klar ist, was im Rahmen des Projekts genau gemacht werden soll. Zudem wird den Studierenden deutlich, dass die Mitarbeiter des VHS-Sekretariats Mehrarbeit befürchten und dem Projekt gegenüber nicht positiv eingestellt sind. Bei den nebenamtlichen Dozenten der VHS gibt es unterschiedliche Meinungen – diejenigen, die um die Fortführung ihrer Veranstaltungen fürchten, reden sehr abfällig über die Marktstudie.

Im Beispiel werden die Studierenden als Projektteam bestimmt, also als diejenigen, die das Projekt konkret planen und durchführen sollen, Verantwortung für eine oder mehrere Aufgaben übernehmen. Die Studierenden sind im Sinne der DIN 69 901-5 Auftragnehmer, der VHS-Leiter ist Auftraggeber des Projekts. Im Gegensatz zur privatrechtlichen Auffassung des Begriffspaares „Auftragnehmer/Auftraggeber" muss zwischen dem Auftraggeber und dem Auftragnehmer kein Vertrag im rechtlichen Sinne geschlossen werden; auch die Anweisung eines Vorgesetzten an seinen Mitarbeiter zur Übernahme eines Projekts wird als Begründung eines Auftraggeber-/Auftragnehmer-Verhältnisses angesehen. Der Auftraggeber hat die Auftragnehmer so zu bestimmen, dass das Projektteam über die zur Aufgabenbewältigung erforderlichen Fach- und Sozialkompetenzen verfügt. Neben dem Projektteam gibt es weitere Personen oder Organisationen, deren Interessen durch den Verlauf oder das Ergebnis des Projekts betroffen sein können. Diese **Stakeholder** sind zu identifizieren, anschließend kann deren Einfluss auf das Projekt und deren Einstellung dazu eingeschätzt werden (Stakeholder-Analyse, siehe Abbildung 9-2). Aus dem Ergebnis der Stakeholder-Analyse sollten Maßnahmen zum Umgang mit den Stakeholdern abgeleitet werden, z. B. Einbindung der Stakeholder in die Zielbestimmung des Projekts, frühzeitige Kommunikation der Projektziele u. Ä. m.

Abb. 9-2: Beispiel für das Ergebnis einer Stakeholder-Analyse

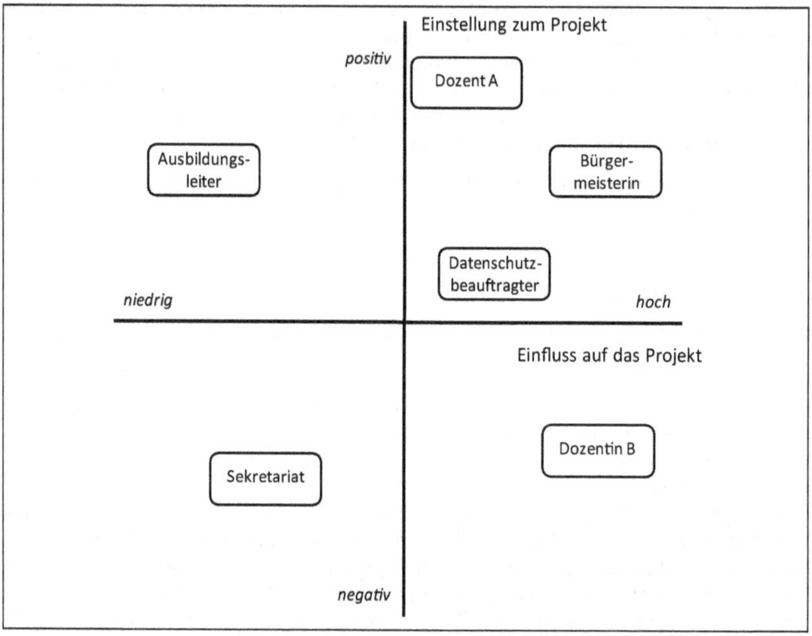

Anfänglich hat der Auftraggeber oftmals nur eine vage Vorstellung, was mit dem Projekt erreicht werden soll (Reichert, 2009, S. 9 ff.). Was genau ist im Beispiel eine Marktstudie, was soll mit ihr exakt erreicht und wie soll sie durchgeführt werden? Der Auftragnehmer hat die vage Zielvorstellung des Auftraggebers zu präzisieren. Diese Präzisierung ist dann abgeschlossen, wenn

- alle Projektziele benannt und mit einer Priorität versehen wurden,
- die Ziele so formuliert wurden, dass die Zielerreichung objektiv überprüfbar ist,
- die Wege zur Zielerreichung skizziert und
- alle wesentlichen Termine (u. a. Beginn und Ende des Projekts) festgelegt wurden.

Selbstverständlich hat diese Präzisierung im Einvernehmen mit dem Auftraggeber zu erfolgen. Des Weiteren sind u. a.

- die zur Projektbearbeitung erforderlichen Ressourcen zu beschreiben,
- die Pflichten von Auftraggeber und Auftragnehmer sowie Verhaltenserwartungen zu klären.

In mehreren Gesprächen mit dem VHS-Leiter präzisieren die Studierenden den Projektauftrag wie folgt: Es sollen die Wünsche der volljährigen Bürger hinsichtlich Ver-

anstaltungsinhalt, Veranstaltungsart und Veranstaltungszeiten erhoben werden. Dabei sind vorrangig die Wünsche der Bürger der eigenen Stadt zu ermitteln, nachrangig ist die Ermittlung der Wünsche der Bürger der angrenzenden Kommunen. Die Bürger sollen fernmündlich befragt werden. Insgesamt sollen 400 Bürger befragt werden, die Auswahl der Bürger erfolgt zufällig. Das Projekt beginnt am 1. Juni, die Projektergebnisse müssen spätestens 60 Tage später dem VHS-Leiter dargelegt werden. Die Studierenden informieren den VHS-Leiter vorab, wenn sie mit anderen Dienststellen der Stadt in Verbindung treten. Der VHS-Leiter stellt ein Büro mit PC und Telefon sowie ein Budget in Höhe von 500 Euro zur Verfügung.

In technisch orientierten Projekten (z. B. Hochbau-Projekte, IT-Entwicklungsprojekte) ist im Rahmen der Zielpräzisierung die Verwendung der Begriffe „Lastenheft" und „Pflichtenheft" üblich. Das Lastenheft stellt gemäß DIN 69 901-5 die vom Auftraggeber festgelegte Gesamtheit der Forderungen an die Lieferungen und Leistungen eines Auftragnehmers innerhalb eines Projektauftrags dar, es enthält das Grobkonzept des Projekts und muss weder detailliert noch vollständig sein. Im Gegensatz dazu werden im Pflichtenheft die Anforderungen/Realisierungsvorgaben an das Projekt detailliert und vollständig aufgelistet. Das Pflichtenheft wird vom Auftragnehmer auf Grundlage des Lastenhefts erstellt, es dient als verbindliche Grundlage für die Vereinbarung eines Vertrages. „Während im Pflichtenheft [...] steht, was der Auftraggeber will, enthält das Lastenheft die Details, wie der Auftragnehmer die Vorgaben des Auftraggebers umsetzen will. Das Lastenheft kann also mit der Nachfrage und das Pflichtenheft mit dem Angebot verglichen werden" (Schelle, 2010, S. 96 f.).

Die Phase der Projektdefinition endet mit der schriftlichen Vereinbarung eines Projektauftrags. Dieser enthält die formellen und inhaltlichen Eckdaten des Projekts, wie Projektbezeichnung, Auftraggeber, Auftragnehmer, Ziele, erforderliche Ressourcen, Termine, Verhaltenserwartungen.

9.3 Projektplanung

Ausgehend vom Projektauftrag kann mit der Planung des Projekts begonnen werden. Projektplanung ist die gedankliche Vorwegnahme des erforderlichen Handelns während der Projektdurchführung, sie beinhaltet die analytische Durchdringung der Projektaufgaben. Mit der Projektplanung werden realistische Soll-Vorgaben für die Projektdurchführung gemacht (Litke, 2007, S. 84; Corsten et al., 2008, S. 19). Gegenstände der Planung sind unter anderem[30]):

- die Aufgaben des Projekts,
- der Ablauf der Tätigkeiten und die Termine,
- der Einsatz von Personal und anderen Ressourcen.

Dem **Projektstrukturplan** (PSP) obliegt es, auf der Grundlage der eindeutig definierten Projektziele eine sachlogische Gliederung des Projekts wiederzuge-

30) Weitere Gegenstände der Planung: vgl. z. B. Olfert (2008).

ben (siehe Abb. 9-3). Er dient dem Zweck, die Komplexität des Projekts zu reduzieren und dem Projektteam einen Überblick hinsichtlich der Projektaufgaben zu verschaffen. Hierzu wird das Projekt in Teilprojekte und Arbeitspakete aufgespalten. Arbeitspakete bilden die kleinste Einheit des Projektstrukturplans und sind eine „... in sich geschlossene Aufgabenstellung innerhalb eines Projekts, die bis zu einem festgelegten Zeitpunkt mit definiertem Ergebnis und Aufwand vollbracht werden kann" (Deutsches Institut für Normung, 2009b, S. 7). Die sachlogische Gliederung der Teilprojekte und Arbeitspakete kann dabei objekt- oder verrichtungsorientiert erfolgen. Bei der Erstellung des PSP sind dieselben Regeln zu beachten wie bei der Aufgabenanalyse (siehe Kapitel 4).

Abb. 9-3: Projektstrukturplan anhand des Beispiels „Projekt Marktstudie". Die Teilprojekte sind grau, die Arbeitspakete weiß hinterlegt.

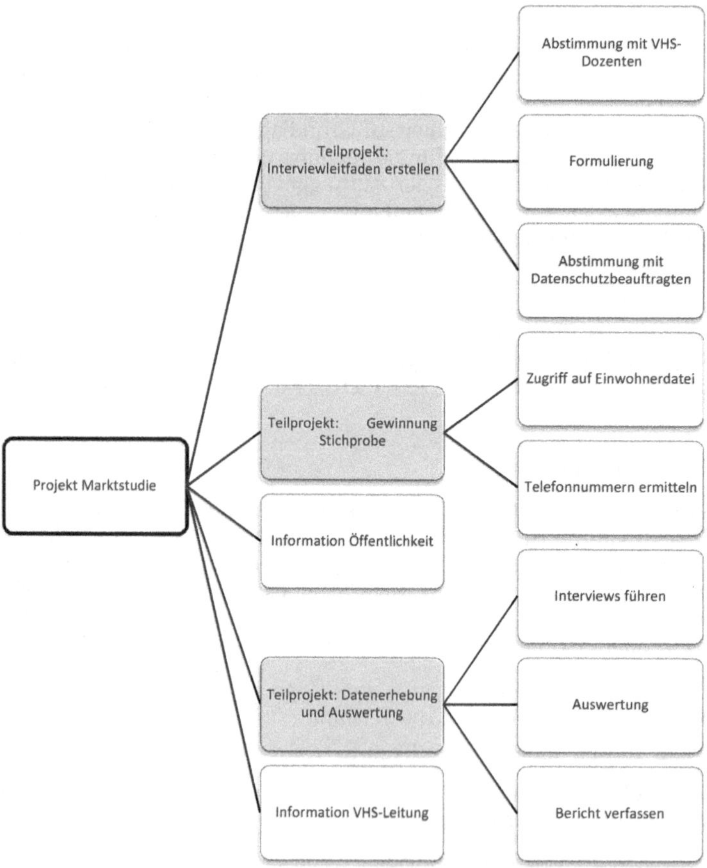

Zur Unterstützung der Planung von Tätigkeitsabläufen und von Terminen werden die **Balkendiagramm-Technik** und die Netzplantechnik verwendet. Das Balkendiagramm (auch Gantt-Chart genannt) stellt die Dauer der Arbeitspakete eines Projektes mit deren terminlichen Anfang und Ende grafisch dar. Auf der Abszisse des Diagramms wird üblicherweise eine Zeitachse aufgetragen, auf der Ordinate werden die Arbeitspakete des Projekts – hier Vorgänge genannt – eingetragen. Dabei werden die Vorgänge von oben nach unten eingezeichnet, d. h., die Abfolge der Vorgänge beginnt im Diagramm links oben mit dem ersten Vorgang und endet rechts unten mit dem letzten Vorgang des Projekts.

Die Studierenden erstellen mithilfe des PSP in einem ersten Schritt eine Tabelle (siehe Abb. 9-4), die die einzelnen Arbeitspakete/Vorgänge sowie deren Dauer enthält. Die Dauer der einzelnen Tätigkeiten wurde von den Studierenden aus Erfahrungswerten abgeleitet oder andersartig geschätzt. Des Weiteren gehen die Studierenden davon aus, dass mit der Formulierung der Fragen, dem Zugriff auf die Einwohnerdatei und der Information der Öffentlichkeit erst nach der Abstimmung mit den VHS-Dozenten begonnen werden kann. Die Abstimmung mit dem Datenschutzbeauftragten erfolgt wiederum erst nach der Formulierung des Interview-Leitfadens, die Ermittlung der Telefonnummern erst nach dem Zugriff auf die Einwohnerdatei. Nach Beendigung der vorstehenden Tätigkeiten kann damit begonnen werden, die fernmündlichen Interviews zu führen. Sind die Interviews alle geführt worden, kann mit der statistischen Auswertung der Daten begonnen werden. Zudem kann parallel zur statistischen Auswertung der Bericht verfasst werden. Sind diese Aktivitäten abgeschlossen, wird der VHS-Leiter über die Ergebnisse der Marktstudie informiert.

Abb. 9-4: Vorgänge im Beispiel „Marktstudie"

Nr.	Vorgang	Dauer in Tagen
1	Abstimmung mit VHS-Dozenten	6
2	Formulierung der Fragen	6
3	Abstimmung mit Datenschutzbeauftragtem	4
4	Information der Öffentlichkeit	14
5	Zugriff auf Einwohnerdatei	8
6	Ermittlung Telefonnummern	10
7	Interviews führen	20
8	Auswertung	10
9	Bericht verfassen	14
10	Information der VHS-Leitung	2

Mit dieser Tabelle kann dann das Balkendiagramm erstellt werden (siehe Abb. 9-5).

Abb. 9-5: Balkendiagramm oder Gantt-Chart am Beispiel „Projekt Marktstudie"

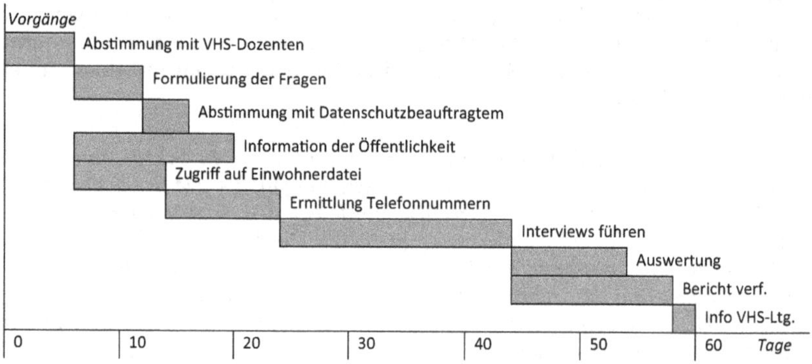

Vorteil der Balkendiagramm-Technik ist die einfache Lesbarkeit des Balkendiagramms. Die Parallelität von Vorgängen wird unmittelbar einsichtig. Auch kann die Gesamtdauer des Projekts abgelesen werden. Diese ergibt sich nicht aus der Summe der Dauer der einzelnen Tätigkeiten, sondern – da Vorgänge parallel durchgeführt werden können – aus der Differenz zwischen dem Ende des letzten und dem Anfang des ersten Balkens. Des Weiteren ist die ein Balkendiagramm einfach zu erstellen. Nachteilig an dieser Technik ist, dass bei der Erstellung des Balkendiagramms bereits Annahmen über den Anfangs- und Endzeitpunkt von Tätigkeiten gesetzt werden müssen. Im Beispiel beginnt die Information der Öffentlichkeit schon im Zeitpunkt $t = 6$; dieser Anfangszeitpunkt ist aber nicht zwingend, genauso gut könnte die Information erst ab $t = 8$ erfolgen – der gesamte Balken müsste dann nach rechts verschoben werden. Ähnliche Überlegungen gelten im Beispiel auch für die Vorgänge „Formulierung der Fragen", „Abstimmung mit Datenschutzbeauftragtem", „Auswertung".

Ein weiteres Problem der Balkendiagramm-Technik ist, dass das Balkendiagramm bei einer großen Anzahl von Vorgängen nicht mehr übersichtlich ist. Eine Reihe kritischer Fragen können mit dem Balkendiagramm nicht beantwortet werden:

- Welche Auswirkungen hat es im Beispiel, wenn der Zugriff auf die Einwohnerdatei länger dauert als geplant?
- Sind die Auswirkungen dieselben, sofern der Vorgang „Auswertung" mehr Zeit benötigt?

- Gibt es Vorgänge, die hinsichtlich der Termineinhaltung besonders kritisch sind?

Schließlich kann aus dem Balkendiagramm nicht abgelesen werden, ob die Beendigung einzelner Vorgänge notwendige Voraussetzung für den Beginn anderer Vorgänge ist. Insgesamt eignet sich die Balkendiagramm-Technik für die Planung kleinerer, wenig komplexer Projekte.

Mit der **Transplan-** (Burghardt, 2006, S. 243 f.) oder **Plannet-Technik** (Olfert, 2012, S. 104 ff.) können einige Nachteile der Balkendiagramm-Technik vermieden werden. Abhängigkeiten zwischen den Vorgängen werden durch senkrechte Striche zwischen diesen Vorgängen gekennzeichnet, Pufferzeiten werden durch gestrichelte Fortsetzungen der Vorgangsbalken offengelegt (siehe Abb. 9-6).

Abb. 9-6: Diagramm in Anlehnung an die Transplan-/Plannet-Technik am Beispiel „Projekt Marktstudie"

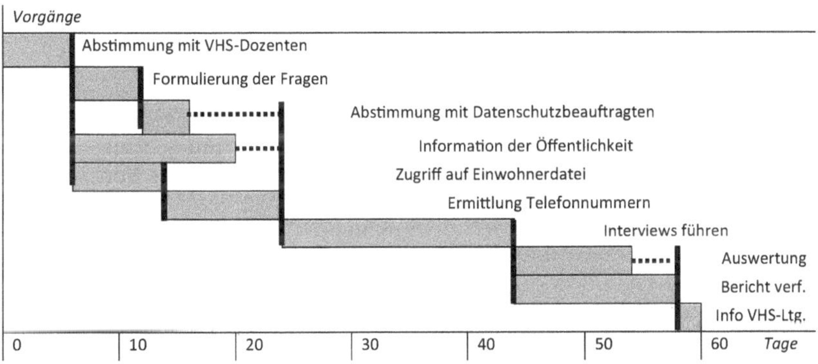

Allerdings werden die Pufferzeiten nicht eindeutig dargestellt – so erzeugt die Darstellung der Pufferzeit beim Vorgang „Abstimmung mit Datenschutzbeauftragtem" den Eindruck, als ob die Pufferzeit sich ausschließlich auf diesen Vorgang beziehe. Dabei kann sich die Pufferzeit tatsächlich auf diesen und/oder den Vorgang „Formulierung der Fragen" beziehen. Weiterhin wird nicht deutlich, dass bei den Vorgängen „Information der Öffentlichkeit" sowie „Auswertung" nicht nur eine Verlängerung der Vorgangsdauer, sondern alternativ oder zusätzlich auch ein späterer Beginn des jeweiligen Vorgangs möglich ist. Mit der nachfolgend dargestellten Netzplantechnik können diese Nachteile vermieden werden.

Die **Netzplantechnik** ist gemäß der DIN 69 900 (Deutsches Institut für Normung, 2009c, S. 10) ein auf Ablaufstrukturen basierendes Verfahren zur Analyse, Beschreibung, Planung, Steuerung, Überwachung von Abläufen. Innerhalb der Netzplantechnik lassen sich verschiedene Netzplan-Methoden unterscheiden. In dieser einführenden Darstellung wird die Erläuterung auf eine im Vergleich sehr häufig (Schwarze, 2001) verwendete Methode beschränkt, nämlich auf das sogenannte deterministische Vorgangsknotennetz. Diese Methode weist eine Reihe von Vorteilen gegenüber den anderen Methoden auf, wie z. B. einfachere Darstellung der Vorgänge, bessere Lesbarkeit, einfachere Änderbarkeit. Ein Netzplan ist eine grafische Darstellung einer Ablaufstruktur, die im Rahmen des Vorgangsknotennetzes aus Vorgängen und Anordnungsbeziehungen besteht. Vorgänge – also ein bestimmtes Arbeitspaket oder eine Tätigkeit mit definiertem Anfang und Ende – werden als Knoten, Anordnungsbeziehungen als Pfeile dargestellt.

Bei der Erstellung eines Vorgangsknotennetzplans geht man in drei Schritten vor:

1. Vorgangsliste aufstellen
2. Strukturplan entwerfen
3. Netzplan berechnen

zu 1. „Vorgangsliste aufstellen"

Die Vorgangsliste besteht aus einer Tabelle mit den Spalten „Nummer des jeweiligen Vorgangs", „Bezeichnung des Vorgangs", „Dauer des Vorgangs", „Vorgänger" sowie „Nachfolger". In der Vorgangsliste müssen alle für das Projekt notwendigen Vorgänge aufgelistet sein. Die Dauer der Vorgänge ist anzugeben. Mit „Vorgänger" werden solche Vorgänge bezeichnet, die abgeschlossen sein müssen, bevor mit dem aktuellen Vorgang begonnen werden kann. Dementsprechend bezeichnet man mit „Nachfolger" diejenigen Vorgänge, die erst nach Beendigung des aktuellen Vorgangs begonnen werden können. Mit „Vorgänger" und „Nachfolger" werden die logischen Abhängigkeiten der Vorgänge untereinander gekennzeichnet. Im Beispiel „Marktstudie" sieht die Vorgangsliste wie folgt aus (siehe Abb. 9-7):

Abb. 9-7: Vorgangsliste am Beispiel „Marktstudie"

Nr.	Vorgang	Dauer in Tagen	Vorgänger	Nachfolger
1	Abstimmung mit VHS-Dozenten	6	–	2, 4, 5
2	Formulierung der Fragen	6	1	3
3	Abstimmung mit Datenschutzbeauftragtem	4	2	7
4	Information der Öffentlichkeit	14	1	7
5	Zugriff auf Einwohnerdatei	8	1	6

Nr.	Vorgang	Dauer in Tagen	Vorgänger	Nachfolger
6	Ermittlung Telefonnummern	10	5	7
7	Interviews führen	20	3, 4, 6	8, 9
8	Auswertung	10	7	10
9	Bericht verfassen	14	7	10
10	Information der VHS-Leitung	2	8, 9	–

zu 2. „Strukturplan entwerfen"

Unter Zuhilfenahme der Vorgangsliste kann dann der Strukturplan (siehe Abb. 9-8) erstellt werden. Der Strukturplan spiegelt die gegenseitigen Abhängigkeiten bzw. die Anordnungsbeziehungen der Vorgänge grafisch wider. Vorgänge werden dabei durch Rechtecke, die Anordnungsbeziehungen durch Pfeile dargestellt.

Abb. 9-8: Strukturplan am Beispiel „Marktstudie"

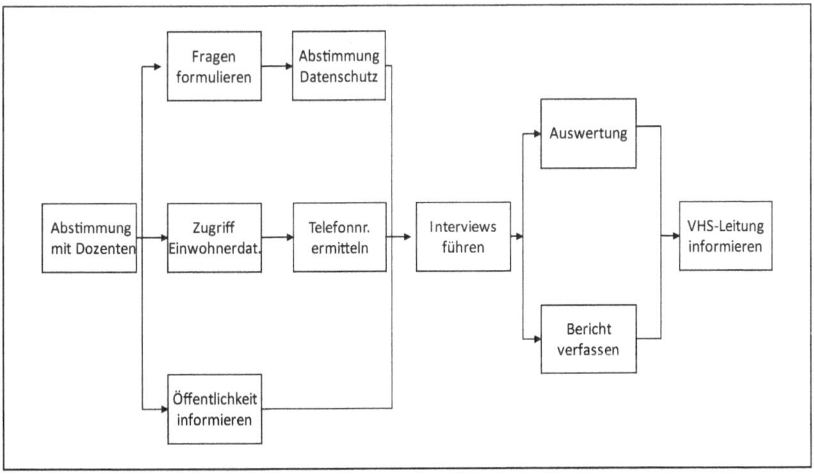

zu 3. „Netzplan berechnen"

Mit dem Strukturplan und der Vorgangsliste berechnet man sodann den Netzplan. Wie im Strukturplan sind die Abhängigkeitsbeziehungen durch Pfeile dargestellt, die Anordnung der Vorgänge ist mit der des Strukturplans identisch. Die vorliegenden und zu berechnenden Informationen zu den Vorgängen werden in Knoten eingetragen. Abbildung 9-9 enthält den schematischen Aufbau eines Knotens.

Abb. 9-9: Schematischer Aufbau eines Netzplan-Knotens. FAZ = frühester Anfangszeitpunkt, SAZ = spätester Anfangszeitpunkt, D = Dauer des Vorgangs, GP = gesamte Pufferzeit, FEZ = frühester Endzeitpunkt, SEZ = spätester Endzeitpunkt

Vorgangs-Nr.	Vorgangsbenennung	
FAZ	D	FEZ
SAZ	GP	SEZ

D steht für die Dauer des jeweiligen Vorgangs und kann direkt der Vorgangsliste entnommen werden. FAZ ist die Abkürzung für den frühesten Anfangszeitpunkt eines Vorgangs, FEZ die Abkürzung für den frühesten Endzeitpunkt. Innerhalb eines Knotens gilt die Beziehung:

$$FAZ + D = FEZ$$

Durch die sog. Vorwärtsrechnung können für alle Vorgänge FAZ und FEZ berechnet werden. Hierbei ist die Regel zu beachten, dass der FAZ des Nachfolgers gleich dem FEZ desjenigen Vorgängers mit dem maximalen FEZ ist. Die Vorwärtsrechnung beginnt mit dem ersten Knoten des Netzplans. Für den FAZ des ersten Knotens muss eine Setzung erfolgen, d. h., derjenige, welcher den Netzplan berechnet, hat zu entscheiden, wann der erste Vorgang des Projekts frühestens beginnen kann. Mit dem gesetzten FAZ des ersten Knotens und der Dauer des ersten Vorgangs wird der FEZ des ersten Knotens berechnet. Anschließend erfolgt nach obiger Regel die Bestimmung des FAZ des oder der nachfolgenden Knoten(s). Der FEZ des letzten Knotens gibt schließlich das früheste Ende des Projekts an.

Im Beispiel „Marktstudie" wird der früheste Anfangszeitpunkt des Vorgangs Nr. 1 „Abstimmung mit VHS-Dozenten" FAZ = 0 gesetzt. Unter Beachtung dieser Setzung sieht dann das Ergebnis der Vorwärtsrechnung am Beispiel „Marktstudie" wie folgt aus (siehe Abb. 9-10):

Abb. 9-10: Nach Vorwärtsrechnung teilweise ausgefüllter Netzplan am Beispiel „Marktstudie". Die grau hinterlegten Felder geben den maximalen FEZ der Vorgänger von Vorgang Nr. 7 und Vorgang Nr. 10 an.

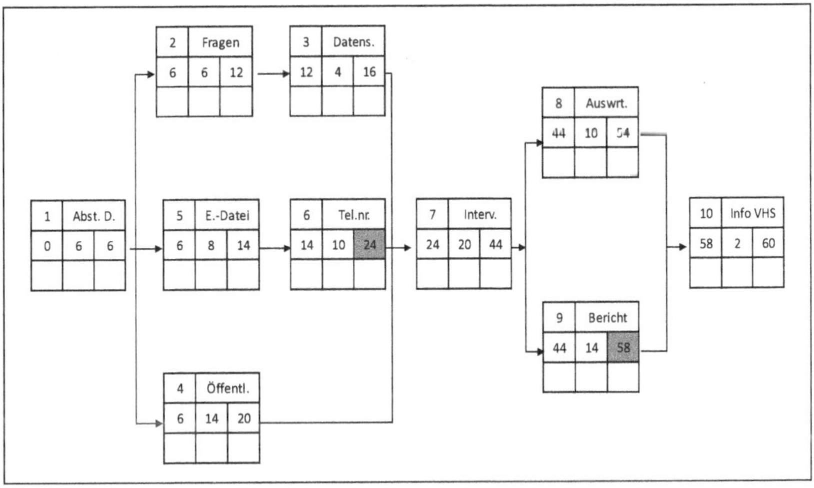

Die Abkürzung SEZ steht für den spätesten Endzeitpunkt, SAZ für den spätesten Anfangszeitpunkt eines Vorgangs. Innerhalb eines Knotens gilt die Beziehung:

$$SEZ - D = SAZ$$

SEZ kann derart interpretiert werden, dass dies der Zeitpunkt ist, an dem der Vorgang spätestens abgeschlossen sein muss, damit das Projekt ohne Verzögerung beendet werden kann. Entsprechend muss ein Vorgang zu SAZ spätestens begonnen werden.

Durch die sog. Rückwärtsrechnung können für alle Vorgänge SAZ und SEZ berechnet werden. Dabei ist die Regel zu beachten, dass der SEZ des Vorgängers gleich dem SAZ desjenigen Nachfolgers mit dem minimalen SAZ ist. Bei der Rückwärtsrechnung muss der SEZ des letzten Knotens gesetzt werden. Der Ersteller des Netzplans hat also zu entscheiden, wann das Projekt spätestens beendet sein soll. Selbstverständlich darf dabei nicht gelten: FEZ > SEZ. Sofern das Projekt so früh wie möglich beendet sein soll, wird SEZ mit FEZ gleich gesetzt.

GP steht für „gesamte Pufferzeit", diese Größe berechnet sich wie folgt:

$$GP = SEZ - FEZ \text{ bzw. } GP = SAZ - FAZ$$

Die gesamte Pufferzeit ist die Zeitspanne, um die ein Vorgang in seiner zeitlichen Lage verschoben werden kann, ohne die Gesamtdauer des Projektes

(SEZ des letzten Knotens) zu verändern. Dies gilt jedoch nur unter der Bedingung, dass alle Vorgänger zum frühesten Zeitpunkt und alle Nachfolger zum spätesten Zeitpunkt beendet werden. Vorgänge, die einen GP = 0 aufweisen, werden kritisch genannt. Eine ununterbrochene Folge von kritischen Vorgängen bezeichnet man als kritischen Weg bzw. Pfad.

In dem Beispiel „Marktstudie" wird der späteste Endzeitpunkt des Vorgangs Nr. 10 „Information der VHS-Leitung" SEZ = 60 gesetzt. Unter Beachtung dieser Setzung sieht dann das Ergebnis der Rückwärtsrechnung am Beispiel „Marktstudie" wie folgt aus (siehe Abb. 9-11):

Abb. 9-11: Nach Rückwärtsrechnung vollständig berechneter und ausgefüllter Netzplan am Beispiel „Marktstudie". Die grau hinterlegten Felder geben den minimalen SEZ der Nachfolger von Vorgang Nr. 7 und Vorgang Nr. 1 an.

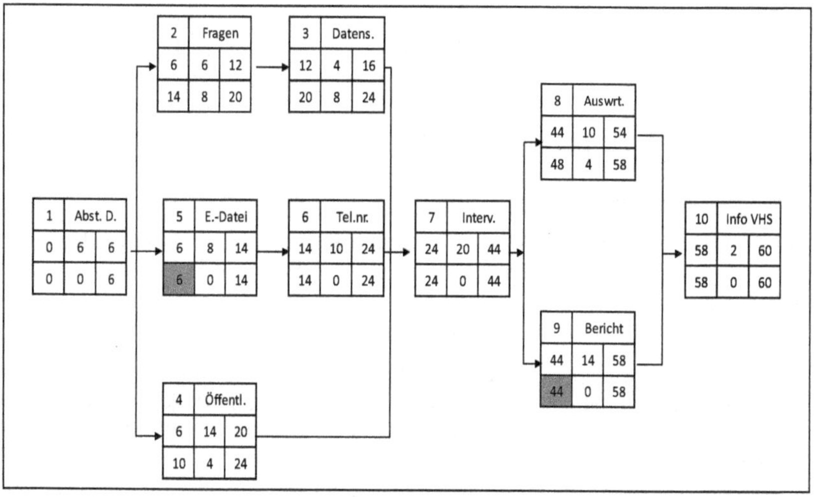

Im Beispiel ergibt sich ein kritischer Weg ausgehend vom Vorgang Nr. 1 über die Vorgänge Nr. 5, 6, 7, 9 bis zum Vorgang Nr. 10. Sofern das Projekt später als zum Zeitpunkt t = 0 beginnen oder ein Vorgang des kritischen Weges länger als geplant dauern würde, könnte die Marktstudie nicht mehr rechtzeitig beendet werden. Das Projektteam muss folglich gegenüber diesen Vorgängen besondere Aufmerksamkeit walten lassen. Der Vorgang Nr. 4 weist eine gesamte Pufferzeit von vier Tagen auf. Mit der Information der Öffentlichkeit könnte also auch erst zum Zeitpunkt t = 10 begonnen werden – trotzdem könnte das Projekt pünktlich zu t = 60 abgeschlossen werden. Dies setzt allerdings voraus, dass sich die Zeitdauer für die Information der Öffentlichkeit nicht verlängert und alle nachfolgenden Vorgänge des kritischen Weges plangemäß beendet werden (im Vorgang Nr. 8 wäre eine Verzögerung noch akzeptabel). Die gesamte Pufferzeit könnte nicht nur für einen späteren Beginn der Information der

Öffentlichkeit, sondern auch für eine Verlängerung der Dauer des Vorgangs verwendet werden – insgesamt darf die Verlängerung des Vorgangs und die Verschiebung des Beginns aber nicht mehr als vier Tage betragen. Wird der GP eines Vorgangs genutzt, kann dies Auswirkungen auf den GP von nachfolgenden Vorgängen haben. Deutlich wird dies an den Vorgängen Nr. 2 und Nr. 3: Wird im Vorgang Nr. 2 der maximale Puffer von acht Tagen genutzt und der Vorgang zum SEZ = 20 beendet, weist der Vorgang Nr. 3 dann keine Pufferzeit mehr auf – er wird dann kritisch.

Die Netzplantechnik eignet sich für Projekte, die aus einer Vielzahl miteinander verbundener Vorgänge bestehen. Sie wird für Projekte empfohlen, deren Durchführung schwierig und risikoreich ist und daher einer genauen Analyse und Kontrolle der Durchführung bedürfen (Siepmann & Siepmann, 2004, S. 206). Neben der Terminplanung kann die Netzplantechnik auch zur Kosten- und Kapazitätsplanung verwendet werden – dies wird in diesem einführenden Werk allerdings nicht ausgeführt.

Vorteile der Netzplantechnik sind:

- Anwendung der Netzplantechnik erfordert eine präzise Durchdringung der wechselseitigen Abhängigkeiten der Vorgänge; dies fördert eine bessere Planung.
- Abhängigkeiten zwischen den Vorgängen werden anschaulich und korrekt dargestellt.
- Folgen von terminlichen Verzögerungen oder Verlängerungen von Vorgängen können berechnet werden.
- Netzpläne regen dazu an, sich über die Optimierung der Abfolgeplanung Gedanken zu machen (z. B. Parallelisierung von Vorgängen des kritischen Weges, um die Projektdauer zu verkürzen, Einsatz zusätzlichen Personals, um die Dauer von Vorgängen zu verringern).

Nachteilig an der Netzplantechnik ist, dass diese Technik im Vergleich z. B. zum Balkendiagramm schwieriger anzuwenden ist. Die manuelle Erstellung umfangreicher Netzpläne ist aufwendig, in solchen Fällen ist die Verwendung von EDV-Programmen empfehlenswert.

In der Praxis hat es sich bewährt, im Rahmen der Terminplanung sog. **Meilensteine** auszuweisen – mit diesem Begriff werden Ereignisse besonderer Bedeutung bezeichnet. Meilensteine sind bei der Durchführung und Überwachung des Projekts wichtig, da mit ihrer Hilfe der Fortschritt des Projekts bewertet werden kann. Sie können sowohl im Rahmen der Balkendiagramm- als auch der Netzplantechnik verwendet werden.

Gemeinsam mit dem VHS-Leiter legen die Studierenden drei Meilensteine fest:

1. *Die Fragen des Interview-Leitfadens wurden formuliert und mit dem Datenschutzbeauftragten abgestimmt (Meilenstein 1, t = 16, FEZ des Vorgangs Nr. 3).*
2. *Die Telefonnummern der zu befragenden Personen wurden ermittelt (Meilenstein 2, t = 24, FEZ des Vorgangs Nr. 6).*
3. *Es wurden 400 Telefoninterviews geführt (Meilenstein 3, t = 44, FEZ des Vorgangs Nr. 7).*

Neben der Planung von Terminen und der Abfolge von Tätigkeiten ist in Projekten auch der **Einsatz von Ressourcen** zu planen. Hinsichtlich der Ressourcen kann es um die Planung des Einsatzes von finanziellen Mitteln, den Einsatz von Personal oder von Sachmitteln gehen. Dabei wird davon ausgegangen, dass zur Bewältigung jedes Arbeitspaketes im Projekt Ressourcen verbraucht werden. Ziele der Ressourcenplanung sind:

- die zur Bearbeitung des Projekts erforderlichen Ressourcen zu ermitteln,
- den Einsatz von Ressourcen wirtschaftlich zu gestalten,
- bei der Planung die Überschreitung von Kapazitätsgrenzen zu vermeiden.

Die drei Studierenden tragen in ein Balkendiagramm ein (siehe Abb. 9-12), wie viele von ihnen jeweils ganztägig in den einzelnen Vorgängen mitwirken müssen, damit die Termine eingehalten werden können. Zudem tragen sie in das Balkendiagramm die Summe der zum jeweiligen Zeitpunkt Mitwirkenden ein (dicke schwarze Linie). Sie erkennen, dass in zwei Zeiträumen (mit einem Blitz markiert) mehr als drei Mitwirkende benötigt werden. Das Projektteam beschließt, einen Ausgleich derart herbeizuführen, dass zu Beginn des Vorgangs „Telefonnummern ermitteln" für kurze Zeit nur 0,5 Personen mitwirken, später jedoch, wenn Vorgang Nr. 3 beendet wurde, alle Mitglieder des Teams. Des Weiteren soll unter Verwendung des Projektbudgets ein externer Berater beauftragt werden, der das Team bei der statistischen Auswertung unterstützt. Als zusätzlichen Engpass erkennen die Studierenden die Anzahl der zur Verfügung stehenden Telefone während der Interviewphase. Mit dem VHS-Leiter stimmen sie ab, dass ihnen während der Interviewphase ein weiteres Büro mit zwei Telefonen zur Verfügung gestellt wird.

Abb. 9-12: Für Zwecke der Ressourcenplanung modifiziertes Balkendiagramm

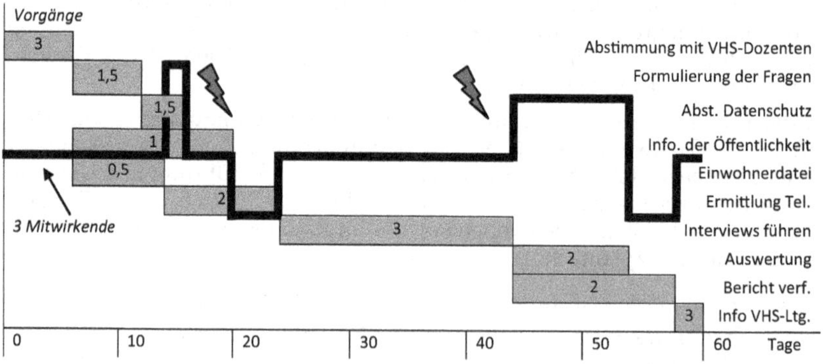

Die Phase der Projektplanung wird durch das **Kick-off-Meeting** beendet. An dieser Veranstaltung wirken alle Projektbeteiligten mit. Ziel des Kick-off-Meetings ist es, allen Projektbeteiligten ein übereinstimmendes Verständnis bezüglich des Projekts, dessen Ziele, Ablauf und Arbeitspakete zu vermitteln, die Erwartungen an die verschiedenen Projektbeteiligten zu verdeutlichen und zudem ein deutliches Startsignal zu geben. Hierzu werden während der Verstaltung u. a. die Planungen für das Projekt erläutert.

9.4 Projektorganisation

Gegenstand der folgenden Ausführungen ist die aufbauorganisatorische Einbindung und Gestaltung von Projektgruppen. Im Kapitel 6 wurden bereits verschiedene Elemente der Aufbauorganisation und Gestaltungsprinzipien für die Aufbauorganisation dargestellt. Diese Überlegungen bezogen sich jedoch auf eine permanente Organisationsstruktur, die zur Bewältigung dauerhafter Aufgaben bzw. zur wiederholten Erstellung gleichartiger Produkte eingerichtet wird. Projekte zeichnen sich hingegen durch ihre Befristung und Neuartigkeit sowie oftmals dadurch, dass zur Erreichung der Projektziele die Fachkompetenzen von Mitarbeitern unterschiedlicher Organisationseinheiten und Fachdisziplinen erforderlich sind, aus. Die Abwicklung von Projekten in der bestehenden Aufbauorganisation, insbesondere die Koordination von bereichsübergreifenden Interessen, würde die Entscheidungskompetenz einzelner Linienvorgesetzter schnell überfordern und zu einer Abwälzung von Entscheidungen und Koordinationserfordernissen auf die nächsthöhere Hierarchiestufe führen. Dies brächte deren Überlastung und dadurch Verzögerungen im Projektablauf mit sich[31]). Deshalb ist es sinnvoll, für Projekte eine spezielle Organisation zu schaffen. Bei der Projektorganisation stehen zwei Fragen im Vordergrund:

1. Wie ist eine Projektgruppe hinsichtlich Zusammensetzung und Aufbau zu gestalten?
2. Wie kann eine Projektgruppe in die bestehende Aufbauorganisation eingebunden werden?

Zu Frage Nr. 1: „Wie ist eine Projektgruppe hinsichtlich Zusammensetzung und Aufbau zu gestalten?"

Im Regelfall sind Projekte so umfangreich und vor allem komplex, dass eine einzelne Person bei der Bewältigung der Projektaufgaben hinsichtlich der Kompetenzanforderungen und des Arbeitsumfangs überfordert wäre. Es stellt sich dann die Frage, wie viele Personen mit welchen Kompetenzen in einem Projektteam mitwirken sollten. Hinsichtlich der Kompetenzen ist eine breite Streuung der Fachkenntnisse und Fachfertigkeiten anzustreben – es sollten also Mitarbeiter mit unterschiedlichen Fachkompetenzen zu Projektmitarbeitern bestellt werden. Neben den Fachkompetenzen ist weiters auf die methodischen Kompetenzen zu achten. So sollte zumindest ein Mitglied des Projektteams über Erfahrungen im Projektmanagement verfügen und auch

31) Andere Maßnahmen zur Koordinierung der unterschiedlichen Interessen wären beispielsweise Mitzeichnungsverfahren und informelle Abstimmungsprozesse. Erstere erweisen sich bei komplexen Projekten als sehr langwierig, Letztere als auf Dauer konfliktträchtig, da sich Instanzen übergangen fühlen.

Moderationstechniken u. Ä. m. beherrschen. Des Weiteren sind die sozialen Kompetenzen und die Persönlichkeitsmerkmale der Projektmitglieder zu beachten: Die Projektmitglieder sollten z. B. bereit sein, dauerhaft in einer Gruppe zu arbeiten und auf persönliche Profilierungsmöglichkeiten zu verzichten. Zudem sollte die Durchsetzungsfähigkeit der Projektgruppenmitglieder ähnlich ausgeprägt sein, damit nicht einzelne Entscheidungsprozesse dominieren. Je mehr Mitarbeiter in ein Projekt berufen werden, desto größer ist die Wahrscheinlichkeit, dass alle die für die Projektbearbeitung erforderlichen Kompetenzen im Projektteam verfügbar sind. Allerdings steigen mit zunehmender Anzahl von Projektgruppenmitgliedern auch der Koordinationsaufwand innerhalb der Projektgruppe sowie die Gefahr, dass spezifische gruppendynamische Prozesse eintreten, die das Erreichen des Projektziels gefährden. Beispiele für derartige Gruppenprozesse sind: Etablierung von Untergruppen, welche miteinander konkurrieren, Verantwortungsdiffusion (jeder schiebt die Verantwortung und Initiative für Aktivitäten auf die anderen), Tendenz, extreme Entscheidungsalternativen zu bevorzugen. Angesichts dieser beiden entgegengesetzten Wirkungen der **Teamgröße** wird empfohlen (Litke, 2007, S. 180), Projektgruppen mit einer Größe von drei bis fünf Mitgliedern anzustreben. Bei hohem Arbeitsumfang oder sehr speziellen Problemstellungen kann diese Kern-Projektgruppe zeitweise durch weitere Mitarbeiter ergänzt werden.

Oftmals widmen sich in der öffentlichen Verwaltung die berufenen Mitarbeiter parallel sowohl den Projekt- als auch weiterhin ihren angestammten Aufgaben. Vorteil dieser Organisation ist, dass die üblichen Aufgaben weiterhin erledigt werden. Nachteilig ist die Gefahr der Überlastung der Mitarbeiter; des Weiteren muss der Mitarbeiter ständig zwischen den Erfordernissen des Projekts und seiner regulären Arbeit abwägen. Dieser Konflikt entsteht nicht, wenn die Mitarbeiter ausschließlich für das Projekt arbeiten – dann können sie sich mit ganzer Kraft nur den Projektaufgaben zuwenden; Projektziele können bei dieser Organisation womöglich auch in kürzerer Zeit erreicht werden. Allerdings müssen dann die Projektmitarbeiter nach Beendigung des Projekts wieder in andere (z. B. ihre ursprünglichen) Organisationseinheiten eingegliedert werden – dies kann mit Problemen bei der Einarbeitung in die ursprünglichen oder gänzlich neuen Aufgaben oder bei der Eingewöhnung in ein neues Team verbunden sein.

Hinsichtlich des hierarchischen Aufbaus können Projektgruppen mit und ohne **Projektleiter** unterschieden werden. Aufgabe des Projektleiters ist die Koordination, Steuerung und Leitung der Projektgruppe. Zur Erfüllung dieser Aufgabe ist der Projektleiter gegenüber den anderen Projektgruppenmitgliedern weisungsbefugt und berechtigt, über den Einsatz von sachlichen und finanziellen Mitteln zu entscheiden. Projektleiter sind sorgfältig auszuwählen – neben der fachlichen Kompetenz sollten auch Kenntnisse des Projektmanagements und Führungskompetenzen vorliegen (Schelle, 2010, S. 67 ff.). Gerade im öffentlichen Sektor ist jedoch zu beachten, dass die Übernahme von Projektleitungen auch ein Instrument der Personalentwicklung von Nachwuchsführungskräften ist. Deshalb wird oftmals auf das Vorliegen von Führungskompetenzen verzichtet, da diese durch die Übernahme einer Projektleiterfunktion ja erst gefördert werden sollen. Die Übernahme einer Projektleitung wird als erster Schritt auf der Karriereleiter und als Anreiz für Mitarbeiter mit hohem Führungspotenzial angesehen. Mitglieder von Projektgruppen ohne Projektleiter sind gleichberechtigt an den Entscheidungen beteiligt, d. h., Entscheidungen werden gemeinsam getroffen. Projektgruppenmitglieder können aus ihrer Mitte einen Projektsprecher bestimmen, der z.B. als Ansprechpartner für den Auftraggeber und Stakeholder dient; weitere Spezialisierungen einzelner Mitglieder (z.B. Koordinator, Controller) sind möglich. Der Verzicht auf einen Projektleiter kann die Identifikation der Projektgruppenmitglieder mit dem Projekt steigern und zu fachlich ausgewogenen Lösungen führen. Allerdings ist bei Projektgruppen ohne Projektleiter mit intensiveren gruppendynamischen Prozessen zu rechnen.

Zu Frage Nr. 2: „Wie kann eine Projektgruppe in die bestehende Aufbauorganisation eingebunden werden?"

Projekte, die nur die Belange und Interessen einer Abteilung, eines Amtes oder eines Bereichs betreffen, können direkt an die jeweilige Instanz der Organisationseinheit angebunden und von dieser koordiniert werden. Dieser Ausnahmefall wird als **linienintegrierte Projektorganisation** bezeichnet (Frese, 2005, S. 518). Dabei übernimmt der Linienvorgesetzte zugleich die Funktion des Projektleiters.

Die übliche Aufbauorganisation bleibt auch bei der **Stab-Projektorganisation** nahezu unverändert. Projektgruppen, die die Belange und Interessen mehrerer Organisationseinheiten berücksichtigen müssen, werden dabei als Projektstab derjenigen Instanz zugeordnet, die allen durch das Projekt betroffenen Organisationseinheiten vorgesetzt ist. Im Extremfall kann dies bedeuten, dass die Projektgruppe z. B. dem Oberbürgermeister oder dem Behördenleiter als Projektstab zugeordnet wird. Wie bei Stäben üblich (siehe Kapitel 6) hat der Projektstab keine Weisungsbefugnis gegenüber den der Instanz unterstellten Stellen. Dem Stab obliegt die Entscheidungsvorbereitung, der Instanz ist die Entscheidung selbst zugeordnet. Zur Entlastung der Instanz kann die Steuerung der Projektgruppe (oder mehrerer Projektgruppen) auch durch einen Lenkungsausschuss erfolgen. Der Lenkungsausschuss setzt sich zumeist aus Führungskräften der obersten Ebene, anderen bedeutsamen Funktionsträgern der Organisation (z. B. Personalrat, Gleichstellungsbeauftragte), oftmals Vertretern der Politik sowie gelegentlich auch Externen (z. B. Vertretern von Aufsichtsbehörden) zusammen.

Bei der **Matrix-Projektorganisation** wird eine Mehr-Linienorganisation etabliert. Die Projektgruppe (meist der Projektleiter) hat in diesem Fall Entscheidungs- und Weisungsbefugnis gegenüber den Mitarbeitern der Verwaltung, und zwar in allen Angelegenheiten, die das Projekt betreffen. Weiterhin erhalten die Mitarbeiter auch Weisungen von den Bereichs- oder Abteilungsvorgesetzten. Die für die Aufgabenbearbeitung erforderlichen Personal- und Sachressourcen verbleiben in der Regel in der Bereichs- oder Abteilungslinie. Nachteil der Matrix-Projektorganisation ist, dass durch die Kompetenzüberschneidung des Projektleiters und der Bereichsvorgesetzten ständig Konflikte entstehen. Andererseits erhält das Projekt – verglichen mit der Stab-Projektorganisation – ein höheres Gewicht, die Arbeit der Projektgruppe wird deutlich erleichtert.

Abb. 9-13: Darstellung der Reinen Projektorganisation (Projekt A), der Stab-Projektorganisation (Projekte C, D, E) und der linienintegrierten Projektorganisation (Projekt B) in einem Organigramm

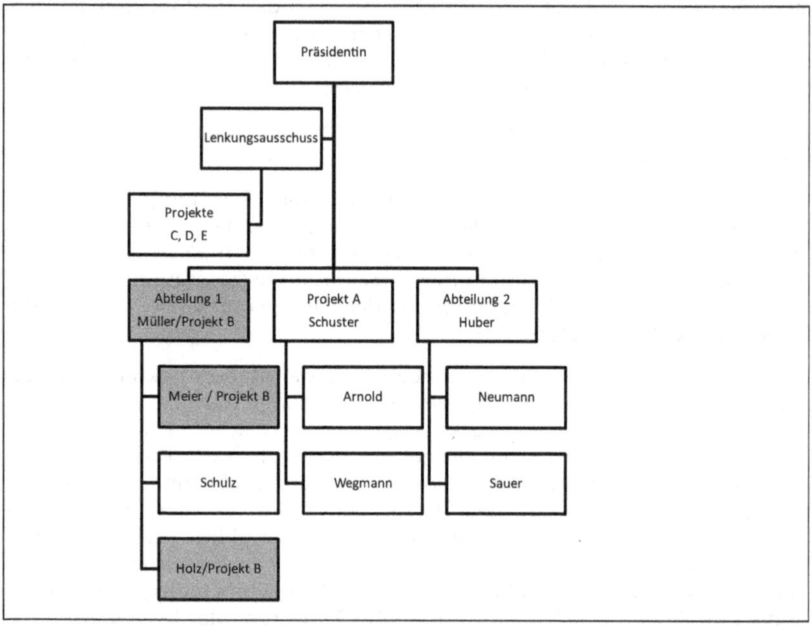

Schließlich kann die Projektgruppe durch die **Reine Projektorganisation** in die Aufbauorganisation einer Kommunalverwaltung/Behörde eingebunden werden (siehe Abb. 9-13). Hierbei erhält der Projektleiter die vollen Weisungsbefugnisse gegenüber den Projektmitarbeitern, welche ausschließlich für das Projekt arbeiten. Die Projektgruppe wird gleichberechtigt – allerdings zeitlich befristet – neben die anderen Abteilungen, Dezernate o. Ä. in die Ein-Linienorganisation eingegliedert. Die Projektmitglieder können sich bei der Reinen Projektorganisation vollständig auf das Erreichen der Projektziele konzentrieren. Ein weiterer Vorteil ist, dass durch die eindeutige Weisungsbefugnis schnell auf Projektstörungen reagiert werden kann. Nachteilig ist der hohe Aufwand bei der Bildung der Reinen Projektorganisation – so müssen dieser Organisationseinheit auch alle erforderlichen Ressourcen zugeteilt werden. Zudem kann die Wiedereingliederung der Projektmitarbeiter in ihre ursprünglichen Organisationseinheiten nach Abschluss des Projekts Schwierigkeiten bereiten (s. o.). Die Reine Projektorganisation wird bei strategisch bedeutsamen Großprojekten verwendet.

9.5 Projektdurchführung

Die Phase der Projektdurchführung ist gekennzeichnet durch die tatsächliche Umsetzung der Pläne. Dabei ist vom Projektteam laufend festzustellen, ob der Ist-Verlauf des Projekts mit den Plan-Vorgaben übereinstimmt. Die Ursachen für Abweichungen sind zu analysieren; diese können in drei Bereichen liegen:

- Fehler in der Planung – beispielsweise wurden Arbeitspakete vergessen, die Dauer von Vorgängen oder der Bedarf an Ressourcen falsch eingeschätzt,
- Fehler in der Ausführung, z. B. weil Projektmitarbeiter nicht ausreichend in ihre Aufgaben eingewiesen worden sind,
- Änderung der Rahmenbedingungen, beispielsweise stehen eingeplante Haushaltsmittel nicht mehr zur Verfügung, Projektmitarbeiter erkranken dauerhaft.

Möglichst schnell sind vom Projektteam Maßnahmen einzuleiten, mit denen Projektstörungen ausgeglichen werden können. Reaktionen auf Plan-Ist-Abweichungen können sein:

- Weiterführung des Projekts mit grundsätzlich neuer Termin- und Ressourcenplanung,
- Weiterführung des Projekts mit grundsätzlich unveränderter Termin- und Ressourcenplanung unter Ergreifung von Maßnahmen, mit denen die Projektstörungen ausgeglichen werden können (z. B. Überstunden).

Weiterhin können während der Projektdurchführung die Projektziele hinfällig werden – z. B. weil eine neue Landesregierung oder der neu gewählte Stadtrat andere politische Prioritäten setzt. In solchen Fällen ist dann der Projektabbruch eine sinnvolle Handlungsoption.

Im Folgenden wird auf die **Überwachung von Terminen** eingegangen. Grundlage ist dabei die Terminplanung, welche z. B. mittels eines Balkendiagramms oder eines Netzplans dokumentiert wurde. Eine Möglichkeit, die Einhaltung von Terminen zu überprüfen, besteht darin, nach Beendigung eines Vorgangs den Ist-Termin des Vorgangsendes mit dem Plan-Termin des Vorgangsendes zu vergleichen. Hierbei kann beispielsweise eine Verzögerung in der Projektdurchführung festgestellt werden. Wurde ein Vorgang jedoch nicht termingerecht beendet, ist „das Kind schon in den Brunnen gefallen": Es können keine Maßnahmen mehr ergriffen werden, die noch zu einer rechtzeitigen, plangemäßen Beendigung des Vorgangs führen. Folglich ist die nachträgliche Gegenüberstellung von Ist- und Plan-Endterminen für die Steuerung eines Projekts wenig hilfreich. Um noch rechtzeitig Maßnahmen zur Einhaltung von Terminen ergreifen zu können, ist es sinnvoll, bereits während der Vorgangsbearbeitung in regelmäßigen Zeitabständen einzuschätzen, ob zukünftige Termine noch gehalten werden können. Eine Methode, die diesem Ansatz folgt, ist die **Meilenstein-Trendanalyse** (Härtl, 2007, S. 94 f.; Litke, 2007, S. 155 f.). Hier werden die Termine der Meilensteine während der Projektdurchführung regelmäßig aufgrund der aktuellen Informationslage neu geschätzt (siehe Abb. 9-14). Am Beispiel des Projekts „Marktstudie" wird die Meilenstein-Trendanalyse erläutert:

Zum Zeitpunkt t = 0 haben die Studierenden die Meilensteine 1, 2 und 3 geplant (siehe Kapitel 9.2.2). Nach zehn Tagen (Planungstermin t = 10) schätzen die Studierenden die Meilensteine neu ein. So kann der Meilenstein M 1 voraussichtlich erst zu einem späteren Zeitpunkt erreicht werden, da der Datenschutzbeauftragte erkrankt ist; die Planungen für die Meilensteine M 2 und M 3 bleiben unverändert. Nach weiteren zehn Tagen (Planungstermin t = 20) werden die Meilensteine erneut eingeschätzt. Da der Datenschutzbeauftragte jetzt wieder im Dienst ist, aber noch andere, dringendere Vorgänge bearbeiten muss, verschiebt sich M 1 erneut; M 2 und M 3 bleiben unverändert. Zum Planungstermin t = 30 wurden die Meilensteine M 1 und M 2 realisiert, M 2 entsprechend dem ursprünglichen Plan, M 1 verspätet. Der Meilenstein M 3 kann schneller als geplant realisiert werden, da pro Tag mehr Interviews geführt werden können, als ursprünglich geplant war.

Abb. 9-14: Ergebnis einer Meilenstein-Trendanalyse am Beispiel „Marktstudie"

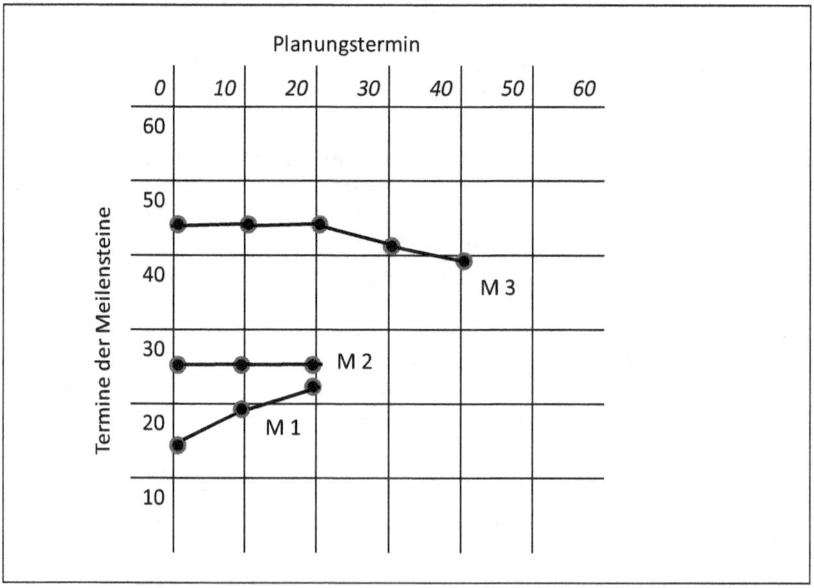

Die Schätzungen für die Meilensteine werden durch einen Polygonzug verbunden. Waagrechte Polygonzüge weisen auf ein plangemäßes, steigende auf ein verzögertes und fallende Polygonzüge auf ein beschleunigtes Abarbeiten der Vorgänge hin. Durch die grafische Veranschaulichung kann auf einen Blick erkannt werden, welche Vorgänge im Zentrum von beschleunigenden Maßnahmen stehen sollten. Diesem Vorteil steht der hohe Aufwand für die wiederholte Einschätzung von Meilensteinen gegenüber.

Neben der Überwachung der Planeinhaltung ist die **Gestaltung der Zusammenarbeit im Projektteam** und mit anderen Projektbeteiligten eine Kernaufgabe während der Phase der Projektdurchführung. Es besteht das Risiko, dass ein Projektteam aufgrund seiner Arbeitsweise, der Persönlichkeit einzelner Mitglieder, spezieller gruppendynamischer Effekte oder dysfunktionaler Rahmenbedingungen die an es gestellten Erwartungen nicht erfüllt. **Alarmzeichen** für bedeutsame Krisen innerhalb einer Gruppe können sein:

- Es herrscht ein schlechtes Klima innerhalb der Gruppe, es gibt häufig unsachliche Auseinandersetzungen.
- Der Informationsfluss innerhalb der Gruppe ist mangelhaft.
- Es wird mehr übereinander statt miteinander geredet.
- Die Verantwortung für das Gelingen der Projektarbeit wird auf einzelne Gruppenmitglieder abgewälzt.
- Es gibt ausgeprägte Unterschiede im Engagement der Gruppenmitglieder, einzelne Gruppenmitglieder betätigen sich als „Trittbrettfahrer".
- Die Ziele des Projekts werden schon zu Beginn des Projekts von Einzelnen als unerreichbar eingestuft.
- Für das Misslingen von Tätigkeiten werden innerhalb oder außerhalb der Gruppe Sündenböcke gesucht.

Weitere gruppendynamische Effekte sind in Kapitel 3.4 beschrieben. Wesentlich für die Gestaltung der Zusammenarbeit im Team ist die Steuerung von Informationsflüssen und -inhalten: Es ist zu gewährleisten, dass die Projektbeteiligten jederzeit über die für sie notwendigen Informationen verfügen. Beispielsweise müssen die einzelnen Mitglieder des Projektteams wissen, was der jeweils andere gerade macht, um Aktivitäten aufeinander abstimmen zu können. Zudem ist innerhalb des Projektteams ein Klima zu schaffen, welches es ermöglicht, auftretende Projektstörungen offen zu analysieren und Maßnahmen zur Kompensation der Projektstörungen kreativ zu entwickeln.

Ein bedeutsames Instrument zur Gestaltung der Zusammenarbeit ist die **Durchführung von Dienstbesprechungen** (syn. Dienstberatung). Unter Dienstbesprechungen werden hier all jene betrieblichen Ereignisse aufgefasst, bei denen drei oder mehr Personen nach vorheriger Absprache über zumindest ein betriebliches Thema kommunizieren (Gourmelon, 2008, S. 377). An der Besprechung können Mitglieder der Projektgruppe, aber auch Externe teilnehmen; Besprechungen werden auch unter Zuhilfenahme von Telekommunikationstechnik durchgeführt (z. B. Videokonferenzen). Besprechungen bieten ein Forum für den Informations-, Erfahrungs- und Meinungsaustausch, zur Generierung von Ideen und zum Treffen von gemeinsamen Entscheidungen; sie sind ein wichtiges Instrument, um die Arbeit von Projektbeteiligten zu koordinieren und zu integrieren. **Ziele** von Dienstbesprechungen können sein:

- Information der Besprechungsteilnehmer – die Dienstbesprechung dient dazu, Informationen weiterzugeben. Beispielsweise möchte der Projektleiter über eine Unterredung mit einem Stakeholder berichten.
- Erfahrungsaustausch zwischen den Besprechungsteilnehmern – zum Beispiel, weil die Besprechungsteilnehmer einen stark unterschiedlichen Erfahrungsschatz zu einem bestimmten Thema haben.
- Meinungsbildung – die Besprechungsteilnehmer sollen sich hinsichtlich eines Umstandes eine einheitliche Meinung bilden (z. B.: Führt die absehbare Haushaltssperre dazu, dass die für das Projekt erforderlichen Ressourcen nicht mehr verfügbar sind?).
- Treffen von Entscheidungen – während der Besprechung sollen gemeinsam Entscheidungen getroffen werden. Hierbei bietet sich den Besprechungsteilnehmern die Möglichkeit, ihre Sichtweise und ihre Überlegungen in die Entscheidungsfindung einzubringen.
- Ideengenerierung – während der Besprechung sollen neue Ideen für die Lösung von Problemen erarbeitet werden.

Um mit Dienstbesprechungen die o. g. Wirkungen erzielen zu können, sind bei der Vorbereitung, Durchführung und Nachbereitung von Dienstbesprechungen einige Regeln zu beachten, die im Folgenden erläutert werden.

Bei der Vorbereitung von Dienstbesprechungen ...

- sind die Themen sowie der jeweilige Zeitbedarf festzulegen,
- wird bestimmt, wer an der Besprechung teilnehmen soll,
- sind die für die Teilnehmer erforderlichen Unterlagen aufzubereiten,
- ist der Besprechungstermin möglichst in Abstimmung mit den Teilnehmern zu bestimmen,
- ist ein Besprechungsort und -raum zu bestimmen und zu reservieren,
- sind eine Tagesordnung sowie eine Einladung zu verfassen und an die Teilnehmer zu versenden.

Zu Beginn der Dienstbesprechung stellt der Besprechungsleiter[32]) fest, wer von den Eingeladenen erschienen ist. Falls erforderlich, wird die Beschlussfähigkeit festgestellt. Der Besprechungsleiter erläutert die Ziele der Besprechung und stimmt mit den Teilnehmern die Vorgehensweise ab (z. B. Tagesordnung, Pausenzeiten). Zudem wird zu Beginn der Sitzung festgelegt, wer das Protokoll zur Sitzung verfasst. Da oftmals der Inhalt von Protokollen

32) Besprechungsleiter kann der Projektleiter oder ein anderer mit der Durchführung der Besprechung Beauftragter sein.

zukünftige Handlungen legitimiert, ist bei der Bestimmung des Protokollführers Sorgfalt geboten (z. B. kein Vertreter extremer Positionen). Anschließend führt der Besprechungsleiter in die einzelnen Themen kurz ein und erläutert, mit welchem Ziel eine Diskussion geführt werden soll. Er achtet auf die Einhaltung von Diskussionsregeln und schreitet bei kritischen Handlungsweisen der Diskussionsteilnehmer ein (siehe Abb. 9-15).

Abb. 9-15: Problematische Handlungsweisen von Besprechungsteilnehmern und mögliche Reaktionen des Besprechungsleiters hierauf (aus Gourmelon, 2008, S. 380 f.)

Handlungsweise des Teilnehmers	mögliche Reaktionen des Besprechungsleiters
lehnt alles ab, bezweifelt Sinn der Besprechung, ist dem Thema gegenüber negativ eingestellt	• Ablehnung, negative Einstellung direkt ansprechen • akzeptierend nach eigenen Erfahrungen oder Argumenten fragen • die anderen Teilnehmer fragen, ob sie diese Ablehnung oder negative Einstellung teilen • auf Sachzwänge hinweisen
ist unpünktlich, erscheint verspätet aus den Pausen	• nicht auf die Ankunft des Teilnehmers warten, sondern wie geplant die Besprechung beginnen oder fortsetzen • im Einzelgespräch die Disziplinlosigkeit ansprechen
greift die Person des Besprechungsleiters an, trägt seine Argumente aggressiv vor	• ruhig und sachlich bleiben, nicht provozieren lassen • die anderen Besprechungsteilnehmer um eine Stellungnahme zu den vorgebrachten Argumenten bitten
traut sich nicht, an der Diskussion teilzunehmen	• einfach zu beantwortende Fragen direkt an diesen Teilnehmer richten • Besprechungsleiter bedankt sich für Meinungsäußerungen und Fragen dieses Teilnehmers
stört die Besprechung durch Gespräche mit den Tischnachbarn, lauten Konsum von Getränken/Speisen	• Besprechungsleiter hält kurz inne • fragt scherzhaft nach, ob man beim Konsum der Speisen helfen könne • bittet die Gedanken – sofern sie von Bedeutung sind – in die Runde einzubringen

Handlungsweise des Teilnehmers	mögliche Reaktionen des Besprechungsleiters
macht sich über die Besprechung/den Besprechungsleiter lustig	• nachfragen, ob sich andere Teilnehmer ebenfalls derartig amüsieren • verbietet sich Geschmacklosigkeiten
ist albern, erzählt Witze	• erkennt, dass Teilnehmer sachlich oder von der Konzentration her überfordert ist, und trägt seinerseits zur Auflockerung der Atmosphäre bei • unterbricht die Besprechung für eine kurze Pause
redet viel, unterbricht andere	• zu Beginn der Besprechung Redezeit begrenzen • Reihenfolge der Beiträge klar festlegen • an geeigneter Stelle unterbrechen, kurz das Gesagte zusammenfassen und das Wort an einen anderen Teilnehmer weitergeben
wirkt uninteressiert, abwesend, beschäftigt sich mit anderen Sachen	• dem Verhalten keine weitere Beachtung schenken • im Einzelgespräch Ursachen dieses Verhaltens ergründen
fragt ständig nach, will alles ganz genau wissen	• auf Informationsquellen verweisen • auf Zeitdruck verweisen und Beantwortung der Fragen zurückstellen
gibt zu allem und jedem einen Kommentar ab, erläutert ständig seine Erfahrungen, weiß alles besser	• nachfragen, wie diese Erfahrungen konkret bei der Problemanalyse oder Lösungssuche angewandt werden können
will im Laufe der Besprechung neue Themen einbringen	• auf Tagesordnung und Zeitplan hinweisen • zu einem Einzelgespräch einladen, während dessen das neue Thema besprochen werden kann
beschuldigt/„verpetzt" Kollegen, „schwärzt" Kollegen an	• erste Erwiderung des Beschuldigten abwarten, danach Disput abbrechen (z. B. mit einer kurzen Pause), ggf. gesonderte Gesprächsrunde mit dem Beschuldigenden und dem Beschuldigten vereinbaren, auf das Sachthema zurückführen

Durch den Einsatz von **Moderationstechniken** visualisiert und dokumentiert der Besprechungsleiter den Besprechungsverlauf, Standpunkte, Lösungsvorschläge und ggf. Ergebnisse. Der Besprechungsleiter versucht in der Regel, seine eigenen Ansichten so lange wie möglich zurückzuhalten. Der Besprechungsleiter achtet darauf, dass die Diskussion zielführend ist und nicht vom Thema abweicht – ggf. interveniert er. Sofern die Argumente, Standpunkte oder Vorschläge dargestellt und diskutiert wurden, beendet der Besprechungsleiter die Diskussion und versucht, das Ergebnis/die Entscheidung zusammenzufassen. Er reagiert dabei auf Einwände der Teilnehmer. Gerade bei der ersten Zusammenfassung der Ergebnisse wird häufig weiterer Diskussionsbedarf deutlich. Am Ende der Besprechung fasst der Leiter die Ergebnisse erneut zusammen und stellt fest, welche Themen behandelt werden konnten und welche nicht. Er trifft mit den Teilnehmern Vereinbarungen, wie das weitere Vorgehen gestaltet werden sollte (z. B. Arbeitsaufträge an einzelne Teilnehmer, Zeit- und Aktivitätenplan).

Zu den Moderationstechniken (Dauscher, 1996, S. 37 ff.; Lipp & Will, 1996, S. 77 ff.; Siepmann & Siepmann, 2004, S. 226 ff.) zählen beispielsweise die Kartenabfrage, die Abfrage auf Zuruf, das Clustern sowie die Punktabfrage.

Kartenabfrage und Clustern: Bei der Kartenabfrage erhalten die Besprechungsteilnehmer einzelne Karten, auf denen sie ihre Vorstellungen, Erfahrungen, Ideen, Wünsche, Problemstellungen oder Lösungsansätze vermerken können. Diese Karten werden üblicherweise an eine Pinnwand geheftet, auf der bereits eine Überschrift (z. B. eine Frage zu einer Problemstellung) visualisiert ist. Dies erfolgt entweder durch den Moderator oder die Teilnehmer selbst. Bei heiklen Themen (z. B. Einschätzung zur Informationspolitik in der Abteilung und damit Rückmeldung zum Führungsverhalten) sollte der Moderator das Anheften übernehmen, damit die Teilnehmer anonym bleiben können. Anschließend liest der Moderator die Karten vor, ggf. erläutern einzelne Teilnehmer ihre Gedanken. Es können gleichzeitig Karten verschiedener Form und Farbe verwendet werden. Hierdurch haben die Teilnehmer die Möglichkeit, unterschiedliche Informationen in unterschiedlicher Art darzustellen (z. B. Gefahren mit roten Karten, Chancen mit grünen Karten). Die Karten sollten deutlich und leserlich beschriftet werden. Auf einer Karte sollte stichpunktartig nur ein Gedanke vermerkt werden. Mit der Kartenabfrage ist es möglich, die Gedanken aller Teilnehmer ins Plenum einzubringen. Die Kartenabfrage kann, je nach Größe der Gruppe, sehr zeitaufwendig sein. Im Anschluss an die Kartenabfrage können die Karten nach Themen geordnet werden (Clustern). Anschließend werden auf weiteren Karten Oberbegriffe für die entstandenen Cluster notiert und angepinnt. Bei Bedarf besteht die Möglichkeit, zusätzliche Gedanken durch neue Karten den Clustern zuzuordnen oder die einzelnen Cluster zu verändern.

Abfrage auf Zuruf: Die Abfrage auf Zuruf dient wie die Kartenabfrage dazu, Vorstellungen, Erfahrungen, Lösungsansätze etc. zu sammeln. Im Unterschied zur Kartenabfrage werden die Ideen zu visualisierten Fragen oder

Problemstellungen jedoch nicht von den Teilnehmern auf Karten notiert, sondern dem Moderator zugerufen, der sie dann auf Karten mitschreibt. Dies führt dazu, dass sich nicht jeder Teilnehmer einbringt. Da die Beiträge nicht anonym sind, ergibt sich zudem eine thematische Einschränkung der Zuruffrage. Allgemein ist die Zuruffrage problematisch, wenn befürchtet werden muss, dass die Teilnehmer Hemmungen haben, sich zu einem bestimmten Thema zu äußern. In der Sammelphase muss der Moderator strikt darauf achten, dass nicht bereits jetzt eine Bewertung der vorgetragenen Ideen erfolgt. Auch bei der Abfrage auf Zuruf schließt sich das Ordnen der Karten durch Clustern an. Der Vorteil der Abfrage auf Zuruf liegt darin, dass die Gedanken anderer aufgegriffen und weiterentwickelt werden können. Auch muss im Vergleich zur Kartenabfrage ein geringerer Zeitaufwand veranschlagt werden.

Punktabfrage: Ziel der Punktabfrage ist es, ein Stimmungs- oder Meinungsabbild der Besprechungsteilnehmer zu erhalten und dieses allen sichtbar zu machen. Bei der Einpunktabfrage wird z. B. auf das Flipchart eine Frage oder eine Aussage notiert sowie eine Antwortskala (z. B. „ja", „nein", „weiß nicht"). Jeder Teilnehmer erhält einen Klebepunkt und kann durch Kleben des Punktes auf die Skala seine Meinung oder Stimmung kundtun. Bei der Mehrpunktabfrage erhält der Teilnehmer mehrere Klebepunkte. Die Mehrpunktabfrage kann eingesetzt werden, um z. B. Prioritäten festzulegen. In einem ersten Schritt werden die Alternativen, zwischen denen entschieden werden muss, aufgelistet. Dann erhalten die Teilnehmer Klebepunkte – dabei ist die Anzahl der Klebepunkte kleiner als die der Alternativen (in der Regel halb so groß wie die Alternativen-Möglichkeit). Jeder Teilnehmer verteilt seine Klebepunkte entsprechend seiner Präferenzen. Zum Schluss ermittelt der Moderator, wie häufig die einzelnen Alternativen gewählt worden sind.

Das **Protokoll** zur Dienstbesprechung ist möglichst rasch zu erstellen. Bereits während der Dienstbesprechung können wesentliche Teile des Protokolls (z. B. Vereinbarungen) formuliert werden. Inhalte des Protokolls sind zumindest:

- Datum, Ort, Teilnehmerkreis und Tagesordnung,
- Besprechungsergebnisse, Wiedergabe einzelner Meinungen oder Erfahrungen,
- Vereinbarungen über das weitere Vorgehen,
- Name des Protokollanten.

Sofern die Besprechungsteilnehmer mit den Inhalten des Protokolls einverstanden sind, ist es von diesen zu genehmigen. Dies kann auch schon während der Dienstbesprechung geschehen – z. B. dadurch, dass bedeutsame Passagen des Protokolls unter Nutzung einer Laptop-Beamer-Kombination gemeinsam von den Besprechungsteilnehmern formuliert werden. Das genehmigte Protokoll ist alsdann an diejenigen weiterzuleiten, deren Informierung für die Erreichung der Projektziele erforderlich ist.

9.6 Projektabschluss

Die Beendigung eines Projektes, welches die angestrebten Ziele erreicht hat, wird als Projektabschluss bezeichnet (Olfert, 2008, S. 201). Neben dem Projektabschluss ist fürderhin der Abbruch eines Projekts, z. B. weil der Auftraggeber das Projekt nicht mehr für erforderlich hält oder das Projektteam bei der Bearbeitung erfolglos ist, möglich.

Während der Phase des Projektabschlusses ist das Projekt zu evaluieren (Härtl, 2007, S. 29), d. h. systematisch zu bewerten. Gegenstand der Bewertung ist beispielsweise die Erreichung der Sachziele oder die Einhaltung von geplanten Kosten und Terminen. Es ist festzustellen, welches die Ursachen für die Planabweichungen waren. Diese Projektevaluation dient der Erfahrungssicherung. Es soll gewährleistet werden, dass das Projektteam und andere Organisationsmitglieder aus den gemachten Erfahrungen lernen und diese Erfahrungen bei der Planung und Durchführung eines anderen Projektes berücksichtigen. Die Evaluation eines Projekts ist ein wichtiger Baustein des organisationalen Lernens (siehe Kapitel 10). Weiterhin sind in der Phase des Projektabschlusses dem Auftraggeber die Projektergebnisse zu präsentieren. Dies sollte im Rahmen einer förmlichen Veranstaltung geschehen, zu der die Projektbeteiligten eingeladen werden. Der Auftraggeber erklärt sich mit den Projektergebnissen einverstanden; diese Erklärung wird mit einem Abnahmeprotokoll dokumentiert. Das Abnahmeprotokoll kann ggf. Hinweise auf Mängel oder erforderliche Nachbesserungen enthalten. Mit dem Projektbericht bzw. Abschlussbericht wird das Projekt vollständig dokumentiert. Üblicherweise enthält ein Projektbericht:

- Angaben zum Auftraggeber, zum Auftragnehmer (zu den Projektbeteiligten), zum Anlass und zu den Zielen des Projekts – diese Angaben können dem Projektauftrag entnommen werden,
- Angaben zur Planung des Projekts, z. B. zur Termin- und Ressourcenplanung,
- Dokumentation des tatsächlichen Projektablaufs,
- Darstellung der Projektergebnisse,
- Evaluationsergebnisse des Projekts, ggf. Hinweise zu Projektstörungen und Kompensationsmaßnahmen,
- Protokolle von Besprechungen, andere Projektdokumentationsquellen (z. B. Projektpläne).

Projektberichte werden in der Regel archiviert; gelegentlich werden besondere Projektergebnisse in Fachzeitschriften veröffentlicht oder auf Fachveranstaltungen dargestellt, damit auch andere Organisationen von den gemachten Ergebnissen oder Erfahrungen profitieren können. Schließlich sollte bei umfangreicheren Projekten der erfolgreiche Abschluss eines Projekts Anlass für eine Würdigung der Leistungen der einzelnen Projektmitarbeiter durch deren Vorgesetzte sein.

10 Organisationaler Wandel

10.1 Formen des Wandels

Organisationsstrukturen sollen so angelegt sein, dass sie auf Dauer einen signifikanten Beitrag dazu leisten, eine effiziente und effektive Aufgabenerfüllung sicherzustellen. Die fortwährenden Umweltveränderungen erfordern jedoch ständig Anpassungsprozesse. Dies hat Auswirkungen auf die strategische Ausrichtung der Organisation, die Organisationskultur, die Prozesse und Strukturen und auch die eingesetzten Informations- und Kommunikationssysteme. Fragen rund um die Gestaltung und Steuerung (Management) von organisationalem Wandel haben sich innerhalb der Organisationsforschung zu einem wichtigen Thema entwickelt. Auch Organisationen des öffentlichen Sektors sind in den letzten Jahren einem Veränderungsdruck ausgesetzt, der in dieser Intensität bislang ohne Beispiel ist.

Beim **organisationalen Wandel** handelt es sich um einen Prozess, der dazu führt, dass sich Organisationen oder Organisationseinheiten von ihrem derzeitigen Zustand hin zu einem neuen Zustand entwickeln (Schulte-Zurhausen, 2010, S. 340). Die Begriffe „Wandel" und „Veränderung" werden häufig synonym verwendet.

10.1.1 Geplanter und ungeplanter Wandel

Hinsichtlich der Vorhersehbar- bzw. Planbarkeit von Wandelprozessen ist es üblich, zwei grundlegende Formen zu unterscheiden: den geplanten und den ungeplanten Wandel (siehe Abb. 10-1).

Geplanter Wandel: Von Formen des geplanten Wandels ist immer dann die Rede, wenn von einer prinzipiellen bzw. weitgehenden Gestaltungsmöglichkeit durch die Leitungsebene bzw. externe Berater ausgegangen wird. Die Organisationsveränderung ist beabsichtigt; sie vollzieht sich zielgerichtet und gesteuert. Der geplante organisatorische Wandel dient nicht nur dazu, vorhandene Schwächen der Organisation zu beseitigen, sondern kann auch darauf gerichtet sein, bestehende Stärken auszubauen. Als Formen des geplanten Wandels werden i.d.R. unterschieden (Bea & Göbel, 2010, S. 484 ff.):

- Reorganisation,
- Organisationsentwicklung,
- Change Management.

Abb. 10-1: Grundformen organisationaler Wandelprozesse

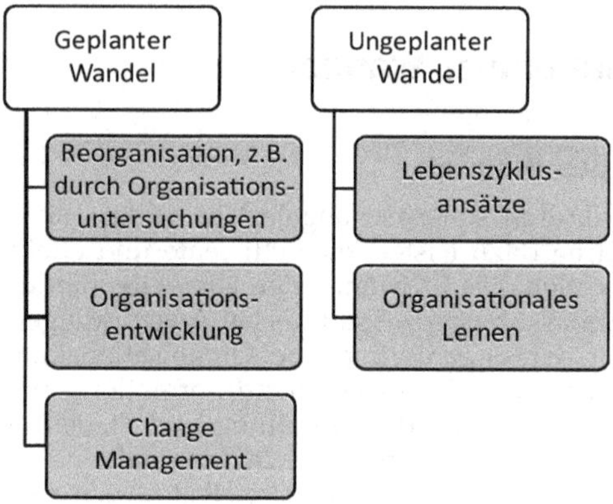

Die *Reorganisation* (auch Restrukturierung) ist auf eine umfassende sowie systematisch geplante und durchgeführte Änderung der Aufbau- und Ablauforganisation gerichtet. Sie hat das Ziel, die Effizienz und die Effektivität der Organisation zu steigern. In Veränderungsprojekten, in denen es um die Neugestaltung von Organisationen geht, ist die Organisationsuntersuchung eine häufig angewandte Methode. Dieser Weg der Reorganisation wird ausführlich in Kapitel 11 behandelt, sodass an dieser Stelle darauf verzichtet werden kann.

Bei der *Organisationsentwicklung* geht es nicht nur um eine reine Restrukturierung – der im weitesten Sinne technischen Seite – der Organisation, sondern um einen längerfristig angelegten Prozess, der vor allem darauf abzielt, eine Veränderung der Einstellungen sowie des Problemlösungs- und Interaktionsverhaltens der Organisationsmitglieder zu bewirken. Die Organisation soll sich als Folge besser den veränderten Umweltbedingungen anpassen können.

Change Management betont den permanenten Wandel. „Der [...] Wandel soll nicht mehr als ‚Sondervorgang' und ‚notwendiges Übel' behandelt werden, sondern als zentraler Erfolgsfaktor und ‚tägliches Brot' der Führungskräfte" (Bea & Göbel, 2010, S. 488). Es geht dabei um eine aktive Steuerung von Wandlungsprozessen und eine umfassende Initiierung und Umsetzung von neuen Strategien, Strukturen, Abläufen und Verhaltensweisen (Gattermeyer & Al-Ani, 2001, S. 14). Change Management geht damit weit über eine Reorganisation des Unternehmens hinaus.

Ungeplanter Wandel: Organisationen sind nie statisch, sie verändern und entwickeln sich auch ohne fremdorganisierte Veränderungsprojekte fortwährend. Die Wandlungsprozesse laufen in diesem Fall ab, ohne dass sie genau so intendiert waren, gewissermaßen verdeckt, zufällig oder auch ungewollt. Zur Beschreibung dieser Prozesse eines ungeplanten Wandels sind die am häufigsten benutzten Ansätze Evolutionsmodelle und Lernmodelle (Bea & Göbel, 2010, S. 488).

Lebenszyklusansätze als Evolutionsmodelle im weiteren Sinne[33]) beschreiben in idealtypischer Form die Entwicklungsstadien einer Organisation. Die Modelle gehen davon aus, dass Organisationen mit zunehmender Größe und steigendem Alter bestimmte Veränderungen durchlaufen. Als Beispiel sei das Wachstumsmodell von *Greiner* genannt (siehe Abb. 10-2).

Abb. 10-2: Wachstumsmodell von Greiner (nach Greiner, 1972, S. 41)

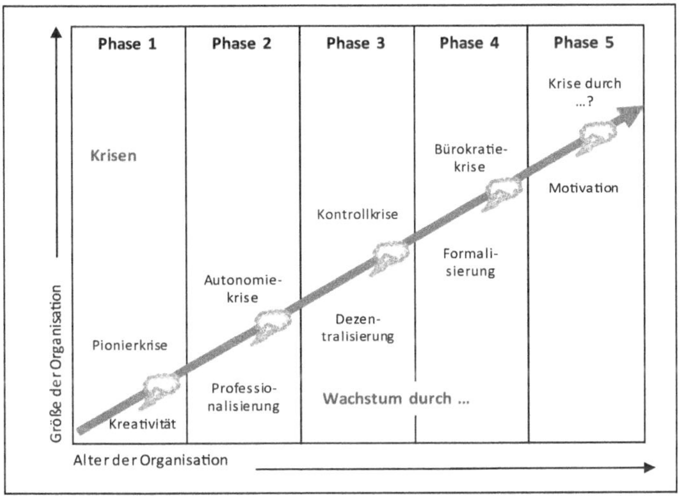

Das Modell beschreibt z. B. durch Kreativität oder durch Professionalisierung ausgelöste Wachstumsperioden, die im Lebenszyklus der Organisation durch folgende Krisen unterbrochen werden: eine Pionierkrise aufgrund fehlender formaler Organisation in der Anfangsphase einer Organisation, eine Autonomiekrise nach Konzentration der Führungsfunktion beim Vorstand, eine Kontrollkrise, der eine mangelhafte Kontrolle und Steuerung der Organisation vorausgeht und schließlich eine Bürokratiekrise nach einer zunehmenden Formalisierung von Abläufen und Strukturen. Die kritischen Situationen dienen als Auslöser für den Übergang zur nächsten Entwicklungsstufe.

Die einzelnen Phasen laufen ohne die Einwirkung externer Kräfte ab und sind nicht wesentlich zu beeinflussen. Organisatorische Veränderungen können in diesem Modellansatz bestenfalls vorhergesagt, jedoch nicht vermieden oder beeinflusst werden. Das Modell soll eine Orientierungshilfe für die langfristige Weiterentwicklung von Organisationen geben und insbesondere dazu führen, Entwicklungsphasen besser einschätzen und sich auf Krisen rechtzeitig vorbereiten zu können.

33) In Abgrenzung zu Evolutionsmodellen im engeren Sinne, die sich eng am biologischen Evolutionsbegriff orientieren und die Entwicklung einer Organisation durch die Variation von bisherigen Strukturen und Abläufen und die nachfolgende Selektion (die neuen Ideen werden wieder abgestoßen) oder aber Retention (die Veränderungen werden beibehalten) erklären.

Lernmodelle lassen (im Vergleich zu Evolutionsmodellen) noch die meisten Steuerungsmöglichkeiten zu. Beim Ansatz des organisationalen Lernens werden erworbene Erfahrungen bewertet und die Handlungen je nach erzieltem Ergebnis gegebenenfalls geändert. In der Organisation bildet sich eine Wissensbasis, in der Fakten, Regeln etc. abgelegt sind. Das Verhalten der Organisationsmitglieder wird auf diese Weise beeinflusst und die weitere Entwicklung kann auf den gewonnenen Erkenntnissen aufbauen.

Die hier nur knapp umschriebenen Konzepte der Organisationsentwicklung, des Change Managements und des kontinuierlichen Wandels durch organisationale Lernprozesse werden im weiteren Verlauf dieses Kapitels noch ausführlicher behandelt.

10.1.2 Wandel 1. und 2. Ordnung

Ein alternativer Klassifizierungsansatz von organisationalen Wandelungsprozessen besteht darin, nach Wandel 1. und 2. Ordnung (siehe Abb. 10-3) zu unterscheiden. Im Wesentlichen nimmt diese Einteilung Bezug auf die Intensität oder das Ausmaß der Veränderungen. Daraus folgt, dass sowohl Prozesse des geplanten als auch des ungeplanten Wandels 1. oder 2. Ordnung sein können.

Abb. 10-3: Wandel 1. und 2. Ordnung (nach Vahs, 2012, S. 287)

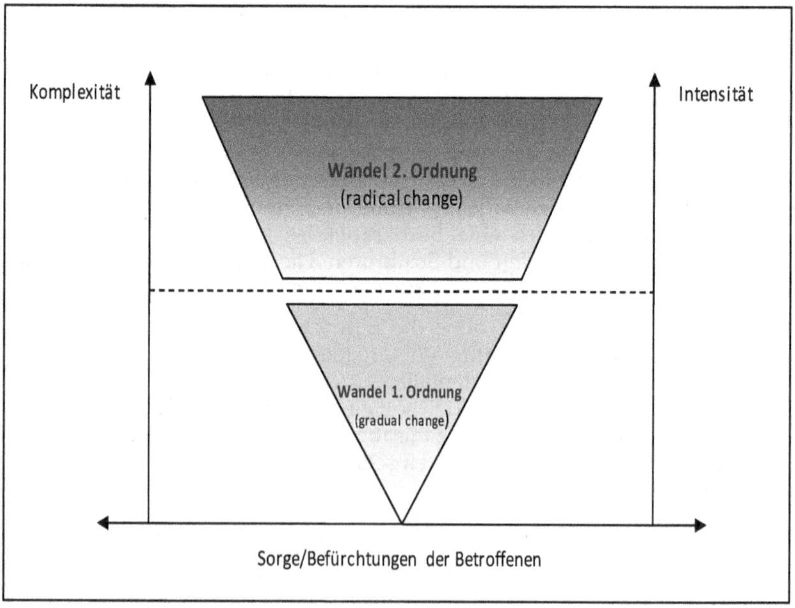

Wandel 1. Ordnung (gradual change, evolutionärer Wandel): Im Vergleich zum Wandel 2. Ordnung hält sich das Ausmaß des Wandels 1. Ordnung in Grenzen. Es „... erfolgt lediglich eine inkrementale [im Sinne von „geringfügig", d. Verf.] Modifikation der Arbeitsweise einer Organisation ohne Veränderung des vorherrschenden Bezugsrahmens oder des dominanten Interpretationsschemas" (Staehle, 1999, S. 900). Auch die individuellen Befürchtungen der betroffenen Mitarbeiter halten sich in Grenzen, da sie die Veränderung überblicken sowie nachvollziehen können und sich der Wandel Schritt für Schritt einstellt.

Wandel 2. Ordnung (radical change, revolutionärer Wandel): Das Ausmaß oder die Intensität der Veränderungen ist in diesem Fall grundlegender Natur. „Hier erfolgt eine einschneidende, paradigmatische Änderung der Arbeitsweise einer Organisation insgesamt, und zwar mit Änderung des Bezugsrahmens. Die Veränderungen sind qualitativer Natur ... Aus der Raupe wird ein Schmetterling ..."[34]). Es entsteht am Ende des Lern- bzw. Veränderungsprozesses folglich eine qualitativ „andere" Organisation, die nicht nur mit anderen Strukturen, Hierarchien etc. versehen ist, sondern auch für andere Normen und Werte steht.

Als Beispiel kann die Privatisierung der Deutschen Bundespost oder der Deutschen Bundesbahn genannt werden. Von den oftmals verbeamteten Mitarbeitern sind hier mitunter kurzfristige und einschneidende Wahrnehmungs- und Verhaltensänderungen erwartet worden oder werden noch erwartet (z. B. Gewinnorientierung).

Es liegt auf der Hand, dass derartig komplexe, relativ sprunghaft eintretende und kurzfristig stattfindende Änderungen bei den Betroffenen (gleichgültig, ob zu Recht oder Unrecht) stärkere Ängste und Befürchtungen hervorrufen können, als dies bei Wandelprozessen 1. Ordnung der Fall ist. Nicht selten münden diese Ängste in Widerstand gegen den Wandel.

Abbildung 10-4 fasst den grundlegenden Unterschied von Wandel 1. und 2. Ordnung noch einmal anhand ausgewählter Merkmale zusammen.

Abb. 10-4: Merkmale von Wandel 1. und 2. Ordnung (nach Staehle, 1991, S. 830)

Wandel 1. Ordnung	Wandel 2. Ordnung
• beschränkt auf einzelne Dimensionen, Aspekte	• mehrdimensional
• beschränkt auf einzelne Ebenen	• umfasst alle Ebenen
• quantitativer Wandel	• qualitativer Wandel
• Wandel des Inhalts	• Wandel im Kontext

34) Staehle (1999, S. 900). Unter *Paradigma* kann nach Thomas S. Kuhn die Art und Weise verstanden werden, wie Menschen ihre Wahrnehmungsstrukturen organisiert haben, für Weltsicht, Glaubensgrundsätze und hier insbesondere Managementphilosophien.

Wandel 1. Ordnung	Wandel 2. Ordnung
• Kontinuität, gleiche Richtung	• Diskontinuität, neue Richtung
• inkremental	• revolutionär
• logisch und rational	• vermeintlich irrational, andere Rationalität
• ohne Paradigmawechsel	• mit Paradigmawechsel

10.1.3 Widerstände gegenüber organisatorischen Veränderungen

Auch gut organisierte und professionell durchgeführte Veränderungsprozesse müssen nicht zwangsläufig zum Erfolg führen. Im Rahmen einer Studie des Herstein-Instituts bei 1.000 deutschsprachigen Unternehmen wurde ermittelt, dass 38 Prozent der Veränderungsprojekte als gescheitert eingestuft werden müssen. Der häufigste Grund für den missglückten Wandel ist dabei im Widerstand der Betroffenen zu suchen. Darüber hinaus spielen mangelhafte Prozesssteuerung, ein zu schnelles Veränderungstempo und unklare Zielsetzungen eine Rolle. Die Prozentangaben in Abbildung 10-5 (Herstein-Studie, zitiert nach Lauer, 2010, S. 41) machen deutlich, dass 30 Prozent der Befragten den Widerstand der Mitarbeiter als Hauptursache für nicht gelungene Veränderungsprozesse ansehen.

Abb. 10-5: Ursachen gescheiterten Wandels

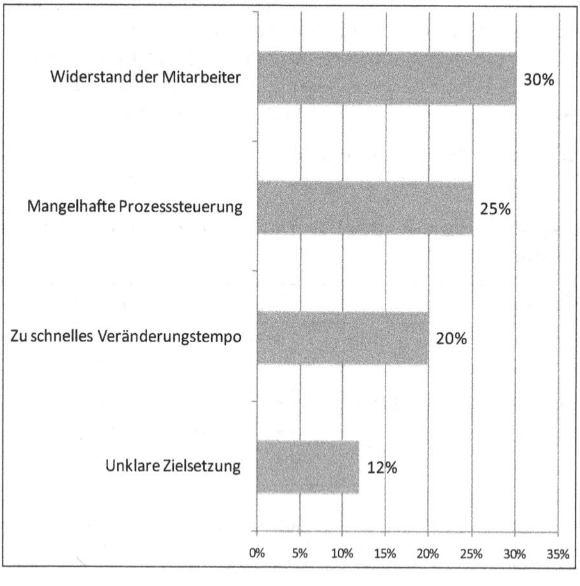

Vom Widerstand der Betroffenen ist die Rede, „... wenn vorgesehene Entscheidungen oder getroffene Maßnahmen, die auch bei sorgfältiger Planung als sinnvoll, ‚logisch' oder sogar dringend notwendig erscheinen, aus zunächst nicht ersichtlichen Gründen bei einzelnen Individuen, bei einzelnen Gruppen oder bei der ganzen Belegschaft auf diffuse Ablehnung stoßen, nicht unmittelbar nachvollziehbare Bedenken erzeugen oder durch passives Verhalten unterlaufen werden" (Doppler & Lauterburg, 2002, S. 323). Die Organisationsmitglieder bauen eine emotionale Sperre gegen Änderungen auf (Schreyögg, 2010, S. 405; Steinmann & Schreyögg, 1913, S. 436).

➤ Ursachen von Widerständen

Der Widerstand gegen den Wandel kann sowohl individuelle als auch organisationale Ursachen haben (Zeller, 2009, S. 21 ff.; Schreyögg & Koch, 2007, S. 365 ff.; Schreyögg, 2010, S. 405 ff.; nach Watson, 1975).

Personenbedingte Widerstände:

- Die Betroffenen sind der Auffassung, dass organisatorische Veränderungen überhaupt nicht erforderlich sind, d. h., es mangelt an einem Problemverständnis.
- Einmal gebildete Verhaltensgewohnheiten (z. B. die Art und Weise, einen Antrag zu bearbeiten und dabei andere Stellen zu beteiligen, oder die Häufigkeit, Besprechungen durchzuführen) bilden sich mit der Zeit zu Routinen aus. Jede Veränderung wird als drohende Beeinträchtigung empfunden und lässt deshalb Veränderungswiderstände entstehen. Man spricht in diesem Zusammenhang auch von „defensiven Routinen" (Argyris & Schön, 1999).
- Die Betroffenen fürchten zudem, die erworbene Sicherheit zu verlieren. Gewohntes und Vertrautes muss aufgegeben werden und einer neuen, unbekannten Arbeitsorganisation weichen, die zunächst undurchschaubar ist. In diesem Zusammenhang ist beispielsweise an den Umstieg von der Kameralistik auf die doppelte Buchführung in Teilen des öffentlichen Sektors zu denken. Diese tief greifende Veränderungsmaßnahme ging bei der ganz überwiegenden Zahl der betroffenen Behörden mit umfänglichen Qualifizierungsmaßnahmen, der Einführung einer neuen Finanzsoftware und Änderungen in der Aufgabenwahrnehmung einher.
- Veränderungsmaßnahmen können in den Augen der Mitarbeiter bewährte Verfahrensweisen entwerten. Die eingeübten Methoden führten über einen langen Zeitraum zum Erfolg und sollen nun ersetzt werden. Die daraus resultierende Frustration führt gegebenenfalls zu einem Festklammern am Althergebrachten und somit zu einer Rückkehr zu den vermeintlich „goldenen Zeiten" (Frustrations-Regressions-Effekt).
- Auch aus der Erkenntnis, dass viele Abläufe und Strukturen optimiert werden könnten, leiten die Betroffenen oftmals keine Verpflichtung ab, durch die Veränderung des eigenen Verhaltens eine Verbesserung der Situation herbeizuführen. Dies wäre aus Sicht der Betroffenen nur erforderlich, wenn sie selbst unmittelbar zu dem negativen Ergebnis beigetra-

gen hätten und dafür die Verantwortung übernehmen müssten. Diese Sichtweise wird als „hedonistische Verzerrung" bezeichnet. Die Verantwortlichen entwickeln in der Folge eine hohe Beharrungstendenz, d. h., alles läuft weiter so wie bisher. Das Verhalten wird durch Druck von außen noch verstärkt. Wird der Druck von außen erhöht, erhöhen sich auch die Rechtfertigungstendenzen.

- Auch wird Ersterfahrungen unbewusst der Vorrang im Vergleich zu späteren Erfahrungen gegeben. Haben demnach Mitarbeiter im Zusammenhang mit Veränderungsprojekten bereits negative Erfahrungen gesammelt, bleiben diese haften und werden dann auf neue Projekte übertragen. Die Bereitschaft, sich auf Neues einzulassen, nimmt ab. Die negativen Erfahrungen erzeugen a priori Widerstand bei den Mitarbeitern.
- Dazu treten Befürchtungen auf, dass die Veränderungen mit einem Verlust an Macht und Prestige (z. B. bei einem Wechsel in ein Tätigkeitsfeld, das aus ihrer Sicht weniger attraktiv ist) oder einem sozialen Verlust (z. B. bei einem Wechsel in ein neues Arbeitsteam) verbunden sein werden. Dieses Phänomen tritt verstärkt bei Führungskräften auf.

Organisationsbedingte Widerstände:

- Die Organisationskultur spiegelt sich in den Verhaltensnormen und gemeinsamen Werten der Organisationsmitglieder wider. Die verinnerlichten Regeln und Überzeugungen finden Eingang in die tägliche Arbeitspraxis und weisen grundsätzlich eine starke Beharrungstendenz auf. Diese strukturelle Trägheit von Organisationen führt dazu, dass hohe Energiepotenziale mobilisiert werden, um althergebrachte Praktiken zu stabilisieren und gegen Veränderung zu schützen. Die Unternehmenskultur wird von unterschiedlichen Faktoren beeinflusst, so auch von der Regelungsdichte. Diese ist im öffentlichen Sektor in der Regel stärker ausgeprägt als in Privatunternehmen und begünstigt bürokratische Abläufe und ein absicherndes Verhalten der Mitarbeiter (Doppler & Lauterburg, 2002, S. 455).
- Die Veränderung etablierter Strukturen und Abläufe wird als Kränkung (verletzter „Systemstolz") empfunden, wenn die Neuerungen von außen an das System herangetragen werden und zu wenig Gelegenheit zur Selbstorganisation gegeben wird („Nicht-hier-erfunden-Syndrom"). Das Grundbedürfnis nach eigener Profilierung und Mitgestaltung wird verletzt. In der Folge versuchen die Betroffenen, zu beweisen, dass die vorgegebene Lösung nicht funktionieren wird. Eine andere Möglichkeit, Widerstand zu äußern, ist der Versuch, die vorgefertigte Maßnahme nach den eigenen Wünschen abzuändern.
- Eine tiefe Verankerung von Arbeitsroutinen und Strukturen führt zum Widerstreben von Organisationen, diese aufzugeben. Vor allem in der Anfangsphase eines Veränderungsprojektes wird den Mitarbeitern bewusst, dass Gewohntes in Gefahr ist. Die Organisation befürchtet, infolge der Veränderungen in einen Ungleichgewichtszustand und „chaotische" Zustände zu geraten, und leistet regen Widerstand.

Die genannten Ursachen führen letztlich zu einer deutlich eingeschränkten Motivation für geplante Veränderungsprojekte, die in aller Regel für die Beteiligten noch zusätzliche Arbeit bedeuten. Das „Tagesgeschäft" muss schließlich ebenfalls erledigt werden. An dieser Stelle wird deutlich, dass Veränderungen sich nicht „von oben" verordnen lassen, sondern einer breiten Akzeptanz und Mitwirkung der Mitarbeiter bedürfen.

➤ Merkmale von Widerständen

Widerstand ist nicht immer leicht zu erkennen. Bedenken gegen Veränderungsabsichten äußern sich oftmals nicht durch sachlich und logisch vorgetragene Argumentation, sondern werden als verschlüsselte Botschaft gesendet. Hier spielen Emotionen eine große Rolle, und zwar in Form von Angst, Bedenken oder Befürchtungen. Angst vor Veränderungen kann sich beispielsweise durch Auskunftsverweigerung oder dem Zurückhalten bzw. der verzerrten Weitergabe wichtiger Informationen äußern (siehe hierzu Prinzipal-Agent-Theorie in Kapitel 2). Die auftretenden Emotionen resultieren aus der generellen Ungewissheit über die Konsequenzen des Wandels. Oftmals ist für die Betroffenen selbst nicht greifbar, warum ihnen eine angekündigte Maßnahme „nicht geheuer" erscheint.

Typische Anzeichen für Widerstand bei Einzelnen oder kleineren Gruppen sind (siehe Abb. 10-6):

Abb. 10-6: Allgemeine Symptome für Widerstand (nach Doppler & Lauterburg, 2002, S. 326)

Allgemeine Symptome für Widerstand		
	verbal (Reden)	**nonverbal** (Verhalten)
aktiv (Angriff)	**Widerspruch** Gegenargumentation Vorwürfe Drohungen Polemik sturer Formalismus	**Aufregung** Unruhe Streit Intrigen Gerüchte Cliquenbildung
passiv (Flucht)	**Ausweichen** Schweigen Bagatellisieren Blödeln ins Lächerliche ziehen Unwichtiges debattieren	**Lustlosigkeit** Unaufmerksamkeit Müdigkeit Fernbleiben innere Emigration Krankheit

➤ Umgang mit Widerständen

Wie aufgezeigt ist Widerstand eine übliche Begleiterscheinung in Wandelprozessen. Unabhängig davon, ob Widerstand offen oder verdeckt geäußert wird, kann er Veränderungsprojekte verhindern oder zum Scheitern bringen. Für einen erfolgreichen Wandel ist es daher entscheidend, wie den Vorbehalten der Organisationsmitglieder, die sachlich und emotional begründet sein können, seitens der Führungskräfte begegnet wird.

Es lässt sich annehmen, dass die Betroffenen sich angesichts geplanter Veränderungen zunächst einmal drei Grundfragen stellen (Doppler & Lauterburg, 2002, S. 326 f.):

- Was sind Ziele und Hintergründe der Veränderung?
- Kann ich die neuen bzw. zusätzlichen Aufgaben bewältigen?
- Was bringt mir persönlich die Veränderung und will ich sie mittragen?

Veränderungsprojekte, die sich nur auf die Überwindung der sachlich begründeten Widerstände beschränken und die emotionale Ebene außer Acht lassen, sind nicht sinnvoll. Studien, die sich mit den Variablen für einen erfolgreichen organisationalen Wandel beschäftigt haben, führten insbesondere zu folgenden Empfehlungen zur Überwindung von Widerstand (Schreyögg, 2003, S. 505 f.; Staehle, 1999, S. 981 f.):

- eine umfassende und rechtzeitige Information der Beteiligten über Ziele, Hintergründe und geplante Vorgehensweise des anstehenden Prozesses,
- die aktive Teilnahme der Organisationsmitglieder am Veränderungsgeschehen sowie ihre Mitwirkung bei anstehenden Entscheidungen,
- der Aufbau eines vertrauensvollen Arbeits- und Kommunikationsklimas während des gesamten Prozesses, um Rückmeldungen der Mitarbeiter in die Maßnahmengestaltung einfließen lassen zu können,
- nach Möglichkeit Gestaltung eines kontinuierlichen Veränderungsprozesses in kleinen Schritten über einen längeren Zeitraum hinweg (evolutionärer Wandel)[35]),
- die Berücksichtigung von gewachsenen Arbeits- und Sozialbeziehungen bei der Neugestaltung der Organisation,
- der Einsatz eines fachlich und methodisch kompetenten Beraters (intern oder extern),
- die rasche Stabilisierung erzielter Veränderungen.

Diese „goldenen Regeln" (Schreyögg, 2010, S. 411) zur erfolgreichen Bewältigung von organisationalen Veränderungen und Überwindung von Widerständen finden sich in Wandelkonzepten wieder, die über eine reine Optimierung von Prozessen und Strukturen als Hauptziel der Reorganisation von Organisationen hinausgehen. Diese Konzepte werden im Folgenden dargestellt.

35) In Abgrenzung zum revolutionären Wandel, der als Reaktion auf einen hohen Problemdruck tief greifende, umfassende Eingriffe in die Organisation innerhalb einer relativ kurzen Zeitspanne vorsieht (siehe auch Konzept des Business Process Reengineering in Kapitel 7).

10.2 Organisationaler Wandel durch Organisationsentwicklung

10.2.1 Grundlagen

Eine erschöpfende Definition von Organisationsentwicklung gibt die Gesellschaft für Organisationsentwicklung (GOE) e. V. „Die GOE versteht Organisationsentwicklung als einen längerfristig angelegten, organisationsumfassenden Entwicklungs- und Veränderungsprozess von Organisationen und der in ihr tätigen Menschen. Der Prozess beruht auf dem Lernen aller Betroffenen durch direkte Mitwirkung und praktische Erfahrung. Sein Ziel besteht in einer gleichzeitigen Verbesserung der Leistungsfähigkeit der Organisation (Effektivität) und der Qualität des Arbeitslebens (Humanität)" (zitiert nach Becker & Langosch, 1995, S. 5).

Im Gegensatz zum technologisch orientierten Ansatz der Reorganisation stehen beim Konzept der Organisationsentwicklung demnach die Einstellungen, Verhaltensweisen und sozialen Beziehungen der Organisationsmitglieder im Vordergrund. Die vom Wandel betroffenen Organisationsmitglieder werden zu Beteiligten, indem sie in die Lage versetzt werden, Probleme in ihrem Arbeitsbereich selbst zu erkennen und aktiv zu beheben. Das Ziel der Organisationsentwicklung besteht demnach darin, einen organisationsweiten, partizipativen Veränderungsprozess zu fördern, um die Problemlösungs- und Anpassungsfähigkeit der Organisation und ihrer Mitglieder zu verbessern und einen Wandel der Organisationskultur herbeizuführen.

Dabei sind insbesondere folgende Effekte erzielbar (vgl. Kraus et al., 2004, S. 29 f.):

- Veränderung des Führungsstils (hin zu mehr Mitarbeiterorientierung),
- offenere Kommunikation,
- Verbesserung des Konfliktmanagements,
- effizientere Zusammenarbeit,
- mehr Vertrauen in die Organisation und als Folge weniger Widerstände,
- Verbesserung der Maßnahmenqualität durch die Partizipation der Beteiligten,
- erhöhte Veränderungsbereitschaft,
- Verbesserung des Betriebsklimas,
- vermehrtes Engagement,
- erhöhte Arbeitszufriedenheit.

10.2.2 Der Drei-Phasen-Ansatz von Lewin

Der Drei-Phasen-Ansatz von *Lewin* gilt als das klassische Vorgehensmodell der Organisationsentwicklung für ein partizipatives, verhaltensorientiertes Veränderungskonzept (Schein, 2003, S. 115 ff.; Lewin, 1963, S. 223 ff. und 1947, S. 34 ff.). Der Ansatz geht von der Vorstellung aus, dass in einer Organisation grundsätzlich veränderungsfördernde und -hemmende Kräfte wirken. Ein

Gleichgewicht besteht, wenn die Summe dieser verhaltensbeeinflussenden Kräfte jeweils gleich groß ist. Organisationen streben grundsätzlich nach einem solchen Gleichgewicht. Soll nun ein bestehender Gleichgewichtszustand zugunsten eines neuen Gleichgewichtszustands aufgegeben werden, muss das vorhandene Kräfteverhältnis zunächst aus dem Gleichgewicht gebracht werden, um sich anschließend – auf einem höheren Niveau – erneut stabilisieren zu können. Beim Veränderungsprozess selbst, dem die Organisation unterliegt, handelt es sich um einen dynamischen Prozess, der in aufeinanderfolgenden Phasen abläuft. Der Anstoß für die Veränderung einer Organisation kann sowohl von innen (z. B. neue Mitarbeiter, Einführung leistungsorientierter Bezahlung) als auch von außen (z. B. öffentliche Kritik an der Organisation, neue Gesetzgebung) kommen. In der Regel wird der Veränderungsprozess dann von der Behördenleitung initiiert, die einen Rahmen, innerhalb dessen eine Veränderung stattfinden soll, vorgibt. Verändern muss sich das System anschließend aus eigener Kraft.

Ist der Veränderungsprozess erst einmal eingeleitet, durchläuft er die drei typisch verlaufenden Phasen „unfreezing – moving – freezing", die *Lewin* mit seiner Feldtheorie beschrieben hat (vgl. Abbildung 10-7).

Die **Auftauphase („unfreezing")** setzt voraus, dass ein System den vormaligen Gleichgewichtszustand aufgibt. Alte Verhaltensweisen, Regeln und Gewohnheiten werden zur Disposition gestellt. Hierzu ist es besonders wichtig, die Gründe und die Zielsetzung für die anstehende Veränderung umfassend und transparent darzulegen. Auf diese Weise wird die Motivation für eine Veränderung geweckt (Schein, 2003, S. 116). Andererseits besteht in dieser Phase die Gefahr, dass Veränderungsprojekte missglücken, wenn z. B. durch übergroße Hektik versäumt wurde, für Akzeptanz zu sorgen.

Abb. 10-7: Drei-Phasen-Ansatz von Lewin (Schreyögg, 2010, S. 412 f. nach Lewin, 1958, S. 210 f.)

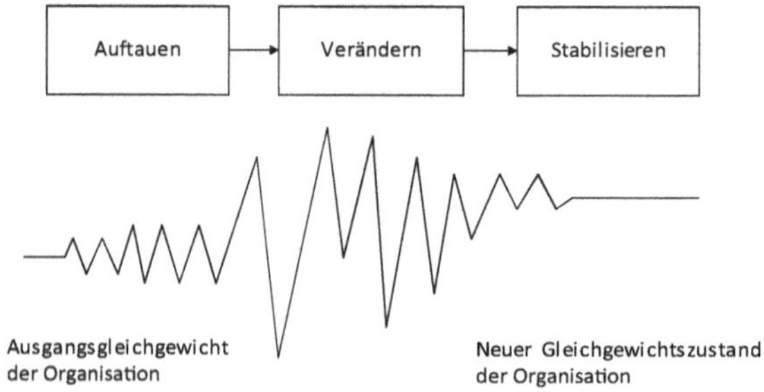

Phase zwei betrifft die eigentliche **Veränderung (*„moving"*)**. Wenn die Bereitschaft zur Veränderung vorhanden ist, kann die Organisation neu gestaltet werden. In dieser Phase kommt es leicht zu Konflikten, da üblicherweise der sichere Status quo einer unsicheren Veränderung vorgezogen wird. Die

Gefahr, dass alte, vertraute Verhaltensweisen hochgehalten werden, die in der Vergangenheit zum Erfolg führten und daher in Phasen der Unsicherheit emotionalen Halt bieten, ist in dieser Phase besonders hoch. Es ist daher wichtig, die betroffenen Organisationsmitglieder einzubinden und aktiv an der Problemlösung und Maßnahmenplanung zu beteiligen.

In der **Stabilisierungsphase („freezing")** werden die durchgeführten Veränderungen integriert und stabilisiert, damit sie Bestand haben. Dies sorgt für Ruhe und Sicherheit sowie einen neuen Gleichgewichtszustand in der Organisation. In dieser Phase besteht die Gefahr, dass kleine Rückschläge oder die „Macht der Gewohnheit" latent noch immer wirksame Strukturen aufleben lassen und das System wieder in seinen alten Zustand zurückfällt (Schreyögg, 2010, S. 412). Ausschlaggebend für den bleibenden Erfolg ist, dass die von der Veränderung betroffenen Mitarbeiter die positiven Wirkungen des organisationalen Wandels auch persönlich wahrnehmen.

Der Ansatz *Lewins* ist als Erklärungsmodell für erfolgreichen Wandel deshalb besonders hervorzuheben, weil er den partizipativen Ansatz der Organisationsentwicklung und damit eine Akzeptanzförderung bei den Beteiligten betont. Allerdings muss bedacht werden, dass besonders die Stabilisierungsphase mit einem erfolgreichen „Wiedereinfrieren" einige Zeit in Anspruch nimmt, da alte Gewohnheiten durch neue ersetzt werden müssen und dem individuellen Lerntempo der Betroffenen Raum gegeben werden muss. Dies dürfte bei zeitkritischen Veränderungsprojekten in Krisensituationen regelmäßig problematisch werden.

10.2.3 Alternative Vorgehensweisen bei der Organisationsentwicklung

Der partizipative Ansatz der Organisationsentwicklung stößt ab einer bestimmten Größenordnung der Organisation an seine Grenzen, und zwar dann, wenn es nicht mehr praktikabel ist, alle Organisationsmitglieder gleichzeitig in den Veränderungsprozess einzubeziehen. In Abhängigkeit von der Größe der Organisation und der jeweiligen Situation, in der sich die Organisation befindet, lassen sich daher idealtypische Vorgehensweisen bei der Einführung von Veränderungen differenzieren. Abbildung 10-8 zeigt den Beginn des Veränderungsprozesses auf jeweils unterschiedlichen Interventionsebenen in der Hierarchie sowie seine Entwicklung (jeweils von links nach rechts).

Abb. 10-8: Vorgehensweisen der Organisationsentwicklung (aus Vahs, 2012, S. 392)

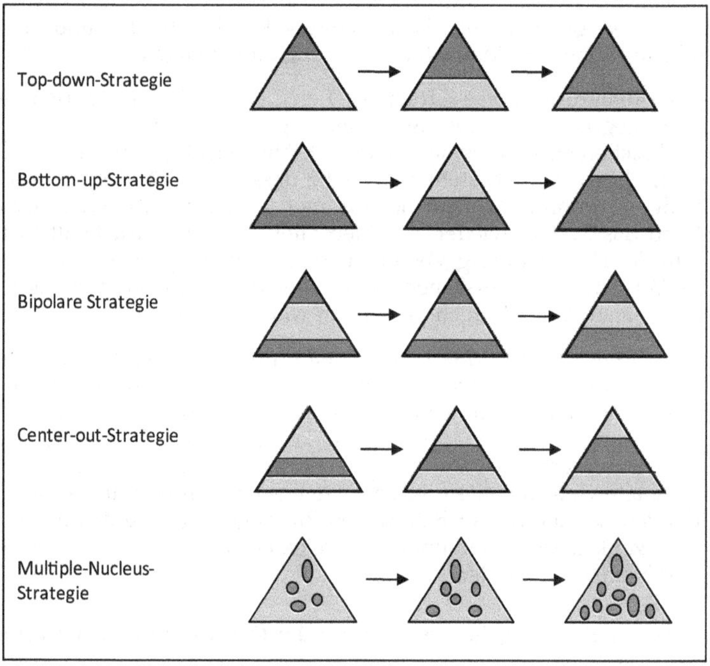

Top-down-Strategie: Ausgangspunkt der Veränderung ist die oberste Führungsebene. Die geplanten Maßnahmen werden nach unten in die Organisation getragen. Beispiele für diese Art des Vorgehens sind in der Regel umfassende Veränderungsprojekte wie die Einführung des Neuen Steuerungsmodells, der doppelten Buchführung oder eines organisationsweiten Qualitätsmanagementsystems. Zum Erfolg führt die Vorgehensweise, wenn die Veränderungen nicht verordnet werden. Die Führungsebene sollte diese „vorleben" und die Mitarbeiter in Entscheidungen einbeziehen, damit sie von allen Organisationsmitgliedern mitgetragen werden. In der Praxis wird dieser Ansatz am häufigsten gewählt, weil sich Veränderungen am leichtesten und nachhaltigsten durchsetzen lassen (Staehle, 1999, S. 935). Allerdings kann das Top-down-Vorgehen auch zu erheblichen Widerständen bei den nachgeordneten Hierarchieebenen führen, insbesondere dann, wenn sie sich nicht ausreichend eingebunden fühlen.

Bottom-up-Strategie: Hier setzt das Vorgehen auf der untersten Hierarchieebene an. Der Ansatz ist vorteilhaft, wenn weitgehende Veränderungen in besonderem Maße die Ausführungsebene betreffen. Die dort tätigen Mitarbeiter kennen sich schließlich am besten mit der Situation vor Ort aus und wissen, welche Veränderungen erforderlich sind. So wird es beispielsweise sinnvoll sein, die betroffenen Mitarbeiter bei der Einführung einer neuen Fachsoftware oder der Veränderung der Aktenablage mit der Erarbeitung von Lösungsvorschlägen zu beauftragen. Problematisch kann das Bottom-up-Prinzip insbesondere dann werden, wenn die Belange und Vorstellungen der Mitarbeiter zwar vorgetragen, aber anschließend nicht berücksichtigt werden.

Bipolare Strategie: Das Vorgehen erfolgt zeitgleich sowohl „von oben" als auch „von unten". Die Partizipation ist bei diesem Ansatz sichergestellt. Um Ablehnung bei den unteren Hierarchiestufen zu vermeiden, sollten die Mitarbeiter allerdings auch bei strategischen Entscheidungsprozessen informiert und beteiligt werden. Diese Strategie wird empfohlen, wenn von einem starken Widerstand der mittleren Führungsebene auszugehen ist (Vahs, 2012, S. 394).

Center-out-Strategie: Ausgangspunkt der Veränderungen ist bei diesem Ansatz die mittlere Führungsebene. Vorteilhaft ist, dass Organisationsmitglieder dieser Führungsebene vor dem Hintergrund der ihnen übertragenen Kompetenzen organisatorische Maßnahmen leichter sowohl nach oben als auch nach unten transportieren können. Voraussetzung ist, dass die mittlere Führungsebene über ausreichend Courage verfügt, um vor allem auf die höheren Führungsebenen einzuwirken.

Multiple-Nucleus-Strategie: Diese Strategie eignet sich insbesondere für Team- und Netzwerkstrukturen. Veränderungen werden zeitgleich an verschiedenen Stellen initiiert, setzen sich in der Folge auch an anderen Stellen fort und umfassen schließlich die gesamte Organisation. Da diese Methode voraussetzt, dass Aktivitäten an verschiedenen Interventionsorten aufeinander abgestimmt und harmonisiert werden müssen, ist die Einrichtung einer Projektkoordination zwingend.

10.3 Change Management – Steuerung des Wandels

10.3.1 Grundlagen und transformativer Wandel

Seit etwa Mitte der 1990er-Jahre rückt die Betrachtung des Themas „Change Management" zunehmend in den Vordergrund. Die ab diesem Zeitpunkt entwickelten Konzepte basieren in erster Linie auf einer stärkeren Prozess-, Kunden- und Kompetenzorientierung. Man unterscheidet dabei vor allem:

- Lean-Management-Ansätze (schlankes Management, z. B. Lean-Production),
- Reengineering-Ansätze (vgl. Kapitel 11, z. B. Business Process Reengineering),
- Qualitätsmanagement-Ansätze (vgl. Kapitel 12, z. B. EFQM-Modell) und
- strategische Ansätze (wie die Netzwerkorganisation oder die virtuelle Organisation[36])).

36) Strategische Ansätze zielen z. B. auf eine neue, weitgehende Dezentralisierung von Aufgaben ab, die dadurch gekennzeichnet ist, dass rechtlich und wirtschaftlich selbstständige Organisationen zielorientiert und koordiniert zusammenarbeiten.

Change Management, also Veränderungsmanagement, ist eine Strategie des geplanten und systematischen Wandels. Es handelt sich dabei um „... die permanente Initiierung, Planung, Steuerung und Kontrolle von innovativen unternehmerischen Aufgaben unter Berücksichtigung persönlicher Sichtweisen von Beteiligten und Betroffenen" (Pirntke, 2007, S. 151). Change Management umfasst damit Maßnahmen der Reorganisation und der Organisationsentwicklung, geht aber noch darüber hinaus (Bea & Göbel, 2010, S. 487). Dies soll anhand des **Schichtenmodells der Transformation** (Krüger, 1994, S. 358 ff.) erläutert werden. Das Modell unterscheidet vier Wandelformen des Veränderungsmanagements, wobei die Tiefe der Veränderung von „oben" nach „unten" zunimmt (siehe Abb. 10-9).

Abb. 10-9: Schichtenmodell der Transformation

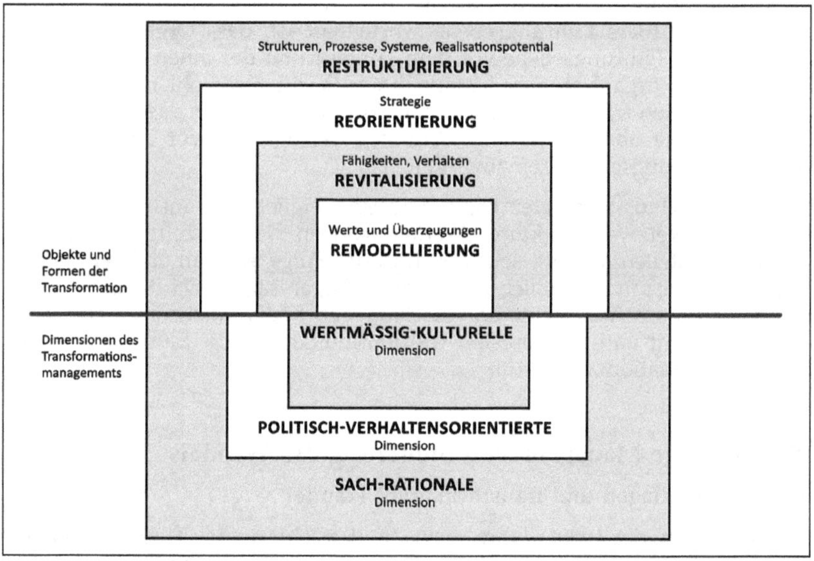

- Bei der **Restrukturierung** (Reorganisation) geht es darum, die vorhandenen Organisationsstrukturen, Prozesse sowie die eingesetzten Systeme (z. B. DV-Systeme) und das materielle Realisationspotenzial (z. B. die technische und räumliche Infrastruktur) zu verändern. Typische Restrukturierungsmaßnahmen sind die Optimierung von Prozessen, die Verflachung der Hierarchie und der Abbau von Stellen. Die Restrukturierung bewegt sich weitgehend auf einer sachlich-rationalen Dimension.
- Gegenstand der **Reorientierung** ist die strategische Neuausrichtung einer Organisation. Diese zeigt sich beispielsweise in einer verstärkten Ausrichtung auf bestimmte Geschäftsfelder (z. B. Wirtschaftsförderung oder Jugendhilfe) oder der Vorbereitung einer Kooperation mit einer anderen

Organisation (z. B. gemeinsame Datenzentrale mehrerer Behörden). Die Veränderung ist damit tiefer gehend als bei der Restrukturierung und zugleich notwendige Voraussetzung für einen Wandel 2. Ordnung. Die Reorientierung verlangt die Beachtung politisch-verhaltensorientierter Dimensionen, d. h., dass unterschiedliche Interessenlagen und ggf. auftretende Widerstände zu berücksichtigen sind.

- Das Ziel der **Revitalisierung** sind grundlegende Veränderungen der Ressourcen und Fähigkeiten der Organisationsmitglieder. Beispielhaft können die Partizipation von Mitarbeitern, die Änderung des Führungsstils (etwa durch die Delegation von Aufgaben) oder die Förderung von Eigenverantwortung (etwa durch die Einführung von Teamstrukturen) genannt werden.
- Die **Remodellierung** ist die tiefgreifendste Form des Wandels, die zudem eng mit der Organisationsentwicklung verknüpft ist. Sie zielt auf eine Veränderung der kollektiven Werte und Überzeugungen und damit einen Wandel der Organisationskultur ab. Remodellierungsprozesse gestalten sich in der Praxis sehr komplex und zeitaufwendig, weil neue Werte und Einstellungen (z. B. Visionen und Leitbilder) nicht einfach nur eingeführt werden können, sondern von der überwiegenden Zahl der Organisationsmitglieder akzeptiert und gelebt werden müssen. Ein Beispiel für die Remodellierung einer Organisation ist die Umwandlung der Deutschen Post AG von einem „bürokratischen Beamtenapparat" zu einer „flexiblen, unternehmerisch handelnden Einheit" (Vahs, 2012, S. 289). Remodellierung ebenso wie Revitalisierung verlangen über die politisch-verhaltensorientierten Aspekte hinaus die Einbeziehung der wertmäßig-kulturellen Dimension.

Zwischen den dargestellten Formen des Wandels bestehen vielfältige sachlogische und prozessuale Beziehungen. In der Praxis weisen manche Projekte Schwerpunkte in einer der Transformationsformen auf, andere Veränderungsprojekte sind eher durch Kombinationen der beschriebenen Typen geprägt. Dies ist von der jeweiligen Situation abhängig, in der sich eine Organisation befindet. Organisationen, die beispielsweise gerade in einer Finanzkrise stecken und sich neu ausrichten müssen (z. B. Kommunen mit hoher Soziallast und wenigen Gewerbebetrieben), benötigen eine andere Vorgehensweise als Organisationen, die bereits gut aufgestellt sind und sich noch weiter verbessern wollen (z. B. Kommunen mit geringer Soziallast und höheren Gewerbesteuereinnahmen).

10.3.2 Handlungsfelder und -strategien des Change Managements

Der mit dem Schichtenmodell veranschaulichte transformative Wandel beschreibt die Reichweite und Tiefe umfassender Veränderungsprojekte. Dabei können komplexe ablauf- und aufbauorganisatorische Restrukturierungen nicht isoliert betrachtet werden. Sie sind immer auch mit einer Neuausrichtung der Strategie, einer Anpassung der Technologie und einer Veränderung der Organisationskultur verbunden. Diese vier Handlungsfelder des

Change Managements sind bestmöglich aufeinander abzustimmen; ihre gegenseitige Beeinflussung muss bei Veränderungsprozessen berücksichtigt werden (vgl. Abbildung 10-10)[37]).

Abb. 10-10: Handlungsfelder des Change Managements (nach Vahs, 2012, S. 346)

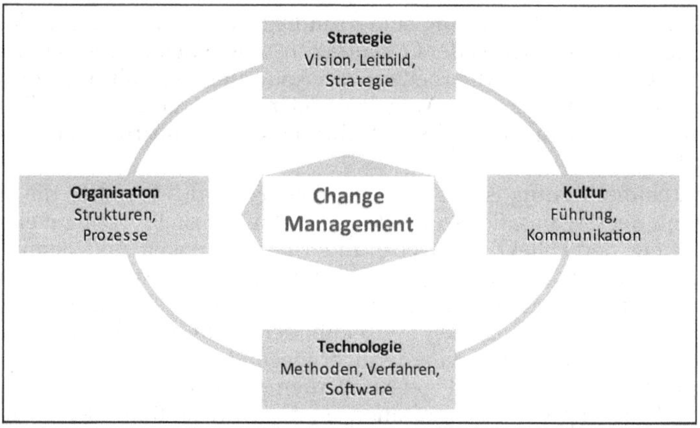

Für den Erfolg von Veränderungsprozessen ist zudem entscheidend, dass Maßnahmen der Organisationsgestaltung und Maßnahmen der Organisationsentwicklung inhaltlich und zeitlich genau aufeinander abgestimmt werden. Der Change-Management-Ansatz betont eine stärkere Berücksichtigung der Rahmenbedingungen, unter denen sich der organisationale Wandel zu vollziehen hat. Im Ergebnis sollte für jedes Veränderungsprojekt ein „maßgeschneidertes Konzept" (Rau, 2007, S. 514 nach Picot et al., 1999) gefunden werden.

Doppler und *Lauterburg* (2002, S. 147 ff.) stellen acht Grundsätze auf, die bei jedem Veränderungsprozess als übergreifende Handlungsstrategien Beachtung finden sollten. Die folgenden acht Prinzipien des Vorgehens ergänzen sich gegenseitig und müssen alle gleichzeitig Beachtung finden, um die spätere Umsetzung zu sichern:

1. Zielorientiertes Management
2. Keine Maßnahme ohne Diagnose
3. Ganzheitliches Denken und Handeln
4. Beteiligung der Betroffenen
5. Hilfe zur Selbsthilfe

37) Die Handlungsfelder werden an anderer Stelle dieses Lehrbuchs umfassend beschrieben, weshalb in diesem Zusammenhang darauf verzichtet wird. Ausführungen zu den Strukturen und Prozessen finden sich in den Kapiteln 6 und 7, zur strategischen Planung und Zielbildung in Kapitel 14, zum Informationsmanagement in Kapitel 8 und zum Thema „Organisationskultur" in diesem Kapitel.

6. Prozessorientierte Steuerung
7. Lebendige Kommunikation
8. Sorgfältige Auswahl der Schlüsselpersonen

Schlüsselpersonen bemühen sich im Veränderungsprozess um die Einleitung und Durchsetzung von Innovationen. Sie werden auch als Change Agents oder Promotoren bezeichnet. Nach dem Promotoren-Modell von *Witte* (1973) werden Macht- und Fachpromotoren unterschieden. „Während ersterer sich auf eine hohe hierarchische Position mit entsprechender Sanktionsgewalt berufen kann, stützt sich der zweite eher auf Expertenmacht " (Staehle, 1999, S. 974). Beide sollten in Veränderungsprojekten vertreten sein.

Auf der Basis einer empirischen Studie in Wirtschaftsunternehmen und Non-Profit-Organisationen ermittelten *Vahs* und *Leiser* (2007) folgende Faktoren, die sich positiv auf den Veränderungserfolg auswirken:

- umfassende Schulung und aktive Beteiligung der Mitarbeiter,
- offene Informations- und Kommunikationspolitik,
- Commitment der Führungskräfte (im Sinne von „Selbstverpflichtung") sowie klare Ziel- und Zeitvorgaben,
- entschiedenes Vorgehen gegen Widerstände und Konflikte.

Insbesondere eine transparente und umfassende Informations- und Kommunikationspolitik, die Selbstverpflichtung der Führungskräfte sowie klare Ziel- und Zeitvorgaben fördern die Motivation der Mitarbeiter.

Im Hinblick auf Veränderungsprojekte im öffentlichen Sektor erscheinen insbesondere folgende Gesichtspunkte bedeutsam:

- Die Entscheidungsträger (Behördenleitung, Führungskräfte, ggf. Politik) müssen den Veränderungsprozess unterstützen und begleiten. Sie sind von Beginn an einzubeziehen, um sicherzustellen, dass das Projekt nicht an ihren Interessen vorbeigeht und die Ergebnisse auch umgesetzt werden. Insbesondere bei umfangreichen Veränderungsprozessen ist es zudem angeraten, in einem regelmäßigen Zeitturnus oder bei Erreichen vorher definierter Projektfortschritte (Meilensteine) Zwischenberichte vorzulegen. So können bis dahin vorliegende Ergebnisse abgesichert und das Einverständnis über das weitere Vorgehen eingeholt werden.
- Eine transparente, umfassende Informationspolitik und breite Beteiligung der Mitarbeiter, des Personalrates und der Beauftragten (z. B. Gleichstellungsbeauftragte, Schwerbehindertenbeauftragter) in allen Phasen des Prozesses sorgen dafür, dass die Einstellungen und Verhaltensweisen der Betroffenen in die Überlegungen einbezogen werden können. Zudem bewirkt diese Vorgehensweise eine größere Akzeptanz.
- Die konkreten Ziele des Veränderungsprojektes und evtl. Vorgaben der Entscheidungsträger (Verwaltungsleitung und Politik) sind allen Beteiligten zu vermitteln. Dies schafft Klarheit und Sicherheit.

- Ein gelungenes Projektmanagement und -controlling mit realistischer Planung und Bereitstellung von Zeitressourcen, Personalkapazitäten, Sachmitteln und finanziellen Ressourcen trägt entscheidend zum Gelingen bei.

Bei Veränderungsprozessen geht es neben der strukturellen Neugestaltung der Organisation vor allem um den „Wandel in den Köpfen", d. h. um eine Umdeutung der subjektiven Einstellungen und Wahrnehmungen der Organisationsmitglieder. Dazu ist es wichtig, darauf zu achten, dass die Organisationsmitglieder nicht doch wieder in alte Verhaltensmuster zurückfallen. Die laufende Kontrolle der Maßnahmen und ihrer Umsetzung trägt wesentlich dazu bei, das Erreichte zu stabilisieren und einen kontinuierlichen Optimierungsprozess anzustoßen. Dieser bewirkt, dass die Organisation entsprechend der situativen Anforderungen evolutionär, d. h. durch organisationale Lernprozesse, weiterentwickelt wird.

10.4 Lernende Organisation und Wissensmanagement

10.4.1 Grundverständnis der „Lernenden Organisation"

Organisationen, die erfolgreich sein wollen, müssen in der Lage sein,

- neue Herausforderungen zu antizipieren oder zumindest zu erkennen,
- sie organisationsintern (richtig) zu beurteilen,
- adäquate Entscheidungen zu treffen und
- umzusetzen.

Um diesem Anspruch zu genügen, sind seitens der Organisation bewusste, d. h. geplante und initiierte Lernprozesse erforderlich, die gewährleisten, dass die jeweilige Organisation sich ihren Herausforderungen entsprechend verändern kann – mit anderen Worten gesagt, einen organisatorischen Lernprozess oder einen Wandel vollziehen kann. **Lernen** und **Wandel** können dabei als wesensverwandt bezeichnet werden. Es sind quasi „Zwillingsbegriffe", sodass an dieser Stelle die noch zu entwickelnde Vorstellung von einer Lernenden Organisation oder (syn.) einem organisationalen Lernen der Idee eines kontinuierlichen organisatorischen Wandels sehr nahekommt (Schreyögg & Koch, 2007, S. 373).

Die Rede von einer „Lernenden Organisation" kann durchaus irritierend wirken, da es sich bei Lernen doch um einen Terminus handelt, der umgangssprachlich gewöhnlich nur für Individuen verwendet wird. Um es gleich vorwegzunehmen: Der Begriff der Lernenden Organisation ist eher als Metapher zu verstehen. Es sind die einzelnen Mitarbeiter im öffentlichen Sektor, die z. B. in der Wirtschaftsförderung gelernt haben, welche Art und Intensität der Unterstützung etwa Existenzgründer gewöhnlich wirklich benötigen, ohne dass dieses Verstehen im Einzelfall wiederum immer konkret benannt werden könnte. Oder es sind im Zuge von Öffentlich-Privaten Partnerschaften („PPP", siehe dazu Kapitel 13) ebenfalls immer konkrete Mitarbeiter der Verwaltung, die im Laufe von mehreren Projekten und im Rahmen von gemeinsamen Erfahrungen jeweils individuell gelernt haben, in ökonomischen Abhängigkeits- und Risikokategorien zu denken. Es sind also Personen, die in der Lage sind, über angesammeltes Erfahrungswissen die Vorteilhaftigkeit von solchen Partnerschaften richtig einzuschätzen. Es ist festzuhalten, dass es letztlich ausschließlich Menschen sind, die eine Organisation bilden und die damit allein zu lernen fähig sind. So stellt der Organisationsforscher *Hedberg* zu Recht fest: „Organizations have no other brains and senses than those of their members" (Hedberg, 1981, S. 6).

Dennoch lassen sich innerhalb von größeren Organisationen, wie sie öffentliche Verwaltungen regelmäßig darstellen, Veränderungs- und Anpassungsprozesse feststellen, bei denen es problematisch ist, sie allein mit individuellem Lernen zu erklären. Auch wenn der öffentliche Sektor sich – in Relation zu vielen Teilen des privaten Sektors – in vergleichsweise stabilen und sicheren Umwelten[38]) bewegt, so ist es keineswegs überraschend, dass viele Entscheidungen, die in (Verwaltungs-)Organisationen getroffen werden, fehlerhaft sind, Misserfolge darstellen oder von der jeweiligen Öffentlichkeit negativ sanktioniert werden.

Andere Entscheidungen wiederum ermöglichen Organisationen des öffentlichen Sektors, sich an neue Umweltherausforderungen (politische Vorgaben, veränderte Prioritäten der Bürger, extrem angespannte Haushalte etc.) anzupassen, um in Zukunft besser als zuvor dastehen zu können. Das Adjektiv besser kann im Kontext des öffentlichen Sektors durchaus verschiedene Werte umfassen und ist letztlich auch immer in Abhängigkeit von den jeweils betrachteten Akteuren und deren Zielen zu sehen. Aus einer übergeordneten Leitungs- bzw. Managementperspektive heraus sollen an dieser Stelle vor allem die Ziele der Organisationsleitung für die Organisation maßgeblich sein, die wiederum (auch) an den Erwartungen der Bürger und Vorgaben der Politik auszurichten sind.

Damit moderne öffentliche Verwaltungen aufgrund von „richtigen" Entscheidungen langfristig und nachhaltig erfolgreich sein können, muss gewährleistet werden, dass die Organisation als Ganzes ihre Fähigkeit verbessert, neue Handlungsweisen zu erlernen und alte, nicht mehr zeitgemäße oder ineffektive Handlungsweisen zu verlernen. Organisationales Lernen kann dabei als ein Prozess verstanden werden, der Leitungskräften hilft, die Organisation besser an die Herausforderungen und Erwartungen der Umwelt anzupassen, als dieses regelmäßig durch geplante bzw. programmierte Entscheidungen möglich wäre. Mit *Senge* kann der Terminus „organisationales Lernen" bis hierhin wie folgt umschrieben werden (Senge & Klostermann, 2008):

„Mit dem Organisationalen Lernen kann vor diesem Hintergrund der Prozess verstanden werden, durch den Führungskräfte versuchen, das Streben und die Befähigung der Mitarbeiter zu stärken, die Organisation und ihre Umwelt zu verstehen und zu steuern, um Entscheidungen treffen zu können, die die orga-

38) Siehe zum Umwelt-Begriff noch einmal oben in Kapitel 2.

nisatorische Effektivität dauerhaft erhöhen. Mit dem Wort organisational soll angedeutet werden, dass es natürlich Individuen sind, die den kognitiven Vorgang des Lernens vollziehen, dass jedoch die Lernergebnisse dann aber andere Arbeitsweisen, Routinen, Wissensbestände, Fähigkeiten und Werte von anderen Organisationsmitgliedern oder Personenmehrheiten betreffen."

Eine griffige Definition wird von *Probst* vorgeschlagen, der im Weiteren gefolgt werden soll (Probst, 1993, S. 473):

Organisationales Lernen lässt sich als die Fähigkeit einer Organisation definieren, Fehler zu entdecken, zu korrigieren und die organisationale Werte- und Wissensbasis so zu verändern, dass neue Problemlösungs- und Handlungskompetenzen entstehen.

Nach diesem Grundverständnis kann die Lernende Organisation auch als eine organisatorische Gestaltungsphilosophie verstanden werden. Lernen ist demnach anders formuliert auch eine qualitative Steigerung des Wissensstandes, die eine verbesserte Fähigkeit, effektiv zu handeln, nach sich zieht. Senge unterscheidet **fünf Grundanforderungen,** die eine Lernende Organisation erfüllt (Senge & Klostermann, 2008):

(1) **Systemisches Denken:** Es wird betont, dass Handlungen von einzelnen Organisationsmitgliedern und einzelnen Abteilungen interdependent sind. So steht z. B. das bürgerfreundliche Verhalten eines Verwaltungsmitarbeiters in den Augen des Bürgers nicht nur für diesen einen Mitarbeiter, sondern strahlt auf *die* Stadtverwaltung aus.

(2) **Persönliche Perfektion:** Der Einzelne soll hiernach permanent hinterfragen und für sich klären, was für ihn wichtig ist, und die Realität möglichst objektiv erfassen. Diese Einstellung steht für einen lebenslangen Prozess, der niemals endgültig abgeschlossen ist. Beispielsweise könnte der Mitarbeiter einer Stadtverwaltung hinterfragen, ob seine Wahrnehmung eines „schwierigen Kunden" auf objektiven Problemen beruht oder eine Frage von Sympathie und/oder Vorurteilen darstellt.

(3) **Mentale Modelle:** Damit sind Einflussgrößen bezeichnet, die im Alltag als selbstverständlich angesehen werden. Zu denken ist hier etwa an die Art und Weise, wie in einer Verwaltung Konflikte kommuniziert werden. Werden Konflikte (nur) als Störung angesehen oder auch als Chance von- und übereinander zu lernen? Wie wird mit Konflikten umgegangen? Werden sie offen und sachlich angesprochen oder „unter den Teppich gekehrt"? Gelingt es in solchen Situationen, das Gesprächsverhalten zu optimieren, können hieraus echte Lernerfolge generiert werden, von denen die gesamte Organisation profitiert.

(4) **Gemeinsame Visionen:** Diese bezeichnen Visionen, denen sich alle Mitarbeiter verpflichtet fühlen, da sie auch ihren persönlichen Zielvorstellungen entsprechen. Oftmals stehen Visionen oder auch Leitbilder, die

gemeinsam entworfen worden sind, am Anfang einer vertrauensvollen, offenen Atmosphäre, die Lernen ermöglicht. Die Diskussion um Leitbilder von Stadtverwaltungen, wie sie in Kapitel 14 angesprochen wurde, unterstreicht die Aktualität und Bedeutung dieses Aspektes auch für den öffentlichen Sektor.

(5) **Die Lernende Organisation (Team-Lernen):** Als fünftes Element wird das Lernen der gesamten Organisation erfasst. Die damit verbundenen Vorteile sind nur möglich, wenn die Handlungen und das Denken der einzelnen Mitarbeiter innerhalb der Organisation auf Lernen hin ausgerichtet sind und seitens der Organisation unterstützt werden.

Gelebtes organisationales Lernen im öffentlichen Sektor verlangt zum Teil eine Philosophieänderung des Arbeitsverständnisses und der Arbeitsbedingungen. Regelmäßig wird man von einem offenen Informationsaustausch, einem etablierten und unterstützten Klima des Lernens und von einem positiven Umgang mit Fehlern als Voraussetzung für eine Lernende Organisation ausgehen müssen. Des Weiteren bieten sich flache Hierarchien und eine Erweiterung der Kompetenzen von Mitarbeitern an, um Lernpotenziale freizulegen.

Im **Unterschied zur traditionellen Vorstellung** von organisatorischem Wandel wird Organisationslernen nicht als zeitlich befristeter Sonderfall, sondern als Normalität verstanden. Wandel findet so verstanden permanent statt, womit die Gestaltung und der Umgang damit keine spezielle, sondern eine allgemeine Herausforderung für das Management darstellt. Des Weiteren basiert die Vorstellung des organisationalen Lernens auf der Annahme, dass der Wandel bzw. der Lernprozess sich (wenn überhaupt) nur indirekt und dezentral gestalten und steuern lässt. Dies bedeutet, dass Organisationslernen sich zu weiten Teilen einer gezielten Lenkung durch das Management entzieht (s. unten: Ungeplanter Wandel). Schließlich unterscheidet sich das organisationale Lernen von traditionellen Vorstellungen des Wandels in und von Organisationen dadurch, dass Wandel und Lernen als Kompetenz aller Organisationsmitglieder verstanden werden und keineswegs nur ein Thema für externe oder interne Berater darstellen (Vahs, 2012, S. 461).

Zum Teil sind einzelne dieser Aspekte in konkreten Instrumenten und Rahmenbedingungen im **öffentlichen Sektor** bereits erkennbar. Zu denken sei etwa an das „Beschwerdemanagement", wenn Fehler und Kritik nicht „unter den Teppich gekehrt" werden, sondern als Ausgangspunkt für Verbesserungen interpretiert werden. Daneben kann auch auf die im Zuge des Neuen Steuerungsmodells eingeführte dezentrale Ressourcenverantwortung hingewiesen werden, die den Kompetenz- und Verantwortungsbereich von (einigen) Mitarbeitern de facto erweitert.

Was für den öffentlichen Sektor oftmals fehlt, ist ein auf das Lernen konsequent ausgerichteter Gesamtentwurf. Erste Ansatzpunkte könnten etwa in der institutionellen Verankerung von Lerngruppen oder (Lern-)Netzwerken liegen.

10.4.2 Organisationales Lernen als ungeplanter Wandel

Geschehen Wandlungsprozesse, ohne dass sie genau so intendiert waren, gewissermaßen verdeckt, zufällig oder auch ungewollt, so ist die Rede von Prozessen des **ungeplanten Wandels.** Ungeplanter Wandel vollzieht sich durch organisationale Lernprozesse.

Innerhalb der Organisation wird ein bestimmtes Handeln praktiziert, indem z. B. zur Bewältigung einer neuartigen Herausforderung ein Projektteam mit Vertretern verschiedener Disziplinen (z. B. ein Jurist, ein Pädagoge, ein Ökonom, ein Psychologe, ein Techniker) zusammengestellt wird. Wird nun festgestellt, auch ohne dass dieses ausdrücklich so ausgesprochen werden müsste, dass die Zusammensetzung eines solchen multidisziplinären Projektteams zu befriedigenden Lösungen geführt hat, kann die Organisation daraus lernen, dass es bei ähnlich gelagerten Fällen wieder ratsam ist, einen multidisziplinären Lösungsansatz zu wählen. Zu einer auch von außen wahrnehmbaren Ausprägung von organisationalem Lernen wird ein solches Verhalten, wenn innerhalb der Organisation bei ähnlichen Fällen gar nicht mehr überlegt oder hinterfragt wird, wie das Problem angegangen werden soll. Alle Mitglieder leiten dann ganz selbstverständlich Aktivitäten zur Zusammensetzung eines multidisziplinären Teams ein. Derart verstanden kann davon ausgegangen werden, dass Organisationen im Grunde, ähnlich wie Individuen, permanent lernen und sich die organisationale Wissensbasis (s. unten) erweitert, und zwar unabhängig davon, ob sich dieser Lernprozess bewusst oder unbewusst vollzieht.

So wichtig diese ungeplanten Lernprozesse auch sein mögen, sie können den geplanten Wandel aus folgenden Gründen nicht vollständig ersetzen (Bea & Göbel, 2002, S. 433):

- Wie Einzelpersonen (manchmal) auch, so sind Organisationen häufig träge und konservativ. Es ist Zufall und eher unwahrscheinlich, dass sich die gewünschten Strukturen, Handlungsnormen und Denkweisen wirklich gänzlich ungeplant einstellen werden.
- Das, was die Organisation „von selbst" lernt, muss keineswegs auch wünschenswert sein. Das heißt, in Organisationen könnten Mitarbeiter als Erstes solche „heimlichen Spielregeln" lernen, die sich als kontraproduktiv hinsichtlich des Organisationsziels erweisen.

10.4.3 Individuelles und organisationales Lernen

Eingangs ist bereits darauf hingewiesen worden, dass die Vorstellung von „Lernen" einen Vorgang bezeichnet, den man eher bei Individuen verortet als bei Kollektivphänomenen wie Gruppen oder Organisationen. Von diesem zunächst auf das Individuum bezogenen Lernverständnis soll im Weiteren ausgegangen werden, um damit dann die Analogien und Bezugspunkte zum sogenannten Organisationslernen aufzuzeigen (folgend Schreyögg, 1999, S. 529 ff.; Steinmann & Schreyögg, 2000, S. 452 ff.). Im Folgenden werden zwei

Theorien zum organisationalen Lernen vorgestellt: zum einen der auf dem Stimulus-Response-Schema basierende Ansatz von *March* und *Olsen*, zum anderen der wissensbasierte Ansatz von *Argyris* und *Schön*.

➤ Organisationslernen nach dem Stimulus-Response-Schema

Ursprünglich basiert das theoretische Konstrukt des Lernens – bezogen auf Individuen – auf dem sogenannten **Stimulus-Response-Schema** („S-R-Paradigma"). Ein Individuum lernt danach in solchen Fällen, wenn es auf einen gleichen oder sehr ähnlichen Reiz (Stimulus) in einer Weise reagiert (Response), die von einem vorangegangenen Verhalten auf diesen Reiz bedeutsam abweicht.

Der Verwaltungsbeamte, der einen vergleichbaren Sachverhalt zu bearbeiten hat und nun andere, „bessere" Wege der Bearbeitung wählt, weitere oder andere Gesichtspunkte berücksichtigt etc., hat nach dieser Lernkonzeption gelernt. Das Lernen als solches entzieht sich freilich einer direkten Wahrnehmung **(„Black-Box-Phänomen").** Der Lernvorgang selbst lässt sich nicht beobachten und erlaubt daher nur theoretische Überlegungen, die es durch entsprechende Untersuchungen und Experimente zu stützen oder zu widerlegen gilt.

Dieser individuelle Lernansatz wird in der Rede vom organisationalen Lernen auf die Organisation übertragen. Einen idealen organisationalen Lernzyklus illustriert die nachstehende Abbildung 10-11.

Ausgangspunkt der Anwendung auf die Organisation ist wiederum der Einzelne. Stellt dieser eine unerwünschte Abweichung zwischen den gegebenen und seinen erwünschten Umweltsituationen fest, dann entstehen diesem Zyklus zufolge (1) individuelle Handlungsüberlegungen, welche wiederum (2) zu Handlungen bzw. Entscheidungen der Organisation führen. Mit dieser organisationalen Entscheidung bzw. den damit einhergehenden Handlungen übt die Organisation einen (3) Stimulus auf die Umwelt im Sinne der oben beschriebenen Stimulus-Response-Theorie aus. Die Folge ist, dass die Umwelt darauf wiederum reagieren (Response) wird. Diese Reaktion wird von dem Einzelnen wahrgenommen und einer persönlichen Bewertung unterzogen (4). Sofern nun der Einzelne dabei wiederum zu dem Ergebnis kommt, dass die nun vorliegenden Umweltgegebenheiten nicht mit den gewünschten übereinstimmen, beginnt der skizzierte Lernzyklus von Neuem (siehe Abb. 10-11).

Abb. 10-11: Der ideale organisatorische Entscheidungs- bzw. Lernzyklus (nach March & Olsen, 1979, S. 13)

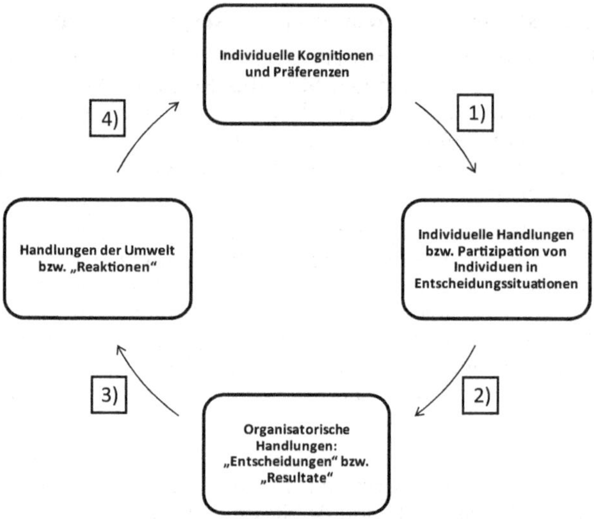

Im Kern läuft dieser Ansatz also darauf hinaus, dass die Mitglieder der Organisation aus den registrierten Umweltreaktionen neue (bessere) Handlungsweisen entwickeln und diese – in ihrer Gesamtheit als Handeln der Organisation – wieder eine Umweltreaktion hervorrufen usw.

➤ Lernende Organisationen als Wissenssysteme

Einen anders gelagerten Zugang zum Organisationslernen wählen *Argyris* und *Schön*.

Organisationen lassen sich danach als Wissenssysteme verstehen. In diesen Wissenssystemen existiert diesem Ansatz zufolge eine **„organisationale Wissensbasis"**, worunter die Fähigkeiten und Kenntnisse der Mitarbeiter, besondere Routinen, aber auch Patente, Technologien und Dokumentationen zu verstehen sind (Schreyögg & Noss, 1997, S. 69). Organisationales Lernen findet dann statt, wenn sich diese Wissensbasis ändert. Argyris und Schön gehen davon aus, dass sich die Wissensbasis einer Organisation ganz wesentlich in sogenannten Handlungstheorien – den „theories of action" – offenbart und dass diese Handlungstheorien jeweils spezifisch für die Organisationen sind. Mit Handlungstheorien wird i. w. S. Auskunft über Handeln *in* und *von* Organisationen gegeben. Dabei sind **zwei Arten von Handlungstheorien** zu unterscheiden:

Handlungstheorien (theories of action):

- Handlungstheorien, mit denen die Organisationsmitglieder ihr Handeln („offiziell") begründen **(espoused theory)**
- Handlungstheorien oder Überzeugungen, die dem Handeln zum Teil bewusst oder unbewusst *tatsächlich* zugrunde liegen **(theory-in-use)**

Handlungstheorien im Sinne der espoused theory entsprechen z. B. regelmäßig dem sogenannten „politisch-korrekten" Sprachgebrauch der Organisationsspitzen und werden der offiziellen Linie folgend somit auch auf den unteren Hierarchieebenen gebraucht. So werden im öffentlichen Sektor bestimmte Sachzusammenhänge zuweilen als nicht nach außen kommunizierbar angesehen und damit durch andere weniger konfliktbehaftete Formulierungen entschärft bzw. ersetzt.

Handlungstheorien im Sinne der theory-in-use stehen dagegen für solche Überzeugungen, die sich innerhalb der Organisation im Rahmen ihres tagtäglichen Handelns in der Praxis herausgebildet haben. Vor dem Hintergrund dieser (tatsächlichen) Ansichten werden dann die aus der Umwelt erhaltenen Daten, Informationen, Rückmeldungen etc. interpretiert, bewertet und in der theory-in-use verarbeitet. Dieser Sichtweise zufolge ändert sich die Wissensbasis der Organisation, wenn z. B. die theory-in-use aufgrund von Erfahrungen und/oder Erwartungen modifiziert wird: Die Organisation hat dann gelernt, denn sie ist zu neuen Überlegungen gelangt, die ein verändertes Handeln mit sich bringen.

10.4.4 Intensität und Ebenen des organisationalen Lernens

Nach den bis hierher erfolgten Ausführungen könnte die Frage entstehen, wie Organisationen eigentlich lernen. Eine mögliche Antwort wurde bereits oben im Rahmen der Darstellung des Stimulus-Reponse-Schemas gegeben.

Eine andere Erklärungsmöglichkeit basiert auf der Annahme, dass Organisationslernen in verschiedene Lernebenen oder Lernniveaus unterteilt werden kann. Dabei wird in der Organisationlehre verbreitet auf eine Unterteilung in drei Ebenen zurückgegriffen (folgend Steinmann & Schreyögg, 2005, S. 510 ff.; Argyris, 1994, S. 7 ff.; Argyris & Schön, 2006, S. 34 ff.; Vahs, 2012, S. 464 ff.):

(1) Ein-Kreis-Lernen (Single-Loop-Learning)

(2) Zwei-Kreis-Lernen (Double-Loop-Learning)

(3) Lernen des Lernens (Deutero-Learning)

In der nachstehenden Abbildung 10-12 sind die verschiedenen Lernebenen schematisch dargestellt.

Abb. 10-12: Ebenen des organisationalen Lernens (nach Vahs, 2012, S. 463)

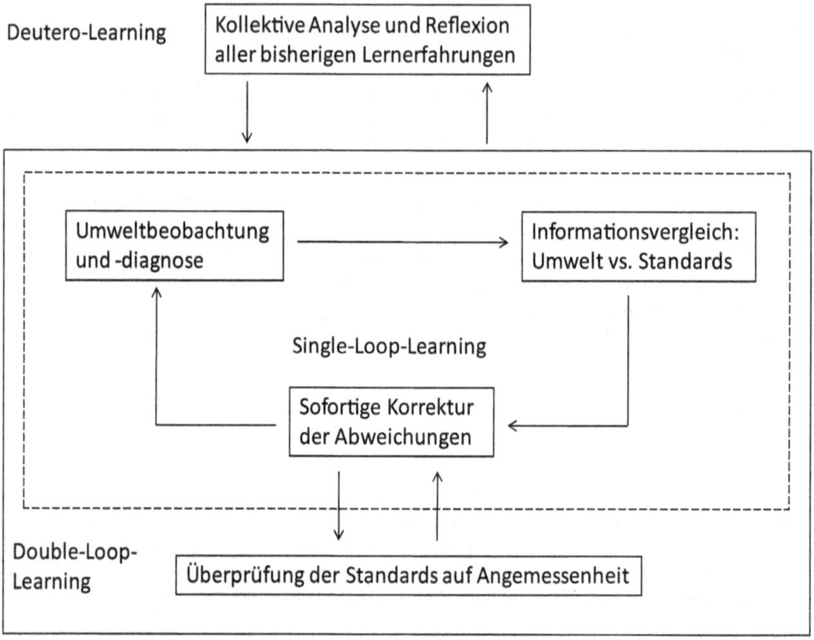

➤ Single-Loop-Learning

Im Rahmen des sogenannten Single-Loop-Learning erfolgt das Lernen innerhalb eines stabilen Bezugsrahmens von Normen, Überzeugungen und Standards. Registrieren die Organisationsmitglieder eine Abweichung von diesem Bezugsrahmen, dann versuchen sie, diese zu berichtigen, zu „begradigen" oder auch zu eliminieren.

Das Ein-Kreis-Lernen findet im Wesentlichen auf individueller Ebene statt, sodass sich folglich die Erweiterung und Änderung der organisationalen Wissensbasis in Grenzen hält. Grundlegende und weitreichende Lernprozesse, wie sie in dynamischen, instabilen Umwelten regelmäßig erforderlich sind, vollziehen sich auf dieser Ebene nicht. Die grundlegenden Überzeugungen, Normen und Orientierungen bleiben unverändert. Die oben eingeführte theory-in-use bleibt in diesem Falle unverändert.

Beispiel: Single-Loop-Learning in der Stadtverwaltung

Im Rahmen der Einführung des Neuen Steuerungsmodells wird in der Stadtverwaltung der Gemeinde X-Stadt u. a. auch die Budgetierung von Ressourcen beschlossen und umgesetzt. Die Stadtverwaltung erhofft sich auf diese Weise nicht unbedeutende Einsparungseffekte, die dazu beitragen sollen, die mehr als angespannte Haushalts-

lage der Stadt zu entspannen. Eine Reihe von Organisationseinheiten erhalten so ein eigenes Budget, innerhalb dessen weitgehend autonomes Wirtschaften möglich ist. Für die Verrechnung von internen Dienstleistungen, die eine Organisationseinheit für eine andere erbringt (z. B. übernimmt das Personalamt den überwiegenden Teil der administrativen personalbezogenen Tätigkeiten für alle anderen Ämter der Stadtverwaltung), sind sogenannte interne Verrechnungspreise zu zahlen. Das heißt, die einzelnen Organisationseinheiten stellen sich untereinander Leistungen in Rechnung, womit entsprechend Anteile des Budgets der Einheit, welche die Leistung empfängt, auf das Budget der Einheit übertragen werden, die die Leistung erbringt.

So positiv der Grundgedanke der Budgetierung und internen Verrechnung auch gesehen wird, es stellt sich nach einiger Zeit eine Unzufriedenheit ein, da nunmehr für „jede Kleinigkeit" interne Rechnungen erstellt werden, sodass der Verwaltungsaufwand dafür in keinem Verhältnis zu den angestrebten Effekten steht. Es wird beschlossen, künftig erst bei einem Mindestwert von 100 Euro eine Rechnung zu erstellen und Kleinstleistungen zu größeren Leistungspakten zu bündeln. Im Ergebnis wurde die Art und Weise des Vorgehens verändert, die grundlegenden Bestimmungen und Konzepte blieben aber unverändert.

➤ Double-Loop-Learning

Das Double-Loop-Learning erfordert als Zwei-Kreis-Lernen von Organisationen bzw. von den Organisationsmitgliedern insbesondere auch die Fähigkeit des *Ver*lernens. Können die gewünschten Zustände auf der Ebene des Single-Loop-Learning nicht erreicht werden oder können bestimmte Fehler oder Störungen nicht beseitigt werden, wird es sich ggf. als unumgänglich erweisen, bislang als unverrückbar angesehene Grundüberzeugungen zu hinterfragen und eventuell zu verändern bzw. zu verwerfen.

Das heißt, auch die theory-in-use wird im Rahmen des Double-Loop-Learning infrage gestellt. Vollzieht sich dieser Lernprozess, dann stehen an dessen Ende neue Normen, Standards und Grundüberzeugungen. Mit anderen Worten auch eine neue theory-in-use.

Beispiel: Double-Loop-Learning in der Stadtverwaltung

In Fortsetzung des obigen Beispiels zum Single-Loop-Learning tritt nun die Situation ein, dass trotz eingeführter und gelebter Budgetierung diese Maßnahmen nicht den erwünschten Erfolg gebracht haben. Hier und da konnte zwar ein wirtschaftlicherer Umgang mit den verfügbaren Ressourcen verzeichnet werden, gleichwohl änderte das System nichts an der nach wie vor prekären finanziellen Situation der Gemeinde X-Stadt. Denkbar wäre es nun, dass ein Lernprozess im Sinne des Double-Loop-Learning eintritt, indem die Stadt von der bisher vertretenen Leitlinie abrückt, möglichst keine intensiveren Kooperationen mit privatwirtschaftlichen Unternehmen (sog. Public-Private- Partnership (PPP)) einzugehen. Seitens der Stadtspitze wurde darauf bislang verzichtet, da man einen Einfluss- und Steuerungsverlust befürchtete. Diese Grundüberzeugung würde nun infrage gestellt, da andere, weniger tief gehende Maßnahmen es nicht vermochten, den erwünschten Erfolg zu bringen. Ein grundlegendes Umdenken setzt ein, man ist nun bereit, andere, bisher nicht in Erwägung gezogene Wege zu gehen.

➤ Deutero-Learning

Das Deutero-Learning, das Lernen des Lernens, setzt innerhalb der Organisation die Fähigkeit der Selbstreflexion voraus. Im Rahmen des Deutero-Learning wird das Lernen der Organisation als solches Gegenstand der Betrachtung. Die Organisation untersucht, interpretiert und bewertet das „eigene" Lernverhalten. Es wird analysiert, wie und ob die Organisation in der Vergangenheit gelernt hat und welcher Lernerfolg zu verzeichnen war. Sowohl bei Lernerfolgen als auch bei Misserfolgen wird in der Organisation systematisch die Frage nach den Gründen gestellt, weshalb das Lernen gelang bzw. auf welche Lernhindernisse der Misserfolg zurückgeführt werden kann.

Das Deutero-Learning setzt folglich voraus, dass die Organisation die Lernebenen Single-Loop und Double-Loop bereits beherrscht, da ansonsten eine solche Eigenbetrachtung nicht möglich wäre.

Beispiel: Deutero-Learning in der Stadtverwaltung

Die Stadtverwaltung X-Stadt ist aufgrund der gemachten Erfahrungen dazu übergegangen, ihre Regeln, Entscheidungen, Handlungen etc. permanent und systematisch auf deren Wirkungs- und Zielbeitrag zu prüfen. Sämtliche Organisationsmitglieder sind dazu aufgerufen, sich an dieser Reflexion des eigenen Tätigseins zu beteiligen. In dem Umfang, in dem dieses Vorhaben gelingt, gelingt auch das Deutero-Learning.

10.4.5 Wissensmanagement

➤ Relevanz und Verständnis von „Wissensmanagement"

Um es in einem Satz zu sagen: Das Phänomen Wissen hat Konjunktur. Schlagworte wie „Wissen als neuer Wettbewerbsfaktor", „organisatorische Wissensbasis", „Wissensarbeiter" oder „Wissensgesellschaft" lassen sich derzeit nicht nur in Zeitungsartikeln und populärwissenschaftlichen Beiträgen finden, sondern auch in wissenschaftlichen Veröffentlichungen (von der Oelsnitz & Hahmann, 2003; Al-Laham, 2003). Es mangelt nicht an Analysen, Prognosen und Studien, welche die Bedeutung von Qualifikationen, Bildung und Wissen stets aufs Neue eindringlich betonen.

In der **Privatwirtschaft** ist diese Entwicklung bereits seit Längerem erkannt, was u. a. dadurch deutlich wird, dass nicht länger nur „kapitalintensive" von „arbeitsintensiven" Unternehmen unterschieden werden, sondern dass auch immer mehr von **„knowledge-intensive firms"** die Rede ist (Starbuck, 1992). In solchen Unternehmen wird dem Leistungs- bzw. Einsatzfaktor Wissen mehr Bedeutung beigemessen als in anderen. Denkt man beispielsweise an Unternehmen wie SAP, Microsoft oder Unternehmensberatungen, so wird deutlich, dass der eigentliche Wert dieser Unternehmen in ihrem Wissen und weniger in ihrem Sachvermögen liegt. Zuweilen wird sogar dafür plädiert, Wissen bzw. Information als zusätzlichen Produktionsfaktor anzusehen

(Pietsch et al., 1998, S. 18 f.). Mit dem in einer Organisation vorhandenen Wissen scheint für die Wirtschaft eine neue, bislang scheinbar übersehene **Ressource** identifiziert worden zu sein.

Vergleichbare Überlegungen haben inzwischen auch für den **öffentlichen Sektor** eingesetzt. So stellt die Kommunale Gemeinschaftsstelle für Verwaltungsmanagement fest, dass auch in Kommunalverwaltungen das Bewusstsein wächst, „... dass das Wissen – in den Köpfen der Mitarbeiter ebenso wie in den vielen konventionell geführten Akten und Registraturen und in den Datenbanken der IT-Anwendungen – einen besonderen Wert darstellt" und: „Ein ernsthaft betriebenes Wissensmanagement führt zu mehr Qualität und Produktivität" (Kommunale Gemeinschaftsstelle für Verwaltungsmanagement, 2001, S. 9 f.).

Blickt man in die Praxis, so sind die Ergebnisse jedoch häufig ernüchternd. Es scheint, als ob es sich bei Wissensmanagement eher um ein Thema für Berater und das einschlägige Schrifttum handelt als um etwas, das auch in der Praxis gelebt wird. Nicht eben selten erschöpft sich Wissensmanagement darin, entsprechende EDV-Produkte im Zuge von Intranet-Lösungen zur Verfügung zu stellen. Einem eher technisch dominierten Verständnis von Wissensmanagement soll im Weiteren nicht gefolgt werden.

Wissensmanagement, wie es in diesem Lehrbuch verstanden werden soll, knüpft unmittelbar an die vorangegangenen Ausführungen zum organisationalen Lernen an. Die Organisation lernt, indem sich die in der Organisation vorhandene Wissensbasis ändert. Übersetzt man den Terminus „Management" allgemein mit „Steuern und Gestalten", dann lässt sich daraus ein elementares Grundverständnis von Wissensmanagement ableiten. Wissen soll systematisch gesteuert werden, indem beispielsweise Wissen dort verfügbar gemacht werden soll, wo es aktuell gebraucht wird. Wissen soll systematisch gestaltet werden, z. B. mittels Weiterbildung aufgebaut werden, sodass damit die zukünftigen Herausforderungen der Organisation bewältigt werden können.

Die Steuerung und Gestaltung von Wissen als Wissensmanagement zu bezeichnen rückt unweigerlich die Frage nach dem **Verständnis von Wissen** in den Vordergrund. Die Literatur bietet eine Vielzahl von mehr oder weniger verschiedenen Auffassungen zu diesem Thema. Betrachtet man den Kernbegriff Wissen, so führt dieses zunächst einmal zu der Feststellung, dass es sich dabei (nur) um ein hypothetisches Konstrukt handelt. Was beobachtbar ist, sind Menschen und Organisationen, die sich – vermutlich unter anderem aufgrund von unterschiedlichem Wissen – in der einen oder anderen Weise mehr oder weniger erfolgreich verhalten.

Sowohl die Alltagssprache als auch verschiedene wissenschaftliche Disziplinen weisen unterschiedliche Verständnisse von Wissen auf. In der Philosophie wird z.B. das Wissen von der bloßen Meinung oder dem Glauben durch einen Grad an Gewissheit abgegrenzt, der auf Verifizierbarkeit von Behauptungen beruht. In der Psychologie hingegen wird auf die innere Repräsentation von Wirklichkeit abgestellt und zwischen Faktenwissen (deklaratives Wissen) und Handlungswissen (prozedurales Wissen) unterschieden (Kluwe, 1990, S. 175 f.). Faktenwissen meint explizites Wissen über Objekte, Geschehnisse, Personen usw. Solches Wissen ist i.d.R. verbalisierbar und kann z.B. in Form von Handbüchern, Plänen etc. leicht für andere Nutzer zugänglich gemacht werden. Anders verhält es sich beim Handlungswissen. Dieses beschreibt oftmals implizites Wissen darüber, wie man handelt. Es basiert beispielsweise auf individuellen Erfahrungen oder langer Übung, hat somit viel mit Intuition gemeinsam und kann daher nur schwer oder auch gar nicht verbalisiert und damit kaum direkt an andere weitergegeben werden. Aufgrund der besonderen Bedeutung für die Konzeptionen des Wissensmanagements wird unten auf die Begriffe des expliziten und impliziten Wissens noch einmal Bezug genommen werden.

Als mögliche dritte Kategorie ist der Vollständigkeit halber das Metawissen, das „Wissen über das Wissen“, anzuführen. Dabei handelt es sich um eine Art von übergeordnetem Wissen, bei welchem sich das Individuum darüber bewusst ist, dass es Kenntnis über bestimmte Zusammenhänge, Prozesse, Dinge oder Personen besitzt.

➤ Arten und Erscheinungsformen von Wissen

Wissen kann sehr unterschiedliche Inhalte und Qualitäten aufweisen. Sie reichen von dem reinen Zeichen bis hin zum Terminus der Kernkompetenz, womit im strategischen Management die Kompetenz einer Organisation verstanden wird, etwas besser zu beherrschen als andere Organisationen. Folgende vier Begriffe und deren Abgrenzung zueinander sind hier relevant, sodass sich die folgenden Darstellungen darauf beziehen (siehe Abb. 10-13 [Mroß, 2000; Thommen & Achleitner, 2006, S. 1026]):

Abb. 10-13: Wissenshierarchie

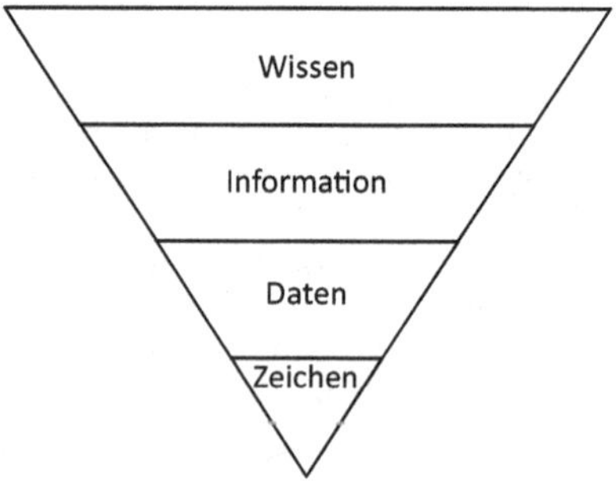

Unter **Zeichen** sind Ziffern (4, 5 etc.), Sonderzeichen ($, % etc.), Buchstaben oder auch ikonische, d. h. bildhafte Darstellungen zu verstehen, die für sich genommen keinerlei Aussage beinhalten.

Unter **Daten** sind Zeichen (oder Zeichenfolgen) zu verstehen, die aufgrund von getroffenen Vereinbarungen Informationen darstellen. Daten (lat. für „Gegebenes") als Abbildungen der Wirklichkeit können also unter Hinzunahme von Zeichen und der entsprechenden Syntax innerhalb eines bestimmten Kontextes zu **Informationen** werden. Isoliert betrachtet bieten Daten für ein Subjekt jedoch keinerlei Nutzen.

Als Beispiel sei die Zahl „1,20" angeführt, die für sich genommen keinerlei Aussage über ihre Bedeutung als Preis, Körpergröße o. Ä. trifft. Es fehlt die „Dimension". Darin liegt auch der entscheidende Unterschied zum Informationsbegriff. Dieser ist zweckorientiert und erfordert die Kenntnis über den Kontext (dass z. B. ein Devisenkurs von Euro 1,20 je Dollar vorliegt), welcher für eine Aktion oder Entscheidung benötigt wird.

Wissen kann dann entstehen, wenn ein Devisenhändler die gegebene Information und andere miteinander verknüpft und daraus schlussfolgert (er *weiß* dann), dass der Devisenkurs unter bestimmten Voraussetzungen über den Kurs von Euro 1,20 hinaus noch ansteigen wird. Abbildung 10-14 zeigt ein weiteres Beispiel.

Abb. 10-14: Zeichen, Daten, Information und Wissen – Beispiel (nach Rehäuser & Krcmar, 1996)

§ 978 BGB	Zeichen (7 Ziffern bzw. Buchstaben und Sonderzeichen)
Paragraf aus dem Bürgerlichen Gesetzbuch	Daten
Gesetzeshinweis, der zur Beurteilung von Fragen des Sachenrechts nützlich sein kann.	Information
In Bezug auf die Fragestellung XYZ und unter Berücksichtigung von ABC lässt sich Folgendes sagen und entsprechend handeln …	Wissen

Das **Wissen** lässt sich folglich auch als die Summe der gespeicherten und geordneten Informationen verstehen, über die ein Individuum verfügt und die es zum Handeln befähigt.

Die Beschaffung von Informationen wird heute – anders als vor einigen Jahren – kaum mehr als betriebliches Problem angesehen. Ganz im Gegenteil liegt das eigentliche (Management-)Problem vielmehr in der richtigen Filterung der Flut von Informationen und den zu treffenden Schlussfolgerungen.

Oben wurde bereits kurz darauf hingewiesen, dass zwischen explizitem und implizitem Wissen unterschieden werden kann. Aufgrund der grundlegenden Relevanz dieser Differenzierung für ein praktiziertes Wissensmanagement soll darauf noch einmal ausführlicher eingegangen werden.

Das **explizite,** deklarative **Wissen** zeichnet sich dadurch aus, dass die Inhalte bewusstseinsfähig sind. Es lässt sich in Worten und Zahlen strukturieren, standardisieren und kommunizieren. In der betrieblichen Praxis ist es z. B. in Form von Handbüchern, Dokumentationen, Datenbanken, Texten, Formularen speicherbar. Die Mitarbeiter einer Verwaltung sind sich also bewusst darüber, dass sie dieses wissen, und sind auch in der Lage, ihr Wissen Dritten bereitzustellen.

Das Gestalten und Steuern (Management) von derartigen Wissensinhalten stellt für die Verwaltung – im Vergleich zum Management von implizitem Wissen – das weitaus kleinere Problem dar, weil auf diese Inhalte vergleichsweise leicht Bezug genommen werden kann. Gleichwohl muss auch solches Wissen gezielt und bewusst aufbereitet werden, indem der Aufbau und die Pflege solcher Wissensspeicher (wie z. B. interne Datenbanksysteme) schlichtweg durchgeführt werden muss.

Implizites Wissen hingegen setzt sich überwiegend aus Erfahrungen zusammen (Seitz, 2004, S. 259). „Im Kern geht es darum, dass es sich um persönliches und daher stark kontextgebundenes Wissen handelt, dessen Existenz seinem Träger offensichtlich nicht hinreichend bewusst ist“ (Schanz, 2007, S. 270 f.).

Implizites Wissen entsteht, indem der Einzelne über die Jahre seines Lebens hinweg höchstpersönliche, individuelle Erfahrungen sammelt. Implizites Wissen umfasst damit die im Laufe des Lebens erworbenen technischen Fertigkeiten, Erfahrungen und kognitives Wissen, wie etwa Vorstellungen von der Wirklichkeit, eigene Überzeugungen und Wahrnehmungen des einzelnen Individuums, womit es hochgradig an eine bestimmte Person gebunden ist. Ein solches Wissen ist einzigartig.

Eine weitere Besonderheit ist zudem, dass implizites Wissen zum Teil selbst der Person gar nicht bewusst ist („Der Einzelne weiß nicht, dass er dieses weiß.“). Implizites Wissen in dieser Form wird als **„tacit knowledge“** bezeichnet. Dieses kann nicht in Worte gefasst oder anderweitig expliziert werden und kann daher auch nur schwerlich Gegenstand von Wissensmanagement sein.

Eine andere Differenzierung gliedert nach der Verbreitung von Wissen in der Organisation. Es wird unterschieden in: **individuelles** und **kollektives Wissen.** Von individuellem Wissen ist die Rede, wenn bestimmtes Wissen nur an eine Person gebunden ist. Verfügt etwa aufgrund einer besonderen Ausbildung oder Erfahrung nur ein Mitarbeiter über das Wissen, so liegt individuelles Wissen vor. Kollektives Wissen ist dann vorhanden, wenn Wissen in gleicher Form bei mehreren oder allen Mitgliedern einer Organisation vorhanden ist. Zum Teil werden auch Fähigkeiten der Organisation, die nicht auf die Kenntnisse von einzelnen Mitarbeitern zurückgeführt werden können, als kollektives Wissen bezeichnet.

Schließlich ist es insbesondere aus praktischen Erwägungen heraus ratsam, Wissen auch im Hinblick auf seine Bedeutsamkeit zu klassifizieren und **relevantes** von **nicht-relevantem Wissen** abzugrenzen. Jedes Wissen erhält seine Bedeutung aus dem konkreten Situationszusammenhang und kann damit je nach situativem Kontext in dem einen Fall relevant, in einem anderen Fall irrelevant sein.

➤ Wissen „managen" – Wissensmanagement

Setzt man den Begriff Management mit Gestalten und Steuern gleich, so lässt sich für den Terminus Wissensmanagement festhalten, dass es hier folglich um das Gestalten und die Steuerung von Wissen geht. Während sich die **Gestaltung** von implizitem Wissen durch Erfahrungs- und Sozialisationsprozesse vollzieht und damit der gezielten Einwirkung durch die Organisation weitgehend entzogen ist[39]), kann explizites Wissen durch Aktivitäten der Personalentwicklung und Weiterbildung (Qualifizierung) gestaltet werden. Die Ansätze des Wissensmanagement legen den Schwerpunkt in der Regel eher auf den Steuerungsaspekt des Managements, sodass dieser im Weiteren auch im Fokus der vorliegenden Betrachtung liegt.

Steuerung von Wissen in Organisationen meint dabei, zu ganz wesentlichen Teilen die Sicherstellung eines möglichst reibungsfreien, internen Wissenstransfers zu gewährleisten, d. h., dass Wissen innerhalb der Organisation weitergegeben wird.

Ein Wissensmanagement gleich welchen Verständnisses wird nicht stattfinden, wenn das intern vorhandene Wissen unter den Mitarbeitern und Führungskräften nicht weitergegeben wird.

Für die praktische Organisations- und Personalarbeit vor Ort folgt daraus, dass die Gewährleistung des Wissenstransfers als notwendige Bedingung elementaren Nutzenüberlegungen der beteiligten Mitarbeiter genügen muss. Das heißt, es muss sich für den einzelnen Mitarbeiter lohnen bzw. es darf ihm wenigstens nicht schaden, wenn er sein Wissen weitergibt. Führungskräfte, die z. B. realistisch befürchten müssen, dass jetzige Mitarbeiter zu Konkurrenten werden können, also an ihrem sprichwörtlichen „Stuhl sägen", werden wenig Neigung zeigen, ihr Wissen über das notwendige Maß hinaus mit diesen zu teilen. In diesem Sinne wird eine Praxis der leistungsorientierten Entlohnung nach dem TVöD, die auf Individualleistung ausgerichtet ist, für den Wissenstransfer eher hinderlich sein.

Nach *Nonaka* kann entsprechend der oben eingeführten Unterscheidung zwischen explizitem und implizitem Wissen nach **vier Formen des Wissenstransfers** unterschieden werden (siehe Abb. 10-15).

39) Wenn man annimmt, was aber im Schrifttum strittig ist, dass Kulturen einer gezielten Einwirkung bzw. Beeinflussung zugänglich sind, dann kann in der Einwirkung auf die „Organisationskultur" ein Gestaltungsversuch bzgl. des impliziten Wissens gesehen werden. Dieser Frage soll hier aber nicht weiter nachgegangen werden.

Abb. 10-15: Formen der Wissensumwandlung (nach Thommen & Achleitner, 2006, S. 1028 ff.; Nonaka, 1994, S. 18 ff.)

		Zielpunkt	
		Implizites Wissen	*Explizites Wissen*
Ausgangspunkt	*Implizites Wissen*	Sozialisation (sympathetisches Wissen)	Externalisierung (konzeptionelles Wissen)
	Explizites Wissen	Internalisierung (operatives Wissen)	Kombination (systemisches Wissen)

- **Sozialisation:** Der Einzelne lernt durch Beobachtung und Imitation von einem anderen Individuum, ohne dass die Hintergründe ausdrücklich dargestellt werden. So lernt etwa der Assistent durch Anschauung und Nachahmung von der erfahrenen und etablierten Führungskraft effektives Kommunikationsverhalten in Konfliktsituationen.
- **Externalisierung:** Durch bildhafte Sprache, durch Metaphern, durch Modelle etc. kann das implizite Wissen einer Person in explizites Wissen umgewandelt werden und so durch andere Personen erfahr- und erlernbar werden. Durch Formulierungen, wie z. B. „Das ist so ähnlich wie …", können auch Zusammenhänge, die nicht in die treffenden Worte gefasst werden können, für eine andere Person prinzipiell erfahrbar werden.
- **Internalisierung:** Neues, unbekanntes explizites Wissen wird durch permanente Anwendung allmählich zu implizitem Wissen – es „sickert" quasi in die individuellen Verhaltensmuster ein, sodass später auch eine Anwendung dieses Wissens erfolgt, ohne sich dessen konkret bewusst zu sein. So kann etwa das permanente wirtschaftliche Denken in Input-Output-Kategorien auch dem Nicht-Ökonomen so geläufig werden, dass dieses nicht weiter thematisiert zu werden braucht; es ist gewissermaßen „in Fleisch und Blut übergegangen".
- **Kombination:** Verschiedene Aspekte oder Facetten von explizitem Wissen werden hier zu einem neuen Ganzen zusammengefügt, sodass neues explizites Wissen entsteht. Beispielsweise kann dadurch, dass der einzelne Mitarbeiter sein betriebswirtschaftliches Faktenwissen mit den Ansichten eines Psychologen kombiniert, eine neue Art von Erkenntnis entstehen, die so in beiden Perspektiven vorher nicht enthalten war.

Während der oben beschriebene Ansatz insbesondere die Transfermöglichkeiten von implizitem und explizitem Wissen in den Mittelpunkt der Betrachtung stellt, setzen andere Ansätze Schwerpunkte, die zu weiten Teilen auf die Entstehung und Bewegung von Wissen in Organisationen abstellen. Die Ansätze können in ihrer Breite an dieser Stelle nicht dargestellt werden, sodass auf das entsprechende Schrifttum hinzuweisen ist (Al-Laham, 2003, S. 79 ff.).

Probst et al. legen ein besonders anwendungsorientiertes Modell von Wissensmanagement vor, auf das folgend exemplarisch eingegangen wird (vgl. Probst et al., 2006, S. 35 ff.). Die Autoren gehen dabei von einem **Kreislaufmodell des Wissensmanagements** aus. Bestandteile dieses Kreislaufs sind die Bausteine: Wissensziele, -identifikation, -erwerb, -entwicklung, -verteilung, -nutzung, -bewahrung und -bewertung. Diese Bausteine sind miteinander netzartig verbunden und beeinflussen sich gegenseitig (siehe Abb. 10-16).

Abb. 10-16: Kreislauf des Wissensmanagements (nach Probst et al., 2006, S. 32)

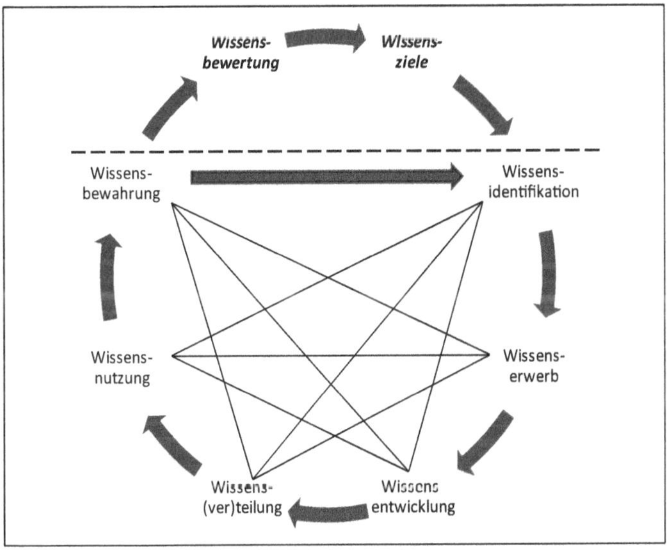

Das Modell unterscheidet zwischen strategischem und operativem Wissensmanagement. Das Setzen von Wissenszielen und die Bewertung von Wissen stehen dabei für die strategisch ausgerichteten Bestandteile des Kreislaufmodells. Damit alle übrigen (operativen) Bestandteile wirksam werden können, benötigen sie eine Vorgabe durch die oberste Führung der Organisation und erfahren wiederum eine strategische Bewertung der geleisteten operativen Tätigkeiten. Aus der Bewertung des operativ geleiteten Wissensmanagements erfolgt ein „Feedback" vom Element Wissensbewertung zum Element Wissensziele, sodass letztere ggf. angepasst werden können.

Im Einzelnen wird von einem kreislaufartigen Vorgehen ausgegangen: Durch **Wissensziele** wird also festgelegt, welches Wissen oder auch welche Fähigkeiten innerhalb der Organisation aufgebaut, weitergegeben, gepflegt etc. werden sollen. Im Rahmen der **Wissensidentifikation** gilt es für die Organisation, bedeutungsvolles Wissen innerhalb und außerhalb der Organisation zu identifizieren. Ein einfacher erster, praxisbezogener Schritt könnte darin bestehen, dass Informationen über die Kenntnisse und Fähigkeiten der Mitarbeiter systematisch in einer Wissensdatenbank erfasst und gepflegt werden. Durch **Wissenserwerb** wird benötigtes Wissen, auf das die Organisation bislang keinen Zugriff hat, erworben bzw. beschafft. In vielen Fällen wird dieses z. B. dadurch geschehen, dass Mitarbeiter mit entsprechenden Kenntnissen eingestellt werden oder auf externe Berater zurückgegriffen wird.

Im Rahmen der **Wissensentwicklung** sollen innovative Fähigkeiten und Ideen innerhalb der Organisation entwickelt werden. In der Praxis lassen sich solche Prozesse z. B. durch entsprechend veranstaltete Workshops oder Ideenbörsen seitens der Leitung organisatorisch unterstützen. Im Zuge der **Wissens(ver)teilung** geht es darum, das in der Organisation vorhandene Wissen gezielt zu verteilen. Unter dem Begriff Wissenstransfer ist auf diesen Schritt bereits oben eingegangen worden.

Schließlich soll durch die **Wissensbewahrung** verhindert werden, dass für die Organisation relevantes Wissen z. B. durch Wechsel oder Pensionierung des Stelleninhabers verloren geht. Gerade im Hinblick auf das implizite Wissen stellt diese Aufgabe angesichts des demografischen Wandels eine wichtige Herausforderung dar, wenn es darum geht, insbesondere implizites Wissen (tacit knowledge) der älteren Mitarbeiter zu bewahren (vgl. Mroß, 2008). Mithilfe der **Wissensbewertung** erfolgt quasi ein Controlling des Wissensmanagements. Es bietet sich hierdurch die Möglichkeit, die gesetzten Wissensziele zu überdenken, ggf. zu korrigieren oder gar völlig neue Wissensziele zu setzen, wenn die Rückmeldungen aus dem operativen Bereich dieses nahelegen.

10.5 Organisationskultur

10.5.1 Begriff und Merkmale der Organisationskultur

Die Organisationskultur als „weicher" Faktor des Veränderungsmanagements gewinnt gegenüber den „harten" Faktoren (Strukturen und Prozesse, Strategie, Technologie) zunehmend an Bedeutung. Dies liegt zu großen Teilen im gesellschaftlichen Wertewandel begründet, der dazu geführt hat, dass viele Mitarbeiter – nicht nur im öffentlichen Sektor – heute abwechslungsreiche und verantwortungsvolle Tätigkeiten mit mehr Handlungsspielraum erwarten.

Der aus der Anthropologie stammende Kultur-Begriff steht für die Denk- und Verhaltensmuster eines ganzen Volkes bzw. Kulturkreises. Die Organisationsforschung hat diesen für Volksgruppen entwickelten Kulturbegriff zu Beginn der 1980er-Jahre aufgenommen und auf Organisationen übertragen. Die Vorstellung ist, dass jede Organisation eine spezifische Kultur entwickelt. Dabei muss bedacht werden, dass man über Jahrhunderte gewachsene Kulturen nicht mit den kollektiven Handlungsmustern einer Organisation gleichsetzen kann (Schreyögg, 2010, S. 364). „Unter **Organisationskultur** – synonym wird vielfach der Begriff Unternehmenskultur (corporate culture) verwendet – ist die Gesamtheit der im Laufe der Zeit in einer Organisation entstandenen und zu einem bestimmten Zeitpunkt wirksamen Wertvorstellungen, Verhaltensvorschriften (Normen), Überzeugungen und Einstellungen zu verstehen" (Vahs, 2012, S. 128). Organisationen entwickeln eigene, unverwechselbare Vorstellungs- und Orientierungsmuster, die sie von anderen Organisationen unterscheiden und das Verhalten der Organisationsmitglieder nach innen wie nach außen prägen. **Kernmerkmale** der Organisationskultur sind (Schreyögg, 2010, S. 365 f.):

(1) *Implizit:* Organisationskulturen sind gemeinsam geteilte Überzeugungen, die das Selbstverständnis der Organisation prägen und als selbstverständliche Annahmen dem täglichen Handeln zugrunde liegen.

(2) *Kollektiv:* Es geht um gemeinsame Orientierungen und Werte, die auf das Handeln des Einzelnen einwirken und dazu führen, dass organisatorisches Handeln einheitlich und kohärent wird.

(3) *Konzeptionell:* Die Organisationskultur gibt „Handlungsanleitungen" für die Interpretation von Ereignissen vor und strukturiert auf diese Weise Reaktionen vor.

(4) *Emotional:* Die Organisationskultur zielt nicht nur auf die verstandesmäßige Deutung von Ereignissen ab. Sie prägt auch die Emotionen, indem sie beispielsweise normiert, was angenehm oder unangenehm ist oder was geduldet bzw. entschieden zurückgewiesen wird.

(5) *Historisch:* Die Entwicklung der Organisationskultur wird durch Lernprozesse bestimmt. Die Orientierungs- und Deutungsmuster entstehen demnach über einen längeren Zeitraum hinweg. Zudem befinden sich Organisationskulturen ständig in Bewegung; der Lernprozess ist nie vollständig abgeschlossen.

(6) *Interaktiv:* Das Wissen über die Organisationskultur wird nicht in einem bewussten Lernprozess erworben, sondern in einem Sozialisationsprozess vermittelt. Dabei spielen bestimmte Praktiken und Symbole eine wichtige Rolle, die neuen Organisationsmitgliedern verdeutlichen, wie sie im Sinne der kulturellen Tradition zu handeln haben.

Innerhalb von Organisationskulturen bilden sich **Subkulturen** heraus (z. B. Führungskräfte und Mitarbeiter, Mitglieder der Abteilung 1 und Mitglieder der Abteilung 2). Subkulturen zeichnen sich durch eigene Standards, Wertvorstellungen etc. aus. Sie haben aber immer auch Elemente mit der Hauptkultur gemeinsam und sind Teil dieser. Das heißt, es bilden sich gemeinsame, übergreifende Orientierungsmuster heraus. Organisationsmitglieder gehören gewöhnlich verschiedenen Subkulturen der Hauptkultur an (z. B. Führungskraft und Mitglied der Abteilung 1).

10.5.2 Die Erfassung von Organisationskulturen

Die Organisationskultur ist sehr komplex und spielt sich häufig auf einer Ebene ab, die von außen nicht zu messen oder zu beobachten ist. *Schein* unterscheidet drei Ebenen der Sichtbarkeit kultureller Phänomene (siehe Abb. 10-17 [nach Schein, 2003, S. 31; Schreyögg, 2010, S. 366; Staehle, 1999, S. 499]). Um eine Kultur erfassen zu können, muss man sich von der Oberfläche her sukzessive den tieferen Ebenen nähern, die es nach Schein aufzudecken und zu steuern gilt.

Abb. 10-17: Die drei Ebenen der Organisationskultur

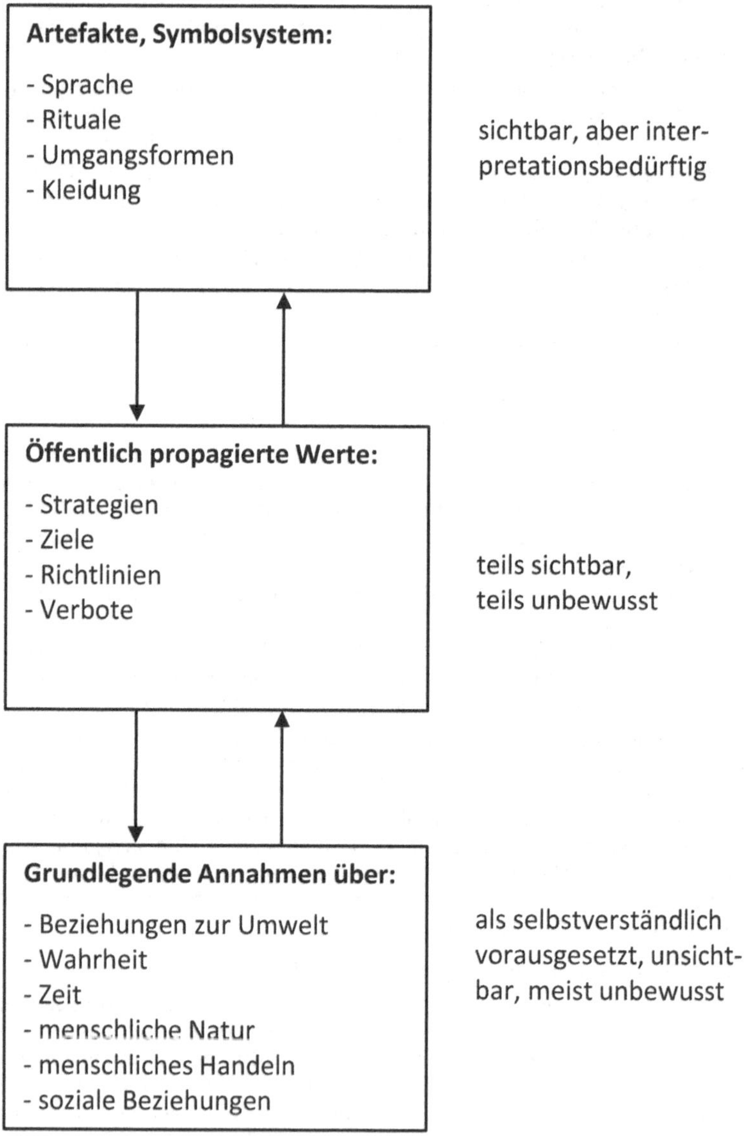

Die Ebene der **Artefakte** ist sichtbar und stellt daher den am einfachsten zugänglichen Teil der Organisationskultur dar. Die Symbole und Zeichen repräsentieren den Komplex der schwer fassbaren Annahmen und Werte und geben ihn an neue Organisationsmitglieder weiter. Sie stehen demnach nicht für sich, sondern sind nur im Zusammenhang mit den zugrunde liegenden Wertvorstellungen fassbar.

Beispiele sind: die Art und Weise der Begrüßung, die Gestaltung der Räume und Gebäude, das Logo der Organisation, Aufnahmeriten wie z. B. ein Einführungstag, Abschiedsriten wie z. B. ein Ausstand, Integrationsriten wie z. B. Betriebsfeiern.

Unter dem Symbolsystem liegt deutlich weniger erkennbar und schon größtenteils unbewusst die Ebene der öffentlich propagierten **Werte.** Diese umschließen alle Orientierungsmuster für Sachverhalte und Bereiche, die nicht formell geregelt sind. Gemeint sind demnach ungeschriebene Richtlinien und Verbote, die eine Richtschnur im täglichen Handeln geben und auch öffentlich vertreten werden.

Hierzu zählen beispielsweise Orientierungsmuster wie: Darf ich einen Kollegen öffentlich kritisieren? Wie muss ich mich als Mitarbeiter verhalten, wenn ich an der Vorstandssitzung teilnehme? Muss ich bestimmte Kleiderregeln beachten? Wie lange darf ich ein Schwätzchen im Kollegenkreis ausdehnen? Darf ich während des Publikumsverkehrs Kaffee trinken? Kann ich mich bei Problemstellungen im Team beraten oder wird es lieber gesehen, wenn ich in meinem „stillen Kämmerlein" alles gründlich durchdenke? In manchen Organisationen werden latent vorhandene Orientierungsmuster aufgegriffen und zu Leitbildern formuliert. Noch häufiger haben diese Leitbilder allerdings kaum einen Bezugspunkt zur Organisationskultur, sondern sind „von oben" vorgegeben. Es handelt sich in diesem Fall um Idealvorstellungen, die in der Folge überwiegend nicht gelebt werden. Sie können eher als Intervention begriffen werden, um auf die gelebte Organisationskultur einzuwirken und sie zu verändern (Schreyögg, 2010, S. 369 f.).

Das auf der Grundlage der Werte einer Organisation gezeigte Verhalten wird stets noch von einer tieferen Denk- und Wahrnehmungsebene gesteuert, die sich auf der dritten Kulturebene zeigt. Diese unausgesprochenen, **grundlegenden Annahmen** werden in der Organisation für selbstverständlich gehalten. Sie leiten das Handeln der Organisationsmitglieder ganz automatisch, ohne dass diese darüber nachdenken, ja meist sogar, ohne dass die Basisannahmen bekannt sind. Sie sind das Ergebnis eines gemeinsamen Lernprozesses. Es handelt sich dabei um Annahmen über (Schreyögg, 2010, S. 370 ff. nach Schein, 1985):

- die Umwelt (Ist die Umwelt bedrohlich, herausfordernd, bezwingbar?),
- Wahrheit (Vertraut man bei unklarer Sachlage auf Fakten oder Autoritäten? Probiert man lieber etwas aus oder müssen Entscheidungen gut begründet sein?),

- die Zeit (Wie wird mit der Zeit umgegangen? Was heißt „zu spät", was „zu früh"?),
- die Natur des Menschen (Haben Mitarbeiter tendenziell Freude an der Arbeit? Oder sind sie eher unwillig und arbeitsscheu? Sind Mitarbeiter grundsätzlich entwicklungsfähig?),
- die Natur des menschlichen Handelns (Ist es wichtig, die Dinge stets in die Hand zu nehmen, oder besser, abzuwarten und sich anzupassen? Muss Arbeit anstrengend sein? Welcher Arbeit ist ein hoher, welcher ein niedriger Wert beizumessen?),
- die Natur zwischenmenschlicher Beziehungen (Ist die Zusammenarbeit von Wettbewerb oder von Kooperation geprägt? Darf man offen Gefühle zeigen oder ist dies unerwünscht?).

Die grundlegenden Annahmen stehen nicht isoliert nebeneinander, sondern sind ineinander verwoben. Zusammengenommen machen sie das „Weltbild" der Organisation aus (Schreyögg, 2010, S. 372).

Um die Organisationskultur zu erschließen, sollten zunächst die sichtbaren Elemente betrachtet werden: die Räume und Gebäude, der Umgangston, die Geschichten, die erzählt werden. Weitere Quellen sind dann Dokumente, die Teilnahme an Sitzungen, Betriebsfeiern sowie Interviews der Mitarbeiter. „Der weitere Prozess der Interpretation [...] ist als solcher schwer beschreibbar, es ist ein im Wesentlichen kreativer Prozess, aus dem gesammelten Material [...] das Weltbild der Unternehmung, zu erschließen. Prüfbar ist dieser Prozess nur vom Ergebnis her: Ist die ermittelte Struktur stimmig? Sind die sichtbaren Elemente und Handlungen damit in Einklang zu bringen ..." (Schreyögg, 2010, S. 376)?

Organisationskulturen zeichnen sich durch eindeutige, unverwechselbare und von vielen Organisationsmitgliedern verinnerlichte Werte und grundlegende Annahmen aus. Diese Basisannahmen sind jedoch keineswegs ausschließlich ein Erfolgsgarant für eine Organisation, denn die herrschende Kultur kann durchaus auch notwendige Veränderungen behindern[40]). Daher unterscheidet man zwischen positiven (funktionalen) und negativen (dysfunktionalen) Wirkungen von Organisationskulturen. Diese sind einander in Abbildung 10-18 gegenübergestellt (Vahs, 2012, S. 144; Schreyögg, 2010, S. 386 ff.).

40) Zu den problematischen Konsequenzen von „starken" Organisationskulturen im öffentlichen Sektor vgl. Mroß (2007).

Abb. 10-18: Wirkungen von Organisationskulturen

Positive Effekte	Negative Effekte
• Handlungsorientierung • reibungslose Kommunikation • rasche Entscheidungsfindung • zügige Implementation • geringer formaler Kontrollaufwand • Motivation und Teamgeist • Stabilität und Zuverlässigkeit	• Tendenz zur Abschließung • Abwertung neuer Orientierungen • kollektive Abwehrhaltung • Fixierung auf traditionelle Erfolgsmuster • „Kulturdenken" (Erzwingen von Konformität, kein Zulassen von Kritik) • Mangel an Flexibilität

11 Organisationsuntersuchungen

Organisationen des öffentlichen Sektors sind ständig von Veränderungsprozessen betroffen. Sie werden mit neuen Aufgaben konfrontiert, bereits wahrgenommene Aufgaben verändern sich, die Mitarbeiter wünschen sich inhaltsreichere Tätigkeiten sowie größere Handlungsspielräume und die Bürger verlangen einen besseren Service. In der Folge müssen die Verantwortlichen entscheiden, wie sie auf die geänderten Anforderungen reagieren sollen. Häufig kommt es in diesen Fällen zur Durchführung einer Organisationsuntersuchung. Aufgrund der herausgehobenen Bedeutung für den staatlichen und den kommunalen öffentlichen Sektor widmet sich dieses Kapitel daher ausführlich diesem klassischen Weg der Reorganisation.

11.1 Ziele und Anwendungsbereiche der Organisationsuntersuchung

Als **Organisationsuntersuchung** bezeichnet man einen strukturierten Prozess zur Analyse einer Organisation oder von Organisationseinheiten mit dem Ziel, die Ablauf- und/oder Aufbauorganisation mittels geeigneter Methoden zu verbessern. Die Optimierungsmaßnahmen orientieren sich an den Formalzielen der Organisation (wie Rechtmäßigkeit, Wirtschaftlichkeit, Bürgerorientierung sowie Mitarbeiterorientierung, vgl. Kapitel 1) oder daraus abgeleiteten Unterzielen (Pippke et al., 2007, S. 145).

Nachfolgend werden typische Problemstellungen, die dazu führen, eine Organisationsuntersuchung durchzuführen, beschrieben:

- Es werden Mängel im Bürgerservice offenkundig (z. B. lange Wartezeiten, Mängel in der Antragsbearbeitung). Hier gilt es, die Abläufe zu optimieren und Qualifizierungsbedarfe festzustellen.
- Es kommen veränderte Aufgabenstellungen auf die Organisation zu (z. B. infolge einer neuen Gesetzgebung oder an die Behörde herangetragener Bürgerbedarfe). Die Auswirkungen auf die Aufbau- und Ablauforganisation sowie die Personalbemessung sind zu prüfen.
- Die Organisationsuntersuchung wird als Reaktion auf Anträge zum Stellenplan (z. B. nach einer höheren Personalbemessung) durchgeführt.
- Das Verwaltungshandeln unterliegt finanziellen Einschränkungen. Die Organisationsuntersuchung hat in diesem Fall zum Ziel, aufgabenkritische Überlegungen anzustellen und Einsparmöglichkeiten zu identifizieren.

- Das Betriebsklima verschlechtert sich und führt etwa zu krankheitsbedingten Fehlzeiten und Arbeitsrückständen. Mittels einer Organisationsuntersuchung sollen die Gründe erkundet und Verbesserungsvorschläge erarbeitet werden.
- Es sind Anpassungen an die Entwicklung der Informations- und Kommunikationstechnik vorzunehmen, z. B. wenn neue Fachanwendungen eingeführt werden. Im Rahmen der Organisationsuntersuchung sollen eine geeignete Fachanwendung beschafft, die Auswirkungen auf die Hardware-Ausstattung geprüft, die Arbeitsabläufe und ggf. die Personalausstattung angepasst sowie die Qualifizierungsbedarfe festgestellt werden.

Durch eine systematische Planung, Einführung und Kontrolle organisatorischer Regelungen im Rahmen einer Organisationsuntersuchung werden die zu erwartenden oder auch bereits vorhandenen organisatorischen Probleme möglichst effizient gelöst (Vahs, 2012, S. 373 f.; Hill et al., 1998, S. 468 ff.). Unter einem Problem ist in diesem Zusammenhang die Differenz zwischen einem vorhandenen Ist-Zustand und einem angestrebten Soll-Zustand zu verstehen (Vahs, 2012, S. 374). In der Organisationspraxis herrscht oftmals nur ein vages Gefühl, „dass irgendetwas nicht in Ordnung ist". Um das Problem aber möglichst exakt beschreiben zu können, müssen zum einen präzise Informationen über den Ist-Zustand vorliegen, zum anderen sind möglichst konkrete Vorstellungen über den Soll-Zustand erforderlich. Diese Problemanalyse steht am Anfang aller Aktivitäten zur organisatorischen Neugestaltung.

11.2 Organisation der Untersuchung

11.2.1 Organisationsformen

Der Umfang der Organisationsuntersuchung (nach Zeit und Kosten) orientiert sich an der gegebenen Problemstellung. Relativ klare, begrenzte Aufgabenstellungen (z. B. Optimierung von ausgewählten Arbeitsabläufen) lassen sich u. U. bereits in wenigen Tagen bearbeiten. Umfangreiche, methodisch geleitete Untersuchungen können einen Zeitraum von wenigen Monaten (z. B. Überprüfung der Ablauf- und Aufbaustrukturen einer Organisationseinheit) bis zu einigen Jahren (z. B. Erarbeitung eines umfangreichen Konzepts zur Haushaltskonsolidierung der Gesamtverwaltung) in Anspruch nehmen. Die Organisationsform sollte in Abhängigkeit zum Umfang des Organisationsprojektes, der Komplexität der Aufgabenstellung und dem gewählten Ansatz zur Beteiligung der Betroffenen gewählt werden. Abbildung 11-1 zeigt grundsätzliche Möglichkeiten der Organisationsstruktur auf; Modifikationen sind möglich.

Abb. 11-1: Formen der Organisationsstruktur einer Organisationsuntersuchung

Formen der Organisationsstruktur	Aufgabenstellung/Mitarbeiterbeteiligung
Beauftragung eines externen Beraters	bei Bedarf an externem Sachverstand
Durchführung der Untersuchung von • Organisatoren der betroffenen Organisationseinheiten bzw. • Mitarbeitern der zentralen Serviceeinheit Organisation	bei klar umrissenen, begrenzten Aufgabenstellungen
Einsatz einer internen Projektgruppe • Zusammensetzung: Organisatoren unter Einbeziehung der betroffenen Facheinheiten und ggf. des Personalrates und von Beauftragten	bei eher klar umrissenen, begrenzten Aufgabenstellungen und partizipativem Ansatz
Bildung einer erweiterten Projektstruktur • Zusammensetzung: interne Projektgruppe, Behördenleitung, Lenkungsgruppe, ggf. externer Berater • je nach Arbeitsanfall Bildung weiterer Projektteams zur Bearbeitung von abgegrenzten Aufgabenstellungen (Teilstudien)	bei komplexen Organisationsuntersuchungen und partizipativem Ansatz

Partizipation umfasst in diesem Zusammenhang eine aktive Beteiligung der Betroffenen an der Zielformulierung, Projektplanung, Problemdefinition, Lösungssuche bis hin zur Erarbeitung und Umsetzung von Lösungen. Die alleinige Information der Mitarbeiter oder eine förmliche Beteiligung des Personalrats und von Beauftragten (z. B. Gleichstellungsbeauftragte, Behindertenbeauftragter) reicht nicht aus. Der partizipative Ansatz der Mitarbeiterbeteiligung hat seine Grundlagen im Konzept der Organisationsentwicklung. Die Organisationsentwicklung geht jedoch über eine reine Beteiligung der Mitarbeiter hinaus. Dieser Ansatz impliziert die eigenverantwortliche Gestaltung der Organisation durch die davon Betroffenen selbst (siehe Kapitel 10).

11.2.2 Durchführung als Projekt

Eine strukturierte Vorgehensweise bietet für die Durchführung von Organisationsuntersuchungen große Vorteile: Sie gibt bei der Lösung komplexer, zeitlich begrenzter Veränderungsaufgaben einen Rahmen vor und bietet damit Orientierung. Überwiegend wird eine Organisationsuntersuchung daher in Form eines **Projekts** durchgeführt. Die in Kapitel 9 vorgestellten Techniken und Organisationsformen des Projektmanagements unterstützen dabei die Planung, Steuerung und Kontrolle der organisatorischen Neugestaltung. So ist im Vorfeld ein Projektauftrag zu erteilen, der den Untersuchungsbereich absteckt und vorgibt, welche Ziele anzustreben sind, wer dem Projekt angehören soll, in welchem Zeitrahmen die Untersuchung durchzuführen ist und welche Ressourcen (z. B. finanzielle Mittel, Sachausstattung, ggf. externe Beratung) der Projektgruppe zur Verfügung gestellt werden sollen.

Abb. 11-2: Projektstruktur einer komplexen Organisationsuntersuchung

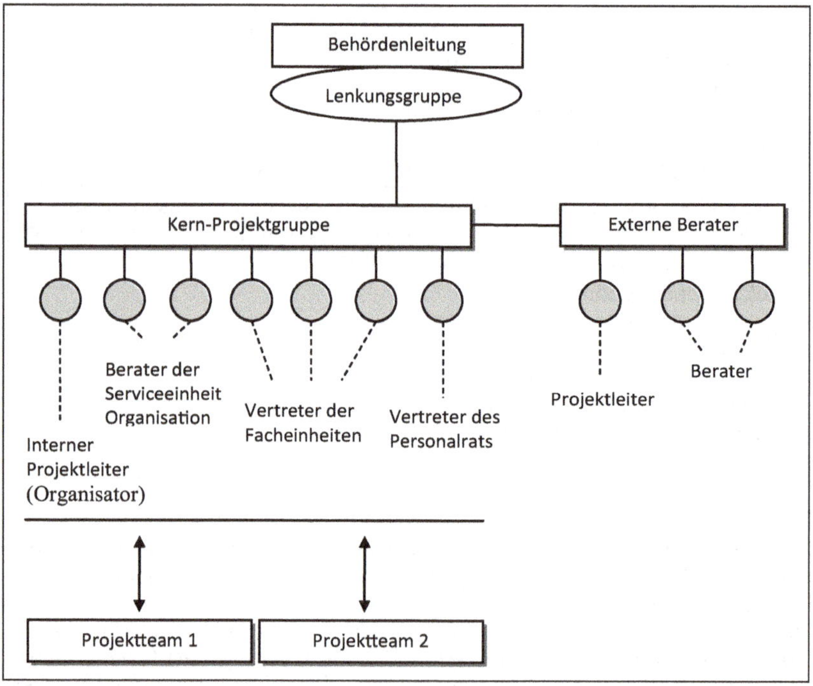

Abbildung 11-2 veranschaulicht eine denkbare Struktur der Projektorganisation bei einer komplexen Reorganisation einer Behörde. Die Kern-Projektgruppe besteht aus einem Beraterteam der Serviceeinheit Organisation, dem auch der Projektleiter angehört, und Vertretern der betroffenen Facheinheit. Ein Vertreter des Personalrats ist ebenfalls in die Projektgruppe integriert und so permanent am Prozess beteiligt. Zusätzlich zur internen Kern-Projektgruppe ist ein externes Beratungsteam beauftragt. Des Weiteren können nach Bedarf weitere Projektgruppen zur Bearbeitung von Teillösungen eingesetzt werden. Die Lenkungsgruppe ist ein Gremium, in dem neben Organisationsmitgliedern (Behördenleitung, Leitung der betroffenen Organisationseinheiten, Vertreter des Personalrates, ggf. Beauftragte, Projektleitung, ggf. weitere Mitglieder der internen Projektgruppe und des externen Beratungsteams) auch politische Vertreter mitwirken. Die Lenkungsgruppe steuert das Projekt und sorgt für eine frühzeitige Abstimmung der Interessen aller vertretenen Gruppierungen. Sie hat i. d. R. keine formale, abschließende Entscheidungskompetenz (Rau, 2007, S. 521). Die Behördenleitung (Verwaltungsvorstand) als Entscheidungsgremium ist in allen Phasen der Organisationsuntersuchung einzubinden.

11.3 Einbeziehung externer Berater

Die veränderten Anforderungen an den öffentlichen Sektor (vgl. hierzu Kapitel 1) fordern erhöhte Anpassungsleistungen der Organisationen und infolgedessen auch einen vermehrten Beratungsbedarf. Hier bietet sich oftmals die Einbeziehung von externem Sachverstand an. Als Gründe für die Beauftragung externer Unternehmen kommen beispielsweise in Betracht (Kommunale Gemeinschaftsstelle für Verwaltungsmanagement, 1999, Kap. 14, S. 49 f.):

- Das erforderliche Fach- und Methodenwissen ist in der eigenen Organisation nicht oder nicht ausreichend vorhanden.
- Die internen Personalressourcen reichen nicht aus, um die Organisationsuntersuchung zeitgerecht und im notwendigen Aufgabenumfang durchzuführen.
- Zur Lösung der anstehenden Probleme ist eine neutrale, unabhängige Sichtweise gewünscht.

Die externe Beratung kann sich auf folgende Beratungsleistungen beziehen, mit denen unterschiedliche Bedarfe abgedeckt werden (Hopp & Göbel, 2013, S. 198 f.; Jarmai, 1997, S. 172 f.):

- *Einbringen von Fachwissen:* Insbesondere, wenn es um die Aneignung von Methoden und Techniken der Organisationsarbeit geht, dauert die Einarbeitung der internen Organisatoren u. U. sehr lange. Die Beauftragung eines Beratungsunternehmens ist in diesen Fällen wirtschaftlicher. Wird der externe Berater in die Projektgruppe integriert, kommt es zu einem Wissenstransfer. Die internen Kräfte können das gewonnene Wissen im Anschluss in ähnlichen Projekten anwenden (siehe Kapitel 10).
- *Einbringen von Prozess- und Methodenwissen:* Gerade bei komplexen Organisationsprojekten, bei denen sich unterschiedliche Personengruppen (Politik, Führungskräfte, Mitarbeiter) zusammenfinden, kann ein Prozessbegleiter als Moderator und Coach für einen reibungslosen Ablauf sorgen. Externe Berater verfügen darüber hinaus üblicherweise über ein umfas-

sendes Wissen zum Projektmanagement, sodass es sich anbieten kann, sie mit der Planung und Steuerung der Organisationsuntersuchung zu betrauen.

- *Einbringen neuer Sichtweisen:* Das Einbringen unkonventioneller und kreativer Sichtweisen durch den externen Berater erlaubt den Organisationsmitgliedern einen Blick „über den eigenen Tellerrand" hinaus. So werden die Voraussetzungen für innovative Organisationsveränderungen geschaffen.
- *Einbringen von Erfahrung:* Das Erfahrungswissen der Experten ist hilfreich, wenn die Organisationsmitglieder selbst noch wenig Erfahrung mit komplexen Veränderungsprojekten haben oder wenn in der Behörde insgesamt wenig Organisationssachverstand vorhanden ist. Im letzteren Fall ist es von Vorteil, wenn die Berater Erfahrungswissen aus der gleichen Branche einbringen können.

Externe Beratungsleistungen sind i. d. R. mit hohen Kosten verbunden. Die Beratungsbedarfe sind daher genau zu ermitteln und zu formulieren, um die passende Leistung und einen für das spezifische Problem qualifizierten Berater auszuwählen. Dabei sollte geprüft werden, ob eine sinnvolle Kombination von internem Sachverstand der beschäftigten Organisatoren und externem Sachverstand von Vorteil ist. In Abbildung 11-3 ist zusammenfassend dargestellt, welche Aspekte jeweils für externe und für interne Berater sprechen (Hopp & Göbel, 2013, S. 2203; Pippke et al., 2007, S. 153; Staehle, 1994, S. 918).

Abb. 11-3: Vergleich externe Beratung und Beratung durch die Serviceeinheit Organisation

Vorteile externer Berater	Vorteile interner Organisatoren
• keine Betriebsblindheit • breites Erfahrungswissen aus unterschiedlichen Organisationen • bessere Akzeptanz durch die Behördenleitung und die Politik • Unabhängigkeit, Neutralität • Mut zu einschneidenden Veränderungen • Schonung eigener Personalkapazitäten der Organisation	• Vertrautheit mit der eigenen Organisation und spezifisches Insider-Wissen • weitgehende Identität der Wertvorstellungen • höhere Akzeptanz bei den Mitarbeitern • eher Verbesserung in kleinen Schritten • vergleichsweise geringere Kosten

11.4 Ablauf der Organisationsuntersuchung

Die planmäßig-analytische Vorgehensweise der Organisationsuntersuchung orientiert sich an dem Ansatz des **Systems Engineering.** Das Systems Engineering wurde ursprünglich für die Gestaltung technischer Probleme entwickelt und später auf organisatorische Fragestellungen übertragen. Die Grundgedanken dieses Konzeptes haben vor allem in die Erarbeitung von Vorgehensmodellen zur Organisationsgestaltung Eingang gefunden. Das Systems Engineering beschreibt den Problemlösungsprozess vom Anstoß (Problemerkenntnis) über die Planung und Umsetzung bis hin zur Kontrolle und Weiterentwicklung der Organisation (Schmidt, 2009; Haberfellner et al., 2002; Krüger, 1983). Dieser Ablauf ist in Abbildung 11-4 dargestellt.

Abb. 11-4: Die Phasen der Organisationsuntersuchung

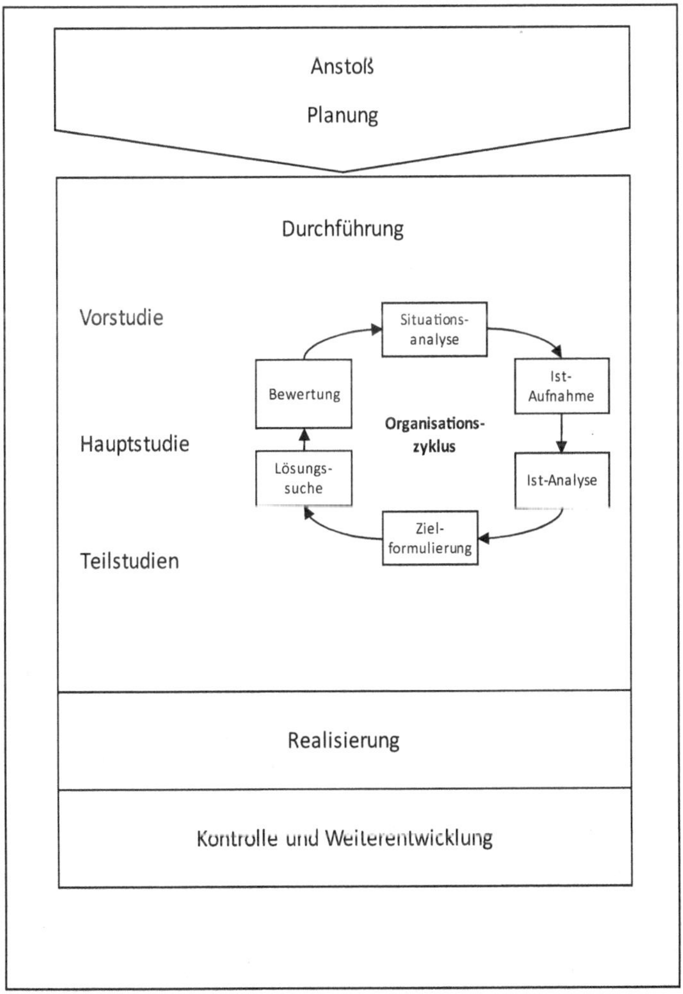

11.4.1 Anstoß zur organisatorischen Veränderung

Ausgangspunkt für die Durchführung einer Organisationsuntersuchung ist überwiegend die Kritik von

- politischen Organen (Rat oder Ausschuss),
- der Behördenleitung (Verwaltungsvorstand),
- der örtlichen Rechnungsprüfung,
- dem Hauptamt,
- Leitung oder Mitarbeitern des betroffenen Bereiches,
- Personalrat oder
- der Öffentlichkeit (Bürgerschaft, Medien).

Den Anstoß für eine Organisationsuntersuchung bildet üblicherweise die wahrgenommene Abweichung zwischen Ist-Zustand und Soll-Zustand. Bei der Beurteilung der Abweichung spielt das subjektive Problemempfinden der Beteiligten und Betroffenen eine große Rolle; dieses hängt in starkem Maße von deren Erfahrungen und Wissen ab. Sind die Unklarheiten über die Einschätzung von Ist-Zustand und anzustrebendem Soll-Zustand, die Möglichkeiten zur Problemlösung oder auch die Dringlichkeit des Problems groß, sollte zunächst eine Vorstudie durchgeführt werden. Wird die Entscheidung getroffen, bezogen auf die Problemstellung etwas zu unternehmen, erteilt die Behördenleitung bzw. die Leitung einer Facheinheit den **Projektauftrag** zur Durchführung der Organisationsuntersuchung. Dieser bezieht sich i. d. R. zunächst auf die Planungsphase und sollte Aussagen treffen zu

- dem Untersuchungsbereich,
- den Zielen der Untersuchung (möglichst konkrete Vorgabe von Zielen und Kriterien zur Überprüfung der Zielerreichung; falls nicht möglich, Benennung von Schwachstellen und Veränderungsbedarfen),
- ggf. Vorgaben durch die Politik oder Behördenleitung,
- Terminvorstellungen,
- Benennung der beauftragten Person bzw. Projektgruppe einschließlich Beschreibung der Kompetenzen,
- Art und Form der Berichterstattung und der Genehmigung durch die verantwortlichen Gremien (Siepmann & Siepmann, 2004, S. 251).

11.4.2 Planung der Organisationsuntersuchung

Auf der Grundlage des Projektauftrages erfolgt zunächst eine **Planung der Organisationsuntersuchung** durch die beauftragte Person bzw. die Projektgruppe. Üblicherweise werden zunächst die Durchführungsphasen des Veränderungsprojektes geplant. Erst nach Abschluss der eigentlichen Untersuchung erfolgt dann die Planung der Umsetzung der Ergebnisse.

Bei der Planung erfolgt die detaillierte Festlegung

- des Untersuchungsgegenstandes,
- der einzusetzenden Techniken,
- der zu beteiligenden Mitarbeiter,
- der Reihenfolge der zu erledigenden Arbeiten,
- des Zeitbedarfs und
- der erforderlichen Ressourcen (Einsatz von finanziellen Mitteln, Personal oder von Sachmitteln).

Zur Planung eignet sich in besonderem Maße die Methode der Netzplantechnik (siehe Kapitel 9). Die Planungsergebnisse werden der Behördenleitung bzw. der Fachbereichsleitung zur Zustimmung vorgelegt.

11.4.3 Durchführung der Organisationsuntersuchung: Vorstudie, Hauptstudie und Teilstudien

Bei komplexen Untersuchungen bzw. konträren Vorstellungen darüber, ob und welche bestehenden Organisationsstrukturen geändert werden sollten und welches sinnvolle Lösungen sein könnten, ist eine **Vorstudie** von Nutzen. Die Vorstudie ist Teil der Durchführungsphase. Die Planung umfasst zusätzlich zur Vorstudie die Hauptstudie als Schwerpunktbereich dieser Phase und ggf. weitere Teilstudien. Ob und in welchem Umfang die einzelnen Studien durchgeführt werden, hängt von der jeweiligen Problemstellung ab.

Durch die Vorstudie soll vor allem geklärt werden,

- ob die dringlichste Problemstellung angegangen wird,
- ob und welche Teiluntersuchungen es geben sollte,
- welche relevanten Umweltbeziehungen und Schnittstellen zu beachten sind,
- welche Ziele im Soll-Zustand erreicht werden sollen,
- ob eine Lösungssuche zweckmäßig erscheint und wenn ja, welche Lösungen denkbar und realisierbar sind,
- welches Ergebnis als Optimal-Lösung bezeichnet werden kann (Schulte-Zurhausen, 2010, S. 377).

Ziel der Vorstudie ist es, mit geringem Aufwand und möglichst kurzfristig zu den genannten Punkten Aussagen zu treffen und Einvernehmen zwischen den Beteiligten zu erzielen (Schmidt, 2009, S. 52 ff.; Haberfellner et al., 2002, S. 39 ff.; Krüger, 1983, S. 27). Die Qualität der Arbeitsergebnisse der Vorstudie trägt in hohem Maße zum Erfolg des gesamten Organisationsprojekts bei.

Die einzelnen Schritte der Vorstudie entsprechen denen von Haupt- und Teilstudien, sie sind jedoch weniger detailliert und weniger zeitaufwendig. In Abbildung 11-4 sind die Schritte als **Organisationszyklus** dargestellt; dieser beinhaltet die folgende Abfolge mit den dazugehörenden Aktivitäten (siehe Abb. 11-5):

Abb. 11-5: Die Phasen des Organisationszyklus (nach Vahs, 2012, S. 381)

Schritte	Aktivitäten
Situationsanalyse	• systematische Untersuchung und Beschreibung des als problematisch empfundenen Ist-Zustands • Identifikation der Problemursachen, Einflussgrößen und Zusammenhänge • Ausgrenzung nicht problemrelevanter Bereiche • Sammlung relevanter Informationen für die Zielformulierung und die Lösungssuche
Ist-Aufnahme	• Sammlung relevanter Informationen über die interne Situation der Organisation • Einsatz geeigneter Organisationstechniken, vgl. Abschnitt 11.5
Ist-Analyse	• systematische Analyse der internen Strukturen und Abläufe zur Identifikation organisationsspezifischer Problemursachen, Einflussgrößen und Zusammenhänge • Identifikation von Stärken und Schwächen der vorhandenen Organisation • Bewertung des Ist-Zustandes der Organisation
Zielformulierung	• Präzisierung der Vorstellungen über den Soll-Zustand in qualitativer und quantitativer Hinsicht • Formulierung und Operationalisierung von Zielen • Zielgewichtung (Muss-Ziele, Kann-Ziele) • Erarbeitung von Kriterien zur Messung der Zielerreichung
Lösungssuche	• Festlegung einer Suchstrategie (Rückgriff auf eigene Erfahrungen, Einbindung von externem Know-how, Einsatz von Kreativitätstechniken zur Entdeckung innovativer Lösungen) • Suche nach Lösungsmöglichkeiten • Prüfung der Lösungsvorschläge auf ihre Eignung zur Problemlösung

Schritte	Aktivitäten
Bewertung	• Festlegung einer Bewertungsmethode (z. B. Nutzwertanalyse) • Bewertung der Lösungsalternativen in Bezug auf die verfolgten Zielsetzungen • Auswahl der optimalen Lösungsalternative (des am besten geeigneten Soll-Konzeptes)

Das Vorgehenskonzept stellt einen Leitfaden dar, der sich auch in anderen Zusammenhängen zur Lösung von Problemen anbietet. Der Organisationszyklus wird in jeder Planungsstufe (Vorstudie, Hauptstudie und Teilstudien) mindestens einmal durchlaufen. Bei mehrfachem Durchlauf erhöht sich jeweils der Konkretisierungs- und Detaillierungsgrad. Die Reihenfolge der Schritte kann je nach Problemstellung variiert werden. Auch ein gleichzeitiges Durchlaufen oder ein Überspringen von Phasen innerhalb des Organisationszyklus ist möglich. Der Zyklus ist mit der Auswahl der besten Lösungsalternative beendet.

In der **Hauptstudie** wird ein verfeinertes Gesamtkonzept erstellt. Die einzelnen Schritte orientieren sich an den Phasen des Organisationszyklus. Als Beispiel sei die Erarbeitung eines Haushaltskonsolidierungskonzeptes für eine Kommunalverwaltung genannt. Die Hauptstudie befasst sich mit der Erstellung des Soll-Konzepts für die Gesamtverwaltung (Gesamteinsparsumme; alle Organisationseinheiten gleichmäßig betroffen oder Beschränkung auf ausgewählte Bereiche; Zeitraum der Umsetzung etc.). Bei entsprechender Komplexität des Organisationsprojektes können aus dem Gesamtkonzept abgegrenzte Bereiche getrennt voneinander in **Teilstudien** weiter untersucht werden. In den Teilstudien werden für jeden der abgegrenzten Bereiche Feinkonzepte (Teillösungen) detailliert ausgearbeitet. Die Teilstudien müssen in den Rahmen des Gesamtkonzepts passen; erforderlichenfalls ist das Gesamtkonzept anzupassen. Bezogen auf das Beispiel werden in Teilstudien die Fachkonzepte für die einzelnen betroffenen Ämter bzw. Fachbereiche erstellt, die sich an dem Rahmen des Gesamtkonzeptes auszurichten haben.

Die wesentlichen Ergebnisse der Organisationsuntersuchung werden in einem Bericht festgehalten, der anschließend den Entscheidungsträgern vorgelegt wird. Dies können je nach Untersuchungsgegenstand und Kompetenzverteilung innerhalb der Organisation die Leitung der betroffenen Organisationseinheit, die Behördenleitung oder auch politische Gremien sein.

11.4.4 Realisierung

Die offizielle Bekanntgabe der Untersuchungsergebnisse und anstehenden Veränderungen läutet die Umsetzungsphase ein. Zunächst sind die Voraussetzungen für die Einführung der ausgewählten Lösung zu schaffen. Zum Beispiel werden neue organisatorische Regelungen getroffen und die erforderlichen Dokumente erstellt (Organigramme, Dienstanweisungen, Stellenbeschreibungen etc.). Darüber hinaus werden Fragen zur Sachmittelausstattung (Hard- und Software, Einrichtungsgegenstände etc.) geklärt (Vahs, 2012, S. 382). Zu den personellen Voraussetzungen zählen beispielsweise ggf. erforderliche Schulungen von Mitarbeitern oder die Einstellung zusätzlichen Personals. Bei großen und komplexen Untersuchungen ist eine schrittweise Einführung zweckmäßig. Dabei ist es sinnvoll, dass einzelne Mitglieder der Projektgruppe den Mitarbeitern der von der Organisationsänderung betroffenen Bereiche als Ansprechpartner zur Verfügung stehen. Die Einstellung der betroffenen Mitarbeiter ist für das Gelingen von organisatorischen Veränderungsmaßnahmen von zentraler Bedeutung. Ein umfassender Informations- und Überzeugungsprozess, der möglichst durch eine umfassende Mitwirkung der Mitarbeiter an der Organisationsuntersuchung vorbereitet werden sollte, ist daher für eine erfolgreiche Einführung entscheidend (Siepmann & Siepmann, 2004, S. 255).

11.4.5 Kontrolle und Weiterentwicklung

Nach einer angemessenen Zeit ist die umgesetzte Lösung einem Soll-Ist-Vergleich zu unterziehen. In dieser Phase wird überprüft, ob die mit der Organisationsänderung beabsichtigten Ziele auch tatsächlich erreicht werden. Messkriterien können z. B. sein: Kosten, Arbeitsproduktivität, Fehlerraten, Krankheitsquote, Ergebnisse von Bürger- und Mitarbeiterbefragungen. Werden Abweichungen festgestellt, so sind die Ursachen zu ermitteln und zu bewerten. Kleinere Mängel sind zu beseitigen. Sollte sich herausstellen, dass sich Lösungen als für die Praxis ungeeignet erweisen, kann dies der Anstoß für eine neue Organisationsuntersuchung sein. Die regelmäßige Überprüfung der Wirtschaftlichkeit und Effektivität der Organisation ist Voraussetzung für deren Weiterentwicklung.

11.5 Techniken der Organisationsgestaltung

11.5.1 Überblick

Organisationstechniken oder -instrumente sind „Werkzeuge der Organisationsarbeit" (Schmidt, 2003, S. 23). Sie werden angewendet, um konkrete Aufgabenstellungen bei der Durchführung einer Organisationsuntersuchung methodisch zu bearbeiten, und dienen folgenden Zwecken:

- Kenntnisse über den Ist-Zustand der Organisation gewinnen,
- Strukturen und Abläufe analysieren,
- Zielsetzungen der Organisationsgestaltung identifizieren und gewichten,
- nach Lösungsalternativen suchen und diese bewerten,
- die Ergebnisse der Organisationsarbeit dokumentieren,
- Projekte planen.

Alle Schritte im Organisationszyklus können durch Techniken unterstützt werden. Aufgabe des Organisators ist es, die für eine bestimmte Fragestellung geeigneten Techniken auszuwählen und einzusetzen.

Abbildung 11-6 gibt einen Überblick über verschiedene Instrumente der Organisationsgestaltung. Zudem wird darauf hingewiesen, wo Erläuterungen zu den einzelnen Techniken nachgelesen werden können. Einige Techniken sind in anderen Kapiteln dieses Buches im jeweiligen Sachzusammenhang dargestellt. Bei anderen Techniken wird auf die weiterführende Literatur verwiesen.

Abb. 11-6: Techniken der Organisationsuntersuchung

Techniken der Projektplanung	
Balkendiagramm	Kapitel 9
Transplan-/Plannet-Technik	
Netzplantechnik	
Erhebungstechniken	
Dokumentenanalyse	Abschnitt 11.5.2
Fragebogen	
Interview	
Tägliche Arbeitsaufzeichnungen	
Laufzettelverfahren	
Dauerbeobachtung	
Multimomentaufnahme	
Analysetechniken	
Kommunikationsanalyse	Abschnitt 11.5.3
Aufgabenanalyse	Kapitel 4
Flussdiagramm	Kapitel 7
Erweitertes Flussdiagramm	
ABC-Analyse	
SWOT-Analyse	Kapitel 14
Benchmarking	Kapitel 15
Ablaufdarstellung nach Tätigkeitsarten	Spezialliteratur (KGSt)
Techniken der Zielfindung	
Zielbildung und -gewichtung/Präferenzmatrix	Abschnitt 11.5.4
Techniken der Lösungssuche	
Brainstorming	Abschnitt 11.5.5
Brainwriting/Methode 635	

Bewertungstechniken	
Nutzwertanalyse	Abschnitt 11.5.6
Kosten-Wirksamkeits-Analyse	Spezialliteratur zur Kostenrechnung
Kostenvergleichsrechnung	
Amortisationsrechnung	
Techniken der Dokumentation	
Stellenbeschreibung	Kapitel 5
Organigramm	Kapitel 6

11.5.2 Erhebungstechniken

➤ Dokumentenanalyse

Die Dokumentenanalyse steht in der Regel am Anfang einer Organisationsuntersuchung, um sich die benötigten Informationen zu beschaffen und ein Grundverständnis für den vorliegenden Problembereich zu entwickeln. Dabei werden beispielsweise Organigramme, Stellenbeschreibungen, Aufgabenverteilungspläne, Dienstanweisungen und Dienstvereinbarungen, Akten, Statistiken, Protokolle, Berichte oder Projektdokumentationen anhand von Analysekriterien systematisch ausgewertet. Die Dokumente müssen einen konkreten Bezug zum Untersuchungsbereich aufweisen. Das Dokumentenstudium wird in der Regel durch weitere Erhebungstechniken ergänzt.

Vorteile	Nachteile
• geringer Zeitaufwand für die Beschaffung der Informationen • Vermeidung von Störungen des Betriebsablaufs • kein Einfluss auf die Ergebnisse durch verändertes Mitarbeiterverhalten	• ggf. fehlende Aktualität • ggf. unvollständige Unterlagen • verwertbare Ergebnisse nur in Kombination mit anderen Erhebungsinstrumenten

➤ Fragebogen

Fragebögen werden für eine schriftliche Befragung der Mitarbeiter eingesetzt. Mit dem Fragebogen werden in standardisierter Form Aussagen zu bestimmten Sachverhalten und Problemen, aber auch zu Einstellungen der Mitarbeiter erhoben. Die Fragebögen werden im Gegensatz zum standardisierten Interview eigenständig von den Mitarbeitern ausgefüllt. Da es in der Regel keine Möglichkeit zu Rückfragen gibt, muss die Befragung gut vorbereitet sein. Auch ist größte Sorgfalt auf eine präzise Formulierung der Fragen zu legen. Dabei stehen im Allgemeinen geschlossene Fragen im Vordergrund, bei denen die Befragten nur die Wahl zwischen mehreren Antwortalternativen haben. Diese sind leichter auszuwerten als offene Fragen, die es ermöglichen, den Sachverhalt in eigenen Worten auszudrücken. Andererseits können durch offene Fragen interessante Zusatzinformationen über den Untersuchungsgegenstand und Anregungen für die Gestaltung des weiteren Untersuchungsverlaufs gewonnen werden.

Beispiele für eine geschlossene und eine offene Fragestellung könnten sein:

Geschlossene Frage mit einer Skala unterschiedlicher Antwortmöglichkeiten

Ich bin mit den Inhalten meiner täglichen Arbeitsaufgabe

sehr zufrieden	zufrieden	weder/ noch	unzufrieden	sehr unzufrieden
☐	☐	☐	☐	☐

Offene Frage

Welche Veränderungen sind aus Ihrer Sicht im Jugendamt notwendig, um mehr Bürgernähe zu erreichen?

____

____

Der Fragebogen wird durch ein Begleitschreiben ergänzt, das über die Ziele und den Ablauf der Untersuchung informiert und Hinweise zum spätestmöglichen Rücksendetermin, einen Ansprechpartner für Rückfragen und die Veröffentlichung der Ergebnisse enthält. Auch sollte eine verständliche Ausfüllanleitung beigefügt werden. Zudem ist es sinnvoll, mithilfe einer Probebefragung (Pretest) zu überprüfen, ob die Fragen verständlich formuliert sind und mit den Antworten eindeutige und vollständige Informationen gewonnen werden können. Die Dokumentenanalyse, der Fragebogen und das Interview sind die am häufigsten im öffentlichen Sektor zum Einsatz kommenden Techniken (Hopp & Göbel, 2013, S. 213).

Vorteile	Nachteile
• geringer Zeitaufwand für die Beschaffung vieler Informationen • gleichzeitige Befragung vieler Mitarbeiter • Anonymität der Befragung • nur geringe Störungen im Betriebsablauf • gute Auswertungsmöglichkeiten	• ggf. Missverstehen der Fragen • in der Regel keine Möglichkeit für Rückfragen • gemeinsames Ausfüllen durch mehrere Befragte möglich („Gruppenmeinung") • Möglichkeit für zusätzliche Wahrnehmungen durch persönlichen Kontakt fehlt • ungewisser Rücklauf

➤ Interview

Im Interview werden durch die mündliche Befragung eines Interviewers Aussagen zu bestimmten Sachverhalten, Problemen und Einstellungen der Mitarbeiter erhoben. Hierzu werden Personen gezielt befragt, deren Aussagen zur Problemlösung beitragen können. Im Rahmen der Organisationsarbeit eignet sich das Interview insbesondere zur Erhebung von komplexen Arbeitsabläufen und Tätigkeitsinhalten (z. B. zur Erstellung von Stellenbeschreibungen) sowie zur Ermittlung von Informationsflüssen, informellen Handlungsstrukturen und Wertvorstellungen der Mitarbeiter. Es werden folgende Formen des Interviews unterschieden:

- *Standardisiertes Interview* (Fragebogen mit ausformulierten Fragen, bei geschlossenen Fragen oftmals Vorgabe von Antwortkategorien, vorrangig Erfassung von quantitativen und objektiven Inhalten (z. B. Arbeitsabläufe),
- *Teilstandardisiertes Interview* (neben den vorgegebenen Fragen können nach eigenem Ermessen des Interviewers in Abhängigkeit vom Gesprächsverlauf zusätzliche Fragen formuliert werden),
- *Nicht standardisiertes Interview* (Interview-Leitfaden als Gedächtnisstütze, große Spielräume bei der Formulierung der Fragen, zumeist offene Fragen, je nach Untersuchungsgegenstand hohe Fachkenntnis des Interviewers erforderlich, häufig eingesetzt bei Erhebungen in einem heterogenen Personenkreis der oberen und mittleren Führungsebene (Vahs, 2012, S. 507 f.).

Vorteile	Nachteile
• Möglichkeit für zusätzliche Wahrnehmungen durch persönlichen Kontakt • flexible Anpassung der Fragen bei teilstandardisierten und nicht standardisierten Fragebogen möglich • direkte Beteiligung der Betroffenen • Nachfragen bei Unklarheiten möglich	• relativ hoher Zeitaufwand, daher nur begrenzte Anzahl von Interviews möglich • Abhängigkeit der Ergebnisse von den Kompetenzen des Interviewers • zum Teil starke Beeinträchtigung des Betriebsablaufs

➤ Tägliche Arbeitsaufzeichnungen

Steht die Erfassung von Zeiten und Mengen im Vordergrund, kann die Selbstaufschreibung als weitere Erhebungstechnik angewandt werden. Grundsätzlich werden zwei Arten der Selbstaufschreibung unterschieden: die tägliche Arbeitsaufzeichnung und der Laufzettel.

Bei der täglichen Arbeitsaufzeichnung erfolgt die Erfassung der Arbeit durch den Mitarbeiter selbst (vgl. Abbildung 11-7). Über einen Erhebungszeitraum von üblicherweise zwei bis vier Wochen ist zu notieren,

- was getan wird,
- wie häufig bestimmte Tätigkeiten zu verrichten sind und
- wie lange die Tätigkeiten dauern.

Der Tätigkeitskatalog umfasst auch die Zeiten, die für das Ausfüllen des Vordrucks benötigt werden. Auf die Erhebung der personenbezogenen Verlust- und Erholungszeiten (siehe Kapitel 5) kann verzichtet werden, solange diese nicht selbst Gegenstand der Untersuchung sind. Der Zeitraum der Aufzeichnungen hängt von der Art der Tätigkeiten ab. Bei ständig wiederkehrenden Arbeiten ist eine kürzere Erfassungsdauer ausreichend, während bei selten vorkommenden Arbeiten längere Aufzeichnungszeiträume erforderlich sein können. Der gewählte Zeitraum sollte möglichst repräsentativ sein, um so eine Hochrechnung auf die Gesamtsituation eines Jahres zu ermöglichen.

Abb. 11-7 Erfassungsvordruck für eine tägliche Arbeitsaufzeichnung

Tägliche Arbeitsaufzeichnung				
Name, Vorname: Weiß, Rita		**Datum:** 10.01.	**heutige Arbeitszeit (Std., Min.):** 8,45	
Lfd. Nr.	**Tätigkeit**	**Einzelfälle in Min.**	**Gesamtfallzahl**	**Gesamtdauer in Min.**
1	Arbeitsplatz herrichten	5	1	5
2	Telefonauskünfte	7	8	56
3	...			

Der Organisator erhält Informationen zu den Aufgaben eines Bereiches sowie der Häufigkeit und Zeitdauer ihres Auftretens und kann anschließend die mittleren Bearbeitungszeiten errechnen. Arbeitsaufzeichnungen sind somit die Grundlage für Stellenbemessungen und Stellenbewertungen. Ein bevorzugtes Anwendungsfeld für tägliche Arbeitsaufzeichnungen sind Bereiche, in denen Aufgaben sich täglich wiederholen und auf möglichst vielen Arbeitsplätzen vorkommen, weil so eine große Anzahl von Informationen gewonnen werden kann. Anschließend werden die Daten in der Regel in eine Arbeitsverteilungsübersicht übertragen, aus der hervorgeht, wie die Tätigkeiten, die Fallzahlen und die Dauer der Arbeiten auf die einzelnen Mitarbeiter verteilt sind; die Daten können so miteinander verglichen werden.

Die betroffenen Mitarbeiter sind vorab stets sorgfältig über die Vorgehensweise und auch die Ziele und weiteren Inhalte der Organisationsuntersuchung zu informieren, um etwaigen Vorbehalten und Widerständen gegen eine „Arbeitskontrolle“ entgegenzuwirken.

Vorteile	Nachteile
• umfassende Aufnahme der Tätigkeiten • Verlagerung eines erheblichen Teils des zeitlichen Aufwands auf die Mitarbeiter • direkte Einbeziehung der Betroffenen	• zusätzliche Belastung für die Mitarbeiter • ggf. sehr zeitaufwendige Auswertungsarbeiten • Manipulationen sind nicht ausgeschlossen

➤ **Laufzettelverfahren**

Beim Laufzettelverfahren handelt es sich um eine prozessbezogene Erhebungstechnik, bei der mittels Selbstaufschreibung die Arbeitsabläufe schriftlich dokumentiert werden. Der Fokus liegt jedoch im Gegensatz zur täglichen Arbeitsaufzeichnung nicht auf dem einzelnen Arbeitsplatz, sondern auf einem Informationsträger (Dokument), dessen Bearbeitung über verschiedene Arbeitsplätze hinweg beobachtet wird. Bei dem Dokument kann es sich beispielsweise um eine Akte, eine Vorlage (z. B. Ausschussvorlage) oder einen Beleg (z. B. Buchungsbeleg) handeln. Der Laufzettel wird auf dem Dokument befestigt und „läuft" anschließend von einer bearbeitenden Stelle zur nächsten. Dabei werden sämtliche Tätigkeiten auf dem Laufzettel dokumentiert, die der jeweilige Aufgabenträger an dem zu bearbeitenden Dokument ausführt (vgl. Abb. 11-8). Auf diese Weise werden folgende relevante Daten erhoben: an einem Arbeitsablauf beteiligte Organisationseinheiten und Mitarbeiter, das Vorhandensein alternativer Abläufe, die Bearbeitungszeiten, die Durchlaufzeiten (Bearbeitungs-, Liege- und Transportzeiten) und die Anzahl der Rückläufe.

Abb. 11-8: Laufzettel (Beispiel)

<table>
<tr><th colspan="6">Laufzettel</th></tr>
<tr><td colspan="4">Bezeichnung des Vorgangs: Wohngeldantrag</td><td colspan="2">Aktenzeichen:
64 10/193</td></tr>
<tr><th>Name</th><th>Eingang Datum, Uhrzeit</th><th>Tätigkeit</th><th>Bearbeitung Datum, Uhrzeit</th><th>Dauer in Min.</th><th>Ausgang Datum, Uhrzeit</th></tr>
<tr><td>Weber</td><td>05.08., 9.00</td><td>Antrag entgegennehmen, auf Vollständigkeit prüfen</td><td>05.08., 11.15</td><td>10</td><td>05.08., 14.00</td></tr>
<tr><td>Schulze</td><td>05.08., 14.05</td><td>Akte anlegen</td><td>07.08., 8.30</td><td>7</td><td>07.08., 16.00</td></tr>
<tr><td>...</td><td></td><td></td><td></td><td></td><td></td></tr>
</table>

Die Anzahl der Dokumente orientiert sich insbesondere an der Verschiedenartigkeit der betrachteten Bearbeitungsvorgänge. Je unterschiedlicher die Vorgänge in einem Arbeitsbereich sind, umso größer muss die Stichprobe sein. Der Erhebungszeitraum sollte so bemessen sein, dass möglichst für alle Tätigkeiten eine statistisch ausreichende Anzahl von Einzelfeststellungen notiert wird. In der Regel beträgt dieser Zeitraum etwa vier Wochen (Vahs, 2012, S. 504 f.).

Auch beim Laufzettelverfahren ist eine umfassende Information der betroffenen Mitarbeiter über Ziele und Inhalte der Untersuchung angeraten, um Vorbehalten entgegenzutreten.

Vorteile	Nachteile
• differenzierte Aussagen zu Bearbeitungsvorgängen und Arbeitsabläufen möglich • geringer Erfassungs- und Auswertungsaufwand • direkte Einbeziehung der Betroffenen	• zusätzliche Belastung für die Mitarbeiter • ggf. sehr zeitaufwendige Auswertungsarbeiten • Tätigkeiten werden nicht detailliert beschrieben • Manipulationen sind nicht ausgeschlossen

➤ **Beobachtung**

Die Beobachtung ist eine Erhebungstechnik, mit der optisch wahrnehmbare Vorgänge systematisch erfasst und interpretiert werden (Vahs, 2012, S. 505). Beurteilt werden insbesondere Sachverhalte wie die Arbeitsgestaltung, die Arbeitsverteilung und die Auslastung der Mitarbeiter, aber auch das Sozialverhalten von Personen sowie die Nutzung der technischen Arbeitsplatzausstattung.

Unter einer „Beobachtung" wird in diesem Zusammenhang die **Fremdbeobachtung** verstanden (in Abgrenzung zur Selbstbeobachtung, die beispielsweise mittels täglicher Arbeitsaufzeichnungen oder Laufzetteln geschieht).

Die wahrgenommenen Informationen fließen bei der Fremdbeobachtung nur in eine Richtung, und zwar vom beobachteten Prozess mit den beteiligten Personen zum Beobachter. Aus diesem Grund können z. B. Zielsetzungen und Sinnzusammenhänge der beobachteten Sachverhalte oder die Motive der handelnden Personen nicht beurteilt werden. Daher sind als Ergänzung weitere Erhebungstechniken, wie die mündliche oder schriftliche Befragung, üblich.

Im Folgenden werden zwei Formen der Beobachtung unterschieden:

1. die Dauerbeobachtung und
2. die Multimomentaufnahme

Auf eine dritte Technik der Fremdbeobachtung, die **Zeitaufnahme,** wird an dieser Stelle nur kurz verwiesen. Hierbei handelt es sich um eine Technik, bei der die Zeiten, die zur Erledigung einzelner Tätigkeiten benötigt werden, mit einem Zeitmessgerät ermittelt werden. Das Ergebnis wird anschließend protokolliert. Die Zeitaufnahme wird überwiegend bei häufig wiederkehrenden, gleichförmigen Arbeiten angewendet, insbesondere im manuellen Bereich (z. B. Reinigungsarbeiten, Straßenunterhaltung, Grünflächenarbeiten). Für den Verwaltungsbereich hat die Technik kaum Bedeutung, weil die einzelnen Abläufe mit ihren Arbeitsinhalten sowie den Beginn- und Endzeitpunkten wesentlich schwieriger voneinander unterschieden werden können.

zu 1. Dauerbeobachtung

Hierbei wird die Beobachtung kontinuierlich über einen längeren Zeitraum durchgeführt. Die Dauer der Beobachtung ist abhängig von der Schwierigkeit und Vielfältigkeit des Aufgabengebietes; in der Regel reichen jedoch auch bei komplexen Tätigkeiten mehrere Tage aus, um einen Eindruck zu gewinnen. Die Beobachtungen werden fortlaufend in Stichpunkten aufgezeichnet. Im Allgemeinen wird die Methode eingesetzt, um mehrere, räumlich eng zusammenhängende Arbeitsplätze mit ähnlichen Tätigkeitsfeldern (z. B. drei Mitarbeiter eines Bürgerbüros) zu beobachten. Die Beobachtung eines einzelnen Mitarbeiters ist allein aus Wirtschaftlichkeitsgründen nur in Einzelfällen vertretbar. Der Organisator notiert beispielsweise, welcher Mitarbeiter was erledigt, wie viel Zeit benötigt wird, welche Arbeitsmittel eingesetzt werden, mit wem kommuniziert wird, welche Störungen auftreten und sonstige Eindrücke.

Beobachtungen können offen (der Beobachter gibt sich als solcher zu erkennen) oder verdeckt (der Beobachter bleibt unerkannt) durchgeführt werden. Im Zusammenhang mit der Durchführung von Organisationsprojekten sollten Beobachtungen stets offen durchgeführt und die Mitarbeiter vorab über Ziele und Inhalte informiert werden.

Vorteile	Nachteile
• umfassender Einblick in den Untersuchungsbereich • auch Umwelteinflüsse, wie z. B. Besucherverkehr, sind beobachtbar • geringe Störung des Betriebsablaufs	• hoher Zeitaufwand • ggf. psychische Belastung der Mitarbeiter • Änderung des Arbeitsverhaltens möglich • nur visuell beobachtbare Sachverhalte erfassbar • zeitaufwendige Dokumentation

zu 2. Multimomentaufnahme

Die Multimomentaufnahme ist im Gegensatz zur Dauerbeobachtung eine Beobachtung in zeitlichen Intervallen. Die Zeitabstände werden durch die Bildung einer Stichprobe so festgelegt, dass eine statistisch gesicherte Aussage für den gesamten Zeitraum abgeleitet werden kann. Die Repräsentativität ist gegeben, wenn die Beobachtungszeitpunkte nach dem Zufallsprinzip festgelegt werden, der Umfang der Beobachtungen ausreichend groß ist und die Arbeitsbedingungen sich im Untersuchungsbereich während des Beobachtungszeitraums nicht von den typischen Verhältnissen unterscheiden (Bundesministerium des Innern/Bundesverwaltungsamt, 2013, S. 221). Aus einer Vielzahl von einzelnen Kurzzeitbeobachtungen (Momentaufnahmen) können anschließend Aussagen zu Zeit- und Mengenangaben getroffen werden (REFA, 1978). Die relevanten Sachverhalte (z. B. Publikum bedienen, telefonieren, Antragsbearbeitung, Pause) müssen durch kurzzeitiges Beobachten eindeutig identifizierbar sein. Die Multimomentaufnahme kann als Beobachtung einzelner Personen oder von Personengruppen durchgeführt werden.

Folgende Arbeitsschritte sind bei der Vorbereitung der Multimomentaufnahme üblich: Die zu beobachtenden Tätigkeiten oder Ereignisse werden in einen Aufnahmebogen eingetragen. Die Rundgangswege und die einzelnen Anlaufpunkte werden in einem Rundgangsplan skizzenmäßig dargestellt. Weiterhin werden die Zahl der Rundgänge sowie die Rundgangszeitpunkte festgelegt.

Bei der Durchführung kennzeichnet der Beobachter je Beobachtungsrundgang durch Striche auf dem Aufnahmebogen, welche Tätigkeit bzw. welches Ereignis er an den einzelnen Anlaufpunkten feststellt (siehe Abb. 11-9).

Abb. 11-9: Aufnahmebogen für die Multimomentaufnahme (Beispiel) (nach Schulte-Zurhausen, 2010, S. 520)

Aufnahmebogen													
Startzeit	Arbeitsplatz 1				Arbeitsplatz 2				Arbeitsplatz 3				Bemerkungen
	Tätigkeiten				Tätigkeiten				Tätigkeiten				
	a	b	c	d	a	b	c	d	a	b	c	d	
8.15		*I*			*I*						*I*		
8.31	*I*							*I*		*I*			
8.57			*I*			*I*						*I*	
...													
Summe													
Bemerkungen													

Mit der Auswertung wird festgestellt, wie häufig jede Tätigkeit im Untersuchungszeitraum vermerkt wurde. Anschließend werden die Häufigkeitsanteile der einzelnen Tätigkeiten prozentual ermittelt. Auch lässt die Auswertung Aussagen darüber zu, ob Arbeitsmengenschwankungen zu verzeichnen und die Mitarbeiter ungleich ausgelastet sind.

Die Ergebnisse einer Multimomentaufnahme können Grundlage für die Arbeitsverteilung, die Stellenbemessung oder die Stellenbewertung sein. Auch eignet sich das Verfahren dazu, die Ergebnisse anderer Erhebungstechniken (z. B. täglicher Arbeitsaufzeichnungen) zu überprüfen.

Auch bei der Multimomentaufnahme sind die betroffenen Mitarbeiter eingehend über das Ziel der Untersuchung und die Vorgehensweise zu unterrichten. Darüber hinaus sind hier, wie auch bei den zuvor beschriebenen Techniken der Selbst- und Fremdbeobachtung, die Mitbestimmungsrechte des Personalrats zu beachten.

Vorteile	Nachteile
• schnelle und einfache Durchführung • mehrere Arbeitsplätze gleichzeitig oder nacheinander beobachtbar • auch Umwelteinflüsse, wie z. B. Besucherverkehr, können erfasst werden • geringe Störung des Betriebsablaufs	• hoher Zeitaufwand zur Auswertung der Strichlisten • nur visuell zu beobachtende Tätigkeiten erfassbar • nur eine begrenzte Zahl von Ablaufarten erfassbar • ggf. psychische Belastung der Mitarbeiter

11.5.3 Analysetechniken

➤ Kommunikationsanalyse

Mit der Kommunikationsanalyse wird der Informationsaustausch innerhalb einer Organisation und zwischen der Organisation und ihrer Umwelt erfasst. Sie ergänzt die Aufgaben- und die Prozessanalyse und trägt somit dazu bei, dass die Situation der betrachteten Organisation bzw. Organisationseinheit umfassend beurteilt werden kann. Mithilfe der Kommunikationsanalyse lassen sich Richtung (wer mit wem) und Intensität (wie häufig und wie lange) der Kommunikationsbeziehungen erfassen.

Je nach Zielrichtung der Kommunikationsanalyse werden folgende Aspekte untersucht: Kommunikationspartner, Art und Inhalt der Information, Gründe für den Informationsaustausch, Häufigkeit des Informationsaustausches, Kommunikationsdauer, Form der Kommunikation (schriftlich, persönlich, telefonisch), Richtung der Kommunikation.

Mit einem Erhebungsbogen (siehe Abb. 11-10) können die für die Problemstellung relevanten Daten erhoben werden. Der Aufzeichnungszeitraum sollte repräsentativ sein; er umfasst üblicherweise bis zu 20 Arbeitstagen (Siepmann & Siepmann, 2004, S. 189).

Abb. 11-10: Vordruck zur Kommunikationsanalyse

Organisationseinheit:		Name:			Zeitraum:
Sender	Empfänger	Form der Information			Art und Inhalt der Information
		schrift-lich	persön-lich	telefo-nisch	

Die Ergebnisse der Kommunikationsanalyse werden in einem Kommunikationsdiagramm dokumentiert. Abbildung 11-11 stellt die Kommunikationsbeziehungen im Fachbereich „Bürgerservice und Soziales" untereinander und mit den Querschnittseinheiten der Behörde dar. Als Darstellungsform wurde der **Kommunikationskreis** (auch als Kommunikationsspinne bezeichnet) gewählt. Neben Richtung und Intensität des Informationsaustausches lässt sich auch feststellen, zwischen welchen Einheiten die Kontakte sehr gering ausfallen oder sogar fehlen, auch wenn an und für sich eine enge Zusammenarbeit stattfinden müsste. Im abgebildeten Kommunikationsdiagramm ist z. B. eine Kommunikationsdauer von nur einer Stunde bis fünf Stunden pro Monat zwischen Rechnungsprüfung und Kämmerei abgebildet, obwohl diese Einheiten von den Arbeitsinhalten her eigentlich intensive Kontakte pflegen müssten.

Abb. 11-11: Kommunikationskreis (Beispiel)

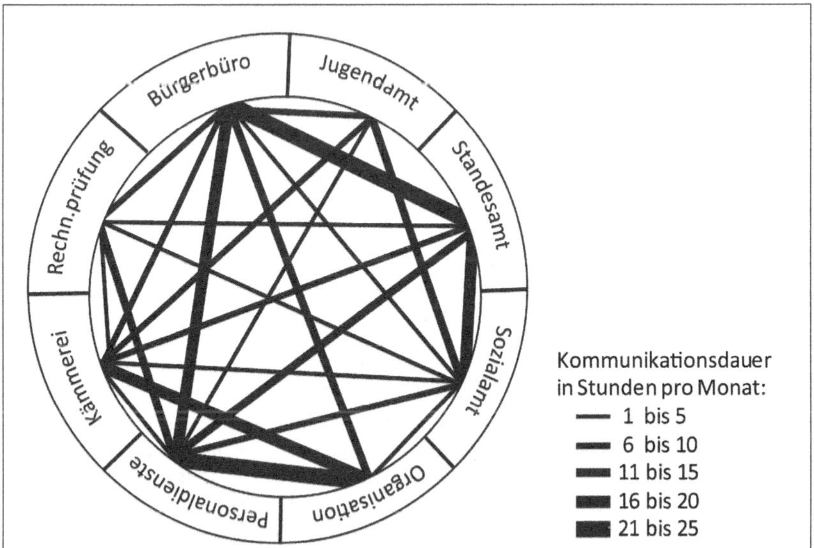

Vorteile	Nachteile
• Ergänzung der Aufgaben- und Prozessanalyse durch Erfassung der Kommunikationskanäle • einprägsame Veranschaulichung durch Diagramme	• informelle Beziehungen werden in der Regel nicht erfasst • Manipulationen sind nicht ausgeschlossen

11.5.4 Techniken der Zielfindung

Mit der Auswahl und Umsetzung von geeigneten Organisationsalternativen werden Ziele verfolgt, die sich grundsätzlich an den Sach- und Formalzielen der Organisation ausrichten (siehe hierzu Kapitel 1). Es geht demnach insbesondere darum, die Organisation effizienter und effektiver zu gestalten und dabei den Bürgerservice und die Arbeitsbedingungen zu verbessern.

In den der Zielformulierung vorangehenden Phasen der Organisationsuntersuchung werden relevante Informationen gesammelt und Problemfelder identifiziert. Die dort festgestellten Soll-Ist-Abweichungen sind Grundlage für die Suche nach geeigneten Problemlösungen. Um aber die Lösungsalternativen bewerten zu können, muss zunächst festgelegt werden, welche Ziele anzustreben sind. Die Technik der Zielfindung eignet sich dazu, die relevanten Ziele zu identifizieren, sie in ein Zielsystem zu ordnen, sie zu gewichten und zu operationalisieren. Nachfolgend werden geeignete Verfahren, die für die Zielfindung zur Verfügung stehen, kurz erläutert (Vahs, 2012, S. 534 ff.):

Zielsuche: Die Zielsuche ist ein kreativer Prozess. Ausgehend von den Problemen, die im Rahmen der Ist-Analyse identifiziert werden, und unter Einbeziehung der Beteiligten werden die Zielideen zusammengetragen. Eine geeignete Technik zur Ideenfindung ist beispielsweise das Brainstorming.

Gewichtung der Ziele: Um die Ziele gewichten zu können, muss vorab darauf geachtet werden, dass nur solche Ziele aufgenommen werden, die sich auch tatsächlich im Rahmen des Organisationsprojekts erreichen lassen. Weiterhin müssen für Ziele, die nicht miteinander in Einklang zu bringen sind oder sich sogar widersprechen, Zielpräferenzen festgelegt werden. Auch sind Redundanzen zu beseitigen. Die verbleibenden Ziele können anschließend geordnet und gewichtet werden:

- Die relevanten Ziele können in einer hierarchischen Zielstruktur **(Zielpyramide)** mit Ober-, Zwischen- und Unterzeilen abgebildet werden.
- Mit der **stufenweisen Zielgewichtung** werden wichtige Ziele von weniger wichtigen Zielen abgegrenzt. Zunächst werden die Muss-Ziele bestimmt. Sie sind – wie der Begriff schon sagt – in jedem Fall zu erreichen. In die Zielgewichtung werden nur die Kann-Ziele einbezogen. Sie werden nochmals in Hauptziele mit einem hohen Zielgewicht und Nebenziele mit einem geringen Zielgewicht differenziert.

- Die **Präferenzmatrix** (Chrobok, 1996, S. 28 f.) setzt alle Kann-Ziele systematisch über Paarvergleiche miteinander in Beziehung. Das Verfahren wird in einer Abfolge von Schritten durchgeführt. Zunächst ist die Ebene der Zielhierarchie, auf der die Gewichtung stattfinden soll, festzulegen. Dies ist in der Regel die Ebene der Zwischen- oder Unterziele. Dann werden die betrachteten Ziele in die Präferenzmatrix eingetragen (vgl. Beispiel in Abbildung 11-12). Die Ziele werden dabei mit einer alphabetisch aufsteigenden Kennzeichnung versehen. Jetzt können die Ziele paarweise miteinander verglichen werden. Das im Vergleich bevorzugte Ziel wird mit seiner alphabetischen Kurzbezeichnung in das Schnittfeld der miteinander verglichenen Ziele eingetragen. Nachdem der Vergleich für alle Ziele abgeschlossen ist, wird die Häufigkeit für jedes Ziel festgestellt und in die dafür vorgesehene Zeile eingetragen. Im Beispiel hat das Ziel b mit vier Nennungen das höchste Gewicht. Mit der in Abbildung 11-12 angegebenen Formel werden die Zielgewichte errechnet. Anschließend kann eine Rangreihe der Ziele gebildet werden.

Abb. 11-12: Beispiel für eine Präferenzmatrix

Präferenzmatrix Organisationsuntersuchung „Prozessoptimierung"							
Ziele		**Präferenzen**					
		Ziel a	**Ziel b**	**Ziel c**	**Ziel d**	**Ziel e**	
a	Reduzierung der Schnittstellen						
b	Reduzierung der Durchlaufzeit	b					
c	Senkung der Personalkosten	a	b				
d	Verbesserung der Informationspolitik	a	b	c			
e	Reduzierung der Wartezeiten	a	b	e	e		
Ziele		a	b	c	d	e	Σ
Häufigkeiten		3	4	1	0	2	10
Gewicht		30,0	40,0	10,0	0	20,0	100
Rangreihe		**2**	**1**	**4**	**5**	**3**	
Gewicht = 100 : Summe der Häufigkeiten × Häufigkeit pro Objekt							

11.5.5 Techniken der Lösungssuche

Bei der Suche nach innovativen organisatorischen Problemlösungen (aber auch in anderen Phasen der Organisationsuntersuchung, wie etwa der Zielfindung) ist Kreativität gefragt. Daher wurde für die betriebliche Praxis eine Vielzahl von Kreativitätstechniken entwickelt. Diese zielen insbesondere darauf ab, das Assoziationsvermögen zu fördern, also bisher getrennte Erklärungs- und Gestaltungsmuster so miteinander zu verbinden, dass etwas Neuartiges entsteht (Hauschildt, 2004, S. 378). Zu den im Rahmen von Organisationsprojekten häufig angewandten Methoden zählen das Brainstorming und die Methode 635. Die Techniken werden im Folgenden in Grundzügen dargestellt (Schulte-Zurhausen, 2010, S. 573 ff.; Vahs, 2009, S. 512 ff.; Schmidt, 2009, S. 327 ff.; Büchi & Chrobok, 1994, S. 293 ff.).

➤ **Brainstorming**

Die bekannteste Kreativitätstechnik ist das Brainstorming. Sie wurde bereits in den 1930er-Jahren von *Alex F. Osborn* entwickelt und verfolgt das Ziel, in kurzer Zeit (etwa 30 bis 60 Minuten) möglichst viele Ideen und Lösungsvorschläge zu entwickeln. Eine Bewertung wird erst nachträglich vorgenommen, sodass Aspekte wie Vernunft und Logik zunächst unberücksichtigt bleiben und Denkblockaden vermieden werden. Das Brainstorming sollte in interdisziplinär zusammengesetzten Gruppen stattfinden, um möglichst viele Sichtweisen einzubeziehen. Gruppengrößen von fünf bis maximal zwölf Personen haben sich als geeignet erwiesen. Die freie Assoziation setzt bestimmte Verhaltensregeln voraus:

- *Keine Kritik:* Die Bewertung der Vorschläge ist in der Phase des Brainstormings streng verboten, um den Ideenfluss der Teilnehmer nicht zu hemmen und die kreative Atmosphäre nicht zu stören. Die Bewertung findet in einer gesonderten, nachfolgenden Phase statt.
- *Weiterentwickeln von bereits geäußerten Ideen:* Die Teilnehmer der Brainstormingsitzung haben kein Urheberrecht auf ihre Beiträge. Es ist erlaubt und gewünscht, dass bereits vorgebrachte Ideen aufgegriffen und „weitergesponnen" werden.
- *Quantität vor Qualität:* Zunächst kommt es ausschließlich darauf an, möglichst viele Ideen zu produzieren. So wächst die Wahrscheinlichkeit, dass darunter verwertbare Ideen enthalten sind.
- *Freies Assoziieren ist erwünscht:* Das Prinzip der freien Assoziation gibt den Teilnehmern die Sicherheit, dass auch außergewöhnliche oder unrealistische Vorschläge erlaubt sind und nicht sofort von den anderen Gruppenmitgliedern abgewertet werden. Aus diesen fantastischen, ggf. sinnlosen Ideen können wieder neue, konstruktive Einfälle entstehen.

Werden keine Ideen mehr geäußert, setzt die Bewertungsphase durch die Gruppenmitglieder ein. Die Vorschläge werden dabei üblicherweise differenziert in unbrauchbare Ideen, in unmittelbar umsetzbare Ideen sowie in Ideen, die sinnvoll sind, aber noch weiterentwickelt werden müssen (Schulte-Zurhausen, 2010, S. 574).

Die Brainstormingsitzung sollte durch einen Moderator geleitet werden. Dieser ist dafür zuständig, die Gruppe mit der Problemstellung vertraut zu machen, die Brainstormingregeln zu erläutern und ihre Einhaltung sicherzustellen, die Auswertungsphase zu begleiten sowie den Kommunikationsprozess innerhalb der Gruppe zu steuern. Weiterhin visualisiert der Moderator die Ergebnisse für alle sichtbar auf einer Flipchart oder Pinnwand. Der Moderator ist für den Prozess zuständig, nicht für das Ergebnis. Inhaltlich sollte er sich zurückhalten, um den Teilnehmern nicht das Gefühl der Beeinflussung oder gar der Manipulation zu geben. Zur Moderationsmethode im Einzelnen siehe Kapitel 9.

Vorteile	Nachteile
• einfach durchzuführen • geringer Zeitaufwand • Entwicklung einer Vielzahl von Ideen	• ggf. aufwendige Auswahl geeigneter Ideen • Rückzug des Einzelnen in der Gruppe möglich

➤ Brainwriting/Methode 635

Die Methode 635 ist eine Form des Brainwritings. Beim Brainwriting, einer Weiterentwicklung des Brainstormings, geht es um das schriftliche Festhalten und Entwickeln von Ideen zu bestimmten Fragestellungen durch die Teilnehmer selbst. Die Methode 635 wurde von *Bernd Rohrbach* in den 1960er-Jahren ausgearbeitet und erhielt ihren Namen durch den speziellen Ablauf:

- **Sechs** Teilnehmer notieren auf einem vorbereiteten Vordruck (siehe Abb. 11-13) innerhalb einer festgelegten Zeit (in der Regel fünf Minuten) jeweils **drei** Ideen und reichen das Blatt anschließend an den Nachbarn weiter.
- Der Nachbar ergänzt die vorliegenden Gedanken um weitere Ideen zur Problemlösung. Dabei sollen die bereits notierten Ideen des Vorgängers aufgegriffen und weiterentwickelt werden. Insgesamt wird das Papier **fünfmal** weitergegeben, sodass jedes Mitglied auf jedem Blatt drei Ideen notiert hat.

Abb. 11-13: Methode 635 (Vordruck)

Fragestellung						
Name						
Runde	**1**	**2**	**3**	**4**	**5**	**6**
1. Idee						
2. Idee						
3. Idee						

Bei der Methode 635 wird im Gegensatz zum Brainstorming ein Moderator nicht zwingend benötigt. Auch fallen die Protokollaufgaben weg. Im Vordergrund steht hier die konzentrierte Einzelarbeit. Wie beim Brainstorming ist es wichtig, die Problemstellung vorab exakt zu definieren.

Vorteile	Nachteile
• einfach durchzuführen • geringer Zeitaufwand • Entwicklung einer Vielzahl von Ideen • alle Teilnehmer werden integriert	• starres Vorgehen stört ggf. die Entwicklung von Kreativität

11.5.6 Bewertungstechniken

➤ Nutzwertanalyse

Die Nutzwertanalyse (NWA) wird auch als „Punktbewertungs-Modell" bezeichnet und verfolgt den Zweck, komplexe Handlungsalternativen miteinander zu vergleichen. Die Nutzwertanalyse lässt sich durch folgende Merkmale beschreiben (Zangemeister, 1976, S. 55 ff.):

- Es liegen mehrere, grundsätzlich geeignete Lösungsalternativen vor, die sich jedoch durch verschieden ausgeprägte Vor- und Nachteile auszeichnen.
- Bei der Beurteilung der Alternativen sind unterschiedliche Zielkriterien zu benennen, die in der Regel aus einem hierarchisch strukturierten Zielsystem abgeleitet werden. Die Zielkriterien können sowohl quantitativer als auch qualitativer Natur sein. Damit ist die Nutzwertanalyse besonders gut zur Bewertung von Lösungsalternativen geeignet, wenn nicht nur Kostenaspekte betrachtet werden sollen.
- Den einzelnen Zielkriterien wird entsprechend den Präferenzen des Entscheidungsträgers eine unterschiedliche Bedeutung beigemessen, was dadurch zum Ausdruck kommt, dass die Zielkriterien ungleich gewichtet werden. Typischerweise werden die einzelnen Gewichte durch Prozentwerte bestimmt, die sich insgesamt für alle Zielkriterien auf 100 Prozent summieren.
- Die Zielerfüllung jeder einzelnen Alternative wird zu einem sogenannten Nutzwert aggregiert. Unter dem Nutzwert einer Lösungsalternative versteht man den subjektiven, durch die Tauglichkeit zur Zielerreichung bestimmten Wert.

Die **Nutzwertanalyse** erfolgt in fünf aufeinander aufbauenden Schritten, die nachfolgend anhand eines **Beispiels** näher beschrieben werden:

In einer großen kreisangehörigen Kommune wurde zur Durchführung einer Organisationsuntersuchung im Jugendamt eine Projektgruppe eingerichtet, die aus Vertretern unterschiedlicher Organisationseinheiten besteht. Anlass der Untersuchung sind vielfältige Problemstellungen aufgrund der im Jugendamt gewählten Aufbauorganisation. Das Amt war vor einigen Jahren so umstrukturiert worden, dass vier unterschiedliche Abteilungen (sog. Sozialdienste) in den einzelnen Stadtteilen entstanden, die jeweils alle Leistungen des Jugendamtes dezentral anbieten (Allgemeiner

Sozialer Dienst, Ambulante Erziehungshilfen, Kindertageseinrichtungen (KITAs), Freizeiteinrichtungen, Verwaltungstätigkeiten). Die dezentrale Aufgabenwahrnehmung führte u. a. zu Vertretungsproblemen, Informationsdefiziten zwischen der Leitung des Jugendamtes und den Sozialdiensten, einer unterschiedlichen, nicht ausreichend zwischen den einzelnen Sozialdiensten abgestimmten Arbeitsweise, einer z. T. ungenügenden Erreichbarkeit, da in jedem Sozialdienst nur wenige Beschäftigte arbeiten, sowie einer Explosion der Kosten, insbesondere für Heimunterbringungen. Im Ergebnis hat die Projektgruppe festgestellt, dass sich das Organisationsmodell eher für eine Großstadt eignet und sowohl aus organisatorischen als auch aus wirtschaftlichen Gründen nicht auf eine kreisangehörige Kommune übertragen lässt. Die Projektgruppe hat daraufhin drei unterschiedliche Lösungsalternativen zur Aufbauorganisation entwickelt. Diese gilt es, mittels einer Nutzwertanalyse zu bewerten. Vor der Sitzung wird der Projektgruppe ein Protokoll der letzten Vorstandssitzung zugeleitet, in dem es heißt, dass die Anzahl der derzeitigen Abteilungen des Jugendamtes nicht überschritten werden darf, da der städtische Haushalt keine Personalkosten für weitere Leitungsstellen verkraftet.

1. Schritt: Auswahl der infrage kommenden Alternativen

Im ersten Schritt sind die Lösungsalternativen darzustellen und es ist zu entscheiden, ob die Anzahl der Lösungsalternativen zu reduzieren ist. Dies kommt in Betracht, wenn ein oder mehrere K.o.-Kriterien festgelegt wurden. Die Alternativen, die mindestens eines der benannten K.o.-Kriterien nicht erfüllen, scheiden von vornherein aus der weiteren Betrachtung aus. Auf diese Weise lässt sich der Bewertungsaufwand verringern.

Im betrachteten Beispiel stehen zur Beurteilung drei Alternativen an, die im Folgenden als Organigramm (in vereinfachter Form) abgebildet sind (siehe Abb. 11-14):

Abb. 11-14: Lösungsalternativen (Beispiel)

Lösungsalternative 1

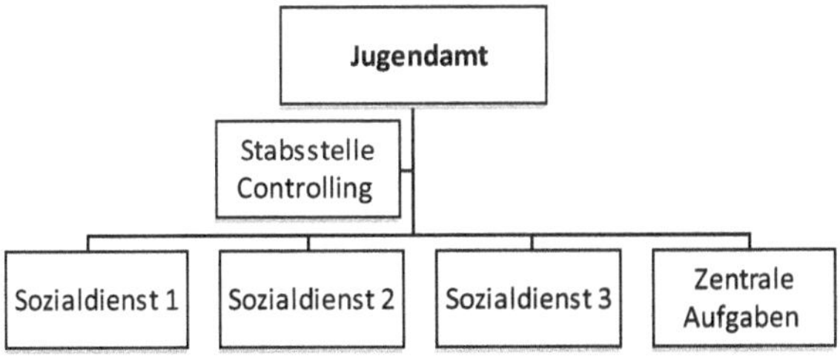

Lösungsalternative 2

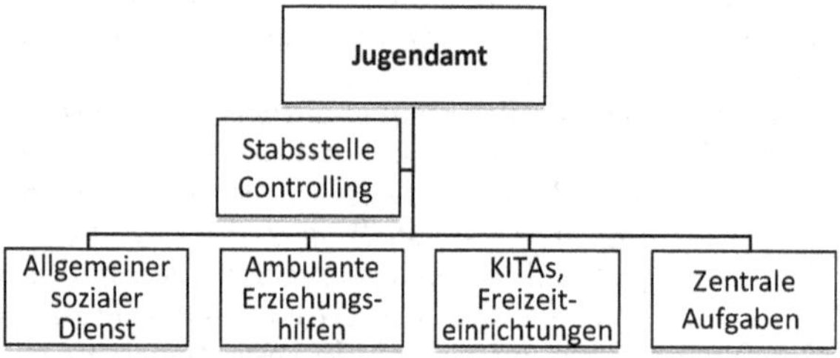

Lösungsalternative 3

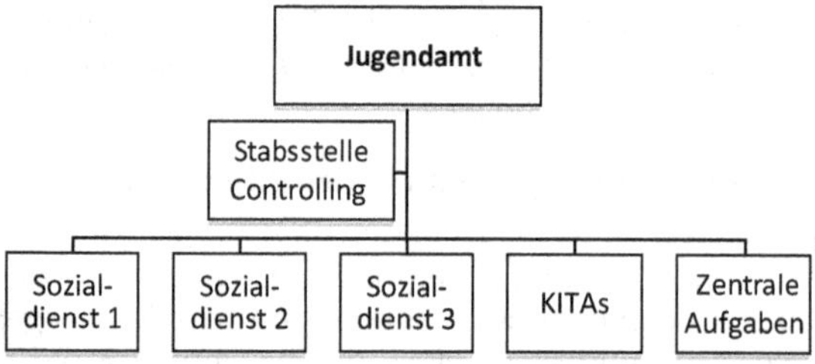

Die Prüfung im Hinblick auf die K.o.-Kriterien ergibt, dass mit Lösungsalternative 3 die Mindestanforderung, mit der neuen Organisationsform höchstens vier Abteilungen zu bilden, nicht eingehalten wird. Diese Alternative ist daher nicht weiter zu berücksichtigen.

2. Schritt: Bestimmung der Ziele und Zielkriterien

Zweckmäßigerweise wird ein hierarchisch strukturiertes Zielsystem aufgestellt, mit einem Hauptziel und einer weiteren Untergliederung in Unterziele (Teilziele). Die für die Nutzwertanalyse entscheidungsrelevanten Zielkriterien bilden die Endglieder des Zielsystems, anhand derer die Alternativen bewertet werden können. Die Ziele und Zielkriterien können beispielsweise wirtschaftlicher, technischer, sozialer und ökologischer Natur sein. Es sollten alle für die Entscheidung relevanten Ziele und Zielkriterien berücksichtigt werden.

Die Mitglieder der Projektgruppe „Jugendamt" entwickeln folgendes Zielsystem (siehe Abb. 11-15):

Abb. 11-15: Zielsystem (Beispiel)

Hauptziel	Teilziele	Zielkriterien
Weiterentwicklung des Jugendamtes bei gesteigerter Effizienz	Schaffen von verbindlichen Aufbau- und Ablaufstrukturen	Weniger Schnittstellen
		Klare Zuweisung von Aufgaben, Kompetenzen und Funktionen
	Steigerung der Wirtschaftlichkeit	Geringe Personalkosten
		Geeignete Controlling-Instrumente
	Verbesserung des Betriebsklimas	Teamorientierung in den Abteilungen
		Informationsfluss
	Verbesserung der Kundenorientierung	Fachliche Weiterentwicklung
		Zielgruppenorientierung

3. Schritt: Gewichtung der Ziele und Zielkriterien:

Nicht alle Ziele bzw. Zielkriterien sind gleich bedeutsam, daher wird mit der Zielgewichtung eine Präferenzordnung zwischen den Zielen hergestellt. Dies geschieht, indem jedes Ziel einen Teilwert von insgesamt hundert Prozentpunkten erhält, und zwar je nach Bedeutung des Ziels im Vergleich zu den anderen Zielen. Die Gewichtung der Ziele wird entsprechend der Zielhierarchie vorgenommen: Zunächst werden dem Hauptziel hundert Prozentpunkte zugeordnet. Dann erfolgt die Gewichtung der Teilziele: Je nach Bedeutung der Teilziele untereinander vergibt man Prozentwerte, die sich insgesamt zum Wert des ihnen vorgelagerten Ziels addieren müssen. Dieses Verfahren wird so lange fortgesetzt, bis auch auf die Zielkriterien Prozentpunkte verteilt wurden. Hierbei handelt es sich um eine Gewichtung, die auf der subjektiven Einschätzung der Entscheidungsträger beruht.

In der nachfolgenden Zielhierarchie sind alle Zielgewichte für das Beispiel „Jugendamt" kenntlich gemacht (siehe Abb. 11-16):

Abb. 11-16: Gewichtung der Ziele und Zielkriterien (Beispiel)

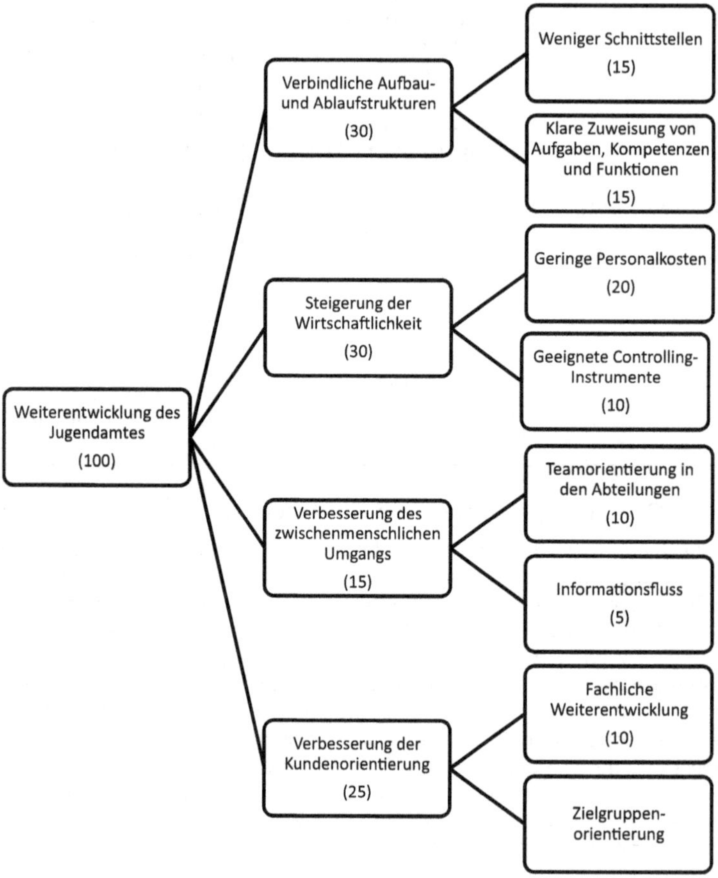

4. Schritt: Ermittlung der Zielerträge

Alle Lösungsalternativen werden nun im Hinblick darauf betrachtet, in welchem Ausmaß sie die Zielkriterien erreichen. Es ist offensichtlich, dass ein unmittelbarer Vergleich nicht ohne Weiteres möglich ist. Daher wird das Ausmaß, in dem jede Lösungsalternative die Zielkriterien erreicht, in sogenannte „Zielerträge" transformiert. Die Zielerträge unterliegen einer einheitlichen, kardinalen Skalierung. In der Praxis finden häufig Punkteskalen von 0 bis 5 oder von 0 bis 10 Anwendung.

Bezogen auf das Beispiel wird eine Skalierung von 0 bis 5 Punkten vorgenommen (siehe Abb. 11-17):

Abb. 11-17: Skalierung

Zielerreichung	Zielertrag
keine Zielerreichung	0
in sehr geringem Maße	1
in geringem Maße	2
in mittlerem Maße	3
in hohem Maße	4
in sehr hohem Maße	5

Bei der praktischen Anwendung der Nutzwertanalyse erhalten sehr gute Lösungen (Zielerreichung in sehr hohem Maße) den Punktwert 5, gerade noch genügende Lösungen (Zielerreichung in sehr geringem Maße) den Punktwert 1. Lösungsalternativen, die ein Zielkriterium gar nicht erfüllen, bekommen den Punktwert 0.

Üblich sind auch verbale Beschreibungen (Nutzentabellen), aus denen hervorgeht, welchen Zielbeitrag eine Lösungsalternative erbringen muss, um einen bestimmten Punktwert zu erreichen. Es kann sich dabei sowohl um quantitative Zielbeiträge (z. B. Personalkosten) als auch um qualitative Zielbeiträge (z. B. weniger Schnittstellen) handeln.

Dies soll anhand des gewählten Beispiels exemplarisch dargestellt werden (siehe Abb. 11-18):

Personalkosten

Abb. 11-18: Zielerreichung (Beispiel)

Zielerreichung	Zielertrag
> 6 Mio. Euro	1
6 Mio. Euro bis 5,75 Mio. Euro	2
< 5,75 Mio. Euro bis 5,5 Mio. Euro	3

Zielerreichung	Zielertrag
< 5,5 Mio. Euro bis 5,25 Mio. Euro	4
< 5,25 Mio. Euro	5

Weniger Schnittstellen (nach Vahs, 2012, S. 525)

Zielerreichung	Zielertrag
sehr viele und zum Teil unübersichtliche Schnittstellen, nur mithilfe von umfassenden organisatorischen Regelungen handhabbar, großes Konfliktpotenzial	1
viele Schnittstellen, noch gut handhabbar, mittleres Konfliktpotenzial	3
wenige und klar definierte Schnittstellen, handhabbar, geringes Konfliktpotenzial	5

Die Festlegung des jeweiligen Zielertrages, den die betrachtete Lösungsalternative zur Zielerreichung leistet, erfolgt bei quantitativen Größen durch einfache Zuordnung. Bei qualitativen Größen kommt es grundsätzlich auf die subjektive Einschätzung der Bewertungsgruppe an. Insbesondere in dieser Phase der Nutzwertanalyse ist die Einbindung von Experten in den Bewertungsprozess von Vorteil, um eine größere Objektivität zu erreichen.

Bei organisatorischen Veränderungen wird oftmals durch die Einbeziehung der Lösungsalternative „Beibehaltung des Ist-Zustands" ein gemeinsamer Bezugspunkt gebildet, der die Bewertung erleichtert. Die Zielerträge für diese Lösungsalternative werden dann für alle Zielkriterien auf null gesetzt (Schulte-Zurhausen, 2010, S. 551).

Im Beispiel „Jugendamt" werden die Lösungsalternativen 1 und 2 miteinander verglichen. Die Zielerträge sind in den Spalten 3 und 5 festgehalten (siehe Abb. 11-19).

Abb. 11-19: Tabelle zur Nutzwertermittlung (Beispiel)

Zielkriterien (1)	Zielgewicht (2)	Alternative 1		Alternative 2	
		Zielertrag (3)	Teilnutzwert (4)	Zielertrag (5)	Teilnutzwert (6)
1. Weniger Schnittstellen	**15**	2	30	4	60
2. Klare Zuweisung von Aufgaben, Kompetenzen und Funktionen	**15**	3	45	5	75
3. Geringe Personalkosten	**20**	3	60	5	100
4. Geeignete Controlling-Instrumente	**10**	4	40	4	40
5. Teamorientierung in den Abteilungen	**10**	2	20	4	40

Zielkriterien (1)	**Ziel-gewicht** (2)	**Alternative 1** **Zielertrag** (3)	 **Teil-nutzwert** (4)	**Alternative 2** **Zielertrag** (5)	 **Teil-nutzwert** (6)
6. Informationsfluss	**5**	3	15	3	15
7. Fachliche Weiterentwicklung	**10**	3	30	5	50
8. Zielgruppenorientierung	**15**	4	60	3	45
Gesamtnutzwert			**300**		**425**
Rang			**2**		**1**

In der ersten Spalte sind die Zielkriterien aufgeführt; in die zweite Spalte werden die Zielgewichte aus der Zielhierarchie übertragen. In den Spalten 3 und 5 geben die Zielerträge wieder, in welchem Ausmaß die jeweilige Lösungsalternative die einzelnen Zielkriterien erfüllt. In der Regel wird die Auswahl der Zielerträge für jede Lösungsalternative im Einzelnen begründet.

So erhält beispielsweise die Lösungsalternative 1 für die neue Aufbauorganisation des Jugendamts in Bezug auf das Zielkriterium „Weniger Schnittstellen" den Punktwert 2, weil infolge der Einrichtung von drei Sozialdiensten in den verschiedenen Stadtteilen noch viele Schnittstellen vorhanden sind und für deren Handhabbarkeit umfassende organisatorische Regelungen getroffen werden müssen. Dies birgt ein Konfliktpotenzial, das zwischen „mittel" und „groß" anzusiedeln ist.

5. Schritt: Berechnung der Teilnutzwerte und des Gesamtnutzwertes jeder Alternative

Im letzten Schritt der Nutzwertanalyse werden die Zielgewichte mit den Zielerträgen der einzelnen Lösungen multipliziert. So erhält man den Teilnutzwert für jedes Zielkriterium:

Teilnutzwert (TNW) = Zielgewicht (g) x Zielertrag (e)

Durch die spaltenweise Addition der Teilnutzwerte wird der Gesamtnutzwert für jede Lösungsalternative berechnet:

Gesamtnutzwert (GNW) = Summe aller Teilnutzwerte (TNW)

Die Alternative mit dem höchsten Gesamtnutzwert ist am vorteilhaftesten und erhält Rang 1.

Im Beispiel wird die Spalte 2 (Zielgewicht) jeweils mit den Spalten 3 und 5 (Zielerträge) multipliziert. Die Addition der so erhaltenen Teilnutzwerte (Spalten 4 und 6) ergibt den Gesamtnutzwert für beide Lösungsalternativen. Dieser beträgt für die erste Lösung 300 und für die zweite Lösung 425. Lösung 2 ist die Alternative mit dem höchsten Gesamtnutzwert. Die Projektgruppe schlägt daher dem Verwaltungsvorstand vor, diese aufbauorganisatorische Lösung umzusetzen.

Insbesondere wenn der Abstand zwischen den Lösungsalternativen gering ist, sollte erneut in die Bewertung eingestiegen werden. Hierzu werden sowohl die Zielgewichte als auch die Beschreibungen der Zielbeiträge noch einmal überprüft und in einem realistischen Rahmen variiert. So kann ermittelt werden, ob die bevorzugte Lösung auch bei veränderten Annahmen den höchsten Nutzwert aufweist.

Zur Absicherung der Ergebnisse tragen auch folgende Vorgehensweisen bei:

- **Mindestniveau:** Es wird die Vorgabe gemacht, dass die vorteilhafteste Lösung einen bestimmten Prozentanteil des maximal zu erreichenden Gesamtnutzwertes aufweisen muss. Damit soll verhindert werden, dass Lösungen umgesetzt werden, die zwar einen im Vergleich zu anderen Lösungen höheren Nutzwert erhalten haben, bei näherer Betrachtung aber unzulänglich und daher ungeeignet sind. Den maximalen Gesamtnutzwert ermittelt man, indem man die Höchstpunktzahl des Zielertrages mit den einzelnen Zielgewichten multipliziert und anschließend die Einzelergebnisse addiert.

  Bezogen auf das Beispiel ist die höchstmögliche Punktzahl des Zielertrages 5. Die Multiplikation mit den einzelnen Zielgewichten sowie die anschließende Addition der Ergebnisse ergeben einen maximalen Gesamtnutzwert von 500. Unter der Annahme, dass mindestens 70 Prozent des maximalen Gesamtnutzwertes erreicht werden müssen, würden die Lösungsalternativen folgende Ergebnisse erzielen:

  Alternative 1 *300 : 500 × 100 = 60 %*

  Alternative 2 *425 : 500 × 100 = 85 %*

  Lösungsalternative 1 weist nur 60 Prozent des Gesamtnutzwertes auf und kann daher allein aufgrund dieser Vorgabe nicht berücksichtigt werden. Für die favorisierte Lösungsalternative 2 wurden Prozentpunkte in Höhe von 85 Prozent des Gesamtnutzwertes vergeben; diese Lösung kann umgesetzt werden.

- **Mindestabstand:** Eine weitere Vorgabe könnte sein, dass der Abstand zwischen der besten und der zweitbesten Lösung einen bestimmten Mindest-Prozentwert ausmachen muss. Damit soll vermieden werden, dass die zweitbeste Alternative dicht auf die ausgewählte Alternative folgt und ggf. schon bei geringfügiger Änderung der Parameter Vorteile gegenüber der gewählten Lösung aufweisen würde.

  Für das Beispiel „Jugendamt" könnte die Vorgabe lauten, dass der Abstand zwischen bester und zweitbester Lösung mindestens 20 Prozent betragen muss. Folgende Berechnung ist anzustellen: (425 – 300): 425 × 100 = 29,4 %

  Der Unterschied beträgt 29,4 Prozent und ist demnach groß genug, um die Lösung 2 als beste Lösung abzusichern.

Vorteile	Nachteile
• Die NWA ist für eine Bewertung von Lösungsalternativen in komplexen Entscheidungssituationen gut geeignet. • Sie ist einfach zu handhaben und gut verständlich. • Die für die Lösung relevanten Ziele sind klar und eindeutig darzulegen. • Die NWA berücksichtigt sowohl quantitative als auch qualitative Ziele. • Der Entscheidungsprozess wird transparent und nachvollziehbar durchgeführt und dokumentiert, da er in logisch aufeinander aufbauende Einzelschritte zerlegt ist. • Die Möglichkeit, mehrere Personen oder Personengruppen mit unterschiedlichem Fachwissen in die Bewertung einzubeziehen, trägt zur Objektivität bei und erhöht die Akzeptanz der Ergebnisse bei den Entscheidungsträgern. • Die Beurteilung von Teilaspekten durch Experten erhöht die Qualität der Ergebnisse.	• Das Ergebnis der NWA ist abhängig von der Personengruppe, die den Bewertungsprozess durchführt. Die hierdurch entstehenden subjektiven Entscheidungsspielräume (z. B. bei der Festlegung von Zielen und deren Gewichtung) sind kritisch zu sehen. • Die Zielkriterien sind nicht immer voneinander unabhängig; damit besteht die Gefahr der Doppelbewertung. • Ist das zu bearbeitende Thema sehr komplex und die Bewertungsgruppe sehr heterogen, muss mit einem langwierigen Entscheidungsprozess und einem hohen Aufwand für die Durchführung der NWA gerechnet werden.

12 Qualitätsmanagement

12.1 Historische Entwicklung zum Qualitätsmanagement

„Vorstellungen über das, was die Qualität eines Produkts ausmacht, sind deutlich älter als das, was unter Qualitätsmanagement heute verstanden wird" (Pfundtner, 2001, S. 294). Bereits aus dem ägyptischen Pyramidenbau ist bekannt, dass die Baumeister detaillierte technische Regeln zu beachten hatten, um die Qualität der Bauwerke zu sichern. Und im Codex Hammurapi, einer der ältesten Gesetzessammlungen der Welt aus der Zeit um 1750 v. Chr., sind radikale Strafen für schlecht gebaute Häuser festgelegt. Führte ein Qualitätsmangel zum Tode eines Bewohners, wurde der Baumeister nach dem Prinzip „Auge um Auge – Zahn um Zahn" selbst mit dem Tode bestraft. Noch bis zur Mitte des 19. Jahrhunderts war für alle Handwerker die Notwendigkeit gegeben, ihre Produkte einer Qualitätssicherung zu unterziehen, da sie für die Qualität der Waren und Dienstleistungen und damit für ihren guten Ruf allein die Verantwortung trugen (Ebel, 2001, S. 26).

Mit der Industrialisierung wurde das Thema Qualität dann auf sogenannte Qualitätskontrolleure übertragen. Insbesondere die Einführung der Fließbandarbeit in den Industriebetrieben und damit die Zergliederung der Arbeitsvorgänge in einzelne Bewegungsabläufe führte dazu, dass der einzelne Mitarbeiter immer weniger Verantwortung für die Qualität des Endproduktes übernehmen musste (siehe „Taylorismus" in Kapitel 2). In dieser Entwicklungsstufe stand die Qualitätskontrolle, die auf eine Fehlerentdeckung und das Aussortieren des Ausschusses gerichtet war, eindeutig im Vordergrund (siehe auch Abb. 12-1). Über Zwischenetappen entwickelte sich das Qualitätsmanagement bis in die 1960er-Jahre verstärkt zu einem Instrument der Qualitätssicherung. Die Erkenntnis, dass Fehler, die erst spät erkannt werden, in der Folge hohe Kosten nach sich ziehen können, führte immer mehr zu präventiven Maßnahmen. Insbesondere wurden prozessbegleitende Systeme, die den Ablauf mindestens in Wareneingang, Zwischenprüfungen und Endprüfungen zerlegten, eingeführt, sodass Fehler noch bei der Produkterstellung korrigiert werden konnten (In-Process-Control). Die Anforderungen wurden in Qualitätssicherungshandbüchern festgelegt und mussten von den Mitarbeitern beachtet werden. Jeder war so – unter anderem – auch für Qualität zuständig (Ebel, 2001, S. 27 f.).

Die Institutionalisierung der Qualitätssicherung erfolgte in Deutschland im Jahre 1957 mit der Gründung der „Arbeitsgemeinschaft für statistische Qualitätskontrolle" (ASQ), aus der später die „Deutsche Gesellschaft für Qualität e. V." (DGQ) hervorging. Der Ruf nach abgestimmten internationalen Normen mündete im Jahre 1987 in eine erste Fassung der Qualitätssicherungsnormenreihe ISO 9000 ff., die vom technischen Komitee ISO/TC 176 der

„International Organization for Standardization" (ISO) verabschiedet wurde. Das Normensystem ISO 9000 ff. hat sich inzwischen als weltweiter Standard zum Aufbau und zum Nachweis von Qualitätsmanagementsystemen etabliert. Auf der Basis der europäischen Norm ISO 9001:2008 kann eine Zertifizierung des QM-Systems einer Organisation erfolgen.

Parallel zur Entwicklung der Normenfamilie ISO 9000 ff. hat sich seit Mitte der 1980er-Jahre der Begriff des Total Quality Managements (TQM) als eine der zentralen Führungsphilosophien in Wissenschaft und Praxis etabliert. Darunter wird ein umfassendes Qualitätsmanagement verstanden, das auf der Mitwirkung aller Organisationsmitglieder beruht und das Thema Qualität in den Mittelpunkt stellt.

Abb. 12-1: Die Entwicklungsstufen zum Total Quality Management (nach Zollondz, 2006, S. 28; Kamiske & Umbreit, 2006, S. 28)

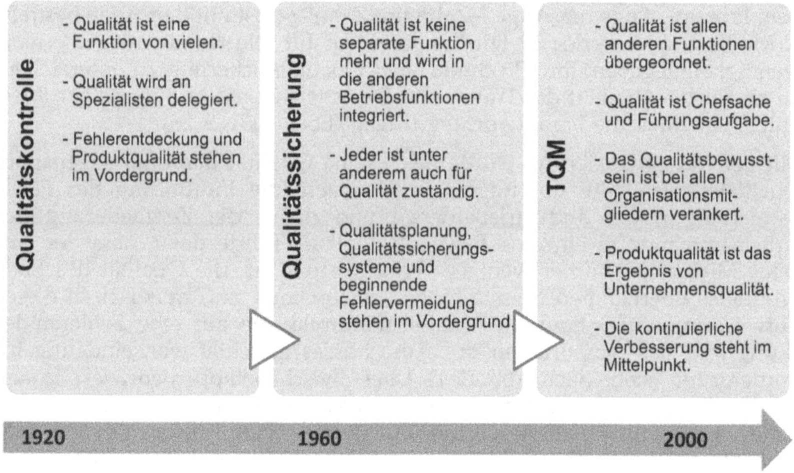

Zur Anerkennung von hervorragenden Leistungen bei der Umsetzung umfassender Qualitätskonzepte im Sinne von Total Quality Management wurden in Japan, den USA und schließlich auch in Europa Qualitätsauszeichnungen (Quality Awards) geschaffen. Der Deming Prize in Japan, der Malcolm Baldrige National Quality Award (MBNQA) in den USA, der EFQM Excellence Award (EEA) in Europa[41]) und der hiervon abgeleitete deutsche Ludwig-Erhard-Preis (LEP) leisten einen wesentlichen Beitrag zur Verbreitung von Qualität als Unternehmensphilosophie und zum Streben nach kontinuierlicher Leistungsverbesserung. Das Beurteilungsmodell des European Quality Award ist das Selbstbewertungsmodell der European Foundation for Quality Management (EFQM).

41) Die Auszeichnung war bis 2006 als European Quality Award (EQA) bekannt.

12.2 Der Qualitätsbegriff

12.2.1 Was ist Qualität?

Der Begriff „Qualität" leitet sich von dem lateinischen Begriff „qualitas" ab, der mit „Beschaffenheit, Eigenschaft, Güte" übersetzt wird. In der normierten Sprache des Qualitätsmanagements ist Qualität „... der Grad, in dem ein Satz inhärenter[42]) Merkmale Anforderungen erfüllt" (Deutsches Institut für Normung. DIN EN ISO 9000:2000, nach Ebel, 2001, S. 31). Qualität bezeichnet damit die realisierte Beschaffenheit einer Einheit bezüglich der Qualitätsanforderungen (Deutsche Gesellschaft für Qualität, 1995). Der Begriff „Einheit" steht für Produkte oder Tätigkeiten und schließt demzufolge auch Dienstleistungen ein. Die Qualitätsanforderungen sind nach dem Normtext der DIN EN ISO 9000:2000 sowohl auf festgelegte als auch vorausgesetzte Erfordernisse oder Erwartungen bezogen. Dabei sind „vorausgesetzte" Erfordernisse sicherlich oftmals schwierig zu definieren. So kann die beispielsweise Bereitstellung eines Ersatzwagens während des Werkstattaufenthalts eines Fahrzeugs für den Kunden ein wichtiges vorausgesetztes Erfordernis sein (vgl. Ebel, 2001, S. 31).

Die Definition von „Qualität" lässt nicht erkennen, von welchem Personenkreis (Kunde, Mitarbeiter, Unternehmen) die Maßstäbe zur Qualitätsbeurteilung festgelegt werden. Aus Sicht des Verbrauchers ist die Qualität eines Produktes oder einer Dienstleistung zunächst einmal etwas, mit dem er zufrieden ist, ganz nach dem Prinzip „Qualität ist, wenn der Kunde zurückkommt, nicht das Produkt". Die Gründe für die Zufriedenheit können dabei unterschiedlicher Natur sein. Die Einschätzung kann sich beispielsweise auf bestimmte Eigenschaften einer Dienstleistung beziehen: Der Bürger schätzt die kompetente und freundliche Beratung durch einen Verwaltungsmitarbeiter. Oder für den Nutzer eines Produktes steht die Gebrauchstauglichkeit im Vordergrund: Ein Haushaltsgerät funktioniert einwandfrei. Auf Seiten des Anbieters sind im Hinblick auf Qualität ggf. andere Aspekte als beim Nutzer vordringlich: Der Produzent einer Sach- oder Dienstleistung legt bei der Beurteilung von Qualität sein Augenmerk z. B. auf die Einhaltung bestimmter Standards bei der Erstellung von Produkten bzw. bei der Ausführung einer Dienstleistung: Die Schokolade muss einen Kakaoanteil von mindestens 50 Prozent aufweisen. Oder: Alle in der Gewerbeabteilung erstellten Bescheide müssen noch einmal vom Vorgesetzten gegengelesen werden.

12.2.2 Der objektive und der subjektive Anteil von Qualität

Die Ausführungen führen zu zwei zentralen Ansätzen der Qualitätsdefinition: Qualität hat stets einen objektiven und einen subjektiven Anteil (Schlick & Rochold, 2007, S. 944; Bruhn, 2006, S. 34). **Objektiv** messbar ist in der Regel die Güte eines Produktes oder die festgestellte Abweichung von einer zuvor definierten Norm. Man kann in diesem Zusammenhang auch von einem produktbezogenen oder unternehmensseitigen Qualitätsbegriff sprechen. In

42) (einer Sache) innewohnend, anhaftend.

Bezug auf Dienstleistungen des öffentlichen Sektors sind objektive Qualitätskriterien überwiegend nur mit Schwierigkeiten zu definieren: In welchen Fällen ist ein Bescheid oder eine Beratung „gut"?

Qualität wird darüber hinaus **subjektiv** bewertet und hängt demnach stark von den Einstellungen, Vorerfahrungen und Erwartungen der Kunden ab. Dieser kundenbezogene Qualitätsbegriff weist darauf hin, dass es immer auch auf die vom jeweiligen Kunden als wichtig erachteten Eigenschaften ankommt. Für produzierende Unternehmen und auch Dienstleister wie die öffentliche Verwaltung entstehen Probleme vor allem, wenn sich die Qualitätsansprüche aus objektiver und subjektiver Sicht stark unterscheiden (Abb. 12-2 [Bruhn, 2006, S. 35 nach Krämer & Mauer, 1998, S. 147]).

Abb. 12-2: Bewertung einer Leistung aus objektiver und subjektiver Sicht

Objektive Sicht / Subjektive Sicht	Qualität objektiv schlecht	Qualität objektiv gut
Qualität subjektiv schlecht	Desaster	Kommunikationsproblem
Qualität subjektiv gut	Zeitbombe	Idealzustand

12.2.3 Dienstleistungsqualität

Im öffentlichen Sektor werden ganz überwiegend keine Sachgüter, sondern Dienstleistungen hergestellt. Folgende spezifische Charakteristika kennzeichnen eine Dienstleistung (Kamiske & Brauer, 2008, S. 58 ff.; Bruhn, 2006, S. 20 ff.):

- Sie ist tendenziell immateriell, aber häufig nicht ohne Sachmittel, wie z. B. einen Bescheid, darstellbar.
- Die Leistungserstellung bedarf der Beteiligung des Kunden (z. B. Antrag des Bürgers).
- Die Dienstleistung ist nicht lagerfähig, Produktion und Konsum erfolgen demnach gleichzeitig.
- Sie ist in der Regel standortgebunden; sie wird am Ort des Anbieters oder des Kunden erstellt.
- Sie wird für jeden Kunden neu erstellt; Leistungsumfang und Qualität können daher individuell verschieden sein.

Dienstleistungsqualität (auch Servicequalität) „... ist die Fähigkeit eines Anbieters, die Beschaffenheit einer primär intangiblen[43]) und der Kundenbe-

43) intangibel = nicht greifbar.

teiligung bedürfenden Leistung gemäß den Kundenerwartungen auf einem bestimmten Anforderungsniveau zu erstellen. Sie bestimmt sich aus der Summe der Eigenschaften bzw. Merkmale der Dienstleistung, bestimmten Anforderungen gerecht zu werden" (Bruhn, 2006, S. 38).

Auf Seiten des Anbieters sind demnach sowohl die Fähigkeit als auch die Bereitschaft relevant, ein bestimmtes Niveau der Dienstleistungsqualität zu sichern. Die Definition macht aber auch deutlich, dass für ein Dienstleistungsunternehmen die Anforderung aus Kundensicht der zentrale Maßstab zur Bestimmung der Qualität ist. „Gute" Qualität zeigt sich gegenüber dem Bürger oder anderen internen und externen Adressaten der öffentlichen Verwaltung beispielsweise, wenn[44])

- sie für ein Anliegen nur einmal die Behörde aufsuchen müssen,
- Warte- und Bearbeitungszeiten angemessen sind,
- die Mitarbeiter höflich, freundlich und fachlich kompetent sind,
- sie individuell informiert und beraten werden,
- die Mitarbeiter leistungswillig sind,
- sich Form und Sprache am Empfänger orientieren,
- sie sich auf die Rechtmäßigkeit von Entscheidungen verlassen können,
- sie sich ernst genommen fühlen,
- sie sich bei einer unabhängigen Stelle beschweren können,
- auf ihre individuellen Bedürfnisse eingegangen wird,
- Leistungsversprechen eingehalten werden.

12.3 Die Bedeutung der Qualität für den öffentlichen Sektor

12.3.1 Der verfassungsmäßige Auftrag der öffentlichen Verwaltung

Der öffentliche Sektor setzt sich verstärkt mit dem Thema Qualität sowie der kontinuierlichen Verbesserung der Produkte und Leistungen auseinander. Dabei spielen die Wünsche und Anforderungen der Bürger eine immer größere Rolle. Die Wurzeln dieser kundenorientierten Sichtweise sind in den Modernisierungsansätzen der letzten Jahrzehnte zu suchen (siehe hierzu Kapitel 1).

Allerdings unterscheidet sich der öffentliche vom privaten Dienstleistungssektor vor allem aufgrund verfassungsmäßiger Grundsatzentscheidungen, die sich letztlich auf das Qualitätsverständnis im öffentlichen Sektor auswirken können (Hill & Klages, 1993, S. 14 ff.). Der öffentliche Sektor verfolgt im Gegensatz zum privaten Sektor überwiegend andere Ziele (Gemeinwohl-Orientierung), hat andere Auftraggeber (Politik, Bürger), weist einen anderen Aufgabentypus auf (Wahrnehmung hoheitlicher Aufgaben, Hilfestellung zur

44) Die Qualitätsanforderungen sind überwiegend auch bei Parasuraman et al. (1985) genannt, die in empirischen Untersuchungen Dienstleistungsdimensionen ermittelten.

Daseinsvorsorge, Bereitstellung von Infrastrukturleistungen) und gehorcht anderen Prinzipien der Aufgabenerfüllung (Rechtsstaatlichkeit), die neben die Prinzipien der Bürgerorientierung und der Wirtschaftlichkeit des Verwaltungshandelns gestellt werden müssen.

12.3.2 Der Kundenbegriff in der öffentlichen Verwaltung

Öffentliche Dienstleister orientieren sich im Vergleich zu privaten Dienstleistern in der Regel nicht am Markt und sind nicht gezwungen, die Nachfrage über Qualität und Preis zu beeinflussen. Im Gegenteil, staatliche Leistungen haben überwiegend Monopolcharakter. Die Kunden können demzufolge häufig nicht darüber entscheiden, ob sie eine Leistung in Anspruch nehmen wollen oder auch nicht. Dennoch fasst das Konzept der Kundenorientierung immer mehr Fuß im öffentlichen Sektor. Hierzu sind zwei Sichtweisen von Bedeutung. Zum einen meint Kundenorientierung eine Steigerung des Begriffs der Bürgernähe (Hopp & Göbel, 2013, S. 73; Broekmate et al., 2001, S. 42 ff.). Relevant ist, was der Bürger als Kunde des Dienstleisters öffentliche Verwaltung in einer bestimmten Situation erwartet. Bekanntermaßen gilt: „Der Kunde ist König!" Der Bürger darf demnach erwarten, dass seine Anliegen möglichst weitgehend Berücksichtigung finden.

Die andere Sichtweise sieht in der Rolle des Bürgers als Kunde lediglich einen Teilaspekt der „Gesamtrolle" Bürger (Hopp & Göbel, 2013, S. 74 ff.; Kleinfeld, 1996, S. 221). Der Bürger wird darüber hinaus noch in der Rolle des Ordnungs- und Sozialbürgers, des Wahl- und Partizipationsbürgers sowie des kooperativen Bürgers gesehen.

Als *Ordnungs- und Sozialbürger* darf der Bürger in erster Linie die rechtmäßige und verhältnismäßige Bearbeitung seiner Anliegen erwarten. Er erfährt beispielsweise durch die Verhängung eines Verwarnungsgeldes ein belastendes Verwaltungshandeln oder ist Empfänger von Sozialleistungen (z. B. Sozialhilfe, Wohngeld).

In seiner Rolle als *Wahl- und Partizipationsbürger* wirkt der Bürger auf die Zusammensetzung der Vertretungsorgane ein oder ist z. B. durch Bürgerentscheide und öffentliche Diskussionen an politischen Entscheidungen beteiligt.

Die Kommunalverwaltung ist vor dem Hintergrund der Finanzknappheit in vielen Leistungsbereichen auf das Engagement der Bürger angewiesen. Als *kooperativer Bürger* wirkt der Bürger direkt auf die kommunale Leistungserstellung ein, indem er z. B. bei der Pflege von Grünanlagen, der Bewirtschaftung von Sportstätten oder der Förderung des Kulturangebotes mitwirkt.

Die Rolle des *Bürgers als Kunde* ist in den Verwaltungsbereichen, die „echte" Dienstleistungen erbringen, von besonderer Relevanz. Hierzu zählen z. B. die Leistungen einer Volkshochschule oder einer Landesbibliothek, aber auch Melde- und Personenstandsangelegenheiten. In diesen Bereichen wird üblicherweise besonderer Wert auf Servicequalität gelegt.

Kundenorientierung und Dienstleistungsqualität spielen in allen Bereichen der öffentlichen Verwaltung eine Rolle, unabhängig davon, ob die Verwendung des Begriffes „Kunde“ oder „Bürger“ angemessener erscheint. Das Verwaltungshandeln muss zum einen darauf gerichtet sein, „... die ganz spezifischen Bedürfnisse von Zielgruppen herauszufinden und zu befriedigen“ (Bolay, 2001, S. 182). Kundenorientierung im Bürgerbüro kann nach diesem Verständnis z. B. bedeuten, für ausländische Kunden Mitarbeiter zu beschäftigen, die deren Muttersprache sprechen und/oder eine Weiterbildung in interkultureller Kompetenz besucht haben. Zum anderen ist zu ermitteln, auf welche Dimensionen der Leistungserstellung sich kundenorientiertes Verhalten beziehen kann. So hat im Polizeibereich der Adressat „Straftäter“ z. B. einen (Qualitäts-)Anspruch auf gerechte und korrekte Behandlung. Der Bürger als Hilfeempfänger kann beispielsweise die Rechtmäßigkeit des Verwaltungshandelns und Einfühlungsvermögen von Seiten der Mitarbeiter in Anspruch nehmen.

Die Ausführungen zum Kundenbegriff bezogen sich bisher auf den Bürger als externen Abnehmer von Verwaltungsleistungen. Kunden sind aber auch die Organisationseinheiten innerhalb der Verwaltung, die beispielsweise Leistungen der internen Druckerei, der Poststelle, der Telefonvermittlung, der Rechtsabteilung sowie der Organisations- und der Personalabteilung beziehen. Auch diese Kunden haben Anspruch auf Qualität. Zudem wird die Berücksichtigung der internen Kundenbedürfnisse zur Voraussetzung für die Zufriedenheit der externen Kunden.

Vor dem Hintergrund der Vielfalt der Kundengruppen bedeutet die Erfüllung der Kundenanforderungen eine große Herausforderung für den öffentlichen Sektor. Zusätzlich wirken weitere Einflussfaktoren auf die öffentliche Verwaltung ein, die sowohl die Zielerreichung als auch die Qualitätskultur beeinflussen. Zu nennen sind: Gesetzgebung, politische Vorgaben, Effizienz der Arbeitsprozesse, Finanzausstattung sowie fachliche Kompetenz und Qualitätsbewusstsein der Mitarbeiter.

12.4 Die drei Dimensionen des Qualitätsbegriffs

Um die Qualität von Dienstleistungen systematisch zu erfassen und zu beschreiben, eignet sich das Drei-Dimensionen-Modell von *Donabedian* (1980) (siehe Abb. 12-3). Die drei Aspekte der Qualität sind:

1. Strukturqualität

Die Strukturqualität (auch Potenzialqualität) beschreibt die materiellen und organisatorischen Rahmenbedingungen sowie die personellen und sachlichen Ressourcen, die eine Organisation aufweist, um Qualität anbieten zu können. Sie wird zum einen durch die Fähigkeit geprägt, eine Leistung erstellen zu können (Können), und zum anderen durch die Bereitschaft, dies auch kundenorientiert zu tun (Wollen).

2. Prozessqualität

Die Prozessqualität erfasst die Anforderungen der Kunden an den Leistungserstellungsprozess, d. h. an alle Aktivitäten, die im Verlauf der Leistungserstellung vollzogen werden. Maßstab dieser Qualitätsdimension ist daher der Service am Kunden.

Abb. 12-3: Qualitätsdimensionen

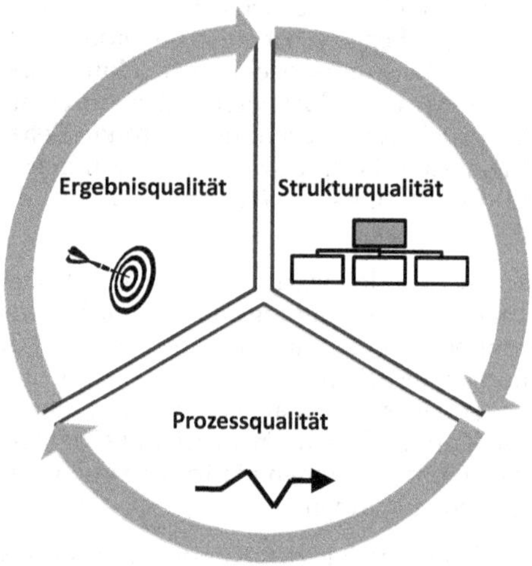

3. Ergebnisqualität

Ergebnisqualität zeigt, welche Eigenschaften das fertige Produkt hat und ob es den Anforderungen des Kunden entspricht. Diese Qualität kann überwiegend unmittelbar durch die Bürger selbst beurteilt werden. Allerdings zeigen sich die Ergebnisse des Verwaltungshandelns häufig erst in ihren längerfristigen Wirkungen (z. B. präventive Maßnahmen im Jugendhilfebereich, um die Anzahl der Heimunterbringungen zu reduzieren).

Einzelne Ausprägungen der drei Dimensionen von Dienstleistungsqualität sind in Abbildung 12-4 beispielhaft erfasst (Pippke et al., 2007, S. 197; Kamiske & Brauer, 2008, S. 60 f.; Broekmate et al., 2001, S. 38 ff.):

Abb. 12-4: Ausprägungen der Qualitätsdimensionen

Qualitätsdimensionen	
Strukturqualität Welche Rahmenbedingungen benötigen wir?	• zeitliche und räumliche Erreichbarkeit • Ausstattung von Warteräumen • Zugänglichkeit von Informationsmaterial • Qualifikation der Mitarbeiter • Arbeitsplatzausstattung
Prozessqualität Wie müssen wir die Aufgaben erledigen?	• Wartezeiten • Durchlaufzeiten/Bearbeitungszeiten • Einhaltung von Terminabsprachen • Transparenz von Verfahrensständen (z. B. Abrufbarkeit über Internet) • E-Government (vgl. Kapitel 8) • Beratung • ganzheitliche Sachbearbeitung
Ergebnisqualität Was haben wir für den Bürger erreicht?	• Rechtmäßigkeit der Bescheide • Fehlerquote • Datenschutz • Umweltverträglichkeit • Nachvollziehbarkeit der Bescheide • Beschwerdemöglichkeit

Anhand des Beispiels „Bürgerbüro" soll die praktische Umsetzung der Qualitätsdimensionen veranschaulicht werden:

Strukturqualität:

- bürgerorientierte Öffnungszeiten (z. B. zusätzlich einmal wöchentlich am Abend und samstags)
- zentral im Ort gelegen
- Parkmöglichkeiten in der Nähe
- eindeutige Beschilderung im Rathaus (Wegweiser)
- Formulare und Informationsbroschüren leicht zugänglich (z. B. Ständer)
- freundliche und helle Räume
- behaglicher Wartebereich mit Kinderspielecke

- Ein-Schalter-Prinzip
- Teamstrukturen
- Qualifikation der Mitarbeiter hinsichtlich fachlicher, methodischer und sozialer Kompetenzen
- adäquate Arbeitsplatzausstattung (Mobiliar und technische Ausstattung)
- Möglichkeit der anonymen Rückmeldung für den Bürger, z. B. durch das Auslegen von Fragebogen zur Kundenzufriedenheit und das Anbringen eines „Meckerkastens"

Prozessqualität:

- kompetente persönliche und telefonische Beratung
- umfassende Informationen
- freundliche Mitarbeiter
- fachliche Zuverlässigkeit der Beratung
- verständliche Formulare
- kurze Wartezeiten
- Verlässlichkeit der Terminvereinbarung
- E-Government: Informationen zu allen Dienstleistungen im Internet, z. B. zu benötigten Unterlagen, Gebühren, Öffnungszeiten und Ansprechpartnern; Möglichkeit zur Kontaktaufnahme, Terminvereinbarung und Beratung per E-Mail
- prompte Reaktion, z. B. auf schriftliche Anfragen
- direkte Abholmöglichkeit von Personalausweisen, Reisepässen etc. an der Informationsloge, um Wartezeiten zu reduzieren
- ganzheitliche Sachbearbeitung („von der Antragsannahme bis zur Bescheiderstellung")

Ergebnisqualität:

- Rechtmäßigkeit und Verhältnismäßigkeit des Verwaltungshandelns und der Bescheide, z. B. bei der Rundfunkgebührenbefreiung oder bei einer Melderegisterauskunft
- Nachvollziehbarkeit des Verwaltungshandelns und der Bescheide
- geringe Fehlerquote
- zuverlässige Einhaltung von Standards, z. B. Antwort auf Auskunftsersuchen per E-Mail innerhalb von zwei Tagen
- konsequentes Beschwerdemanagement (Weiterleitung, Überprüfung und Reaktion auf Beschwerden)
- geringe Zahl von Widersprüchen

12.5 Qualitätsmanagement

„Qualität ist das Gegenteil des Zufalls" – diese Äußerung macht deutlich, dass Qualität systematisch geplant und gesteuert, d. h. „gemanagt", werden muss. Qualitätsmanagement (QM) wird als übergreifende Führungsaufgabe verstanden, die von der Leitung ausgeht und das gesamte System und Potenzial einer Organisation einbezieht. Demnach handelt es sich um ein alle Bereiche einer Organisation erfassendes Konzept, welches die Qualitätsfähigkeit einer Organisation sichern soll.

Nach DIN EN ISO 9000:2005 umfasst das **Qualitätsmanagement** „... die aufeinander abgestimmten Tätigkeiten zum Leiten und Lenken einer Organisation bezüglich Qualität". Dies beinhaltet zunächst einmal das Festlegen der Qualitätspolitik und der Qualitätsziele (vgl. Deutsches Institut für Normung, 2005, S. 20).

Die Qualitätspolitik beschreibt die übergeordneten Absichten und Zielsetzungen einer Organisation zur Qualität, wie sie durch die oberste Leitung formell ausgedrückt werden (vgl. Deutsches Institut für Normung, 2005, S. 20). Sie ist meist sehr allgemein dargestellt, indem sie Merkmale wie „Kundenzufriedenheit", „Wirtschaftlichkeit", „Umweltfreundlichkeit" und „große Servicebereitschaft" beschreibt. Dies sind Merkmale, die überwiegend ohne Diskussion konsensfähig sind, ferner Themen, die nahezu immer gültig sind. Für die Praxis sind die Qualitätsziele, da konkreter formuliert, wichtiger. Viele Organisationen des öffentlichen Sektors formulieren keine gesonderten Qualitätsleitlinien; sie integrieren Aussagen zur Qualitätspolitik in ihr behördeneigenes Leitbild. Im Folgenden ist beispielhaft die Qualitätspolitik der Wirtschaftsbetriebe Duisburg wiedergegeben (Stadt Duisburg, Wirtschaftsbetriebe, 2010):

„1. Wir wollen zufriedene Kunden/Kundinnen. Deshalb ist die Qualität unserer Dienstleistungen eines der obersten Unternehmensziele. Dies gilt auch für alle Leistungen, die unter unserem Namen erbracht werden.
2. Aufgrund interner und externer Qualitätsvorgaben, in Verbindung mit einer angemessenen Überwachung aller qualitätsbeeinflussenden Umstände sowie durch laufende Überarbeitung und Optimierung der betrieblichen Abläufe, soll auch zukünftig das hohe Niveau der Dienstleistungen gewährleistet werden.
3. Qualitätsgrundsatz unseres Betriebes ist es, dem Kunden/der Kundin eine gleichbleibende Qualität aller unserer Dienstleistungen zu gewährleisten, die dem jeweiligen Stand der Technik angepasst werden, deren Standards sich an Normen sowie an den Bedürfnissen der Kunden/der Kundinnen orientieren und ebenfalls den rechtlichen Anforderungen genügen.

4. Da eine langfristige Kundenzufriedenheit ein Bestandteil unserer Qualitätspolitik ist, gilt es, die Zusammenarbeit mit den Auftraggebern/Auftraggeberinnen zu intensivieren, Vertrauensverhältnisse zu entwickeln und die Anonymität zwischen Dienstleister und Kunden weiter abzubauen.
5. Jede(r) Beschäftigte trägt an seinem Platz zur Verwirklichung unserer Qualitätspolitik bei. Es ist deshalb Aufgabe unserer Beschäftigten, einwandfreie Arbeit zu leisten und nicht erst Fehler, sondern bereits Fehlermöglichkeiten früh zu erkennen und diese im Rahmen ihrer Befugnisse abzustellen.
6. Die Qualität unserer Dienstleistungen hängt von der Qualifikation unserer Beschäftigten und den von ihnen verwendeten Unterlagen sowie Arbeitsmitteln ab. Deshalb räumen wir der Aus- und Weiterbildung unserer Beschäftigten sowie der Bereitstellung geeigneter Arbeitsmittel einen hohen Stellenwert ein.
7. Qualität muss gelebt werden. Die Förderung des Qualitätsbewusstseins aller Beschäftigten ist eine vorrangige Führungsaufgabe."

Die Festlegungen der Qualitätspolitik werden mittels Qualitätsplanung, Qualitätslenkung, Qualitätssicherung und Qualitätsverbesserung umgesetzt (vgl. Deutsches Institut für Normung, 2005). Die Einbindung dieser Qualitätsbausteine in die Organisationsstruktur führt in der Regel bereits zum Aufbau eines organisationsweiten Qualitätsmanagementsystems. Mit der umfassenden Ausrichtung auf die aus der Qualitätspolitik abgeleiteten Zielsetzungen kann eine erste Annäherung von Qualitätsmanagement an die übergeordnete Strategie des Total Quality Management (TQM) erreicht werden.

Abbildung 12-5 vermittelt einen Überblick zu den relevanten Qualitätsbegriffen und stellt den Zusammenhang zum Total Quality Management (siehe hierzu Abschnitt 12.6) her.

Abb. 12-5: Zusammenhang der managementbezogenen Qualitätsbegriffe (nach Ebel, 2003, S. 33 in Anlehnung an die DIN EN ISO 9000:2000)

12.6 Zwei Wege zur Einführung von Qualitätsmanagement

12.6.1 Einstieg über Teillösungen

Qualitätsmanagement ist ein Kernpunkt der Verwaltungsmodernisierung. Allerdings benötigt die Organisation Personal- und Zeitressourcen, um einen umfassenden Veränderungsprozess zu organisieren und die Instrumente und Methoden des Qualitätsmanagements einzuführen. Auch müssen veränderte Sichtweisen zunächst in der Organisation verankert werden; der Wandel hin zu einer „Qualitätskultur" ist somit notwendiger Bestandteil des Prozesses.

In der Praxis ist – weil leichter umzusetzen – der primär gewählte Einstieg in das Qualitätsmanagement der Weg über Teillösungen. Hierzu können entweder Einzelinstrumente des Qualitätsmanagements eingesetzt werden (z. B. Kundenbefragungen, Qualitätszirkel, Prozessoptimierungen) oder die Einführung des Qualitätsmanagements bezieht sich nicht auf die gesamte Organisation, sondern nur auf Teilbereiche. Ein Beispiel für eine Teilbereichslösung ist die Einrichtung eines Bürgeramtes bzw. Bürgerbüros.

Ausgangspunkt für die Implementierung von Teillösungen ist typischerweise eine konkrete Problemstellung, z. B. die Häufung von Bürgerbeschwerden, lange Bearbeitungszeiten oder eine vermehrte Anzahl von Widersprüchen. Es schließt sich zur Problemlösung ein klassischer Organisationszyklus von der Situationsanalyse bis zur Entscheidung für eine Teillösung und die entsprechende Umsetzung an (siehe hierzu Kapitel 11), oftmals auch im Wege einer Organisationsuntersuchung. Dabei können Teillösungen auf jeder Ebene der Organisation eingeführt werden: in einzelnen Abteilungen oder Referaten oder in einem ganzen Amt/Dezernat. Auch die Einführung von Einzelinstrumenten in der gesamten Organisation ist möglich. Vor dem Hintergrund, dass sich durch Teillösungen stets nur partielle Verbesserungen erzielen lassen und die Einbindung in ein Gesamtkonzept fehlt, wird die Einführung von Teillösungen primär als Einstieg in das Qualitätsmanagement gesehen (Kommunale Gemeinschaftsstelle für Verwaltungsmanagement, 2009, S. 43).

Teillösungen können Ausgangspunkt für den Ausbau von Qualitätsmanagement sein und ggf. später in ein komplexes Qualitätsmanagement im Sinne von Total Quality Management oder eines der Umsetzungsmodelle (z. B. Modell der European Foundation for Quality Management – EFQM) integriert werden. Die Vor- und Nachteile der Einführung von Teillösungen sind (siehe Abb. 12-6) (Broekmate et al., 2001, S. 62 f.):

Abb. 12-6: Vor- und Nachteile von Teillösungen

Vorteile	Nachteile
• Bestehende Probleme werden rasch aufgegriffen, es ist kein langer konzeptioneller Vorlauf erforderlich. • Die Betroffenen identifizieren sich eher mit dem Vorgehen. • Die Bereitschaft der Beteiligten, sich aktiv einzubringen, ist größer. • Der Aufwand ist vergleichsweise gering. • Sie eignen sich als Einstieg in das Qualitätsmanagement.	• Das Fehlen einer übergreifenden Strategie bewirkt lediglich partielle Verbesserungen. • Optimierungen finden nur in einzelnen Bereichen der Organisation statt oder beziehen sich nur auf einzelne Instrumente. • Aus unterschiedlichen Teillösungen, die in verschiedenen Bereichen umgesetzt werden, können sich Zielkonflikte ergeben. • Die Initialzündung und Unterstützung der Behördenleitung fehlt ggf. Die Umsetzung läuft daher Gefahr, an der bestehenden Kultur zu scheitern oder in der Hierarchie zu versanden.

Im Folgenden werden einzelne Teillösungen beispielhaft dargestellt:

➤ **Kundenbefragung**

Kundenbefragungen erforschen die subjektiven Einschätzungen, Meinungen und Einstellungen von Bürgern in der Folge eines unmittelbaren Kontakts zwischen Verwaltung und Bürgern (vgl. Verwaltungsmodernisierung in NRW, 2004; Kommunale Gemeinschaftsstelle für Verwaltungsmanagement, 1997, S. 9). Im Rahmen des Qualitätsmanagements sind Kundenbefragungen ein wichtiges Hilfsmittel zur Realisierung, Überprüfung und Weiterentwicklung von Qualitätsstandards. Nur durch die Analyse der Kundenwünsche können Behörden ihr Handeln verbessern und gezielt am Kunden ausrichten. In den Vorüberlegungen ist festzulegen, welcher Informationsbedarf gedeckt werden soll und welche konkrete Steuerungsrelevanz die Ergebnisse haben könnten. Beispielsweise sind Kundenbefragungen nur sinnvoll, wenn die Behördenleitung und die betreffende Organisationseinheit den Willen bekunden, die Ergebnisse ernst zu nehmen und ggf. erforderliche Veränderungen einzuleiten. Dabei ist zu bedenken, dass mögliche Wünsche und Verbesserungsvorschläge nicht immer im Einflussbereich der Behörde liegen (z. B. bei einem Wunsch nach Gesetzesänderungen) oder aber an der Kostenfrage scheitern könnten (z. B. der Wunsch, ein neues Schwimmbad zu bauen). Kundenbefragungen werden üblicherweise von einzelnen Bereichen der Verwaltung für ihre Zielgruppen und ihr Aufgabenspektrum durchgeführt. Qualitätsmanagement-Modelle wie das EFQM-Modell oder die DIN EN ISO 9000:2008 machen zur Bedingung, dass die Kundenanforderungen systematisch in die Produkt- und Leistungsgestaltung einbezogen werden. Das bedeutet auch, dass sie regelmäßig (z. B. jährlich oder alle zwei Jahre) zu erfassen sind.

Kundenbefragungen können mündlich, schriftlich oder telefonisch durchgeführt werden. Die Wahl der Methode ist abhängig von

- dem Untersuchungsgegenstand,
- der Art der zu erhebenden Informationen,
- den finanziellen und personellen Ressourcen, die zur Verfügung stehen.

Sachverhalte und Einschätzungen, die im Rahmen einer Kundenbefragung fast immer erhoben werden, sind: Erreichbarkeit per Telefon und E-Mail, örtliche Erreichbarkeit, Öffnungszeiten, Wartezeiten, Beschilderung, Warteraumsituation, fachliche Beratung, persönliche Behandlung, Freundlichkeit der Mitarbeiter, Verständlichkeit der Formulare und Bescheide.

Zur Durchführung der Kundenbefragung im Einzelnen wird auf Kapitel 11 (Fragebogen und Interview) und die Spezialliteratur zu diesem Thema verwiesen.

➤ **Beschwerdemanagement**

Das Beschwerdemanagement ist ein Instrument, mit dem Beschwerden und Anregungen der Bürger systematisch eingefordert und als Grundlage für

Verbesserungsmaßnahmen genutzt werden. Es ist meistens bereichsübergreifend für eine gesamte Behörde organisiert und dauerhaft eingerichtet. Ziel des Beschwerdemanagements ist es, mit dem Bürger in einen Dialog einzutreten, Schwachstellen zu erkennen und sie umgehend zu beseitigen, der Unzufriedenheit beim Bürger entgegenzuwirken und das Vertrauen in die Verwaltung zu stärken. Ein erfolgreiches Beschwerdemanagement umfasst vier Bausteine (Stauss & Seidel, 2002, S. 221 ff.; Broekmate et al., 2001, S. 83 ff.):

- **Beschwerdestimulierung**

  Eine rasche und möglichst vollständige Erfassung der Beschwerden wird durch leicht zugängliche Beschwerdewege erreicht. Dies können z. B. sein: ein Bürgertelefon bzw. eine Hotline, eine Bürgerberatungsstelle oder die Kontaktmöglichkeit über Beschwerdeseiten im Internet. Die „Beschwerdekanäle" werden durch aktive Werbung, die Angebote zu nutzen, bekannt gemacht. Das Beschwerdemanagement arbeitet nach dem Grundsatz „fishing for complaints" in Abgrenzung zu „fishing for compliments". Abbildung 12-7 (Stadt Arnsberg, 2014) verdeutlicht beispielhaft die Beschwerdemöglichkeiten für die Bürger der Stadt Arnsberg im Wege einer „Online-Kritik".

- **Beschwerdeerfassung**

  Die Beschwerde wird standardisiert aufgezeichnet, um eine schnelle und unkomplizierte Bearbeitung sowie eine zentrale Auswertung zu ermöglichen. Hierzu werden folgende Informationen erhoben: Name, Anschrift, Beschwerdegründe, betroffene Dienststelle (ggf. Sachbearbeiter), Eingang der Beschwerde, Antwort an den Bürger, ggf. Reaktion des Bürgers, Anregungen für die Qualitätsarbeit.

- **Beschwerdebearbeitung**

  Zentraler Bestandteil des Beschwerdemanagements ist die Bearbeitung der Beschwerde und die Rückmeldung an den Beschwerdeführer. Das Verfahren ist üblicherweise in einer Dienstanweisung einheitlich für die Behörde geregelt. In der Regel ist der betroffene Bereich nach außen dafür verantwortlich, dass die Beschwerde zügig bearbeitet wird. Reaktionen der Behörde können sein: ein Entschuldigungsschreiben, die Korrektur der getroffenen Entscheidung, eine finanzielle Entschädigung, aber auch der Hinweis, dass die Beschwerde in der Sache unbegründet war. Im letzteren Fall sollte die Stellungnahme sich eingehend mit den Argumenten des Beschwerdeführers auseinandersetzen, damit dieser die Sichtweise der Verwaltung nachvollziehen kann.

- **Beschwerdeauswertung und Controlling**

  In diesem Zusammenhang geht es beispielsweise um das Nachhalten des Umfangs des Beschwerdeaufkommens, die Verteilung der Beschwerden auf die unterschiedlichen Organisationseinheiten, eine Ursachenanalyse und die Überprüfung der Einhaltung von Standards, wie etwa das Einhalten von Fristen zur Beschwerdebearbeitung.

Abb. 12-7: Online-Kritik der Stadt Arnsberg

stadt arnsberg

Online-Kritik

Sehr verehrte Mitbürgerin,
sehr geehrter Mitbürger,

Beschwerden, Ideen, Kritik und Anregungen sind in unserer Stadt herzlich willkommen. Nur so kann unsere Verwaltung besser werden.

Viele Bürgerinnen und Bürger nutzen bereits unsere Beschwerdestelle (Telefon 02932 201-1877) im Bürgermeisteramt. Nun können Sie auch per E-Mail Ihre Anregungen, Beschwerden, Ideen an uns senden. Wir antworten kurzfristig. Außerdem werten wir Ihre Meinung aus, um auch auf diesem Wege zu grundlegenden Verbesserungen der Arbeit unserer Verwaltung zu kommen.

Noch einmal: Beschwerden, Ideen sind bei uns erwünscht.

Mit besten Grüßen
Ihr Bürgermeister
Hans-Josef Vogel

Was möchten Sie an uns senden?*

☐ Anregung ☐ Auskunft ☐ Beschwerde ☐ Lob oder Dank ☐ Hilfe oder Unterstützung

Anrede* [Frau ▼]

Name*

E-Mail*

Telefon

Straße, Hausnummer*

Ort*

Hinweis auf den Umgang mit persönlichen Daten, bzw. Schutz persönlicher Daten

Vertraulichkeitsgarantie:
Wir sichern Ihnen zu, dass wir Ihre Angaben vertraulich behandeln. Außerdem garantieren wir Ihnen, dass Ihre Adressdaten nicht weitergegeben werden. Auch nicht innerhalb unserer Stadtverwaltung. Es erhalten lediglich diejenigen Mitarbeiter der Stadtverwaltung Kenntnis über Ihre Angaben, die Ihren Fall bearbeiten.

Sachverhalt*

* = Pflichtfeld

[absenden]

➤ Mitarbeiterbefragung

Mitarbeiterbefragungen eignen sich zur Erfassung eines repräsentativen und anonymen Stimmungsbildes der Beschäftigten zu den Stärken und Defiziten der Organisation. Auch bei der Mitarbeiterbefragung ist der Wille der Entscheidungsträger, die Ergebnisse in konkrete Maßnahmen umzusetzen, von entscheidender Bedeutung. Hinzu kommt die Bereitschaft, offen über die Ergebnisse zu informieren.

Folgende Merkmale kennzeichnen die Mitarbeiterbefragung (Bungard, Müller & Niethammer, 2007; Bungard, 2000):

- Es werden in der Regel alle Mitarbeiter befragt. Betreffen Problemsituationen nur einzelne Bereiche der Organisation, kann die Erhebung auf diese Bereiche reduziert werden, sofern die Anonymität sichergestellt ist.
- Die Befragung erfolgt überwiegend anhand eines standardisierten schriftlichen Fragebogens.
- Die Teilnahme ist freiwillig und die Ergebnisrückmeldung erfolgt anonym, d. h., das einzelne Votum ist nicht auf den Bewerter zurückzuführen.
- Ziel der Befragung ist die systematische Erfassung von Meinungen, Einstellungen, Wünschen oder Erwartungen der Beschäftigten.
- Die Ergebnisse werden zügig (innerhalb von zwei bis maximal vier Wochen) ausgewertet und an die einzelnen Organisationseinheiten zurückgespiegelt.
- Die Befragung findet in regelmäßigem Turnus (i. d. R. ein- oder zweijährlich) statt.
- In den Berichten für die Organisationseinheiten wird auf Entwicklungen im Jahresvergleich eingegangen.
- Die Vorgesetzten sollen zeitnah (d. h. in einem Zeitraum von ca. vier Wochen) die Ergebnisse mit dem Ziel einer Diskussion der zentralen Problemfelder und der Ableitung konkreter Verbesserungsmaßnahmen kommunizieren.
- Die Daten- bzw. Ergebnisanalyse soll Problembereiche aufdecken, an denen konkrete Verbesserungsmaßnahmen ansetzen.

Die Themenfelder der Befragung beziehen sich üblicherweise auf (Doppler & Lauterburg, 2002, S. 236):

- die strategische Positionierung (Vision, Leistungspalette, Bürgerorientierung),
- die Strukturen (Aufbauorganisation, Ablauforganisation, räumliche Verhältnisse und äußere Arbeitsbedingungen, Führungssysteme und Führungsinstrumente),
- Handlungsweisen und Einstellungen (Motivation und Identifikation, Arbeitsklima, Führungsstil, Informationsfluss, Entscheidungsbildung, Zusammenarbeit in Teams, Zusammenarbeit zwischen Teams, Funktionen und Bereichen),

- die Führungs- bzw. Unternehmenskultur (geschriebene und ungeschriebene Regeln, Regelungsdichte, übliche Formen der Kommunikation und Kooperation, Belohnungs- und Sanktionsprinzipien, Leitbilder und Führungsgrundsätze).

Zur Durchführung im Einzelnen wird auf Kapitel 11 (Fragebogen) und die Spezialliteratur zu diesem Thema verwiesen.

➤ **Qualitätszirkel**

Unter einem Qualitätszirkel versteht man eine moderierte Gruppe von Mitarbeitern,

- die gleichartige Arbeiten verrichten,
- sich regelmäßig (i. d. R. wöchentlich oder 14-täglich) während der Arbeitszeit treffen,
- als Gruppe Arbeitsprobleme besprechen und
- realistische Lösungen entwickeln.

Ein Qualitätszirkel umfasst idealerweise fünf bis zwölf Teilnehmer, wobei die Teilnahme auf Freiwilligkeit beruht. Die Themen werden in eigener Verantwortung ausgewählt und diskutiert. Denkbare Themen zu arbeitsbezogenen Schwachstellen sind z. B.: Arbeitsabläufe, Zusammenarbeit mit anderen Stellen, Arbeitsplatzausstattung, Arbeitsmittel, Anwendung von DV-Verfahren, Kostenbetrachtung, Terminsituation, Bearbeitungszeiten, Image und Wirkung auf den Kunden. Die erarbeiteten Problemlösungen werden in der Regel den nicht bei der Qualitätszirkelarbeit beteiligten Kollegen und dem unmittelbaren Vorgesetzten vorgestellt. Bei der Leitung ist auch die Entscheidungskompetenz zur Umsetzung der Verbesserungsvorschläge angesiedelt. Je nach Themenstellung sind weitere Interessengruppen zu beteiligen (z. B. Personalrat, Steuerungsdienst, von der Umsetzungsidee betroffene Organisationseinheiten, Behördenleitung). Die Umsetzung der Verbesserungsvorschläge erfolgt in eigener Verantwortung durch die Gruppe, sofern sie nicht externe Unterstützung benötigt. Auch die Erfolgskontrolle wird durch die Qualitätszirkel-Mitglieder selbst vorgenommen. Formen der Anerkennung sind z. B. Verbesserungsvorschlagsprämien, Sonderzuwendungen und anerkennende Hinweise in der Personalakte. Abbildung 12-8 verdeutlicht das übliche Vorgehen der Qualitätszirkelarbeit, das durch eine kontinuierliche Qualitätsverbesserung gekennzeichnet ist.

Die Möglichkeit, das Wissen und die Erfahrungen von Mitarbeitern zu nutzen, die täglich mit Problemen am Ort des Entstehens konfrontiert sind, führt zu zwei grundlegenden Auswirkungen: Zum einen werden Leistungsfähigkeit und Qualitätsorientierung der Organisation verbessert und zum anderen wird das Arbeitserleben der betroffenen Mitarbeiter positiv beeinflusst. Die letztgenannten Auswirkungen beziehen sich z. B. auf eine verbesserte Zusammenarbeit, ein erweitertes Wissen über Arbeitszusammenhänge, größere Selbstständigkeit, mehr Entscheidungsspielraum, die (Weiter-)Entwicklung kommunikativer Kompetenzen, eine erhöhte Arbeitszufriedenheit sowie ein gesteigertes qualitätsbewusstes Denken (vgl. Kieser & Walgenbach, 2007, S. 371 ff.; Zink & Schick, 1987).

Abb. 12-8: Qualitätszirkel-Kreislauf (nach Bundeszentrale für gesundheitliche Aufklärung, 2005)

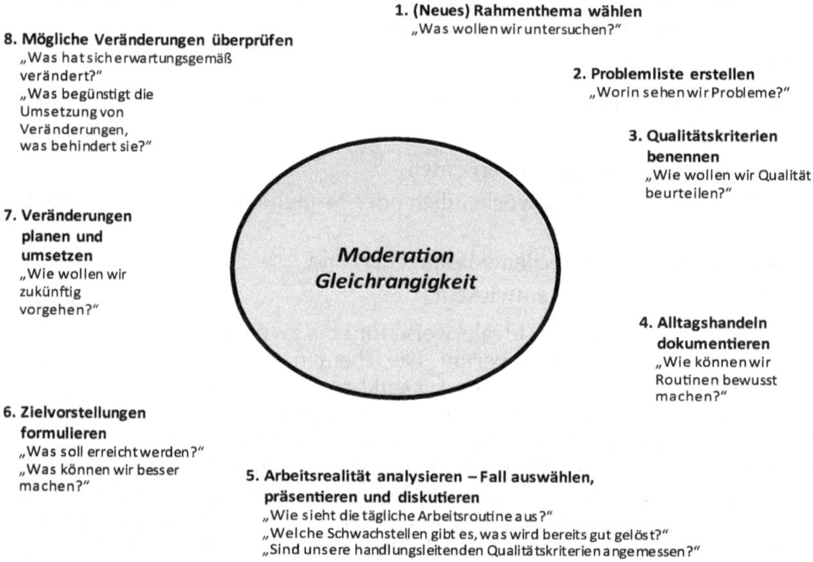

➤ Teilbereichslösung am Beispiel des Bürgerbüros

Das Konzept Bürgerbüro bzw. Bürgeramt ist das Ergebnis einer konsequenten Anpassung der Strukturen und Prozesse an die Kundenbeziehungen. Einfach und sofort zu erledigende Aufgaben werden aus Sicht der Bürger organisiert, denn „... viele Angelegenheiten kann der Bürger mit einem Behördengang erledigen – und dies alles in einer Atmosphäre, die den Bürger als ‚Kunden und nicht als Bittsteller behandelt" (Räder, 1996, S. 223). Hinzu kommt, dass die Verwaltungsleistungen gebündelt aus einer Hand angeboten werden.

Zu den Aufgaben und Angeboten eines Bürgerbüros zählen im Wesentlichen: Meldeangelegenheiten, Personalausweis- und Passangelegenheiten, Serviceleistungen wie eine Informations- und Bürgerberatungsstelle, ein Formularservice für Vordrucke der eigenen Behörde und anderer Behörden sowie eine Annahmestelle für Anregungen und Beschwerden. Aus der Gesamtverwaltung können noch weitere Aufgaben hinzukommen, wie z. B. Fundangelegenheiten, Rundfunk- und Fernsehgebührenbefreiungen, Lohnsteuerkarten, Schwerbehindertenausweise, Wohnberechtigungsbescheinigungen und eine Antragsannahme für Führerscheine, Wohngeld und Aufenthaltsgenehmigungen.

Des Weiteren ist das Bürgerbüro durch folgende kundenorientierte Merkmale gekennzeichnet: Zentralisierung der Aufgabenerledigung in einem Großraumbüro mit mehreren Arbeitsplätzen, kundenorientierte Öffnungszeiten, eine gute örtliche Erreichbarkeit sowie eine ansprechende Raumatmosphäre mit Wartezonen und Kinderspielecke.

12.6.2 TQM – Qualitätsmanagement als ganzheitlicher Ansatz

➤ Total Quality Management als Führungsphilosophie

Qualität wird traditionell als eine Eigenschaft von Produkten oder Dienstleistungen verstanden, folglich stehen die Anforderungen der Kunden im Vordergrund. Im Rahmen von Total-Quality-Konzepten erstreckt sich der Qualitätsbegriff auf die gesamte Organisation. Neben die Kundenanforderungen treten weitere Ansprüche, und zwar die von Mitarbeitern, Kapitalgebern, der Öffentlichkeit und der Umwelt. An ihrer Erfüllung misst sich die umfassende Qualität einer Organisation.

Unter **Total Quality Management (TQM)** wird demgemäß eine auf Mitwirkung aller Organisationsmitglieder beruhende Führungsphilosophie verstanden, die Qualität in den Mittelpunkt stellt. Über die Sicherstellung der Kundenzufriedenheit soll ein langfristiger Geschäftserfolg sowie ein höchstmöglicher Nutzen für die Mitglieder der Organisation, die Umwelt und die Gesellschaft erreicht werden (Deutsche Gesellschaft für Qualität e. V., 1995). Der Begriff des Total Quality Managements tauchte erstmals Mitte der 1980er-Jahre in der fachlichen Diskussion auf und geht auf den 1961 entwickelten Total-Quality-Control-Ansatz (TQC) des Amerikaners *Feigenbaum* zurück. In der Weiterentwicklung flossen die Denkansätze weiterer maßgeblicher Experten auf dem Gebiet der Qualität wie *Crosby, Deming* und *Ishikawa* ein. Die Bezeichnung „Business Excellence" ist gleichbedeutend mit dem Ausdruck „Total Quality Management" und ebenso gebräuchlich. Die deutschen Begriffe „umfassendes Qualitätsmanagement" und „Geschäftsexzellenz" haben sich jedoch kaum durchgesetzt (Seghezzi, 2007, S. 163).

Die Anfangsbuchstaben von TQM verdeutlichen die Zielsetzung des Ansatzes:

T Total im Sinne von umfassend

Vom Kunden über die eigenen Mitarbeiter bis hin zum Zulieferer werden alle Bereiche erfasst und integriert.

Q Qualität

Auch der Qualitätsbegriff wird ganzheitlich betrachtet. Er schließt die Produkt- und Servicequalität ebenso ein wie das Qualitätsbestreben im Hinblick auf die Belange der Mitarbeiter, der Gesellschaft und der Umwelt.

M Management

Management steht für die Vorbildfunktion und Verantwortung der Führungsebene. Sie muss sich darum bemühen, alle Mitarbeiter in den

Qualitätsmanagement-Prozess zu integrieren. Gleichzeitig kann dieser Ansatz nur umgesetzt werden, wenn auch die Mitarbeiter Verantwortung mittragen.

Das Ziel, ein hohes Qualitätsniveau zu erreichen, dient nicht dem Selbstzweck. „Der TQM-Ansatz beinhaltet die Doppelstrategie, das Qualitätsniveau zu steigern und gleichzeitig die Kosten zu senken" (Ebel, 2003, S. 51).

Abbildung 12-9 zeigt die Grundpfeiler des TQM im Überblick. Diese Bestandteile des Total Quality Managements haben gleichgewichtige Inhalte (Broekmate et al., 2001, S. 196).

Abb. 12-9: Total Quality Management

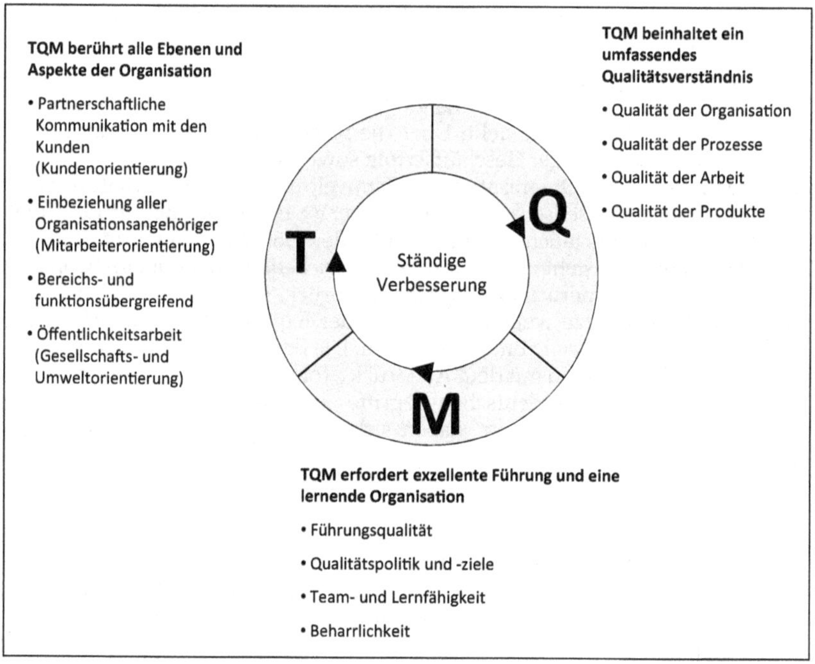

Zentrale Elemente des TQM

Im Folgenden werden zentrale Elemente des Total Quality Managements stichwortartig umrissen. Diese stellen den gemeinsamen Nenner aller Qualitätsmanagement-Modelle dar, die einen ganzheitlichen Ansatz verfolgen (nach Zollondz, 2006, S. 207 ff.; Kamiske & Brauer, 2008, S. 345, Zink, 1994, S. 29 ff.):

- **Strategischer Ansatz**
  Das Qualitätsmanagement ist ein notwendiger Bestandteil des strategischen Ansatzes einer Organisation. Ausgehend von der Vision, dem Zukunftsbild, das die Organisation für sich beschreibt, wird ein Leitbild formuliert, dem wiederum die strategische Zielplanung folgt (siehe hierzu Kapitel 14). Die oberste Leitung legt in diesem Zusammenhang die Qualitätspolitik sowie die daraus abgeleiteten Qualitätsziele fest.
- **Engagement des Managements**
  Die Führungsebene sorgt dafür, dass die formulierten Ziele und Maßnahmen umgesetzt werden können. Das Qualitätsmanagement muss vom Management gewollt, initiiert, praktiziert und uneingeschränkt vorgelebt werden. Die Führungsebene ist verpflichtet, für die Definition, Planung und Überwachung der Qualität zu sorgen. Dabei hat sie die Qualitätsverantwortung für das Gesamtsystem, während bei jedem Mitarbeiter die Verantwortung für den jeweiligen Einflussbereich liegt.
- **Leitung der Prozesse**
  Die Kern-, Unterstützungs- und Führungsprozesse sind zu identifizieren und an den Qualitätszielen auszurichten. Die ständige Verbesserung der Prozesse und die Verkürzung ihrer Durchlaufzeiten ist als wichtige Grundlage für das Erreichen der Organisationsziele anzustreben (siehe hierzu Kapitel 7).
- **Bereitstellung von Ressourcen**
  Die leitende Führungsebene muss dafür sorgen, dass geeignete und ausreichende Ressourcen (finanzielle Mittel, Personen, Sachausstattung, Zeit, Ausbildung) zur Verfügung stehen.
- **Mitarbeiterorientierung**
  Die Mitarbeiter tragen größere Verantwortung und üben auf die Arbeitsgestaltung und die Qualitätssicherung einen spürbaren Einfluss aus. Um dies zu ermöglichen, sind geeignete Instrumente der Kommunikation und Partizipation (wie z. B. Qualitätszirkel) bereitzustellen. Die definierten Qualitätsanforderungen bilden den Bezugspunkt für die Qualifizierung der Mitarbeiter. Eine qualitätsorientierte Grundhaltung aller Mitarbeiter ist Voraussetzung für einen gelingenden Veränderungsprozess.
- **Zufriedenheit der Kunden**
  Die Qualitätsziele sind aus Kundensicht zu definieren. Darüber hinaus sind auch die Erwartungen anderer Anspruchsgruppen (z. B. Öffentlichkeit, Politik, Gesetzgeber) zu bestimmen. Alle Aktivitäten haben sich konsequent an den Anforderungen der internen und externen Kunden zu orientieren.
- **Messen und Analysieren**
  Die erzielten Ergebnisse sind systematisch auf ihre Wirkungen hin zu überprüfen. Hierzu sind die Anforderungen der Kunden und Mitarbeiter zu ermitteln (z. B. durch Befragungen, Beschwerdemanagement, Qualitätszirkel) und geeignete Kennzahlen zu entwickeln.

Kennzahlen für den Bereich „Bürgerbüro" sind beispielsweise:
- Kundenzufriedenheit auf einer Skala von 1–5
- Anzahl der Beschwerden
- durchschnittliche Dauer der Wartezeit in Minuten
- Anzahl fehlerhaft ausgestellter/zugegangener Dokumente
- Anteil erfolgreicher Widersprüche an der Zahl der Widersprüche insgesamt

- **Verbesserung**

  Die kontinuierliche Verbesserung ist strukturell in der Organisation zu verankern. Der Schwerpunkt der Optimierungsmaßnahmen sollte auf vorbeugenden, fehlervermeidenden Aktivitäten liegen. Das Ziel ist u. a. eine deutliche Senkung der Fehlerrate.

Das **Prinzip der kontinuierlichen Verbesserung** ist der zentrale Eckpfeiler des ganzheitlichen Qualitätsmanagement-Ansatzes. Dieses Prinzip basiert auf einem Regelkreis, der auch als Controllingregelkreis, **PDCA-Zyklus** oder **Deming-Zyklus**[45]) bezeichnet wird (siehe Abb. 12-10).

Abb. 12-10: PDCA-Zyklus (nach Kamiske & Brauer, 2008, S. 305)

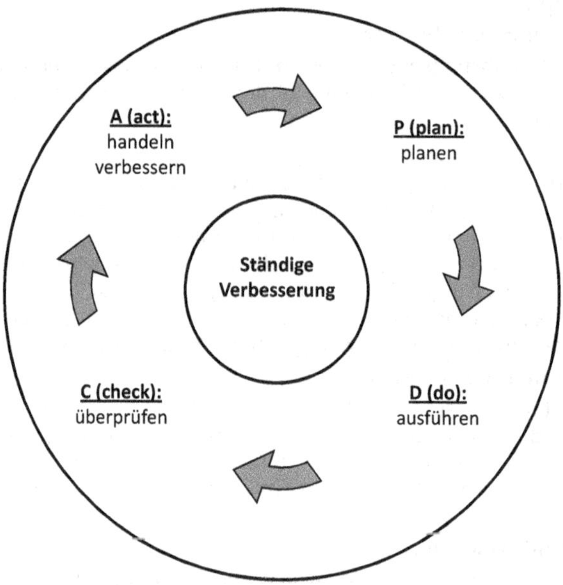

45) W. Edwards Deming (1900–1993) war ein US-amerikanischer Physiker und Mathematiker. Er entwickelte ab den 1940er-Jahren eine qualitäts- und prozessorientierte Sicht auf die Tätigkeiten eines Unternehmens und gilt als Pionier der Qualitätsbewegung.

Die kontinuierliche Verbesserung wird dabei nicht als Methode, sondern als Grundhaltung aller Mitarbeiter gesehen. Das heißt, dass jedes Organisationsmitglied dazu aufgefordert ist, seine Ziele (Plan) und sein Handeln (Do) regelmäßig zu überprüfen (Check) und aus den auf diese Weise gewonnenen Erkenntnissen Konsequenzen abzuleiten (Act). Jeder Arbeitsvorgang wird als Prozess betrachtet und kann als solcher schrittweise optimiert werden. Der verbesserte Prozess geht als Eingangsgröße in den nächsten Durchlauf des Regelkreises ein. Das wiederholte Durchlaufen des Regelkreises bewirkt, dass die gewonnenen Erfahrungen aus den vorhergehenden Zyklen angewendet werden können und so eine ständige Verbesserung der Arbeit bewirkt wird (Kamiske & Brauer, 2008, S. 305 f.).

Das Prinzip der ständigen Verbesserung wird auch in einem der 14 Punkte des Deming-Managementprogramms beschrieben, das eine auf die Schaffung von Qualität ausgerichtete Unternehmensphilosophie einfordert (Deming, 1986):

> Suche ständig nach den Ursachen von Problemen, um alle Systeme in Produktion und Dienstleistung sowie alle anderen Aktivitäten im Unternehmen beständig und immer wieder zu verbessern.

Für den öffentlichen Sektor bietet ein „... ganzheitlich angelegtes Qualitätsmanagement ... die Chance, bereits vorhandene bzw. geplante Modernisierungsinstrumente wie z. B. Kosten- und Leistungsrechnung oder Controlling zu bündeln und zu vernetzen und dem Trend entgegenzuwirken, Modernisierung vorwiegend unter betriebswirtschaftlichen Gesichtspunkten zu betreiben. Ein in diesem Sinne gestaltetes Qualitätsmanagement kann einen wichtigen Beitrag leisten zu einer ganzheitlichen Reform der öffentlichen Verwaltung" (Deutscher Beamtenbund, 2001, S. 25).

12.7 Umsetzungsmodelle des Qualitätsmanagements

12.7.1 Die Normenfamilie der ISO 9000 ff.

Die ISO 9000 Normenfamilie hat sich seit ihrem Erscheinen im Jahre 1987 zu einem weltweit gültigen Standard für Qualitätsmanagementsysteme entwickelt. Die Anwendung ist gemäß der International Standardization Organization (ISO)[46]) branchenneutral, d. h., das Modell kann in Produktions- und Dienstleistungsbetrieben genutzt werden. Auch die Größe der Organisation spielt keine Rolle: Anwender sind sowohl internationale Konzerne als auch Klein- und Mittelbetriebe. Erfüllt das Qualitätsmanagementsystem einer Organisation die Anforderungen der ISO 9001, kann eine **Zertifizierung** durch eine qualifizierte unabhängige Stelle (akkreditierte Zertifizierungs-

46) Die International Standardization Organization (ISO) ist eine weltweite Vereinigung von nationalen Normungsinstituten, in der auch das Deutsche Institut für Normung e. V. (DIN) vertreten ist.

stelle) erfolgen. Das Zertifikat ist in der Regel drei Jahre gültig. Während dieses Zeitraums führt die Zertifizierungsgesellschaft jährlich ein sogenanntes Überwachungsaudit durch und vor Ablauf der Gültigkeit des Zertifikats ein Wiederholungsaudit. Die Zertifizierung dient als Marketinginstrument und trägt zum Wettbewerbsvorteil der Organisation bei (Wagner, 2007, S. 173 ff.).

Zur ISO 9000 Normenfamilie zählen drei ISO-Normen (jeweils in der derzeit gültigen Fassung):

(1) ISO 9000:2005 Qualitätsmanagementsysteme – Grundlagen und Begriffe

(2) ISO 9001:2008 Qualitätsmanagementsysteme – Anforderungen

(3) ISO 9004:2000 Qualitätsmanagementsysteme – Leitfaden zur Leistungsverbesserung

Sollen ISO-Normen auf nationaler Ebene Geltung erlangen, so wird dies in der entsprechenden Norm vermerkt. Übernimmt beispielsweise Deutschland eine international (ISO) wie auch europäisch (EN[47])) gültige Norm zu einer nationalen Norm, wird dieser Norm die Bezeichnung „DIN" vorangestellt (z. B. DIN EN ISO 9001).

Zu (1) ISO 9000:2005 Qualitätsmanagementsysteme – Grundlagen und Begriffe

Die Norm ISO 9000 beschreibt die Grundlagen für Qualitätsmanagementsysteme und erläutert Begriffe zum Thema Qualität und Qualitätsmanagement. Sie legt sozusagen den Grundstein in der Organisation für eine gemeinsame Sprache zum Thema Qualität und wird als Verständnishilfe für die Forderungen der ISO 9001 gesehen (Wagner, 2007, S. 175).

In der Norm werden acht Grundsätze definiert, die Voraussetzung für den Erfolg eines prozessorientierten Qualitätsmanagementsystems sind. Ein Grundsatz wird dabei als eine umfassende und grundlegende Regel oder Überzeugung zur Führung und Leitung einer Organisation verstanden, mit dem Ziel ständiger, langfristiger Verbesserung der Leistungen durch Kundenorientierung. Gleichzeitig sind die Erfordernisse aller Interessenpartner zu berücksichtigen (Deutsches Institut für Normung, 2005). Die Grundsätze sind nachfolgend zusammenfassend dargestellt:

Grundsatz 1 – Kundenorientierte Organisation

Organisationen hängen von ihren Kunden ab und sollten daher die aktuellen und künftigen Erfordernisse der Kunden verstehen, ihre Forderungen erfüllen und danach streben, die Erwartungen der Kunden zu übertreffen.

Grundsatz 2 – Führung

Die Führungskräfte geben den einheitlichen Zweck und die Richtung der Organisation vor. Sie sollten ein internes Umfeld schaffen und erhalten, in

47) EN ist die Abkürzung für „Europäische Norm", herausgegeben vom CEN, dem Comité Européen de Normalisation (Europäisches Komitee für Normung/European Committee for Standardization), Brüssel.

dem sich die Mitarbeiter voll und ganz für das Erreichen der Ziele der Organisation einsetzen können.

Grundsatz 3 – Einbeziehung der Mitarbeiter

Mitarbeiter aller Ebenen machen das Wesen einer Organisation aus und ihre vollständige Einbeziehung ermöglicht, dass ihre Fähigkeiten zum Vorteil der Organisation genutzt werden können.

Grundsatz 4 – Prozessorientierter Ansatz

Ein erwünschtes Ergebnis wird effizienter erreicht, wenn Tätigkeiten und dazugehörige Ressourcen als Prozesse geleitet und gelenkt werden.

Grundsatz 5 – Systemorientierter Ansatz

Identifizieren, Verstehen, Leiten und Lenken von miteinander in Wechselbeziehung stehenden Prozessen als System verbessern die Wirksamkeit und Effizienz einer Organisation beim Erreichen ihrer Ziele.

Grundsatz 6 – Ständige Verbesserung

Ständige Verbesserungen sollten eine permanente Zielsetzung der Organisation sein.

Grundsatz 7 – Sachbezogener Ansatz bei der Entscheidungsfindung

Wirksame Entscheidungen basieren auf der Analyse von Daten und Informationen.

Grundsatz 8 – Lieferantenbeziehungen zum gegenseitigen Nutzen

Eine Organisation und ihre Lieferanten sind voneinander abhängig. Beziehungen zum gegenseitigen Nutzen steigern die Wertschöpfungsfähigkeit beider Seiten.

Zu (2) ISO 9001:2008 Qualitätsmanagementsysteme – Anforderungen

Die Norm ISO 9001:2008[48]) ist von zentraler Bedeutung für ein Qualitätsmanagementsystem. Die hier festgelegten Forderungen zur Umsetzung von Qualitätsmanagement in der Organisation stellen Mindeststandards dar. Eine Zertifizierung des Qualitätsmanagementsystems ist ausschließlich auf Basis der ISO 9001 möglich.

Zentrale, in der Norm verankerte Kriterien für die Wirksamkeit des Qualitätsmanagementsystems sind insbesondere (Wagner, 2007, S. 179 f.)

- der prozessorientierte Ansatz,
- die Betonung der Managementprozesse,
- die Kundenorientierung und
- die Forderung nach einer kontinuierlichen Verbesserung.

---

48) Ende 2015 wird eine Revision der Norm ISO 9001 erwartet, welche die derzeitige Norm aus 2008 ersetzen soll. Der Anwendungsbereich der Norm wird sich nicht ändern. Es ist anzunehmen, dass der prozessorientierte Ansatz innerhalb der Norm verstärkt wird und ein risikobasierter Ansatz eingearbeitet wird.

Das Qualitätsmanagement der Organisation wird an den Arbeitsabläufen, d. h. den Prozessen, in der Organisation ausgerichtet. Dabei wird als Prozess i. S. der Norm eine Tätigkeit definiert, die Ressourcen verwendet und die ausgeführt wird, um die Umwandlung von Eingaben in Ergebnisse zu ermöglichen. Führungsprozesse sind ausdrücklich mit einbezogen. Sie gewinnen neben den Produktionsprozessen in einer Organisation, in der die Planung und Lenkung aller in der Organisation vorhandenen Prozesse in den Mittelpunkt rücken, immer mehr an Bedeutung. Als „prozessorientierter Ansatz" wird die Anwendung eines Systems von Prozessen bezeichnet, und zwar verknüpft mit dem Identifizieren dieser Prozesse und ihrer Wechselwirkungen sowie dem Steuern und Lenken der Prozesse (Deutsches Institut für Normung, 2008, S. 5). Abbildung 12-11 veranschaulicht das Modell des prozessorientierten Qualitätsmanagementsystems nach ISO 9001.

Abb. 12-11: Prozessmodell des Qualitätsmanagements nach ISO 9001 (nach Deutsches Institut für Normung, 2008, S. 6 ff.)

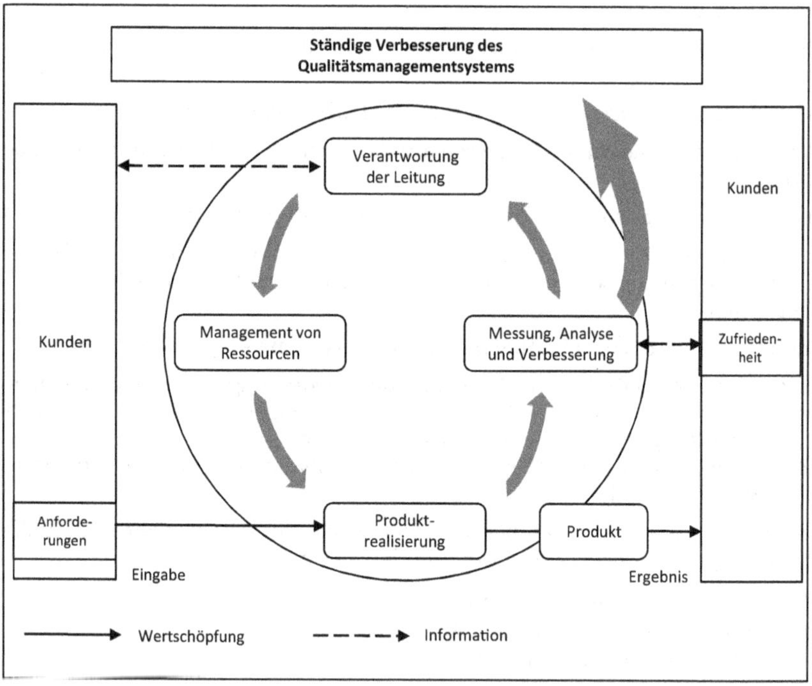

Die Abbildung macht deutlich, dass Kunden die zentrale Rolle bei der Festlegung von als Eingaben zu betrachtenden Anforderungen spielen. Die gesamte Organisation wird an den Bedürfnissen der Kunden ausgerichtet. Um die Kundenbedürfnisse beurteilen zu können, ist es erforderlich, diese systematisch (z. B. im Wege der Kundenbefragung) zu messen. Anschließend ist die Organisation entsprechend der Kundenanforderungen zu optimieren. Dieses Prozessmodell basiert auf dem Deming-Zyklus der ständigen Verbesserung mit den Schritten Plan-Do-Check-Act (vgl. hierzu Abschnitt 12.6.2).

Um die Konformität des Qualitätsmanagementsystems mit den internen und externen Anforderungen überprüfen zu können, müssen – über die externen Audits durch die Zertifizierungsstelle hinaus – auch **interne Audits** durchgeführt werden. Das interne Audit ist eine systematische Untersuchung der Organisationsstrukturen, -prozesse und -ergebnisse. Es wird jährlich durch einen internen Auditor organisiert, der sich durch ein umfassendes Normenwissen, internes Qualitätswissen und Unparteilichkeit auszeichnet. Häufig wird diese Funktion vom Qualitätsbeauftragten wahrgenommen, ein von der Leitung bestellter Mitarbeiter, der für die Pflege des Qualitätsmanagementsystems zuständig ist. Das interne Audit soll Unzulänglichkeiten des Systems erkennen und findet im Rahmen einer Besprechung mit den Mitarbeitern vor Ort in den einzelnen Aufgabengebieten statt. Die Ergebnisse werden in einem Audit-Bericht zusammengefasst. Ausgehend vom Audit-Bericht überprüft die Leitung regelmäßig und systematisch das Qualitätsmanagementsystem. Diese Management-Bewertung, auch **Management-Review** genannt, wird ebenfalls jährlich durchgeführt. Wesentliche Fragestellungen sind:

- Wurden die Ziele erreicht und die Maßnahmen umgesetzt?
- Sind die Maßnahmen wirksam?

Auf der Grundlage der Ergebnisse werden Korrekturmaßnahmen eingeleitet sowie Ziele und Kennzahlen angepasst.

Die ISO 9001 fordert zur Dokumentation des Qualitätsmanagementsystems die Erstellung eines **QM-Handbuchs.** Das QM-Handbuch dient der internen, vor allem aber auch der externen Darlegung der Organisation. Neue Mitarbeiter können sich mithilfe des Handbuchs einfach und rasch einen Überblick über das Qualitätsmanagementsystem verschaffen, Kunden können sich über Abläufe und Zuständigkeiten informieren. Die Inhalte eines Qualitätsmanagementhandbuchs sind i. d. R.:

- Qualitätspolitik und Qualitätsziele
- Beschreibung der Aufbau- und Ablauforganisation
- Beschreibung standardisierter Prozesse
- Liste der sogenannten „mitgeltenden“ Unterlagen (Übersicht über alle relevanten Regelungen und Vorschriften wie Prozessanweisungen, Checklisten, Aufgabenverteilung, Produktbeschreibungen)

Zu (3) ISO 9004:2009 Leiten und Lenken für den nachhaltigen Erfolg einer Organisation – Ein Qualitätsmanagementansatz

Die ISO 9004 zeigt umfangreiche Möglichkeiten zur Gestaltung und Weiterentwicklung eines Qualitätsmanagementsystems auf. Die Norm betrachtet Qualitätsmanagement in einem weiter gefassten Rahmen als die ISO 9001.

„[...]sie behandelt die Erfordernisse und Erwartungen aller relevanten interessierten Parteien und bietet eine Anleitung für die systematische und ständige Verbesserung der Gesamtleistung der Organisation." (Deutsches Institut für Normung, 2009, S. 6). Die ISO 9004 ist nicht für Zertifizierungszwecke vorgesehen. Im Anhang der Norm wird vielmehr eine Systematik zur Selbstbewertung beschrieben. Mit ihr können Stärken und Schwächen ermittelt, Optimierungs- und Innovationsmöglichkeiten bestimmt und der Reifegrad der Organisation aufgezeigt werden.

Der Aufbau eines Qualitätsmanagementsystems nach den Empfehlungen und Anforderungen der ISO 9000 Normenreihe hat in der Privatwirtschaft eine weite Verbreitung gefunden. Im öffentlichen Sektor haben vor allem Bereiche ihr Qualitätsmanagementsystem zertifizieren lassen, die mit privaten Unternehmen konkurrieren (z. B. Entwässerung, Abfallentsorgung, Nahverkehr). Dennoch gibt es auch Beispiele von Behörden aus dem klassischen öffentlichen Sektor, die sich einem Zertifizierungsverfahren nach DIN EN ISO 9001 unterzogen haben. Zu nennen sind in diesem Zusammenhang die Kreisverwaltung Soest und die Stadtverwaltung Offenbach am Main.

Argumente, die aus Sicht öffentlicher Institutionen dagegen sprechen, ihr Qualitätsmanagementsystem nach den Forderungen der DIN EN ISO 9001 auszurichten, sind insbesondere (Deutscher Beamtenbund, 2001, S. 20):

- Der Aufbau des Qualitätssicherungsnachweises und das Verfahren zur Erlangung und Beibehaltung des Zertifikats verursachen hohe Kosten.
- Die in der Normenfamilie verwendete Sprache ist auch nach Überarbeitung der Normtexte schwer verständlich.
- Die Dokumentationspflicht ist aufwendig.
- Die Qualitätssicherungsnachweise hinsichtlich der Aufbau- und Ablauforganisation werden gegenüber der Sicherung der Produkt- bzw. Servicequalität überbetont.

Gründe, die für die Einführung eines zertifizierten Qualitätsmanagementsystems nach DIN EN ISO 9001 angeführt werden, sind beispielsweise (Deutscher Beamtenbund, 2001, S. 21):

- Die Dokumentationspflicht ist Voraussetzung dafür, Verbesserungspotenziale zu erkennen, Arbeitsverfahren zu vereinheitlichen und Standards zu erhalten.
- Das Qualitätsmanagementhandbuch stellt eine einheitliche Arbeitsgrundlage für alle Organisationsmitglieder sowie eine Arbeitshilfe für neue Mitarbeiter dar.
- Die regelmäßigen internen Audits und Management-Reviews fördern die Beachtung und Anwendung bestehender Regelungen.
- Das Qualitätsmanagementsystem wird von einer unabhängigen und damit nicht „betriebsblinden" Stelle beurteilt.

12.7.2 Das Modell der European Foundation for Quality Management (EFQM-Modell)

Das EFQM-Modell für Excellence wurde unter Federführung der European Foundation for Quality Management (EFQM) in Zusammenarbeit mit der European Organization for Quality (EOQ) und der Kommission der Europäischen Gemeinschaft inhaltlich entwickelt (Malorny & Dicenta, 2007, S. 362). Die EFQM hat ihren Sitz in Brüssel und wurde 1988 mit dem Ziel gegründet, durch Förderung des Qualitätsgedankens in den Betrieben die Position europäischer Unternehmen auf dem Weltmarkt zu stärken. Hierzu soll ein einheitliches europäisches TQM-Verständnis in den Betrieben verankert werden. Mit dem **EFQM Excellence Award (EEA)**[49]) werden – erstmalig im Jahre 1992 – solche Unternehmen ausgezeichnet, die besondere Leistungen auf dem Gebiet des Total Quality Managements vorzuweisen haben. Allen anderen Organisationen dienen diese „Quality Leader" als Vorbild (Kamiske & Brauer, 2008, S. 189). Die Anwendung des EFQM-Modells durch eine Organisation ist unabhängig von einer Bewerbung um eine Auszeichnung und geschieht durch **Selbstbewertung** (engl. Self Assessment).

Das EFQM-Modell für Excellence beruht auf einem ganzheitlichen Ansatz, der alle Managementbereiche abdeckt und acht grundlegende Orientierungen vorgibt (Deutsche Gesellschaft für Qualität, 2013, S. 3):

1. dauerhaft herausragende Ergebnisse erzielen,
2. Nutzen für Kunden schaffen,
3. mit Vision, Inspiration und Integrität führen,
4. Veränderungen aktiv managen,
5. durch Mitarbeiter erfolgreich sein,
6. Kreativität und Innovation fördern,
7. die Fähigkeiten der Organisation entwickeln,
8. nachhaltig die Zukunft gestalten.

Diese sogenannten Grundkonzepte haben keine bindende Verpflichtung. Jede Organisation kann eine eigene Auswahl treffen und zudem die Grundkonzepte, an denen sie ihr Qualitätsstreben ausrichten möchte, unterschiedlich gewichten. Die Entscheidung der einzelnen Organisation spielt jedoch, wie nachfolgend erläutert, bei der Bewerbung um eine Auszeichnung eine Rolle. Dem Auszeichnungsprogramm des EFQM Excellence Award liegt ein Konzept zugrunde, das unterschiedliche Stufen vorsieht (vgl. Abbildung 12-12). Der erfolgreichste Anwender des TQM wird mit dem EFQM Excellence Award geehrt. Der EFQM Excellence Prize kann an mehrere Betriebe vergeben werden, die bei einer der acht Grundorientierungen (siehe oben) nachweislich ein „hervorragendes" System für Qualitätsverbesserungen entwickelt haben und auf diesem Gebiet als Vorbild dienen. Der Gewinner des EFQM Excellence Award wird aus der Gruppe dieser Organisationen

49) Bis 2006 war die Bezeichnung der Auszeichnung European Quality Award (EQA).

benannt. Zusätzlich zu den beiden bereits beschriebenen Vergabemöglichkeiten werden Auszeichnungen für die Finalisten (Excellence Award Finalist) und die Für-Excellence-Anerkannten (Recognized for Excellence) vergeben (Malorny & Dicenta, 2007, S. 364). Darüber hinaus erhalten Organisationen, die bereits eine erste Selbstbewertung nach dem EFQM-Modell durchgeführt und für mindestens drei relevante Verbesserungspotenziale Maßnahmenpläne entwickelt und umgesetzt haben, eine Urkunde (Committed to Excellence) (vgl. Kamiske & Brauer, 2008, S. 19 f.).

Abb. 12-12: Auszeichnungsstufen des EFQM Excellence Award (nach Malorny & Dicenta, 2007, S. 364)

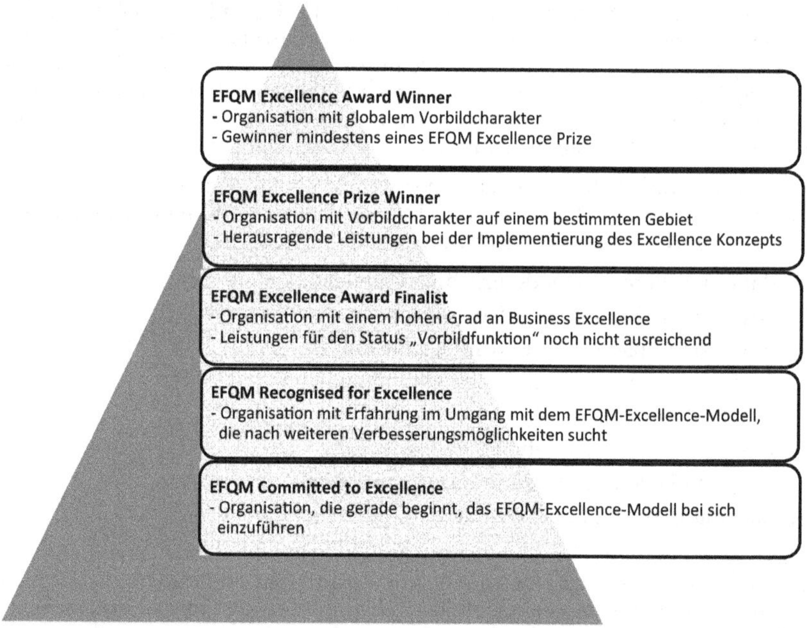

Die Auszeichnungen werden in folgenden Kategorien vergeben: Großunternehmen, Werke bzw. Teilbereiche eines Unternehmens, öffentliche Dienstleistungsbetriebe und Kleinunternehmen (vgl. Malorny & Dicenta, 2007, S. 364).

Auf der Basis des EFQM Excellence Award wird auch in Deutschland seit 1997 jährlich eine Qualitätsauszeichnung vergeben, der **Ludwig-Erhard-Preis.** Diese Auszeichnung steht unter der Schirmherrschaft des deutschen Bundespräsidenten und wird von der Deutschen Gesellschaft für Qualität (DGQ) und dem Verein Deutscher Ingenieure organisatorisch betreut. Das Modell des Ludwig-Erhard-Preises entspricht sowohl hinsichtlich der Anforderungskriterien als auch des Bewertungsablaufs weitgehend dem Vorbild des EFQM Excellence Award. Die Unterschiede beziehen sich auf kleinere formale Abweichungen bei der Bezeichnung der Hauptkriterien und der Beschreibung der Unterkriterien (vgl. Kamiske & Brauer, 2008, S. 197).

Das Excellence Modell der EFQM hat eine aus neun Kriterien bestehende Grundstruktur, wovon fünf Kriterien als **„Befähigerkriterien"** und vier Kriterien als **„Ergebniskriterien"** bezeichnet werden (siehe Abb. 12-13 (vgl. Sommerhoff, 2013, S. 33 ff.)). Diese Unterteilung des Modells in Befähiger (Enablers) und Ergebnisse (Results) geht auf zwei zentrale Fragestellungen zurück:

1. Welche Einflussgrößen bewirken den Erfolg einer Organisation?
2. Welche Verbesserungen der Geschäftsergebnisse werden erzielt?

Abb. 12-13: Aufbau des EFQM-Modells (nach European Foundation for Quality Management, 2013)

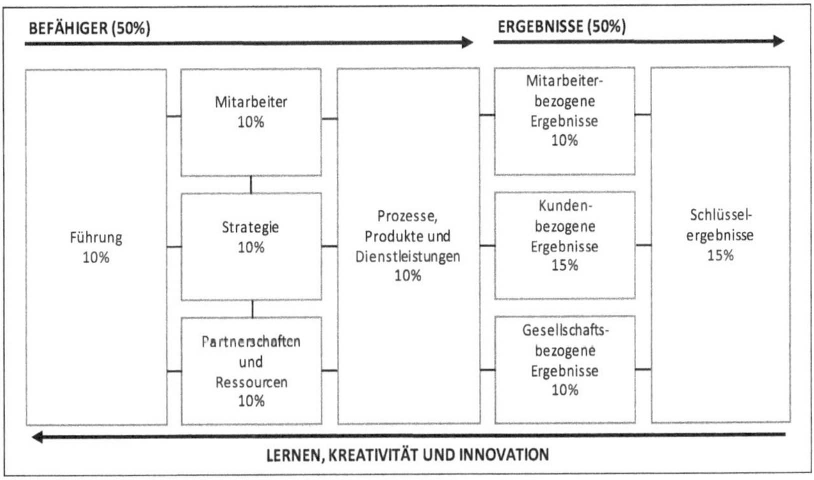

Nachfolgend ist in Abbildung 12-14 die Beschreibung sowie die Gewichtung der Kriterien am Beispiel des Befähigers „Führung" wiedergegeben (Sommerhoff, 2013, S. 35):

Abb. 12-14: Kriterien des EFQM-Modells (Beispiel Befähiger „Führung") (nach European Foundation for Quality Management, 2013)

Nr.	Kriterium	Teilkriterien/Spezifikation	max.
1	Führung	• Führungskräfte entwickeln die Vision, Mission, Werte und ethischen Grundsätze und sind Vorbilder für die Kultur der Excellence. • Führungskräfte sichern durch ihre persönliche Mitwirkung die Entwicklung, Umsetzung und kontinuierliche Verbesserung des Managementsystems der Organisation. • Führungskräfte arbeiten mit Kunden, Partnern und Vertretern der Gesellschaft zusammen. • Führungskräfte verankern in der Organisation zusammen mit den Mitarbeitern eine Kultur der Excellence. • Führungskräfte erkennen und meistern den Wandel der Organisation.	100
2	Strategie	…	100

Im Modell werden die einzelnen inhaltlichen Kriterien detailliert beschrieben. Für jedes Kriterium ist eine maximale Punktzahl erreichbar (in Abbildung 12-13 als Prozentwert angegeben). Die Summe aller erreichbaren Punkte ist 1000. Zur systematischen Bewertung wurde die sogenannte **RADAR-Methodik** entwickelt, die sich aus mehreren Schritten zusammensetzt und nach ihren Anfangsbuchstaben genannt wird. RADAR steht für: **R**esults (Ergebnisse) – **A**pproach (Vorgehen) – **D**eployment (Umsetzung) – **A**ssessment (Bewertung) und **R**efinement (Verbesserung). Bei der Anwendung dieses Instrumentes müssen sowohl die Stärken als auch die Verbesserungspotenziale der Organisation für jedes Teilkriterium identifiziert und festgehalten werden. Die Bewertungsskala für Befähigerkriterien ist in Abbildung 12-15 (Hoffmann, 2013, S. 41 ff.; European Foundation for Quality Management, 2012) dargestellt.

Abb. 12-15: EFQM – Bewertungsskala für Befähigerkriterien

RADAR	Bewertungsskala für Befähigerkriterien	Punkte
Results (Ergebnisse)	Ergebnisse weisen positive Trends auf. Ziele werden gesetzt, sind angemessen und werden erreicht oder übertroffen. Die Leistungen werden Vergleichen mit anderen unterzogen. Der Zusammenhang zwischen Vorgehen und Ergebnis wird verstanden. Der Umfang der Ergebnisse deckt alle relevanten Bereiche ab.	jeweils 0–100
Approach (Vorgehen)	Die Vorgehensweisen sind fundiert, klar begründet und auf die aktuellen und zukünftigen Interessen der Organisation und ihre Interessengruppen ausgerichtet. Sie werden durch gut definierte Prozesse umgesetzt. Das Vorgehen basiert auf Politik und Strategie und ist mit anderen Vorgehensweisen verknüpft.	jeweils 0–100
Deployment (Umsetzung)	Das Vorgehen ist in allen relevanten Bereichen eingeführt und wird systematisch umgesetzt. Die Einführung basiert auf einer Planung und erfolgt in einer für die Organisation angemessenen Art und Weise.	jeweils 0–100
Assessment (Bewertung) **Refinement** (Verbesserung)	Das Vorgehen und dessen Umsetzung ist Gegenstand regelmäßiger Messungen. Lernen findet statt. Die Erkenntnisse aus den Messungen und dem Lernen werden verwendet, um Verbesserungen zu identifizieren, zu priorisieren, zu planen und einzuführen.	jeweils 0–100

Das Bewertungsverfahren ist zunächst Ausgangspunkt für die Selbstbewertung, zugleich aber auch Grundlage für eine externe Begutachtung bei Bewerbung um den EEA-Preis, den Ludwig-Erhard-Preis oder eine Einstufung in ein Excellence-Niveau.

Eine Anwendung des EFQM-Modells ist aufgrund seiner hohen Komplexität nur sinnvoll und zeigt nachhaltige Wirkung, wenn eine Organisation über einen längeren Zeitraum konsequent mit dem Konzept und der Anwendung der RADAR-Methodik arbeitet. Zunächst müssen die miteinander verbundenen Veränderungsmaßnahmen aufeinander abgestimmt, durchgängig umgesetzt und in den Organisationsalltag eingebaut werden. Das EFQM-Modell hat weite Verbreitung und hohe Akzeptanz gefunden, auch im öffentlichen Sektor (Krems, 2010a).

12.7.3 Common Assessment Framework (CAF)

Das Gemeinsame Europäische Qualitätsbewertungssystem (Common Assessment Framework CAF) wurde auf der Basis des EFQM-Modells von der Hochschule für Verwaltungswissenschaften in Speyer in Zusammenarbeit mit 16 EU-Partnerländern erarbeitet. Bei der Entwicklung wurde zudem das Bewertungssystem des Speyerer Qualitätswettbewerbs berücksichtigt. Das CAF-Konzept stellt eine auf den öffentlichen Sektor bezogene und im Vergleich zum EFQM-Modell etwas vereinfachte Variante eines **Selbstbewertungssystems** dar (vgl. Broekmate et al., 2001, S. 261). Ziel dieses ganzheitlichen Qualitätsmanagement-Ansatzes ist es, das Verständnis und die Anwendung von Qualitätsmanagement im öffentlichen Sektor zu fördern sowie Leistungsvergleiche zwischen Einrichtungen der öffentlichen Verwaltung zu unterstützen.

Das CAF-Modell hat die Struktur des EFQM-Modells übernommen: Es werden neun Themenfelder benannt, die einerseits auf die **Befähiger** und andererseits auf die **Ergebnisse** abzielen (siehe Abb. 12-16).

Abb. 12-16: Das CAF-Modell (nach Bundesverwaltungsamt, 2013, S. 11)

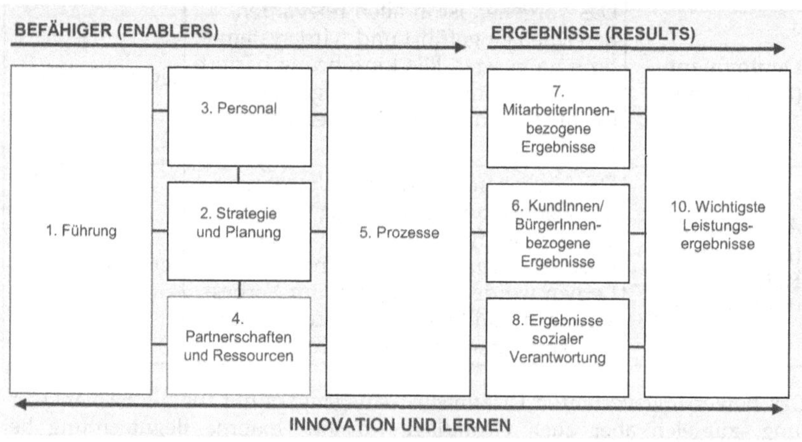

Die Themenfelder umfassen insgesamt 28 Kriterien. Themenfelder und Kriterien sind inhaltlich und sprachlich an die Tätigkeitsfelder und organisatorischen Rahmenbedingungen des öffentlichen Sektors angepasst. Aus dem Themenfeld 1 „Führung" werden beispielsweise auf der nächsten Ebene folgende Kriterien hergeleitet, die es zu bewerten gilt (Bundesverwaltungsamt, 2013, S. 20 ff.):

> Beurteilen Sie, was die Leitung der Organisation unternimmt, um folgende Kriterien zu erfüllen:
>
> 1.1 Der Organisation durch die Entwicklung einer Mission, einer Vision sowie von Werten eine Richtung vorgeben
>
> 1.2 Die Organisation, ihre Leistungsfähigkeit und ihre kontinuierliche Verbesserung steuern
>
> 1.3 Die Beschäftigten der Organisation motivieren und unterstützen und eine Vorbildfunktion ausüben
>
> 1.4 Angemessene Beziehungen zur Politik und zu anderen Interessengruppen pflegen

Die einzelnen Kriterien können anschließend anhand von Erläuterungen und Beispielen beurteilt werden. Für das Kriterium 1.1 aus dem Themenfeld „Führung" sind die Beschreibungen nachfolgend auszugsweise dargestellt:

> „Die Führungskräfte stellen sicher, dass die Organisation einer klaren Mission und Vision sowie ihren Grundwerten folgt. Das bedeutet, dass sie die Mission (Warum sind wir da? Was ist unser Auftrag?), die Vision (Welchen Weg wollen wir einschlagen? Wonach streben wir?) und die Werte (Was bestimmt unser Verhalten?) entwickeln, um den langfristigen Erfolg der Organisation zu sichern […] Beispiele 1. Die Mission und Vision der Organisation unter Einbeziehung der relevanten Interessengruppen und der Beschäftigten entwickeln und formulieren. 2. Einen Werterahmen schaffen, der für alle Mitglieder in der Organisation handlungsleitend ist. Er ist auf die Mission, Vision der Organisation ausgerichtet und berücksichtigt die allgemeinen Werte des öffentlichen Sektors (z.B. Rechtmäßigkeit, Gleichbehandlung, Unbestechlichkeit)." (Bundesverwaltungsamt, 2013, S. 20)

Zur Bewertung stehen zwei Bewertungsmethoden zur Auswahl, die sich beide am **PDCA-Zyklus** (siehe Abschnitt 12.6.2) orientieren. Beide Systeme haben eine Skala von null bis hundert Punkten, wobei die komplexere Methode innerhalb des PDCA-Regelkreises zusätzlich die Beurteilung des Grades der Umsetzung (Breite und Tiefe) vorsieht. Die einfache Variante wird für Einsteiger empfohlen (vgl. Kommunale Gemeinschaftsstelle für Verwaltungsmanagement, 2/2009, S. 34).

Nachfolgend ist die „Skala für Befähiger – Einfache Bewertung" wiedergegeben (siehe Abb. 12-17):

Abb. 12-17: Skala für Befähiger – Einfache Bewertung (nach Bundesverwaltungsamt, 2013, S. 56)

Phase	Einfache Bewertungsskala für Befähigerkriterien	Punkte
	Wir sind in diesem Bereich nicht tätig. Wir verfügen über keinerlei oder nur sehr lückenhafte Informationen.	0–10
Planen	Wir haben einen Plan mit entsprechenden Aktivitäten.	11–30
Durchführen	Wir setzen diese Aktivität/en um.	31–50
Überprüfen	Wir überprüfen laufend/nachträglich, ob wir die richtigen Aktivitäten in geeigneter Weise geplant und umgesetzt haben.	51–70
Weiterentwickeln	Auf der Grundlage unserer laufenden oder nachträglichen Überprüfungen nehmen wir bei Bedarf Anpassungen vor.	71–90
PDCA	Alles, was wir tun, planen wir zuerst, setzen es um, nehmen regelmäßig Anpassungen vor und lernen von anderen. Alle unsere Aktivitäten unterliegen einem laufenden Verbesserungszyklus.	91–100

Das CAF-Modell sieht einen Selbstbewertungszyklus vor, der idealtypisch sieben Schritte durchläuft und einen Prozess der kontinuierlichen Verbesserung in Gang setzen soll (Abb. 12-18). Der Beschluss zu einem die Selbstbewertung ergänzenden externen Bewertungsverfahren wurde bereits in 2009 durch die CAF-Expertengruppe der Innovative Public Sector Group (IPSG) gefasst. Durch das externe Feedback soll die Selbstbewertung überprüft und mit dem Gütesiegel „Effective CAF-User" bestätigt werden (vgl. Krems, 2010b). Die Einführung von CAF wird insbesondere von der Kommunalen Gemeinschaftsstelle für Verwaltungsmanagement empfohlen. „Die KGSt empfiehlt […] Qualitätsmanagement flächendeckend einzuführen. Dafür kommen lediglich die so genannten ‚großen QM-Modelle in Frage: die DIN EN ISO 9001:2000 ff., das EFQM-Modell oder das CAF-Modell. Diese Modelle sind schon länger auf dem Markt und haben sich […] in den letzten Jahren weiter entwickelt. Die Unterschiede in Konzepten und Inhalten sind inzwischen nicht mehr grundlegend, sondern graduell. Der wesentliche Unterschied liegt in den Kosten: Nur das CAF-Modell […] unterliegt keiner kommerziellen Bindung […] Für die KGSt ist dieser Vorteil das ausschlaggebende Argument, den Kommunen die Anwendung des CAF-Modells als Ansatz eines übergreifenden Qualitätsmanagements zu empfehlen" (Kommunale Gemeinschaftsstelle für Verwaltungsmanagement, 2/2009, S. 3).

Abb. 12-18: CAF-Selbstbewertungszyklus (nach Bundesverwaltungsamt, 2013, S. 62 ff.)

Schritt 1
Entscheidung, ob und wie die Selbstbewertung organisiert und geplant werden soll (Umfang und Vorgehensweise, Auswahl der Bewertungsskala); Bestellung der Projektleitung

Schritt 2
Definition und Umsetzung eines Kommunikationsplans; Anreize für die Beteiligung der Mitarbeiter schaffen; Kommunikation mit den Stakeholdern während der einzelnen Phasen

Schritt 3
Zusammenstellung einer oder mehrerer Selbstbewertungsgruppen (einschl. Sicherstellung der Repräsentativität für die Gesamtorganisation, Entscheidung über Vorsitz und Teilnahme der Führungskräfte)

Schritt 4
Organisation und Durchführung von Informationsveranstaltungen und Schulungen der Organisation zu den Themen TQM im Allgemeinen und CAF im Besonderen

Schritt 5
Durchführung der Selbstbewertung
(Durchführung der Einzelbewertung, Erzielung eines Konsens in der Gruppe, Gesamtbewertung)

Schritt 6
Erstellung eines Berichts über die Ergebnisse der Selbstbewertung
(Inhalt: Stärken, verbesserungsbedürftige Bereiche, Punktebewertung gemäß der Bewertungsskala, Verbesserungsvorschläge)

Schritt 7
Entwurf eines Aktionsplans/Verbesserungskonzepts auf der Basis des Selbstbewertungsberichts (Prioritätensetzung, Zeitvorgaben, Integration in den regulären Prozess der strategischen Planung)

Schritt 8
Kommunikation des Aktionsplans in der gesamten Organisation
(verbesserungsbedürftige Gebiete, geplante Maßnahmen, Stärken)

Schritt 9
Umsetzung des Aktionsplans (Bestellung von Verantwortlichen, Implementierung geeigneter Management-Instrumente, Überwachung und Bewertung auf der Grundlage des PDCA-Zyklus)

Schritt 10
Planung der nächsten Selbstbewertung
(Evaluierung der Verbesserungsmaßnahmen durch eine erneute Selbstbewertung)

Das CAF-Modell eignet sich aber auch als Einstiegsinstrument für die interne Bewertung von Modernisierungsprozessen und Qualitätsverbesserungen im öffentlichen Sektor. „Auf der Basis einer Selbstbewertung mit dem europäischen Qualitätsbewertungsschema soll die Organisation dazu in die Lage versetzt werden, erste Schritte in Richtung Qualitätsmanagement zu machen und über weitere Schritte zu entscheiden. Das CAF kann also auch helfen zu entscheiden, ob das EFQM-Modell eingesetzt werden soll oder nicht. Der Übergang vom CAF zum EFQM-Modell kann praktisch nahtlos erfolgen" (Broekmate et al., 2001, S. 262).

13 Neuere Organisations- und Finanzierungskonzepte

13.1 Netzwerkstrukturen der öffentlichen Aufgabenerledigung

In Zeiten nachhaltig angespannter Haushalte entsteht für den öffentlichen Sektor, insbesondere für Städte und Gemeinden, ein verstärkter (auch politischer) Druck, noch intensiver als zuvor nach Möglichkeiten einer Effizienzverbesserung zu suchen. In der Tradition der sogenannten Zweckkritik wird in diesem Zusammenhang die Frage nach den eigentlichen Kernaufgaben einer Gemeinde aufgeworfen. Nach einer Studie der Bertelsmann Stiftung (Bertelsmann Stiftung, 2007) bieten dabei gerade sogenannte nicht wertschöpfende Tätigkeiten, die in öffentlichen Verwaltungen erbracht werden, ein großes Optimierungspotenzial. Als nicht wertschöpfende Tätigkeiten bezeichnet man interne administrative Tätigkeiten und grenzt diese von wertschöpfenden Tätigkeiten ab, die den Bürgern unmittelbar zugute kommen. Im erstgenannten Fall spricht man auch von Sekundärfunktionen, im zweitgenannten Fall von Primärfunktionen.

Aber nicht nur Sekundärfunktionen eignen sich regelmäßig dazu, einer genaueren Betrachtung unterzogen zu werden. Optimierungspotenzial scheint in nahezu allen Bereichen öffentlicher Aufgabenerfüllung erkennbar. Der besagten Studie zufolge wird in den 12.500 Gemeinden Deutschlands oftmals das Gleiche gemacht, wenn z. B. 35 Millionen Lohnsteuerkarten verwaltet, 15 Millionen Kfz-Anmeldungen in über 430 Kfz-Zulassungsstellen bewältigt und 1,2 Millionen monatliche Gehaltsüberweisungen getätigt werden. Setzt man diese Aufgaben in Relation zu den verfügbaren öffentlichen Mitteln, dann wird ein Großteil der Mittel für Aufgaben verbraucht, die in nahezu allen Kommunalverwaltungen anfallen, insofern drängen sich kooperationsbedingte Einsparungsmöglichkeiten geradezu auf. Alternativen mit Einsparungspotenzial lassen sich in verschiedenen Kooperationsformen mit öffentlich-rechtlichen als auch privaten Partnern erkennen.

Folgt der öffentliche Sektor dieser Ausrichtung, so entstehen mehrschichtige Kooperationsbeziehungen der öffentlichen Aufgabenerledigung, die netzwerkartige Bezüge aufweisen. Allgemein setzt sich ein **Netzwerk** aus relativ autonomen Mitgliedern (Einzelpersonen, Gruppen, Institutionen) zusammen, die langfristig durch gemeinsame Ziele miteinander verbunden sind und koordiniert zusammenarbeiten (Schulte-Zurhausen, 2010, S. 288 ff.). Als gemeinsame Klammer – und daher entscheidend – wirkt die Tatsache, dass die Mitglieder ein übergeordnetes, gemeinsames Ziel verfolgen. Im Allgemeinen können

- interne Netzwerke und
- externe Netzwerke

unterschieden werden.

Interne (syn. intraorganisationale) Netzwerke setzen sich aus Mitgliedern einer bestimmten Organisation zusammen, die in intensiven sowohl horizontalen als auch vertikalen Beziehungen zueinander stehen. Im Unterschied zur „normalen" Hierarchie beruhen interne Netzwerke auch auf persönlichen Beziehungen. Auf interne Netzwerke wird an dieser Stelle nicht weiter eingegangen. **Externe** oder interorganisationale Netzwerke konstituieren sich aus mehreren rechtlich und wirtschaftlich eigenständigen Organisationen. Was diese Art der Zusammenarbeit letztlich bezweckt, ist von der Strukturierungsform nicht abhängig. So kann der Gegenstand der Zusammenarbeit den gesamten Prozess der Entwicklung, Produktion und Vermarktung von Produkten oder Dienstleistungen umfassen. Denkbar ist aber auch, dass sich die Zusammenarbeit auf nur eine oder wenige Funktionen bezieht, sodass die kooperierenden Organisationen bezüglich anderer Funktionsbereiche weiterhin zueinander in Wettbewerb bzw. ohne jede Beziehung stehen. Der wirtschaftliche Sinn der Zusammenarbeit ist dadurch gegeben, dass insbesondere Synergieeffekte[50]) erzielt werden können, die ohne das Netzwerk aufgrund fehlender Ressourcen nicht oder nur schwer möglich wären.

Der **öffentliche Sektor** kennt externe Netzwerke zum Beispiel in Form von sogenannten „Shared Service Centern". So haben etwa der Kreis Soest, der Märkische Kreis, Lippstadt und die Stadt Soest ein „Shared Service Center" für die digitale Postbearbeitung gegründet. Ziel ist es, eine organisatorische und technische Lösung für die gemeinsame Abwicklung des Posteingangs und -ausgangs auf digitalem Wege zu schaffen. Andere Beispiele existieren auf dem Gebiet der Personaladministration in Form einer interkommunalen Entgeltabrechnung etc. Solche gemeinsam betriebenen Service-Einheiten können einen nicht unbedeutenden Beitrag zur Qualitätsverbesserung und Wirtschaftlichkeit beitragen. Verbesserung in der Qualität (i.S.v. Schnelligkeit, Richtigkeit, Rechtssicherheit und Kundenfreundlichkeit) lassen sich z.B. mit folgenden Faktoren erzielen (Osner, 2014, S. 9):

- „Spezialisierung und Aufbau von eigenem Know-how der Betriebe;
- erweiterte Möglichkeiten der Einbindung externer Partner und deren Know-how (andere öffentliche Unternehmen oder Private);
- Auftraggeber-Auftragnehmer-Verhältnis macht den Weg für echte Qualitätsvereinbarungen und wirksame Controllingmechanismen frei;
- Unternehmenskultur: stärkeres Selbstverständnis als kundenorientierte und qualitätsbewusste Dienstleister;
- klare Führungsstrukturen, höhere Flexibilität bei Berufung (und Abberufung) der Führungsspitze;
- höhere Motivation durch leistungsorientierte Dienstverträge mit der Führungsspitze und Mitarbeiterschaft."

50) Synergien stellen Kooperationsvorteile oder -gewinne dar, die höher sind als diejenigen Vorteile, die aufgrund von bloßer Addition der Einzelergebnisse möglich wären.

Eine höhere Wirtschaftlichkeit des gemeinsamen Dienstes im Vergleich zu einem separaten Angebot der Dienstleistung kann durch folgende Faktoren erwartet werden (Osner, 2014, S. 10):

- Ausnutzung von Größenvorteilen (Economies of Scale, Kostendegression),
- Optimierung der Auslastung von Investitionsgütern und Personal,
- Fokussierung und Spezialisierung der neuen Betriebseinheiten auf die Geschäftsprozesse,
- Flexibilität bei der Reorganisation oder Anpassung des Leistungsportfolios,
- Zwang zur Kostenrechnung durch die Auftraggeber-Auftragnehmer-Beziehung, dadurch mehr Kostenbewusstsein,
- angemessene und flexiblere Organisationsformen: AöR (Kommunalunternehmen), GmbH, Zweckverband oder genossenschaftliche Lösung.

Im Weiteren werden unter dem Begriff der „Dienstleistungspartnerschaften" mögliche Kooperationsformen der öffentlichen Aufgabenwahrnehmung dargestellt, die in ihrer Gesamtheit ein Netzwerk konstituieren.

13.2 Dienstleistungspartnerschaften – Kommunale Ansätze

13.2.1 Lokale und Regionale Dienstleistungspartnerschaften

Auf kommunaler Ebene[51]) bieten sich verschiedene Ansatzpunkte an, wie öffentliche Aufgaben effizienter organisiert und durchgeführt werden können (Bertelsmann Stiftung, 2007). Dabei können grundsätzlich zwei verschiedene Ausrichtungen unterschieden werden, wie die folgende Abbildung 13-1 verdeutlicht.

Abb. 13-1: Kommunale Dienstleistungszentren

51) Auf Bundes- und Landesebene sind vor allem Zentralisierungstendenzen in der Aufgabenwahrnehmung zu beobachten.

Lokale Dienstleistungszentren stellen Lösungen auf der lokalen Ebene, d. h. innerhalb der Kommunalverwaltung, dar. Die betreffenden Aufgaben werden aus den ursprünglichen Organisationsbereichen herausgelöst und in einer eigenen Organisationseinheit zusammengefasst. Diese Organisationseinheit wird häufig auch als Servicestelle oder -einheit bezeichnet. Ein solches intrakommunales Vorgehen behält die betreffenden Aufgaben und Prozesse im Dispositionsbereich der Verwaltung und führt weiter gehende organisatorische Fragestellungen mit sich. So ist etwa zu klären, d. h. über ein internes Kontraktmanagement zu vereinbaren, in welchen Qualitäten die Aufgaben zu erfüllen sind und für welchen internen Verrechnungspreis („Budgetierung") die Aufgaben erbracht werden.

Als interkommunales Vorgehen erbringen **regionale Dienstleistungszentren** hingegen für mehrere Gemeinden die betreffenden Aufgaben. Als Gründe für diese Kooperationsform sind insbesondere die Verbesserung der Wirtschaftlichkeit, eine Verbesserung der Service- und Bürgerorientierung sowie generell auch die Sicherstellung der Auftragserfüllung zu nennen.

Beispiel: Wer die Stadt Bonn anruft, landet im Call-Center der Stadt Köln

Die Städte Köln, Bonn und Leverkusen betreiben ein gemeinsames Call-Center. Die neue Telefonzentrale befindet sich in der Kölner Stadtverwaltung. Die Anrufer z. B. aus Bonn merken davon nichts. Es gilt der Ortstarif, denn die Gespräche werden über eine feste Standleitung in die Kölner Zentrale geleitet. Seit Oktober 2005 erledigen zwei Teams aus jeweils zwölf speziell geschulten Mitarbeitern 50.000 Anrufe aus Bonn. Das sind 20 Prozent aller Anrufe bei der Bonner Stadtverwaltung. Über 80 Prozent dieser Bürger aus Bonn erhielten sofort qualifizierte Auskünfte und mussten nicht an Sachbearbeiter in Bonn vermittelt werden. Nur 20 Sekunden muss ein Anrufer durchschnittlich warten, bis sein Anruf angenommen wird. Anstoß für das gemeinsame Call-Center waren Personalveränderungen wie Ruhestand und Umsetzungen in der Bonner Telefonzentrale. Statt neues Personal einzustellen oder ein eigenes Call-Center einzurichten, was erheblich teurer gewesen wäre, bekommt die Stadt Köln nun die Personalkosten ersetzt (Wegener, 2007, S. 83, nach Osner, 2014, S. 10).

Den beteiligten Kommunen stehen sowohl öffentlich-rechtliche als auch privatrechtliche Organisations- bzw. Rechtsformen für die Zusammenarbeit zur Verfügung. Dabei weisen die Regelungen in den einzelnen Bundesländern ein hohes Maß an Ähnlichkeit auf, wie die nachstehenden Auszüge aus den entsprechenden Gesetzen in Nordrhein-Westfalen und Bayern verdeutlichen (siehe Abb. 13-2 und 13-3):

Abb. 13-2: Gesetz über kommunale Gemeinschaftsarbeit Nordrhein-Westfalen – Auszug

Formen kommunaler Gemeinschaftsarbeit nach dem Gesetz über kommunale Gemeinschaftsarbeit (GkG NRW)

§ 1

Gemeinden und Gemeindeverbände können Aufgaben, zu deren Erfüllung sie berechtigt oder verpflichtet sind, nach den Vorschriften dieses Gesetzes gemeinsam wahrnehmen. Dies gilt nicht, wenn durch Gesetz eine besondere Rechtsform für die Zusammenarbeit vorgeschrieben oder die gemeinsame Wahrnehmung einer Aufgabe ausgeschlossen ist.

Zur gemeinsamen Wahrnehmung von Aufgaben können Arbeitsgemeinschaften begründet, Zweckverbände gebildet und öffentlich-rechtliche Vereinbarungen geschlossen werden.

Die Befugnis, zur gemeinsamen Wahrnehmung von Aufgaben die Gestaltungsmöglichkeiten des Privatrechts zu benutzen, bleibt unberührt.

Abb. 13-3: Gesetz über die kommunale Zusammenarbeit (KommZG) in Bayern – Auszug

Formen kommunaler Zusammenarbeit nach dem Gesetz über die kommunale Zusammenarbeit (KommZG) in Bayern

Art. 2

Rechtsformen der kommunalen Zusammenarbeit

Für die kommunale Zusammenarbeit können kommunale Arbeitsgemeinschaften gegründet, Zweckvereinbarungen geschlossen und Zweckverbände sowie gemeinsame Kommunalunternehmen gebildet werden

Durch kommunale Arbeitsgemeinschaften und Zweckvereinbarungen entstehen keine neuen Rechtspersönlichkeiten

Die Zweckverbände sind Körperschaften des öffentlichen Rechts. Sie verwalten ihre Angelegenheiten im Rahmen der Gesetze unter eigener Verantwortung.

Gemeinsame Kommunalunternehmen sind selbstständige Unternehmen in der Rechtsform einer Anstalt des öffentlichen Rechts, die von mehreren kommunalen Gebietskörperschaften getragen werden.

Art. 3

Voraussetzungen der kommunalen Zusammenarbeit

Gemeinden, Landkreise und Bezirke können nach den Vorschriften dieses Gesetzes zusammenarbeiten, um Aufgaben, zu deren Wahrnehmung sie berechtigt oder verpflichtet sind, gemeinsam zu erfüllen. Das gilt nicht für Gemeinden, die der gleichen Verwaltungsgemeinschaft angehören, wenn die Verwaltungsgemeinschaft die Aufgabe ebenso wirkungsvoll und wirtschaftlich erfüllen kann.

Sieht dieses Gesetz eine Verpflichtung zur Zusammenarbeit vor ..., so kann sie nur zwischen Gebietskörperschaften gleicher Art angeordnet werden, ferner zwischen kreisfreien und kreisangehörigen Gemeinden und zwischen Landkreisen und kreisfreien Gemeinden, wenn diese Gebietskörperschaften gleiche Pflichtaufgaben zu erfüllen haben.

Art. 4
Einfache Arbeitsgemeinschaften

Gemeinden, Landkreise und Bezirke können durch öffentlich-rechtlichen Vertrag eine Arbeitsgemeinschaft bilden. An ihr können sich auch sonstige Körperschaften, Anstalten und Stiftungen des öffentlichen Rechts, ferner natürliche Personen und juristische Personen des Privatrechts beteiligen.

Die Arbeitsgemeinschaft befasst sich mit Angelegenheiten, welche die an ihr Beteiligten gemeinsam berühren. Sie dient insbesondere dazu, Planungen der einzelnen Beteiligten und das Tätigwerden von Einrichtungen aufeinander abzustimmen, gemeinsame Flächennutzungspläne vorzubereiten und die gemeinsame wirtschaftliche und zweckmäßige Erfüllung der Aufgaben in einem größeren nachbarlichen Gebiet sicherzustellen.

Fasst man die Möglichkeiten der (regionalen) Kooperation zusammen, dann ergeben sich mit Blick auf die Praxisrelevanz strukturiert die folgenden Alternativen (siehe Abb. 13-4):

Abb. 13-4: Formen interkommunaler Zusammenarbeit

Interkommunale Zusammenarbeit		
Öffentlich-rechtliche Organisationsform, insbes.	**Privatrechtliche Organisationsform,** insbes.	**Einfache Kooperationen,** insbes.
Zweckverband • Freiverband • Pflichtverband	• Gesellschaft mit beschränkter Haftung (GmbH) • Aktiengesellschaft (AG)	• Kommunale Arbeitsgemeinschaft • Öffentlich-rechtliche Vereinbarungen

Die Beurteilung der Rechtsformwahl ist nicht Gegenstand dieser Ausführungen, sodass eine Konzentration auf öffentlich-rechtliche Organisationsformen und die einfachen Kooperationen erfolgt. Die GmbH und die AG werden daher hier nicht behandelt.

13.2.2 Der Zweckverband

Zu einem Zweckverband schließen sich mehrere Gemeinden zusammen, um damit ausgewählte kommunale Aufgaben effizienter wahrnehmen zu können (siehe Abb. 13-5). Der Zweckverband lässt sich als „typische Organisationsform der interkommunalen Zusammenarbeit" ansehen und kann inzwischen auf eine lange Tradition zurückblicken. Es finden sich erste gesetzliche Regelungen dazu z. B. in Baden schon 1863 und in Württemberg 1891. Beispiele für kommunale Aufgaben, die mithilfe von Zweckverbänden erfüllt werden, sind: Abfalldeponien, Recyclingbetriebe, Trinkwasseraufbereitung, öffentlicher Personennahverkehr oder auch Fremdenverkehrseinrichtungen, um nur einige Beispiele unter vielen zu nennen (Cronauge, 1997, S. 123).

Abb. 13-5: Zweckverband – Struktur

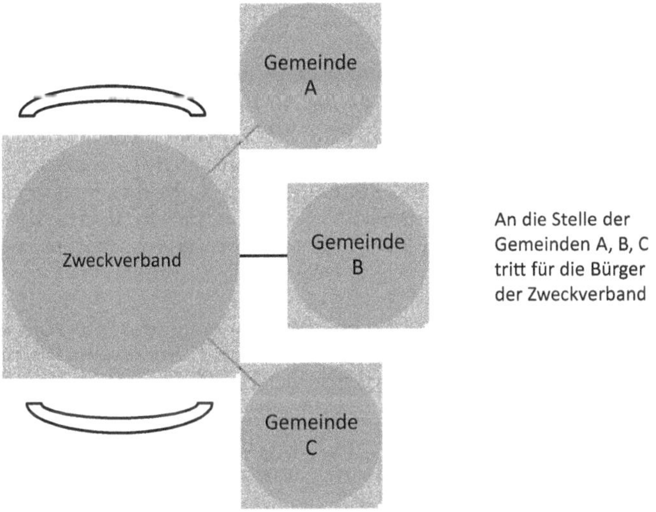

Mit dem Zweckverband entsteht eine sogenannte **Körperschaft des öffentlichen Rechts,** d. h., der Zweckverband nimmt seine Aufgaben im Rahmen der Gesetze in eigener Verantwortung wahr. Damit unterscheidet sich der Zweckverband grundsätzlich von beauftragten Privatunternehmen, die eine öffentliche Aufgabe zwar auf eigenes wirtschaftliches Risiko übernehmen, die rechtliche Verantwortung verbleibt aber weiterhin bei den Gemeinden. Im Falle des Zweckverbandes gehen die jeweiligen öffentlichen Aufgaben vollständig auf den Verband über, d. h., die betreffenden Aufgaben sind aus dem Katalog der Aufgaben der Gemeinden komplett herausgelöst. Etwas unscharf formuliert ließe sich auch sagen, dass mit dem Zweckverband eine neue „Behörde“ entsteht. Als Körperschaft des öffentlichen Rechts besitzt der Verband die Dienstherrenfähigkeit, also das Recht, eigene Beamte zu ernennen. Des Weiteren verfügt der Verband als Körperschaft notwendigerweise auch über eigene **Organe:** Verbandsversammlung und Verbandsvorsitzende müssen zwingend eingerichtet werden (Cronauge, 1997, S. 126 ff.). Die Verbandsversammlung stellt als Versammlung der Vertreter der Verbandsmitglieder das Hauptorgan dar und nimmt gegenüber dem Verbandsvorsitzenden die Rolle des Dienstvorgesetzten wahr. Der Verbandsvorsitzende wiederum ist Dienstvorgesetzter der Mitarbeiter des Zweckverbandes. Er führt – quasi im Sinne eines Geschäftsführers – die laufenden, regelmäßigen

Geschäfte des Verbandes. Weitere Organe können kraft Landesrecht eingerichtet werden.

Es ist festzuhalten (Cronauge, 1997, S. 128): Der Zweckverband ist also nicht bloßer Erfüllungsgehilfe, sondern wirklicher Aufgabeninhaber und Aufgabenträger.

Ein Zweckverband kann auf zweierlei Weise entstehen. Als freiwilliger Verband, wenn sich die beteiligten Gemeinden auf freiwilliger, vertraglicher Basis entschließen, einen solchen Verband zu gründen. Die Rede ist dann von einem **„Freiverband"**. Andererseits besteht auch die Möglichkeit, dass die Aufsichtsbehörden den Gemeinden die Gründung eines Zweckverbandes vorschreiben. In diesem Fall spricht man von einem **„Pflichtverband"**.

Auf eine besondere Art von Zweckverband soll an dieser Stelle nur hingewiesen werden: der **Wasser- und Bodenverband.** Auch dieser stellt als spezieller Zweckverband eine Körperschaft des öffentlichen Rechts dar, wobei dessen Aufgabenspektrum auf das Gebiet der Wasserwirtschaft begrenzt ist.

13.2.3 Einfache Kooperationen

Als gegenüber dem Zweckverband einfachere Formen der interkommunalen Zusammenarbeit sind schließlich die kommunale Arbeitsgemeinschaft und die öffentlich-rechtliche Vereinbarung zu nennen (Cronauge, 1997, S. 77 f.).

Mittels vertraglicher Vereinbarung verfolgt die **kommunale Arbeitsgemeinschaft** den Zweck, eine konkrete, zum Teil – aber nicht immer – auch zeitlich umgrenzte Aufgabe zu bewältigen. Regelmäßig handelt es sich um Koordinierungsaufgaben, die von mindestens zwei benachbarten Gemeinden durchgeführt werden müssen. Eine wie auch immer geartete eigene institutionelle Organisation soll nicht gegründet werden. In eng besiedelten Regionen, wie etwa dem Ruhrgebiet, sollte es z. B. sinnvoll sein, die Fahrpläne der öffentlichen Verkehrsbetriebe aufeinander abzustimmen.

Die **öffentlich-rechtliche Vereinbarung** bezeichnet eine vertragliche Vereinbarung, mit der eine Gemeinde bzw. ein Gemeindeverband eine Aufgabe auf eine andere Gemeinde bzw. einen anderen Gemeindeverband überträgt. Durch diese Vereinbarung verschiebt sich ggf. auch im Außenverhältnis zu den Bürgern die Zuständigkeit. So kann etwa die Nutzung einer gemeinsamen Schule vereinbart werden. In solchen Fällen gehen auch die hoheitlichen Rechte auf die beauftragte Gebietskörperschaft über. Die übernehmende Gebietskörperschaft ist dann vollumfänglich zuständig. In abgeschwächter Form kann die öffentlich-rechtliche Vereinbarung auch in der Weise erfolgen, dass eine andere Gemeinde nur die Aufgabenerledigung für die andere übernimmt. Die Zuständigkeit verbleibt in diesem Fall, auch was das Verhältnis zu den Bürgern anbelangt, weiterhin in der Stammgemeinde. Die übernehmende Gemeinde wird nur mit der konkreten Umsetzung betraut.

Die Chancen und Risiken der interkommunalen Zusammenarbeit lassen sich wie in der folgenden Abbildung 13-6 zusammenstellen (Bertelsmann Stiftung, 2007):

Abb. 13-6: Chancen und Risiken der interkommunalen Zusammenarbeit

Chancen	*Risiken*
• Verbesserung der kommunalen Haushaltslage • Verbesserung der Qualität der Aufgabenerfüllung • Nutzung von Größenvorteilen • Verbesserung der Service- und Bürgerorientierung • Stärkung der Kommunen gegenüber Land und Bund • Verbesserung der Quantität der Aufgabenerfüllung • Vergrößerung des Einzugsgebietes • weitere Chancen	• unterschiedliche Leistungsbereitschaft der Kommunen • Verlust an eigener Gestaltungsfreiheit • Verlust an Bürgernähe der Verwaltung • unverbindliche Vereinbarungen bzw. Verträge • Nichtberücksichtigung der Interessen kleiner Kommunen • Aufwand größer als Nutzen • Verlust an Identifikation der Bürger mit der Kommune • weitere Risiken

13.3 Dienstleistungspartnerschaften als „Public Private Partnership"

13.3.1 Begriff und Verständnis

Die auch umgangssprachlich zumeist als „PPP" (Public Private Partnership) oder auch ÖPP (Öffentlich-Private Partnerschaften) titulierten Kooperationsformen zwischen öffentlichen und privaten Aufgabenträgern können als die wohl schillerndsten und meist diskutierten neueren Organisationskonzepte angesehen werden (Budäus & Eichhorn, 1997; Meyer-Hofmann, Riemenschneider & Weihrauch, 2008). Die Bezeichnung PPP beschreibt dabei im Grunde auch den Kerngedanken dieser Konzeption: Die öffentliche Hand und private Unternehmen erbringen – in diversen realen Erscheinungsformen – im weiten Sinne gemeinsam eine öffentliche Aufgabe. Dabei ist das Konzept als solches in Deutschland keineswegs neu. Was die Diskussion in einem neuen Lichte erscheinen lässt, ist die in der jüngeren Vergangenheit fortschreitende Verbreitung und die politische Forcierung des Themas.

Durch die Fusion zweier regionaler Energieversorgungsunternehmen ist in den neuen Bundesländern im Jahr 2002 die Envia AG entstanden, einer der größten öffentlich-privaten Energiedienstleister in Deutschland: RWE Plus AG, Essen, hält mit 65,0 Prozent über eine direkte und eine indirekte Beteiligung die Mehrheit der Anteile an dieser Public Private Partnership in den neuen Bundesländern. Von fünf kommunalen Beteiligungsgesellschaften werden in Summe 30,2 Prozent der Anteile gehalten. Mit insgesamt 4,8

Prozent sind weitere Städte, Gemeinden, Stadtwerke sowie die Bundesanstalt für vereinigungsbedingte Sonderaufgaben (BvS) direkt beteiligt. PPP wiederum ist seinerseits bereits an zehn kommunalen Versorgungsunternehmen in zwei neuen Bundesländern beteiligt. Mit über 1,1 Mrd. Euro Umsatz und ca. 2.700 Mitarbeitern gehört es zu den zehn größten Industrieunternehmen in den neuen Bundesländern. Das Netzgebiet umfasst eine Fläche von rund 18.000 km^2, wobei unmittelbar ca. 2,1 Mio. Einwohner versorgt werden. Mittelbar decken die zehn kommunalen Beteiligungen weitere ca. 700.000 Einwohner ab.

PPP können sowohl als Organisations- als auch als Finanzierungsinnovation verstanden werden, mit dem öffentliche Partner versuchen der sich abzeichnenden Ressourcen- und Leistungslücke im öffentlichen Sektor entgegenzuwirken (Dietrich & Hilgers, 2014, S. 4).

Eine zunehmende Anzahl von öffentlichen Investitionsprojekten wird in Deutschland durch PPP umgesetzt, wobei die Rolle des privaten Partners sich auf Teilbereiche der Planung, auf den Bau bzw. die Errichtung, die Erhaltung/Sanierung oder auch auf den Betrieb sowie die Verwertung von Infrastrukturobjekten beziehen kann. Die PPP-Projektdatenbank der ÖPP Deutschland AG verweist auf inzwischen 199 Vertrags-Projekte mit einem Investitionsvolumen von mehr als 5,7 Milliarden Euro (ppp-projektdatenbank.de). Inzwischen ist jedoch auch darauf hinzuweisen, dass die Anfangseuphorie der PPP zum Teil ins Stocken geraten ist. Es lässt sich feststellen, dass ein Rückgang der öffentlichen Investitionen in PPP stattfindet, der sich überwiegend auf die Auswirkungen der Finanzkrise und den damit verbundenen Mitteln des Konjunkturpaketes II zurückführen lässt, die dazu führen, dass geplante PPP umgestaltet oder auch ganz abgesagt wurden; hinzukommen eine Reihe von rechtlichen Problemen (Kühling & Schreiner, 2011, S. 112).

Es existiert derzeit keine allgemein anerkannte Definition darüber, was als Public Private Partnership zu bezeichnen ist, dazu sind die realen Erscheinungsformen zu vielfältig. Projekte aus den unterschiedlichsten **Anwendungsfeldern** werden als PPP bezeichnet (Budäus & Grüning, 1997, S. 40 f.):

- in der Finanzquellenerschließung von Kommunen,
- im Bereich der Stadtentwicklung und -erneuerung (Technologie- und Gründerzentren, Imagepflege und Standortmarketing, Flächenerschließung und -sanierung u. v. m.),
- im Verkehrsbereich,
- im Wohnungsbau,
- beim Betrieb von Kultureinrichtungen,
- im Umweltschutz,
- in der Forschung,

- in der kommunalen Ver- und Entsorgung (Strom, Gas, Wasser, Abwasser, Müll),
- im Sicherheitswesen,
- in der Forstwirtschaft,
- im Bildungsbereich.

Entsprechend allgemein lässt sich daher sagen (in Anlehnung an Brede, 2004, S. 39 sowie Wissenschaftlicher Beirat, 2004, S. 411):

> **Public Private Partnership (PPP)** bezeichnet jede Form des arbeitsteiligen Zusammenwirkens von öffentlicher Hand und Privatwirtschaft zwecks gemeinsamer Erfüllung einer öffentlichen Aufgabe …
>
> Nicht jede Art der Zusammenarbeit zwischen dem privaten und dem öffentlichen Sektor soll aber als PPP begriffen werden. Es bietet sich bei aller Unbestimmtheit des Begriffs daher an, zwei wesentliche Merkmale einer PPP hervorzuheben:
>
> 1. längerfristige Zusammenarbeit zwischen öffentlicher Hand privater Wirtschaft sowie
> 2. ein aus der Art der Aufgabenwahrnehmung resultierender Abstimmungsbedarf im Zeitverlauf.

Kompakter formuliert kann die Öffentliche Private Partnerschaft auch verstanden werden als „… langfristige, vertraglich geregelte Zusammenarbeit zwischen Öffentlicher Hand und Privatwirtschaft zur Erfüllung öffentlicher Aufgaben, bei der die erforderlichen Ressourcen (z.B. Know-how, Betriebsmittel, Kapitel, Personal) in einen gemeinsamen Organisationszusammenhang eingestellt und verhandene Projektrisiken entsprechend der Risikomanagementkompetenz der Projektpartner angemessen verteilt werden." (Bundesgutachten PPP im öffentlichen Hochbau, 2003, zitiert nach Alfen & Buchscheier, 2013, S. 14).

Durch diese Merkmale wird deutlich, dass eine nur punktuelle Kooperation, die von vornherein auf eine kurze Zeitspanne ausgerichtet ist, keine PPP darstellt. Darüber hinaus soll im weitesten Wortsinne „arbeitsteilig" vorgegangen werden, sodass zwischen den Partnern die Erfordernis der gegenseitigen Abstimmung bzw. Koordination (z. B. Entscheidungen werden gemeinsam besprochen, interne Prozesse werden aufeinander abgestimmt etc.) entsteht. Seitens des Bundesministeriums für Wirtschaft und Arbeit werden darüber hinaus noch die folgenden allgemeinen Merkmale von PPP genannt (Arbeitsgemeinschaft für wirtschaftliche Verwaltung und Unternehmer, 2003):

- Eine PPP geht über die rein formale Privatisierung öffentlicher Unternehmen hinaus.
- Ein als AG oder GmbH geführter öffentlicher Betrieb (zu 100 Prozent oder in „beherrschendem" Besitz des öffentlichen Eigners) ist keine PPP.

- Eine PPP geht über das reine Contracting Out (s. unten) öffentlicher Leistungen hinaus.
- Der Erwerb von Leistungen eines Privatunternehmens durch eine öffentliche Körperschaft (Privatunternehmen quasi als „kommunaler Erfüllungsgehilfe") ist keine PPP.

PPP beinhaltet unterschiedliche Lösungsansätze im Rahmen einer Wertschöpfungskette öffentlich-privater Kooperationsformen. Die Wertschöpfung orientiert sich wesentlich am Grad der Aufgaben- und Risikoverteilung zwischen öffentlichem und privatem Partner. PPP optimiert, wie oben bereits angedeutet wurde, das Synergiepotenzial. Die Aufgabenverteilung in einer PPP basiert auf dem Prinzip, dass jeder Partner die Aufgaben übernimmt, die er am besten und effektivsten leisten kann. Je nach Art des Projektes oder der Dienstleistung können die Aufgaben und die jeweilige Verantwortung unterschiedlich gewichtet sein. Beide Partner wollen dabei einen Mehrwert erzielen („Win-win-Situation"). PPP ist für Unternehmen jeder Größenordnung möglich. Auch komplexe Betreiberprojekte auf der Grundlage von Projektfinanzierungsstrukturen stehen einer Beteiligung von KMU[52]) prinzipiell offen. PPP erfordert unterschiedliche Steuerungsinstrumente. Je nach Privatisierungsgrad und Art des PPP-Projekts bedingen PPPs betriebswirtschaftliche Steuerungsinstrumente (z. B. Projektmanagement, Vertragsmanagement, Beteiligungscontrolling).

Insgesamt betrachtet stellt PPP ein Organisationsmodell der Wahrnehmung öffentlicher Aufgaben dar, dessen Schwerpunkt regelmäßig auf Fragen der Finanzierung liegt.

Andere Begründungen können noch in der auf diese Weise möglichen Risikostreuung gesehen werden. Kommunen nutzen diese Kooperationsform des Weiteren in Zeiten angespannter Haushaltslagen zur Umsetzung von Investitionsvorhaben, die sich anderweitig auf absehbare Zeit nicht umsetzen ließen. Untersuchungen des Deutschen Instituts für Urbanistik zufolge besteht bzw. bestand allein bei den Schulen bis zum Jahr 2009 ein kommunaler Investitionsbedarf von rd. 80 Mrd. Euro, der sich aus den traditionellen Finanzquellen der Kommunen kaum realisieren lässt.

Als Beispiel für den kommunalen Bereich sei etwa auf die Sanierung des Kreishauses in der Stadt Unna hingewiesen, bei welcher ein Bauprojekt im Wert von brutto 24 Mio. Euro in Kooperation mit einem privaten Partner umgesetzt wurde. Der nachstehende Auszug in Abbildung 13-7 vermittelt einen Eindruck über den Verlauf und den Inhalt dieser PPP.

52) KMU: Kleine und mittlere Unternehmen.

Abb. 13-7: Beispiel für eine PPP: Sanierung des Kreishauses in Unna (verändert übernommen aus: kreis-unna.de)

Projektablauf

- 2002: Erstellung einer Machbarkeitsstudie zur Sanierung des Kreishauses Unna
- Sommer 2003: Effizienzuntersuchung zum PPP-Modell. Das private Angebot ist um sechs Prozent günstiger als die konventionelle Realisierung.
- Dezember 2003 bis Juli 2004: Ausschreibung und Vergabe der Kreishaussanierung im PPP-Modell
- 21. September 2004: Vertragsunterzeichnung mit der Bilfinger Berger Multi Service Gruppe
- Gründung der Projekt- und Betriebsgesellschaft Kreishaus Unna mbH (PBKU) als PPP-Projektgesellschaft für Sanierung und Betrieb mit einer Zehn-Prozent-Beteiligung des Kreises Unna
- Baukommission und Projektgruppe der Verwaltung begleiten das Verfahren.
- Januar 2005 bis August 2006: Sanierung des Kreishauses durch Bilfinger Berger AG und das Architekturbüro agn
- seit August 2006: Betrieb des Kreishauses und zweier benachbarter Verwaltungsgebäude durch die Wolfferts GEM

Strukturmerkmale des PPP-Modells Kreishaus Unna

- Definition des Leistungsumfangs anhand einer Bau-, Qualitäts- und Ausstattungsbeschreibung und der Festlegung von Service-Level-Agreements für den späteren Betrieb des Kreishauses
- Vollständige Übernahme der Bau- und Betreiberkosten durch private Unternehmen, einschließlich der Auslagerung und des Umzuges der Kreisverwaltung
- Übernahme der Aufgaben des Gebäudemanagements
- Bezahlung für Dienstleistungen

Betriebsphase 2006 bis 2031

- Betriebs- und Dienstleistungsumfang
  - Gebäudebewirtschaftung
  - Bauliche Unterhaltung
  - Gebäudereinigung
  - Hausmeisterdienste
  - Pflege der Außenanlagen

13.3.2 „PPP“ vs. Privatisierung

Die Konzepte der Public Private Partnership reihen sich in den großen Themenkomplex ein, der mit der Privatisierung von öffentlichen Aufgaben einhergeht. **Privatisierung** meint eine Einfluss- und/oder Aufgabenverschiebung zwischen öffentlicher Hand und privater Wirtschaft in Richtung der Privatwirtschaft. Der Grad der Privatisierung weist auf gewisse Spielräume hin, die je nach gewählter Ausprägung mehr oder weniger deutlich in Richtung der Privatwirtschaft ausschlagen.

Abb. 13-8: Erscheinungsformen zunehmender Privatisierung

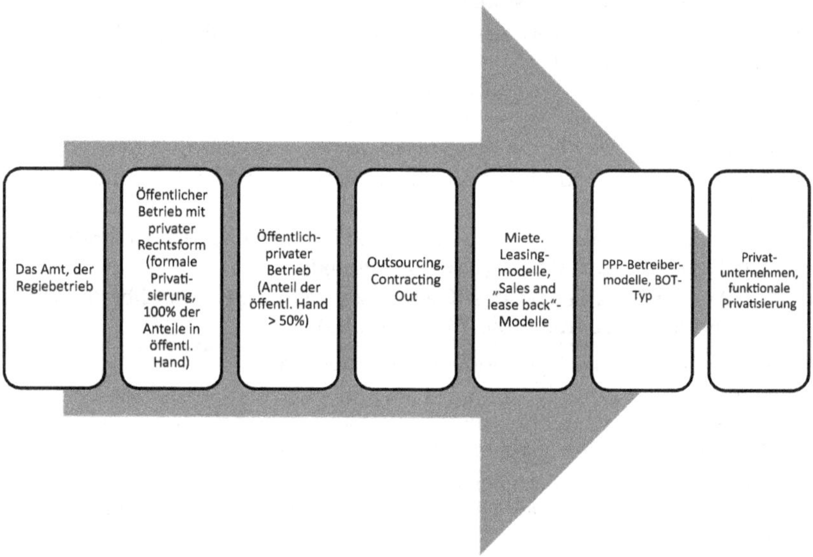

Die Abbildung 13-8 markiert zwei Extrempunkte. Im Falle von „Amt und Regiebetrieb“ liegt in jeder Hinsicht ein Handeln der öffentlichen Hand vor, während auf der anderen Seite mit BOT[53]) und der „funktionalen Privatisierung“ der Schritt in die vollständige Privatisierung vollzogen wurde. Im Zwischenbereich befinden sich unterschiedliche Erscheinungsformen, deren Grad an Privatisierung von links nach rechts ansteigt.

- **Formale Privatisierung** meint die Umwandlung eines öffentlich-rechtlichen Betriebes in eine private Rechtsform, z. B. in eine Gesellschaft mit beschränkter Haftung (GmbH). In diesem Fall bleibt die öffentliche Verwaltung i. d. R. als Gesellschafterin Träger der geschaffenen Organisation.

53) Die Abkürzung BOT steht für eine besondere Form eines Betreibermodells (s. unten), bei dem der private Partner das Objekt baut, betreibt und schließlich an den öffentlichen Partner übergibt; BOT für: Build, Operate, Transfer.

- **Materielle bzw. echte Privatisierung** liegt vor, wenn die Aufgabe vollständig aus der öffentlichen Hand in die privatwirtschaftliche Aufgabenerledigung abgegeben wird. Die öffentliche Hand zieht sich komplett zurück.

Von Ausprägungen der Privatisierung im eigentlichen Sinne sind des Weiteren die Termini Outsourcing und Contracting Out zu unterscheiden.

- Der Begriff **Outsourcing** steht für „Outside Resource Using". In diesem Falle stellt die öffentliche Verwaltung zwar weiterhin letztlich das Endprodukt zur Verfügung, jedoch werden bestimmte Vor- oder Teilleistungen von externen Anbietern ein- bzw. hinzugekauft.

  Allgemein ist diese Handlungsweise gut bekannt, wenn man z. B. bedenkt, dass etwa die Automobilproduktion niemals vollständig in einer einzigen Fabrik erfolgt, sondern eine Vielzahl von Zulieferern Teilprodukte anfertigt.
- Das **Contracting Out** meint eine Abgabe der Leistungserstellung an einen privaten Anbieter. Diese privaten Anbieter werden folglich vertraglich verpflichtet, Verwaltungsaufgaben zu erfüllen und den Bürger mit speziellen Verwaltungsleistungen zu versorgen. So werden z. B. eigene Forstämter abgeschafft oder eigene Sozialstationen aufgegeben. „Outsourcing bedeutet immer eine Make-or-Buy-Entscheidung zugunsten des ‚Buy"" (Brede, 2005, S. 43).

Die PPP unterscheidet sich von der Privatisierung insbesondere dadurch, dass hier der öffentliche Partner *nicht* zwingend Kompetenzen auf den privaten Partner überträgt. Privatisierung und PPP weisen damit einen großen Überschneidungsbereich auf, sind aber nicht völlig deckungsgleich. Ändern sich beispielsweise die Eigentumsverhältnisse, indem die öffentliche Hand einen Betrieb oder Kapitalanteile an einen Privaten verkauft, dann liegt Privatisierung, aber nicht PPP vor (Brede, 2005, S. 40).

13.3.3 Grundstruktur

Aufgrund der vielfältigen Erscheinungsformen, die PPP in der kommunalen und staatlichen Praxis insbesondere in Nordrhein-Westfalen heute aufweisen, erscheint es angebracht, die grundlegende Struktur dieses Instrumentes zu betrachten (siehe Abb. 13-9).

Abb. 13-9: Grundstruktur einer „Public Private Partnership"

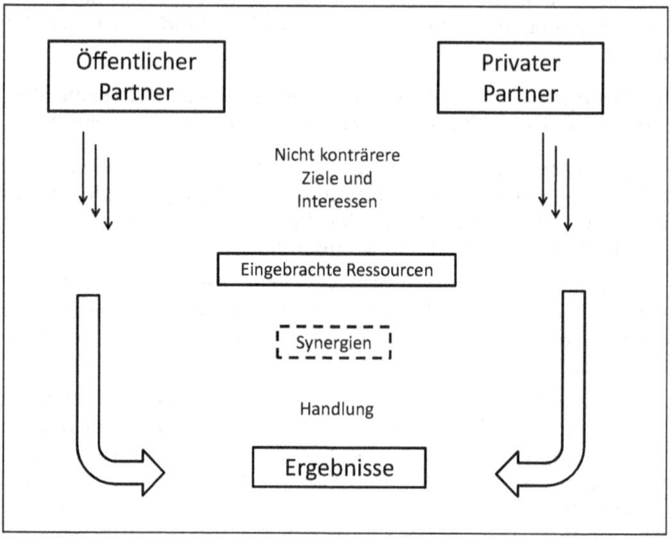

Die PPP ist zunächst einmal Ausdruck der Finanznöte und Investitionsrückstaus, denen die öffentlichen kommunalen Haushalte seit geraumer Zeit ausgesetzt sind. Vielfach äußert sich diese prekäre Situation dadurch, dass z. B. Investitionen nicht vorgenommen werden können bzw. in die Zukunft verschoben werden oder aber, wenn unvermeidbar, nur mit weiterer Kreditaufnahme möglich sind, was den finanziellen Notstand zusätzlich verstärkt. PPP kann so gesehen auch als Alternative zum Investitionsverzicht oder zur Schließung einer öffentlichen Einrichtung interpretiert werden. Wie oben bereits angesprochen wurde, soll die PPP es der Gemeinde ermöglichen, das Vorhaben zeitnah umzusetzen, womit auch zugleich der wesentliche Nutzen bzw. das wesentliche Interesse der Gemeinden an einer PPP umrissen ist.

Aus der Sicht des privaten Partners steht vor allem das Interesse im Vordergrund, durch das Engagement in einer PPP Gewinne zu erwirtschaften. Inwiefern diese Gewinne kurz-, mittel- oder langfristig möglich sind, ist irrelevant. Sowohl der eine als auch der andere Partner würde die Kooperation nicht eingehen, wenn er sich daraus nicht einen Vorteil zu einem alternativen Vorgehen versprechen würde. Sofern sich die Ausgestaltung dieser beiden Interessenslagen im konkreten Fall nicht widerspricht, kann mit dem Eingehen einer PPP eine sogenannte Win-win-Situation entstehen, an deren Ende im Idealfall auch beim Bürger keine Wohlfahrtsverluste eintreten.

Charakteristisch für eine PPP ist demzufolge, dass sowohl öffentliche Hand als auch privater Partner bestimmte Ressourcen in die Beziehung einbringen. Im Regelfall werden diese Ressourcen monetärer Natur sein, können aber auch in speziellem Wissen oder einem besonderen Marktzugang bestehen. Gebündelte Ressourcen können sogenannte Synergie-Effekte auslösen. Darunter sind Nutzenzuwächse zu verstehen, die in der realisierten Art oder Höhe *nur* aufgrund der Kooperation möglich waren und über ein bloßes Aufaddieren der beiden Beiträge hinausgehen. Pointiert beschrieben entsteht eine „1+1=3"-Situation.

In der Regel bietet es sich an, zwei grobe **Erscheinungsformen** von PPP-Konzeptionen zu unterscheiden, denen wiederum weitere wichtige Einzelformen zugewiesen werden können. Die nachfolgende Abbildung 13-10 gibt einen Überblick über aus Sicht der Verfasser wichtige Formen von PPP, ohne dass damit aber ein Anspruch auf Vollständigkeit erhoben wird[54]).

Abb. 13-10: Erscheinungsformen von „Public Private Partnership"

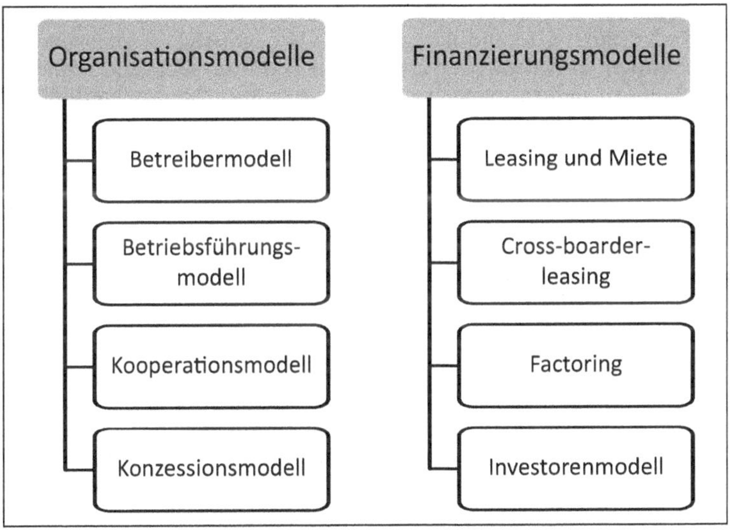

13.3.4 Erscheinungsformen: Finanzierungsmodelle

Insbesondere im kommunalen Sektor erfreuen sich **Leasingmodelle** einer vergleichsweise großen Verbreitung. Leasing weist gewisse Ähnlichkeiten mit der klassischen **Miete** auf, deren Kerngedanken als allgemein bekannt vorausgesetzt werden können. Der Vermieter, (hier der private Partner) überlässt dem Mieter (hier die Gemeinde) einen Vermögensgegenstand, in der Regel ein Gebäude oder Abschnitte eines Gebäudes, zur Nutzung und erhält im Gegenzug dafür ein vereinbartes Entgelt, die Miete.

54) Viele Beispiele und speziellere Erscheinungsformen finden sich z. B. bei Meyer-Hofmann et al. (2008).

Der Unterschied zum klassischen Mietvertrag besteht darin, dass ein Leasingvertrag Elemente enthält, die über die reine Nutzungsüberlassung des (Leasing-)Gegenstandes hinausgehen. Beim Leasing werden Aufgaben und Verantwortungen, wie z. B. Wartungsarbeiten, Versicherungen, Instandsetzungsleistungen etc., die bei der klassischen Miete in den Verantwortungsbereich des Vermieters fallen, auf den Mieter bzw. den Leasingnehmer (d. h. die Gemeinde) übertragen. Der Leasinggeber (d. h. der private Partner) erhält vom Leasingnehmer eine in der Regel monatlich zu zahlende Leasingrate. Im Normalfall behält der Leasinggeber das (rechtliche und wirtschaftliche) Eigentum, d. h., der Gegenstand taucht nur in der Bilanz des Leasinggebers (also des privaten Partners) auf. Nach Ablauf des Leasingvertrages geht der Gegenstand formal wieder in den Verfügungsbereich des Leasinggebers zurück. Allerdings besteht oftmals die Option, dass der Leasingnehmer den Gegenstand nach Ablauf des Leasingzeitraumes kaufen kann. Der Vorteil des Leasingverfahrens ist darin erkennbar, dass die Gemeinde durch den Verkaufserlös kurzfristig Liquidität gewinnt. Als nachteilig ist anzusehen, dass die Leasingraten in der weiteren Zukunft als kontinuierliche Liquiditätsbelastung in Kauf zu nehmen sind[55]). Leasing kann auch als ein kreditähnliches Verfahren angesehen werden. Soweit es sich nicht um kleinere Leasinggeschäfte im Rahmen des tagtäglichen Verwaltungshandelns handelt, muss die Gemeinde daher der Aufsichtsbehörde gegenüber darlegen, dass dieses Verfahren wirtschaftlich vorteilhaft ist, um genehmigt werden zu können.

Im Bereich der staatlichen bzw. kommunalen Finanzierung werden über dieses allgemeine Leasingprinzip hinaus auch besondere Erscheinungsformen praktiziert.

Für den Fall, dass einer der beiden Leasingpartner seinen (Geschäfts-)Sitz im Ausland hat, spricht man vom sogenannten **„Cross-border-leasing“.** Regelmäßig sind damit insbesondere Leasingaktivitäten zwischen deutschen Gemeinden und Partnern in den USA angesprochen. Als Leasingnehmer fungieren dabei auf der amerikanischen Seite private Unternehmen, speziell große Banken und Versicherungen. Die US-Unternehmen leasen/mieten i. d. R. Sachvermögen (z. B. Kanalnetze, Anlagen der Wasserversorgung etc.) von einem deutschen staatlichen Eigentümer, im Regelfall einer Gemeinde. Die Leasingbeziehung wird dabei über einen sehr langen Zeitraum vereinbart (z. B. 30 Jahre). Im Anschluss an diese erste Leasingaktivität wird das Wirtschaftsgut von dem privaten Unternehmen dann an die Gemeinde zurückvermietet. Inzwischen hat das Cross-border-leasing allerdings aufgrund von Änderungen im Steuerrecht an Attraktivität verloren, sodass es aktuell kaum mehr praktiziert wird.

Das sogenannte **„Sales and lease back“**-Verfahren stellt eine Sonderform des allgemeinen Leasinggedankens dar. Die Gemeinde verkauft einen Vermö-

55) Oftmals werden hier Bedenken bzgl. des „Veräußerungsverbotes“ von kommunalen Vermögen zu beachten sein, sodass diese Modelle i. d. R. im Einzelfall von der Aufsichtsbehörde zu prüfen sind.

gensgegenstand aus ihrem Besitz (z. B. ein Verwaltungsgebäude oder eine Schule) an eine Leasinggesellschaft und least ihn dann wieder zurück, um den Gegenstand weiterhin nutzen zu können.

Eine andere Variante der PPP-Finanzierungsmodelle stellt das **Factoring** (ähnlich z.T. **Forfaitierung**) dar. Einfach formuliert handelt es sich dabei um einen Forderungskauf, d. h. um ein Instrument der Umsatzfinanzierung von Unternehmen. Beim Factoring liegt eine Dreiecksbeziehung von Kunde/Schuldner, Gläubiger und Factor/Factor-Bank vor. Im Grundsatz geht es beim Factoring darum, dass der Factor dem Gläubiger die Forderung gegenüber dem Kunden abkauft. Im Weiteren zieht dann der Factor die Forderung beim Kunden (i. d. R. auf eigene Gefahr und Rechnung) ein. Bei Ankauf (und Kreditierung) der Forderung erfüllt das Factoring eine Finanzierungsfunktion. Im Hinblick auf die weitere Verwaltung des Forderungsbestandes erfüllt das Factoring eine **Dienstleistungsfunktion.** Insoweit, wie der Factor das Ausfallrisiko übernimmt, erfüllt es eine **Kreditversicherungsfunktion** (sog. **„Delkrederefunktion"**). Darüber hinaus lässt sich das echte vom unechten Factoring unterscheiden. Beim echten Factoring übernimmt der Factor das Risiko, dass der Schuldner die Forderung nicht begleicht (Delkrederefunktion), während beim unechten Factoring das Kreditausfallrisiko beim Gläubiger verbleibt.

Berücksichtigt man, dass die Gebühren für das Factoring ca. 10–15 Prozent des Forderungsvolumens betragen, dann handelt es sich beim Factoring um eine verhältnismäßig teure Finanzierungsform. Allerdings – und hierin liegen u. a. die Vorteile dieser Möglichkeit – führt sie bei dem ursprünglichen Gläubiger zu einem schnellen Zufluss von Geldmitteln, Einsparungen in der Verwaltung von Forderungsbeständen und Vermeidung von Verlusten aus Insolvenzen der Kunden (echtes Factoring). Im öffentlichen Sektor wird auf dieses Instrument z. B. in der Form zurückgegriffen, dass ein privates Unternehmen zur Errichtung einer Entsorgungsanlage einen Kredit durch eine Bank aufnimmt. An diese Bank tritt dann die Gemeinde ihre Forderungen ab, die sie den Nutzern dieser Anlage gegenüber besitzt. Damit ist auch das Factoring als kreditähnlich einzustufen und grundsätzlich genehmigungspflichtig.

Folgende Beispiele belegen exemplarisch eine Anwendung auf kommunaler Ebene (Wegner, 2005, S. 66 f.):

Für Städte und Gemeinden bieten sich unterschiedliche Factoring-Lösungen an:

- Forderungsmanagement für eine Gemeinde

  Das Forderungsmanagement kann aus der Stadtkasse herausgelöst werden, wobei die für das Forderungsmanagement verantwortliche Einheit der Stadtkasse (oder den entsprechenden Fachbereichen) die Forderung unmittelbar (oder bei Fälligkeit) bezahlt. Diese Lösung setzt voraus, dass die für das Forderungsmanagement verantwortliche Einheit Eigentümer der Forderung ist (echtes Factoring). Bei Bedarf kann auch das gesamte Debitorenmanagement übernommen werden (echtes Full-Service Factoring).

- Insourcing-Optionen

  Das Forderungsmanagement kann sich bemühen, weitere Aufträge anderer juristischer Personen zu erhalten. Hier bieten sich Forderungen von Zweckverbänden an.

  Das Forderungsmanagement kann sich bemühen, Aufträge privatrechtlicher Unternehmen zu erhalten. Hier bieten sich Forderungen von örtlichen Unternehmen, insbesondere des örtlichen Handwerks und verwandter Gewerke, an.
- Forderungsmanagement für mehrere Gemeinden

Partnerschaften in Form von sogenannten **Investorenmodellen** sind überwiegend bei der Errichtung von größeren Gebäuden zu finden. Die Grundidee besteht darin, dass sich Unternehmen, die auf der privaten Seite regelmäßig bei einem Bauprojekt beteiligt sind, zu einem Kollektiv zusammenschließen, sodass dem öffentlichen Auftraggeber quasi nur ein Partner gegenübersteht. Ein solches Kollektiv (Investorengesellschaft bzw. Konsortium), z. B. zum Bau eines neuen Rathauses, könnte etwa aus einem Bauunternehmen, einem Architektenbüro und der den Bau finanzierenden Bank bestehen. Nach Fertigstellung des Gebäudes besteht für die Gemeinde dann die Möglichkeit, das neue Rathaus zu mieten oder zu leasen. Dadurch, dass eine Bank an dem Konsortium beteiligt ist, sinkt das Konkursrisiko und damit das Scheitern des Bauvorhabens. Des Weiteren reduziert sich durch die Bildung einer Investorengesellschaft auf Seiten der Gemeinde der Abstimmungsbedarf.

13.3.5 Erscheinungsformen: Organisationsmodelle

Als Organisationsmodelle sollen im Weiteren das Betreiber-, Kooperations-, Betriebsführungs- und das Konzessionsmodell beschrieben werden.

Die PPP in der Erscheinungsform des **Betreibermodells** charakterisiert sich insbesondere dadurch, dass dem privaten Zweig der Partnerschaft seitens der Gemeinde bzw. der staatlichen Stelle zur Durchführung einer gemeindlichen bzw. staatlichen Aufgabe Planung, Finanzierung, Bau und der Betrieb einer Anlage übertragen werden (Cronauge, 1997, S. 226). Der privatwirtschaftliche Partner wird damit zum „Betreiber“ der Anlage, der dafür ein vertraglich geregeltes Entgelt erhält, das sowohl die anfallenden Kosten als auch einen Gewinn beinhaltet. In der Regel wird es der Fall sein, dass die errichtete Anlage (z. B. ein Schwimmbad) als Einrichtung der Gemeinde zwecks Nutzung durch die Bewohner betrieben werden soll. Vertraglich wird demnach diese kommunale Nutzung durch kommunalrechtliche Widmung entsprechend zu regeln sein, sodass in der Außenwahrnehmung der Bürger allein die Gemeinde hervortritt. Bedeutsam ist an dieser Stelle der Hinweis, dass die Gemeinde durch das Betreibermodell bei Pflichtaufgaben keineswegs aus ihrer Verantwortung entlassen ist – der private Betreiber ist lediglich ein „Erfüllungsgehilfe" (Cronauge, 1997, S. 226). Entsprechend muss aus der Sicht der Gemeinde durch vertragliche Regelungen zwischen den beiden Partnern sichergestellt werden, dass diese Aufgabe auch auf längere Sicht ordnungsgemäß wahrgenommen wird.

Bei der Variante des **Kooperationsmodells** gründen die Gemeinde und der private Partner gemeinsam eine gemischtwirtschaftliche **Beteiligungsgesellschaft** (siehe Abb. 13-11). Dieser Beteiligungsgesellschaft obliegt die Erfüllung der betreffenden Aufgabe. Als gemischtwirtschaftlich wird diese Form bezeichnet, weil sich in dieser Gesellschaft private und öffentlich-rechtliche Eigentümer zusammenfinden. Als Rechtsform wird eine privatrechtliche Form, d. h. im Regelfall eine Gesellschaft mit beschränkter Haftung (GmbH), gewählt. Die Mehrheitsbeteiligung liegt bei dem kommunalen Partner, um so einen hinreichenden öffentlichen Einfluss auf die Beteiligungsgesellschaft sicherzustellen. Die gegründete Gesellschaft beauftragt dann den privaten Partner oder einen anderen Dritten mit der tatsächlichen Erfüllung der Aufgabe, z. B. im Abwasserbereich mit dem Bau und Betrieb einer Kläranlage (Cronauge, 1997, S. 227).

Dadurch, dass im Innenverhältnis der Beteiligungsgesellschaft der private Partner die fachliche Umsetzung gewährleistet, soll sichergestellt werden, dass nach ökonomischen Maßstäben effizient gearbeitet wird.

Abb. 13-11: Kooperationsmodell – Grundstruktur

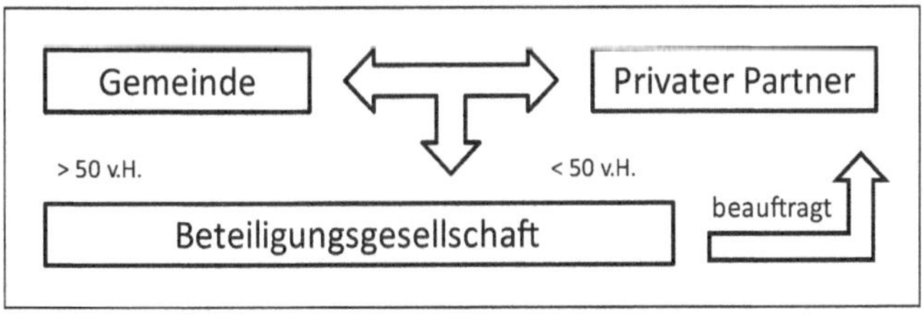

Als vorteilig lassen sich im Kooperationsmodell verschiedene, an dieser Stelle nicht weiter dargelegte Finanzierungsmöglichkeiten (z. B. Umsatzsteuervorabzug, Investitionszulagen und Bilanzierungsmöglichkeiten) ansehen sowie auch die Möglichkeit, auf solches Know-how zurückgreifen zu können, das der Gemeinde andernfalls nicht zur Verfügung gestanden hätte (Cronauge, 1997, S. 227). Als nachteilig ist hingegen die starke Bindung an einen bestimmten Partner zu sehen, was ggf. mit der Entstehung sogenannter transaktionsspezifischer Investitionen einhergeht. Auch die Gründung bzw. Beteiligung an gemischtwirtschaftlichen Gesellschaften bedarf schließlich der Genehmigung der jeweiligen Aufsichtsbehörde.

Im Falle des **Betriebsführungsmodells** beauftragt die Gemeinde einen privaten Dritten, den Betrieb einer Anlage nach ihren Anweisungen zu führen. Die Gemeinde bleibt Eigentümerin der Anlage, sodass auch sämtliche Geschäfte der Anlage auf den Namen und die Rechnung der Gemeinde lauten. Eine wie auch immer geartete Rechtsbeziehung tritt formal nur zwischen der Gemeinde und den Nutzern der Anlage auf, *nicht* aber zwischen dem privaten Partner/dem Betriebsführer und den Nutzern. Als Bevollmächtigter der Gemeinde handelt der private Partner (nur) nach außen hin und erhält für seine Tätigkeit ein vertraglich vereinbartes Entgelt. Etwas unscharf formuliert könnte man auch sagen, dass der private Partner hier typische Aufgaben eines „angestellten Geschäftsführers" wahrnimmt.

Vorteilig an dieser Variante ist vor allem das hohe Maß an Flexibilität für die Gemeinde. Anders als etwa im Betreibermodell kann die Gemeinde den Betriebsführer leichter und kurzzeitiger austauschen und über entsprechende Ausschreibungen der Betreiberposition den Wettbewerb nutzen. Auf der anderen Seite entsteht eine typische Prinzipal-Agent-Beziehung (siehe Kapitel 2), sodass in der Gemeinde auch Kosten für Kontrolle und Überwachung des Betreibers einkalkuliert werden müssen.

Public Private Partnerships in Form von **Konzessionsmodellen** sind häufig in der Abfallwirtschaft, der Wasserversorgung und bei Verkehrsprojekten anzutreffen. Unter einer Konzession ist allgemein ein Nutzungsrecht zu verstehen, das von einer öffentlichen bzw. staatlichen Stelle an einen privaten Akteur vergeben wird.

Der Konzessionsnehmer und Betreiber, d. h. der private Partner, verpflichtet sich bei bereits vorhandenen Anlagen zum Beispiel zur Übernahme aller Instandhaltungsmaßnahmen. Bei neu errichteten Anlagen durch den zukünftigen Konzessionsnehmer gehen in der Regel mit der Fertigstellung der Anlage alle Eigentumsrechte auf den öffentlichen Partner über. Die entstandenen Baukosten werden nach der Fertigstellung des Projektes ratenweise zurückgezahlt, sodass die Belastung des kommunalen Haushalts über einen längeren Zeitraum gestreckt wird.

Im Rahmen von Konzessionsmodellen wird ein Großteil der Projektrisiken (z. B. Finanzierungswagnisse oder unsichere Auslastungen der Kapazität) auf den privaten Partner übertragen. Zu denken sei etwa an allzu groß konzipierte Müllverbrennungsanlagen, die mit einer ggf. zu geringen Menge an Müll nicht wirtschaftlich betrieben werden können.

Attraktiv und vorteilig an Konzessionsmodellen ist vor allem, dass in der Regel mit einer schnelleren Fertigstellung und Betriebsbereitschaft des Objektes zu rechnen ist. Andererseits bedingen Konzessionsverträge naturgemäß komplexe Verträge, deren Gestaltung, Kontrolle und Durchsetzung hohe Transaktionskosten verursachen.

Da auf absehbare Zeit nicht davon ausgegangen werden kann, dass sich die Haushaltslage der öffentlichen Hand gravierend entspannen wird, spricht vieles dafür, dass die Bedeutung von PPP der verschiedensten Art und in unterschiedlichsten Kombinationen noch weiter zunehmen wird.

Insgesamt spricht eine Reihe von Argumenten für diese Formen der Organisation und Finanzierung öffentlicher Aufgabenwahrnehmung. Im Einzelnen z. B. (Lettwin, 2008, S. 3):

- schnelle Projektrealisierung, vor allem in Ansehung von Haushaltssicherungskonzepten und Kreditdeckeln sowie knappen personellen Ressourcen,
- effizientere Aufgabenerledigung (langfristige Einsparungen im Haushalt und/oder Qualitätsverbesserungen) mit dem Ziel eines dauerhaften Werterhalts der Immobilien und Liegenschaften,
- größere finanzielle Planungssicherheit, insbesondere durch Übertragung von Risiken auf den Privaten,
- langfristige Verantwortlichkeit des Privaten und Optimierung der betrieblichen Kosten u. a. durch die Einführung von Anreizmodellen,
- Verschlankung der Verwaltungsstrukturen,
- Implementierung von privatwirtschaftlichen Steuerungs- und Managementmethoden,
- Einbindung des (regionalen) Mittelstandes.

Als nachteilig an PPP sind an dieser Stelle vor allem die mitunter rapide ansteigenden Transaktionskosten (siehe Kapitel 2) auf Seiten des öffentlichen Partners zu nennen. Bei PPP handelt es sich um Vertragsbeziehungen, d. h., diese Verträge müssen ausgehandelt werden, die Erfüllung der Vertragsinhalte muss kontrolliert werden und ggf. auch vor Gericht durchgesetzt werden. Notwendige Änderungen können nicht einfach per Anweisung umgesetzt werden, sondern erfordern im Zweifel einen neuen Vertrag mit neuen Transaktionskosten.

14 Strategisches Management und Planung

14.1 Begriff und Verständnis von „Strategie"

Bevor im Einzelnen der Frage nach der Ausgestaltung des strategischen Managements nachgegangen werden soll, gilt es zunächst, den Begriff und das Verständnis von *Strategie* zu klären.

Allgemein unterscheidet sich das strategische Vorgehen von einem nicht strategischen durch ein bestimmtes Maß an vorausgehender Planung im Hinblick auf ein angestrebtes Ziel. Strategien erscheinen als ein – mehr oder weniger – komplexes Maßnahmebündel zur Realisierung eines angestrebten Ziels (Macharzina, 1999, S. 197). Eine Stadtverwaltung, die anstrebt, ihr Gewerbesteueraufkommen in zehn Jahren um 20 Prozent zu erhöhen, handelt z. B. dann strategisch, wenn sie zu diesem Zwecke und darauf abgestimmt, gezielte Marketingaktivitäten konzipiert und umsetzt. Dieses Bündel an Maßnahmen bezeichnet man somit dann als eine Strategie, wenn die Maßnahmen sinnvoll aufeinander abgestimmt sind und sich gegenseitig verstärken und ergänzen. Mehrere Aspekte treten hier hervor: Strategie ist immer Mittel zum Zweck, sie besitzt also einen *instrumentalen* Charakter. Des Weiteren übt die Strategie einen *entscheidenden* Einfluss auf den Erfolg des Ganzen aus. Schließlich zeichnet sich eine Strategie in Relation zur Dauer der Einzelmaßnahmen durch ihren langfristigen Charakter aus.

Der **Begriff der Strategie** (griechisch: strategos = Heerführer) ist ursprünglich militärisch geprägt und kennzeichnet dabei ein besonders gut durchdachtes, längerfristig angelegtes Vorgehen. In diesem Zusammenhang steht der Begriff für „... die Kunst oder Lehre der Führung von Kriegshandlungen, die entscheidenden Einfluss auf den Ablauf des Krieges haben" (Ulrich & Fluri, 1995, S. 114). Für den Begriff im Rahmen der BWL eine einheitliche Definition zu geben fällt indessen schwer. *Schreyögg* und *Koch* verzichten daher z. B. auch auf eine Definition und nennen stattdessen einen Komplex von **Merkmalen,** die mit Strategie bzw. strategischen Entscheidungen in Verbindung gebracht werden (Schreyögg & Koch, 2007, S. 71 f.):

- Strategien legen die Aktionsfelder fest, auf denen die Organisation tätig sein soll. Im öffentlichen Sektor bezieht sich diese Wahlmöglichkeit i. e. S. auf freiwillige Aufgaben, bei denen ein Entscheidungsspielraum besteht.
- Strategien sind konkurrenzbezogen, d. h., sie bestimmen das Handlungsprogramm der Organisation in Relation zu den Konkurrenten. Übertragen auf den öffentlichen Sektor kann es hier z. B. darum gehen, die eigene Stadt gegenüber benachbarten Städten positiv hervorzuheben, um so beispielsweise bzgl. Investoren einen Attraktivitätsvorsprung zu erzielen (Wirtschaftsförderung) oder für Familien mit Kindern besonders attraktiv zu sein (Familienförderung).

- Strategien nehmen Bezug auf Umweltsituationen und -entwicklungen, auf Chancen und Bedrohungen. Sie reagieren auf externe Veränderungen und/oder versuchen diese soweit wie möglich aktiv im eigenen Sinne zu beeinflussen. Im öffentlichen Sektor geht es hier z. B. hinsichtlich der demografischen Entwicklung darum, auf die Chancen (bspw. jedem Kind unter drei Jahren einen Kindergartenplatz anzubieten) und Bedrohungen (bspw. Rückgang an Gewerbesteuer aufgrund von rückläufigem Konsum) adäquat zu reagieren.
- Strategien nehmen Bezug auf die eigenen Ressourcen, auf die Stärken und Schwächen in ihrer relativen Position zur Konkurrenz. Dieses bedeutet z. B. für benachbarte und ähnliche Städte (z. B. Dortmund und Essen), die eigenen Vor- und Nachteile entsprechend der Ressourcen zu berücksichtigen.
- Strategien sind auf das ganze Geschäft eines Bereiches bzw. auf alle wahrgenommenen Aufgaben ausgerichtet. Für den öffentlichen Sektor können hier Gesamtstrategien von Fachbereichsstrategien unterschieden werden.
- Strategien haben langfristig eine hohe Bedeutung für die Vermögens- und Ertragslage und weitreichende Konsequenzen, was die Ressourcenbindung angeht. Im privaten wie auch öffentlichen Sektor prägen strategische Entscheidungen das Unternehmen bzw. die Verwaltung langfristig und binden in der Regel auch langfristige Mittel (siehe oben etwa das Beispiel zur familienfreundlichen Stadt).
- Strategien können, müssen aber nicht, das Ergebnis eines systematischen Planungsprozesses sein, d. h., Strategien können, müssen aber nicht, das Resultat einer vorangegangenen Planung sein, sondern können auch spontan, ggf. auch zufällig entstehen.

14.2 Strategische, taktische und operative Planung

Für weitere begriffliche Klarheit und vor allem auch, um einzelne Aufgaben klarer in der Hierarchie zuordnen zu können, ist die strategische Planung von den Planungsebenen „taktisch“ und „operativ“ zu unterscheiden. Dabei ist diese Differenzierung keineswegs nur von akademischem Wert. In der Praxis bereitet es regelmäßig Probleme, wenn die Aufgabenverteilung unklar ist und z. B. schon auf der strategischen Ebene Fragen der operativen Ebene vorweggenommen werden.

Die strategische Planung ist eine langfristige Planung, die regelmäßig einen Zeitraum von fünf bis zehn Jahren abdeckt. Wegweisend ist hier die Frage „Tun wir die richtigen Dinge?“, also grundsätzliche Fragestellungen, die typischerweise bei der obersten Hierarchiestufe angesiedelt sind. Die Tatsache, dass die strategische Planung sehr weit in die Zukunft reicht, führt dazu, dass diese Art der Planung mit einem hohen Maß an Risiko und Ungewissheit einhergeht. Der lange Planungszeitraum lässt die Umweltgegebenheiten als äußerst komplex erscheinen. Während strategische Planung insbesondere für privatwirtschaftliche Großunternehmen heute eine Selbstverständlichkeit darstellt, steckt diese für die öffentliche Verwaltung allenfalls noch in den Kinderschuhen (Eichhorn, 2001).

Die Aufgabe der taktischen Planung besteht darin, die noch sehr allgemein gehaltenen Vorgaben der strategischen Planung auf einzelne Organisationsbereiche herunterzubrechen. Als solche stellt die taktische Planung eine mittelfristige Planung dar, die einen Zeitraum von einem Jahr bis zu vier Jahren umfasst. In der Praxis weist die Kategorie „taktisch" eher eine geringe Relevanz auf, sodass hier häufig allein auf die Unterscheidung von strategisch und operativ abgestellt wird.

Die operative Planung ist eine kurzfristige Planung, die einen Zeitraum von etwa einem Jahr abdeckt. Die operative Planung zielt auf die konkrete Handlungsebene, sodass die Planungsinhalte i. d. R. sehr konkret und detailliert sind. Handlungsleitend ist hier dementsprechend und im Gegensatz zur strategischen Planung die Fragestellung: „Tun wir die Dinge richtig?" (siehe Abb. 14-1 [Schierenbeck, 2003, S. 116 f.]).

Abb. 14-1: Abgrenzung von strategischer und operativer Planung

	Strategische Planung	Operative Planung
Hierarchische Stufe	Schwerpunkt auf der obersten Führungsebene	Involvierung aller Stufen; Schwerpunkt mittlere Führungsstufen
Unsicherheit	relativ groß	relativ klein
Art der Probleme	meistens unstrukturiert und relativ komplex	relativ gut strukturiert und oft repetitiv
Zeithorizont	Akzent langfristig	Akzent kurz- bis mittelfristig
Informationsbedürfnisse	primär außerbetrieblich (Umwelt)	primär innerbetrieblich (Teilbereiche)
Alternativenauswahl	Spektrum der Alternativen grundsätzlich weit	Spektrum eingeschränkt
Umfang	Konzentration auf einzelne wichtige Problemstellungen	umfasst alle funktionellen Bereiche
Grad der Detaillierung	relativ niedrig; globale Aussagen	relativ hoch; konkrete Aussagen

In der nachfolgenden Übersicht (siehe Abb. 14-2) sind einige markante Punkte zur Unterscheidung von strategischem und operativem Management exemplarisch gegenübergestellt.

Abb. 14-2: Strategisches und operatives Management – Exemplarische Unterschiede

Strategisches Management bedeutet …	*Operatives Management bedeutet …*
künftige und/oder nachhaltige Erfolgspotenziale aufbauen und erhalten	kurzfristige Erfolge erzielen
zukünftiges Handeln beschreiben	aktuelle Aktivitäten „managen"
Ziele setzen und Wege zur Zielerreichung identifizieren	Ziele operativ in Maßnahmen umsetzen
Strategien kommunizieren und Indikatoren für Motivation und Leistung definieren	operative Budgets festlegen und Produktmengen und Arbeitsabläufe definieren und optimieren
die grundsätzliche Allokation von Ressourcen in Unternehmen festlegen	die Qualität sichern und Liquidität gewährleisten

In den letzten Jahren hat das strategische Management in der öffentlichen Verwaltung einen Bedeutungszuwachs erfahren, wobei man mit Ansätzen der strategischen Steuerung auch eine verstärkt erfolgsorientierte Gestaltung verfolgt (Proeller & Siegel, 2009, S. 72). Der folgende Abschnitt zeichnet die Begründungen für diese Entwicklung in seinen wesentlichen Punkten einmal nach.

14.3 Herausforderung und Bedarf an strategischer Steuerung

14.3.1 Strategierelevante Entwicklungen

Für privatwirtschaftliche Unternehmen stellt sich die Frage nach der Notwendigkeit einer strategischen Steuerung nicht, da sie ohne ein Mindestmaß einer strategischen Steuerung längerfristig nicht existieren werden. So muss sich ein privatwirtschaftlicher „Manager" z. B. darüber Gedanken machen, mit welchen (neuen) Produkten künftig Einnahmen erzielt werden sollen oder auch welche möglichen Entwicklungen des Marktes (z. B. neue Wettbewerber, wegbrechende Absatzmöglichkeiten, verändertes Nachfrageverhalten etc.) eintreten könnten und wie darauf reagiert werden soll. Ganz offen wird für den öffentlichen Sektor ein Defizit an strategischem Denken und Handeln konstatiert (Eichhorn & Wiechers, 2001). In den vergangenen Jahren hat sich jedoch das Interesse an Fragen der strategischen Steuerung von Organisationen des öffentlichen Sektors sowohl seitens der Praxis als auch seitens der Wissenschaft zunehmend intensiviert.

Die öffentliche Verwaltung sieht sich gegenwärtig einer Reihe von Herausforderungen gegenüber, die den Bedarf an strategischem Handeln offenbaren: schwindende Grenzen/Globalisierung, zunehmender gesellschaftlicher Individualismus, heterogene Zusammensetzung der Bevölkerung und heterogene Erwartungen an die öffentliche Verwaltung, Wettbewerbs- und Privatisierungsdruck, technologischer Wandel, um an dieser Stelle nur einige markante Stichworte zu nennen.

Als das größte Problem vieler Bundesländer und Kommunen ist ihre Finanzkrise zu sehen. So klafft die Schere zwischen steigenden Ausgaben auf der einen Seite und sinkenden Einnahmen auf der anderen Seite seit Jahren weit auseinander und nimmt in ihrer Spreizung in der jüngeren Vergangenheit sogar noch zu. Seitens der kommunalen Spitzenverbände wird für die Kommunen in diesem Zusammenhang oft der Entzug politischer und damit grundsätzlicher (strategischer) Handlungsspielräume beklagt, sodass diese ausschließlich auf Tätigkeiten der operativen ausführenden Ebene reduziert seien. Gleichwohl wäre es kurzsichtig, die problematische (Haushalts-)Situation der Gemeinden allein auf den Bund und die Länder zurückzuführen. Auch viele Kommunen haben in konjunkturellen Hochphasen regelmäßig keine Vorsorge für schwächere Phasen getroffen, sondern sind im Gegenteil langfristige Verpflichtungen eingegangen, die in Zeiten rückläufiger Einnahmen ohne weitere Kreditaufnahmen nicht erfüllt werden können – es mangelte also an einer strategischen, langfristigen Ausrichtung. Wird nun berücksichtigt, dass auch für die bereits absehbare Zukunft weitere herausfordernde Entwicklungen schon heute konkret benannt werden können, erscheint ein professionelles strategisches Management notwendig zu sein. Folgende Entwicklungen sind heute schon absehbar bzw. bereits eingetreten:

- Legitimationskrise öffentlicher Verwaltung,
- Aufbau von Ganztagsbetreuungsangeboten für Kinder bis zu drei Jahren,
- demografischer Wandel (Alterung und Abnahme der Bevölkerung, wachsender Migrantenanteil),
- Krise auf kommunalpolitischer Ebene, z. B. Mitgliederschwund bei den Parteien, Nachwuchsprobleme im Rat, rückläufige Wahlbeteiligung,
- Attraktivitätsverlust der Innenstädte,
- besondere Probleme von Kommunen in den neuen Bundesländern: Abwanderung jüngerer Menschen, Arbeitslosigkeit, Wohnungsleerstände etc.

Der nachfolgende Textauszug fasst die Notwendigkeit eines strategischen Managements für den öffentlichen Sektor noch einmal zusammen (Banner, 2006, S. 256):

> „Das kommunale Umfeld ist in heftige Bewegung geraten. Seit den neunziger Jahren ist den Kommunen bewusst, dass sie regional, national und international im Standortwettbewerb stehen. Sie konkurrieren um Unternehmen (Arbeitsplätze) und Einwohner und damit um Einnahmen. … Eine weitere Herausforderung an die Kommunalpolitik ist der demographische Wandel, der die Umschichtung und vielfach den Rückbau kommunaler Infrastrukturen erzwingt. … Nur eine kommunale Führung, die sich ein realistisches Bild der zukünftigen Möglichkeiten ihrer Kommune erarbeitet

und dieses Leitbild erfolgreich kommuniziert, wird ... gewinnen. Das heißt, die Führung muss strategisch denken und handeln."

Die KGSt legt in mehreren Berichten Ausarbeitungen darüber vor, wie strategisches Management in den kommunalen Verwaltungen verankert werden kann (z. B. Kommunale Gemeinschaftsstelle für Verwaltungsmanagement, 2000a, 2000b). Die KGSt geht dabei von den drei Kernfeldern „Bürger", „Prozesse und Strukturen" und „Ressourcen" aus, auf die bezogen für das strategische Management von Kommunen wiederum vier Zielfelder bzw. vier Leitfragen formuliert werden (siehe Abb. 14-3).

Abb. 14-3: Zielfelder und Leitfragen für strategisches Management in Kommunen nach KGSt

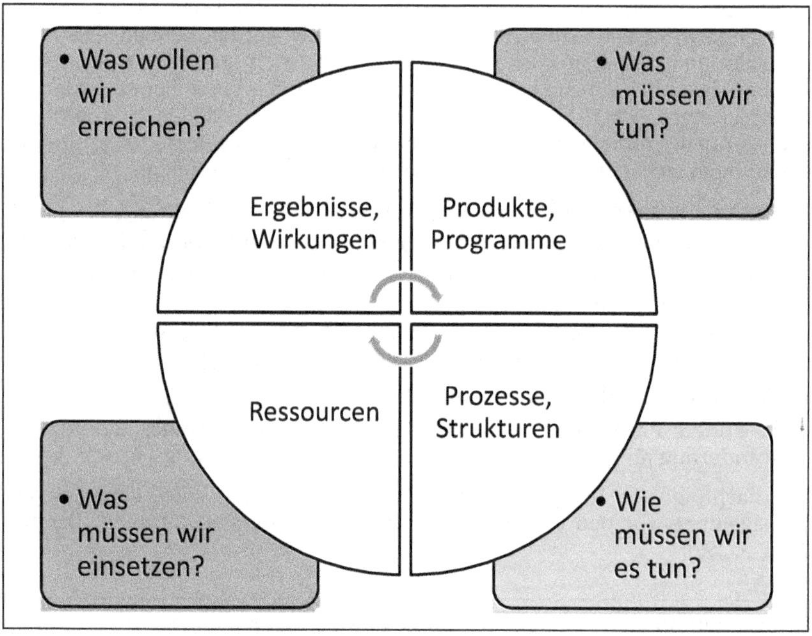

Die Darstellung lehnt sich offenkundig stark an den allgemeinen Managementzyklus an, wie er in Kapitel 1 dargestellt wurde, und bedingt somit ein systematisches Vorgehen für das strategische Handeln von Kommunen. Der nachfolgende Textauszug aus dem Bericht Nr. 8/2000 der KGSt veranschaulicht an einem einfachen Beispiel den Nutzen dieser Systematik (Kommunale Gemeinschaftsstelle für Verwaltungsmanagement, 2000a, S. 14 f.):

Ein Beispiel aus dem Sozialbereich:

Sie fragen nach den beabsichtigten Ergebnissen/Wirkungen eines offenen Seniorentreffs und erhalten als Antwort, dass mit dieser Einrichtung vor allem der Vereinsamung älterer Menschen begegnet werden soll (= Wirkungsziel). Die weitere Untersuchung ergibt jedoch, dass der Seniorentreff überwiegend von Menschen besucht wird, die nicht einsam sind, sondern daneben auch Kaffeefahrten machen, ihre Enkel besuchen etc. Zugleich gibt es aber tatsächlich ältere Menschen am Ort, die ihre Wohnung kaum noch verlassen und kaum Kontakt zu anderen Menschen haben. Was nun? Die Leitfragen des strategischen Managements schaffen Klarheit:

- *Für das benannte Wirkungsziel ist der offene Seniorentreff das falsche Produkt und die Ressourcen werden nicht zielgerecht eingesetzt. Vermutlich wäre so genannte „aufsuchende Altenarbeit" besser.*
- *Zugleich zeigen die hohen Besucherzahlen eine Nachfrage nach nicht kommerziellen, seniorengerechten Freizeitangeboten. Es ist zu entscheiden, ob und inwieweit auch für dieses Ergebnisziel und damit für das Fortführen der Einrichtung Ressourcen bereitgestellt werden können und sollen.*

14.3.2 Aufgabenkritik als strategische Aufgabe

Öffentliche Aufgaben stellen kein Fixum dar. Was konkret als öffentliche Aufgabe angesehen wird, unterliegt der Veränderung. Als mögliche Ursachen dieses Wandels kommen z. B. einerseits infrage: politischer Wille bzw. politische Mehrheitsverhältnisse, der herrschende Zeitgeist, die finanzielle Situation der öffentlichen Hand. Andererseits können aber auch veränderte Einsichten, gesellschaftlicher Wandel, andere Erwartungen/Einstellungen der Kunden/Bürger etc. die Definition dessen, was als öffentliche Aufgabe angesehen wird und in welcher Weise diese wahrgenommen werden soll, beeinflussen und verändern.

Ein Instrument, öffentliche Aufgaben einer Prüfung zu unterziehen, stellt die sogenannte „Aufgabenkritik" dar. Der Grundgedanke besteht darin, systematisch zu prüfen, ob (öffentliche und interne) Aufgaben weiterhin oder unverändert wahrgenommen werden sollen, können oder müssen. Gesellschaftliche Bedürfnisse sind nicht statisch, sondern unterliegen dem Wandel. Auch die öffentliche Verwaltung muss diesen veränderten Bedürfnislagen Rechnung tragen. Dies führt dazu, dass ggf. eine langfristige und damit strategische Neuausrichtung vorzunehmen ist, indem z. B.

- neue Aufgaben von der Gemeinde wahrzunehmen sind,
- bestehende Aufgaben für die Gemeinde wegfallen oder
- bestimmte Aufgaben in veränderter Quantität oder Qualität wahrgenommen werden.

Nicht zuletzt auch aufgrund der oben kurz angesprochenen Gründe muss an öffentliche Aufgaben die Frage gerichtet werden, inwiefern diese z. B. noch zeitgemäß, politisch gewünscht, gesellschaftlich legitimiert oder auch in der Art ihrer Durchführung angemessen sind. Diese Form der kritischen Betrachtung wird als Aufgabenkritik bezeichnet. Die Aufgabenkritik dient damit letztlich auch dazu, die wahrgenommenen Aufgaben auf (strategische) Effektivität und (operative) Effizienz zu überprüfen.

Im Hinblick auf die normativen Vorgaben und die strategische Ausrichtung innerhalb des öffentlichen Sektors soll überprüft werden, welche Aufgaben (Effektivität) auf welche Weise (Effizienz) erledigt werden sollen. Im Kern geht es daher um Fragen wie:

- Wo steht der öffentliche Sektor heute?
- Wohin soll er sich künftig entwickeln?

Es ist in diesem Zusammenhang üblich, zwei **Arten der Aufgabenkritik** zu unterscheiden: Zweckkritik und Vollzugskritik (Vollzugskritik wird zum Teil synonym auch als Durchführungskritik bezeichnet).

Die **Zweckkritik** hinterfragt, ob eine Aufgabe überhaupt wahrgenommen werden muss und wer (z. B. ein anderes Amt oder im Rahmen eines Zweckverbandes oder auch ein beauftragtes Privatunternehmen) sie durchführen soll. Sie beabsichtigt die Reduzierung der öffentlichen Aufgaben auf die unerlässlichen Kernaufgaben. Des Weiteren gilt es an dieser Stelle auch zu überprüfen, ob eine bisher noch nicht wahrgenommene Aufgabe künftig in den Aufgabenkatalog aufzunehmen ist, weil etwa entsprechende Bedarfe seitens der Kunden/Bürger im Rahmen einer strategischen Analyse (s. unten) festgestellt worden sind.

Die nachfolgende Abbildung 14-4 verdeutlicht am Beispiel einer Landesverwaltung wie mithilfe eines Portfolios eine Zweckkritik vorgenommen werden kann. Ausgehend von dieser Zusammenstellung wären z. B. Überlegungen darüber denkbar, welche dieser Aufgaben künftig ausgelagert/zugekauft werden könnten (z. B. „administrative").

Abb. 14-4: Zweckkritisches Aufgaben-Portfolio (nach Graf & Rohn, 2004, S. 320)

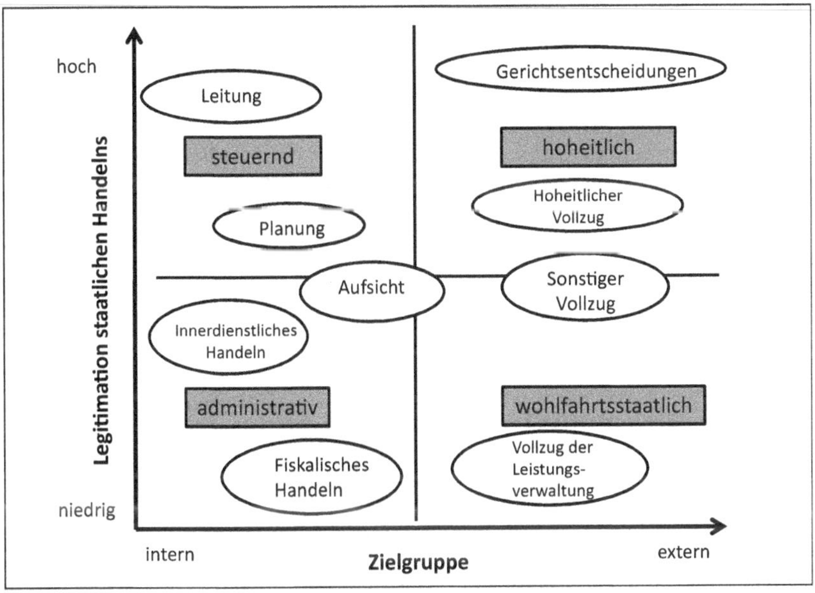

Auch wenn im Zuge der Zweckkritik grundsätzliche Fragestellungen prinzipiell angegangen werden sollen, so wird der gegebene Aufgabenbestand der öffentlichen Verwaltung häufig aber nicht infrage gestellt. Es sind in der Praxis vielfach eher monetäre Zwänge als rationale (strategische) Überlegungen, die zur Neu- oder Umverteilung bzw. auch zum Wegfall von größeren Aufgabenkomplexen führen. Die Gründe dafür sind vielfältig, wie z. B. (Siepmann & Siepmann, 2004, S. 41 f.):

- mangelnde Motivation der Mitarbeiter zur aktiven Teilnahme an Aufgabenkritik,
- mangelnde Kenntnis über erbrachte Leistungen und eingesetzte Ressourcen,
- kaum Dispositionsmasse und Handlungsspielraum bei Pflichtaufgaben.

Im Rahmen der **Vollzugskritik** werden die Art und der Umfang der Aufgabenerledigung näher untersucht. Es gilt hier zu beurteilen, ob und wie die Aufgabenerledigung zweckmäßiger und/oder rationeller gestaltet werden kann. Häufig findet die Vollzugskritik auch im Rahmen von Maßnahmen der Organisationsuntersuchung (siehe Kapitel 10) statt. Auch wenn die Vollzugskritik auf den ersten Blick eher auf die operative Arbeit ausgerichtet ist, so finden sich doch eine Reihe von strategischen Bezugsgrößen. Gelangt eine Organisation des öffentlichen Sektors etwa zu der Einsicht, dass das Forderungsmanagement sich über Factoring (siehe Kapitel 13) effizienter durchführen lässt, bedarf es zur Umsetzung dieser Vorgehensweise doch der strategischen Entscheidung, interne Abläufe zum Teil an Externe zu vergeben.

14.4 Entstehung eines „strategischen Plans"

Organisationen im privaten und öffentlichen Sektor lassen sich anhand ihrer wertschöpfenden Aktivitäten beschreiben. *Michael E. Porter* bildet Unternehmen anhand ihrer sogenannten Wertschöpfungskette ab (Porter, 1989 sowie o. V., 2005, S. 8 ff.): Die Wertschöpfungskette unterscheidet nach primären und sekundären (d. h. unterstützenden) Aktivitäten. Unter **primären Wertschöpfungsaktivitäten** versteht man solche Aktivitäten, die sich mit der tatsächlichen Herstellung von Produkten und Dienstleistungen, deren Verkauf und Übermittlung an die Endabnehmer befassen sowie den Kundendienst. Übertragen auf eine Kommunalverwaltung stellen z. B. die Durchführung von Beratungsgesprächen, die Bewilligung von Bescheiden oder auch eine Servicestelle „Beschwerden & Anregungen" primäre Wertschöpfungsaktivitäten dar. **Sekundäre oder unterstützende Wertschöpfungsaktivitäten** haben insbesondere die Funktion, für die Bereitstellung von ausführender und leitender Arbeitskraft und anderen Produktionsfaktoren, Technologien etc. zu sorgen, und gewährleisten insofern, dass die primären Wertschöpfungsaktivitäten möglichst gut und reibungslos vollzogen werden können. Übertragen auf die Kommunalverwaltung stellen z. B. die Beschaffungsstelle, das Personalamt oder das Organisationsamt Beispiele für unterstützende Wertschöpfungsaktivitäten dar.

Das strategische Management bzw. die Unternehmensführung ist ebenfalls zu den unterstützenden Wertschöpfungsaktivitäten im Unternehmen und in Verwaltungen zu zählen, da auch hier ein – wenn auch ggf. entscheidender – Beitrag dafür geleistet wird, dass die primären Wertschöpfungsaktivitäten möglichst optimal vollzogen werden können. Im Zuge der Führung der Organisation wird gestaltend und steuernd in den gesamten Wertschöpfungsprozess eingegriffen.

Oftmals wird die Unternehmensführung synonym gesetzt mit *strategischer* Unternehmensführung. Dies ist nicht ohne Kritik zu sehen. So gilt es zu berücksichtigen, dass strategische und operative Funktionen sowie Ausführungsaufgaben eine zunehmend untrennbare Einheit im Rahmen der Unternehmensführung bilden. Es ist heute vielfach nicht mehr der Fall, dass – ganz klassisch – zunächst die Strategien entwickelt und diese anschließend umgesetzt werden (können)[56]). Vielmehr ist eine gleichrangige und gegenseitige Beeinflussung und gegenseitiges Lernen notwendig. Oftmals werden Strategien nicht geplant, sondern entstehen intuitiv aus dem Tagesgeschehen heraus, was dann wiederum für eine gleichbedeutende Relevanz der drei Funktionsbereiche spricht. Unternehmensführung, die auf strategischer Pla-

56) Vgl. aber andererseits die Studie von Al-Laham; Welge & Al-Laham (2008).

nung und darauf aufbauend auf operativer Planung und Umsetzung basiert, wird insbesondere in dynamischen und/oder wettbewerbsintensiven Umwelten der Organisation zu eng greifen. Unternehmen sind in der heutigen Zeit diesbezüglich viel zu rasanten Umweltentwicklungen unterworfen und es lässt sich beobachten, dass solche Konstellationen auch vermehrt – freilich weniger dynamisch als in der Privatwirtschaft – im öffentlichen Sektor zu konstatieren sind (Hopp & Göbel, 2004). Vielmehr entsteht also ein beträchtlicher Teil an Strategien aus dem Tagesgeschehen heraus und wird als solcher nicht bewusst geplant. Die Umsetzung der Unternehmensvision über die Zielplanung und Strategieentwicklung bis hin zur Implementierung der Unternehmenspolitik wird in diesem Fall als ein Prozess mit kontinuierlicher Rückkopplung zu begreifen sein. Die Unterscheidung von strategischer und operativer Planung ist daher vor allem als idealtypische Gegenüberstellung zu begreifen.

Zusammengenommen können, was den Entstehungsprozess von Strategien angeht, zwei Ansätze unterschieden werden:

I **Präskriptive Ansätze**

Als klassisches Verständnis von Strategie, wonach Strategieentwicklung rational geplant werden kann und im Anschluss konkrete Schrittfolgen abgearbeitet werden können. Derartige Strategien werden in der Regel von Spezialisten in Form von externen Beratern oder in großen Organisationen von eigens zur strategischen Planung eingerichteten Stäben konzipiert.

II **Deskriptive Ansätze**

Wonach strategische Planung keinem systematischen Muster folgt, sondern nach und nach im Zuge verbesserter Informationen und Erkenntnisse entsteht. Solche Strategien sind oftmals das Ergebnis von „Bauchentscheidungen" oder auch von Aushandlungsprozessen zwischen Interessensgruppen (z. B. Dienstherr und Personal- bzw. Betriebsrat) oder auch eines sukzessiven Erkenntnisgewinns im Sinne eines „Aus Fehlern lernen"-Prinzips.

In der Realität wird es in Wirtschaft und Verwaltung die Regel sein, dass weder der präskriptive noch der deskriptive Ansatz in Reinform die Entstehung von Strategien vollkommen zutreffend beschreiben. Wie so oft wird die Wahrheit in der Mitte liegen, sodass etwa eine bestimmte Strategie geplant wird und im Laufe der Zeit aber Einflussgrößen (politische Entscheidungen, veränderte Bürger- bzw. Kundenwünsche etc.) wirksam werden, wodurch der ursprüngliche Plan modifiziert oder gar ganz verworfen werden muss. Es könnten sich nun zunächst nicht beabsichtigte Handlungsziele in den Vordergrund schieben und an die Stelle des ursprünglich ins Auge gefassten Planes treten. In der folgenden Abbildung 14-5 werden diese Alternativen noch einmal veranschaulicht.

Abb. 14-5: Geplante, nicht realisierte und unbeabsichtigte Strategien (nach Macharzina, 1999, S. 202)

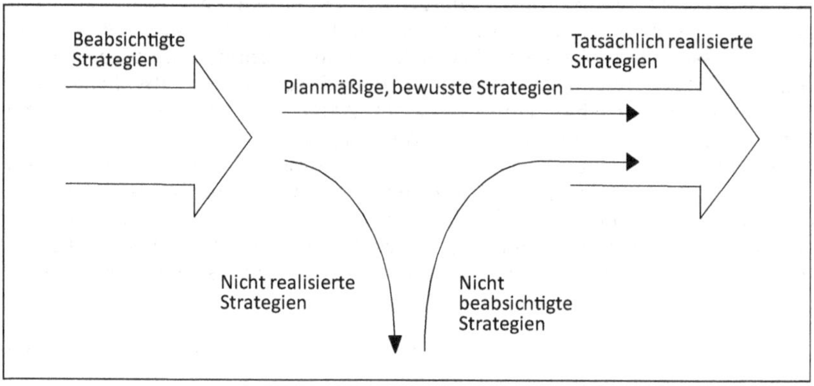

14.5 Phasenmodell des strategischen Managements

Da sich der Prozess der Strategiefindung und -umsetzung regelmäßig als ein äußerst komplexes Unterfangen darstellt, besteht schnell die Gefahr, dass wichtige Fragen übersehen werden oder die Komplexität die beteiligten Personen überfordert und sie sich „verzetteln". Um diesen Risiken ein Stück weit aus dem Wege zu gehen, bietet es sich auch für die praktische Umsetzung an, sich bei der Strategieentwicklung von einer gewissen Systematik leiten zu lassen. Eine Möglichkeit besteht darin, sich an einzelnen – mehr oder weniger – gut abgrenzbaren Phasen (siehe Abb. 14-6) zu orientieren. Das nachfolgend vorgestellte Phasenmodell kann als eine Art Standard angesehen werden. Es findet sich so oder mit leichten Modifikationen in einer Reihe von Lehrwerken zum strategischen Management wieder.

Abb. 14-6: Phasenmodell der Strategieentwicklung

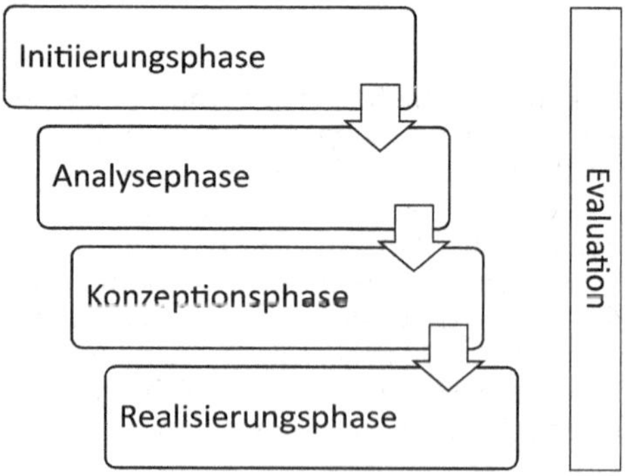

14.5.1 Initiierungsphase

In der Initiierungsphase geht es um die Frage, wie die Formulierung von Strategien in die Organisation hineingetragen wird. An dieser Stelle gilt es, insbesondere zu planen,

- wie der Prozess der Strategieentwicklung verlaufen soll,
- welcher Logik (z. B. präskriptiv) die Strategieentwicklung folgen soll,
- welche Personen, Organisationsbereiche oder Institutionen beteiligt werden sollen,
- welche Ressourcen zur Strategiekonzeption bereitgestellt werden sollen

In dieser Phase wird zu entscheiden sein, ob dem klassischen Verständnis der Strategieentwicklung gefolgt werden soll (siehe oben präskriptiver Ansatz) oder inwieweit bewusst offene Flanken für nachträgliche Modifikationen der Strategie belassen werden sollen.

Des Weiteren wird zu klären sein, ob z. B. nur Führungskräfte bzw. gar nur die obersten Führungskräfte (z. B. nur der Verwaltungsvorstand) an der Strategieentwicklung beteiligt werden oder auch Überlegungen aus der Sachgebietsebene mit einfließen sollen. Schließlich stellt sich mit der Frage nach den eingesetzten bzw. bereitgestellten Ressourcen auch zugleich die Frage nach dem Grad der Professionalität der Strategieentwicklung: Werden dazu eigens veranstaltete „Workshops“ durchgeführt? Werden finanzielle Mittel für das Know-how von externen Beratern freigemacht? Findet die Strategieentwicklung unter Verwendung erprobter Methoden und Hilfsmittel statt?

In Anlehnung an *Hamel* lassen sich zehn Thesen formulieren, die bei der konkreten Initiierung von Strategien berücksichtigt werden sollten (Hamel, 1996, S. 69 ff.):

1. Eine Organisation soll nicht (nur) nach Stabilität suchen, sondern muss offen sein für Neues.
2. Der Entwurf von Strategien soll auch an Grundannahmen der Organisation rütteln; er soll „subversiv“ sein dürfen.
3. Gerade erfahrene Führungskräfte können oftmals der Engpass für neue Strategien sein, wenn sie die alte Orientierung verteidigen.
4. Mitarbeiter brauchen Raum und Möglichkeit, neue Ideen einbringen zu können.
5. Die Mitarbeiter beteiligen und mitnehmen.
6. Strategien sollten (soweit irgend möglich) demokratisch entworfen werden[57]).
7. Alle können Strategien entwickeln und leben, nicht nur die (obersten) Führungskräfte

57) Dabei ist der zunächst sympathisch anmutende, demokratische Entscheidungsreflex, breite Schichten der Mitarbeiterschaft mit einzubeziehen, nicht ohne Tücken, wenn man bedenkt, dass auch dieser Prozess koordiniert werden muss und die meisten Vorschläge der Mitarbeiter vermutlich verworfen werden müssen. Dies kann zu Frustration und Motivationsverlust führen.

8. Perspektiven-Vielfalt als Chance begreifen. Je mehr Sichtweisen zusammenwirken, umso reichhaltiger und innovativer die Strategie.
9. Top-down (durch die Leitung vorgegeben) und Bottom-up (von den Mitarbeitern entwickelt) sind keine Alternativen. Strategieentwicklung muss in beide Richtungen verlaufen.
10. Der Prozess der Strategieentwicklung muss Raum für Änderungen und Variationen bereithalten. Es ist nicht möglich, den gesamten Prozess von Anfang an bis zum Ende fixiert durchzuplanen.

Auf die Initiierungsphase folgt die Analysephase, die auf mehreren Ebenen sowohl das Umfeld der Organisation als auch die Organisation selbst einer eingehenden Beurteilung unterzieht.

14.5.2 Analysephase

Im Zuge der Analysephase geht es im Kern darum, dass einerseits der Blick nach außen in das Umfeld der Organisation gerichtet wird, um so Chancen (engl. Opportunities) oder Risiken (engl. Threats) zu identifizieren. Andererseits wird der Blick auch nach innen, d. h. auf die eigene Organisation, gerichtet, wenn es darum geht, die eigenen Stärken (engl. Strenghts) und Schwächen (engl. Weaknesses) bewusst zu erkennen. Die Analysephase umfasst daher im Wesentlichen zwei große Analysekomplexe: die Umwelt- und die Organisationsanalyse (siehe Abb. 14-7).

Abb. 14-7: Strategische Umwelt- und Organisationsanalyse

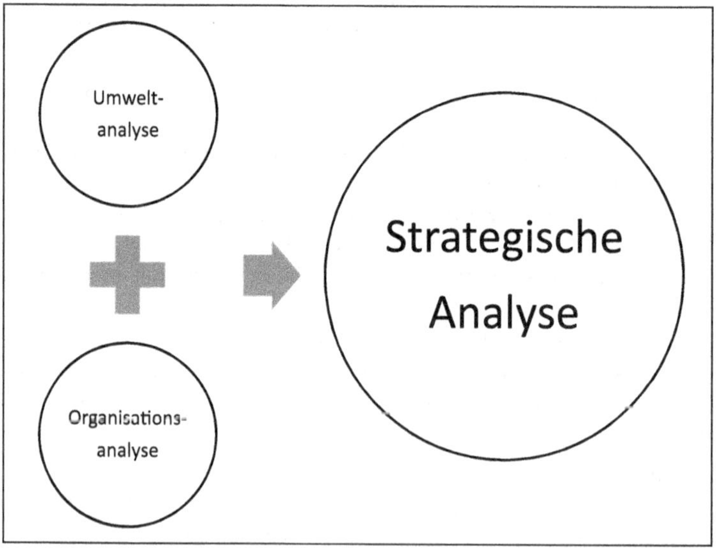

Die Betrachtungsfelder der Außen- und Innenanalyse können im Rahmen des sogenannten **„SWOT"-Ansatzes**[58]) zusammengeführt werden. Auf diese Möglichkeit wird unten in diesem Abschnitt wieder Bezug genommen werden.

➤ Die Umweltanalyse

Im Zuge der Umweltanalyse geht es darum, die Chancen und Risiken der Umwelt zu identifizieren, um damit der Organisation die Möglichkeit zu eröffnen, sich in idealer Weise anzupassen oder sogar auch selbst Umweltentwicklungen mit zu beeinflussen. In der allgemeinen Strategielehre ist es verbreitet, die Umweltanalyse auf verschiedenen Ebenen durchzuführen, wie es in Abbildung 14-8 verdeutlicht wird.

Abb. 14-8: Ebenen der strategischen Umweltanalyse

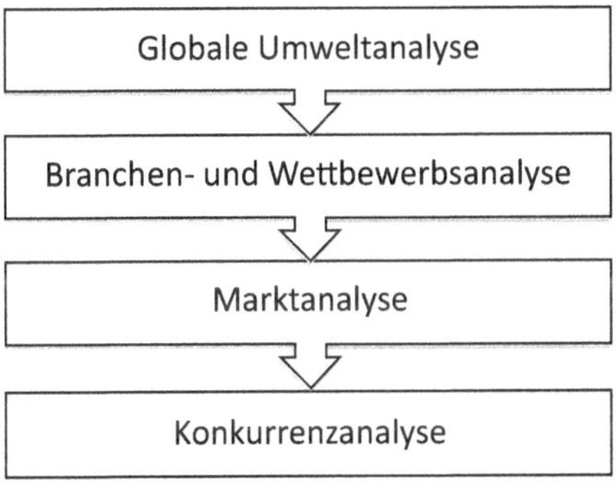

Die Analyse der globalen Umwelt hat das Ziel, die dominierenden Trends zu identifizieren und zu bewerten. Dabei werden **politisch-rechtliche Faktoren** (z. B. Wohin geht die Gesetzgebung des Bundes? Wie ist die politische Einstellung gegenüber der Industrie?), **ökonomische Faktoren** (z. B. die gesamtwirtschaftliche Entwicklung, Konsumneigung der Bevölkerung, Pro-Kopf-Einkommen, Steuern), **sozio-kulturelle Faktoren** (z. B. Werte und Einstellungen, Religionen, Lebensstile) und **technologische Faktoren** (z. B. technische Entwicklungen in alternativen Branchen, Erfindungen) untersucht und auf die Relevanz für das Unternehmen bzw. die Organisation interpretiert[59]).

In einer zunehmend globalisierten Welt, deren Auswirkungen zeitversetzt auch auf den öffentlichen Sektor durchschlagen, bestehen vielfältige Abhängigkeiten, z. B. der Kommunen von externen Einflüssen. Insofern ist die Umweltanalyse für Kommunen von großer Bedeutung, wenn auch die Betrachtungsfelder im Vergleich zum obigen Ausgangsmodell aus der Privatwirtschaft modifiziert werden müssen. Überträgt man diese Art der Betrach-

58) Die Abkürzung SWOT ergibt sich aus den Anfangsbuchstaben der englischsprachigen Bezeichnungen.

59) Vgl. ausführlich z. B. Welge & Al-Laham (2008, S. 292 ff.).

tung auf den öffentlichen Sektor, insbesondere auf die Ebene einer Gemeinde, so könnte sich etwa eine Unterscheidung zwischen der globalen, kontinentalen, nationalen, regionalen Umwelt anbieten (siehe Abb. 14-9).

Abb. 14-9: Mögliche Ebenen einer globalen Umweltanalyse

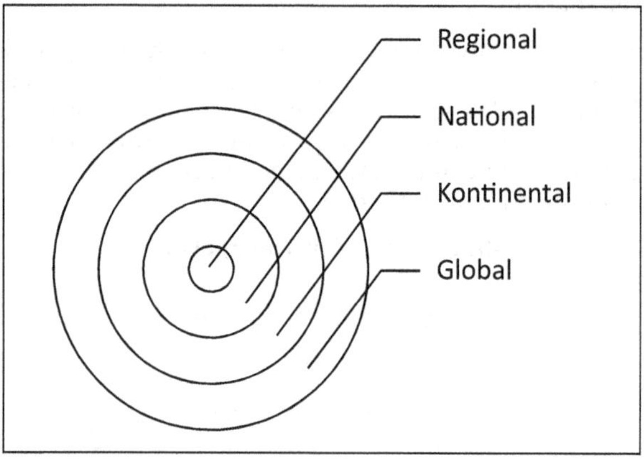

Die Kommune muss nun untersuchen, welche Entwicklungen auf den einzelnen Ebenen erkennbar sind. Beispielsweise könnte auf der nationalen Ebene eine Veränderung der gesellschaftlichen Werte zu beobachten oder ein Anstieg der Geburtenraten zu verzeichnen sein. Des Weiteren sind dann Überlegungen darüber anzustellen, welche dieser Entwicklungen die Gemeinde (vermutlich) in welcher Weise beeinflussen werden bzw. ob es sich dabei eher um eine Chance oder eher um ein Risiko handelt.

Zum Teil wird es nicht leichtfallen einzuschätzen, ob es sich bei einer Entwicklung eher um eine Chance oder ein Risiko handelt. Die Literatur zum strategischen Management kennt hierzu weitere Verfahren, die herangezogen werden können, um darüber eine besser abgesicherte Einschätzung abgeben zu können (Welge & Al-Laham, 2008). Zu den quantitativen Instrumenten zählen z. B. die Trendextrapolation, die sogenannte „Gap-Analyse", die Regressions-Analyse und die Lebenszyklusanalyse. Eher qualitativ ausgerichtete Verfahren stellen beispielsweise die Szenario-Technik, die Delphi-Technik oder der sogenannte Relevanzbaum dar.

➤ Branchenanalyse

In der Branchenanalyse wird die Attraktivität und die Dynamik einer Branche untersucht. Unter einer Branche wird eine Gruppe von Unternehmen verstanden, deren Produkte sich gegenseitig weitgehend ersetzen können. Als typisches Beispiel kann z. B. die Automobilbranche genannt werden. Aus dem öffentlichen Sektor lässt sich beispielhaft die Gesundheitsbranche aufführen, wenn eine Stadt z. B. ein Krankenhaus unterhält. In dieser Branche steht das kommunale Krankenhaus als ein Anbieter neben anderen Krankenhäusern, die sich in privater Trägerschaft befinden, in einer grundsätzlichen Konkurrenzsituation (Mroß, 2009c). Auch der Kulturbereich bzw. weiter gefasst als Kultur- und Unterhaltungs- oder Bildungsbereich kann als Branche für den öffentlichen Sektor interpretiert werden, in der Produkte anderer Städte oder privater Anbieter die Produkte der Gemeinde in eine Konkurrenzsituation versetzen.

Es ist für private Unternehmen bzgl. ihrer wirtschaftlichen Existenz, aber auch für öffentliche Einrichtungen bzgl. ihrer politischen Rechtfertigung eine entscheidende Aufgabe, die Frage nach der maßgeblichen Branche richtig zu beantworten. So macht es einen Unterschied, ob ein Opernhaus sich in der Kulturbranche oder der Unterhaltungsbranche wähnt. Maßgeblich wird dabei stets die Wahrnehmung der Kunden/Bürger sein, denn sie entscheiden als zahlende Besucher, ob der Opernbesuch, z. B. hinsichtlich seines Unterhaltungswertes, gleichwertig durch einen Kinoabend ersetzt werden kann. Es hat den Anschein, dass eine Reihe von Auslastungsproblemen öffentlicher Einrichtungen auch aus der fehlerhaften Einschätzung der tatsächlich zutreffenden Branche resultieren.

Die Branchenanalyse untersucht im Einzelnen Fragen wie beispielsweise:

- Welche Branchen sind wirtschaftlich attraktiv?
- Welche Wettbewerbsstrukturen herrschen in einer Branche vor?
- Wie kann sich das Unternehmen in der Branche erfolgreich positionieren?
- Wie können Veränderungen in der Branche und den dort herrschenden Wettbewerbsstrukturen herbeigeführt, gestaltet und/oder genutzt werden?

In der klassischen Strategielehre wird die Branchenanalyse auf der Basis der sogenannten **„Triebkräfte des Branchenwettbewerbs"** nach *Porter* durchgeführt (vgl. Porter, 1999b; Grant & Nippa, 2006, S. 97 ff.). Porter geht davon aus, dass der Erfolg des Unternehmens maßgeblich von der Intensität des Wettbewerbs geprägt ist, der innerhalb einer Branche herrscht. Die Wettbewerbsintensität wird bestimmt von der Verhandlungsstärke der Lieferanten, der Verhandlungsstärke der Kunden/Abnehmer, der Gefahr von möglichen Substitutionsprodukten sowie von der Bedrohung durch neue Anbieter. Diese Triebkräfte sind wiederum von weiteren Bestimmungsgrößen hergeleitet. So ist die Bedrohung durch neue Anbieter von den herrschenden Markt-Eintrittsbarrieren abhängig, d. h. von der Frage, wie leicht oder schwer es für neue Anbieter ist, auf dem Markt Fuß zu fassen.

➤ Marktanalyse

Durch die Branchenanalyse entsteht ein genaueres Bild über die Position der Organisation innerhalb ihrer Branche. Informationen über Kunden und z. B. deren Bedürfnisse liegen damit aber noch nicht vor. Um eine Strategie auf den Markt und die Kunden zielgenau formulieren zu können, sind daher weiter gehende Untersuchungen notwendig, wie sie im Rahmen der Marktanalyse erfolgen.

Um das Produkt- und Dienstleistungsangebot spezifisch in der Strategieformulierung berücksichtigen zu können, bietet es sich regelmäßig an, eine sogenannte Marktsegmentierung vorzunehmen. **Marktsegmentierung** bezeichnet allgemein die Unterteilung des Gesamtmarktes in nach bestimmten Kriterien gebildete Teilbereiche. Diese Teilbereiche werden als Marktsegmente bezeichnet, die innerhalb des Segmentes homogene Kunden-, Nutzer-, Bürgergruppen etc. umfassen. Durch diese Aufteilung (Segmentierung) wird es einfacher möglich, die Bedürfnisse der Kunden zielgenauer mit den entsprechenden Angeboten anzusprechen[60]).

Als mögliche Segmentierungskriterien sind z. B. denkbar:

- Kundenmerkmale, wie z. B. Alter, Geschlecht, Einkommen, Nutzungs- und Konsumgewohnheiten etc.
- geographisch-regional, wie z. B. Regionen, Bundesländer etc.

Organisationsintern werden diese Marktsegmente in sogenannte **„strategische Geschäftseinheiten" (SGE)** unterteilt, die dieses Teilsegment bearbeiten. Für organisatorische Fragen gilt es hier zu berücksichtigen, dass die strategischen Geschäftseinheiten nicht zwingend auch als organisatorische Einheiten existieren müssen. Ein Beispiel für die Marktsegmentierung aus der Privatwirtschaft wäre etwa ein Automobilhersteller, der seine Kunden nach dem Kriterium „Einkommensniveau" differenziert und sein Angebot entsprechend nach Kleinwagen (z. B. VW-Polo), Mittelklasse (z. B. VW-Golf), Luxusfahrzeuge (z. B. VW-Phaeton) ausrichtet.

Das Denken in Marktsegmenten ist zunächst einmal auf die Erfordernisse von privaten, gewinnorientierten Unternehmen zugeschnitten. Für den öffentlichen Sektor sind Modifikationen notwendig, da insbesondere die Gemeinden nur im Bereich der freiwilligen Aufgaben einen nennenswerten Planungs- und Entscheidungsspielraum besitzen. Überträgt man das Denken in Marktsegmenten beispielsweise auf das Aufgabenfeld „Soziale Hilfen" und wählt als Segmentierungskriterium „Ziel der Hilfe", dann könnten sich z. B. die Segmente „Wohnungslosenhilfe" und „Schuldner- und Insolvenzberatung" anbieten.

Im Anschluss an die Marktsegmentierung gilt es zu entscheiden, welche Segmente die Organisation bearbeiten will, d. h., für welche Kundengruppen tatsächlich ein Angebot konzipiert werden soll **(Kundenanalyse).** Auch an dieser Stelle ist noch einmal auf zum Teil gravierende Unterschiede zwischen dem privatwirtschaftlichen und dem öffentlichen Sektor hinzuweisen. Aufgrund der Versorgungsverpflichtung sind die entscheidungsrelevanten Freiheitsgrade im Bereich der Pflichtaufgaben im öffentlichen Bereich eher gering, sodass alle (potenziellen) Kunden angesprochen werden müssen.

60) Die KGSt (2000, S. 23) spricht anstatt von Marktsegmenten von Handlungsfeldern, was den Kern strategischen Denkens aber nur unzureichend würdigt, insofern dieser Terminus eher die traditionelle Perspektive der Verwaltung, die handelt, betont, anstatt das Angebot von den Kunden/Bürgern her zu denken, wie es im Rahmen eines outputorientierten Verwaltungshandelns angezeigt wäre.

Aus strategischer Perspektive sind allgemein die folgenden Fragestellungen im Rahmen der Kundenanalyse relevant (Dillerup & Stoi, 2008, S. 212):

- Wer sind die bestehenden und potenziellen Kunden der Organisation?
- Welche Kunden sind besonders „wertvoll"?
- Welche Anforderungen haben die bestehenden und potenziellen Kunden?
- Wie können die bestehenden Kunden an die Organisation/das Unternehmen gebunden werden?
- Wie können potenzielle Kunden gewonnen werden?
- Wie kann sich die Organisation/das Unternehmen besser als seine Wettbewerber positionieren?

Auch wenn der Entscheidungsspielraum vergleichsweise gering ist, so liefert doch die Kundenanalyse auch im öffentlichen Sektor wertvolle Hinweise zu den Präferenzen und Bedürfnissen der Kunden/Bürger. Ein Aspekt, der gerade im Hinblick auf eine stärkere Outputorientierung der öffentlichen Verwaltungen nicht unterschätzt werden sollte. Für freiwillige Leistungen ist der Nutzen z. B. der oben genannten Fragestellungen der Kundenanalyse naheliegend. Wendet man diese Frage exemplarisch etwa auf Kultur- oder Freizeitangebote an, so gilt es beispielsweise, sich darüber Klarheit zu verschaffen, welche Kundengruppen tatsächlich angesprochen werden, d. h.: Wendet sich das Angebot an Jugendliche, an Familien, an Senioren etc.? Sollen besondere Angebote für als *wertvoll* angesehene Kunden (z. B. Familien, einkommensstärkere Kunden) angeboten werden? Soll verhindert werden, dass Kunden ähnliche Einrichtungen anderer Gemeinden nutzen bzw. sollen auch Bürger anderer Städte angesprochen werden etc.?

➤ Konkurrenzanalyse

Grundsätzlich besteht das Ziel der Konkurrenzanalyse darin, das Wettbewerbsverhalten von Wettbewerbern innerhalb der eigenen Branche und in Relation dazu die Position des eigenen Unternehmens zu beurteilen. Die Konkurrenzanalyse steht daher inhaltlich in enger Nähe zur oben eingeführten Branchenanalyse. Für den öffentlichen Sektor spielt die Frage nach der Konkurrenz nach wie vor eine eher untergeordnete Rolle, sodass der Aspekt der vergleichenden Betrachtung von Organisationen mit im nachfolgenden Kapitel zur Organisationsanalyse behandelt wird.

➤ Organisationsanalyse

Während im Rahmen der Umweltanalyse Entwicklungen außerhalb der eigenen Organisation identifiziert und bewertet wurden, richtet die Organisationsanalyse (syn. auch Unternehmensanalyse) den Blick nach „innen".

„Ihr Ziel ist es, ein möglichst objektives Bild der gegenwärtigen und zukünftigen Stärken und Schwächen der Unternehmung aufzuzeigen.

Jede Unternehmung verfügt im Prinzip über eine unüberschaubare Fülle an Einzelinformationen. Das … grundlegende Problem … besteht deshalb darin, diese Daten zu ordnen, zu selektieren und für strategische Entscheidungen auf höchster Ebene zu verdichten" (Welge & Al-Laham, 2008, S. 353).

Wie der obige Textauszug betont, richtet die Organisationsanalyse in ihrer klassischen Ausprägung den Fokus auf die Frage nach den Stärken und Schwächen der betrachteten Organisation bzw. Unternehmung (Welge & Al-Laham, 2008, S. 353). Die Analyse der Stärken und Schwächen erfolgt gewöhnlich in drei Abschnitten:

1. Ermittlung der internen Stärken und Schwächen,
2. Bewertung der internen Ressourcen und Fähigkeiten,
3. Erstellung eines Stärken-Schwächen-Profils.

Die Stärken und Schwächen werden sowohl für die aktuelle Situation als auch für die Zukunft ermittelt. Dabei erweist es sich regelmäßig als schwierig, die notwendige Objektivität an den Tag zu legen. Häufig werden die (subjektiven) internen Meinungen über die eigenen Fähigkeiten und das eigene Leistungsvermögen auseinandergehen und ggf. auch nicht mit der objektiven Situation übereinstimmen. Gerade für den öffentlichen Sektor, in dem Konkurrenzsituationen unter den verschiedenen öffentlichen Einrichtungen eher selten der Fall sind, bietet sich zur Objektivierung der Einschätzung ein sogenanntes **Benchmarking** an. Benchmarking kann als ein strategischer Lernprozess verstanden werden, in dem die eigene Organisation mit der besten der Branche verglichen wird[61]).

Die Kernaufgabe im Zuge der Organisationsanalyse besteht nun für die Stärken/Schwächen-Betrachtung darin, in ehrlicher Weise – z. B. mithilfe eines Benchmarkings – zu bewerten, welche Stärken oder Schwächen die identifizierten Fähigkeiten und Ressourcen im Vergleich zu Konkurrenten oder Vergleichspartnern aufweisen. Übertragen auf den öffentlichen Sektor könnte eine solche Analyse als stark vereinfachtes Beispiel das folgende Ergebnis (Stärken-Schwächen-Profil) aufweisen (siehe Abb. 14-10). Die Analyse erfolgt aus der Sicht des kommunalen Altenheims.

61) Ausführlicher zum Thema Benchmarking siehe Kapitel 15.

Abb. 14-10: Stärken-Schwächen-Profil – Beispiel

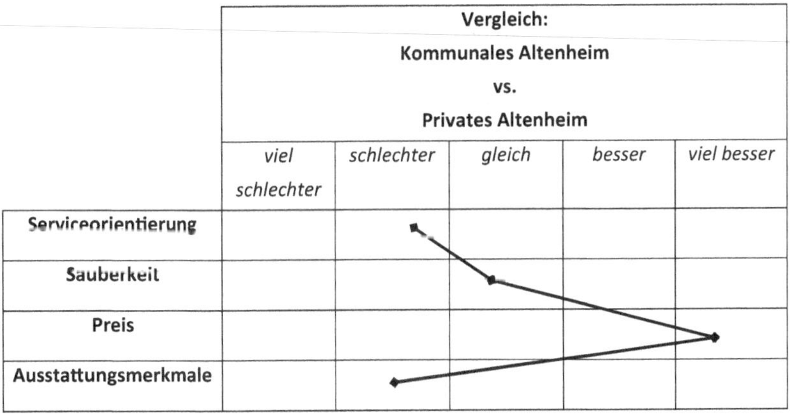

Auf einen Blick macht die Darstellung deutlich, dass das kommunale Altenheim im Vergleich zur privaten Konkurrenz bzgl. des Merkmals Serviceorientierung etwas schlechter, hinsichtlich der Sauberkeit gleich, bzgl. des Preises viel besser und bzgl. der Ausstattungsmerkmale etwas schlechter abschneidet.

Oben in diesem Abschnitt wurde bereits auf die sogenannte SWOT-Analyse hingewiesen. In dieser werden gewissermaßen die Resultate aus der Umweltanalyse („Chancen und Risiken") und der Organisationsanalyse („Stärken und Schwächen") zu einer integrierten Bewertung zusammengeführt. Anhand der vier Kriterien lässt sich dazu nunmehr eine Vier-Felder-Matrix erstellen, welche die Ergebnisse der Außen- und Innenanalyse systematisiert (siehe Abb. 14-11).

Abb. 14-11: SWOT-Analyse – Grundstruktur

		Ergebnisse der Umweltanalyse	
		Chancen	**Risiken**
Ergebnisse der Organisationsanalyse	**Stärken**	Stärken/Chancen-Strategien	Stärken/Risiken-Strategien
	Schwächen	Schwächen/Chancen-Strategien	Schwächen/Risiken-Strategien

Die SWOT-Analyse dient dazu, strategische Möglichkeiten zu generieren, die aus einem expliziten Abgleich von Determinanten der Organisation/Unternehmung und ihrer Umwelt resultieren. Aus der SWOT-Analyse folgen vier Normstrategien:

- **Stärken/Chancen-Strategien**
  Es gilt, die eigenen Stärken zu nutzen, um an Chancen aus der Umwelt zu partizipieren. Zum Beispiel könnte eine ohnehin schon kinderfreundliche Stadt sich auch offensiv zur Familienorientierung bekennen.
- **Stärken/Risiken-Strategien**
  Es gilt, die eigenen Stärken einzusetzen, um die sich abzeichnenden Risiken abzuwenden oder zumindest abzumildern. Im öffentlichen Sektor kann dieses z. B. durch Kooperationen mit öffentlichen oder privaten Partnern erfolgen. Insbesondere die Public Private Partnership (siehe Kapitel 13) bietet ggf. die strategische Möglichkeit, Risiken auf den privaten Partner abzuwälzen.
- **Schwächen/Chancen-Strategien**
  Es gilt, mit den eigenen Schwächen so umzugehen, dass man an den erkannten Chancen dennoch teilhaben kann. Denkbar sind hier Formen der Zusammenarbeit, wie z. B. in Form von Zweckverbänden (siehe Kapitel 13). Im Idealfall bietet es sich an, Partner zu finden, die diese Schwäche nicht aufweisen.
- **Schwächen/Risiken-Strategien**
  Es gilt hier, umgehend zu reagieren, da ggf. die Existenz oder das politische „Überleben" der Organisation auf dem Spiel steht. Verbreitete Strategien in diesem Feld sind z. B. Privatisierung und Outsourcing sowie radikale Veränderung zur Erhöhung der Effizienz.

14.5.3 Konzeptionsphase

➤ Vision, Leitbild, strategische Ziele

Nachdem in den vorangegangenen Ausführungen dieses Kapitels die Umwelt und die eigene Organisation einer ausführlichen Betrachtung und Bewertung unterzogen wurden, gilt es nun seitens der Verantwortlichen (des „Managements"), die entsprechenden Schlussfolgerungen daraus zu ziehen und eine Strategie ins Auge zu fassen. Dabei ist es als zwingend notwendig anzusehen, dass die Strategie mit der Vision, dem Leitbild bzw. der „Mission" der Organisation vereinbar ist. Konzeptionell lassen sich solche ethisch-philosophisch angehauchten Fragen nach der Vision, dem Leitbild etc. unter dem Terminus der **„Normativen Unternehmensführung"** verorten. Normative Unternehmensführung bestimmt das Selbstverständnis der Organisation/des Unternehmens in Form übergeordneter Ziele, Werte und Verhaltensweisen (Dillerup & Stoi, 2008, S. 51). In diesem Sinne sind also die Fragen nach dem Kernzweck der Organisation („Warum existieren wir eigentlich?") und nach dem eigenen Bild („Wer wollen wir sein?") zu beantworten.

Die **Vision** beschreibt das angestrebte Zukunftsbild der Organisation. Sie zeigt, was mit den eigenen Werten erreicht werden soll, wodurch die Organisation eine Richtung erhält. Nachfolgend finden sich Beispiele für unternehmerische und gesellschaftliche Visionen (Camphausen 2003, S. 19):

„A car for everybody" – Henry Ford

„A PC for everybody" – Steve Jobs

„I have a dream ..." – Martin Luther King

„The man on the moon" – John F. Kennedy

Durch das **Leitbild** wird die Vision konkretisiert und in Grundsätze, Ziele und Wertaussagen übertragen, die für das Unternehmen bzw. die Organisation maßgeblich sind (Camphausen, 2003, S. 21. Siehe exemplarisch hierzu das Leitbild der Stadt Köln [www.stadt-koeln.de]). Mithilfe eines Leitbildes werden weitaus weniger abstrakt oder allgemein als im Falle der Vision genauere Aussagen für das Handeln der Mitarbeiter in Bezug auf die Kunden, Bürger, Lieferanten etc. getroffen. Das Leitbild füllt „die Vision [gewissermaßen] mit Leben und gibt Mitarbeitern und Management Grundsätze an die Hand, die die Basis für ihre Entscheidungen und Aktivitäten darstellen" (Camphausen, 2003, S. 21).

Idealtypisch folgt auf die Formulierung des Leitbildes die **strategische Zielplanung**. Mit dem Eintritt in die Phase der strategischen Zielplanung wird endgültig die tendenziell abstrakte Ebene von Vision und (den schon etwas konkreteren) Leitbildern verlassen. Die Ziele leiten sich unmittelbar aus dem Leitbild der Organisation ab und sollen möglichst den sogenannten **„SMART-Kriterien"** genügen, d. h., sie sollen spezifisch, messbar, erreichbar, realistisch und zeitlich befristet sein[62]). Es besteht die Gefahr, dass im öffentlichen Sektor häufig von den SMART-Kriterien abgewichen wird. Beispielsweise fehlt oftmals der eindeutige zeitliche Horizont. Darüber hinaus werden Ziele zumeist nur als zu ergreifende Maßnahmen beschrieben und nicht als Zustand, den es zu erreichen gilt, sodass eine Evaluation der Zielerreichung problematisch wird. Als großes Manko ist schließlich auch die fehlende Messbarkeit von Zielen im öffentlichen Sektor festzuhalten. Aus politischem Kalkül wird darauf regelmäßig verzichtet, um der jeweiligen politischen Konkurrenz hier keine konkrete Angriffsfläche zu bieten.

In der Praxis wird es sich mitunter als hilfreich erweisen, insbesondere zur erstmaligen Formulierung von Leitbildern und strategischen Zielen, auf externe Berater als Moderatoren und Impulsgeber zurückzugreifen, um von deren Erfahrungen zu profitieren und z. B. der Gefahr endloser Diskussionen entgegenzuwirken. Im Regelfall kann nicht davon ausgegangen werden, dass innerhalb der Verwaltung ein solches Wissen vorliegt. Auch wenn die Formulierung des Leitbildes und der strategischen Ziele oftmals regelmäßig faktisch eine Angelegenheit des Rates bzw. des oberen Managements (z. B. Verwaltungsrat) ist, sollte im öffentlichen Sektor ein besonderer Wert darauf gelegt werden, dass gerade das Leitbild eine breite Akzeptanz in der Politik

62) Nach Camphausen (2003, S. 24). SMART steht für die entsprechenden englischsprachigen Bezeichnungen: specific, measurable, achievable, realistic und time frame (siehe auch Kapitel 15).

sowie bei den Bürgern und Mitarbeitern findet. An dieser Stelle sei z. B. auf die Konzeption der „Bürgerkommune" hingewiesen (siehe Kapitel 13), in der die Bedeutung und der Einbezug einer möglichst breiten Basis eine zentrale Rolle spielt.

Abb. 14-12: Hierarchie von Vision, Leitbild und strategischen Zielen

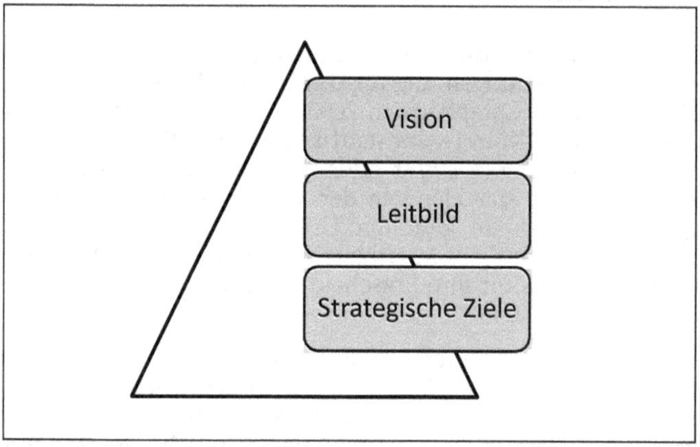

Die strategische Zielplanung bildet den Ausgangspunkt des strategischen Managements im engeren Sinne. Die Formulierung von strategischen Zielen ist dabei grundsätzlich eine originäre Aufgabe des Rates. Die Trennung zwischen strategischer (Ziel-)Vorgabe durch den Rat und operativer Umsetzung durch die Verwaltung wird insbesondere auch durch das Neue Steuerungsmodell nachdrücklich betont. Die folgende Abbildung 14-13 zeigt das Leitbild und die strategischen Zielfelder der Stadt Cuxhaven. Dort mit weiteren Leitbild-Komponenten, strategischen Zielen und Handlungsfeldern.

Abb. 14-13: Leitbild und strategische Zielfelder der Stadt Cuxhaven – Auszug (www.cuxhaven.de)

Leitbild-Komponente „Zentrum maritimer Kompetenzen"
Der maritime Schwerpunkt Cuxhavens ergibt sich aus seiner hanseatisch-weltoffenen Tradition als Schutz-, Fischerei-, Marine- und internationalem Passagierhafen, der durch die Nordsee und die Elbmündung markant ausgeprägten Lage sowie den in allen Segmenten verknüpften, gewachsenen Erfahrungen mit dem Meer.

Hafenumschlag, Fischerei, Fähren, Lotsenstation, die hohe Dichte küstenorientierter Institutionen im Umwelt- und Katastrophenschutz sowie im Rettungswesen, internationale auf den See- sowie Schifffahrtsservice ausgerichtete Dienstleistungen, Forschungseinrichtungen von Bund und Land, Off-Shore Kompetenz, Seefahrtsschule, Nationalparkzentrum Wattenmeer und der Schwerpunkt ‚Tourismus am Meer', die Wasser- und Segelsportvereine, Events und Großveranstaltungen sowie das ausgeprägte maritime Freizeit- und Kulturinteresse der Cuxhavener und ihrer Gäste sind charakteristische Aktivposten der Stadt. Neue Impulse ergeben sich aus der Entscheidung der Bundesrepublik und der Küstenländer, Cuxhaven zum Standort des international wirkenden Havariekommandos zu machen, der obersten zentralen Steuerstelle der maritimen Notfallvorsorge an der deutschen Küste.

Strategische Ziele	**Handlungsfelder**
• Erhaltung und Entwicklung des maritimen Schwerpunktes Cuxhavens • Ausbau des Hafenstandortes • internationale Positionierung Cuxhavens als Hafenstadt • Pflege und Stärkung der maritimen Kultur und Ausprägung des Stadtbildes	• Standort für küsten-, meeres- und schifffahrtsorientierte Dienstleistungen ausbauen • Bündelung von Fachwissen am Ort • Umschlagplatz im transeuropäischen • Short-Sea-Verkehr weiterentwickeln • Verknüpfung mit Sea-Airport Cuxhaven/Nordholz • vermehrt internationale sowie nationale Fähr-, Passagier- und Frachtverkehre an Cuxhaven binden • maritime Events und Großveranstaltungen fördern • Hafenentwicklung zu einem Schwerpunkt des Standortmarketings machen

➤ Strategieformulierung

Nachdem die im Rahmen der Umwelt- und Organisationsanalyse gewonnenen Erkenntnisse in Kontrast mit der Vision und dem Leitbild der Organisation gesetzt wurden, gilt es nunmehr zu entscheiden, welcher strategische Ansatz konkret gewählt werden soll.

Dazu ist es üblich, verschiedene **Typen von (Unternehmens-)Strategien** zu unterscheiden (siehe Abb. 14-14).

Abb. 14-14: Strategietypen (Steinmann & Schreyögg, 2000)

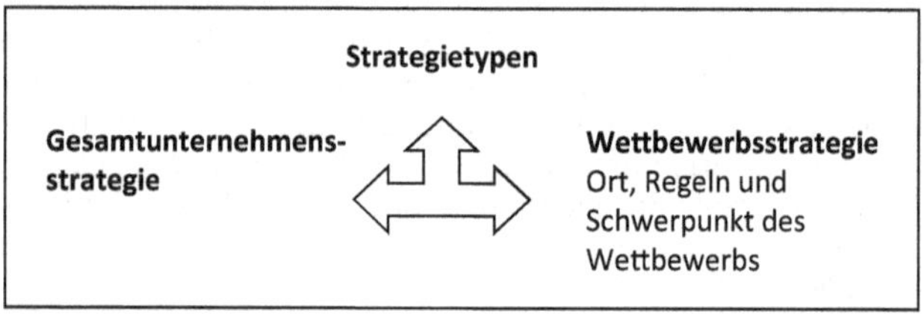

Im Rahmen von **Gesamtunternehmensstrategien** ist zu entscheiden, auf welchen Gebieten (Geschäftsfeldern) die Unternehmung wie und mit welcher Ausrichtung tätig sein soll. Für den öffentlichen Sektor stellt sich diese Frage in letzter Konsequenz nur für solche Bereiche, in denen überhaupt eine Wahlmöglichkeit besteht (z. B. im Kulturbereich) und ein Tätigsein nicht durch gesetzliche Vorgaben zwingend vorgesehen ist. Sich dieser Auswahlentscheidung zu stellen ist keine einfache Aufgabe. Geht es doch faktisch um die Aussage, dass bestimmte Bereiche wichtiger angesehen werden als andere – wichtiger zumindest in der Hinsicht, dass die knappen Ressourcen für den einen und eben nicht für den anderen Bereich eingesetzt werden sollen.

Mit **Wettbewerbsstrategien** hingegen wird allgemein entschieden, in welcher Form eine Organisation den Wettbewerb – sofern i. e. S. vorhanden – aufnehmen will. Die allgemeine Managementlehre spricht in einem ähnlichen Zusammenhang von Diversifikation, wenn verschiedene Produkte/Dienstleistungen angeboten werden. Im Rahmen von Wettbewerbsstrategien ist für jedes Geschäftsfeld, wie z. B. Kultur, Freizeit/Sport, Wirtschaftsförderung, gesondert zu entscheiden, auf welche Weise der Wettbewerb hier angegangen werden soll. Für den öffentlichen Sektor können an dieser Stelle z. B. einzelne Fachbereichsstrategien unterschieden werden. So muss eine Kommune im Fachbereich Jugendhilfe nicht zwingend die gleiche strategische Ausrichtung wählen wie für den Fachbereich Soziales[63]).

Für diese Entscheidung stellt das strategische Management drei Grundfragen, denen wiederum **drei Grundtypen von Wettbewerbsstrategien** entsprechen (Steinmann & Schreyögg, 2000, S. 191 ff.):

1. Wo soll konkurriert werden? (Ort des Wettbewerbs)
2. Nach welchen Regeln soll konkurriert werden? (Regeln des Wettbewerbs)
3. Mit welcher Stoßrichtung soll konkurriert werden? (Schwerpunkt des Wettbewerbs)

Hinsichtlich der Frage nach dem **Ort des Wettbewerbs** ist zu entscheiden, ob das Angebot den gesamten Bereich (z. B. alle Kunden/Bürger, alle Regionen etc.) abdecken soll oder nur ein Teilsegment[64]) bedient wird. Es könnte sich die Frage stellen, ob in allen oder mehreren Stadtgebieten Schwimmbäder betrie-

63) Zur Entwicklung von Fachbereichsstrategien vgl. z. B. KGSt (2000).

64) Siehe hierzu oben in diesem Kapitel noch einmal die Ausführung zur Marktsegmentierung.

ben werden sollen oder stattdessen ein großes zentrales „Spaß-Bad" mit besonderen Attraktionen. Unter Berücksichtigung von wirtschaftlichen Erwägungen kann die Beschränkung auf ein Teilsegment unter Umständen höhere Erträge mit sich bringen als die Abdeckung des Gesamtbereichs. Aber auch in allgemeiner Hinsicht kann die Konzentration auf eine Nische sinnvoll sein, wenn in diesem speziellen Bereich besondere Kompetenzen, Erfahrungen etc. vorliegen, die in anderen Bereichen weit weniger wirkungsvoll zum Tragen kämen. Die Konzentration käme daher einer Vermeidung von Kompetenzvergeudung gleich. Die **Regeln des Wettbewerbs** betreffen die Grundstruktur des Tätigkeits- bzw. Geschäftsfeldes. Die Organisation steht hier vor der Frage, ob sie versuchen soll, die herrschenden Regeln des Wettbewerbs zu verändern. Ein eindrucksvolles Beispiel aus dem kommunalen Bereich lässt sich etwa für die Wirtschaftsförderung/Gewerbeförderung aufführen: Die Gemeinde Beiersdorf-Freudenberg in der Nähe von Berlin senkte ihre Gewerbesteuer für das Jahr 2009 auf null, was sich als Versuch interpretieren lässt, die Wettbewerbsregeln um Unternehmensansiedelungen in der Region zu verändern[65]). Die Frage nach dem **Schwerpunkt des Wettbewerbs** lenkt den Blick schließlich auf zwei grundsätzliche Entscheidungen, die jede Organisation treffen muss, sofern sie nicht strategie- und/oder konzeptlos agiert (siehe Abb. 14-15).

Abb. 14-15: Schwerpunkte von Wettbewerbsstrategien

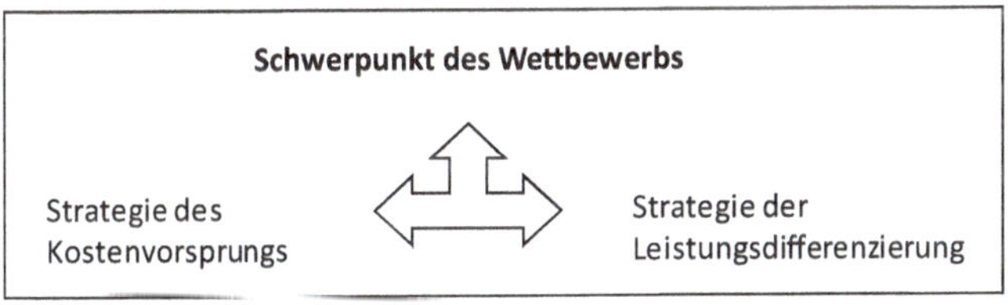

Mit der **Strategie des Kostenvorsprungs** versucht eine Organisation, Marktvorteile dadurch zu erzielen, dass sie gegenüber ihren Konkurrenten einen relativen Kostenvorteil aufweisen kann. Dieser Vorteil lässt sich i. d. R. darüber erzielen, dass eine möglichst breite Marktpräsenz besteht, wodurch im Wesentlichen größenbedingt Kostensenkungseffekte, insbesondere im Bereich der Fixkosten, erzielt werden können. Oftmals wird die Strategie der Kostenführerschaft aber nur unter Inkaufnahme von Qualitätseinbußen erfolgreich verfolgt werden können, sodass der Kostenführer nur Produkte/Dienstleistungen von in der Regel durchschnittlicher Qualität anbieten kann. So impliziert zum Beispiel die Kostenführerstrategie in einem städtischen Altenheim, dass etwa im Pflegebereich gerade eben die Pflichtquote an Fachkräften erreicht wird und auch bei diesen bzgl. Alter, Eingruppierung, Arbeitszeit und -volumen etc. eine sehr stringente Optimierung der Personalkosten betrieben werden muss.

65) Gegen ein Verbot der Bundesregierung der Gewerbesteuer von null legte die Gemeinde eine – letztlich aber erfolglose – Verfassungsbeschwerde ein, sodass der Mindesthebesatz für die Gewerbesteuer nunmehr 200 Prozent beträgt.

Eine grundlegend andere strategische Ausrichtung bringt die **Strategie der Leistungsdifferenzierung** mit sich. Das Ziel besteht hier darin, sich aus der Sichtweise des Kunden und/oder durch Besonderheiten der angebotenen Dienstleistung ein positives Alleinstellungsmerkmal zu verschaffen. Besonderheiten der Dienstleistung sollen die Einrichtung bzw. den Träger hier unverwechselbar machen. In der Sprache der Ökonomie ausgedrückt geht es schlicht darum, die Preiselastizität der Nachfrage zu senken und sich so einen quasi-monopolistischen Preisspielraum zu verschaffen. Das heißt, dem Kunden soll es vertretbar erscheinen, für das Produkt/die Dienstleistung ein höheres Entgelt zu zahlen, weil er damit andere Vorteile verbindet. Denkbar ist z. B., den Nutzungswert der Dienstleistung zu steigern, wobei hier ausdrücklich nur die Wahrnehmung des Kunden maßgeblich ist.

14.5.4 Realisierungs- und Kontrollphase

Schließlich kann nach der Klärung der drei Grundsatzfragen die gewählte Strategie umgesetzt und auf die operative Ebene heruntergebrochen werden. Für das Management der Realisierung, also der Umsetzung der Strategie, stehen unterschiedliche Instrumente zur Verfügung. Naheliegend ist z. B. der Einsatz einer sogenannten „Balanced Scorecard". Die Balanced Scorecard kann als ein Instrument interpretiert werden, mit dem die Organisation auf ihre Vision und ihre strategischen Ziele hin gesteuert werden kann. Dadurch, dass in der Balanced Scorecard die Strategie in greifbare Ziele übersetzt und mit konkreten Messgrößen versehen wird, hilft sie, die strategischen Überlegungen auf der operativen Ebene nachvollziehbar zu übertragen[66]). Für eine Darstellung der Balanced Scorecard wird auf das Kapitel 15 hingewiesen.

Der Prozess der strategischen Planung, wie er in diesem Lehrbuch dargestellt wurde, endet mit der strategischen Kontrolle. Dabei unterscheidet die strategische Kontrolle sich von einem reinen Soll-Ist-Vergleich, wie er in traditionellen Verständnissen von Kontrolle vertreten wird. In der nachstehenden Abbildung 14-16 werden zur Unterscheidung weitere Merkmale aufgeführt.

Abb. 14-16: Vergleich von traditioneller Kontrolle und strategischer Kontrolle (Bea & Haas, 2009, S. 252)

Vergleichs-merkmale	Traditionelle Kontrolle	Strategische Kontrolle
Kontrollaufgabe	reiner Soll-Ist-Vergleich i. S. einer Endergebniskontrolle mit einer zusätzlichen Analyse der Abweichungsursachen	Vor der Endergebniskontrolle sind die Prämissenkontrolle, die Planfortschrittskontrolle sowie die Richtigkeit der Planung von Bedeutung.

66) Zum Prozess der Strategieumsetzung mithilfe einer Balanced Scorecard vgl. z. B. ausführlich Dillerup & Stoi (2008, S. 369 ff.).

Vergleichsmerkmale	Traditionelle Kontrolle	Strategische Kontrolle
Kontrollgrößen	Es werden nur quantifizierbare Größen (sog. hard facts) kontrolliert (z. B. Einhaltung von Budgetvorgaben).	Neben quantifizierbaren Größen werden qualitative Größen (sog. soft facts) kontrolliert (z. B. Ausbildungsstand des Personals).
Kontrollausrichtung	unternehmensintern ausgerichtete und punktuell fixierte Kontrolle (sog. gerichtete Kontrolle)	sowohl auf die internen als auch auf die externen Erfolgsfaktoren der Unternehmung ausgerichtete Rundumkontrolle (sog. ungerichtete Kontrolle, „strategisches Radar“)
Kontrollzeitpunkt	Die Kontrolle erfolgt einmalig nach der Planrealisation (Ex post-Kontrolle).	Die Kontrolle erfolgt in einem kontinuierlichen, die Planung begleitenden Prozess.

Das traditionelle Verständnis von Kontrolle wird heute zunehmend als zu eng, zu starr und wenig komplex angesehen. Pläne können häufig nicht eins zu eins umgesetzt werden, oftmals sind zwischenzeitliche Anpassungen notwendig oder es müssen gar die Grundannahmen, von denen bei Aufstellung des strategischen Plans noch ausgegangen werden konnte, verworfen werden. Einen strategischen Kontrollansatz, der solche Unwägbarkeiten berücksichtigt, legen *Schreyögg* und *Steinmann* vor (Steinmann & Schreyögg, 2000): Strategische Kontrolle soll danach nicht das letzte Glied des Strategieprozesses darstellen, sondern sämtliche Phasen der strategischen Planung begleiten (siehe Abb. 14-17).

Abb. 14-17: Strategische Kontrolle (in Anlehnung an Steinmann & Schreyögg, 2000)

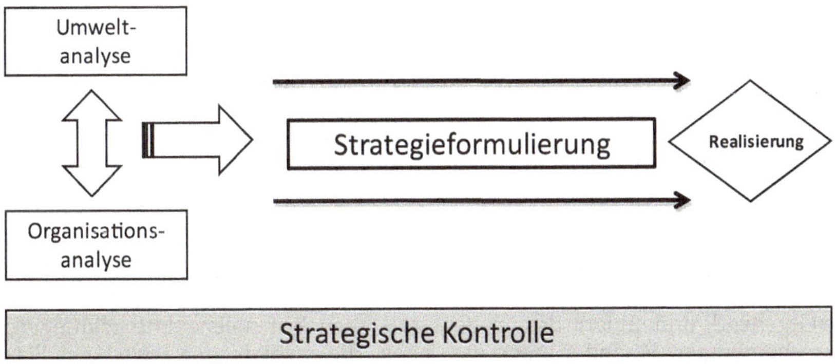

Begreift man strategische Kontrolle demnach als Aktivität, die nicht nur auf das Ergebnis gerichtet ist, sondern auch den gesamten Planungsprozess berücksichtigt, dann muss sich dieses Verständnis auch in den einzelnen Planungsschritten widerspiegeln. Entsprechend können drei Elemente der strategischen Kontrolle unterschieden werden:

- (strategische) Prämissenkontrolle,
- (strategische) Durchführungskontrolle,
- (strategische) Überwachung.

Während des strategischen Planungsprozesses werden, häufig auch unausgesprochen, bestimmte Annahmen oder Prämissen gemacht, auf deren Basis dann die Strategie formuliert werden kann. Plant eine Stadt etwa den Bau eines neuen Schwimmbades, so wird dem die Prämisse zugrunde liegen, dass auch eine entsprechende Nachfrage erwartet werden kann. Dem allerorts formulierten Vorhaben, die Betreuung von Kleinkindern zu erweitern, wird die Annahme zugrunde liegen, dass die Eltern dieses auch annehmen werden etc. Es liegt in der Natur der Sache, dass der Wahrheitsgehalt solcher Annahmen mit einem Risiko verbunden ist, wobei im öffentlichen Sektor noch erschwerend hinzu kommt, dass Annahmen häufig auch einer politischen Ideologie folgen. Häufig sind die Annahmen auch gar nicht als solche zu erkennen, sie erscheinen als „Wahrheiten", weil scheinbar selbstverständlich. So geht z. B. das Konzept der sogenannten Bürgerkommune (siehe Kapitel 13) stillschweigend davon aus, dass die Bürger in der Mehrzahl eine solche stärkere Einbindung mit allen damit einhergehenden Folgen auch wünschen. Erst im Laufe der Zeit wird sich dann feststellen lassen, ob diese Prämissen auch tatsächlich (noch) zutreffen. Die strategische Prämissenkontrolle soll hier diese Prämissen fortlaufend auf ihre Gültigkeit hin überprüfen und insofern über den gesamten strategischen Planungsprozess hinweg durchgeführt werden.

Die strategische Durchführungskontrolle (syn. auch Planfortschrittskontrolle) bezieht sich hingegen auf die Realisierung bzw. Umsetzung der gewählten Strategie. In der Regel über das Aufstellen von sogenannten „Meilensteinen" soll während der Realisierung fortlaufend überprüft werden, ob die Strategie planungskonform umgesetzt wird. Im einfachsten Fall kann diese Kontrolle über quantifizierbare Größen (z. B. Zeit, Geld etc.) erfolgen, indem etwa das Ziel, die Auslastung der Einrichtungen der städtischen Jugendhilfe in sieben Jahren um 20 Prozent zu steigern, in Halbjahresetappen kontrolliert wird.

Die strategische Überwachung knüpft an die Überlegung an, dass bestimmte Aspekte der Umwelt und auch der Organisation systematisch ausgeblendet werden (müssen), um zu einer strategischen Entscheidung gelangen zu können. Sowohl die Prämissenkontrolle als auch die Durchführungskontrolle zielen daher immer nur auf solche Aspekte, die bereits im Rahmen des Planungsprozesses mitgedacht wurden. Die strategische Überwachung soll weitgehend undefiniert das Augenmerk auch auf solche Entwicklungen, Erscheinungen, Veränderungen etc. legen, die nicht in den jeweiligen Planungsprozess mit einbezogen wurden, z. B. weil sie zum Planungsbeginn noch keine oder nur eine geringfügige Rolle spielten. Eine Stadtverwaltung könnte beispielsweise das strategische Ziel verfolgen, die Kunden-/Bürgerzufriedenheit zu erhöhen. Dazu sollen Öffnungszeiten verlängert und verschiedene Umbaumaßnahmen in den Wartezonen durchgeführt werden. Insgesamt soll damit die Zufriedenheit der Bürger in fünf Jahren um 20 Prozent erhöht werden. Die strategische Überwachung hätte hier beispielsweise die Funktion, zu prüfen, ob Veränderungen der physischen Erreichbarkeit der Verwaltung nicht vielleicht in Zeiten von E-Government an Bedeutung verlieren.

15 Managementinstrumente im öffentlichen Sektor

Im öffentlichen Sektor werden zunehmend Managementinstrumente aus der Privatwirtschaft verwendet. Im Folgenden werden einige Instrumente dargestellt, die für das Verwaltungsmanagement von besonderer Bedeutung sind.

15.1 Steuern und Führen mit Zielen/Management by Objectives

Eine Führungskraft verfügt über verschiedene Möglichkeiten, die Leistungsbeiträge eines Mitarbeiters zu beeinflussen. Eine Möglichkeit besteht darin, dass die Führungskraft dem Mitarbeiter laufend Anweisungen gibt, was zu tun ist.

Beispiel:

Ein Referatsleiter gibt dem Referenten die Anweisung: „Gehen Sie in die Bücherei und besorgen Sie Literatur zum Thema ‚Feinstaub'; dann: „Lesen Sie sich die Literatur gründlich durch"; dann: „Beantworten Sie die Frage, inwieweit der innerstädtische Verkehr für die Feinstaubbelastung verantwortlich ist"; anschließend: „Verfassen Sie einen dreiseitigen Vermerk über Ihre Feststellungen"; schließlich: „Lassen Sie den Vermerk dem Staatssekretär zukommen".

Eine weitere Möglichkeit, die Leistungsbeiträge eines Mitarbeiters zu beeinflussen, besteht darin, Ziele zu beschreiben und festzulegen.

Beispiel:

Der Referatsleiter legt gemeinsam mit dem Referenten das Ziel fest, dass der Staatssekretär innerhalb von zwei Wochen Informationsmaterial erhält, mit dem er sich innerhalb weniger Minuten über Erkenntnisse zum Thema „Innerstädtischer Verkehr und Feinstaubbelastung" informieren kann.

Während beim Führen mit Zielen dem Mitarbeiter Handlungsspielräume eingeräumt werden, wie er das Ziel erreicht (z. B. „ich sammle Informationen im Internet und telefoniere mit einem Kollegen, der sich bereits mit dem Thema befasst hat", „ich erstelle einen Podcast mit schriftlichem Begleitmaterial, den sich der Staatssekretär während einer Dienstreise anhören kann"), sind beim Führen mit Anweisungen die Handlungsspielräume des Mitarbeiters stark eingeschränkt – zudem ist dem Mitarbeiter womöglich auch gar nicht klar, weshalb er bestimmte Tätigkeiten ausführen soll. Nicht nur bei der Führung einzelner Mitarbeiter, auch bei der Steuerung von Organisationen und Organisationseinheiten kann auf diese beiden Möglichkeiten der Steuerung zurückgegriffen werden.

In der betriebswirtschaftlichen Literatur wurde das Thema „Führung und Steuerung mit Zielen" von *Peter Ferdinand Drucker* (1998) in den 60er- und 70er-Jahren des letzten Jahrhunderts unter dem Schlagwort „Management by Objectives" (MbO) populär gemacht. MbO reiht sich in die „Management by ..."-Techniken ein: Management by Exception beispielsweise betont, dass die Führungskraft nur dann in den Aufgabenvollzug eingreift, wenn Ausnahmefälle vorliegen; Management by Delegation – als weiteres Beispiel für eine „Management by ..."-Technik – erfordert, dass die Führungskraft Entscheidungskompetenzen auf nachgeordnete Mitarbeiter überträgt. Beim MbO soll eine Organisation bzw. sollen die Mitarbeiter mittels eindeutiger Ziele gesteuert werden. Die Ziele einer Organisation sollen den Mitarbeitern bekannt sowie die Ableitung personenbezogener Arbeitsziele nachvollziehbar sein. Es wird ständig mithilfe eines Kontroll- und Berichtssystems geprüft, ob durch die Handlungen der Mitarbeiter die Ziele erreicht werden. Angesichts von Rückmeldeergebnissen können Ziele neu bestimmt werden. Die erwarteten positiven Effekte des MbO sind auf der Ebene (Schauer, 2008, S. 58)

- der Organisation: raschere Entscheidungen und dadurch bessere Anpassungsfähigkeit der Organisation auf Veränderungen, Verstärkung der Ergebnisorientierung,
- des Managements: eine Entlastung der Führungskräfte von Routineaufgaben und Feinsteuerung, mehr Zeit für innovative Aufgaben,
- der Mitarbeiter: eine Steigerung der Leistungsbereitschaft. Diese Steigerung kann mit der Zielsetzungstheorie erklärt werden (siehe Kapitel 3).

Die Bestimmung der personenbezogenen Arbeitsziele kann beim MbO ausschließlich durch die Führungskraft (Zielvorgabe) oder durch die Führungskraft und den Mitarbeiter gemeinsam erfolgen (Zielvereinbarung) (Horváth, 1998, S. 825; Damkowski & Precht, 1995, S. 169). In jüngster Zeit hat vor allem – aufgrund des Tarifvertrages für den öffentlichen Dienst (TVöD) – die Zielvereinbarung als Führungs- und Steuerungsinstrument Beachtung gefunden.

Mit Zielvereinbarungen werden verbindliche Absprachen zur Erreichung von konkreten, messbaren Zielen getroffen. Zielvereinbarungen können zwischen einzelnen Personen, Personengruppen oder Organisationen abgeschlossen werden. Es lassen sich drei verschiedene Typen von Zielvereinbarungen voneinander unterscheiden:

➤ Zielvereinbarungen als Instrument der strategischen Gesamtsteuerung (Typ I)

Dieser Typus orientiert sich am System des Kontraktmangements, wie es von der KGSt (Kommunale Gemeinschaftsstelle für Verwaltungsmanagement, 1998c) beschrieben worden ist. Beim Kontraktmanagement wird in einem ersten Schritt zwischen der Politik und der Organisationsleitung eine Vereinbarung über Leistungsziele getroffen. Rein formal wird diese Vereinbarung

(Hauptkontrakt) nicht vereinbart, „... sondern als Anlage zum Haushaltsgesetz bzw. zur Haushaltssatzung beschlossen" (Schleer & Paul, 2006, S. 82). Dann werden beim Kontraktmanagement in einem zweiten Schritt zwischen der Organisationsleitung und einzelnen Organisationseinheiten Vereinbarungen (Facheinheits- oder Amtskontrakt) getroffen, deren Ziele sich aus den Zielen des Hauptkontraktes ableiten lassen. So wird z. B. die Quantität und Qualität von Produkten bestimmt sowie die zur Produktion erforderlichen Ressourcen beschrieben. In einem weiteren Schritt werden die Ziele des Facheinheits- oder Amtskontrakts auf die einzelnen Mitarbeiter heruntergebrochen. Als Ergebnis ergibt sich eine Zielkaskade von der Politik bis zum einzelnen Mitarbeiter, wobei die einzelnen Ziele aufeinander bezogen sind. Die Steuerung der Organisation erfolgt nun dadurch, dass zu den einzelnen Zielen auch Prüfmechanismen (z. B. Kennzahlen) vereinbart werden, mit denen die Realisierung von Zielen erfasst werden kann. Mit den Informationen, die mithilfe der Prüfmechanismen erhoben werden, ist es der jeweiligen nächsthöheren Instanz möglich, nachzusteuern (z. B. indem weitere Maßnahmen zur Zielrealisierung eingeleitet oder die Ziele angepasst werden; Abbildung 15-1). Die Zielvereinbarungen stellen keine Verträge im rechtlichen Sinne dar; die Vereinbarungspartner verlassen sich auf den Umsetzungswillen der Beteiligten.

Abb. 15-1: Mehrebenensystem des Kontraktmanagements

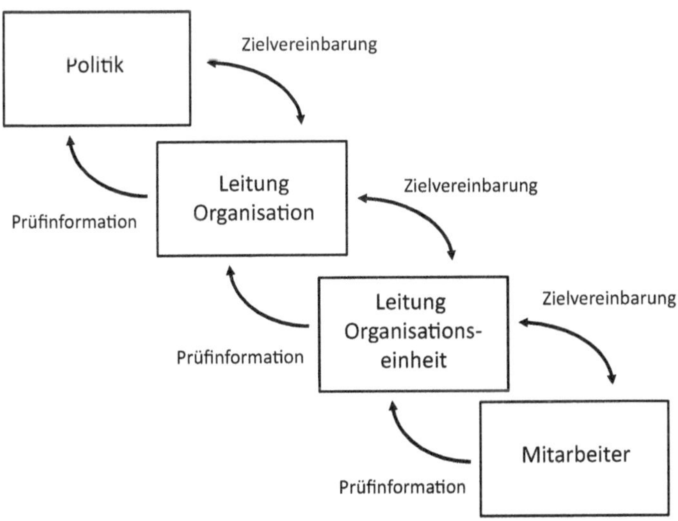

➤ Zielvereinbarungen als Instrument des Personalmanagements (Typ II)

Dieser Typ der Zielvereinbarung ist in das Instrument des Mitarbeiter-Vorgesetzten-Gesprächs eingebettet. Im Rahmen des Mitarbeiter-Vorgesetzten-Gesprächs können Ziele zu vielen Aspekten des Arbeitslebens vereinbart werden: z. B. zur Zusammenarbeit zwischen Vorgesetzten und Mitarbeiter, zur beruflichen Entwicklung des Mitarbeiters, aber auch – wie bei Typ I – zu Leistungszielen. Die vereinbarten Ziele müssen nicht in einem engen Zusammenhang mit den Organisationszielen stehen, so kann beispielsweise ein Chef mit seinem Mitarbeiter vereinbaren, dass sie sich einmal im Quartal außerhalb der Dienstzeit treffen, um sich besser kennenzulernen. Angesichts des speziellen Charakters des Mitarbeiter-Vorgesetzten-Gesprächs bleiben die Vereinbarungen üblicherweise vertraulich. Deshalb und weil nicht nur leistungsbezogene Ziele vereinbart werden, ist Typ II nicht zur Steuerung von Organisationseinheiten geeignet. Vorrangig steht hier die Verbesserung der Führungskultur und der Zusammenarbeit im Vordergrund.

➤ Zielvereinbarung als Instrument der Leistungssteuerung und Entgeltdifferenzierung (Typ III)

Hier werden Zielvereinbarungen zwischen einer Führungskraft und einem Mitarbeiter mit materiellen Leistungsanreizen gekoppelt. Beispiel ist der Tarifvertrag für den öffentlichen Dienst (TVöD): Hier kann eine Zielvereinbarung, die vom Mitarbeiter eingehalten wurde, Grundlage für eine Leistungsprämie sein (siehe Kapitel 3). „Zielvereinbarungen dieses Typs können einem mehr oder weniger weitreichenden Steuerungsanspruch folgen und in die Gesamtsteuerung der Verwaltung eingebunden sein" (Tondorf, Bahnmüller & Klages, 2002, S. 43). Im Sinne des Arbeitsrechts gelten Zielvereinbarungen des Typs III als Ergänzung zum Arbeitsvertrag. Der Verbindlichkeitsgrad dieses Typs von Zielvereinbarung ist vergleichsweise hoch.

Insbesondere bei Zielvereinbarungen des Typs III hat es sich als sinnvoll erwiesen, bei der Vereinbarung von Zielen spezielle Regeln zu beachten. Ziele sollen SMART formuliert sein – siehe hierzu die Abbildung 15-2. Des Weiteren ist besondere Aufmerksamkeit auf die Art und Weise des Zielvereinbarungsgesprächs zu legen[67]).

67) Siehe zu Hinweisen zu Zielvereinbarungsgesprächen z. B. Staatskanzlei des Landes Nordrhein-Westfalen (2004).

Abb. 15-2: SMARTe Ziele

S	Spezifisch und schriftlich formuliert Was soll genau erreicht werden?
M	Messbar Woran kann objektiv erkannt werden, dass ein Ziel realisiert wurde?
A	Attraktiv Stellt das Ziel eine Herausforderung für den Mitarbeiter dar?
R	Realistisch Kann der Mitarbeiter das Ziel in der gegebenen Situation realisieren?
T	Terminiert Ist ein Termin bestimmt, bis zu dem das Ziel erreicht sein muss?

15.2 Controlling

Die Auffassungen darüber, was unter Controlling zu verstehen ist, gehen weit auseinander. Im Wesentlichen lassen sich im historischen Verlauf vier theoretische Konzeptionen voneinander unterscheiden (Weber & Schäffer, 2008, S. 19 ff.):

- Controlling als Informationsversorgungsfunktion: Hiernach versorgt das Controlling die Unternehmensleitung mit für die Steuerung des Unternehmens bedeutsamen Informationen.
- Controlling als erfolgszielbezogene Steuerung: Danach ist das Controlling ein Teilbereich der Unternehmensführung, der für die konsequente Zielausrichtung des Unternehmens zu sorgen hat.
- Controlling als Koordinationsfunktion: *Horváth* (1978, S. 194 ff.) fasst Controlling als Teilsystem der Führung auf, welches die anderen beiden Führungsteilsysteme „Planungs- und Kontrollsystem" und „Informationsversorgungssystem" miteinander koordiniert.
- Controlling als Rationalitätssicherung der Führung: Ausgangspunkt dieser Controlling-Konzeption ist die Auffassung, dass die Führung einer Organisation nur begrenzt rational handelt (weil erstens nicht alle erforderlichen Informationen zur Verfügung stehen und zweitens menschliche Informationsverarbeitungsprozesse nicht fehlerfrei funktionieren). Angesichts dieser Rationalitätsdefizite von Führungskräften „… bedeutet Rationalitätssicherung so zu handeln, dass die Wahrscheinlichkeit erhöht wird, dass die Realisierung der Führungshandlungen den antizipierten Zweck-Mittel-Beziehungen trotz der genannten Defizite entspricht. Zu diesem Zweck befasst sich die [Controlling-, d. Verf.]Funktion damit, wie man Rationalitätsdefizite erkennt und wie man sie vermindern oder beseitigen kann" (Weber & Schäffer, 2008, S. 26).

Die Bedeutung des Controllings für die Führungskräfte nimmt bei den beschriebenen Konzeptionen zu: Während es beim Controlling als Informationsversorgungsfunktion noch darum geht, der Leitung angemessene Informationen zur Verfügung zu stellen, ist Controlling bei Horváth schon ein bedeutsamer, weil koordinierender Teilaspekt der Führung. Im Sinne der Rationalitätssicherung wird Controlling als wesentlicher Bestandteil der Führung aufgefasst – als rationaler Kern, wobei Rationalität als herrschende Meinung von Fachleuten (Weber & Schäffer, 2008, S. 45) verstanden wird. Damit werden potenziell alle wissenschaftlichen Erkenntnisse, Modelle und Methoden der Wirtschaftswissenschaften und anderer Wissenschaften unter den Begriff „Controlling" subsumiert.

Um sich dem Begriff Controlling zu nähern, kann man sich auch daran orientieren, was diejenigen faktisch tun, die als Controller bezeichnet werden. Eine erste Annäherung bringt dabei auch wenig Klarheit, denn *Anthony* (1965, S. 28) führt im Jahr 1965 aus: „In practice, people with the title of controller have functions that are, at one extreme, little more than bookkeeping and, at the other extreme, de facto general management". In einer zweiten Annäherung können aktuellere Studien (Weber, 2009, S. 11; Landsberg & Mayer, 1988, S. 71) herangezogen werden. Diese bestätigen zwar die große Bandbreite der Aufgabenfelder, belegen aber eindeutige Schwerpunkte der Aktivitäten von Controllern. Zu diesen gehören die Aufgabenfelder Berichtswesen, operative Planung und Kontrolle, Kostenrechnung.

Ausgehend von dem, was Controller in der Praxis tun, soll Controlling nachfolgend als fortdauernde und systematische Datenerhebung und -auswertung zum Zwecke der Steuerung von Organisationseinheiten auf ein oder mehrere Ziele hin verstanden werden. Diesem Controlling-Begriff liegt die Vorstellung eines Regelkreises zugrunde (siehe Abb. 15-3).

Abb. 15-3: Regelkreis des Controllings

Ausgangspunkt sind die Ziele einer Organisationseinheit. Damit diese Ziele erreicht werden können, werden von der Leitung Pläne entwickelt und Maßnahmen durchgeführt. Im nächsten Schritt ist festzustellen, ob mit den Maßnahmen die Ziele erreicht wurden – der Ist-Zustand wird mit dem Soll-

Zustand verglichen. Weicht das Ist vom Soll ab, wird festgestellt, was die Ursachen dieser Abweichung sind. Angesichts der Ergebnisse der Abweichungsanalyse sind ggf. die Ziele zu verändern und/oder neue Handlungen/Maßnahmen durchzuführen.

Beispiel:

Die Kfz-Zulassungsstelle eines Landkreises hat sich zum Ziel gesetzt, den Bürgern bei der Zulassung von Kraftfahrzeugen einen besseren Service anzubieten. So soll die durchschnittliche Wartezeit der Bürger von aktuell 30 Minuten auf 15 Minuten (= Soll) gesenkt werden. Damit dieses Ziel erreicht werden kann, werden die Arbeitszeiten der Mitarbeiter neu geregelt. Es sollen dann viele Mitarbeiter anwesend sein, wenn der Andrang der Bürger groß ist. Nachdem die Arbeitszeiten neu geregelt wurden, wird über einige Monate hinweg die Wartezeit der einzelnen Bürger erhoben. Schließlich wird die neue durchschnittliche Wartezeit berechnet – diese beträgt 18 Minuten. Es wird im Rahmen der Abweichungsanalyse feststellt, dass die Maßnahme der Neuregelung der Arbeitszeiten der Mitarbeiter zwar gegriffen hat, jedoch mehrere Mitarbeiter in den Wintermonaten wegen einer ungewöhnlichen Grippewelle wochenlang ausgefallen sind. Diese krankheitsbedingten Ausfälle erklären die Abweichung der Ist-Wartezeit von der Soll-Vorgabe hinreichend. Das Ziel wird beibehalten, der Leiter der Zulassungsstelle nimmt sich vor, Maßnahmen zu erarbeiten, wie mit unerwartet hohen, krankheitsbedingten Ausfallzeiten umgegangen werden kann.

Das Controlling liefert der Leitung die erforderlichen Daten, um festzustellen, welches Ziel in oder mit der Organisation erreichbar ist, wo sich die Organisation gerade befindet und welchen Kurs die Organisation eingeschlagen hat. Mit diesen Daten kann die Leitung sinnvolle Kurskorrekturen durchführen/die Organisation steuern, um das angestrebte Ziel zu erreichen. Es sei darauf hingewiesen, dass sich Controlling weniger durch die Neuartigkeit oder Besonderheit der anzuwendenden Methoden und Instrumente auszeichnet. Viele Methoden – wie beispielsweise die doppelte Buchführung in Kontenform (Doppik) – wurden bereits angewandt, bevor die Idee des Controllings entstanden ist[68]). Das Einzigartige am Controlling ist die systematische Einbindung dieser Methoden und Instrumente in die Steuerung von Organisationen.

Oftmals wird in der Verwaltungspraxis „Controlling" mit „Kontrolle" gleichgesetzt. Diese Gleichsetzung erfolgt vermutlich aufgrund einer falschen Übersetzung von „to control" in „kontrollieren" – die richtige Übersetzung des englischen Verbes wäre jedoch „steuern, regeln". Kontrolle ist Bestandteil des Controllings in dem Sinne, dass der Soll-Ist-Vergleich als Kontrolle der durchgeführten Maßnahmen verstanden werden kann. Der Soll-Ist-Vergleich ist jedoch nicht gleichzusetzen mit einer „... individuelle[n, d. Verf.] Kontrolle als Voraussetzung für eine personalpolitische Maßnahme wie Lob und Tadel, Beförderung oder Degradierung" (Zimmermann, 2003, S. 5). Die unter-

68) Eine Kurzdarstellung von Instrumenten des Controllings für die kommunale Verwaltung gibt Palupski (1997, S. 69 ff.). Er listet 154 Instrumente auf.

schiedlichen Bedeutungen von (individueller) Kontrolle und Controlling können Abbildung 15-4 (nach Hilbertz, 1996, S. 47) entnommen werden.

Abb. 15-4: Kontrolle und Controlling

Kontrolle	Controlling
• vergangenheitsorientiert	• zukunftsorientiert
• Fehler feststellen	• planen
• Schuldige suchen	• steuern, überwachen
• anklagen	• helfen
• bestrafen	• leiten

Es kann zwischen einem strategischen und einem operativen Controlling (Homann, 2005, S. 5 ff.) unterschieden werden. Durch das **strategische Controlling** wird die Leitung bei der langfristig orientierten strategischen Planung und Kontrolle unterstützt. Hierbei liefert das Controlling Informationen zu den Stärken und Schwächen der eigenen Organisation im Vergleich zu anderen Organisationen. Zudem liefert es Hinweise zu Chancen und Risiken im Hinblick auf Veränderungen in der (z. B. rechtlich-politischen oder technologischen) Umwelt der Organisation. Damit versetzt es z. B. die Verwaltungsführung in die Lage, ihre politischen Ziele und Programme zeitnah an die Veränderungen anzupassen (Hopp & Göbel, 2008, S. 74).

Beispiel:

Das Controlling liefert einem Bürgermeister die Information, wie viele Autos zukünftig mit einem Elektroantrieb fahren werden. Zudem wird auch die Information geliefert, dass die Konsumausgaben der Fahrer von Autos mit Elektroantrieb deutlich über denen der Fahrer von Autos mit traditionellem Antrieb liegen. Des Weiteren berichtet das Controlling, die benachbarten Städte könnten aus technischen Gründen keine Maßnahmen ergreifen, um ihre Parkplätze mit Ladestationen für Elektroautos auszustatten. Nun kann der Bürgermeister gemeinsam mit den politischen Gremien diskutieren, ob es erfolgversprechend ist, durch eine Ausstattung der Parkplätze im eigenen Parkhaus mit Ladestationen kaufkräftige Kundschaft für den Einzelhandel in der City anzulocken.

Einzelne Methoden und Instrumente, die im Rahmen des strategischen Controllings verwendet werden, sind im Kapitel 14 beschrieben. Letztlich soll mit den Informationen, die das strategische Controlling liefert, die Frage „Machen wir das Richtige?" beantwortet werden können.

Das **operative Controlling** hat zur Aufgabe, die Führung bei der kurz- und mittelfristigen Planung und Kontrolle zu unterstützen. Im Brennpunkt der Aufmerksamkeit steht dabei die Wirtschaftlichkeit der Aufgabenerledigung. Es werden vor allem Daten des internen Rechnungswesens, wie z. B. der Kosten- und Leistungsrechnung, verwendet. „Machen wir es richtig?" – zur Beantwortung dieser Frage muss das operative Controlling Daten erheben und verarbeiten (siehe Abb. 15-5).

Beispiel:

In einer städtischen Musikschule wird im zweiten Quartal des Jahres festgestellt, dass die Kosten pro Unterrichtsstunde um zehn Prozent gestiegen sind. Nun wird nach den Ursachen des Kostenanstiegs gesucht, um die Kosten möglichst schon im zweiten Halbjahr wieder auf das geplante Maß zu begrenzen.

Abb. 15-5: Strategisches und operatives Controlling im Vergleich (nach Homann, 2005, S. 6)

Controlling		
Merkmale	***Strategisches Controlling*** „Machen wir das Richtige?"	***Operatives Controlling*** „Machen wir es richtig?"
Primäre Orientierung	Veränderungen der Umwelt, andere Organisationen (Konkurrenten)	Arbeitsabläufe in der eigenen Organisation
Primäre Ziele	Anpassung an Veränderungen, Nutzung von Chancen	Sicherstellung der Wirtschaftlichkeit
Zeithorizont	langfristig	kurz- und mittelfristig
Primäre Informationsquelle	Umwelt	Internes Rechnungswesen

Weitere Erscheinungsformen des Controllings sind z. B. das funktionsbezogene Controlling (z. B. Beschaffungscontrolling, Investitionscontrolling), das faktorbezogene Controlling (z. B. Personalcontrolling), das organisationsbezogene Controlling (z. B. Projektcontrolling, Fachbereichscontrolling) oder das branchenbezogene Controlling (z. B. Versicherungscontrolling oder Verwaltungscontrolling).

Controlling-Tätigkeiten werden in der Praxis von verschiedenen Personen wahrgenommen. Controller sind dabei Mitarbeiter, deren Haupttätigkeit es ist, steuerungsrelevante Daten zu erheben und zu verarbeiten. In großen Organisationen sind für diese Mitarbeiter Stabsstellen oder Stabsabteilungen eingerichtet, die unmittelbar der höchsten Instanz unterstellt sind. Im kommunalen Bereich übernimmt die Stabsabteilung „Zentrale Steuerungsunterstützung/Zentraler Steuerungsdienst" oftmals Aufgaben des strategischen Controllings. Auf der Ebene der einzelnen Organisationseinheiten gibt es ebenfalls in großen Organisationen einzelne Mitarbeiter, die überwiegend Controlling-Aufgaben wahrnehmen. Die einzelnen Führungskräfte sind nicht nur passive Empfänger von Controlling-Informationen. Sie müssen vielmehr bei der Gestaltung des Controlling-Systems mitwirken – beispielsweise haben sie festzulegen, welchen Informationsbedarf sie in welcher Weise wann haben. Die Ausführungsstellen sind ebenfalls in das Controlling-System eingebunden: Zum Beispiel müssen sie ihre Tätigkeiten dokumentieren und zur Erhebung von steuerungsrelevanten Daten beitragen.

15.3 Steuern mit Kennzahlen

Kennzahlen haben im Controlling eine zentrale Bedeutung. Kennzahlen sind quantitative Daten, mit denen Sachverhalte und Zusammenhänge dargestellt werden sollen (Hopp & Göbel, 2008, S. 143). Diese Messgrößen können auf verschiedene Aspekte der Organisation ausgerichtet sein: auf die Organisation insgesamt, auf Organisationseinheiten, auf Produkte, auf Funktionen usw. Beispiele für Kennzahlen sind:

- Höhe der Personalausgaben,
- durchschnittliche Bearbeitungsdauer eines Bauantrags,
- Entsorgungskosten für eine Tonne Restmüll,
- prozentualer Anteil von Frauen in Führungspositionen,
- Kostendeckungsgrad des Hallenschwimmbades,
- Spielfläche pro Kind in den städtischen Kindergärten,
- Dauer der Arbeitslosigkeit,
- Erlöse aus Bußgeldbescheiden.

Kennzahlen lassen sich nach ihrer statistischen Form in absolute und relative unterscheiden (Weber, 2008, S. 174), in Abbildung 15-6 werden diese beiden Formen weiter untergliedert.

Abb. 15-6: Absolute und relative Kennzahlen (nach Vogel, 1996, S. 164 und Zimmermann, 2003, S. 128 f.)

Kennzahlen	
Absolute Kennzahlen	**Relative Kennzahlen**
• Summen (z. B. Höhe der Personalausgaben) • Differenzen (z. B. Abweichung der Ist- von den Plan-Kosten) • Mittelwerte (z. B. durchschnittliche Bearbeitungsdauer)	• Gliederungskennzahlen: als Verhältnis einer Teilmenge zur Gesamtmenge (z. B. Anteil der Personalkosten an den Gesamtkosten) • Beziehungskennzahlen: als Verhältnis zwischen zwei unterschiedlichen Größen (z. B. Spielfläche pro Kind) • Indexkennzahlen: Verhältnis zu einem Ausgangswert im Zeitvergleich (z. B. Umsatzwachstum in Prozent)

Im Rahmen des Controlling-Regelkreises (siehe Abb. 15-3) können Kennzahlen an verschiedenen Stellen verwendet werden. Bei der Bestimmung von Zielen können Ziele durch Kennzahlen konkreter gefasst werden. Beispielsweise lässt sich das Ziel „die Grünflächenpflege soll wirtschaftlicher werden" durch die Kennzahl „Pflegekosten pro Quadratmeter Grünfläche" präzisieren. Kennzahlen-Vergleiche mit anderen Organisationen können Hinweise liefern, welche Ausprägung der Kennzahl als Zielgröße sinnvoll ist. Zum Beispiel kann es sich eine Gemeinde zum Ziel setzen, die Pflegekosten pro Quadratmeter Grünfläche auf das gleiche Niveau zu senken wie die Nachbargemeinde. Bei der Auswahl und der Durchführung von Maßnahmen als dem nächsten Schritt im Regelkreis des Controllings ist der Nutzen von Kennzahlen allerdings begrenzt. Aber immerhin wird die Führungskraft bei der Verwendung von Kennzahlen dazu genötigt, darüber nachzudenken, ob mit der Maßnahme tatsächlich die Ausprägung einer Kennzahl beeinflusst werden kann. So wird es sich eine Führungskraft genau überlegen, ob sie eine leistungsfähigere Mähmaschine beschaffen lässt. Sie wird abwägen, ob die Personalkostenersparnis aufgrund der höheren Leistungsfähigkeit die höheren Betriebskosten der Mähmaschine übersteigen kann und so zu einer Verminderung der Kennzahl „Pflegekosten pro Quadratmeter Grünfläche" führt. Ein unreflektierter Spontankauf einer neuen Mähmaschine wird weniger wahrscheinlich. Der Soll-Ist-Vergleich lässt sich mit Kennzahlen einfach bewältigen: Die Zielgröße einer Kennzahl wird mit der aktuellen Kennzahl rechnerisch verglichen. Durch die Verwendung von Kennzahlen wird der Soll-Ist-Vergleich in hohem Maße objektiv. Auch in der Phase der Abweichungsanalyse ist die Verwendung von Kennzahlen nützlich: So können z. B. Vergleiche mit vorangegangenen Zeiträumen wichtige Erkenntnisse für die Ursachen von Abweichungen liefern.

Ein allgemeingültiges Konzept, welche Kennzahlen in welcher Situation zu verwenden sind, gibt es zwar nicht, allerdings lassen sich folgende Anforderungen an den Inhalt von Kennzahlen aufstellen: So hat sich die Auswahl der Kennzahlen am Informationsbedarf der jeweiligen Führungskraft zu orientieren. Eine Führungskraft eines Jugendamtes wird andere Informationen zur Steuerung ihrer Organisationseinheit benötigen als der Intendant eines Opernhauses. Zudem haben Kennzahlen nur dann einen Nutzen, wenn sie sich auf ein Ziel der Organisationseinheit beziehen lassen. Es ist außerdem darauf zu achten, dass nur solche Kennzahlen verwendet werden, deren zugrunde liegenden Sachverhalte von der Organisation beeinflusst werden können. *Gladow* (2006, S. 13) erläutert diese Forderung an folgendem Beispiel: „Insofern stellt der durchschnittliche monatliche Eingang an Bauanträgen keine geeignete Kennzahl dar. Es wäre unsinnig, die Höhe des Antragseingangs mit einer Zielvorgabe zu belegen, da eine Einflussnahme auf diesen Wert weder möglich noch gewollt ist. Als Kennzahl geeignet ist hingegen die durchschnittliche Bearbeitungszeit je Bauantrag. Dieser Wert ist aus Sicht der

Kommune zielbezogen (Ziel: Verfahrensbeschleunigung) und beeinflussbar (z. B. durch Einstellung von zusätzlichem Personal oder Anschaffung verbesserter Software)".

Eine Klasse von Kennzahlen wird in einer Vielzahl von Organisationen des öffentlichen Sektors verwendet, und zwar diejenigen Kennzahlen, die sich auf die Finanzen einer Organisationseinheit beziehen. Daten zu Ausgaben und Einnahmen, zu Aufwand und Ertrag, zu Kosten und Leistungen lassen sich oftmals dem internen Rechnungswesen entnehmen. Insbesondere wenn in einer Organisation ein Buchführungssystem auf Grundlage der Doppelten Buchführung sowie die Kosten- und Leistungsrechnung angewandt werden, können zutreffende Aussagen zum aktuellen Ressourcenverbrauch gemacht werden. Diese Aussagen können auf einzelne Produktionsfaktoren (aus der Kostenartenrechnung; z. B. Personalkosten), auf Kostenverantwortliche (Kostenstellen) sowie auf einzelne Produkte (Kostenträgerrechnung) bezogen sein.

Bei der Erhebung und Auswertung von Kennzahlen sind folgende Anforderungen zu beachten:

- Kennzahlen müssen eindeutig definiert und einheitlich erhoben werden. Falls beispielsweise eine Führungskraft die durchschnittliche Zeit erheben möchte, die ihre Sachbearbeiter für die Bearbeitung von Anträgen benötigen, ist eindeutig festzulegen, wann die Bearbeitungszeit beginnt. Ansonsten lässt der eine Sachbearbeiter die Bearbeitungszeit mit dem Eingangsdatum des Antrags beginnen, der andere erst dann, wenn der Bürger alle erforderlichen Unterlagen geliefert hat. Diese Vorgehensweise der Sachbearbeiter könnte zu Fehlinterpretationen durch die Führungskraft führen.
- Kennzahlen müssen fehlerfrei sein. Hierzu gehört die Vermeidung von zufälligen (beim Eintippen von Daten in ein EDV-System unterläuft dem Sachbearbeiter ein Zahlendreher) und von systematischen (der eigenen Organisationseinheit werden die Kosten eines Mitarbeiters zugeordnet, der schon seit längerer Zeit für eine andere Organisationseinheit arbeitet) Fehlern sowie von Verfälschungen (ein Sachbearbeiter hält seine durchschnittliche Bearbeitungszeit für zu hoch und „schönt" seine Daten).
- Kennzahlen müssen zeitnah erhoben und an die Führungskraft geliefert werden, damit diese noch steuernd in evtl. negative Entwicklungen eingreifen kann.
- Das Verfahren zur Erhebung von Kennzahlen muss zuverlässig funktionieren. Die Führungskraft muss sich darauf verlassen können, dass sie die Kennzahlen zum vorgesehenen Termin erhält.
- Die Erhebung von Kennzahlen darf nicht mit einem hohen Aufwand verbunden sein. Negativbeispiel: Ein Mitarbeiter gibt einen Bürger auf eine kurze Frage eine noch kürzere – aber für den Bürger befriedigende – Antwort. Anschließend benötigt der Mitarbeiter mehrere Minuten, um seine Leistung im EDV-System zu erfassen. Idealerweise erfolgt die Erhebung

von Kennzahlen automatisiert: Beispielsweise erhält der Sachbearbeiter den Antrag eines Bürgers in Form einer Datei. Den Bescheid erstellt er am Computer und versendet ihn auch elektronisch. Das EDV-System erfasst automatisch das Datum des Antragseingangs, des Versands des Bescheids und berechnet die Bearbeitungszeit, ohne dass der Sachbearbeiter eine Aktivität des Systems einleiten muss.

- Der Empfänger von Kennzahlen sollte eine überschaubare Anzahl von Kennzahlen erhalten, höherrangige Instanzen sind ggf. mit verdichteten Kennzahlen zu versorgen.
- Die Kennzahlen sind so aufzubereiten, dass diese für die Führungskraft verständlich und nachvollziehbar sind.
- Idealerweise erhält die Führungskraft Hinweise zum zeitlichen Verlauf von Kennzahlen sowie eine Gegenüberstellung von Soll- und Ist-Werten.
- Führungskräfte sollten Kennzahlen in regelmäßigen zeitlichen Abständen erhalten. Ob Kennzahlenberichte täglich, wöchentlich, monatlich, quartalsweise oder nur jährlich erfolgen, hängt von den Sach- und Steuerungsproblemen in der jeweiligen Organisationseinheit ab. So wäre es beispielsweise wenig sinnvoll, wenn die Leiterin einer Rechnungsprüfung täglich Daten zur durchschnittlichen Bearbeitungszeit der ihr zugeordneten Prüfer erhielte, da die einzelne Prüfung mehrere Arbeitswochen eines Prüfers in Anspruch nimmt.

Erfüllen Kennzahlen die oben genannten Anforderungen nicht, besteht zum einen die Gefahr der Fehlsteuerung von Organisationseinheiten, zum anderen können Kennzahlen-Systeme als „Datenfriedhöfe" enden – Kennzahlen werden dann kaum oder nicht mehr von den Führungskräften zur Kenntnis genommen.

Bei der Verwendung von Kennzahlen ist zu berücksichtigen, dass Kennzahlen sowohl die Ziele der Organisation als auch die Wirklichkeit der Organisation nur ausschnittweise wiedergeben (siehe Abb. 15-7). So lässt sich beispielsweise das Ziel „Bürgerfreundlichkeit im Bürgerbüro" wohl nur unzureichend durch die Kennzahl „durchschnittliche Bearbeitungsdauer" konkretisieren. Würde zusätzlich die Kennzahl „Zufriedenheit der Bürger mit der Bearbeitung" in den Zielkatalog aufgenommen, gäbe es immer noch Aspekte der Bürgerfreundlichkeit, die nicht durch die beiden Kennzahlen abgebildet würden. Auch die Hinzunahme weiterer Kennzahlen brächte wohl nur eine Annäherung an das Gemeinte, das eigentliche Ziel würde nie vollständig abgebildet.

Abb. 15-7: Ausschnittweise Wiedergabe von Organisationszielen und der Organisationswirklichkeit durch Kennzahlen

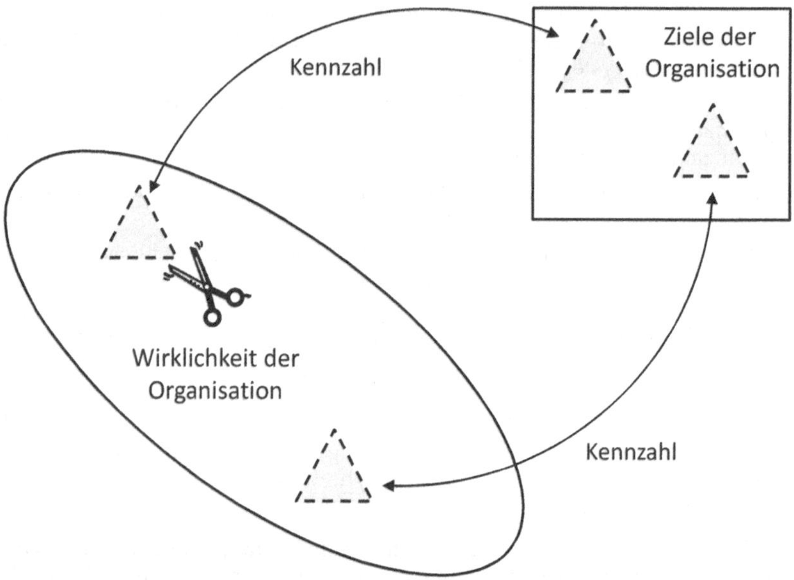

Ähnliches gilt für die Darstellung der Organisationswirklichkeit durch Kennzahlen. Das Leistungsverhalten eines Sachbearbeiters ist sicherlich nicht vollständig durch Kennzahlen wie „Anzahl der bearbeiteten Anträge", „Fehlerfreiheit der Bescheide", „Bearbeitungszeit" zu erfassen, es fehlen beispielsweise Informationen, inwieweit der Sachbearbeiter auch Kollegen bei ihrer Arbeit unterstützt oder bei der Ausbildung von Nachwuchskräften mitwirkt. Diesen Mangel bei der Abbildung von Zielen sowie der Wirklichkeit der Organisation durch Kennzahlen hat die Führungskraft bei der Interpretation von Kennzahlen und bei der Entscheidung für Maßnahmen zu berücksichtigen. Weiterhin ist bei der Verwendung von Kennzahlen zu beachten, dass diese in stärkerem Maße als gewünscht verhaltenssteuernd wirken können. Ein Dozent, der nur daran gemessen wird, wie zufrieden seine Seminarteilnehmer mit ihm sind, wird dazu verleitet, ausschließlich die Zufriedenheit der Teilnehmer (z. B. durch lange Pausenzeiten, durch ein niedriges Anspruchsniveau bei Leistungsnachweisen) zu maximieren. Dies kann zu Lasten der Quantität und Qualität der Lehrinhalte des Seminars gehen. Zudem wird der Einsatz von Kennzahlen oftmals von den Mitarbeitern kritisch beurteilt – sie erleben Kennzahlen als individuelle Kontrolle des Leistungsverhaltens. Wo es ihnen möglich ist, leisten sie dann dem Einsatz von Kennzahlen Widerstand, z. B. durch eine wenig produktive Mitwirkung bei der Erhebung von Kennzahlen.

15.4 Balanced Scorecard

Viele Kennzahlensysteme im privaten Sektor sind einseitig auf finanzielle Kennzahlen, wie z. B. Eigenkapitalrentabilität, Umsatz, Kosten, Cash-Flow, ausgerichtet (Weber & Schäffer, 2008, S. 174). Diese finanziellen Kennzahlen geben Auskunft über Leistungen in der Vergangenheit. Voraussagen über die langfristige finanzielle Leistungsfähigkeit eines Unternehmens können mittels dieser finanziellen Kennzahlen jedoch kaum zutreffend gemacht werden. Unter dem Begriff „Performance Measurement" werden nun Konzepte gefasst, bei denen finanzielle Kennzahlen durch nicht finanzielle Kennzahlen ergänzt werden, um das Leistungspotenzial eines Unternehmens besser einschätzen sowie die Leistung effektiver steuern und verbessern zu können (Horváth, 1998, S. 566 f.). Eines dieser Konzepte ist die Balanced Scorecard, welche auch im öffentlichen Sektor angewandt wird. Gemäß deren Entwicklern – *Kaplan* und *Norton* (1997) – soll ein Kennzahlensystem die Wirklichkeit einer Organisation aus vier Perspektiven beschreiben (siehe Abb. 15-8):

- **Die finanzielle Perspektive**

  Mit dieser lässt sich feststellen, ob die Strategie eines Unternehmens zur Ergebnisverbesserung beiträgt.

- **Die Kundenperspektive**

  Hier wird der Blickwinkel des Kunden eingenommen und eingeschätzt, wie dieser wohl das Unternehmen betrachtet. Kennzahlen können sich dabei auf Kategorien wie Qualität, Produktleistungen, Service, Zufriedenheit beziehen.

- **Die interne Prozessperspektive**

  Kennzahlen aus dieser Sichtweise informieren über betriebsinterne Abläufe, die einen bedeutsamen Einfluss auf die Kundenzufriedenheit haben, wie z. B. die Bearbeitungszeit.

- **Die Lern- und Entwicklungsperspektive**

  Hier geht es darum, durch Kennzahlen aufzuzeigen, inwieweit eine Organisation in der Lage ist, sich zu verbessern, weiterzulernen, Innovationen einzuführen. Dabei stehen Investitionen in die Zukunft, z. B. in die Qualifizierung der Mitarbeiter, die Leistungsfähigkeit von Informationssystemen oder die Motivation von Mitarbeitern im Mittelpunkt.

> Sie betreten das Cockpit eines modernen Flugzeugs und sehen dort nur ein einziges Instrument. „Wie würden Sie sich wohl nach dem folgenden Gespräch mit dem Kapitän fühlen?
>
> Frage: Es überrascht mich zu sehen, dass Sie in Ihrem Flugzeug mit nur einem Instrument zurechtkommen. Wozu dient es?
>
> Antwort: Fluggeschwindigkeit. Heute konzentriere ich mich auf die Fluggeschwindigkeit.

Frage: Das ist gut. Die Fluggeschwindigkeit ist bestimmt wichtig. Aber was ist mit der Höhe? Wäre ein Höhenmesser nicht auch wichtig?

Antwort: Auf die Höhe habe ich mich während der letzten Flüge konzentriert und bin schon ziemlich gut darin. Jetzt muss ich an der optimalen Fluggeschwindigkeit arbeiten.

Frage: Mir ist aufgefallen, dass Sie gar keine Kraftstoffanzeige haben. Stört Sie das nicht?

Antwort: Sie haben Recht. Nützlich wäre so ein Ding schon. Aber ich kann mich einfach nicht auf mehrere Geräte gleichzeitig konzentrieren. Wenn ich das mit der Geschwindigkeit und der richtigen Höhe im Griff habe, werde ich mich nächstes Mal auf den Kraftstoffverbrauch konzentrieren" (Kaplan & Norton, zitiert nach Weber & Schäffer, 2008, S. 191).

Abb. 15-8: Grundmodell der Balanced Scorecard

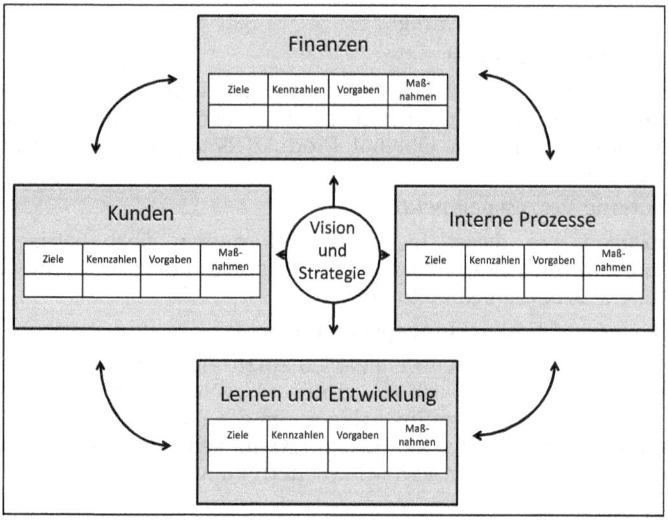

Diese vier Perspektiven können durch weitere ergänzt oder durch andere Perspektiven ersetzt werden. Beispielsweise hat die Bertelsmann-Stiftung für die öffentliche Verwaltung die Perspektiven oder Zielfelder „Auftragserfüllung", „Effizienz", „Kundenzufriedenheit" und „Mitarbeiterzufriedenheit, die KGSt für Kommunalverwaltungen die Perspektiven/Zielfelder „Bürger/Kunden", „Strukturen und Prozesse" sowie „Ressourcen" entworfen (Schleer & Paul, 2006, S. 89). Für jede Perspektive sind Ziele anzugeben, welche aus der Vision und Strategie der Organisation abzuleiten sind. Die Ziele sind durch Kennzahlen zu konkretisieren; des Weiteren sind Vorgaben für die Kennzahlen zu bestimmen und Maßnahmen aufzulisten, mit denen die Vorgaben erreicht werden sollen (siehe Abb. 15-9).

Abb. 15-9: Beispiele für Ziele, Kennzahlen, Vorgaben und Maßnahmen der Perspektive „Lernen und Entwicklung"

Lernen und Entwicklung

Ziele	Kennzahlen	Vorgaben	Maßnahmen
Personal-fluktuation senken	Personalabgänge pro 100 Mitarbeiter (im Jahr, in %)	weniger als 25 %	-Kinderbetreuung anbieten - Möglichkeiten zur Beförderung verbessern
Kenntnisse im Bereich Doppik verbessern	Anteil der Mitarbeiter, die Doppik-Fortbildung absolviert haben (in %)	mindestens 50 %	- zusätzliche Seminare durchführen - e-learning-Angebot beschaffen

Dass die Balanced Scorecard mehr ist als ein Kennzahlensystem, in dem die Kennzahlen die Organisationswirklichkeit ausgewogen („balanced") darstellen, zeigt sich zum einen schon in der Ableitung der Ziele und Kennzahlen aus der Vision und der Strategie der Organisation. Zum anderen wird die Bedeutung der Balanced Scorecard als strategisches Managementsystem dadurch deutlich, dass alle Kennzahlen im Sinne von Ursache-Wirkungs-Beziehungen miteinander verbunden werden sollen (siehe Abb. 15-10). Diese sachlogischen Zusammenhänge sind mit Führungskräften der verschiedenen hierarchischen Ebenen gemeinsam zu erarbeiten (z. B. im Rahmen von Workshops [Weber & Schäffer, 2008, S. 194]) und den Mitarbeitern zu kommunizieren.

Abb. 15-10: Beispiel für eine Ursache-Wirkungs-Kette in einer Verwaltungsfachhochschule

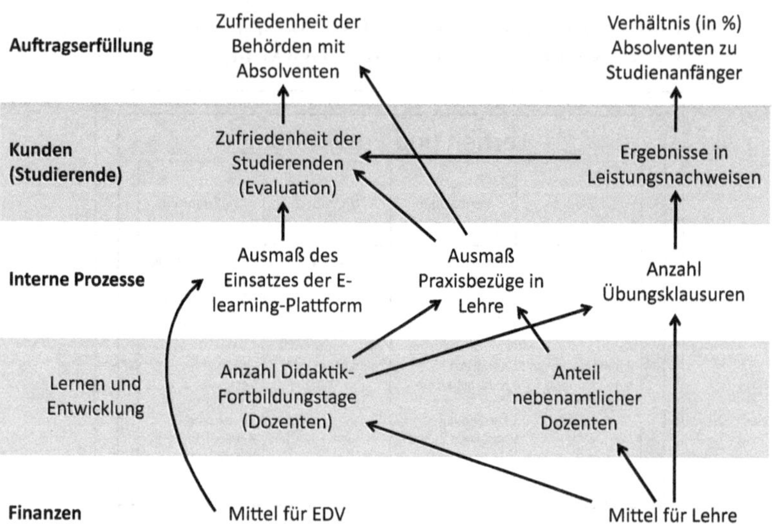

Im privaten Sektor enden die Ursache-Wirkungs-Ketten bei den finanziellen Kennzahlen, da dort das Endergebnis der Bemühungen zu suchen ist (z. B. maximaler Gewinn). Die finanzielle Perspektive ist im öffentlichen Sektor eher als eine „einschränkende Rahmenbedingung zu sehen" (Schauer, 2008, S. 165), kann aber auch ausdrücklich in die Balanced Scorecard aufgenommen werden. Letztlich steht im öffentlichen Sektor die Perspektive „Auftragserfüllung" im Vordergrund (oder der „Gemeinwohlgedanke" [Tauberger, 2008, S. 204]), sodass die Ursache-Wirkungs-Ketten hier enden sollten.

Als strategisches Managementsystem weist das Konzept der Balanced Scorecard den Weg von der Vision einer Organisation hin zu den konkreten Maßnahmen auf der operativen Ebene (siehe Abb. 15-11).

Abb. 15-11: Die Balanced Scorecard als strategisches Managementsystem

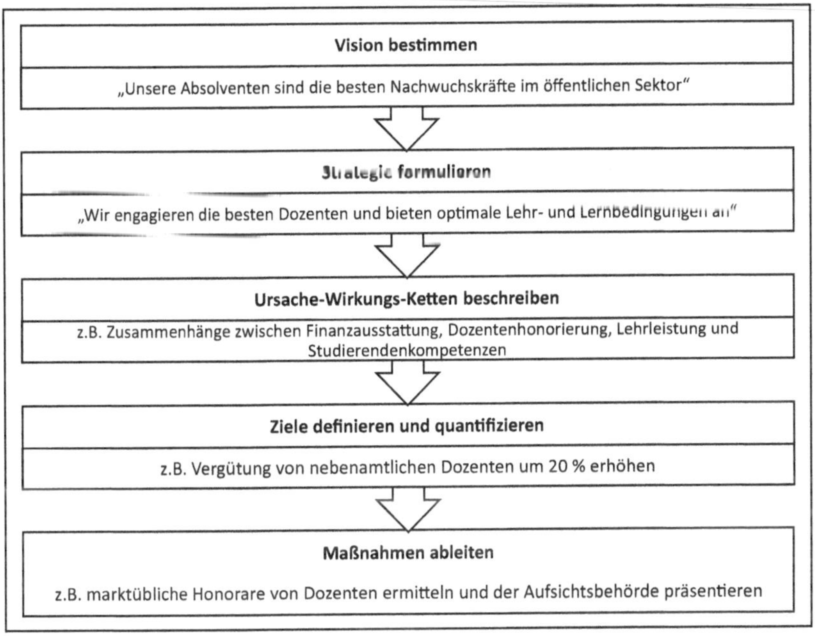

Die Balanced Scorecard kann sowohl auf der Ebene der Gesamtorganisation als auch auf der Ebene einzelner Organisationseinheiten eingesetzt werden. Der Einsatz ist im öffentlichen Sektor als reines Kennzahlensystem oder als strategisches Managementsystem möglich (Homann, 2005, S. 64). Für die Wirksamkeit der Balanced Scorecard als strategisches Managementsystem in der Praxis ist die Akzeptanz der Mitarbeiter und Führungskräfte entscheidend. Diese kann nicht immer als gegeben vorausgesetzt werden (Tauberger, 2008, S. 206 ff.): Zu groß ist beispielsweise das Misstrauen gegenüber Managementmethoden aus der Privatwirtschaft. Zu oft besteht bei den Mitarbeitern die Befürchtung, dass das Instrument zur persönlichen Kontrolle missbraucht wird. Zu selten werden bei Regierungswechseln die strategischen Ziele beibehalten, sodass in der Folge wenig Bereitschaft zu aufwendigen Innovationsvorhaben besteht. Die Balanced Scorecard als strategisches Managementsystem setzt voraus, dass eine Organisation eine klare Zielstruktur aufweist, auf die hin Maßnahmen ausgerichtet werden können. Da der öffentliche Sektor oftmals durch unklare Zielformulierungen und auch konkurrierende Zielstellungen gekennzeichnet ist (Budäus, 2002, S. 332), kann hieraus ebenfalls eine mangelnde Wirksamkeit dieses Managementinstruments folgen.

15.5 Benchmarking

In Anlehnung an *Horváth* und *Herter* (Horváth, 1998, S. 400) kann Benchmarking[69]) als kontinuierlicher Prozess verstanden werden, bei dem Produkte und insbesondere Arbeitsabläufe/Prozesse über mehrere Organisationen oder Organisationseinheiten hinweg verglichen werden. Dabei sollen Unterschiede zu anderen Organisationen/Organisationseinheiten offengelegt, Ursachen für diese Unterschiede ermittelt, Möglichkeiten zur Verbesserung des Handelns der Organisation aufgezeigt sowie Zielvorgaben zur Steuerung der Organisation bestimmt werden. Der Vergleich findet dabei idealerweise mit dem Besten (Best-Practice) oder mit denjenigen statt, die anerkanntermaßen gute Lösungen oder Verfahrensweisen realisiert haben (Good-Practice) (Schleer & Paul, 2006, S. 97). Mit der Managementmethode Benchmarking wird bezweckt, von anderen Organisationen zu lernen und sich Wissen zur Verbesserung der eigenen Leistungsfähigkeit anzueignen. Sie soll bewirken, dass sich Organisationsmitglieder darüber klar werden, was andere zu leisten imstande sind. Ineffiziente und verkrustete Strukturen sollen aufgebrochen und der Weg zu selbstständigen Lern- und eigenständigen Veränderungsprozessen geebnet werden. Benchmarking-Prozesse werden oftmals auch als Leistungsvergleiche oder Betriebsvergleiche bezeichnet (Weber & Schäffer, 2008, S. 352). Artikel 91d des Grundgesetzes eröffnet auch im öffentlichen Sektor den Weg des Benchmarkings: „Bund und Länder können zur Feststellung und Förderung der Leistungsfähigkeit ihrer Verwaltungen Vergleichsstudien durchführen und die Ergebnisse veröffentlichen".

Der Prozess des Benchmarkings lässt sich in fünf Phasen unterteilen (Karlöf & Östblom, 1994, S. 71; Haiber, 1997, S. 470 f.) (siehe Abb. 15-12):

Abb. 15-12: Phasen des Benchmarkings

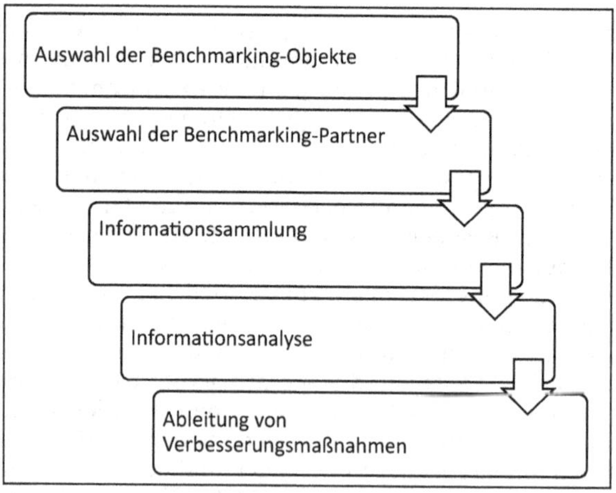

69) Als Wegbereiter des Benchmarking-Ansatzes gilt Robert C. Camp.

In der Phase der **Auswahl der Benchmarking-Objekte** geht es darum, festzulegen, was untersucht und verglichen werden soll. Das können einzelne Produkte oder Arbeitsabläufe/Arbeitsprozesse auf operativer Ebene sein. Beispielsweise können Kommunen ihre Arbeitsprozesse im Bereich „Hilfen für Familien" miteinander vergleichen. Oder im Bereich Stadtkassen wird untersucht, ob und wie sich eine automatisierte und zentralisierte Aufgabenwahrnehmung auf den Personalbedarf sowie die Steuerungsmöglichkeit und Qualität von Prozessen (z. B. Durchlaufzeiten, Inanspruchnahme von Skonti) im Zahlungsverkehr auswirkt. Bei der Beurteilung der Produkte und Arbeitsabläufe werden im öffentlichen Sektor die Kriterien Auftragserfüllung, Wirtschaftlichkeit und Bürgerfreundlichkeit im Vordergrund stehen. Auch auf der strategischen Ebene sind Vergleiche möglich. Beispielsweise kann überprüft werden, inwieweit Kommunen in der Lage sind, das strategische Ziel „familienfreundliche Stadt" zu realisieren (Kommunale Gemeinschaftsstelle für Verwaltungsmanagement, 2009b). Ein weiteres Beispiel hierzu ist der Vergleich von örtlichen Konzepten von 49 Polizeibehörden zur Reduzierung von tödlichen Unfällen im Straßenverkehr (Innenministerium Nordrhein-Westfalen, 2006).

Im Rahmen der **Auswahl von Benchmarking-Partnern** lassen sich verschiedene Benchmarking-Arten unterscheiden:

- Beim internen Benchmarking werden verschiedene Einheiten einer Organisation miteinander verglichen, die das gleiche Produkt oder die gleichen Leistungen erstellen. Internes Benchmarking ist z. B. möglich, wenn eine Organisation regional gegliedert ist. Beispielsweise könnte die Bundesagentur für Arbeit die örtlichen Arbeitsagenturen hinsichtlich ihrer Leistungen bei der Vermittlung von Arbeitslosen vergleichen. Auch der bereits oben beschriebene Vergleich von Polizeibehörden des Landes NRW ist ein Beispiel für internes Benchmarking. Innerhalb einer Kommune könnten beispielsweise mehrere Kindertagesstätten miteinander verglichen werden.
- Beim externen Benchmarking werden Organisationen oder Teile von Organisationen miteinander verglichen, die das gleiche Produkt herstellen (im privaten Sektor wird dann von wettbewerbsorientiertem Benchmarking gesprochen). Beispiel: Verschiedene Landkreise vergleichen sich bei der Herstellung des Produkts „Grundsicherung nach SGB II". Oder: Die Stadtgärtnerei vergleicht sich mit einer privaten Gärtnerei.
- Im funktionalen Benchmarking werden von verschiedenen Organisationen Arbeitsprozesse miteinander verglichen, die in ihrer Funktion übereinstimmen. Beispielsweise könnten eine Landesbehörde, eine Bundesbehörde und eine Kommunalverwaltung ihre Arbeitsweisen bei der elektronischen Aktenführung oder beim Versand von Bescheiden miteinander vergleichen. Die Grenze zwischen funktionalem und externem Benchmarking ist fließend.

- Im privaten Sektor findet das generische Benchmarking Anwendung. Hierbei werden vergleichbare Abläufe sehr unterschiedlicher Akteure miteinander verglichen: Beispielsweise verglich das Unternehmen „Southwest Airlines" die Bodenzeiten seiner Flugzeuge (Ausstieg der Passagiere, Auftanken usw.) mit den Prozessen während eines Boxenstopps bei einem Autorennen, um hieraus Verbesserungspotenziale für das eigene Handeln zu finden (Weber & Schäffer, 2008, S. 353). „Generisch bedeutet in diesem Zusammenhang, dass das Benchmarking nicht durch die Gleichartigkeit der Vergleichspartner eingeschränkt ist ..." (Tauberger, 2008, S. 237).

Um einen sinnvollen Vergleich durchführen zu können, müssen die Benchmarking-Partner hinsichtlich grundsätzlicher Merkmale miteinander vergleichbar sein (Ausnahme: generisches Benchmarking). Beispielsweise wäre es wenig hilfreich, die Vermittlungsquoten einer Arbeitsagentur in einer wirtschaftlichen Krisenregion mit den Vermittlungsquoten einer Arbeitsagentur in einer „boomenden" Großstadt zu vergleichen und hieraus Schlussfolgerungen zu ziehen. Auch mit mathematisch-statistischen Verfahren können Gruppen von Vergleichspartnern gebildet werden, die sich in ihren grundsätzlichen Merkmalen sehr ähnlich sind (Haiber, 1997, S. 473). Die Zusammenführung von Vergleichspartnern kann durch Weisung (z. B. beim internen Benchmarking durch den Behördenleiter) oder auf Grundlage einer freiwilligen Übereinkunft (z. B. beim IKO-Netz der KGSt [Kommunale Gemeinschaftsstelle für Verwaltungsmanagement, 2006, S. 11]) erfolgen. Wichtig ist in jedem Fall, dass der Informationsfluss zwischen den Vergleichspartnern gewährleistet ist.

Die **Phase der Informationssammlung** wird durch die Definition und Erhebung von Kennzahlen geprägt. So muss gewährleistet sein, dass die Vergleichspartner Sachverhalte und Zusammenhänge in derselben Weise durch Kennzahlen erfassen. Negativbeispiel: In der Stadt A wird die Kundenzufriedenheit mithilfe einer Skala von 1 („sehr zufrieden") bis 6 („sehr unzufrieden"), in der Stadt B mittels einer Skala von 1 („überhaupt nicht zufrieden") bis 10 („absolut zufrieden") gemessen. Auf die Erhebung gesonderter Kennzahlen sollte weitestgehend verzichtet werden; aus Gründen der Wirtschaftlichkeit sind zu Vergleichszwecken möglichst diejenigen Kennzahlen zu verwenden, die bereits für Controlling-Zwecke benutzt werden. Damit die Gründe für Leistungsunterschiede analysiert werden können, sind neben finanziellen auch nicht finanzielle Kennzahlen zu verwenden.

Die **Informationsanalyse** beginnt mit einer Gegenüberstellung der Kennzahlen der Vergleichspartner. Daran schließt sich eine Feststellung der Abweichungen an. Schließlich sind die Ursachen für die Abweichungen zu ergründen. Aus diesen Ursachen können dann in der letzten Phase des Benchmarking-Prozesses **Verbesserungsmaßnahmen** abgeleitet werden. Diese Verbesserungsmaßnahmen können struktureller oder prozessualer Natur sein. Wurden die Verbesserungsmaßnahmen in die Tat umgesetzt, ist deren Wirkung zu ermitteln. Dies sollte auch durch einen erneuten Leistungsvergleich geschehen.

Beispiel:

Die Stadt C hat mit den Städten A und B einen Vergleichsring zur Optimierung von Bezügeabrechnungen gebildet. Drei verschiedene Kennzahlen wurden einheitlich definiert und erhoben; in Abbildung 15-13 ist die Gegenüberstellung der Kennzahlen ersichtlich.

Abb. 15-13: Gegenüberstellung von Kennzahlen

Kennzahlen	Stadt A	Stadt B	Stadt C
Bezügeabrechnungsfälle pro Vollzeitstelle	10.000	7.000	5.000
Personalkosten pro Bezügeabrechnungsfall	5 Euro	6,50 Euro	10 Euro
Kundenzufriedenheit (auf einer Skala von 1 „sehr niedrig" bis 10 „sehr hoch"	8,5	8	6

Die Verantwortlichen der Stadt C erkennen, dass die Quantität ihrer Leistungen um 50 Prozent gegenüber der leistungsstärksten Stadt A abweichen. Die Kosten pro Abrechnungsfall sind doppelt so hoch und die Kundenzufriedenheit ist deutlich niedriger. Beim Vergleich der Arbeitsprozesse stellen die Vertreter der Stadt C fest, dass in der Stadt A (und auch in B) die Personalsachbearbeiter ein sehr breites Aufgabenspektrum bearbeiten. Die Personalsachbearbeiter in C sind dagegen stark spezialisiert (Aufteilung in Reisekostenabrechnung, Bezügeabrechnung, Personalaktenführung, Versorgung, Urlaub, ...). Diese hohe Spezialisierung führt zu einem hohen Koordinations- und Abstimmungsaufwand (viele zeitraubende Nachfragen bei Kollegen, Besprechungen usw.) und zudem zu einer niedrigen Arbeitszufriedenheit. Die Stadt C entschließt sich, die Spezialisierung der Sachbearbeiter zurückzunehmen und den Mitarbeitern ein größeres Aufgabenspektrum zuzuweisen.

Für die kommunale Praxis sind die Benchmarking-Aktivitäten der KGSt bedeutsam (Kommunale Gemeinschaftsstelle für Verwaltungsmanagement, 2006). Seit dem Jahr 1996 organisiert und begleitet die KGSt unter der Bezeichnung „IKO-Netz" bundesweit kommunale Benchmarking-Projekte. Insgesamt wurden über 240 sogenannter Vergleichsringe betreut und damit mehr als 2600 Kommunen und andere Institutionen bei ihren Bemühungen um organisatorische Verbesserungen unterstützt. In einem Vergleichsring werden sieben bis zwölf etwa gleich große Kommunen zusammengefasst. Deren Mitwirkung ist freiwillig. Die KGSt schlägt Themen für Vergleichsringe vor, sucht nach interessierten Kommunen und moderiert die Sitzungen. Durch die jahrelangen Aktivitäten entstand ein umfangreicher Wissens- und Datenfundus zu Kennzahlensystemen und Vergleichswerten.

Für das Benchmarking sind alle Bereiche des öffentlichen Sektors geeignet, „... in denen Massenprodukte auf Basis standardisierter Produktbeschreibungen erstellt werden (wie z. B. Baugenehmigungen, Bearbeitung von Steuerbescheiden, Erstellung von Beihilfebescheiden oder Eintragungen ins Handelsregister" (Tauberger, 2008, S. 227). Durch Benchmarking können bisher im öffentlichen Sektor nicht hinreichend realisierte Effektivitäts- und Effizienzpotenziale schneller identifiziert und konsequenter genutzt werden. Dabei darf sich das Management allerdings keine spektakulären, rasch wirkenden Veränderungen versprechen. Vielmehr ist mit einer kontinuierlichen Verbesserung der Leistungsfähigkeit nach dem „Prinzip der kleinen Schritte" zu rechnen (Schauer, 2008, S. 172). Folgende Fehler sind beim Benchmarking zu vermeiden (Schleer & Paul, 2006, S. 98):

- Demotivierung der Mitarbeiter durch einen zu hohen Wettbewerbsdruck
- Erstellung von Ranking-Listen („Bundesligatabellen")
- „Schlechte" werden an den Pranger gestellt – Sinn des Benchmarkings ist es, die Guten als Vorbild herauszustellen und nach Optimierungsmöglichkeiten zu suchen; Ziel ist es nicht, die „Schlechten" zu Rechtfertigungen zu zwingen.

15.6 Risikomanagement

Mit ihren Entscheidungen und Handlungen versuchen Organisationen Ziele zu erreichen. Dabei können Ereignisse oder Entwicklungen dazu führen, dass Sach- oder Formalziele verfehlt werden. Ob diese Ereignisse und Umstände eintreten oder nicht, ist meist ungewiss. Beispielsweise verfehlt ein Automobilunternehmen seine Absatz- und Gewinnziele, sofern in einem erdölexportierenden Land plötzlich Unruhen ausbrechen und der Ölpreis drastisch steigt. Eine Kommune wird ihr Ziel eines Haushaltes ohne Neuverschuldung verfehlen, sofern der bedeutsamste Gewerbesteuerzahler seinen Unternehmenssitz überraschend verlagert. Mit Hilfe des Instruments Risikomanagement wird versucht, systematisch mögliche negativ wirkende Ereignisse zu erfassen und die Entscheidungen und Handlungen der Organisation in zielführender Weise auf diese Ereignisse abzustimmen.

Ausgangspunkt für eine intensivere Befassung mit dem Instrument Risikomanagement in der Privatwirtschaft war das 1998 in Kraft getretene Gesetz zur Kontrolle und Transparenz im Unternehmensbereich (KonTraG), welches unter anderem den § 91 Abs. 2 des Aktiengesetzes (AktG) ergänzte: So hat der Vorstand einer Aktiengesellschaft „... geeignete Maßnahmen zu treffen, insbesondere ein Überwachungssystem einzurichten, damit den Fortbestand der Gesellschaft gefährdende Entwicklungen früh erkannt werden". Die Risikosituation eines Unternehmens ist folglich kontinuierlich und strukturiert zu beobachten, um riskante Entwicklungen zu erkennen, festzustellen sowie diesen ggf. entgegenzuwirken (Schneck, 2010, S. 33).

Im öffentlichen Sektor erlangt das Riskomanagement durch verschiedene Rechtsvorschriften an Bedeutung (Schwintowski, 2009a, S. 183 ff.). Zum Beispiel schreiben die Kommunalhaushaltsverordnungen der Länder den Kommunen eine Lageberichterstattung vor, in der über künftige Risiken berichtet wird. Entsprechend wird mit §48, Satz 6, der Gemeindehaushaltsverordnung NRW gefordert: „Auch ist auf die Chancen und Risiken für die künftige Entwicklung der Gemeinde einzugehen; zugrunde liegende Annahmen sind anzugeben". Gemäß § 87, Abs. 2, der Kommunalhaushaltsverordnung Doppik Bayern soll der Rechenschaftsbericht „...zu erwartende positive Entwicklungen und mögliche Risiken von besonderer Bedeutung ..." darstellen. *Gruber* (Gruber, 2002, S. 260, zitiert nach Schwintowski, 2009b, S. 206) führt aus, dass alle kommunalen Unternehmen nach §92, Abs. 2 AktG verpflichtet sind ein Risikomanagementsystem vorzuhalten. Im Sächsischen Eigenbetriebsgesetz wird in § 16, Abs. 3, ein „... angemessenes System zur Erkennung von Risiken ..." gefordert. Daneben gibt es spezialgesetzliche Grundlagen für ein Risikomanagement; die KGSt (Kommunale Gemeinschaftsstelle für Verwaltungsmanagement, 2011, S. 13 ff.) verweist z. B. auf Regelungen des Sozialgesetzbuch VIII (§ 8a) und des Arbeitsschutzgesetzes (§§ 5, 6, 13).

Unter Risiko wird hier das mögliche Eintreten eines Ereignisses aufgefasst, welches eine negativ bewertete Zielabweichung (oder einen anderen Schaden) zur Folge haben kann (eine umfassende Erläuterung des Risikobegriffs enthält Budäus & Hilgers, 2009, S. 17 ff.). Als Chance ist das mögliche Eintreten solcher Ereignisse aufzufassen, die zu einer positiven Zielabweichung führen können. Risiken können in verschiedener Weise kategorisiert werden (Burth & Hilgers, 2012, S. 9, weitere Beispiele für Kategorisierungen enthält Budäus & Hilgers, 2009, S. 39 f.), Beispiele für Kategorisierungen sind:

- Nach der Quelle der Risiken: interne Risiken gründen auf verwaltungsinternen Entscheidungen, externe Risiken stammen aus der Verwaltungsumwelt und sind nur bedingt durch die Verwaltung beeinflussbar. Beispiel für ein internes Risiko ist die mögliche Demotivation des Personals durch ein ungeschickt gestaltetes System der leistungsorientierten Bezahlung. Beispiele für externe Risiken sind konjunkturelle Risiken (z. B. Finanzkrise), rechtliche Risiken (z. B. Urteil zur Haftung der Kommunen bei Schlaglöchern), Naturkatastrophen (z. B. Überschwemmung).
- Nach operativen und strategischen Risiken: erstere betreffen das Erreichen von operativen, letztere das Erreichen von strategischen Zielen. Eine mögliche Grippewelle mag beispielsweise das operative Ziel beeinträchtigen, den Haushaltsplanentwurf rechtzeitig fertigzustellen. Das alljährliche Auftreten einer Blaualgenblüte in einem Badesee kann das strategische Ziel, die Zahl der Touristen um 20 % zu steigern, gefährden. Politische Risiken werden ebenfalls als strategische Risiken klassifiziert (Bundesministerium des Innern & Bundesverwaltungsamt, 2013, S. 329).

Risiken weisen verschiedene Merkmale (Wissenschaftlicher Beirat der Bundesregierung Globale Umweltveränderungen, 1998, S. 4 ff.) auf:

- Eintrittswahrscheinlichkeit: diese kann aus Erfahrungen und Aufzeichnungen erschlossen (z. B. Wahrscheinlichkeit des Ereignisses „Starkregen" für ein Freiluft-Konzert im Juli) oder muss geschätzt werden (z. B. Ausfall eines neuartigen Servers).

- Schadenshöhe: zu bestimmen ist der mögliche Schaden, den ein Ereignis zur Folge haben kann. Der Schaden kann materieller (dann möglichst mit Eurobeträgen zu quantifizieren) oder immaterieller Art (z. B. Imageschaden) sein. Besondere Aufmerksamkeit erfordert die Gefährdung von Leben und Gesundheit.
- Irreversibilität: die Auswirkungen des Ereignisses sind nicht wieder rückgängig zu machen (z. B. radioaktive Verseuchung einer Landschaft nach einem Unfall in einem Atomkraftwerk; Verlust eines Menschenlebens).
- Persistenz: die langandauernde Einwirkung von Ereignissen, z. B. von Schadstoffen wie Asbest in Wohnräumen, hormonaktiven Substanzen im Trinkwasser;
- Mobilisierungspotenzial: Risiken werden von der Bevölkerung in hohem Maße wahrgenommen und führen zu Widerständen, z. B. „Elektrosmog" durch Mobilfunkmasten und Hochspannungsleitungen;
- Verzögerungswirkung: zwischen dem Eintritt des Ereignisses und dem Schaden liegt eine große Zeitspanne, z. B. Ausstoß von klimaverändernden Gasen und extremen Wetterereignissen; Einsatz von Antibiotika in der Tiermast und Versterben von Patienten in Krankenhäusern an Antibiotika-resistenten Krankheiterregern.

Unter Risikomanagement „ … wird die systematische Erfassung, Bewertung und Steuerung der verschiedenen Risiken im Rahmen der Tätigkeit einer Behörde bezeichnet" (Schweisfurth & Bandlow, 2013, S. 25), es dient der Sicherung der behördlichen Aufgabenerfüllung. Ein flächendeckendes Risikomangement gibt es derzeit in Deutschland nicht, nur ein kleiner Teil der Behörden hat ein systematisches Risikomanagement eingeführt (Beck, Benecke, Felten, Lipske & Schuster, 2013, S. 13; Schmidt, 2012; Schweisfurth & Bandlow, 2013, S. 27). Vorteile des Risikomanagements sind (Beck et al., 2013, S. 15, Schmidt, 2012, Schweisfurth & Bandlow, 2013, S. 28):

- Bestehende Risiken werden offensichtlich bzw. transparent.
- Das Risikobewusstsein der Beschäftigten wird geschärft.
- Auf Risiken kann zeitnah reagiert werden.
- Schäden werden verringert.
- Der Resourceneinsatz der Behörden wird optimiert, Steuergelder werden gespart.
- Das Vertrauen der Bürger in die Behörden und Kommunalverwaltungen wird gestärkt.

Der Ablauf des Risikomanagements lässt sich als Regelkreis mit fünf Phasen darstellen (nach Budäus & Hilgers, 2009, S. 42) (Abbildung 15-14).

Abb. 15-14: Regelkreis des Risikomanagements

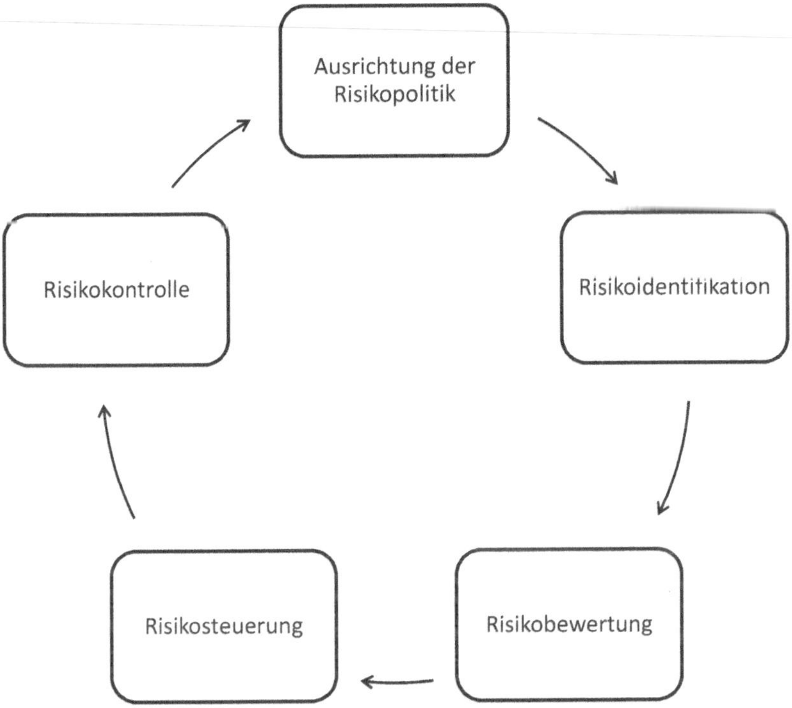

Während der ersten Phase erfolgt eine Ausrichtung der **Risikopolitik** (diese Phase wird auch als strategisches Risikomanagement bezeichnet). Es werden die Grundsätze für den Umgang mit Risiken festgelegt. Beispielsweise wird bestimmt, welche Risiken die Organisation eingehen kann und welche sie bereit ist, zu tragen. Zu klären ist die Frage, ob die Organisation grundsätzlich eher offensiv oder eher risikoscheu und sicherheitsorientiert agiert. Das Risikobewusstsein wirkt sich auch auf die Nutzung von Chancen aus, da diese oftmals riskante Handlungen voraussetzen. Die Ausrichtung der Risikopolitik erfolgt durch die Verwaltungsführung in enger Abstimmung mit politischen Mandatsträgern.

„Wer vorankommen will, muss Risiken eingehen. Ein Schiff, das nur auf Reede oder im Hafen liegt, bringt nichts ein. Es muss sich Wind und Wellen aussetzen. Natürlich muss man mit dem Risiko umzugehen wissen. Ein Schiffer muss erst sein Kapitänspatent machen, ehe man ihm einen Kahn anvertraut" *(Carl Amery)*.

Im Mittelpunkt der zweiten Phase des Risikomanagments steht die **Risikoidentifikation.** Es sind in systematischer Weise alle wesentlichen Risiken einer Organisation zu ermitteln. Zur Identifikaton von Risiken können Erfahrungen mit bereits aufgetretenen Problemen oder spezielle Techniken, wie z. B. die Brainstroming-Methode (siehe Kapitel 11), die Szenario-Technik oder die SWOT-Analyse (siehe Kapitel 14) genutzt werden. Um bei der Ermittlung von externen Risiken keine Risiken zu übersehen, bietet es sich an, die PEST-Systematik zu verwenden. Bei dieser Systematik wird die Umwelt nach politischen (P), wirtschaftlichen (economic – E), sozio-kulturelle (S) und technologischen (T) Aspekten und Faktoren differenziert (Beispiele in Kapitel 14, „Umweltanalyse"). Für die Identifikation interner Risiken bietet es sich für denselben Zweck an, folgende Risikobereiche (vgl. Kommunale Gemeinschaftsstelle für Verwaltungsmanagement, 2011, S. 40 f.) zu analysieren: Ressourcenrisiken (Risiken im Bereich Personal, Finanzen, Vermögen und Information), Prozess- und Strukturrisiken (Risiken durch die Aufbau- und Ablauforganisation), Produktrisiken (Risiken, die mit den produzierten Produkten verbunden sind) sowie Risiken durch Zielkonflikte. Nach der Risikoinventur werden alle Risiken gesammelt und in eine Risikoliste (syn. Risikokatalog) eingetragen. Diese enthält neben der Risikobenennung eine Risikobeschreibung.

In der dritten Phase der **Risikobewertung** werden die Risiken nach verschiedenen Merkmalen bewertet. Üblicherweise werden die Merkmale „Eintrittswahrscheinlichkeit" und „Schadenshöhe" zur Bewertung herangezogen. Aus der Kombination dieser beiden Merkmale lässt sich eine Risikomatrix (Abbildung 15-15) erstellen, in der sich einzelne Risiken einordnen und die jeweiligen Handlungsbedarfe erkennen lassen. So zeichnet sich in der Abbildung 15-15 das Risiko R1 durch eine hohe Schadenshöhe und eine geringe Eintrittswahrscheinlichkeit aus. Der Handlungsbedarf in Bezug auf das Risiko R1 wird als „hoch" eingestuft. Angesichts der Handlungsbedarfe können die Risiken priorisiert werden. Nach der Risikobewertung wird die Risikoliste um Angaben wie Eintrittswahrscheinlichkeit, Schadenshöhe, Höhe des Handlungsbedarfs, Priorität ergänzt.

Abb. 15-15: Risikomatrix

Eintrittswahrscheinlichkeit / Schadenshöhe	sehr gering	gering	mittel	hoch
hoch	mittel	hoch	sehr hoch	extrem
mittel	mittel	mittel	hoch	sehr hoch
gering	niedrig	mittel	mittel	hoch ***R1***
sehr gering	kaum	niedrig	mittel	mittel

Handlungsbedarf

Während der vierten Phase der **Risikosteuerung** bzw. Risikobewältigung werden Handlungen in Bezug auf die festgestellten und bewerteten Risiken geplant und durchgeführt. Es lassen sich vier grundsätzliche Handlungsweisen in Bezug auf Risiken unterscheiden:

- Risiko vermeiden: angesichts der Risikomerkmale und in Abwägung der Chancen wird auf die Erstellung eines Produkts oder die Realisierung eines Ziels/einer Aufgabe komplett verzichtet. *Beispiel: Eine Stadtverwaltung entschließt sich, auf die Durchführung einer Massenveranstaltung zu verzichten, da das Risiko einer Massenpanik aufgrund der örtlichen Gegebenheiten nicht beherrschbar ist.* Risikovermeidung ist bei Pflichtaufgaben allerdings oftmals nicht realisierbar (Birkholz, 2009, S. 165).
- Risiko vermindern: durch Aktivitäten der Organisation wird die Eintrittswahrscheinlichkeit gesenkt und/oder die Schadenshöhe des Risikos gemindert. *Beispiel: durch die regelmäßige Kontrolle eines Baumbestandes in einem Park und das Entfernen kritischer Äste wird die Eintrittswahrscheinlichkeit gesenkt, dass während eines Unwetters Bäume umstürzen. Zudem wird ein in unmittelbarer Nähe der Bäume stehender Gartenpavillon versetzt, sodass er nicht mehr durch umfallende Bäume beschädigt werden kann.*
- Risiko umwälzen: das Risiko wird durch die Organisation auf Dritte übertragen. *Beispiel: eine Behörde versichert dienstliche Smartphones und Laptops für den Fall, dass diese durch Herunterfallen beschädigt werden.*

- Risiko akzeptieren: angesichts der Chancen ist die Organisation bereit, das Risiko bewusst in Kauf zu nehmen. *Beispiel: Angesichts der Chancen für das Stadtbild und das Stadtklima ist eine Stadt bereit, die Bäume einer Allee zu erhalten und das nicht vollständig vermeidbare Risiko von Personen- und Sachschäden zu tragen.*

In der Risikoliste ist der Umgang mit dem Risiko, konkrete Maßnahmen sowie ein Risikoverantwortlicher, also eine Person, die die Maßnahmen durchführt, zu vermerken.

Letztlich ist in der fünften Phase der **Risikokontrolle** der Prozess der Risikoidentifikation, -bewertung und -bewältigung zu überprüfen. Es ist ein systematischer Informationsfluss zwischen den betroffenen Organisationseinheiten, Risikoverantwortlichen und der Organisationsleitung zu gewährleisten, ggf. sind weitere Maßnahmen zu veranlassen.

Umfassende Überlegungen zur Organisation des Risikomanagements stellen *Schwintowski* (Schwintowski, 2009, S. 212 ff.) und die KGSt (Kommunale Gemeinschaftsstelle für Verwaltungsmanagement, 2011, S. 24 ff.) an. Insbesondere in der Phase der Risikoidentifikation sollte die Fachebene eingebunden werden (Birkholz, 2009, S. 160). Damit der Informationsfluss mit geringem Aufwand gewährleistet und eine wirksame Steuerung der Risiken möglich ist, sollte das Risikomanagement in das Controllingsystem der Organisation eingebettet sein (Beck et al., 2013, S. 14). Im Controlling liegen vielfach bereits Daten vor, die auch im Risikomangement genutzt werden könnten, z. B. Finanzkennzahlen oder Angaben zur demografischen Entwicklung. Empfohlen wird zudem die Ernennung eines Risikobeauftragten (Beck et al., 2013, S. 14).

16 Abkürzungsverzeichnis

3iV	dreistufiges informationsbasiertes Verwaltungshandeln

A

AK	Arbeitskapazität
AktG	Aktiengesetz
AKV	Aufgabe, Kompetenz, Verantwortung
ArbSchG	Arbeitsschutzgesetz
ASQ	Arbeitsgemeinschaft für statistische Qualitätskontrolle
AV	Arbeitsvolumen

B

BAT	Bundes-Angestelltentarifvertrag
BBesG	Bundesbesoldungsgesetz
BBG	Behindertengleichstellungsgesetz
BMT-G	Bundesmanteltarifvertrag für Gemeindearbeiter
BPR	Business Process Reengineering

C

CAF	Common Assessment Framework
c. p.	ceteris paribus (unter sonst gleichen Bedingungen)
CEN	Comité Européen de Normalisation

D

DGQ	Deutsche Gesellschaft für Qualität e. V.
DIN	Deutsches Institut für Normung e. V.

E

EA	Einheitlicher Ansprechpartner
EDV	Elektronische Datenverarbeitung
EEA	EFQM Excellence Award
EF	Anzahl der Einzelfälle bei der Tätigkeit

EFQM	European Foundation for Quality Management
EG	Entgeltgruppe
EGO	Entgeltordnung
EGovG	E-Government-Gesetz
EOQ	European Organization for Quality
EN	Europäische Norm

F

FaMoS	Fachmodellierungsstandard
FG	Fallgruppe

G

G 8	Gruppe der Acht, Zusammenschluss der größten Industrienationen der Welt

I

IKT	Informations- und Kommunikationstechniken
ISO	International Organization for Standardization
IPSG	Innovative Public Sector Group

J

JAM	Jahresarbeitsminuten

K

KDV NRW	Kompetenzzentrum Digitale Verwaltung NRW
KGSt	Kommunale Gemeinschaftsstelle für Verwaltungsmanagement
KonTraG	Gesetz zur Kontrolle und Transparenz im Unternehmensbereich
KVP	Kontinuierlicher Verbesserungsprozess

L

LEP	Ludwig-Erhard-Preis

M

MBNQA	Malcolm Baldrige National Quality Award
MbO	Management by Objectives
mBz	mittlere Bearbeitungszeit

N

NIÖ	Neue Institutionenökonomik
NKFG NRW	Neues Kommunales Finanzmanagement im Land Nordrhein-Westfalen
NRW	Nordrhein-Westfalen
NSM	Neues Steuerungsmodell
NWA	Nutzwertanalyse

O

OECD	Organisation for Economic Cooperation and Development

P

PPP	Public Private Partnership
PSP	Projektstrukturplan

Q

QM	Qualitätsmanagement

S

SAD	seasonal affective disorder
SB	Sachbearbeiter
SGB	Sozialgesetzbuch

T

TQC	Total-Quality-Control-Ansatz
TQM	Total Quality Management
TV-L	Tarifvertrag für den öffentlichen Dienst der Länder
TVöD	Tarifvertrag für den öffentlichen Dienst
TVöD-Bund	Tarifvertrag für den öffentlichen Dienst, Bereich Bund
TVöD-VKA	Tarifvertrag für den öffentlichen Dienst – Vereinigung der kommunalen Arbeitgeberverbände

V

VHS	Volkshochschule
VIE-Theorie	Valenz-Instrumentalität-Erwartungs-Theorie

Z

Z	Zuschlagsgröße

17 Quellenverzeichnis

Alfen, H.W. & Buschmeier, B. (2013). ÖPP im Vergleich zu anderen Organisationsmodellen der öffentlichen Beschaffung. Leitfaden des Finanzministeriums NRW in Zusammenarbeit mit der Bauhaus-Universität Weimar 2013. www.ppp.nrw.de/leitfaden/25_organisationsmodell.pdf (Abruf 27.06.2014)

Al-Laham, A. (2003). *Organisationales Wissensmanagement. Eine strategische Perspektive.* München.

Anthony, R. N. (1965). *Planning and Control Systems – a framework for analysis.* Boston.

Arbeitsgemeinschaft für wirtschaftliche Verwaltung und Unternehmer (2003). *Public Private Partnership. Ein Leitfaden für öffentliche Verwaltungen und Unternehmer 2003.* Hrsg. von Arbeitsgemeinschaft für wirtschaftliche Verwaltung e.V., Düsseldorf.

Argyris, C. (1999). Defensive Routinen. In G. Fatzer (Hrsg.), *Organisationsentwicklung für die Zukunft. Ein Handbuch* (S. 179–226). Köln.

Argyris, C. (1994). *On Organizational Learning.* Cambridge, Mass.

Argryris, C. & Schön, D. A. (2006). *Die lernende Organisation. Grundlagen, Methode, Praxis* (3. Aufl.). Stuttgart.

Asendorpf, J. (2007). *Psychologie der Persönlichkeit.* Berlin.

Badura, B. & Hehlmann, T. (2003). *Betriebliche Gesundheitspolitik. Der Weg zur gesunden Organisation.* Berlin.

Bals, H. (2004). *Neues kommunales Finanz- und Produktmanagement.* Heidelberg/München/Berlin.

Banner, G. (2006). Strategische Führung und Modernisierung des Unternehmens Kommune, In W. Jann, M. Röber & H. Wollmann (Hrsg.), *Public Management – Grundlagen, Wirkungen, Kritik. Festschrift für Christoph Reichard zum 65. Geburtstag* (S. 253–270). Berlin.

Barrick, M. R., Mount, M. K. & Judge, T. A. (2001). Personality and performance at the beginning of the new millennium: What do we know and where do we go next? *International Journal of Selection and Assessment, 9,* 9–30.

Bayerisches Staatsministerium der Finanzen, für Landesentwicklung und Heimat (2014). Bayerisches Breitbandzentrum. www.schnelles-internet-in-bayern.de (Abruf am 11.07.2014)

Bea, F. X. & Göbel, E. (2010). *Organisation. Theorie und Gestaltung.* Stuttgart.

Bea, F. X. & Göbel, E. (2002). *Organisation* (2. Aufl.). Stuttgart.

Bea, F. X. & Haas, J. (2009). *Strategisches Management* (5. Aufl.). Stuttgart.

Beck, S., Benecke, M., Felten, M., Lipske, U. & Schuster, F. (2013). Risikomanagement in Kommunen. *Public Governance,* Sommer 2013, S. 12–15. http://www.publicgovernance.de/docs/PG-Sommer_2013_Risikomangement_in_Kommunen.pdf (Abruf am 20. Mai 2014)

Becker, H. & Langosch, I. (1995). *Produktivität und Menschlichkeit. Organisationsentwicklung und ihre Anwendung in der Praxis.* Stuttgart.

Becker, J., Algermissen, L. & Falk, T. (2009). *Prozessorientierte Verwaltungsmodernisierung. Prozessmanagement im Zeitalter von E-Government und New Public Management.* Berlin/Heidelberg.

Becker, J., Algermissen, L., Falk, T. (2007). *Prozessorientierte Verwaltungsmodernisierung. Prozessmanagement im Zeitalter von E-Government und New Public Management.* Berlin/Heidelberg.

Beermann, B. (2008). *Nacht- und Schichtarbeit – ein Problem der Vergangenheit?* Dortmund.

Bernhardt, H., Mutschler, K. & Stockel-Veltmann, Ch. (2005). *Kommunales Finanzmanagement NRW* (3. Aufl.). Witten.

Bertelsmann Stiftung (2007). *Mit Shared Services zu einer effektiveren Verwaltung.* Gütersloh.

Birkholz, K. (2009). Risikomanagement – eine Herausforderung für Deutsche Kommunen. In F. Scholz, A. Schuler & H.-P. Schwintowski (Hrsg.), Risikomanagment der Öffentlichen Hand (S. 155–170). Heidelberg.

Bleicher, K. (1991). *Organisation. Strategie – Strukturen – Kulturen.* Wiesbaden.

Blum, E. (2000). *Grundzüge anwendungsorientierter Organisationslehre.* München.

Bogumil, J. & Jann, W. (2005). *Verwaltung und Verwaltungswissenschaft in Deutschland.* Wiesbaden.

Bohulskyy, Y, Erlinghagen, M & Scheller, F. (2011). *Arbeitszufriedenheit in Deutschland sinkt langfristig.* IAQ-Report 2011-3. http://www.iaq.uni-due.de/iaq-report/2011/report2011-03.pdf (Abruf am 03.05.2014)

Bolay, F. W. (2004). *Projektmanagement – Zielorientiertes Planen und Managen von Modernisierungsprojekten in der öffentlichen Verwaltung.* Bad Soden am Taunus.

Bolay. F. W. (2001). Betriebswirtschaft und öffentliche Verwaltung. Anmerkungen zu einigen populären Missverständnissen. *DVP Nr. 5/2001,* 179–183.

Borkenau, P. & Ostendorf, F. (2008). *NEO-FFI.* Göttingen.

Bose, H. v. (2014). Open Data – Chancen und Grenzen. http:// www.informationsfreiheit.sachsen-anhalt.de/fileadmin/Bibliothek/Landesaemter/LfD/PDF/binary/Informationsfreiheit/Service/Veroeffentlichungen/Reden_und_Vortraege/CrossMedia_2014/CrossMedia_-_Vortrag_Open_Data_-_Chancen_und_Grenzen.pdf (Abruf am 13.07.2014).

Bouchard, T. J. Jr., Lykken, D. T., McGue, M., Segal, N. L. & Tellegen, A. (1990). Sources of human psychological differences: The Minnesota Study of twins reared apart. *Science, 250*, 223–228.

Brandstätter, V. & Frey, D. (2004). Motivation zu Arbeit und Leistung. In H. Schuler (Hrsg.), *Organisationspsychologie* (S. 295–341). Göttingen.

Braun, M. & Scholz, E. (2008). Einstellungen zur Arbeit und Arbeitszufriedenheit. In Statistisches Bundesamt (Hrsg.), *Datenreport 2008* (S. 140–144). Wiesbaden.

Brede, H. (2004). *Grundzüge der Öffentlichen Betriebswirtschaftslehre* (2. Aufl.). München.

Bröckermann, R. (2009). *Personalwirtschaft*. Stuttgart.

Broekmate, L., Dahrendorf, K. & Dunker, K. (2001). *Qualitätsmanagement in der öffentlichen Verwaltung*. München/Berlin.

Bruggemann, A., Groskurth, P. & Ulich, E. (1975). *Arbeitszufriedenheit*. Stuttgart.

Bruhn, M. (2006). *Qualitätsmanagement für Dienstleistungen: Grundlagen, Konzepte, Methoden*. Berlin.

Brunstein, J. C., Schultheiss, O. C. & Maier, G. W. (1999). The pursuit of personal goals: A motivational approach to well-being and life-adjustment. In J. Brandstätter & R. M. Lerner (Eds.), *Action and development: Origins and functions of intentional self-development* (pp. 169–196). Thousand Oaks, CA.

Büchi, R. & Chrobok, R. (1994). *GOM – Ganzheitliches Organisationsmodell. Methode und Techniken für die praktische Organisationsarbeit*. Baden-Baden.

Budäus, D. (2002). Strategisches Management in öffentlichen Verwaltungen – zur Funktion und Leistungsfähigkeit der Balanced Scorecard als strategisches Planungs- und Managementkonzept. In A. G. Scherer & J. M. Alt (Hrsg.), *Balanced Scorecard in Verwaltung und Non-Profit-Organisationen* (S. 319–338). Stuttgart.

Budäus, D. & Eichhorn, P. (Hrsg.) (1997). *Public Private Partnership. Neue Formen öffentlicher Aufgabenerfüllung*. Baden-Baden.

Budäus, D. & Grüb, B. (2008). Public Private Partnership. *Wirtschaftswissenschaftliches Studium WiSt, 11/2009*, 586–590.

Budäus, D. & Grüning, G. (1997). Public Private Partnership – Konzeption und Probleme eines Instrumentes zur Verwaltungsreform aus der Sicht der Public Choice Theorie. In D. Budäus & P. Eichhorn (Hrsg.), *Public Pri-*

vate Partnership. Neue Formen öffentlicher Aufgabenerfüllung (S. 25–66). Baden-Baden.

Budäus, D. & Hilgers, D. (2009). Öffentliches Risikomanagement – zukünftige Herausforderungen an Staat und Verwaltung. In F. Scholz, A. Schuler und H.-P. Schwintowski (Hrsg.), Risikomanagement der Öffentlichen Hand (S. 17–78). Heidelberg.

Bühner, R. (1991). *Betriebswirtschaftliche Organisationslehre.* München.

Bundesamt für Wirtschaft und Ausfuhrkontrolle (2009). *Richtlinie zur Förderung des Absatzes von Personenkraftwagen vom 20. Februar 2009 mit Änderungen der Richtlinie vom 17. März 2009 und vom 26. Juni 2009.* Eschborn.

Bundesanstalt für Arbeitsschutz und Arbeitsmedizin (2009). *Wohlbefinden im Büro – Arbeits- und Gesundheitsschutz bei der Büroarbeit.* Dortmund.

Bundesinstitut für Berufsbildung/Bundesanstalt für Arbeitsschutz und Arbeitsmedizin (2006). *BIBB/BAuA-Erwerbstätigenbefragung 2006.* www.baua.de/arbeitsbedingungen. (Abruf am 20.06.2010)

Bundesministerium des Innern & Bundesverwaltungsamt (2013). *Handbuch für Organisationsuntersuchungen und Personalbedarfsermittlung.* http://www.orghandbuch.de (Abruf am 11. Juni 2014).

Bundesverwaltungsamt. Deutsches CAF-Zentrum (2013). *Common Assessment Framework – Verbesserung öffentlicher Organisationen durch Selbstbewertung.* http://www.caf-netzwerk.de (Abruf am 10.08.2014)

Bundeszentrale für gesundheitliche Aufklärung (2005). *Qualitätszirkel in der Gesundheitsförderung und Prävention. Reihe: Forschung und Praxis der Gesundheitsförderung. Band 26.* Köln.

Bungard, W. (2000). Mitarbeiterbefragungen als Feedbackinstrument im Rahmen eines systematischen Prozess-Controllings. *Wirtschaftspsychologie, 7 (3),* 4–15.

Bungard, W., Müller, K. & Niethammer, C. (2007). *Mitarbeiterbefragung – Was dann ...? MAB und Folgeprozesse erfolgreich gestalten.* Heidelberg.

Burghardt, M. (2006). *Projektmanagement. Leitfaden für die Planung, Überwachung und Steuerung von Entwicklungsprojekten.* Berlin.

Burisch, M. (2009). *Das Burnout-Syndrom: Theorie der inneren Erschöpfung.* Berlin.

Burth, A. & Hilgers, D. (2012). Kommunale Risikoberichterstattung. *Verwaltung und Management,* 1, S. 7–16.

Busse, B. (2006). Was leisten Leistungsanreize? Bedeutung und Erfolgsfaktoren effektiver Leistungsanreize. In A. Gourmelon & C. Kirbach (Hrsg.), *Personalbeurteilung im öffentlichen Sektor* (S. 78–94). Baden-Baden.

Camphausen, B. (2003). *Strategisches Management*. München/Wien.

Chrobok, R. (1996). *Grundbegriffe der Organisation*. Stuttgart.

Coase, R.H. (1937). The Nature of the Firm. *Economica, 4*, 386–405.

Collisi, B. (2006). Jetzt wird,s ernst: Leistungsbezogene Vergütung und Personalbeurteilung nach dem TVöD. In A. Gourmelon & C. Kirbach (Hrsg.), *Personalbeurteilung im öffentlichen Sektor* (S. 19–33). Baden-Baden.

Conti, T. (1998). *Selbstbewertung von Unternehmen*. München/Wien.

Corsten, H., Corsten, H. & Gössinger, R. (2008). *Projektmanagement*. München.

Cronauge, U. (1997). *Kommunale Unternehmen* (3. Aufl.). Berlin.

Damkowski, W. & Precht, C. (1995). *Public Management: Neuere Steuerungskonzepte für den öffentlichen Sektor*. Stuttgart.

Damkowski, W. & Rösener, A. (2004). Good Governance auf der lokalen Ebene. *Verwaltung und Management*, 6/2004, 311–316.

Dauscher, U. (1996). *Moderationsmethode und Zukunftswerkstatt*. Neuwied.

Deming, W. E. (1986). *Out of the Crisis*. Cambridge/Mass./USA.

Deutsche Gesellschaft für Qualität e. V. (1995). *Begriffe zum Qualitätsmanagement. DGQ-Schrift Nr. 11-04*. Frankfurt am Main.

Deutscher Beamtenbund DBB (2001). *Qualitätsmanagement in der öffentlichen Verwaltung. Verwaltung im 21. Jahrhundert. Band 1. Stand Juni 2002*. Berlin.

Deutscher Bundestag (2010). *Drucksache 17/728 vom 16.02.2010; Umsetzung der Dienstleistungsrichtlinie in Deutschland*. Köln.

Deutsche Gesellschaft für Qualität – DGQ (2013). *Das EFQM Excellence Modell 2013*. www.dgq.de/dateien/ EFQM-Excellence-Modell-2013.pdf (Abruf am 09.08.2014)

Deutsches Institut für Normung (2009a). *Licht und Beleuchtung – Beleuchtung von Arbeitsstätten – Teil 1: Arbeitsstätten in Innenräumen; Deutsche Fassung prEN 12464-1:2009*. Berlin.

Deutsches Institut für Normung (2009b). *DIN 69.901-5:2009-01/Projektmanagement*. Berlin.

Deutsches Institut für Normung (2009c). *DIN 69.900:2009-01/Projektmanagement – Netzplantechnik*. Berlin.

Deutsches Institut für Normung (2002). *Ergonomische Anforderungen für Bürotätigkeiten mit Bildschirmarbeitsplätzen. DIN EN ISO 9241-1: 2002-02*. Berlin.

Deutsches Institut für Normung (2005). *DIN EN ISO 9000:2005 Qualitätsmanagementsysteme – Grundlagen und Begriffe*. Berlin.

Deutsches Institut für Normung (2008). *DIN EN ISO 9001:2008 Qualitätsmanagementsysteme – Anforderungen*. Berlin.

Deutsches Institut für Normung (2009). *DIN EN ISO 9004:2009. Leiten und Lenken für den nachhaltigen Erfolg einer Organisation – Ein Qualitätsmanagementansatz.* Berlin.

Deutsches Institut für Normung (1966). *DIN 66.001/Sinnbilder für Datenfluss- und Programmablaufpläne.* Berlin.

Die Beauftragte der Bundesregierung für Informationstechnik (2014a). *Der neue Personalausweis.* http://www.cio.bund.de/Web/DE/Innovative-Vorhaben/Neuer-Personalausweis/neuer_personalausweis_node.html (Abruf am 10.07.2014).

Die Beauftragte der Bundesregierung für Informationstechnik (2014b). *De-Mail.* http://www.cio.bund.de/Web/DE/Innovative-Vorhaben/De-Mail/de_mail_node.html (Abruf am 10.07.2014).

Die Beauftragte der Bundesregierung für Informationstechnik (2010). *E-Government.* http://www.cio.bund.de/cln_155/DE/Service/Glossar/Functions/glossar.html?nn=52720&lv2=52684&lv3=75324 (Abruf am 30.07.2010).

Dietrich, M. & Hilgers, D. (2014). Die Bilanzierung von Public Private Partnership in der öffentlichen Verwaltung. *Zeitschrift für öffentliche und gemeinwirtschaftliche Unternehmen 37. Jg., 1-2/2014, Seite 3–29.*

DiMaggio, P. & Powell, W. (Hrsg.) (1991). *The New Institutionalism in Organizational Analysis*, Chicago.

Dillerup, R. & Stoi, R. (2008). *Unternehmensführung* (2. Aufl.). München.

Donabedian, A. (1980). *The Definition of Quality and Approaches to its Assessment. Vol. I.* Michigan/USA.

Doppler, K. & Lauterburg, C. (2002). *Change Management. Den Unternehmenswandel gestalten.* Frankfurt/Main.

Drucker, P. F. (1998). *Die Praxis des Managements.* Düsseldorf.

Ebel, B. (2003). *Qualitätsmanagement: Konzepte des Qualitätsmanagements. Organisation und Führung. Ressourcenmanagement und Wertschöpfung.* Herne/Berlin.

Ebers, M. & Gotsch, W. (1999). Institutionenökonomische Theorien der Organisation. In A. Kieser (Hrsg.), *Organisationstheorien* (S. 199–251, 3. Aufl.). Stuttgart.

Eichhorn, P. (Hrsg.) (2001). *Strategisches Management für Kommunalverwaltungen.* Baden-Baden.

Eickelkamp, P., Eismann, S., Hummel, M. & Oppenkowski, C. v. (2014). E-Government – elektronische Antragstellung bei der Stadt Herne. Unveröffentlichter Projektbericht. Herne: Stadtverwaltung Herne, Organisationsberatung.

Ellringmann, H. (2007). Vom Qualitätsmanagement zum strategischen Geschäftsprozessmanagement. In W. Masing (Hrsg.), *Handbuch Qualitätsmanagement*. München.

Engel, A. (2008). IT-*gestützte Vorgangsbearbeitung in der öffentlichen Verwaltung*. Berlin.

Engel, C., Tandjidi, A. & Quadejacob, N. (2008). *Ergebnisse der Projektmanagement Studie 2008 – Erfolg und Scheitern im Projektmanagement. Gemeinsame Studie der GPM Deutsche Gesellschaft für Projektmanagement e.V. und PA Consulting Group*. http://www.gpm-ipma.de/fileadmin/user_upload/Know-How/Ergebnisse_Erfolg_und_Scheitern-Studie_2008.pdf (Abruf am 05.05.2014).

Engelbrecht, W., Schröder, R.-D., Elgert, W. & Reichert, W. (1991). *BWT Entwicklungsarbeiten. Information Nr. 46 vom 30.12.1991 des Psychologischen Dienstes*. Nürnberg: Bundesagentur für Arbeit.

European Foundation for Quality Management-EFQM (2014). *The EFQM Model in Action. Leadership – Basic Assessment*. http://www.efqm.org/sites/default/files/leadershipassess.pdf (Abruf am 09.08.2014).

European Foundation for Quality Management-EFQM (2012). *Radar Logic*. http://www.efqm.org/efqm-model/radar-logic (Abruf am 09.08.2014).

European Foundation for Quality Management (2009). *The Transition Guide – How to upgrade the EFQM Excellence Model 2010*. Brüssel.

European Agency for Safety and Health at Work (2009). *OSH in figures: stress at work – facts and figures*. Luxemburg.

Eversheim, W. (1995). *Prozeßorientierte Unternehmensorganisation. Konzepte und Methoden zur Gestaltung „schlanker" Organisationen*. Berlin.

Filipp, S. H. & Mayer, A. K. (1999). *Bilder des Alters – Altersstereotype und die Beziehungen zwischen den Generationen*. Stuttgart.

Fischer, T. (2012). E-Government. In R. Paulic (Hrsg.), *Verwaltungsmanagement und Organisation* (S. 293–324). Frankfurt am Main.

Fischermanns, G. (2010). Praxishandbuch Prozessmanagement. Gießen.

Fleischmann, U. M. (1989). Grundlagen einer multivariaten Gedächtnisdiagnostik. *Zeitschrift für Gerontologie, 22*, 290–297.

Franke, V. (2012). Wer nutzt das Internet wann und wie häufig? Innovative Verwaltung, 4/2012, 29–32.

Franz. A. (2007). Kommunikation zwischen Bürgern und Verwaltung. In F. Bieler & G. Schwarting (Hrsg.), *e-Government* (S. 126–172). Berlin.

Frese, E. (2005). *Grundlagen der Organisation*. Wiesbaden.

Frost, J. (2004). Aufbau- und Ablauforganisation. In G. Schreyögg und A. v. Werder (Hrsg.), *Handwörterbuch Unternehmensführung und Organisation* (S. 45–53). Stuttgart.

G 8 Open Data Charter (2013). https://www.gov.uk/government/uploads/system/uploads/attachment_data/file/207772/Open_Data_Charter.pdf (Abruf am 15.07.2014).

Gaitanides, M., Scholz, R., Vrohlings, A. & Raster, M. (1994). *Prozeßmanagement. Konzepte, Umsetzungen und Erfahrungen des Reengineering.* München/Wien.

Gattermeyer, W. & Al-Ani, A. (2001). *Change-Management und Unternehmenserfolg. Grundlagen-Methoden-Praxisbeispiele.* Wiesbaden.

Gebers, J.-O. & Glück, U. (2003). „Sick building" Syndrom. *Schweiz Med Forum, Nr. 5,* 109–113.

Gelléri, P. & Kanning, U. P. (2007). Kommunikation und Interaktion. In H. Schuler & K. Sonntag (Hrsg.), *Handbuch der Arbeits- und Organisationspsychologie* (S. 331–338). Göttingen.

Gladow, C. (2006). Controlling in der öffentlichen Verwaltung – Voraussetzungen und Instrumente. In U. Baunack-Bennefeld, T. Eisenbroich, C. Gladow, J. Kutz, H. Schmidt, K.-H. Steffen & H. Weidemann (Hrsg.), *Verwaltungsmodernisierung/Neue Steuerungsmodelle* (S. 1–44). Wiesbaden.

Goleman, D. (1995). *Emotional intelligence.* New York.

Goodman, P. S., Devadas, R. & Hughson, T. L. (1988). Groups and productivity: Analyzing the effectiveness of self-managing teams. In J. P. Campbell (Hrsg.), *Productivity in Organizations.* San Francisco, USA.

Gourmelon, A. (2003). Intelligenz, berufliche Leistung und die Konsequenzen für die Personalauswahl (Teil 3). *Verwaltung und Management, 6/2003,* 325–330.

Gourmelon, A. (2008). Besprechungen effektiv leiten. *Verwaltungsrundschau, 11,* 377–381.

Gourmelon, A. (2013). Einhundert Jahre „Grundsätze wissenschaftlicher Betriebsführung" – Taylors Einflüsse auf die Betriebsorganisation und das Personalmanagement. *Der öffentliche Dienst, 11/2013,* 281–304.

Gourmelon, A., Mühlenkamp, H. & Bogner, J. (2007). Chancen und Risiken anreizorientierter Entgeltsysteme. *Verwaltung und Management, 4/2007,* 185–189.

Gourmelon, A., Seidel, S. & Treier, M. (2014). Personalmanagement im öffentlichen Sektor. Grundlagen und Herausforderungen. München.

Graf, R. & Rohn, S. (2004). Erfolgreiche Aufgabenkritik in der Landesverwaltung. *Verwaltung und Management, 6/2004,* 317–323.

Grant, R. M. & Nippa, M. (2006). *Strategisches Management* (5. Aufl.). München/u. a.

Greiner, L. E. (1972). Evolution and revolution as organizations grow. *Harvard Business review 50 (1972), 4,* 37–46.

Gros, G. (2009). Internetgestützte Bewerberbeurteilung auf Basis biografischer Daten. In A. Gourmelon, C. Kirbach & S. Etzel (Hrsg.), *Personalauswahl im öffentlichen Sektor* (S. 333–341). Baden-Baden.

Gruber, K. (2002). *Modernes Haushalts- und Gemeindewirtschaftsrecht*. Kronach.

Grundei, J. (1999). *Effizienzbewertung von Organisationsstrukturen*. Wiesbaden.

Haberfellner, R., Nagel, P., Becker, M. & Buchel, A. (2002). *Systems Engineering. Methodik und Praxis*. Zürich.

Hacker, W. & Richter, P. (1980). Psychologische Bewertung von Arbeitsgestaltungsmaßnahmen – Ziele und Bewertungsmaßstäbe. In W. Hacker (Hrsg.), *Spezielle Arbeits- und Ingenieurspsychologie* (S. 28–75). Berlin.

Hackman, J. R. & Oldham, G. R. (1976). Motivation through the design of work: Test of a theory. *Organizational Behavior and Human Performance*, 16 (2), 250-279.

Hahn, D. (1994). Organisation der Planung I. *Das Wirtschaftsstudium 1994*, 43–48.

Hahne, H. (2000). *Farbe am Arbeitsplatz. Hinweise für die praktische Farbgestaltung*. Dortmund.

Haiber, T. (1997). *Controlling für öffentliche Unternehmen*. München.

Hamel, G. (1996). Strategy as a Revolution. *Harvard Business Review July/August*, 69–82.

Hammer, M. & Champy, J. (2003) *Business Reengineering. Die Radikalkur für das Unternehmen*. Frankfurt a. M.

Härtl, J. (2007). *Arbeitsbuch Projektmanagement*. Berlin.

Hartmann, E. (2000). Beleuchtung. In H. Schmidtke (Hrsg.), *Ergonomie* (S. 191–210). München.

Hauschildt, J. (2004). *Innovationsmanagement*. München.

Hedberg, B. (1981). *Organizations Learn and Unlearn*. In P. C. Nystrom & W. Starbuck (Hrsg.), *Handbook of Organizational Design* (S. 3–27). London.

Heise, C. (2013). „Open is the new normal": G8-Mitglieder zeichnen Open Data Charter. http://okfn.de/2013/06/open-is-the-new-normal-g8-mitglieder-zeichnen-open-data-charter/ (Abruf am 15.07.2014).

Henning, K. W. (1934). Betriebswirtschaftliche Organisationslehre. Wiesbaden.

Herzberg, F., Mausner, B. & Snyderman, B. (1967). *The motivation to work*. New York.

Hilbertz, H.-J. (1996). Der Stuttgarter Weg aus der Finanz- und Funktionskrise. In J. Goller, H. Maack, B.W. Müller-Hedrich & T. Schad (Hrsg.), *Verwaltungsmanagement (B.1.9).* Stuttgart.

Hilgers, D. (2012). Open Government: Theoretische Bezüge und konzeptionelle Grundlagen einer neuen Entwicklung in Staat und öffentlicher Verwaltung. *Zeitschrift für Betriebswirtschaft (ZfB)* Heft 6/2012, S. 631-660.

Hill, H. & Klages, H. (Hrsg.) (1993). *Spitzenverwaltungen im Wettbewerb. Eine Dokumentation des 1. Speyerer Qualitätswettbewerbs 1992.* Baden-Baden.

Hill, W., Fehlbaum, R. & Ulrich, P. (1998). *Organisationslehre Bd.2. Theoretische Ansätze und praktische Methoden der Organisation sozialer Systeme.* Bern/ Stuttgart/Wien.

Holtkamp, L. & Bogumil, J. (o.J.). Bürgerkommune und Local Governance. https://www.homepages.ruhr-uni-bochum.de/Joerg.Bogumil/.../local_governance.pdf. (Abruf am 28.06.2014).

Hollenstein, O. (2013). Ohne Worte. *Süddeutsche Zeitung*, Nr. 297/24. Dezember 2013, S. 19.

Homann, K. (2005). *Verwaltungscontrolling.* Wiesbaden.

Hopp, H. & Göbel, A. (2013). *Management in der öffentlichen Verwaltung. Organisations- und Personalarbeit in modernen Kommunalverwaltungen* (4. Aufl.). Stuttgart.

Hopp, H. & Göbel, A. (2008). *Management in der öffentlichen Verwaltung. Organisations- und Personalarbeit in modernen Kommunalverwaltungen.* Stuttgart.

Hopp, H. & Göbel, A. (2004). *Management in der öffentlichen Verwaltung (3. Aufl.).* Stuttgart.

Horváth, P. (2009). Controlling (11. Aufl.). München

Horváth, P. (1978). Controlling: Entwicklung und Stand einer Konzeption zur Lösung der Adaptions- und Koordinationsprobleme der Führung. *Zeitschrift für Betriebswirtschaft, 48,* 194–208.

Innenministerium Mecklenburg-Vorpommern (2012). Arbeitshilfen zum Methodenhandbuch Prozessmanagement M-V. Ausgewählte Modellierungsnotationen im Überblick. http://www.service.m-v.de/cms/DLP_prod/DLP/Servicebereich/ Kooperatives_E-Government/Prozessmanage ment/Arbeitshilfen_zum_Methodenhandbuch (Abruf am 07.08.2014)

Innenministerium des Landes Nordrhein-Westfalen (o. J.). *Aktionsplan 2009 – E-Government-Umsetzungsplan für die Jahre 2006 bis 2009.* Düsseldorf.

Innenministerium Nordrhein-Westfalen (2006). *Pressemitteilung vom 24.03. 2006 – Minister Wolf: Mit Leistungsvergleich gegen den Unfall-Tod – Örtliche Konzepte sorgen für sicherere Straßen in NRW.* www.im.nrw.de/pm/240306_823.html (Abruf am 12. Juli 2010)

International Organisation for Standardization (1985). *ISO 5807 Informationsverarbeitung, Dokumentationssymbole, und -konvertionen, für Programm- und Systemabläufe, für Pläne von Programmnetzen und Systemhilfsquellen*

Irle, M. (1971). *Macht und Entscheidungen in Organisationen.* Frankfurt am Main.

Ising, H., Sust, C. A. & Plath, P. (2004). *Lärmwirkungen: Gehör, Gesundheit, Leistung.* Dortmund.

Janis, I. L. (1982). *Groupthink.* Boston.

Janosch, C. & Lange, H. (1984). *Arbeitsbewertung bei der deutschen Bundespost – Grundlagen, Verfahren und Probleme.* Gelsenkirchen.

Jarmai, H. (1997). Die Rolle externer Berater im Change Management. In M. Reiß, L. v. Rosenstiel & A. Lanz (Hrsg.), *Change Management. Programme, Projekte und Prozesse* (S. 171–185). Stuttgart.

Joerger, G. & Geppert, M. (1983). *Grundzüge der Verwaltungslehre, Bd. 2.* Stuttgart.

Jung, H. (2009). *Allgemeine Betriebswirtschaftslehre.* München.

Kaiser, L. (2013). Determinanten der Arbeitszufriedenheit im öffentlichen Dienst. In A. Gourmelon (Hrsg.), Forschung für die Praxis – neue Erkenntnisse für ein professionelles Personalmanagement (S. 53–73). Heidelberg.

Kamiske, G. F. & Brauer, J.-P. (2008). *Qualitätsmanagement von A bis Z. Erläuterungen moderner Begriffe des Qualitätsmanagements.* München/Wien.

Kamiske, G. F. & Brauer, J.-P. (2006). *Qualitätsmanagement von A bis Z. Erläuterungen moderner Begriffe des Qualitätsmanagements.* München/Wien.

Kamiske, G. F. & Umbreit, G. (2006). *Qualitätsmanagement. Eine multimediale Einführung.* München/Wien.

Kaplan, R. S. & Norton, D. P. (1997). *Balanced Scorecard – Strategien erfolgreich umsetzen.* Stuttgart.

Karlöf, B. & Östblom, S. (1994). *Das Benchmarking-Konzept: Wegweiser zur Spitzenleistung in Qualität und Produktivität.* München.

Kieser, A. (1999a). Managementlehre und Taylorismus. In A. Kieser (Hrsg.), *Organisationstheorien* (S. 65–99, 3. Aufl.). Stuttgart.

Kieser, A. (1999b). Der Situative Ansatz. In A. Kieser (Hrsg.), *Organisationstheorien* (S. 169–198, 3. Aufl.). Stuttgart.

Kieser, A. (1996). Moden & Mythen des Organisierens. *Die Betriebswirtschaft, 56*, 21–39.

Kieser, A. (1995). Anleitung zum kritischen Umgang mit Organisationstheorien. In A. Kieser (Hrsg.), *Organisationstheorien* (S. 1–30, 2. Aufl.). Stuttgart.

Kieser, A. & Ebers, M. (Hrsg.) (2006). *Organisationstheorien* (6. Aufl.). Stuttgart.

Kieser, A. & Walgenbach, P. (2007). *Organisation* (5. Aufl.). Stuttgart.

Kieser, A. & Walgenbach, P. (2010). *Organisation* (6. Aufl.). Stuttgart.

Kilbom, A. & Torgen, M. (2001). Körperliche Leistung und Gesundheit von älteren Menschen im Berufsleben. In G. Aronsson & A. Kilbom (Hrsg.), *Arbeit über 45 – Historische, psychologische und physiologische Perspektiven älterer Menschen im Berufsleben* (S. 102–121). Bremerhaven.

Kühling, J. & Schreiner, Th. (2011). Grundprobleme von Public Private Partnerships. *Zeitschrift für das juristische Studium, Heft 2/2011, Seite 112–122.*

Klages, H. (1990). *Wertorientierungen im Wandel.* Frankfurt am Main.

Kleinfeld, R. (1996). *Kommunalpolitik. Eine problemorientierte Einführung.* Opladen.

Klessmann, J., Denker, P., Schieferdecker, I. & Schulz, S. E. (2012). *Open Government Data Deutschland.* http://www.bmi.bund.de/SharedDocs/Downloads/DE/Themen/OED_Verwaltung/ModerneVerwaltung/opengovernment_kurzfassung.pdf?__blob=publicationFile (Abruf am 17.07.2014).

Klimecki, R. & Gmür, M. (2001). *Personalmanagement.* Stuttgart.

Klinger, P. (2013). Das E-Government-Gesetz – ein neuer Schub für die Verwaltungsmodernisierung! *Verwaltung & Management*, 4, 205–209.

Klümper, B., Möllers, H. & Zimmermann, E. (2008). *Verwaltungsorganisation und Personalwirtschaft.* Wuppertal.

Kluwe, R. H. (1990). Wissen. In W. Sarges (Hrsg.), *Management-Diagnostik* (S. 174–180). Göttingen.

Knabe-Gourmelon, G. & Gourmelon, A. (2004). Zur Arbeitssituation älterer Arbeitnehmer in sozialen Einrichtungen. *Report Psychologie, 1/2004,* 26–31.

Knebel, H. & Schneider, H. (2006). *Die Stellenbeschreibung.* Frankfurt am Main.

Kommission der Europäischen Gemeinschaften (2007). *Handbuch zur Umsetzung der Dienstleistungsrichtlinie.* Luxemburg.

Kommunale Gemeinschaftsstelle für Verwaltungsmanagement (2011). *Kommunales Risikomanagement. Teil 1: Das kommunale Frühwarnsystem (KGSt-Bericht Nr. 5/2011).* Köln.

Kommunale Gemeinschaftsstelle für Verwaltungsmanagement (2011). *Kosten eines Arbeitsplatzes (KGSt-Materialien Nr. 4/2011).* Köln.

Kommunale Gemeinschaftsstelle für Verwaltungsmanagement (2011). *Von der Prozessoptimierung zum Prozessmanagement (Teil 1), (KGSt-Bericht 3/2011).* Köln.

Kommunale Gemeinschaftsstelle für Verwaltungsmanagement (2010). *Europäische Dienstleistungsrichtlinie – KGSt-Materialien Nr. 2/2010.* Köln.

Kommunale Gemeinschaftsstelle für Verwaltungsmanagement (2009a). *Stellenplan – Stellenbewertung.* Köln.

Kommunale Gemeinschaftsstelle für Verwaltungsmanagement (2009b). *Bericht aus der Vergleichsarbeit: Familienfreundliche Stadt (Bericht vom 17.06.2009).* Köln.

Kommunale Gemeinschaftsstelle für Verwaltungsmanagement (2009). *Qualitätsmanagement. Eine Orientierung für die kommunale Praxis (2/2009).* Köln.

Kommunale Gemeinschaftsstelle für Verwaltungsmanagement (2007). *Das Neue Steuerungsmodell: Bilanz der Umsetzung (KGSt-Bericht 2/2007).* Köln.

Kommunale Gemeinschaftsstelle für Verwaltungsmanagement (2006). *Vergleichen – Lernen – Handeln. Ergebnisse aus 10 Jahren Vergleichsringarbeit des IKO-Netzes des KGSt (Bericht Nr. 10/2006).* Köln.

Kommunale Gemeinschaftsstelle für Verwaltungsmanagement (2003). *Arbeitszeit einer Normalarbeitskraft (2/2003).* Köln.

Kommunale Gemeinschaftstelle für Verwaltungsmanagement (2002). *„Lebenslagen". Verwaltungsorganisation aus Bürger- und Kundensicht.* Köln.

Kommunale Gemeinschaftsstelle für Verwaltungsmanagement (2001). *Wissensmanagement in Kommunalverwaltungen (7/2001).* Köln.

Kommunale Gemeinschaftsstelle für Verwaltungsmanagement (2000a). *Strategisches Management I: Leitbericht für Politik und Verwaltung (Bericht 8/2000).* Köln.

Kommunale Gemeinschaftsstelle für Verwaltungsmanagement (2000b). *Strategisches Management II: Wege zur Gesamtstrategie (Bericht 9/2000).* Köln.

Kommunale Gemeinschaftsstelle für Verwaltungsmanagement (2000c). *Strategisches Management IV (KGSt-Bericht 11/2000).* Köln.

Kommunale Gemeinschaftsstelle für Verwaltungsmanagement (1999a). *Handbuch Organisationsmanagement. Kapitel 17: Stellenbemessung.* Köln.

Kommunale Gemeinschaftsstelle für Verwaltungsmanagement (1999b). *Handbuch Organisationsmanagement. Kapitel 14: Organisationsuntersuchungen.* Köln.

Kommunale Gemeinschaftsstelle für Verwaltungsmanagement (1998a). *Führungsstrukturen im Neuen Steuerungsmodell.* Köln.

Kommunale Gemeinschaftsstelle für Verwaltungsmanagement (1998b). *Geschäftsprozessoptimierung: Eine Wegbeschreibung.* Köln

Kommunale Gemeinschaftsstelle für Verwaltungsmanagement (1998c). *Kontraktmanagement: Steuerung über Zielvereinbarungen (Bericht 4/1998).* Köln.

Kommunale Gemeinschaftsstelle für Verwaltungsmanagement (1997). *Kundenbefragungen. Ein Leitfaden (13/1997).* Köln.

Kommunale Gemeinschaftsstelle für Verwaltungsmanagement (1994). *Das Neue Steuerungsmodell: Definition und Beschreibung von Produkten (Bericht 8/1994)*. Köln.

Kommunale Gemeinschaftsstelle für Verwaltungsmanagement (1978). *Grundlagen der Verwaltungsorganisation*. Köln.

Kompetenzzentrum Digitale Verwaltung NRW (kdv) (2010). Standards und Regeln zur Fachmodellierung kommunaler Geschäftsprozesse. Modellierungshandbuch FaMoS 2.0. www. d-nrw.de/fileadmin/user_upload/d-NRW_Dateien/KDV/ modellierungshandbuch_2_2011-03-17.pdf (Abruf 08.08.2014)

Kosiol, E. (1978). Aufgabenanalyse und Aufgabensynthese. In E. Grochla, *Elemente der organisatorischen Gestaltung* (S. 66–84). Reinbek bei Hamburg.

Kosiol, E. (1962). *Organisation der Unternehmung*. Wiesbaden.

Krämer, A. & Mauer, R. (1998). Mandantenbindung und Unternehmenserfolg bei Anwaltskanzleien. *Zeitschrift für die Anwaltspraxis, 9. Jg., Nr. 3,* 141–152.

Kraus, G., Becker-Kolle, Ch. & Fischer, T. (2004). *Handbuch Change-Management. Steuerung von Veränderungsprozessen in Organisationen – Einflussfaktoren und Beteiligte – Konzepte, Instrumente und Methoden*. Berlin.

Krems, B. (2010a). *EFQM-Modell (für Excellence)*. http://www.olev.de/e/efqm.htm. Köln. (Abruf am 30.08.2010)

Krems, B. (2010b). *Common Assessment Framework – CAF*. http://www.olev.de/c/caf.htm. Köln. (Abruf am 28.05.2010)

Krems, B. (2009). *Fallmanagement/Case Management*. Verfügbar unter: http://www.olev.de/c/case-management.htm (Abruf am 13. Mai 2010).

Kreuser, C. & Friedrich, K. (1993). *Organisations- und Bürokunde für die Verwaltung*. Herford.

Krüger, W. (1994). *Organisation der Unternehmung*. Stuttgart.

Krüger, W. (1992). Aufgabenanalyse und -synthese. In E. Frese (Hrsg.), *Handwörterbuch der Organisation* (S. 221–236, 3. Aufl.). Stuttgart.

Krüger, W. (1983). *Grundlagen der Organisationsplanung*. Gießen.

Kubitscheck, S. & Kirchner, J.-H. (2005). *Kleines Handbuch der praktischen Arbeitsgestaltung*. München.

Kuhlmann, S. (2006). Hat das „Neue Steuerungsmodell" versagt? *Verwaltung und Management, 3/2006,* 149–152.

Kulbach, R. & Wohlfahrt, N. (1996). *Modernisierung der öffentlichen Verwaltung? Konsequenzen für die freie Wohlfahrtspflege*. Freiburg im Breisgau.

Landsberg, G. (2010). E-Government: Stand und Perspektiven in den Kommunen. In B. W. Wirtz (Hrsg.), *E-Government* (S. 395–410). Wiesbaden.

Landsberg, W. (2004). *eGovernment in Kommunen.* München.

Landsberg, G. v. & Mayer, E. (1988). *Berufsbild des Controllers.* Stuttgart.

Lang, R. (2004). Informelle Organisation. In G. Schreyögg und A. v. Werder (Hrsg.), *Handwörterbuch Unternehmensführung und Organisation* (S. 498–506). Stuttgart.

Lange, W. & Windel, A. (2009). *Kleine Ergonomische Datensammlung.* Dortmund.

Lauer, T. (2010). *Change Management. Grundlagen und Erfolgsfaktoren.* Berlin/Heidelberg.

Laux, H. & Liermann, F. (1997). *Grundlagen der Organisation.* Berlin.

Lazarus, R. S. & Folkman, S. (1984). *Stress, appraisal and coping.* New York.

Lettwin, F. (2008). Public Private Partnership aus Sicht der PPP-Taskforce NRW. In B. Meyer-Hofmann, F. Riemenschneider & O. Weihrauch (Hrsg.), *Public Private Partnership* (S. 1–31). München.

Lewin, K. (1963). *Feldtheorie in den Sozialwissenschaften.* Bern/Stuttgart.

Lewin, K. (1958). Group decision and social change. In E. E. Maccoby, T. M. Newcomb & E. L. Hartley (Hrsg), *Readings in social psychology* (S. 197–211). New York.

Lewin, K. (1947). Frontiers in Group Dynamics: Concept, Method and Reality in Social Science, Social Equilibria an Social Change. *Human Relations I, 5,* 5–41.

Lipp, U. & Will, H. (1996). *Das große Workshop-Buch.* Weinheim.

Litke, H.-D. (2007). *Projektmanagement.* München.

Locke, E. A. & Latham, G. P. (1990). *A theory of goal setting and task performance.* Englewood Cliffs, NJ.

Lohmann-Haislah (2012). *Stressreport Deutschland 2012.* Dortmund: Bundesanstalt für Arbeitsschutz und Arbeitsmedizin.

Lück, H. E. (1996). *Die Feldtheorie und Kurt Lewin. Eine Einführung.* Weinheim.

Lucke, J. v. (2014). Open Government – Ausbau der Aktivitäten. *Kommune21.* http://www.kommune21.de/meldung_18786_Ausbau+der+Aktivit%C3%A4ten.html (Abruf am 16.07.2014).

Lucke, J. v. & Reinermann, H. (2002). E-Government – Gründe und Ziele. In H. Reinermann & J. von Lucke (Hrsg.), *Electronic Government in Deutschland* (S. 1–67). Speyer.

Luczak, H., Volpert, W., Raeithel, A. & Schwier, W. (1987). *Arbeitswissenschaft. Kerndefinition, Gegenstandskatalog, Forschungsgebiete.* Köln.

Luhmann, N. (1995). *Funktionen und Folgen formaler Organisation.* Berlin.

Macharzina, K. (1999). *Unternehmensführung* (3. Aufl.). Wiesbaden.

Malorny, Ch. & Dicenta, M. (2007). Funktion und Nutzen von Qualitätsauszeichnungen (Awards). In W. Masing (Hrsg.), *Handbuch Qualitätsmanagement* (S. 351–368). München.

Mann, A. (2007). Akzeptanz des e-Government. In F. Bieler & G. Schwarting (Hrsg.), *e-Government* (S. 267–289). Berlin.

March, J. G. & Olsen, J. P. (1979). *Ambiguity and choice in organizations.* Bergen.

Marr, R. & Steiner, K. (2004). Projektmanagement. In G. Schreyögg und A. v. Werder (Hrsg.), *Handwörterbuch Unternehmensführung und Organisation* (S. 1196–1208). Stuttgart.

Martin, P., Prümper, J. & Harten, G. v. (2008). *Ergonomie-Prüfer zur Beurteilung von Büro- und Bildschirmarbeitsplätzen.* Frankfurt am Main.

Maslow, A. H. (1954). *Motivation and personality.* New York, NY.

Mehde, V. (2011). Verwaltungspolitik – Trends und Perspektiven im neuen Jahrzehnt. *Verwaltung und Management* 17. Jg. (2011), Heft 1, 8–16.

Mehlich, H. & Postler, J. (2007). *Die virtuelle Kommunalverwaltung.* Baden-Baden.

Meyer-Hofmann, B., Riemenschneider, F. & Weihrauch, O. (Hrsg.). *Public Private Partnership.* München.

Mittelstrass, J. (1990). Gestörte Verhältnisse? Zur gesellschaftlichen Wahrnehmung von Wissenschaft. In H. J. Schuster (Hrsg.), *Handbuch des Wissenschaftstransfers* (S. 43–55). Berlin.

Mroß, M. (2014). Betriebswirtschaftslehre im öffentlichen Sektor, 2. Aufl., Wiesbaden.

Mroß, M. D. (2009a). Personalmanagement für ältere Mitarbeiter im öffentlichen Sektor. *Verwaltungsrundschau, 4/2009,* 109–112.

Mroß, M. D. (2009b). *Personale Arbeit in Nonprofit Organisationen. Grundlagen-Theorie-Ökonomik.* München.

Mroß, M. D. (2009c). Gesundheitswesen und Gesundheitsmarkt. *Das Wirtschaftsstudium, Heft 8-9/09,* 1105–1108.

Mroß, M. D. (2008). Wissensmanagement: Ein personalwirtschaftliches Handlungsfeld für den öffentlichen Sektor. *Der Öffentliche Dienst, 9/2008,* 198–204.

Mroß, M. D. (2007). Zur Bedeutung starker Organisationskulturen im Polizeibereich. *Die Polizei, 4/2007,* 109–115.

Mroß, M. D. (2006). Zum Zweck der kommunalen Bilanz. *Verwaltungsrundschau 3/2006, 87–89.*

Mroß, M. D. (2002). Die Theorie des Unternehmens: Ansätze und Entwicklungen. *Das Wirtschaftsstudium, 11/2002,* 1405–1410.

Mroß, M. D. (2000). Knowledge Management oder Personalentwicklung – Brauchen Unternehmen ein Management ihres Wissens? *Zeitschrift für Unternehmensführung und Industrial Engineering, 1/2000,* 34–38.

Mühlenkamp, H. (2010). Zur Kosten-Nutzen-Analyse von E-Government-Projekten. In B. W. Wirtz (Hrsg.), *E-Government* (S. 177–194). Wiesbaden.

Neisser, U. (1996). Intelligence: Knowns and Unknowns. *American Psychologist, Vol. 51, 2,* 77–101.

Neuwirth, P. (2004). Stäbe. In G. Schreyögg und A. v. Werder (Hrsg.), *Handwörterbuch Unternehmensführung und Organisation* (S. 1350–1355). Stuttgart.

Nonaka, I. (1994). A Dynamic Theory of Organizational Knowledge Creation. *Organization Science, 1/1994,* 14–37.

Nordsieck, F. (1934). *Grundlagen der Organisationslehre.* Stuttgart.

o. V. (2005). *Unternehmensführung* (2. Aufl.). Studientext Private Fachhochschule Göttingen.

Organisation for Economic Co-operation and Development (2005). *Performance-related Pay Policies for Government Employees.* Paris.

Oelsnitz von der, D. & Hahmann, M. (2003). *Wissensmanagement in Organisationen: Ein strategischer Ansatz.* Stuttgart.

Olfert, K. (2012). *Organisation.* 16. Auflage. Herne.

Olfert, K. (2012b). *Projektmanagement.* Herne.

Olfert, K. (2009). *Organisation.* Ludwigshafen (Rhein).

Osner, A. (2014). Haushaltskonsolidierung durch interkommunale Zusammenarbeit, ohne Datum u. Ort. https://Osner_ikZ_Haushaltskonsolidierung_-3pdf (Abruf am 27.06.2014)

Palupski, R. (1997). *Controlling kommunaler Verwaltungen.* Aachen.

Parasuraman, A., Zeithaml, V. & Berry, L. L. (1985). A Conceptual Model of Service Quality and its Implications for Future Research. *Journal of Marketing, Vol. 49 (Fall 85),* 41–50.

Parkinson, N. C. (1966). *Parkinsons Gesetz und andere Untersuchungen über die Verwaltung.* Reinbek bei Hamburg.

Peters, T. (1993). *Jenseits der Hierarchien – Liberation Management.* München.

Pfundtner, R. (2001). Geschichte des Qualitätsmanagements. In H.-D. Zollondz (Hrsg), *Lexikon Qualitätsmanagement: Handbuch des modernen Managements auf der Basis des Qualitätsmanagements* (S. 294–299). München.

Picot, A., Dietl, H. & Franck, E. (2005). *Organisation. Eine ökonomische Perspektive* (4. Aufl.). Wiesbaden.

Picot, A., Freudenberg, H. & Gaßner, W. (1999). *Management von Reorganisationen.* Wiesbaden.

Pietsch, T., Martiny, L. & Klotz, M. (1998). *Strategisches Informationsmanagement* (3. Aufl.). Berlin.

Pippke, W., Gourmelon, A., Meixner, E.-H. & Mersmann, B. (2007). *Organisation* (2. Aufl.). Köln/München.

Pirntke, G. (2007). *Moderne Organisationslehre. Aktuelle Konzepte und Instrumente.* Renningen.

Plamper, H. (1998). Bürgerkommune: „Neues Steuerungsmodell ade?" – nein „Fortsetzung der Reform in den Kommunen"! *KGSt Info, Nr. 2.*

Porter, M. E. (1999a). *Wettbewerbsvorteile (Competitive Advantage). Spitzenleistungen erreichen und behaupten.* Frankfurt.

Porter, M. E. (1999b). *Wettbewerbsstrategie* (10. Aufl.). Frankfurt a. M.

Porter, M. E. (1989). *Wettbewerbsvorteile: Spitzenleistungen erreichen und behaupten.* Frankfurt a. M./New York.

Probst, G. (1993). *Organisation, Strukturen, Lenkungsinstrument, Entwicklungsperspektiven.* Landsberg.

Probst, G., Raub, S. & Romhardt, K. (2006). *Wissen managen: Wie Unternehmen ihre wertvollste Ressource optimal nutzen* (5. Aufl.). Wiesbaden.

Proeller, I. & Siegel, Ph. (2009). Strategische Steuerung auf zentralstaatlicher Ebene. *Verwaltung und Management, 2/2009,* 72–82.

Pschierer, F. J. (2012). Zukunftspfade Digitales Bayern 2020. *Innovative Verwaltung,* 6/2012, 11–13

Raab, S. & Kranz, L. (2010). Gesunde Arbeitsbedingungen für die Bundesverwaltung. *Innovative Verwaltung, 4/2010,* 28–30.

Räder, B. K. (1996). Umsetzung neuer Verwaltungsmodelle am Beispiel eines Bürgeramtes. *Modernes Verwaltungsmanagement,* 144–172.

Rau, T. (2007). *Betriebswirtschaftslehre für Städte und Gemeinden.* München.

REFA – Verband für Arbeitsstudien und Betriebsorganisation e. V. (1978). *Methodenlehre des Arbeitsstudiums. Teil 2: Datenermittlung.* München.

Rehäuser, J. & Krcmar, H. (1996). Wissensmanagement im Unternehmen, In G. Schreyögg & P. Conrad (Hrsg.), *Wissensmanagement* (S. 1–40). Berlin.

Reichert, T. (2009). *Projektmanagement.* Freiburg.

Richter, A. & Gamisch, A. (2014). *Grundlagen der Eingruppierung TVöD und TV-L. Das aktuelle und künftige Eingruppierungsrecht im öffentlichen Dienst.* 5., aktualisierte Auflage. Regensburg.

Richter, A. & Gamisch, A. (2014). Eine für alle(s)? – Gemeinsamkeiten und Unterschiede der Arbeitsplatz-, Stellen- und Dienstpostenbeschreibung. *Der Öffentliche Dienst,* 6/2014, 129–134.

Richter, A. & Gamisch, A. (2013). Eingruppierung TV-L in der Praxis. Handbuch. Die neue Entgeltordnung Verwaltung, Körperliche/handwerkliche Tätigkeiten. Regensburg.

Richter, K. (2005). Die Beschäftigung älterer Mitarbeiter aus personalwirtschaftlicher Perspektive. In M. D. Mroß & C. Thielmann-Holzmayer (Hrsg.), *Zeitgemäßes Personalmanagement* (S. 55–75). Wiesbaden.

Richter, R. (1996). Neue Institutionenökonomik, Ideen und Möglichkeiten. *Zeitschrift für Wirtschafts- und Sozialwissenschaften, Sonderheft Jahrestagung,* 323–355.

Richter, R. & Furubotn, E. G. (1999). *Neue Institutionenökonomik* (2. Aufl.). Tübingen.

Rosenstiel, L. v. (2000). *Grundlagen der Organisationspsychologie.* Stuttgart.

Rutenfranz, J., Knauth, P. & Nachreiner, F. (1993). Arbeitszeitgestaltung. In H. Schmidtke (Hrsg.), *Ergonomie* (S. 574–599). München.

Salgado, J. F., Anderson, N., Moscoso, S., Bertua, C., De Fruyt, F. & Rolland, J. P. (2003). A meta-analytic study of general mental ability validity for different occupations in the European Community. *Journal of Applied Psychology, 88,* 1068–1081.

Schanz, G. (2007). Lässt sich – und wie lässt sich implizites Wissen managen? *Zeitschrift für Management, 3/2007,* 268–294.

Schauer, R. (2008). *Öffentliche Betriebswirtschaftslehre – Public Management.* Wien.

Schedler, K. & Proeller, I. (2011). *New Public Management,* (5. Aufl.). Bern/Stuttgart/Wien.

Schein, E. H. (2003). *Organisationskultur. The Ed Schein Corporate Culture Survival Guide.*

Schein, E. H. (1985). *Organizational culture and leadership: A dynamic view.* San Francisco.

Schelle, H. (2010). *Projekte zum Erfolg führen.* München.

Schierenbeck, H. (2003). *Grundzüge der Betriebswirtschaftslehre* (16. Aufl.). München/Wien.

Schlattmann, A. (2007). Der bundesrechtliche Rahmen für e-Government. In F. Bieler & G. Schwarting (Hrsg.), *e-Government* (S. 379–435). Berlin.

Schleer, M. & Paul, D. (2006). *Verwaltungsmanagement.* Meißen.

Schlick, Ch. M. & Rochhold, S. (2007). Qualitätsmanagement bei Dienstleistungen. In W. Masing (Hrsg.), *Handbuch Qualitätsmanagement* (S. 941–954). München.

Schmalt, H.-D. (1995). Leistungsmotivation. In W. Sarges (Hrsg.), *Management-Diagnostik* (S. 267–270). Göttingen.

Schmelzer, H.J. & Sesselmann, W. (2007). *Geschäftsprozessmanagement in der Praxis. Kunden zufrieden stellen – Produktivität steigern – Wert erhöhen.* München/Wien.

Schmidt, F. L., Hunter, J. E. & Outerbridge, A. N. (1986). Impact of job experience and ability on job knowledge, work sample performance, and supervisory ratings of job performance. *Journal of Applied Psychology, 71,* 432–439.

Schmidt, G. (2009). *Organisation und Business Analysis – Methoden und Techniken.* Gießen.

Schmidt, G. (2003). *Methoden und Techniken der Organisation.* Gießen.

Schmidt, G. (2002). *Einführung in die Organisation* (2. Aufl.). Wiesbaden.

Schmidt, H.-J. (2004). *Betriebswirtschaftslehre und Verwaltungsmanagement* (6. Aufl.). Heidelberg.

Schmidt, K.-H. (2006). Beziehung zwischen Arbeitszufriedenheit und Arbeitsleistung: Neue Entwicklungen und Perspektiven. In L. Fischer (Hrsg.), *Arbeitszufriedenheit* (S. 189–204). Göttingen.

Schmidt, R. (2012). Risikomanagement in der öffentlichen Verwaltung völlig unterentwickelt. http://www.risknet.de/risknews/risikomanagement-in-der-oeffentlichen-verwaltung-voellig-unterentwickelt/029b09470c94a30bf57db8299cb06ff8/ (Abruf am 9. Juni 2014)

Schneck, O. (2010). *Risikomanagement: Grundlagen, Instrumente, Fallbeispiele.* Weinheim

Scholz, Ch. (2014). *Personalmanagement. Informationsorientierte und verhaltenstheoretische Grundlagen* (6. Aufl.). München.

Scholz, R. & Vrohlings, A. (1994a). Realisierung von Prozeßmanagement. In M. Gaitanides, R. Scholz, A. Vrohlings & M. Raster (Hrsg.), *Prozeßmanagement. Konzepte, Umsetzungen und Erfahrungen des Reengineering* (S. 21–36). München/Wien.

Scholz, R. & Vrohling, A. (1994b). Prozeß-Redesign und kontinuierliche Prozeßverbesserung. Realisierung von Prozeßmanagement. In M. Gaitanides, R. Scholz, A. Vrohlings & M. Raster (Hrsg.), *Prozeßmanagement. Konzepte, Umsetzungen und Erfahrungen des Reengineering* (S. 99–122). München/Wien.

Scott, W. & Meyer, J. (1994). Institutional Environments and Organizations: Structural Complexity and Individualism, Thousand Oaks.

Schreyögg, G. (2010). *Organisation. Grundlagen moderner Organisationsgestaltung* (5. Auflage, unveränderter Nachdruck). Wiesbaden.

Schreyögg, G. (2008). *Organisation. Grundlagen moderner Organisationsgestaltung* (5. Auflage). Wiesbaden.

Schreyögg, G. (2003). *Organisation. Grundlagen moderner Organisationsgestaltung* (4. Auflage). Wiesbaden.

Schreyögg, G. (1999). *Organisation* (3. Aufl.). Wiesbaden.

Schreyögg, G. & Koch, J. (2007). *Grundlagen des Managements. Basiswissen für Studium und Praxis.* Wiesbaden.

Schreyögg, G. & Noss, Ch. (1997). Zur Bedeutung des organisationalen Wissen für organisatorische Lernprozesse. In Wieselhuber & Partner (Hrsg.), *Handbuch Organisationslernen* (S. 67–76). Wiesbaden.

Schuler, H. (2002). Emotionale Intelligenz – ein irreführender und unnötiger Begriff. *Zeitschrift für Personalpsychologie, 3*, 138–140.

Schuler, H. (1995). *Lehrbuch Organisationspsychologie.* Bern.

Schuler, H. & Höft, S. (2006). Konstruktorientierte Verfahren der Personalauswahl. In H. Schuler (Hrsg.), *Lehrbuch der Personalpsychologie* (S. 101–145). Göttingen.

Schuler, H. & Prochaska, M. (2001). *Leistungsmotivationsinventar.* Göttingen.

Schulte-Zurhausen, M. (2010). *Organisation* (5. Aufl.). München.

Schulz-Hardt, S. & Frey, D. (1999). Wie der Hals in die Schlinge kommt: Fehlentscheidungen in Gruppen. In E. v. Ardelt-Gattinger, H. Lechner & W. Schlögl (Hrsg.), *Gruppendynamik: Anspruch und Wirklichkeit der Arbeit in Gruppen* (S. 139–158). Göttingen.

Schulz-Hardt, S., Hertel, G. & Brodbeck, F. C. (2007). Gruppenleistung und Leistungsförderung. In H. Schuler & K. Sonntag (Hrsg.), *Handbuch der Arbeits- und Organisationspsychologie* (S. 698–706). Göttingen.

Schwarze, J. (2001). *Netzplantechnik.* Herne.

Schweisfurth, T. & Bandlow, A. (2013). Risikomanagement: ein Thema auch für die Rechnungshöfe. *Die Öffentliche Verwaltung*, 1, S. 24–29.

Schwintowski, H.-P. (2009a). Gesetzlicher Rahmen für das Risikomanagement der Öffentlichen Hand. In F. Scholz, A. Schuler & H.-P. Schwintowski (Hrsg.). *Risikomanagement der Öffentlichen Hand* (S. 183–204). Heidelberg.

Schwintowski, H.-P. (2009b). Die rechtlichen Rahmenbedingungen für öffentliche Unternehmen. In F. Scholz, A. Schuler & H.-P. Schwintowski (Hrsg.). *Risikomanagement der Öffentlichen Hand* (S. 205–230). Heidelberg.

Seghezzi, H. D. (2007). Konzepte – Modelle – Systeme. In W. Masing (Hrsg.), *Handbuch Qualitätsmanagement* (S. 941–954). München.

Seifert, H. & Jung, R. (2007). *In Deutschland wird wieder länger gearbeitet.* www.boeckler.de/320_88347.html (Abruf am 23.06.2010)

Seitz, C. (2004). *Generationenbeziehungen in der Arbeitswelt: zur Gestaltung intergenerativer Lern- und Arbeitsstrukturen in Organisationen.* Diss. Gießen.

Senge, P. M. & Klostermann, M. (2008). *Die fünfte Disziplin*. Stuttgart.

Siepmann, H. (2010). *Stellenbewertung für Kommunalbeamte*. Handbuch mit Bewertungsbeispielen. 4. Auflage. Köln.

Siepmann, H. & Siepmann, U. (2004). *Verwaltungsorganisation* (6. Aufl.). Stuttgart.

Six, B. & Felfe, J. (2004). Einstellungen und Werthaltungen im organisationalem Kontext. In H. Schuler (Hrsg.), *Organisationspsychologie – Grundlagen und Personalpsychologie* (S. 597–672). Göttingen.

Sommerhoff, B. (2013). *EFQM zur Organisationsentwicklung*. München.

Staatskanzlei des Landes Nordrhein-Westfalen (2004). *Verwaltungsmodernisierung in Nordrhein-Westfalen – Zielvereinbarungen*. Düsseldorf.

Stadt Arnsberg (2014). *Online-Kritik*. http://www.arnsberg.de/formulare/online-kritik.php (Abruf am 06.08.2014)

Stadt Duisburg, Wirtschaftsbetriebe (2010). *Qualitätspolitik*. http://www.duisburg.de/micro2/wbd/unternehmen/ qualitaeetspolitik/qualitaetspolitik.php (Abruf 09.08.2014)

Staehle, W. H. (1999). *Management. Eine verhaltenswissenschaftliche Perspektive* (9. Aufl.). München.

Staehle, W. H. (1994). *Management. Eine verhaltenswissenschaftliche Perspektive*. München.

Staehle, W. H. (1992). *Funktionen des Managements* (3. Aufl.). Bern/Stuttgart.

Staehle, W. H. (1991). *Management* (6. Aufl.). München.

Stapf, W. (2000). *Geschäftsprozeßmanagement. Eine Konzeption zur prozessorientierten Unternehmens-(Re-)Organisation*. Stuttgart.

Starbuck, W. H. (1990). Learning by knowledge-intensive firms. *Journal of Management Studies 29/1992* (6), 713–740.

Statistisches Bundesamt (2013). *Mikrozensus 2012 – Bevölkerung und Erwerbstätigkeit*. Fachserie 1 Reihe 4.1.2. https://www.destatis.de/DE/Publikationen/Thematisch/Arbeitsmarkt/Erwerbstaetige/BerufArbeitsbedingungErwerbstaetigen2010412127004.pdf?__blob=publicationFile (Abruf am 04.05.2014)

Statistisches Bundesamt (2010). *Erwerbstätige in Abend- und Nachtarbeit nach Wirtschaftszweig 2009*. http://www.destatis.de/jetspeed/portal/cms/Sites/destatis/Internet/DE/Grafiken/Publikationen/STATmagazin/Arbeitsmarkt/ErwerbstaetigeWZ,templateId=renderLarge.psml (Abruf am 01.07.2010)

Steinbuch, P. A. (1997). *Organisation*. Ludwigshafen.

Steinmann, H., Schreyögg, G. & Koch, J. (2013). *Management. Grundlagen der Unternehmensführung. Konzepte – Funktionen – Fallstudien* (7. Aufl.). Wiesbaden.

Steinmann, H. & Schreyögg, G. (2005). *Management* (6. Aufl.). Wiesbaden.

Steinmann, H. & Schreyögg, G. (2000). *Management* (4. Aufl.). Wiesbaden.

Steinmann, H. & Schreyögg, G. (1997). *Management*. Wiesbaden.

Steinmann, H. & Schreyögg, G. (1993). *Management: Grundlagen der Unternehmensführung, Konzepte, Funktionen, Fallstudien.* Wiesbaden.

Stern, W. (1912). *Die psychologischen Methoden zur Intelligenzprüfung und deren Anwendung bei Schulkindern.* Leipzig.

Striening, H.-D. (1988). *Prozeß-Management. Versuch eines integrierten Konzeptes situationsadäquater Gestaltung von Verwaltungsprozessen.* Frankfurt.

Tauberger, A. (2008). *Controlling für die öffentliche Verwaltung*. München.

Techniker Krankenkasse (2013). *Bleib locker, Deutschland! TK-Studie zur Stresslage der Nation.* https://www.tk.de/centaurus/servlet/contentblob/590188/Datei/115474/TK_Studienband_zur_Stressumfrage.pdf (Abruf am 06.05.2014).

Thom, N. & Ritz, A. (2008). *Public Management: Innovative Konzepte zur Führung im öffentlichen Sektor.* Wiesbaden.

Thommen, J.-P. & Achleitner, A.-K. (2006). *Allgemeine Betriebswirtschaftslehre* (5.Aufl.). Wiesbaden.

Thommen, J.-P. & Richter, A. (2004). In G. Schreyögg und A. v. Werder (Hrsg.), *Handwörterbuch Unternehmensführung und Organisation* (S. 827–835). Stuttgart.

Tölle, R. (1999). *Psychiatrie.* Berlin.

Tondorf, K., Bahnmüller, R. & Klages, H. (2002). *Steuerung durch Zielvereinbarungen.* Berlin.

Treier, M. (2013). Nicht dem Zufall überlassen... Gesundheitsmanagement im öffentlichen Sektor. In A. Gourmelon (Hrsg.), *Forschung für die Praxis – neue Erkenntnisse für ein professionelles Personalmanagement* (S. 37–51). Heidelberg

Tuckman, B. W. (1965). Developmental Sequence in Small Groups. *Psychological Bulletin, 63,* 384–399.

Udris, I. (2007). Gesundheits- und verhaltensbezogene Intervention. In H. Schuler & K. Sonntag, *Handbuch der Arbeits- und Organisationspsychologie* (S. 668–679). Göttingen.

Ulich, E. (1998). *Arbeitspsychologie.* Stuttgart.

Ulich, E. & Wülser, M. (2004). *Gesundheitsmanagement in Unternehmen.* Wiesbaden.

Ulrich, H. (2001). *Die Unternehmung als produktives soziales System: Grundlagen der allgemeinen Unternehmungslehre* (2. Aufl.). Bern/Stuttgart/Wien.

Ulrich, H. (1949). *Betriebswirtschaftliche Organisationslehre.* Bern.

Ulrich, P. & Fluri, E. (1995). *Management* (7. Aufl.). Bern/Stuttgart/Wien.

Vahs, D. (2012). *Organisation. Ein Lehr- und Managementbuch* (8. Aufl.). Stuttgart.

Vahs, D. (2009). *Organisation. Ein Lehr- und Managementbuch* (7. Aufl.). Stuttgart.

Vahs, D. & Leiser, W. (2007). *Change Management in schwierigen Zeiten. Erfolgsfaktoren und Handlungsempfehlungen für die Gestaltung von Veränderungsprozessen.* Wiesbaden.

Vereinigung der kommunalen Arbeitgeberverbände – VkA (2013). Tarifinfo der VkA. Entgeltordnung. 7/2013 vom 9.12.2013. http://www.vka.de/site/home/vka/presse/tarifinfos/tarifinfos_2013/ (Abruf am 5. August 2014).

Verwaltungsmodernisierung in Nordrhein-Westfalen (2004). *Kundenbefragungen.* Staatskanzlei des Landes Nordrhein-Westfalen. Düsseldorf.

Vogel, A. M. (1996). Verwaltungscontrolling. In Bayerische Verwaltungsschule (Hrsg.), *Modernes Verwaltungsmanagement* (S. 144–172). Stuttgart.

Vogelsang, K. & Lübking, U. & Ulbrich, I.-M. (2005). *Kommunale Selbstverwaltung* (3. Aufl.). Berlin.

Wagner, K. (2007). Ausgestaltung von QM-Systemen auf Basis der ISO-9000-Reihe. In W. Masing (Hrsg.), *Handbuch Qualitätsmanagement* (S. 173–205). München.

Walgenbach, P. (2001). Institutionalistische Ansätze in der Organisationstheorie. In Kieser, A. (Hrsg.), *Organisationstheorien*, 4. Aufl., (S. 319–353), Stuttgart.

Warr, P. (1993). In What Circumstances Does Job Performance Vary With Age? *European Work and Organizational Psychologist, 3, 1993, Heft 3,* 237–249.

Watson, G. (1975). Widerstand gegen Veränderungen. In W. G. Bennis, K. D. Benne & R. Chin (Hrsg.), *Änderung des Sozialverhaltens* (S. 415–429). Stuttgart.

Weber, J. & Schäffer, U. (2008). *Einführung in das Controlling* (12. Aufl.). Stuttgart.

Weber, M. (1972). *Wirtschaft und Gesellschaft* (5. Aufl.). Tübingen 1992.

Wegner, A. (2005). *Kommunale Dienstleistungspartnerschaften,* hrsg. von der Bertelsmann Stiftung, Güterloh und dem Deutschen Städte und Gemeindetag. Gütersloh.

Wegweiser GmbH (2014). *Zukunftspanel Staat & Verwaltung 2014.* http://www.wegweiser.de/de/freier-download (Abruf am 7. Juli 2014).

Weinert, A. B. (1998). *Organisationspsychologie.* Weinheim.

Welge, M. K. & Al-Laham, A. (2008). *Strategisches Management* (5. Aufl.). Wiesbaden.

Wenzel, H. G. (2000). Klima. In H. Schmidtke (Hrsg.), *Ergonomie* (S. 275–286). München.

Wiendieck, G. (2004). Gruppenverhalten und Gruppendenken. In G. Schreyögg und A. v. Werder (Hrsg.), *Handwörterbuch Unternehmensführung und Organisation* (S. 388–398). Stuttgart.

Wissenschaftlicher Beirat der Bundesregierung Globale Umweltveränderungen (1998). *Welt im Wandel – Strategien zur Bewältigung globaler Umweltrisiken.* http://www.wbgu.de/fileadmin/templates/dateien/veroeffentlichungen/hauptgutachten/jg1998/wbgu_jg1998_kurz.pdf (Abruf am 10. Juni 2014).

Wittig, P., Nöllenheidt, Ch. & Brenscheidt, S. (2013). *Grundauswertung der BIBB/BAuA-Erwerbstätigenbefragung 2012.* http://www.baua.de/de/Publikationen/Fachbeitraege/Gd73.pdf?__blob=publicationFile&v=5 (Abruf am 05.05.2014)

Wirtz, A., Nachreiner, F., Beermann, B., Brenscheidt, F. & Siefer, A. (2009). *Lange Arbeitszeiten und Gesundheit.* www.baua.de/de/Publikationen/Fachbeitraege/artikel20.html (Abruf am 20.06.2010)

Wirtz, B. W. & Piehler, R. (2010). E-Government. In B. W. Wirtz (Hrsg.), *E-Government* (S. 3–18). Wiesbaden.

Witte, E. (1973). *Organisation für Innovationsentscheidungen.* Göttingen.

Wöhe, G. (1996). *Einführung in die Allgemeine Betriebswirtschaftslehre* (19. Aufl.). München.

Wunderer, R. & Grunwald, W. (1980). *Grundlagen der Führung Bd. 1,* Berlin.

Zangemeister, C. (1976). *Nutzwertanalyse in der Systemtechnik. Eine Methodik zur multidimensionalen Bewertung und Auswahl von Projektalternativen.* München.

Zapf, D. & Semmer, N. K. (2004). Stress und Gesundheit in Organisationen. In H. Schuler (Hrsg.), *Organisationspsychologie* (S. 1007–1112). Göttingen.

Zeller, D. (2009). *Change Management im Public Sector. Wie kann mit unternehmensinternen Widerständen bei Prozessänderungen in der öffentlichen Verwaltung umgegangen werden?* Saarbrücken.

Zimmermann, E. (2003). *Kommunales Controlling.* Wuppertal.

Zink, K. J. (1994). Total Quality Management. In K. J. Zink (Hrsg.), *Qualität als Managementaufgabe. Total Quality Management.* Landsberg/Lech.

Zink, K. J. & Schick, G. (1987). *Quality-Circles. Problemlösungsgruppen.* München.

Zollondz, H.-D. (2006). *Grundlagen Qualitätsmanagement: Einführung in Begriffe, Geschichte, Systeme und Konzepte.* München.

Stichwortverzeichnis

Die Zahlen beziehen sich auf die Seiten.

C

D

E

J

K

M

N

O

P

Q

R

S

T

U